VON POL ZU POL

SVEN HEDIN

VON POL ZU POL

Neue Ausgabe in zwei Bänden

ERSTER BAND

F·A·BROCKHAUS WIESBADEN · 1980

Neue Ausgabe der ersten, 1911/1912 bei F. A. Brockhaus in Leipzig erschienenen Auflage in drei Bänden.

CIP-Kurztitelaufnahme der Deutschen Bibliothek

Hedin, Sven:
Von Pol zu Pol: in 2 Bd./Sven Hedin. – Neue Ausg.
Wiesbaden: Brockhaus
ISBN 3-7653-0319-4
Bd. 1. – 1980.

V. Nr. W 1488 – ISBN 3-7653-0319-4
 – Satz und Druck: Druck- und Verlags-Gesellschaft mbH, Darmstadt

Inhaltsverzeichnis

Seite

Vorwort

Es war einmal ein Wandersmann, der zählte fünfundvierzig Jahre, und *fünfundzwanzig Jahre* war es her, daß er zum erstenmal in die Welt hinauszog. Damals war er ein frischgebackener Student, der durchaus nicht mehr wußte, als was er auf der Schule gelernt hatte. Eines Tages hatte ihn sein Rektor gefragt:

»Hast du Lust, einen deiner jüngeren Mitschüler nach Baku am Kaspischen Meer zu begleiten?«

»Ja!« hatte er gemeint.

»Aber du mußt sieben Monate da bleiben, bis der Junge das ganze Jahrespensum durchgearbeitet hat.«

»Ja, gerne«, lautete die Antwort, und bald nachher waren die beiden, der neue Hauslehrer und der Schüler, nach Baku abgereist!

Seit dieser Zeit war der Wandersmann vierzehn lange Jahre in dem weiten Asien umhergestreift, aber elf Jahre hatte er zwischendurch auch daheim verlebt, denn er liebte sein schwedisches Vaterland und hätte sich nie entschließen können, dauernd in der Fremde zu bleiben. Hin und wieder mußte er einmal wieder nach Hause kommen, mußte er nachsehen, ob die Tannen im heimatlichen Boden noch gediehen, mußte er hören, ob die Ostseewellen noch immer so rauschten wie einst in seiner Jugend!

Doch nun war ein Vierteljahrhundert vergangen, seit er zum erstenmal sein Glück in der Fremde versucht hatte, und eines Tages saß er vor seinem roten Häuschen auf einer Insel in den Stockholmer Schären und zerbrach sich den Kopf darüber, wie er wohl die fünfundzwanzigste Wiederkehr jenes ersten Reisetages am besten feiern sollte!

»Wenn Eheleute ihre silberne Hochzeit mit Festmahl und Musik begehen«, dachte er, »dann könntest du, der du keine Frau hast, doch ebensogut das Jubiläum der fünfundzwanzig *einsamen* Jahre feiern, die du auf asiatischer Erde verlebtest!«

Aber es wollte ihm nichts Rechtes einfallen, was er diesem wichtigen Tag zuliebe anstellen könne. Eltern und Geschwister waren damals zugegen gewesen, als er zum erstenmal in die Ferne zog. Sie hatten ihn an den Dampfer begleitet, der ihn nach Finnland und Rußland bringen sollte, ihm vom Ufer aus mit den Taschentüchern zugewinkt und es recht schrecklich gefunden, einen so grünen Jungen auf solch abenteuerliche Reise zu schicken. Sie alle leben noch jetzt und erinnern sich noch genau jener ersten bitteren Trennung.

Wie wäre es also, wenn man eine großartige Gesellschaft gäbe und Freunde und Bekannte dazu einlüde?

»Nein«, dachte der Wandersmann sofort, »Gott bewahre mich vor solchen Festen! Im Kreis fröhlicher Freunde vergeudet man nur die Zeit, und bei gefüllten Gläsern redet man dummes Zeug!«

Was sollte auch schäumender Wein, wo es galt, *verflossener* Wanderjahre zu gedenken? Er hatte ja niemals auf seinen Reisen berauschende Getränke bei sich gehabt. Und lärmende Gäste sind dem entbehrlich, der Jahre hindurch allein war. –

Wie schön war doch die schwedische Heimat! Ein neuer Frühling hatte die Bäume mit frischem Grün bekleidet, der Kuckuck rief in den Wäldern auf der Ljuster-Insel, ein Segelschiff glitt vor günstigem Winde über die Wogen. Im Siarinsel-Sund aber lag die See ruhig und glänzte in Farbentönen so hell wie Birkenlaub in den ersten Tagen des Lenzes und wieder so dunkel wie die Blätter des Flieders. Und der Wandersmann lauschte und schaute. Hatte er wohl während all seiner Jahre in Asien je etwas Schöneres gesehen?!

Doch nein! War diese Liebe zur Heimat nicht eigentlich eine Ungerechtigkeit und Undankbarkeit gegen das Land, wo er die reichsten Jahre seines Lebens verbracht hatte, und konnte es für ihn jetzt ein anderes Fest geben, als in Gedanken zurückzukehren nach *Asien* und alles, was er dort gesehen und erlebt, was er an Freudigem und Bitterem dort erfahren hatte, in wechselnden Bildern aufs neue an sich vorüberziehen zu lassen?

Eine zwitschernde Schwalbe schoß pfeilschnell durch die Luft.

»Ja«, sagte der Wandersmann zu sich, »ein Erinnerungsfest will ich feiern, *aber doch nicht einsam und allein*!«

Gibt es nicht Tausende von Mädchen und Knaben, die mit Freuden dabei sein würden? Sie vor allem sollen mich auf eine zunächst 75 000 Kilometer lange Reise begleiten, eine Karawane, so lang, daß ihr Nachtrab noch in der Tiefe der Täler wandert, wenn die Spitze schon über die hohen, kalten Bergebenen hinschreitet, wo Wind und Wildschaf hausen! Zwar können sie dabei hübsch ruhig zu Hause bleiben; es wäre auch zu grausam, ihnen lange Ritte auf schwankenden Kamelen oder auf plumpen Pferden im Schneetreiben und in der heißen Wüstensonne zuzumuten.

In Gedanken aber sollen sie mir folgen auf eine Erinnerungsreise von der einen Hälfte der Weltkugel zur andern, von Europa durch ganz Asien, durch Australien und wieder zurück nach Hause.

Ich werde ihr Führer sein. Ich will mit ihnen nach dem Orient ziehen, nach Persien und Indien, der Quelle der alten Märchen, nach dem Pamir, dem Dach der Welt, der Heimat des ewigen Schnees und des ewigen Eises, nach der großen Sandwüste im Herzen Asiens, nach Tibet mit seinen seltsamen Priestern, nach dem innersten Australien, nach dem herrlichen Japan mit seinem tüchtigen, tapferen Volke, und durch das unermeßliche China hindurch schließlich nach Sibirien und zurück nach Hause.

Führen will ich sie durch den gewaltigen Weltteil, der fünfundzwanzig Jahre meines Lebens erfüllte und mir während dieser langen Zeit Braut und Gattin gewesen ist. Und dann wandern wir weiter durch die übrigen Weltteile, über die ganze bewohnte Erde, und wenn wir nach Jahr und Tag wieder nach Hause kommen und unsere Lieben uns mit Fragen bestürmen, wo wir denn überall gewandert seien, dann antworten wir:

»Von Pol zu Pol!«

Über die Ostsee

Wenn man am Abend in Stockholm den Schlafwagen besteigt, durcheilt man in zwölf Stunden den ganzen südlichen Teil Schwedens und erreicht am anderen Morgen die Südspitze meines Heimatlandes, die Stadt Trelleborg, vor der die sonnenbeglänzten Wellen über die Ostsee ziehen. Hier in Trelleborg, denkt man, ist nun die Eisenbahnfahrt zu Ende, und wundert sich, weshalb der Schaffner nicht kommt, die Kupeetür zu öffnen und die Reisenden aussteigen zu lassen. Der Zug wird doch nicht gar über die Ostsee fahren? – Ja freilich, das soll er. Dieselben Wagen, die uns gestern abend aus Stockholm fortführten, tragen uns sicher über die Ostsee, und wir brauchen nicht eher auszusteigen als in Berlin. Denn der Teil des Zuges, der nach Deutschland hinüber soll, wird auf eine gewaltige Fähre geschoben, die mit eisernen Krampen und Klammern im Hafenkai Trelleborgs verankert ist. Die Schienen des schwedischen Bodens laufen in die der Fähre über, an Bord werden sie mit Ketten und Haken festgemacht.

Liegt nun der Reisende noch im Halbschlummer auf der Polsterbank seines Abteils, so fallen ihm allerdings die vielen Signale und das Rasseln und Poltern schwerer Eisengeräte auf; es wird plötzlich dunkel in seinem Kupee. Wenn aber dann das eintönige Sausen und Schüttern der rollenden Räder sich in weiches, geräuschloses Schaukeln verwandelt hat, merkt er, daß er sich schon draußen auf der Ostsee befindet.

Die Fähre ist ein stattliches Schiff von 113 Meter Länge, überall glänzend neu und blendend weiß, mit einer prachtvollen Wandelbahn auf dem Oberdeck. Sie hat Luxusräume wie ein hauptstädtisches Hotel, im Speisesaal sind Tische gedeckt, und Schweden und Deutsche setzen sich gruppenweise zum Frühstück nieder. Kaffee- und Rauchsalons, Lese- und Schreibzimmer sind vorhanden, sogar eine kleine Buchhandlung, in der ein halbwüchsiger Junge Reisehandbücher, Romane und deutsche und schwedische Zeitungen verkauft.

Die Fähre gleitet aus dem Hafen hinaus und entfernt sich mit jeder Minute weiter von der vaterländischen Erde Schwedens. Immer kleiner werden die Häuser, immer schmaler wird der Landstreifen am Horizont; und bald ist nichts mehr zu sehen als die glitzernde Fläche der Ostsee, die so reich ist an vaterländischen Erinnerungen und Zeugin war so vieler wunderbarer Taten und Abenteuer. Hier auf dem Meeresgrund zwischen Wracks und Trümmern schlummern Wikinger und andere Helden, die für ihre Heimat kämpften. Heute herrscht Frieden auf der Ostsee; Schweden und Dänen, Russen und Deutsche einigen sich im guten über ihre Streitfragen. Aber noch immer treiben dieselben Herbststürme wie einst in der Vorzeit die blaugraue Brandung gegen die Küste, und an klaren Sommertagen leuchten die blauen Wogen noch immer, als ob die Sonne sie versilbert habe.

Die vier Stunden der Überfahrt vergehen nur zu schnell, und ehe man sich noch an den Anblick der offenen Meeresfläche recht gewöhnt hat, zeigt sich auf der Steuerbordseite (rechts) schon ein Streifen Landes. Es ist Rügen, Deutschlands größte Insel, deren weiße Kreidefelsen jäh aus dem Meer emporragen gleich einer schäumenden Brandung, die sich in Stein verwandelt hat.

In elegantem Bogen dreht die Fähre zum Lande hin, und im Hafen von Saßnitz schließen ihre Schienen an das Geleise des deutschen Bahnnetzes an. Die Reisenden nehmen ihre Plätze im Kupee wieder ein, und nach wenigen Minuten zieht die deutsche Lokomotive den Zug über Rügens Boden. Das eintönige Summen von Eisen auf Eisen beginnt von neuem, und hinter uns verschwinden Küste und Fähre. Platt wie ein Eierkuchen liegt Rügen über der Ostsee. Seine Landschaft erinnert an die Schwedens; neben ausgedehnten Buchenwaldungen wachsen Tannen, Fichten und Kiefern hier, und Rehe und Hasen laufen umher ohne die geringste Furcht vor dem Lärm des Zuges.

Eine zweite Fähre führt über die schmale Meerenge, die Rügen vom Festlande trennt. Durch das Fenster werden die Türme und dicht aneinander gebauten Häuser Stralsunds sichtbar. Jeder Zoll dieses Bodens ist einst schwedisch gewesen! Hier landete Gustav Adolf mit seinem Heer, und hier verlebte Karl XII. ein Jahr seiner Heldensage. Wenn sich die beiden unvollendeten Türme der Nikolaikirche über Stralsund erheben, dann erwacht die Erinnerung an die dunkle Novembernacht, in der zwei aus weiter Ferne kommende Reiter an die Stadttore sprengten. Ihre Kleidung war abgeschabt und von Sonne und Regen gebleicht, sie selber waren vom Staub der Landstraße bedeckt, und ihre müden, zitternden Pferde dampften. Der eine der Reiter war Karl XII., der andere war Düring, der letzte der großen Schar, die den

Schwedenkönig auf seinem Ritt aus der Türkei her begleitet hatte, der letzte, der noch Kraft genug behielt, ihm auf der wilden Jagd durch Europa zu folgen. Nach langen Jahren toller Abenteuer kehrte Karl XII. in sein Reich zurück und wäre an Stralsunds Toren beinahe nicht hereingelassen worden, denn niemand erkannte ihn. Sonnenverbrannt, sehnig und kerzengerade, »in Glück und Unglück gleich«, so glaubt man ihn noch heute auf den Straßen Stralsunds einherschreiten zu sehen. –

In der Dämmerstunde eilt der Zug durch Pommern, und ehe er noch die Provinz Brandenburg erreicht hat, hüllt der Herbstabend schon die norddeutsche Tiefebene in Dunkel. Flach und einförmig ist das Land, kein Berg, kaum ein Hügel erhebt sich über seinem Boden. Und doch ist diese Gegend für den Fremdling aus Schweden von besonderem Reiz. Er denkt der Zeit, als die Räder der schwedischen Kanonen auf den Wegen hier den Schlamm aufspritzen ließen; er denkt an kühne Taten und tapfere Männer, an wiehernde Streitrosse, an Sieg und ehrenvollen Frieden und an die erbeuteten Fahnen daheim.

Aber noch viel ältere Erinnerungen wird der aufmerksame Beobachter auf dem norddeutschen Flachland finden. Sogenannte erratische Blöcke aus schwedischem Granit liegen auf der Ebene verstreut. Wie Meilensteine zeugen sie von der einstigen Ausbreitung des skandinavischen Inlandeises. Während einer kälteren Periode der Erdgeschichte bedeckte ein Eismantel das ganze nördliche Europa, und diese Periode nennen wir die Eiszeit. Niemand weiß, weshalb das Eis Skandinavien und die angrenzenden Länder und Inseln umschloß und sich wie ein breiter Strom über die Ostsee hin ergoß. Und niemand weiß, weshalb das Klima später wärmer wurde und das Eis zwingen konnte, zu schmelzen und den überschwemmten Boden wieder freizugeben. Aber daß es einmal geschah, das weiß man gewiß, und ebenso, daß die Wanderblöcke Norddeutschlands nur auf dem Rücken eines ungeheuern Eisstromes dort angeschwemmt sein können. Es sind Steinarten, die nur in Skandinavien vorkommen; das Eis hat sie aus dem festen Gestein losgerissen und auf seiner langsamen Bewegung nach Süden mitgeführt. Jetzt liegen sie da als Zeugen einer großen Vergangenheit sowohl der Erdgeschichte wie meines schwedischen Vaterlandes.

Bald aber erinnert mich nichts mehr an die Heimat, als die kleinen Emailleschildchen mit den kurzen Inschriften »Rökning förbjuden!« (Rauchen verboten!) und »Nödbroms« (Notbremse), die an den schwedischen Kupeewänden festgeschraubt sind.

Nun beginnt da draußen ein Funkeln und Blitzen. Wie Sternschnuppen schwirrt es vorüber in Reihen und Strahlenbündeln: elektrische

Lampen, Laternen und erleuchtete Fenster. Wir sind am Rande einer gewaltigen Stadt, einer der größten der Erde und der drittgrößten in Europa.

Deutschlands Hauptstadt

Wenn wir eine Eisenbahnkarte Europas vor uns ausbreiten, dann sehen wir ein Netz von schwarzen Linien mit unregelmäßigen Maschen, dessen Fäden aus glänzendem Stahl bestehen. An den Knotenpunkten liegen Städte. Im Norden Deutschlands wird dieses Netz immer dichter, und in seiner Mitte sitzt eine große Spinne. Diese Spinne heißt Berlin. Denn wie eine Spinne ihre Beute in dem kunstvoll gesponnenen Netze fängt, so zieht Berlin durch die Eisenbahnen nicht nur aus Deutschland, sondern aus ganz Europa, ja aus der ganzen Welt Leben und Verkehr an sich.

Könnten wir uns einige hundert Meilen hoch in die Luft erheben und hätten wir so gute Augen, daß wir alle Küsten und Landesgrenzen Europas sähen und die feinen Linien der Eisenbahnen nebst den kleinen schwarzen darauf hin und her eilenden Tierchen, so würde dieses Bild einem wimmelnden Ameisenhaufen gleichen, und hinter jeder Ameise stände eine kleine Rauchwolke. In Skandinavien und in Rußland würde die Bewegung weniger lebhaft sein, aber mitten in Europa würden die Ameisen nur so durcheinanderwimmeln. Ob Winter oder Sommer, ob Tag oder Nacht, die Hast würde sich nicht verringern, und zur Nachtzeit sähen wir von unserem hohen Aussichtspunkt aus zahllose Glühwürmchen überall hin und her eilen. Kämen wir aus dem Weltenraum und sähen dieses Schauspiel zum erstenmal, so frügen wir wohl verwundert, warum diese kleinen schwarzen Dinger sich gar keine Ruhe gönnen? Auch nicht einen einzigen armseligen Sonntag im Jahr, nicht am heiligen Abend oder am ersten Pfingsttag!

Nein, sie haben keine Zeit dazu. Rastlos schwirren sie zwischen Staaten und Städten, zwischen den Küsten des Meeres und dem Innern des Kontinents hin und her, dem Herzen Europas zu. Während der letzten zwanzig Jahre ist Berlin das Herz Europas geworden. London liegt ja auf einer Insel und Paris zu sehr am Rand. Reist man von Paris nach Petersburg, von Stockholm nach Rom oder von Hamburg nach Wien, immer geht der Weg über die Hauptstadt Deutschlands.

Mit Aufmerksamkeit und Staunen geht der Fremdling in Berlin umher. Zwar läßt er sich nicht verblüffen, aber er findet, daß er in eine gewaltig große Stadt gekommen ist. Will er über die Straßen gehen, die wie Pulsadern alle Teile Berlins durchkreuzen, so muß er sich vorsehen; sonst kann er leicht von einem dahinsausenden Automobil oder einer elektrischen Straßenbahn überfahren werden. Es wimmelt von Fuhrwerken der erdenklichsten Art. Aber die Automobile beginnen schon alle andern zu überflügeln, und die Droschken fristen nur noch ein kümmerliches Dasein. Zwischen den schnellen, mit Elektrizität oder Benzin getriebenen Wagen trotten schwerfällige Omnibuspferde langsam dahin und kreuzen zwischen den kutschierenden und steuernden Menschen, die es alle so schrecklich eilig haben. Scheint es doch, als ob das Wohl und Wehe der Welt vom rechtzeitigen Ankommen jedes Einzelnen abhinge!

Die Polizei hält dazwischen strenge Ordnung. Wer die Vorschrift »Rechts fahren« nicht befolgt, wird bestraft, denn nichts darf den Verkehr hindern. Auf dem Bürgersteig drängen sich Fußgänger aus der ganzen Welt. Aber trotz dieser ununterbrochenen Menschen- und Wagenströme geht es auf den Berliner Straßen verhältnismäßig geräuschlos zu, denn sie sind mit Asphalt belegt, und viele Fuhrwerke haben Gummiringe um die Räder. Es ist hier lange nicht so laut wie auf den Straßen Stockholms, aber die Hauptstadt Schwedens ist unendlich viel schöner als Berlin, ja, auf dieser unserer ganzen Reise von Pol zu Pol werden wir nur zwei Städte berühren, die sich mit der Mälarkönigin an Schönheit vergleichen lassen! Sie heißen Konstantinopel und Bombay.

Doch nicht genug mit diesem schwindelnden Straßenverkehr – auch Eisenbahnzüge rollen quer durch Berlin, und eine Ringbahn verbindet die äußeren Stadtteile miteinander. Und wenn die Züge noch auf der Erde blieben! Aber bald gehen sie auf hohen eisernen Brücken in die Luft hinauf, bald verschwinden sie unter der Erde in elektrisch beleuchteten Gängen; und auf diesen unterirdischen Bahnen kann man für zwei Groschen von einem Ende Berlins zum anderen fahren.

Mitten in Berlin liegt eine Station, Bahnhof Friedrichstraße, eine ungeheure Halle aus Eisen und Glas mit einer Reihe parallellaufender Geleise, zwischen denen sich Bahnsteige befinden. Wer Zeit hat, gehe einmal dorthin, ganz einerlei zu welcher Stunde. Unaufhörlich stürmen Leute aus und ein, die Treppen hinauf und hinunter, bilden an den Schaltern Queue, und Dienstmänner drängen sich mit Koffern und Reisetaschen auf dem Rücken. Unausgesetzt erfüllt betäubendes Getöse die mächtige Halle, wo Schnellzüge hin und her fahren. Kaum sind die Reisenden aus- und eingestiegen, so werfen die Schaffner auch schon die Türen wieder zu, und die schwere Wagenreihe stürmt aus der Halle hinaus, um schnellstens dem nächsten Zug Platz zu machen. Wenn du keine Eile hast, so bleibe einmal eine halbe Stunde auf einem der Bahnsteige stehen und überzeuge dich, ob nicht alle zwei Minuten ein Zug an dir vorübereilt, und zwar nicht nur am Tage, sondern auch während des größeren Teils der Nacht. Was kann es Nervenerschütternderes geben, als auf diesem Bahnhof verantwortlicher Vorsteher zu sein! Jeder Zug, der in die Halle rollt, kommt ja wie ein Sturmwind vom Meere herein.

Da gehe ich lieber nach dem nahen Platz, wo die Siegessäule sich über Berlin erhebt mit drei Reihen vergoldeter, in Frankreich eroberter Kanonen in den Kannelierungen. Oder ich flüchte mich in die schattigen Wege des Tiergartens, wo ganz Berlin am Sonntag mit Weib und Kind zu lustwandeln pflegt. Und wenn ich mich dann nach Osten wende, komme ich durch ein gewaltiges Tor, das Brandenburger Tor, dessen Säulen das Viergespann der Siegesgöttin in getriebenem Kupfer tragen. Durch dieses Tor zog das deutsche Heer in Berlin ein, als Frankreich besiegt und das Deutsche Reich gegründet war.

Jenseits des Tores erstreckt sich eine der berühmtesten Straßen Europas. Denn wenn Deutschland zur mächtigsten Großmacht unserer Zeit heranwächst und Berlin sein Herz ist, so ist die Straße »Unter den Linden« wieder das Herz Berlins. Wohl gibt es längere Straßen als diese, die nur ein Kilometer lang ist, aber kaum breitere, denn ihre Breite beträgt sechzig Meter. Zwischen den Fahrdämmen und Bürgersteigen, die miteinander abwechseln, bringen vier doppelte Linden- und Kastanienreihen einen wohltuenden Gruß der freien Natur mitten in diese große Steinstadt mit ihren regelmäßigen Straßen und ihren schweren, grauen, würfelförmigen Häusern.

Hier »Unter den Linden« liegen die fremden Gesandtschaftsgebäude und die deutschen Ministerien, weiterhin das Schloß des alten Kaisers Wilhelm, dessen Zimmer bis heute unbewohnt und unverändert geblieben sind; an dem Eckfenster des Erdgeschosses pflegte er weißhaarig und kaum gebeugt zu stehen und auf sein treues Volk herabzublikken. Ist es grade Mittagszeit, dann ist das Gedränge der Fußgänger, der eleganten Wagen und Automobile um so größer. Da kommt unter munteren Musikklängen die Wachtparade anmarschiert, und Massen Neugieriger folgen ihr im Takt, so daß der Schutzmann alle Mühe hat, die Ordnung aufrechtzuerhalten. Mit der Musik marschieren wir an der neuen Königlichen Bibliothek vorbei, und Friedrich der Große blickt von seinem Bronzepferd auf die Kinder der neuen Zeit herab. Hier ist das Opernhaus, dort die Universität mit ihren zehntausend Studenten und ihrem Heer von Professoren, und weiterhin das Zeughaus mit seinen großen Sammlungen aus der Kriegsgeschichte. Wir passieren die Schloßbrücke, die ihren Bogen über die Spree spannt, und folgen der Wachtparade in den »Lustgarten«. Am Fuß der Statue Friedrich Wilhelms III. macht der Zug halt, und die Volksmasse steht in Haufen lauschend umher, denn jetzt folgt zum Ergötzen der Zuhörer ein Musikstück nach dem anderen. Dieses Schauspiel wiederholt sich Tag für Tag.

Um den »Lustgarten« herum liegt ein ganzes Stadtviertel von Kunstmuseen und Bildergalerien, außerdem der Dom und das königliche Schloß. Sehr vornehm sieht es aus, dieses Schloß, aber die Straßen klemmen es gewaltig ein, und es sehnt sich vergeblich nach Freiheit und Luft, wie sie Stockholms Königsschloß umweht.

Kaiser Wilhelm

Ein Ball am deutschen Kaiserhof – dieses Schauspiel ist wohl kein übles Reiseerlebnis, und man wird nicht ungern hören, wie es dabei zugeht.

Rechtzeitig bin ich mit meinem Anzug fertig geworden, und um 9 Uhr fährt der Wagen in das gewölbte Schloßportal ein. Auf den mit Teppichen belegten Treppenstufen stehen Trabanten in altmodischer Uniform so regungslos wie Wachsfiguren; sie bewegen nicht einmal die Augen, um den vorbeiflutenden Gästen nachzusehen, geschweige denn den Kopf. Oben in den Festräumen angelangt, gehe ich langsam über blankes Parkett durch eine Reihe glänzend ausgestatteter Gemächer, die ein Meer von elektrischem Licht erfüllt. Die Bilder der Könige von Preußen heben sich von den vergoldeten Ledertapeten ab. Schließlich stehe ich in dem großen Saal, der von den schwarzen Adlern an der Decke seinen Namen hat.

Welch bunte Versammlung wartet hier! Vornehme Damen in kostbaren, mit Edelsteinen übersäten Toiletten, und wohin man blickt, funkeln und glitzern die Facetten der Diamanten. Generale und Admirale in Paradeuniform, hohe Beamte, Gesandte fremder Länder, darunter auch der chinesische und der japanische, stehen wartend da und verbeugen sich vor einer hohen Gestalt, die jetzt vorübergeht. Es ist der Reichskanzler.

Kammerherren bitten nun die Gäste, sich längs der Wände des Saales aufzustellen. Ein Herold tritt ein, stößt mit seinem silbernen Stab auf den Fußboden und ruft laut: »Se. Majestät der Kaiser!« Sogleich schweigt jedes Geräusch. Begleitet von seiner Gemahlin, den Prinzen und Prinzessinnen, geht Wilhelm II. durch den Saal und begrüßt seine Gäste mit männlichem Handschlag. Er beginnt mit den Damen, geht dann zu den Herren über und spricht mit einem jeden. Der schwedische Gesandte stellt mich vor, und sogleich beginnt der Kaiser eine Unterhaltung über Asien. Er spricht von dem Heereszug Alexanders des Großen durch Westasien und findet es wunderbar, daß eines Menschen Name durch zwei Jahrtausende hindurch in unvermindertem Glanze fortleben kann. Auf die Adler an der Decke des Saales zeigend, fragt er mich, ob mir nicht ihre Ähnlichkeit mit dem chinesischen Drachen aufgefallen sei. Dann springt er auf Tibet über und den Dalai Lama und auf die Wüsten Asiens mit ihrer ungeheuern Stille.

Bald nachher erklingt Musik, und die vornehme Welt in Gold und Juwelen überläßt sich dem Tanz. Junge, schöne Mädchen schweben elfengleich vorüber, Offiziere mit kurzgeschnittenem Haar und engen Kragen führen sie nach den Klängen des Walzers. Alles schaut heiter, vornehm und wichtig drein.

Der Einzige, der gleichmütig bleibt, ist der Kaiser selbst. Ein Zug tiefen Ernstes liegt über seinem kraftvollen Gesicht. Ist er nicht Kaiser des Deutschen Reiches mit seinen vier Königreichen, Preußen, Bayern, Sachsen und Württemberg, sechs Großherzogtümern, vielen Herzogtümern und Fürstentümern, dem Reichsland Elsaß-Lothringen und den drei freien Städten Hamburg, Lübeck und Bremen? Er ist Herrscher über fünfundsechzig Millionen Menschen, und sein Reich umfaßt zweihundertundsieben Städte, deren jede mehr als fünfundzwanzig Tausend Einwohner hat, und sieben Städte mit mehr als einer halben Million, Berlin, Hamburg, München, Leipzig, Dresden, Köln und Breslau! Durch die Kraft seines eisernen Willens hat er eine mächtige Flotte geschaffen, die in England, das ehemals allein die Meere beherrschte, Besorgnis erregt. Er ist höchster Befehlshaber eines Heeres, das in Kriegszeiten so groß ist wie Schwedens ganze Bevölkerung! Alles das mag ihn wohl so ernst stimmen, daß nur selten die Töne der Musik seinen Lippen ein Lächeln entlocken.

Als ich im Jahre 1889 zum erstenmal Berlin besuchte, hatte Kaiser Wilhelm eben den Thron bestiegen, und man konnte ihn oft an der Spitze seiner Truppen reiten sehen. Jetzt fährt er meist im Automobil durch die Straßen, und ein eigenes Hornsignal kündigt schon von weitem sein Nahen an. Er fährt mit Schnellzugsgeschwindigkeit, und auf dem Automobil flattert die Kaiserstandarte.

Das Marinemuseum

Ein Menschenleben reicht wohl kaum aus, um Berlin völlig kennen zu lernen. Schon allein die unzähligen Museen und Sammlungen mit ihren unerschöpflichen Schätzen aus den Reichen der Kunst und der Natur verlangen Tage und Wochen, um im einzelnen studiert zu werden. Jedes Museum ist eine Welt für sich.

Nun verstehe ich gewiß die Freude des Kunstkenners, wenn er die Säle der Gemäldegalerien durchstreift und die Bilder berühmter Meister bewundert. Aber wir, die wir auf Abenteuer ausgehen, »fort über die Meere, hin über die Erde in stürmender Fahrt«, wir lenken unsere Schritte lieber nach einem anderen Museum hin, das der Meereskunde gewidmet ist, dem Marinemuseum.

Durch kunstreiche Modelle gewinnen wir hier einen Einblick in die geschichtliche Entwicklung der deutschen Kriegsschiffe von den frühesten Zeiten bis auf den heutigen Tag. Unter Glas sehen wir eine ganze Division moderner Kriegsschiffe im Hafen. Jeder einzelne Soldat und Matrose ist aufs feinste geschnitzt, und man erhält einen Begriff von den vielfachen Beschäftigungen der Mannschaft. Unter anderen würfelförmigen Glasbehältern liegen Linienschiffe, Kreuzer und Torpedoboote; die Hauptmasse einer Kriegsflotte, die eigentlichen Schlachtschiffe, sind dazu bestimmt, in geschlossener Linie zu kämpfen, und werden daher Linienschiffe genannt. Artillerie und Torpedobewaffnung, Panzerschutz und Schnelligkeit bestimmen die Kampfestüchtigkeit des einzelnen Schiffes. Die Kreuzer spielen die Rolle der Kavallerie beim Heere; sie haben die benachbarten Gewässer auszukundschaften, um die Linienschiffe vor Überraschungen warnen zu können.

Ein Gang des Museums versetzt uns völlig an Bord eines Linienschiffes, da er ganz so gebaut ist wie auf dem Schiffe selbst; hier ist die Küche, dort sind die Kojen der Mannschaft, und drüben hat der Zimmermann seine Werkstatt. Dann fesseln unsere Aufmerksamkeit aber auch friedlichere Gegenstände, die Personen- und Frachtdampfer der Hamburg-Amerika-Linie, der größten Schiffahrtsgesellschaft der Welt, ebenfalls in zierlichen Modellen, die die Augen jedes Knaben freudig aufleuchten lassen müssen. Diese Riesendampfer sind sogar größer als die mächtigsten Schlachtschiffe. Aber das Lustigste ist doch die große Erdkarte, auf der alle deutschen Postdampfer in kleinen beweglichen Modellen angebracht sind, und zwar immer genau dort, wo sie sich am Tage vorher in Wirklichkeit befunden haben. Denn die Reedereien der fünfundsiebzig Linien erhalten telegraphische Nachrichten von den Dampfern, und sobald das Museum von allen Bescheid erhalten hat, werden die Schiffe auf der Karte entsprechend weitergeschoben. Diese Karte gibt den klarsten Begriff von der wachsenden Macht Deutschlands auf dem Meere. Wären noch andere Dampfer, besonders die Englands, Amerikas, Frankreichs und Japans ebenfalls auf dieser Karte angebracht, dann würden wir die gewaltigen Wasserglocken der Erde von einem dichten Dampferliniennetz übersponnen sehen. Und auf jeder Linie fahren zahlreiche Dampfer nach beiden Richtungen hin, ferne Küsten miteinander verbindend. Nach großen und kleinen Häfen Europas bringen sie Waren, die dann durch Eisenbahnen über den ganzen Erdteil verstreut werden.

An den Torpedos und all den Dingen, die die Entwicklung des Minenwesens darstellen, vorüber, gelangen wir zu den reizenden kleinen Modellen, die das Innere und die Maschinen der großen Schiffe zeigen, und verweilen einige Zeit in dem Schiffsbausaal, wo in verkleinertem Maßstab vor unseren Augen ein vollständiges Schiff gebaut wird. Da sind Sport- und Schiffsboote, Masten und Steuer, Ruder, Segel und Takelagen, Taue, Anker und Ketten und was sonst noch alles dazu gehört. Auch die Ausbesserung eines beschädigten Schiffes ist hier zu sehen; Taucher sind im Wasser mit der Reparatur beschäftigt, und durch Kautschukschläuche wird frische Luft zu ihnen hinuntergepumpt. Weit bequemer ist es natürlich, das ganze Schiff zu heben durch Schwimmdocke, die hier ebenfalls zu besichtigen sind.

Eine andere Abteilung umfaßt die Modelle aller möglichen Segelschiffe, von dem großen Bremer Fünfmaster, der mit zahlreichen Segeln, mit Masten und Bugspriet, Tauen, Wanten und Rahen dicht besetzt ist, bis zu dem Barkschiff, der Brigg, dem Schoner und dem kleinen Kutter, der zur Küstenfahrt genügt. Alles ist so zierlich und richtig geschnitzt, gedrechselt und zusammengefügt, daß man sich daran nicht satt sehen kann.

Mit besonderem Behagen verweile ich bei den Rettungsapparaten. Da sind allerlei Rettungsboote, zu denen Passagiere und Mannschaft – Frauen und Kinder als erste – ihre Zuflucht nehmen, wenn ein Schiff sinkt und in spiralförmigen Kreisen in der großen, dunklen Tiefe verschwindet. Korkgürtel helfen den Schwimmenden sich über Wasser zu halten, Ölbehälter an Bord werden auf die Wellen ausgeschüttet, um sie zu glätten und ihre Wucht zu brechen. Ein Bild zeigt, wie anscheinend Ertrunkene durch künstliche Atmung wieder ins Leben zurückgerufen werden. Eine eigentümliche Flinte dient dazu, Depeschen an Bord eines Schiffes zu schießen, das sich in Not befindet. Ja, man kann damit sogar einem Torpedoboot Nachricht senden, auch wenn es sich in schnellster Fahrt befindet. Das in der Ecke dort ist ein Raketenapparat mit Zubehör. Wenn ein Schiff vom Sturm an Land getrieben wird, so läßt sich mit einer Rakete eine Verbindung zwischen Küste und Wrack herstellen durch eine feine, starke Leine, die am Ende der Rakete befestigt ist. Die in Not Befindlichen fangen sie auf und ziehen mit ihr eine zweite, dickere Leine aufs Schiff, die an der ersten befestigt ist. Wenn sie auf diese Weise schließlich das stärkste Tau erfaßt haben, wird es an Bord befestigt und sein anderes Ende am Lande gestrafft. Auf dem Tau läuft eine Rolle, an der ein Korb festgemacht ist, und in diesem Korbe werden die Schiffbrüchigen einer nach dem anderen an Land geholt. So boshaft und grausam die Menschen gegeneinander sein können, haben sie doch auch allerhand erfunden, um in Gefahren und Leiden einander beizustehen. Mit Erzählungen vom Heldenmut vieler Lotsen und Kapitäne, die ihr Leben für ihre Mitmenschen hingaben, ließen sich ganze Bücher füllen!

Ein großes schönes Modell stellt einen Teil des Hamburger Hafens dar mit seinen Schiffen, Kranen und Warenhäusern, Speichern und Schienen auf den Kais, ganz wie in der Wirklichkeit. Ein zweites Modell zeigt uns den gefährlichen Hafeneingang in der Odermündung bei Stettin, wo man sich nur durch Leuchttürme und Blinkfeuer im Fahrwasser zurechtfinden kann. Sieht man die Strahlenbündel der Leuchttürme in einer bestimmten Lage, z. B. gerade übereinander, dann ist alles in Ordnung, im anderen Falle aber ist man nicht im richtigen Kurs. Durch starke Linsen und Spiegel wird das Licht der Lampen verstärkt. Baken und Bojen und andere Seemarken dienen dazu, bei Tag den Weg zu zeigen, Heul- und Glockenbojen warnen bei Seenebel. In dem Modell des Marinemuseums sind alle Leuchttürme mit kleinen elektrischen Lampen versehen und leuchten und blinken mit denselben Unterbrechungen und in derselben Zeitdauer wie in Wirklichkeit.

Dort an der Wand hängt das Flaggenalphabet des internationalen Signalbuches. Jede Flagge bezeichnet einen Buchstaben, und zwei Schiffe, die einander auf offenem Meere begegnen, können sich dadurch über die Wogen hinweg einen Gruß zusenden, z. B. »An Bord alles wohl« oder »Passierten gestern ein Wrack, retteten die Besatzung«, oder irgend etwas anderes. Alles läßt sich in der Flaggensprache ausdrücken.

Alltäglich liest man in den Zeitungen von den Telegraphenkabeln, die auf dem Meeresboden Europa und Amerika miteinander verbinden und die die wichtigsten Ereignisse melden, die sich eben erst jenseits des Atlantischen Ozeans zugetragen haben. Mehr als ein Dutzend solcher Kabel führt quer durch die Meere. Die meisten gehen vom südwestlichen Vorsprung Irlands aus und enden auf Neufundland und Neuschottland. Wie diese langen, schweren Kabel viele hundert Meilen weit gelegt werden, darüber belehren uns im Marinemuseum Kabeldampfer mit ihren gewaltigen Tanks, in denen die Kabel aufgerollt liegen und aus denen sie herabgelassen werden, um in vier- oder fünftausend Meter Tiefe in gerader Linie auf dem Meeresboden ausgestreckt zu werden! Auch ein Petroleumdampfer ist hier zu finden, der zu zwei Drittel des Innern mit Petroleum gefüllt werden kann, und ein stark gebauter Eisbrecher, der mit seiner scharfen Schnauze dicke Eisfelder zersprengt. Wie Feuerschiffe gebaut und eingerichtet sind, wie sie weit von der Küste entfernt verankert liegen und Sturm und Wetter vergeblich an ihren Ankerketten zerren und reißen, alles dies läßt sich hier in reizvollen Nachbildungen beobachten. Unwillkürlich fesselt uns ein großes Bild. Es stellt eine Flottille kleinerer Schiffe dar, die in die Nordsee hinausdampfen und eine riesengroße eiserne Trommel bugsieren. Sie kommen aus Bremerhaven an der Wesermündung und halten fünfzig Kilometer davon an einer Stelle, wo die Tiefe nur sieben Meter beträgt. Einige Ventile werden geöffnet, so daß sich die Trommel mit Wasser füllt und sinkt. Taucher umgeben sie mit Beton, und so schafft man mitten im Meer eine Klippe, ein Inselchen, auf dem man dann einen Leuchtturm errichtet, der den Schiffen den Weg nach Bremerhaven zeigt. Ein anderer Saal enthält alle Instrumente, deren sich die Seeleute bedienen, um auf den spurlosen Wegen des Meeres festzustellen, wo sie sich gerade befinden. Solange Land, Seemarken und Leuchttürme in Sicht sind, ist das keine große Kunst. Aber wenn die Küste schwindet und nichts anderes als Wasser ringsumher sichtbar ist, fällt das schon schwerer. Dann liegt die Meßleine, das Log, immer draußen im Wasser, dreht sich wie ein Propeller und gibt die Länge des zurückgelegten Weges und die Fahrgeschwindigkeit an. Der Steuermann am Steuerrad beobachtet ständig den Kompaß, der in Ringen und auf Toppen so aufgehängt ist, daß er auch beim stärksten Seegang horizontal liegt. Auf dem Tisch in der Kajüte des Kapitäns liegt die Seekarte, und mit Winkellineal und Zirkel wird der Kurs Stück für Stück eingetragen. Alles wird in dem sogenannten Logbuch verzeichnet. Von Zeit zu Zeit beobachtet man mit dem Sextanten die Sterne oder die Sonne, um sich zu überzeugen, daß die üblichen Navigationsberechnungen richtig sind. Wieviel Uhr es ist, zeigt der sehr genau gehende Chronometer.

Genaue Karten belehren uns über die Geographie der drei großen Weltmeere, des Stillen, Atlantischen und Indischen Ozeans. Der Raum, den das Meer auf der Erdoberfläche einnimmt, ist zweieinhalbmal so groß als das feste Land, und die größte Tiefe, die je im Meere gelotet wurde, beträgt 9640 Meter im Stillen Ozean, etwas nördlich von der Inselgruppe der Karolinen und im Osten der Philippinen. Die Lotleine besteht aus Klaviersaiten und läuft über eine Rolle im Achter des Schiffes; wenn das Lot Grund erreicht hat, wird die meilenlange Saite schlaff. Ehe man ein Kabel legt, muß natürlich stets die Meerestiefe gelotet werden.

Daß das Wasser des Meeres salzig und ungenießbar ist, daß Schiffbrüchige daher in ihren Booten verdursten können, ist wohl jedem bekannt; weniger aber wohl die Tatsache, daß, wenn das ganze Meer austrocknete, das zurückbleibende Salz eine ununterbrochene Schicht von einundsiebzig Meter Dicke bilden würde!

Nun noch einen flüchtigen Blick in die Säle, wo sich die lebenden Schätze des Meeres in vielerlei Gestalten vor uns ausbreiten. Überall an den Meeresküsten, besonders aber an denen Nordeuropas, machen sich die Menschen die unerschöpflichen Reichtümer der Tiefe zunutze, und für viele ist das Meer eine Goldgrube. Man denke nur an die Fische, Hummern und Austernbänke, an Seeschildkröten, Walfische und Robben, an Schwämme, Korallen und Perlmutter. Der Seemann in Ostpreußen geht in Leder gekleidet bei stürmischem Wetter in die See hinein, bis ihm das Wasser über die Brust reicht, und zieht das durch die Wellen aufgewühlte Seegras und den umherschwimmenden Seetang ans Land, denn darin findet sich das versteinerte Nadelholzharz, der Bernstein, ein wertvoller Handelsartikel. Bei dem Heringsfang in der Nordsee werden bis zu 4500 Meter lange Netze von den Dampfern gelegt, und mit Hilfe von Maschinen werden die Netze wieder eingezogen und auf Deck ausgeschüttet. Der Hering ist mit den Kiemen in den Maschen hängengeblieben. Nun aber gleitet er heraus und liegt in silberglänzenden Haufen da. Sofort wird er eingesalzen und nach nah und fern verschifft.

In den Sälen des Marinemuseums zu Berlin vergehen die Stunden nur allzuschnell! Wie frischer Seewind und freie Meeresluft umweht es uns hier, und es ist ein fast verwirrender Kontrast, wenn man hinterher wieder im Menschengewühl der Straßen untertauchen muß.

Die Berliner Schimpansin

Ich kann Berlin niemals verlassen, ohne der dortigen Schimpansin einen Besuch gemacht zu haben. Viele Stunden habe ich im Zoologischen Garten in Berlin zugebracht und bin vom afrikanischen Löwen zu den indischen Tigern, vom Eis- und Landbären zu den Dromedaren und Lamas gewandert. Am liebsten aber war ich immer im Affenhause, und am längsten bleibe ich stets bei der Schimpansin.

Ihr Käfig steht an der inneren Seite einer hohen Glaswand, und nur durch sie können die Schaulustigen den Affen beobachten. Aber ich kenne den Wärter und darf in das geheizte Zimmer hinein, in dem der große Käfig steht. Die arme Schimpansin, die aus ihrer Heimat draußen im Urwald Westafrikas entführt wurde, ist jetzt mutterseelenallein in ihrem festen Käfig in dem trüben regnerischen Berlin! Hübsch ist sie gerade nicht. Ihre Stirn ist niedrig und ihr Scheitel zusammengedrückt. Die Kiefer sind plump und grobknorrig und die Eckzähne recht groß. Ihre Nase ist platt, die Arme sind lang, die Hände derb und schwielig, der ganze Körper schwarz behaart. Und doch gleicht sie, wenn sie so in dem großen Käfig hin und her geht, durchaus einem Menschen. Denn sie hat hellbraune sprechende Augen, und wenn ich an das Gitter herantrete, kommt sie mir entgegen und betrachtet mich unverwandt. Sie sieht so ernst und traurig aus, daß ich den Wärter fragen muß, was ihr fehle. Und was antwortet er mir? »Sie zerbricht sich nur den Kopf darüber, ob Sie langes oder kurzes Haar haben, und möchte gern, daß Sie den Hut abnähmen.«

Mit Vergnügen erfülle ich diesen so bescheidenen Wunsch, entblöße mein Haupt und beuge es nach dem Gitter hin. Die Schimpansin streicht mit ihren kalten, harten und schwieligen Händen über mein Haar hin und stößt, sichtlich befriedigt, einen Freudenruf aus; dann geht sie mit ihren O-Beinen wieder schwerfällig tiefer in den Käfig zurück, sich mit den Handknöcheln auf den Fußboden stützend, greift nach einem Trapez und beginnt daran zu turnen, um sich dann an einem von der Decke hängenden Seil in Halbkreisen hin und her zu schwingen.

Bald aber kommt sie zurück und schüttelt mir immer wieder die Hand; sie macht sogar Miene, meinen Kneifer probieren zu wollen. Aber der Wächter warnt mich, ihn ihr zu leihen. Sie begnügt sich nun damit, meine Rocktaschen zu durchstöbern und zu untersuchen, ob ich einige Nüsse oder Obst mitgebracht habe. Schließlich läuft sie wieder in ihrem Gefängnis hin und her.

Mittlerweile ist es dämmerig geworden. Wenn sich die Dämmerung auf den afrikanischen Urwald herabsenkt, pflegt die Schimpansin sich auf einen Baum zu schwingen und sich zwischen den Zweigen häuslich einzurichten. Hier in Berlin aber, im Käfig des Zoologischen Gartens, öffnet der Wärter, mit zwei dicken, wollenen Decken beladen, die Gittertür. Die Schimpansin nimmt sie ihm ab, um sich selber ihr Bett zu machen; die eine Decke breitet sie in einer Ecke auf dem Fußboden aus und in die andere wickelt sie sich ein. Sorgfältig stopft sie sich die Decke auf allen Seiten unter und zieht sie sich bis über die Ohren hinauf. Nun sage ich ihr Gute Nacht und gehe meiner Wege, wieder hinaus auf die lauten Straßen. –

Von der Klugheit dieser Affen, ihrem überlegten Handeln und ihrer Verträglichkeit erzählen alle Reisenden, die je Schimpansen besessen haben. Einer dieser menschenähnlichen Affen – um mich auch menschenähnlich auszudrücken – verstummte fast vor Erstaunen, als er sich zum erstenmal in einem Spiegel sah. Er wurde ungemein neugierig, blickte seinen Besitzer fragend an, ging hinter den Spiegel, beguckte die Rückseite und versuchte sein Ebenbild zu berühren, um zu sehen, ob es ein lebendiges Wesen sei. Er betrug sich dabei genau so wie Wilde, wenn sie zum erstenmal einen Spiegel sehen.

Der große Tierfreund Brehm erzählt rührende Dinge von seinem jungen Schimpansen. Solch einen Affen, meint er, könne man nicht wie ein Tier, sondern nur wie einen Menschen behandeln. Sein Schimpanse untersuchte alles, was ihn umgab. Er zog Kommodenschubläden auf und suchte darin nach Dingen, mit denen er spielen konnte; er öffnete die Ofentür, setzte sich davor und sah ins Feuer; so saß er mit am Eßtisch und nahm an den Mahlzeiten teil, goß sich selber seine Tasse voll und trank wie ein Mensch. Und wenn er mit dem Essen fertig war, wischte er sich mit der Serviette den Mund ab. War jemand freundlich gegen ihn, so legte er ihm den Arm um den Hals und gab ihm einen Kuß. Die Kinder liebte er mehr als die Erwachsenen, und die kleinen Mädchen zog er den Knaben vor, weil die letzteren ihn gern zu necken pflegten. Als ihm einmal ein vier Wochen altes Kind gezeigt wurde, betrachtete er es mit Erstaunen und grübelte anscheinend darüber nach, ob dieses kleine Wesen wirklich ein Mensch sein könne. Dann berührte er das Gesicht des Kindes mit einem Finger, so zart und leicht, als ob er fürchte, ihm ein Leid zuzufügen, und als ihm nun die Sache klar geworden war, gab er dem Kinde zum Zeichen des Friedens seine Hand.

Er wußte ganz ganau mit der Tageszeit Bescheid. Ließ das Abendessen auf sich warten, dann klopfte er laut an die Tür, und wenn die Speisen aufgetragen wurden, rief er entzückt: »Oh, Oh!« Nachher zog er die Pantoffeln seines Herrn an und fegte das Zimmer mit einem Handtuch aus. Schlangen und andere Kriechtiere haßte er und wagte sie nur dann näher anzusehen, wenn sie unter Glas waren. Sonst lief er davon und rief: »Oh, Oh!« Aber vor dem Papagei fürchtete er sich nicht. Oft schlich er zum Bauer hin und hob schnell die Hand hoch, um ihn zu erschrecken. Aber der Papagei war humoristisch veranlagt und schrie: »Still, still!«

Man kann begreifen, wenn der Besitzer und Freund dieses Affen ihn wie ein menschliches Wesen betrauerte, als der Schimpanse schließlich an einer Halsdrüsengeschwulst mit hinzutretender Lungenentzündung starb. Der kranke Affe wurde nicht vom Tierarzt behandelt, sondern von den geschicktesten Ärzten, die aufzutreiben waren. Als die Geschwulst Atemnot verursachte, mußte er operiert werden. Vier Mann sollten den Affen halten, aber er sträubte sich dagegen und riß sich los. Da versuchte man es mit freundlichem Zureden, und ohne einen Klagelaut oder die geringste Bewegung, die den Messerstich hätte tödlich machen können, ließ er die Operation ausführen. Als sie beendet war, bezeugte er seine Freude und Dankbarkeit, indem er den beiden Chirurgen die Hand reichte und seinen Pfleger umarmte. Und ebenso mutig, wie er unter dem Messer gewesen war, ebenso geduldig ließ er sich die Arzneimittel gefallen, und ebenso würdig legte er sich zum Sterben nieder. Einer der Ärzte, die ihn behandelten, versicherte, er sei durchaus wie ein Mensch gestorben, nicht wie ein Tier.

Kaiser Franz Joseph und der Klempner von Wien

Aber nun ist es Zeit, von den Ufern der Spree Abschied zu nehmen. Wollten wir in allen merkwürdigen Städten, die wir berühren, so lange bleiben wie in Berlin, dann kämen wir wohl überhaupt nicht wieder nach Hause. Allein bis Konstantinopel haben wir noch zweitausend Kilometer zurückzulegen, und dreizehn volle Stunden braucht der Schnellzug, um uns zunächst bis nach Wien, der Hauptstadt Österreichs, zu bringen.

Im Westen haben wir die Elbe, die bei Hamburg in die Nordsee fließt, und im Osten die Oder, die bei Stettin in die Ostsee mündet. Nur mit der Elbe machen wir nähere Bekanntschaft, zunächst in Dresden, der Hauptstadt des Königreichs Sachsen, die wir durchfuhren, und dann jenseits der österreichischen Grenze in Böhmen, wo die Bahn in einem herrlichen, reichbevölkerten, waldigen Tal den Windungen dieses Flusses folgt. Auch in Prag, einer der ältesten und schönsten Städte Europas, können wir uns nicht aufhalten; in eilender Fahrt geht der Zug weiter, und erst in Wien verlassen wir ihn wieder.

Wien ist eine reiche, herrliche Stadt, die viertgrößte Europas; der Stephansdom erhebt seinen himmelhohen Turm über zwei Millionen Menschen, die hier wohnen. Neben Denkmälern aus alten Zeiten stehen prachtvolle moderne Riesenhäuser, und der »Ring« ist eine der schönsten Straßen der Welt. Wien ist mehr als Berlin eine Stadt des Frohsinns und des heitern Lebens, eine vornehme, alte Adelsstadt, eine Stadt der Theater, Konzerte, Bälle und Kaffeehäuser. Quer durch Wien geht der Donaukanal mit seinen zwölf Brücken, und längs des Ostrandes der Stadt rollen in einem künstlichen Bett die Wellen der »schönen blauen Donau«, deren melodisches Plätschern der Grundton der berühmten Wiener Walzer ist.

Gleich Berlin ist Wien einer der Brennpunkte der Bildung, Wissenschaft und Kunst und birgt in seinen Mauern unzählige wunderbare Dinge. Aber nichts von alledem ist so wunderbar, wie der alte Kaiser Franz Joseph. Nicht weil er so alt und der letzte einer ausgestorbenen Generation ist, sondern weil seine ehrwürdige Persönlichkeit ein Reich zusammenhält, das aus den verschiedensten Ländern und Nationen mit den verschiedensten Glaubensbekenntnissen besteht. Fünfzig Millionen beherrscht sein Zepter, die Deutschen in Österreich, die Tschechen in Böhmen, die Magyaren in Ungarn und die Polen in Galizien. Und noch eine ganze Reihe anderer Völker, sogar Mohammedaner leben im Schutze des katholischen Kaisertums.

Das Leben des Kaisers war reich an Wechselfällen und Kummer. Er hat Krieg, Aufruhr und Umwälzungen erlebt und mit klügster Geschicklichkeit alle die sich befehdenden Menschenmassen zusammengehalten, die sein Reich zu sprengen suchten und es noch immer versuchen. Ohne ihn ist die österreichisch-ungarische Monarchie kaum noch zu denken, und daher ist für unsere Zeit kein Menschenleben wichtiger als das seine. Er war Attentaten ausgesetzt, seine Gemahlin wurde ermordet und sein einziger Sohn ist eines gewaltsamen Todes gestorben. Jetzt ist er einundachtzig Jahre alt und hat dreiundsechzig Jahre lang die Kaiserkrone getragen; seit 1867 ist er König von Ungarn. Unter seiner Regierung haben sich Handel, Landwirtschaft, Industrie und der allgemeine Wohlstand seines Landes ungeheuer gehoben. Das Merkwürdigste aber ist, daß er noch immer sein Haupt aufrecht trägt, schlank und gerade ist und ebenso fleißig arbeitet, wie der Tagelöhner im Donautal.

Von der Popularität, die Kaiser Franz Joseph bei seinem Volke genießt, zeugt eine Geschichte, die mir einmal ein redseliger Reisebekannter erzählte, als ich von Wien aus mit dem Schnellzug durch das Donautal fuhr, denselben Weg, den auch wir auf unserer gemeinsamen Reise jetzt einschlagen. Ich hatte mich gerade zum Essen niedergesetzt, und während ich meine Suppe verzehrte, unterhielt er mich über Wien.

»Haben Sie schon von dem Klempner gehört, der auf den Stephansturm geklettert ist?« fragte er mich.

»Nein, was ist das für eine Geschichte?«

»Der wollte das Jubiläum des Kaisers auf seine Weise feiern. Er band sich eine österreichische Fahne auf den Rücken und stieg die Treppe des Turmes hinauf, und als die Treppen aufhörten, kletterte er an der Außenseite des Turmes weiter. Wie Sie wissen, ist sie beinahe senkrecht, aber er brachte es fertig, auf den kleinsten Vorsprüngen und den Nähten der Kupferplatten festen Fuß zu fassen und bis zum Fuß des Kreuzes hinaufzukommen.«

»Dann stürzte er natürlich herunter?«

»Gott bewahre, er verschnaufte nur eine Weile und kletterte dann am Blitzableiter nach dem obersten Quadrat des Kreuzes hinauf. Dort legte er sich auf den Bauch und machte mit den Armen und Beinen Schwimmbewegungen in der Luft.«

»Der Kerl wird mir ungemütlich«, dachte ich bei mir.

»Dann nahm der Klempner seine Fahne und ließ sie eine Weile wehen. Tief unter ihm lag Wien, und er sah die ganze Stadt wie auf einer Karte: den Donaukanal und die Donau mit ihren Brücken, die viereckigen Stadtviertel, die Dächer der Häuser mit ihren Schornsteinen, die Straßen, Höfe und kleinen Gassen, die Vorstädte und Dörfer, Eisenbahnen und Landstraßen, die am Rande des Horizonts verschwanden. Die Telegraphen- und Telephondrähte hatte er tief unter sich und war gewiß der allerhöchste in Wien. Zufällig sah ihn und seine Fahne unten jemand auf dem freien Platz vor dem Dom, und dieser jemand blieb natürlich stehen, um hinaufzuschauen. Schon nach einer Minute stand da eine Volksversammlung, und schließlich gab es ein solches Gedränge, daß aller Verkehr aufhören mußte. Ebenso war es auf allen andern freien Plätzen und Straßen, von denen aus man den Stephansturm sehen konnte. Die halbe Einwohnerschaft stand so dichtgedrängt auf dem Pflaster, daß man nicht mehr gehen und fahren konnte, und gaffte nach dem Turm hinauf. Der Klempner lag noch immer da oben, schwenkte seine Fahne und amüsierte sich darüber, daß es unten auf den Straßen so hübsch schwarz von Menschen wurde.«

»Er kam natürlich zerschmettert unten an?« warf ich ein, denn ich konnte mich nicht überwinden, mit dem unterdes servierten Fisch zu beginnen, ehe der Klempner wieder unten oder doch wenigstens an den obersten Treppen angelangt war.

»Keineswegs! Als es ihm droben zu langweilig wurde, kletterte er vorsichtig auf demselben Wege, den er gekommen war, wieder hinab. Ohne ein einziges Mal fehlzutreten, auszugleiten oder den Halt zu verlieren, stieg er an der Außenseite der Turmspitze herunter. Man darf natürlich auf solchen Ausflügen nicht an Schwindel leiden.«

»Da haben Sie recht!« erwiderte ich. »Aber wie dachte denn die Polizei über den Klempner?«

»Nun, er bekam einen Monat Gefängnis, weil er einen Auflauf erregt und den Straßenverkehr gehemmt habe.«

»Das war gemein!« fuhr es mir über die Lippen.

»Ja, aber er erhielt auch vom Kaiser eine goldene Medaille, weil er bei dieser seiner Kaiserfeier so großen Mut gezeigt hatte.«

»Das lasse ich mir schon eher gefallen! Nun aber wollen wir mit dem Fisch beginnen.«

Eben rollte der Zug über eine der Donaubrücken, der ungarischen Ebene und der Balkanhalbinsel entgegen.

Durch die ungarische Ebene zur Balkanhalbinsel

Im Norden der österreichisch-ungarischen Monarchie fließen die Elbe und der Dnjestr und im Süden mehrere kleine Flüsse, die sich in das Adriatische Meer ergießen. Im übrigen aber gehören alle Flüsse der Monarchie zur Donau und strömen ihr als dem Hauptflusse von allen Seiten zu. Europas größter Fluß ist die Wolga, und sie hat ihr eigenes Meer, das Kaspische. Die Donau ist der zweitgrößte Fluß und hat auch ihr eigenes Meer, das Schwarze. Und schwarz heißt auch ihre Quelle, denn die Donau entspringt auf den Schwarzwaldbergen Badens. Von der Quelle bis zur Mündung mißt sie fast 3000 Kilometer. Sie durchströmt Bayern, Österreich und Ungarn, bildet die Grenze zwischen Rumänien und Bulgarien und berührt schließlich einen kleinen Zipfel russischen Gebietes. Sie hat sechzig große Nebenflüsse, von denen mehr als die Hälfte schiffbar sind und von Mündung zu Mündung die Wassermasse des Hauptflusses vergrößern. In Budapest, das unter prächtigen Brücken von der Donau durchschnitten wird, glaubt man eher einen Landsee als einen Fluß vor sich zu haben; die Elisabethbrükke in der Hauptstadt Ungarns hat 290 Meter Spannweite. Weiter abwärts aber, auf der Grenze der Walachei, ist der Fluß einen Kilometer breit, und da, wo die rumänische Eisenbahn zwischen Bukarest und dem Schwarzen Meer die Donau schneidet, finden wir beim »Schwarzwasser« eine Brücke, die sogar fast vier Kilometer lang und die längste auf der ganzen Erde ist!

Unweit dieses Punktes teilt die Donau ihre Wassermassen in drei Arme und bildet bei ihrer Mündung ein großes Delta. Hier wächst dichtes Schilf von doppelter Mannshöhe, hier weiden große Büffelherden, gehen Wölfe auf Raub aus und brüten Wasservögel millionenweise.

Von Budapest aus führt uns der Zug durch die ungarische Ebene, ein eigentümliches, muldenförmiges Land mit einem Ring von Gebirgen. Es ist sehr regenreich, der Winter ist hier kalt und der Sommer heiß, wie in allen Ländern, die weit vom Meere liegen. Staub- und Sandstürme sind nichts ungewöhnliches, und in einigen Gegenden häuft sich der Flugsand zu Dünen an. Einst war das ungarische Tiefland eine üppige Steppe, auf der das Nomadenvolk der Magyaren zu Pferde umherstreifte und die Rinder- und unübersehbaren Schafherden grasen ließ. Heute breitet sich der Ackerbau immer mehr aus. Man baut Weizen, Roggen, Gerste, Hafer, Mais, Reis, Kartoffeln und Wein in solcher Menge, daß die Bodenerzeugnisse, über den Bedarf des Landes hinaus, noch zu einer bedeutenden Ausfuhr hinreichen.

Auf den weiten Steppen mit ihren vielen Sümpfen haben die Einwohner kein anderes Brennmaterial als Schilf und getrockneten Dung. Die Viehzucht war in Ungarn immer sehr hoch entwickelt. Noch immer werden Rassenkühe, Stiere und Büffel durch gewissenhafte Zucht veredelt und Schafe, Ziegen und Schweine der verschiedensten Art gezogen; Geflügelmast, Bienenzucht, Seidenbau und Fischereigewerbe stehen auf bedeutender Höhe. Dem Nomaden, der mit seinen Herden aus einer Gegend in die andere wandert, ist das Pferd unentbehrlich, und so ist es ganz natürlich, wenn Ungarn stets reich an Pferden war, und zwar an vorzüglichen Pferden gemischt tatarischen und arabischen Blutes.

Wenn man das Land, wo all dieser Reichtum wächst und der gut und gleichmäßig bewässerte Boden so viel zum Wohlstand der Menschen beiträgt, vom Zuge aus betrachtet, erscheint es flach und einförmig. Man sieht wohl Herden mit reitenden Hirten, Dörfer, Landstraßen und Hütten. Aber wenn man einen deutlichen Begriff davon bekommen will, muß man die große landwirtschaftliche Ausstellung in Budapest besuchen. Sie gibt ein vollkommenes Bild des ungarischen Landlebens, von den Weideplätzen und Viehställen bis zur geformten Butter und zum fertigen Käse, vom Leben der Seidenraupe in der Puppe bis zum wertvollen Seidenstoff. Sie zeigt das Leben des Bauern auf dem Landgut, in der einfachen Schilfhütte oder im Zelt, die verschiedenen Getreidearten, mit denen er die Felder bestellt, die gelben Honigwaben, die er im Herbst aus den Bienenkörben erntet, bis auf das gegerbte Leder, aus dem er Riemen, Sättel und Koffer fertigt. Sie zeigt Waffen, Gerätschaften und Beute des ungarischen Jägers und des ungarischen

Fischers. Und erst wenn man den letzten Saal der Ausstellung verlassen hat, versteht man, wie klug und liebevoll dieses Land von seinem Volk bewirtschaftet wird. Wohlstand und Reichtum lohnt daher auch die Bewohner. –

Mit ungeheurer Geschwindigkeit saust der Zug durch die Ebene hin und über die serbische Grenze. In Belgrad, der Hauptstadt Serbiens, revidieren Zollbeamte unser Gepäck. Sie tun ihre Pflicht, aber man liebt sie nicht. Man liebt überhaupt die Serben nicht sonderlich, und ich persönlich habe kein Vertrauen zu einem Volke, das Könige und Königinnen zum Fenster hinauswirft, wenn es ihm gerade einfällt!

Hier sagen wir der Donau Lebewohl und folgen dem Tal der Morawa aufwärts. Die serbischen Dörfer, aus niedrigen, weißen Häusern mit pyramidenförmigen Ziegel- oder Strohdächern, sind hübsch und malerisch angelegt. Überall grünende Anhöhen, bewaldete Abhänge, Herden und Hirten und Landleute, die in bunter Tracht hinter dem Pfluge einherschreiten. Kleine rauschende Bäche tanzen in munteren Sprüngen zur Morawa hinunter; diese selbst strömt der Donau zu. Wir sind also noch immer im Flußgebiet der Donau, ja selbst dann noch, wenn wir schon ganz Serbien durchquert, einen flachen Bergrücken überwunden und Sofia, die Hauptstadt Bulgariens, hinter uns haben. Auch hier strömt noch ein Fluß, der ein Untertan der Donau ist, die somit für eine ganze Reihe Völker und Staaten ein Lebensnerv ist. Zur Zeit der Völkerwanderung ergossen sich die Scharen der Eindringlinge von Osten her nach Europa gewöhnlich durch das Donautal, und noch heute ist der Fluß eines der wichtigsten Verbindungsglieder zwischen West- und Osteuropa.

Geizig verhüllt uns die Nacht das Königreich Bulgarien, durch dessen südlichen Teil wir am Maritzafluß entlang fahren, dessen nach Süden gewandtes Tal wir erst hinter der türkischen Grenze und Adrianopel verlassen. Hier sind wir auf dem breitesten Teil der Balkanhalbinsel, und während der einförmigen Erschütterung der nächtlichen Fahrt gedenke ich, auf der Polsterbank liegend, der berühmten Balkanländer, die sich im Süden ausdehnen: Albaniens mit seinem kriegerischen Volke, Mazedoniens, der Heimat Alexanders des Großen, und Griechenlands, der ehemaligen Wiege von Wissenschaft und Kunst.

Wenn der Tag graut, sind wir in der Türkei, und die Sonne steht schon hoch am Himmel, wenn der Zug in Konstantinopel einfährt.

Konstantinopel

Wenn dich dein Schicksal je zu dieser Perle unter den Städten der Erde führt, dann verliere dich nicht erst in ihre engen schmutzigen Gassen, sondern begib dich schleunigst auf die obere Plattform des hohen Turmes, der mitten auf dem halbinselförmigen Vorsprung Stambuls, des türkischen Stadtteils, emporragt. Eine Landschaft von unvergeßlicher Schönheit breitet sich vor dir aus.

Du schaust auf ein Meer dicht aneinandergedrängter Holzhäuser in den buntesten Farben. Aus dem Dächergewirr des alten Stambul erheben sich die schlanken Türme der Minaretts und die runden Kuppeln der Moscheen. Unmittelbar zu deinen Füßen liegt der große Basar der Kaufleute und weiter hinten die Hagia Sophia, die vornehmste Moschee. Gleich Rom ist Stambul auf sieben Hügeln erbaut; die Täler dazwischen sind gefüllt mit grünen Baumgruppen und schattigen Gärten. Hinten im Westen sind noch die Türme der alten Stadtmauer erkennbar; darüber winken die düstern Zypressenwipfel der Friedhöfe.

Von Norden her streckt sich dir eine Halbinsel in stumpfem Winkel entgegen. Sie trägt die Stadtteile Galata und Pera, wo die Europäer, Griechen und Italiener, Juden und Armenier und Angehörige benachbarter Volksstämme wohnen. Zwischen dieser Halbinsel und Stambul zieht sich eine tief eingeschnittene Meeresbucht nach Nordwesten; sie heißt das Goldene Horn, da auf ihren Fluten seit Urzeiten unermeßliche Schätze befördert wurden.

Nordöstlich siehst du eine Meerenge von gleichmäßiger Breite. Ihr Wasserspiegel ist saphirblau, und ihre Ufer umsäumt ein Rosenkranz von Dörfern und weißen Villen zwischen üppigen Hainen. Es ist der Bosporus, die Fahrstraße zum Schwarzen Meer. Auf der rechten Seite des Bosporus, gerade im Osten, zieht sich der dritte Hauptteil Konstantinopels, Skutari, vom Meeresufer hin bis auf die Gipfel niedriger Hügel.

Nun richte den Blick nach Süden. Du mußt deine Augen mit der Hand beschatten, denn große Wasserspiegel werfen das Sonnenlicht mit unvermindertem Glanze wieder zurück. Vor dir liegt das 200 Kilometer lange Marmarameer, ein seltsames Gewässer, weder See noch Meer, weder Bucht noch Meerenge, ein Glied zwischen dem Schwarzen und dem Ägäischen Meere, mit jenem durch den Bosporus, mit diesem durch die Straße der Dardanellen, den Hellespont, verbunden. Die schwimmenden Gärten dort, zwei Meilen nach Südosten, sind die Prinzeninseln, und hinter ihnen in blauer duftiger Ferne erheben sich die Gebirge Kleinasiens. Hier und da schimmert ein weißes Schiffssegel, oder eine kleine Dampferwolke schwebt in der Luft. Und rings um den Horizont löst sich diese entzückende Landschaft in immer schwächere Farben auf, bis Land und Meer und Himmel ineinander verschwimmen.

Unvergeßlich wird dir das Bild dieser gewaltigen, durch breite Wasserstraßen zerschnittenen Stadt. Dein Blick erfaßt zwei Weltteile und zwei Meere, und du überschaust klar den wichtigen Seeweg, der die Hauptstadt des Osmanischen Reiches durchquert. Täglich laufen unzählige Schiffe durch den Bosporus ins Schwarze Meer nach den Küsten Bulgariens, Rumäniens, Rußlands und Kleinasiens, und ebenso viele durch die Dardanellen in die Meere Griechenlands, den Archipelagos und zu den Küsten des Mittelmeers.

Nur ungern trittst du von dem die Plattform umgebenden Geländer zurück. Ist es Traum oder Wirklichkeit? Du stehst in Europa, aber an der Schwelle Asiens! Skutari da drüben in seinem Kranze dunkelgrüner Zypressenwälder liegt schon auf asiatischer Seite! Aber wenn du nun gerade unter dir hinabschaust in die von Türken wimmelnden Straßen, auf die schmalen weißen Boote, die über die Meeresarme hinschnellen, dann fühlst du dich bald mehr in Asien als in Europa. Ein unaufhörliches Rauschen ist um dich, es ist nicht der Wind, nicht das Lied der Wellen; es gleicht dem Summen eines Bienenschwarms. Dann und wann hörst du deutlich den Ruf eines Trägers, das Bellen eines Hundes, die Pfeife eines Dampfers oder die Glocke eines Straßenbahnwagens. Sonst aber verschmilzt die Stimme der Natur mit der der menschlichen Arbeit zu einem einzigen Ton, und dich umfängt das summende Schweigen, die unruhige Ruhe, die immer über den Schornsteinen großer Städte brütet.

Die Kirche der Heiligen Weisheit

Wir zählen das Jahr 548 nach Christi Geburt. Eine der herrlichsten Kirchen der Christenheit ist soeben von den größten Baumeistern jener Zeit, Kleinasiaten, vollendet worden. Sechzehn Jahre hat die Arbeit gedauert und zehntausend Arbeiter unaufhörlich beschäftigt. Jetzt aber steht das Riesenwerk fertig da, und heute soll die Kirche der Heiligen Weisheit eingeweiht werden.

Der große Kaiser des Byzantinischen Reiches, Justinianus, kommt auf schnellem Viergespann dahergefahren und betritt in Begleitung des Patriarchen von Konstantinopel die Kirche. Ihr Inneres ist so weit wie ein Marktplatz, und 56 Meter hoch wölbt sich, einem Himmel gleich, die Kuppel. Justinian sieht sich um und freut sich seines Werkes. Er bewundert den bunten Marmor an den Wänden, das kunstvolle Mosaik im Goldgrund der Kuppel, die hundert Säulen aus rotem Porphyr und grünem Marmor, die Kuppel und Galerien tragen. Unermeßlich ist der Reichtum des Kaisers! Sieben Goldkreuze hat er der neuerbauten Kirche geschenkt, jedes einen Zentner schwer! Vierzigtausend Kelchdecken, alle mit Perlen und Edelsteinen gestickt, birgt die Sakristei, und vierundzwanzig Bibeln, die in ihren goldbeschlagenen Deckeln je zwei Zentner wiegen! Die Türbekleidungen der drei Portale sind aus Bauholz von der Arche Noah gezimmert, und die Türen des Haupteingangs sind gediegenes Silber; die übrigen tragen prachtvolle eingelegte Arbeit aus Zedernholz, Elfenbein und Bernstein. Zwischen zwölf silbernen Säulen prangt, gleichfalls aus getriebenem Silber, aber vergoldet, das Allerheiligste dieses Tempels, ein Bild des Gekreuzigten, ein getreues Abbild jenes Kreuzes, das römische Barbaren mehr als fünfhundert Jahre vorher in Jerusalem errichteten.

Das Gewölbe schwimmt in Licht. Silberne Kronleuchter über dem Haupt des Kaisers bilden eine mächtige Kreuzesform, ein Sinnbild des sieghaften Glanzes himmlischen Lichtes über der Finsternis der Erde. In dem Kuppelmosaik leuchten die milden Antlitze der Heiligen, die in stummer Andacht vor Gott knien; unter der Wölbung schweben die vier Cherubim. Und der Kaiser denkt des zweiten Buches Mosis: »Die Cherubim breiteten ihre Flügel aus von obenher und deckten damit den Gnadenstuhl; und ihre Antlitze standen gegeneinander und sahen auf den Gnadenstuhl.« War es in diesem neuen Tempel nicht ebenso? Ergriffen von Demut vor dem Allerhöchsten, aber zugleich voll menschlichen Stolzes fällt Justinian auf die Knie nieder und ruft: »Gepriesen sei Gott, der mich gewürdigt hat, dies Werk zu vollenden! Ich habe dich besiegt, Salomo!«

Dann ertönen Flöten und Trommeln, und die Jubellieder des Volkes hallen zwischen den Häusern wider, aus deren Fenstern lange Bahnen kostbaren Brokates herunterhängen. Vierzehn Tage dauert das Fest; Tonnen voll Silbermünzen werden unter das Volk verteilt, und die ganze Stadt ist Gast des Kaisers. –

Und neue Generationen, neue Jahrhunderte folgen in der Spur der alten. In der Kirche der Heiligen Weisheit werden noch immer die christlichen Jahresfeste prunkvoll begangen, und Patriarchen und Kirchenväter versammeln sich hier zu gebietenden Konzilien. Fast sind tausend Jahre über dies gewaltige Gotteshaus hingerauscht. Da bricht der 29. Mai des Jahres 1453 an.

Der türkische Sultan hat mit seinen zahllosen Kriegerscharen die Mauern Konstantinopels erstürmt. Wahnsinnig vor Entsetzen flüchten hunderttausend Männer, Frauen und Kinder in die Hagia Sophia, die übrige Stadt der Verwüstung preisgebend. Der Eroberer wird es nicht wagen, diesen heiligen Ort zu schänden! In der Stunde der Not, so lautet eine Prophezeiung, wird ein Engel Gottes vom Himmel steigen, um Kirche und Stadt zu retten.

Da dröhnen die wilden Trompetenstöße der Mohammedaner schon von den nahen Hügeln. Herzzerreißende Angstrufe hallen unter den Wölbungen wider, Mütter drücken ihre Kinder ans Herz, Ehegatten umarmen sich, Galeerensklaven, die Handgelenke noch in Ketten, flüchten sich in das Dunkel hinter den Säulen. Donnernd schlagen die Beile der Mohammedaner gegen die Pforten; Splitter kostbaren Holzes fliegen unter den Hieben. Noch kracht die eine Tür in den Fugen, die andere ist schon gesprengt. Mit Feuer und Schwert seine Lehre zu verbreiten, ist ja der Befehl des Propheten, das schändlichste Gebot, das je einer Religion entstammte. Berauscht schon von dem blutigen Gemetzel an der Mauer stürmen die Janitscharen herein, und mit triefenden Krummsäbeln mähen sie ihre Ernte nieder nach dem Befehl des Propheten. Haufen Wehrloser werden mit Ketten gefesselt und wie Vieh hinausgetrieben. Dann geht es an die Plünderung. Unter Schwerthieben und Lanzenstößen zersplittert das Mosaik, die kostbaren Altardecken werden hervorgerissen und unermeßliche Schätze an Gold und Silber auf die Rücken der Maulesel und Kamele geladen. Unter wildem Geheul wird das Bild des Gekreuzigten durch die Kirche getragen, ein schwarzbärtiger Moslem hat ihm voll wahnwitzigen Religionshasses seine Janitscharenmütze auf die Dornenkrone gedrückt, und den übermütigen Siegesjubel überschreien die Worte des Hohns: »Das ist der Gott der Christen!«

Da oben am Hauptaltar aber steht ein griechischer Bischof in hohepriesterlichem Ornat. Furchtlos liest er mit lauter, ruhiger Stimme die Messe für die Christen und spendet ihnen Trost in ihrer furchtbaren Not. Aber schließlich steht er ganz allein. Da ergreift er den goldenen Kelch und schreitet die Treppe hinauf zu den oberen Galerien. Jetzt bemerken ihn die Türken, und mit gezückten Säbeln und gesenkten Speeren stürmt ein Schwarm Janitscharen hinter ihm drein. Im nächsten Augenblick wird er tot über seinem Kelche zusammenbrechen, denn Entrinnen ist unmöglich, rings starren steinerne Wände. Doch in diesem Augenblick öffnet sich plötzlich vor ihm die graue Steinmauer, der Bischof tritt hindurch, und schon ist die Pforte wieder verschwunden. Starr vor Staunen prallen die Türken zurück, dann aber geht es mit Spießen und Beilen auf die Mauer los. Aber sie gibt nicht nach, und die Steine spotten ihrer vergeblichen Anstrengung. Voll ratlosen Staunens ziehen sich die Soldaten zurück.

Unten im Schiff der Kirche haben Plünderung und Lärm ihren Höhepunkt erreicht, da trägt ein schnaubendes Streitroß einen Reiter ans Hauptportal. Mohammedanische Heerführer und Paschas begleiten ihn. Der Eroberer selbst, Mohammed II., der Sultan der Türken, naht. Er ist jung und stolz und von unbeugsamem Willen, aber auch ernsten Sinnes. Zu Fuß schreitet er über die Marmorplatten, die vor tausend Jahren der Fuß des christlichen Kaisers Justinian berührte. Das erste, was er sieht, ist ein Janitschar, der mutwillig mit dem Beil den Marmorboden zerhackt. Mohammed tritt an ihn heran und fragt: »Warum?« – »Um des Glaubens willen!« ist die Antwort. Da schlägt der Sultan mit seinem Säbel den Soldaten nieder. »Ihr Hunde! Habt ihr nicht genug an der Beute? Die Gebäude dieser Stadt sind mein!« Den Erschlagenen mit dem Fuße beiseite stoßend, geht er hinauf auf die christliche Kanzel und übergibt mit tönender Stimme die Kirche der Heiligen Weisheit dem Islam als Eigentum. –

Viereinhalb Jahrhunderte sind es jetzt her, daß auf der Domkuppel der Hagia Sophia das Kreuz durch einen mächtigen Halbmond ersetzt wurde, und allabendlich tönt noch immer von der Plattform der Minaretts, deren die Türken vier an die Kirche angebaut haben, die Stimme des Gebetrufers. Er trägt einen weißen Turban und einen lang herabwallenden Mantel. Nach allen vier Himmelsrichtungen läßt er seine wohllautende Stimme über Stambul ertönen; sie klingt von silberklaren, langgezogenen A-Lauten und vollen Ls und weckt das Echo nahe und fern. »Gott ist groß«, lauten seine Worte. »Außer Gott ist kein Gott, und Mohammed ist sein Prophet! Kommet zum Heile! Kommt zur Erlösung! Gott ist groß. Außer Gott ist kein Gott!«

Nun versinkt die Sonne unter dem Horizont. Da ertönt ein Kanonenschuß. Denn es ist Fastenmonat, während dessen die Mohammedaner tagsüber weder essen noch trinken noch rauchen dürfen. So befiehlt der Prophet im Koran, ihrer heiligen Schrift. Jenes Zeichen verkündet für heute das Ende der Fasten, und wenn sich die Rechtgläubigen nun gelabt haben an dampfenden Fleischknödeln und Reispuddings, an Obst, Mokka und Wasserpfeife, dann lenken sie ihre Schritte zur alten Kirche der Heiligen Weisheit, wie sie noch immer heißt. Um die Minaretts herum leuchten Tausende von Lampen, und zwischen den Türmen schreiben flackernde Lichter heilige Namen auf das Dunkel der Nacht. Im Innern der Moschee aber hängen an fünfzig Meter langen Ketten Kronleuchter mit unzähligen Öllampen, und auf straffgespannten Seilen sitzen Lichter so dicht wie die Kugeln des Rosenkranzes. Ein Lichtmeer überflutet den Boden der Moschee. Mächtige grüne Schilde an den Säulen tragen in goldener Schrift die Namen Allahs, Mohammeds und der Heiligen; die Schriftzeichen allein sind jedes neun Meter hoch.

Der Fußboden ist mit Strohmatten bedeckt; wer eintritt, muß die Schuhe ausziehen und Gesicht, Hände und Arme waschen. Weiße und grüne Turbane und rote Fesse mit schwarzen Troddeln mischen sich durcheinander. Alle Andächtigen wenden das Gesicht nach Mekka hin. Auf einmal heben sie die Hände bis zur Höhe des Gesichtes, die Handflächen nach vorn gekehrt, und halten die Daumen an die Ohrläppchen. Dann beugen sie den Oberkörper vornüber und stemmen die Hände gegen die Knie. Zuletzt fallen sie auf die Knie und berühren den Fußboden mit der Stirn. »Das Gebet ist der Schlüssel zum Paradiese«, sagt der Koran, und jeder Teil des Gebetes erfordert eine bestimmte Körperstellung.

Auf einer Kanzel steht ein Priester. Seine klare, singende Stimme unterbricht die feierliche Stille. Das letzte Wort verklingt auf seinen Lippen, aber es hallt noch lange in der dämmerigen Wölbung der Kuppel nach und flattert wie ein unruhiger Geist zwischen den Statuen der Cherubim.

Den Türken aber ist nicht mehr geheuer in diesem ihrem Heiligtum. Die Stunde der Abrechnung wird auch für die Eroberer der Hagia Sophia einmal kommen, und immer mehr Bewohner Stambuls geben ihre Grabstellen draußen auf den Friedhöfen vor der Stadtmauer auf und überführen ihre Toten nach Skutari, um sie im Schatten asiatischer Zypressen ruhen zu lassen. Und die Griechen glauben noch immer, daß an dem Tage, wo die Hagia Sophia wieder in die Hände der Christen zurückkehrt, die Mauer droben auf der Galerie sich öffnet und der Bischof mit dem Kelche in der Hand wieder hervortritt. Ruhig und würdevoll steigt er die Treppe herunter, durchschreitet die Kirche, tritt an den Hauptaltar und liest seine Messe weiter, genau von der Stelle an, wo ihn vor vierhundertfünfzig Jahren die Türken unterbrochen haben!

Frau Fatime auf dem Basar

Fatime Hanum spielte als Kind auf einer der engen Gassen Stambuls. Als sie zur Jungfrau herangewachsen war, verlobten ihre Eltern sie mit Emin Effendi, dem Sohn eines vornehmen Paschas. Sie kannte ihn kaum, aber er war reich und galt als eine gute Partie. Sein Haus liegt an einer der großen Straßen in Skutari und besteht aus zwei streng voneinander getrennten Teilen. In dem einen hat der Mann seine Gemächer, in dem andern wohnen die Frauen. Denn Fatime ist nicht seine einzige Frau, sondern die vierte, und alle vier werden von Sklavinnen und Sklaven streng bewacht.

Daher fühlte sich Fatime vom ersten Augenblick an unglücklich bei ihrem Mann, dessen Liebe ihr nicht allein gehört, und mit den drei anderen Frauen, die die gleichen Rechte haben wie sie, ist nicht in Frieden auszukommen. So ist ihr Leben inhaltlos und langweilig geworden, und ihre Tage verfließen in Müßiggang. Stundenlang kann sie hinter dem Gitter des Erkers über der Straße stehen und auf das Treiben da unten hinabschauen. Ist sie des Zusehens überdrüssig, dann geht sie wieder in ihr nicht zu großes Zimmer zurück. In seiner Mitte plätschert ein kleiner Springbrunnen, und rings an den Wänden ziehen sich Diwans hin. Mißgestimmt läßt sie sich hier nieder und ruft eine Sklavin, die einen Tisch bringt, der fast so klein wie ein Schemel ist. Fatime rollt sich eine Zigarette, zündet sie an und folgt mit schläfrigen Blicken den blauen Rauchringeln auf ihrem Wege nach der Decke des Zimmers. Wieder ruft sie eine Sklavin. Eine Schale mit Süßigkeiten wird gebracht, sie gähnt, ißt ein Stückchen Konfekt und dehnt sich auf den weichen Kissen. Dann trinkt sie ein Glas Limonade und geht zu einem mit Leder überzogenen Kasten, dessen Schloß sie öffnet.

Hier liegen ihre Schmucksachen, goldene Armbänder, Perlenketten, Türkisen-Ohrringe und bunte Seidentücher. Sie bindet sich eine Kette um den Hals, schmückt ihre Finger mit Ringen und bindet sich einen dünnen seidenen Schleier um den Kopf. Dann tritt sie vor den Spiegel und bewundert ihre eigene Schönheit; denn sie ist wirklich schön! Ihre Haut ist weich und weiß, ihre Augen schwarz, und ihr Haar fällt in dunklen Wellen über die Schultern herab. Aber mit der Farbe der Lippen ist sie nicht zufrieden. Die Sklavin bringt eine kleine Porzellandose, und mit einem Pinsel malt sich Fatime die Lippen roter als Korallen, die Indiens Kaufleute im Basar verkaufen. Auch die Augenbrauen sind ihr nicht schwarz genug, und sie bestreicht sie mit chinesischer Tusche. Die Sklavin versichert ihr, daß sie bezaubernd und schöner sei als die drei anderen Frauen, und Fatime findet es um so sonderbarer, daß Emin Effendi sie so lange allein läßt.

Wenn sie müde ist, ihre eigenen Züge im Spiegel zu betrachten, verschließt sie die Schmucksachen wieder sorgfältig. Von ihrem Zimmer führt eine Treppe in den Garten hinunter, und hier lustwandelt sie eine Weile zwischen plätschernden Springbrunnen und freut sich an

Rosen- und Jasminduft und an dem großen Bauer der Singvögel, mit denen plaudernd sie stehen bleibt. Da erscheint eine der anderen Frauen im Haremsgarten und ruft ihr zu: »Du bist so häßlich wie eine Meerkatze, Fatime! Du bist alt und runzlig und deine Augen haben rote Ränder! In ganz Stambul will dich niemand ansehn!« Fatime antwortet: »Wäre Emin Effendi deiner nicht überdrüssig, du alter wurmstichiger Papagei, dann hätte er mich nicht in seinen Harem geführt!« Und damit eilt sie wieder in ihr Zimmer hinauf, um dort den Spiegel zu befragen, ob ihre Augen nicht doch rot umrändert sind.

Um ihren Ärger zu vergessen, beschließt sie, nach dem großen Basar in Stambul hinüberzufahren. Die Sklavin legt ihr einen bauschigen Kaftan um, in dessen Falten die weißen Hände mit den gelbbemalten Nägeln verschwinden. Sie schlüpft in ihre pantoffelähnlichen Schuhe, die vorn in einer hochgebogenen Spitze enden, und legt den Schleier um, das wichtigste Kleidungsstück. Sein oberer Teil verhüllt Scheitel und Stirn bis zu den Augenbrauen, der untere Kinn, Mund und einen Teil der Nase. Eine türkische Frau darf keinem anderen Mann als ihrem Gatten ihr Antlitz zeigen. Zwar übertreten in neuerer Zeit viele dieses Gebot, aber Fatime macht diese Unsitte noch nicht mit. Sie zeigt nur ihre Augen, aber ihre Blicke genügen, um die Männer auf der Straße erkennen zu lassen, daß sie hübsch ist. Keiner ist jedoch so dreist, sie zu betrachten oder anzureden; nur wenn sie Europäern begegnet, wendet sie sich ab.

Die Sklavin ist daheim geblieben. An dem Kai liegen die Kaiks, die langen Ruderboote, und hier bleibt Fatime stehen. Die Ruderer umringen sie und schreien durcheinander, jeder hebt mit Wort und Gebärde die Vorzüge seines Bootes hervor. Nachdem sie ihre Wahl getroffen, steigt sie ein und läßt sich auf die Kissen nieder. Der Kaik ist so schmal und fein wie ein Kanu, weiß gestrichen, blank lackiert und mit einem Goldrand auf der Reling. Zwei starke Männer legen jeder ein Ruder ein, und flink wie ein Aal schießt der Kaik über das blaue, klare Wasser des Bosporus.

Auf der Mitte des Wassers wirft Fatime einen Blick über das Marmarameer. Sie sehnt sich nach einer kurzen Stunde Freiheit und befiehlt den Ruderern, einen anderen Kurs einzuschlagen. Der Wind ist frisch, sie ziehen die Ruder ein und hissen die Segel, und mit sausender Geschwindigkeit gleitet das Boot südwärts. Wie leicht vergißt man hier draußen auf dem Marmarameer die Zeit und alle ihre Sorgen! Man streckt sich bequem aus, schließt fast die Augen und versinkt in Halbschlummer. Aber gleichwohl sieht man alles, die hochgewölbten grünen Prinzeninseln, die weiten Wasserflächen, die Masten, Möwen und weißen Segel, und hört das eintönige Rauschen an den Wänden des Kaiks.

Aber Fatime hat Launen; bald ist sie auch der Bootfahrt überdrüssig und gibt Befehl, nach dem nächsten Kai zu steuern. Dort reicht sie jedem der Bootsleute eine Silbermünze, die sie nehmen, ohne sich zu bedanken oder zum Abschied zu grüßen. Dann eilt sie nach dem großen Basar hinauf und tritt aus dem heißen Sonnenlicht der Straßen in kühlen Schatten und Dämmerung.

Denn die Basare sind wie Tunnel, mit steinernen, gewölbten Dächern überdeckte Straßen und Sackgassen, und durch die Öffnungen der gewölbten Kuppeln dringt das Tageslicht nur spärlich herein. Aber im Sommer spürt man hier die Hitze nicht, und an Regentagen geht man hier trocknen Fußes. An die Dämmerung gewöhnt man sich bald, aber man findet sich schwer zurecht, wenn man nicht in Stambul geboren ist und dieses Labyrinth schon oft durchstreift hat. Die Gänge sind ziemlich schmal, aber immerhin breit genug, um Droschken und Lastwagen die Durchfahrt zu gestatten.

Der Basar ist eine unterirdische Stadt für sich, die Stadt der Kaufleute und Handwerker. Auf beiden Seiten der Gassen ist eine endlose Reihe kleiner, offener Läden, deren Fußboden ein wenig höher liegt als die Straße und zugleich als Ladentisch und Ausstellungsplatz der Waren dient. Jedes Handwerk und jede Ware haben ihre eigene Straße. In der Gasse der Schuhmacher ist Schuhzeug jeder Art aufgestellt, meist Pantoffeln aus rotem und gelbem Leder, gestickt und mit Goldschnur besetzt, für Männer, Frauen und Kinder, für Reiche und Arme. Man kann lange gehen, ohne etwas anderes zu erblicken als Pantoffel und Schuhzeug, so daß man froh ist, wenn die Pantoffelherrschaft endlich ein Ende nimmt und die Straße der reichen Kaufleute sich öffnet, die Brokatstoffe in Gold, Silber und Seide feilhalten. Hier ist es besser, nicht viel Geld bei sich zu führen, denn hier liegen Teppiche aus Persien, gestickte Seidentücher aus Indien, Schals aus Kaschmir, und das Herrlichste, was Südasien und Nordafrika bieten. Arme Fatime! Ihr Mann ist allerdings reich, aber er hat keine Lust, sie sein Geld im Basar verschwenden zu lassen. Mit wehmütigen Blicken betrachtet sie Türkisen aus Nischapur, Rubine aus Badachchan und Perlen von den Küsten Bahreins. Sie besitzt doch schon ein Korallenhalsband aus Indiens Meeren – warum nur kann sie es nicht lassen, sich noch einige Schmuckstücke zu kaufen?

Bald hat sie die Silbermünzen, die sie bei sich trug, ausgegeben und sucht nun schnell einen Ausgang, der aber noch sehr weit ist. Sie kommt durch die Gasse der Metallarbeiter und verirrt sich in die

Sackgasse der Waffenschmiede. Hier herrscht ein betäubender Lärm von Hämmern und Schlägeln, denn die Läden sind zugleich Werkstätten. Wieder biegt Fatime um eine Ecke. Aber sie muß sich verirrt haben, denn hier geht es nicht weiter. In diesem Gang werden Wasserpfeifen und allerlei Rauchgeschirr verkauft, und nun wendet sie sich nach einer anderen Richtung. Schon von weitem verrät ihr ein durchdringender Duft, daß sie sich der Straße der Gewürzkrämer nähert. Fast bei jedem Schritt muß sie sich nach dem Wege erkundigen. Sie ist eben noch zu jung; nach einigen Jahren wird sie hier schon besser Bescheid wissen.

Nicht nur in Konstantinopel und in der ganzen Türkei, sondern überall in der mohammedanischen Welt kauft und verkauft man in solchen halbdunklen Tunnelgängen, den Basaren, in Nordafrika und Arabien, in Kleinasien und Persien, in Indien und Turkestan. Überall, wo sich Minarette über Menschenwohnungen erheben und der Gebetrufer sein »Es gibt keinen Gott außer Gott« mit singender Stimme verkündet, da geschieht auch der Austausch zwischen Handelsware und klingender Münze in dunklen Basaren. Der große Basar Stambuls ist einer der reichsten, doch auch da, wo die Basare klein und unbedeutend sind, herrscht dasselbe Leben und Treiben.

Ein Gedränge von Menschen aller Nationen wälzt sich durch das Halbdunkel. Die meisten sind natürlich Türken, aber in ganzen Reihen von Läden verkaufen nur Perser. Wir treffen Hindus aus Indien, Ägypter aus Kairo, Araber von den Küsten des Roten Meers, Tscherkessen und Tataren aus dem Kaukasus und der Krim, Sarten aus Samarkand und Buchara, Armenier, Juden und Griechen; ja nicht selten stößt man auf einen Neger aus Sansibar oder einen Chinesen aus dem äußersten Osten. Es ist ein buntes Durcheinander von Verkäufern und Käufern, Maklern und – Dieben aus dem ganzen Orient, ein Durcheinanderschwärmen und -lärmen, das niemals aufhört, solange es Tag ist, eine Eilfertigkeit, ein Gewerbefleiß und ein Eifer, sein Lager loszuschlagen und Geld zu verdienen, alles ein einziges Stimmgebrause, dann und wann unterbrochen durch die Glocken der Kamelkarawanen, die den Kaufleuten neue Vorräte bringen. Sind sie in der Dämmerung verschwunden, so folgt ihrer Spur eine Reihe schwerbeladener Maulesel. Mit überlauter Stimme bietet ein Mann Weintrauben und Melonen an, die er in einem Korb trägt; ein zweiter schleppt sie in einem ledernen Wassersack. Und über all diesem bunten Gewimmel das unbestimmte Licht; nur hier und da fällt durch einen der Kuppellichtschächte ein Bündel Sonnenstrahlen in diese unterirdische Stadt hinab; in den breiten Lichtbahnen wirbelt dichter Staub mit dem Rauch der Wasserpfeifen empor, und fern von diesen Licht- und Luftspenden ballt sich die Atmosphäre zu dickem Nebel zusammen. Die Ausdünstung von Menschen und Tieren, der Duft bestaubter Waren, modrigen Tabaks, faulender Abfälle, starker Gewürze, frischen, saftigen Obstes – alles verschmilzt zu einem unbeschreiblichen Geruch, der allen Basaren des Orients eigentümlich ist. Und gar erst der sogenannte »Läusebasar«, wo abgelegte Kleider, getragene Uniformen ohne Tressen und Knöpfe, zerrissene Matratzen und Betten, verdorbenes Hausgerät und Möbel, verpfändete oder gestohlene Sachen feilgeboten werden – er führt seinen Namen mit vollstem Recht.

An der Nordseite des Basars in Stambul liegt ferner eine Reihe alter Karawansereien, gewaltige Steingebäude mit mehreren Stockwerken, Galerien, Gängen und Kammern, deren Mitte stets ein großer Hof bildet. Hier haben die Großhändler ihre Warenniederlagen. Und schließlich findet man in den unterirdischen Gassen Kaffee- und Speisehäuser, Bäder und kleine Bethäuser. Für alles ist hier gesorgt, und wer demnach den Tag im Basar verbringen will, braucht nicht eher nach Hause zu gehen, als bis es Nacht wird.

Die Friedhöfe Stambuls

Im Gewühl des Basars haben wir Frau Fatime ganz aus dem Gesicht verloren. Nachdem sie endlich ins Freie gelangt ist, eilt sie heim in ihr langweiliges Haremszimmer, und um sich die Dämmerstunde zu vertreiben, schickt sie nach Tänzerinnen, die mit Kastagnetten und kleinen Trommeln in den Händen auf den Teppichen barfuß vortanzen müssen. Tag für Tag vergeht so ihr Leben gleich leer und freudelos. Vielleicht ist sie es, von der ein deutscher Dichter erzählt, daß sie jeden Abend zum Springbrunnen hinabging, um den jungen Sklaven zu sehen, der sich um diese Zeit dort einzufinden pflegte. Sie sah, wie er täglich bleicher und abgezehrter wurde, und eines Abends faßte sie sich ein Herz, trat an ihn heran und flüsterte schnell:

»Deinen Namen will ich wissen,
Deine Heimat, deine Sippschaft.« –
Und der Sklave sprach: »Ich heiße
Mohammed, ich bin aus Jemen,
Und mein Stamm sind jene Asra,
Welche sterben, wenn sie lieben.« –

Wenn nun Fatime schließlich selber zum Sterben kommt, werden Priester ins Haus gerufen, um die Gebete zu sprechen, die die Pforten des Paradieses öffnen. In ihrem Zimmer duftet der Weihrauch, und wenn das Leben entflohen ist, drückt man ihr die Augen zu. Der tote Körper wird mit lauwarmem Wasser gewaschen und mit Kampfer eingerieben. Dann wird sie in ein weißes Laken gehüllt, ein Tuch um den Kopf gewunden und ihr Haar in zwei Büscheln hinter den Ohren befestigt und in zwei Strähnen über Schulter und Brust gelegt.

Im Harem herrscht große Aufregung. Die anderen Frauen sind froh, die Nebenbuhlerin loszuwerden, und sie muß noch am selben Tag begraben werden; denn man hat hier einen wahren Abscheu dagegen, Leichen auch nur eine Minute länger im Haus zu behalten, als unbedingt nötig ist. Nun liegt sie auf der Bahre, die Totengebete werden gesprochen, bei Sonnenuntergang setzt sich der Leichenzug in Bewegung, und das Klagegeheul der dafür gemieteten Klageweiber hallt in den engen Gassen wider. Aufbahrung und Leichenfeier in einem Gotteshause kennt man nicht; die Moscheen sind für die Lebenden, nicht für die Toten. Schnell eilt der Zug nach dem Schatten der Zypressen hin, wo sich weiße Grabsteine so dicht nebeneinander erheben wie reife Kornähren auf dem Acker. Das Grab ist nicht tief, hat aber eine kleine Seitenkrypta, in die die Leiche so hineingeschoben wird, daß ihr Gesicht Mekka zugewandt ist. Vor der Krypta werden einige Bretter festgemacht, und dann füllt man das äußere Grab wieder mit Erde. Auf dem Grabstein sind einige Erinnerungsworte oder ein Spruch aus dem Koran zu lesen.

Unbeschreibliche Stille und unendlicher Friede herrschen auf Konstantinopels Friedhöfen. Nur hier und dort sickert das Sonnenlicht durch die dunklen Zypressen. Ein gemalter Fes oder ein in Stein gemeißelter Turban schmückt die Gräber der Männer, Blätter und Blumen die der Frauen. Drei steinerne Blütenknospen auf einem Grabstein sagen uns, daß die Tote drei Kinder hinterlassen hat. Vielen das Leben gegeben zu haben, ist die höchste Ehre der Frau.

Solch ein Grabmal besteht gewöhnlich aus einem liegenden und zwei aufrechtstehenden Steinen. An den Ecken des flachen Steins finden sich schalenförmige Vertiefungen; hier sammeln sich Regenwasser und Tau, und die Singvögel kommen hin, um zu trinken und durch ihren Gesang den Schlaf der Toten noch süßer zu machen. Am Tage der Auferstehung aber werden die Gestorbenen zu Fuß und zu Pferde aus dem Schoß der Gräber eilen, um zu den Freuden des Paradieses versammelt zu werden.

Das Schwarze Meer

Es war an einem sonnig heitern, frischen Oktobermorgen des Jahres 1905, als ich das letztemal, begleitet von dem Kawaß der schwedischen Gesandtschaft, dem alten Ali, nach dem Kai von Stambul hinunterfuhr. Mein aus acht Kisten bestehendes Gepäck ließ ich in einem Kaik verstauen, der vier Ruderer hatte, und steuerte zwischen verankerten Segelschiffen, Dampfern und Jachten hindurch auf den Bosporus hinaus. An der Fallreepstreppe des großen russischen Dampfers angelangt, wartete ich, bis alle meine Sachen sich richtig an Bord befanden, und folgte dann nach. Der Anker ward gelichtet, die Schiffsschraube begann ihre Arbeit, und das Dampfschiff fuhr nordwärts durch den Bosporus.

Mit dem Fernglas setzte ich mich auf dem Achterdeck auf eine Bank und nahm von der Hauptstadt der Türken Abschied. Wie wunderschön, wie unvergeßlich ist doch dieses Bild! Aus dem Häusermeer streben die weißen schlanken Minaretts gen Himmel, und auch die Zypressen, hoch, still und aufrecht wie Könige, zeigen den Kindern der Erde den lichten Weg zum Paradiese. Ringsum steigen die Häuser an den Hügelabhängen empor gleich den Bankreihen eines Theaters, ein Riesenzirkus, mit Zuschauerplätzen für mehr als eine Million Türken, und die Arena ist die blaue Wasserfläche des Bosporus.

Unbarmherzig trägt uns der Dampfer von dem bezaubernden Bilde fort. Der Florschleier der zunehmenden Entfernung macht alle Linien weicher, und wie ein nächtlicher Traum verschwindet schließlich die weiße Stadt hinter den ersten Landvorsprüngen. Nun wechsle ich meinen Platz und schaue nach vorwärts. Vielleicht ist es dort hinaus noch herrlicher! Die Meerenge gleicht einem Fluß zwischen steilen felsigen Ufern, aber in allen Talmündungen und wo immer sich ein Uferstreifen ausdehnt, erheben sich weiße Villen und Schlösser, Dörfer, Mauern und Ruinen, Gärten und Haine. Der Bosporus ist kaum 30 Kilometer lang und an einigen Stellen zwei, an andern nur einen halben Kilometer breit. Alte Platanen wölben ihre Kronen über frischen Wiesen, Lorbeerbäume, Kastanien, Walnußbäume und Eichen spenden tiefen Schatten. Weiße Möwen schweben über uns, und eine Schar Delphine begleitet uns im Kielwasser, auf den Küchenabfall wartend. Sie sind dunkel, weich und blank, ihr Rücken glänzt wie Metall, und man sieht sie schon, wenn sie noch mehrere Meter tief unter Wasser sind. Durch einen Ruck der Schwanzflosse schnellen sie sich empor, schießen wie Pfeile der Meeresgötter in anmutigem Bogen über die Wellen, und die spitze Schnauze abwärts gerichtet, tauchen sie wieder in die Tiefe. Sie könnten uns überholen, wenn sie wollten, aber sie begnügen sich damit, stundenlang unserm Schiff zu folgen. Linksseitig haben wir das europäische Ufer, rechts das asiatische. Der Abstand zwischen beiden ist überall so gering, daß die Europäer das Bellen der asiatischen Hunde hören können. Dort liegt Therapia mit den Sommervillen der Christen und den Palästen der Gesandtschaften, und die Altane der türkischen Kaffeehäuser hängen unmittelbar über dem Wasser. Weiter abwärts breitet sich ein großes Dorf mit einer uralten Platane, deren sieben Stämme »die sieben Brüder« heißen. In ihrem Schatten lagerte, der Sage nach, Gottfried von Bouillon mit seinen Kreuzfahrern, als er auszog, das Heilige Grab zu erobern und den Titel »König von Juerusalem« zu gewinnen.

Nun erweitert sich die Meerenge, und die Küsten beider Weltteile entfernen sich voneinander. Der offene Horizont des Schwarzen Meeres öffnet sich vor uns; und das Schiff beginnt zu stampfen. Rechts und links ragen Leuchttürme empor, und die Mündung der Meerenge wird von hochgelegenen Batterien beherrscht. Aber schon nach einer halben Stunde sehen wir kaum noch den Küsteneinschnitt, wo der Bosporus endet. Auf schaukelnden Meereswellen steuern wir geradewegs nach Sewastopol, nahe am südlichsten Vorgebirge der Halbinsel Krim. Hier ist die russische Flottenstation, aber die Russen haben wenig Freude von ihr, denn die Türken bestimmen über die Durchfahrt nach dem Mittelmeer, und ohne Zustimmung der anderen Großmächte dürfen russische Kriegsschiffe das Schwarze Meer nicht verlassen. Dem friedlichen Schiffsverkehr aller Völker aber steht es unbeschränkt offen.

Das Schwarze Meer, das Kaspische Meer und die Ostsee sind beinahe gleich groß. Die größte Tiefe der letzteren, südlich von Landsort, ist nur 460 Meter, das Kaspische Meer hat schon 1100 Meter Tiefe, im Schwarzen Meer aber hat man bis 2250 Meter gelotet. Die Ostsee ist nur von europäischen Küsten umgeben, das Schwarze Meer und das Kaspische Meer gehören zu Europa und Asien. Durch verschiedene Meerengen zwischen den dänischen Inseln steht die Ostsee mit dem Atlantischen Ozean in Verbindung; das Schwarze Meer hat nur einen Ausgang, den Bosporus, und das Kaspische gar keinen. Das Merkwürdige an diesem echten Binnensee ist, daß sein Spiegel 26 Meter unter dem des Schwarzen Meeres liegt! Alle drei Meere sind salzig, die Ostsee am wenigsten. Durch vier große Flüsse, Donau, Dnjestr, Dnjepr und Don, empfängt das Schwarze Meer viel Süßwasser, aber auf dem Grunde des Bosporus geht eine salzige Unterströmung in das Schwarze Meer hinein, während dieses eine weniger salzhaltige und daher leichtere Oberströmung zum Mittelmeer sendet. Im übrigen ist das Schwarze Meer nicht schwärzer als alle anderen, ebensowenig wie das

Weiße Meer weiß, das Gelbe gelb oder das Rote rot ist, und sollte dir jemand die Geschichte von dem Kapitän erzählen, der vom Mittelmeer aus nach dem Roten Meer segeln wollte, statt dessen aber in das Schwarze geriet, weil er farbenblind war, so kannst du ihn ruhig auslachen!

Nun ziehen wir unsere schwankende Straße weiter. Wir schauen in den Hafen Sewastopols hinein, ankern vor kaukasischen Städten draußen auf der offenen Reede, binden unsere Taue an Batums Kairingen fest und lassen dann, eine kleine Strecke von Kleinasiens Küste entfernt, zum letztenmal die Anker fallen. Stolz und hell, mit bewaldeten Bergen als Hintergrund, badet sich Trapezund im Licht der Mittagssonne. Kleine Ruderboote eilen vom Land heran, Menschen und Waren zum Kai zu befördern. Die türkischen Ruderer brüllen wie besessen durcheinander, aber niemand hört auf sie. Jeder ist froh, endlich mit Sack und Pack glücklich an Land zu sein.

Von Trapezund nach Teheran

Von Trapezund, das schon 700 Jahre vor Christi Geburt eine griechische Kolonie war, führt eine 1300 Kilometer lange Straße über Täbris nach Teheran, und seit unvordenklichen Zeiten ist der Handel Persiens auf dieser Straße zum Schwarzen Meer gegangen. Zwar führt jetzt manche dieser alten Handelsstraßen nur noch ein kümmerliches Dasein; moderne Verkehrsmittel haben die Karawanen überholt, und der Suëskanal und die kaukasischen Eisenbahnen haben auch jenem Handelswege starken Abbruch getan. Noch aber wandern viele und große Karawanen zwischen Trapezund und Täbris und weiter nach Teheran, denn die Straße ist gut; freilich können die Herbstregen sie aufgeweicht haben und auf den Hochplateaus in Türkisch-Armenien kann sie steinhart gefroren sein. Auch schnell geht die Reise nicht gerade, denn man muß 250 Kilometer lange Strecken mit einunddenselben Pferden zurücklegen.

Es war eine muntere Kavalkade, die damals im November 1905 rasselnd und knarrend auf der türkischen und persischen Landstraße dahinfuhr. Wärest du, lieber Leser, damals auf dieser Landstraße spazieren gegangen, du wärest sicher mit verwunderten Augen stehen geblieben und hättest gedacht: »Das ist ja eine schnurrige Gesellschaft! Die müssen noch eine weite Reise vor sich haben.«

Die Statthalter von Trapezund und Erzerum waren so freundlich gewesen, mir sechs bewaffnete Reiter auf bockigen Pferden als Sicherheitswache mitzugeben. Voran ritt ein türkischer Soldat auf einem Apfelschimmel; der Karabiner hängt ihm am Riemen auf dem Rücken, an der Seite baumelt sein Säbel, und auf dem Kopfe hat er einen roten Fes, der gegen Sonne und Wind noch mit einem weißen Tuche umwunden ist. Dann kommt mein mit drei Pferden bespannter Wagen. Der alte Schakir, der Kutscher, ist bereits mein guter Freund; er kocht mir das Essen und weckt mich. Ich selbst bin in einen Kaukasiermantel und den um die Ohren gelegten Baschlik eingehüllt und betrachte, in den Wagen zurückgelehnt, das Land ringsumher. Hinter mir reiten zwei Soldaten auf braunen Pferden in lebhaftester Unterhaltung; jedenfalls streiten sie darüber, ob sie ein gutes Trinkgeld erhalten werden. Dann kommen zwei plumpe Karren mit meinem ganzen Gepäck, die wieder ihre eigenen Kutscher und Knechte haben, und zuletzt die übrigen drei Reiter.

So ging es unter dem ewigen Gerassel der Räder und dem dumpfen Getrappel der Pferde täglich tiefer nach Asien hinein. Bald war der blaue Horizont des Schwarzen Meeres hinter den kurzen und steilen Windungen eines Bergpasses verschwunden, und die Straße schlängelt sich ebenso reich an Kurven auf den Grund eines Tales hinunter. Immerfort bergauf und bergab, bis wir auf dem ebneren Plateau Armeniens angelangt sind.

Dort wird alles anders. Während der ersten Reisetage von der Küste aus umgab uns noch eine herrliche, beständig wechselnde Landschaft, bald Nadelholzwald, bald rauschender Laubwald mit gelbgewordenen Blättern, und in tiefen Abgründen schäumten blaugrüne Flüsse. Reihen freundlicher Dörfer und einzelne Gehöfte zeigten sich, und die Türken saßen gemächlich in ihren Läden und Kaffeehäusern. Pferde-, Esel- und Ochsenkarawanen brachten Heu, Obst und Ziegelsteine von einem Dorf ins andere. Am Tage war es angenehm warm und die Nächte waren mild. Hier oben aber auf dem Plateau liegen die Dörfer weit voneinander entfernt, und die Häuser sind niedrige Hütten aus Stein oder an der Sonne getrockneten Ziegeln. Die türkische Bevölkerung ist mit Armeniern gemischt, der Verkehr nimmt ab und die Straße wird schlechter. Die Luft ist kühl, und nachts haben wir mehrere Grad Kälte.

Hinter Erzerum, wo sich die Kirchen der christlichen Armenier neben den Moscheen der Türken erheben, fahre ich wie auf einem platten Dach, das sich nach drei Seiten hin ein wenig gesenkt und an jeder Seite eine Dachrinne hat, die jede in ihre eigene Regenwassertonne ausläuft. Diese Tonnen sind auch dann groß genug, wenn es auf dem steinigen Dach, das sich zwischen Kaukasien, Kleinasien und Mesopotamien erhebt, noch so heftig regnen sollte, denn sie sind das Schwarze Meer, das Kaspische Meer und der Persische Golf, und die Dachrinnen sind natürlich Flüsse, von denen der größte Euphrat heißt. Ist es nicht großartig, daß jeder seine eigene Tonne hat?

Mittlerweile ist der Weg recht schlecht geworden. Es hat im Herbst geregnet, und jetzt im Frostwetter ist der Straßenschlamm mit den tief eingeschnittenen Geleisen steinhart. Mein Wagen schaukelt und stößt mich hin und her, und als wir in dem Dorf anlangen, wo wir übernachten müssen, bin ich wie gerädert. Schakir setzt Teewasser auf und kocht mir Eier, und nach dem Abendessen hülle ich mich in meinen Mantel und schlafe ein.

Es ist noch stockfinster, als Schakir mich wieder weckt, und ebenso dunkel, als ich beim Laternenschein in den Wagen steige. Weiter und weiter geht es. Da kommen seltsame Töne über die nächtliche Ebene. Der Klang wird stärker und kommt näher, und schwarze Schatten ziehen unhörbaren Schrittes an mir vorüber. Die Gespenster sind Kamele, die Teppiche, Baumwolle und Früchte aus Persien tragen. Es sind mehr als dreihundert, und es dauert geraume Zeit, ehe der Weg wieder frei wird. Und die ganze Zeit über tönt bald dumpf und feierlich, bald hell und klar das Spiel der Glocken. So hat es seit vielen tausend Jahren auf den Karawanenstraßen geklungen. Es ist damit wie mit dem Rauschen der Wellen des Euphrat und des Tigris. Mächtige Reiche haben an ihren Ufern geblüht und gingen unter, ganze Völker sind ausgestorben, und von Babylon und Ninive stehen nur noch Trümmer. Aber das Rauschen der beiden Flüsse blieb dasselbe. Auch die Karawanenglocken klingen noch genau so wie in den Tagen, da Alexander der Große das mazedonische Heer über den Euphrat und den Tigris führte, oder vor 620 Jahren der Kaufmann von Venedig, Marco Polo, diese selbe Straße zwischen Trapezund und Täbris fuhr. Auf den Schallwellen der Glocken kommt die älteste Vorzeit zurück; sie erinnern an Heereszüge und Handel, an Hochzeiten und Begräbnisse, an lodernde Lagerfeuer und graue, vom Mondschein überflutete Karawansereien, und man denkt an die stille Wüste dahinten im Osten, das Heim der Schakale und Hyänen. Die Glocken liefern die Musik zu einem unendlichen Totentanz. Alles ist eitel, alles verweht mit dem Winde. Nur die Glocken verklingen nie. Wenn die Kamele tot zusammenbrechen, werden die Glocken von neuen Kamelen getragen. Die toten werden zum Fraß der Hyänen; auch diese wissen, was der Klang zu bedeuten hat.

Aber schwebt da nicht ein Morgenwölkchen einsam über den grauen Bergen? Weit gefehlt! Wenn die Sonne aufgeht, siehst du deutlich, daß das weiße Dreieck ein regelmäßiger Kegel ist wie das Dach einer armenischen Kirche. Es ist die weiße Schneezipfelmütze des Ararat, auf dem die Arche Noah stehen blieb, als die großen Wassermassen sich verlaufen hatten. Er ist 5156 Meter hoch, daher der ewige Schnee auf seinem Scheitel.

Nun sind wir bald an der Grenze, wo kurdische Räuber das Land unsicher machen. Auf dem persischen Gebiet droht keine Gefahr, aber hier, weit im Nordwesten, wohnen Tataren, und die Hauptstadt ihrer Provinz ist Täbris, ehemals der Hauptstapelplatz des ganzen nordpersischen Handels mit Europa. Die Schellen meiner Pferde hallen so traulich zwischen den grauen Lehmhäusern und Gartenmauern dieser großen Stadt wider, und ihre Basare bilden ein Netz von Irrgängen. Zwar ist jetzt von dem ehemaligen Handelsverkehr nur mehr ein Fünftel übriggeblieben, aber das Leben in Täbris ist wohl noch ebenso bunt wie damals. Mancher Karawanenführer hat fast sein ganzes Leben auf dieser Strecke zwischen Täbris und Trapezund zugebracht und, so oft er auch des Weges zog, auf der Nordseite der Straße den Ararat wie ein für die Ewigkeit verankertes Schiff mit aufgezogenem Hauptsegel liegen sehen. Und er weiß, daß der Ararat eine riesenhafte Grenzpyramide ist, die den Punkt bezeichnet, wo Rußland, die Türkei und Persien aneinanderstoßen.

Als ich das letzte Mal auf der Straße von Trapezund nach Teheran fuhr, legte ich die 1300 Kilometer in einem Monat zurück, und am 13. Dezember 1905 fuhr ich in Teheran ein. Von hier bis Indien ist noch ein Weg von 2400 Kilometern, und dieser Weg führt fast ganz durch Wüsten, die nur Kamele durchziehen können. Ich kaufte daher vierzehn prächtige Kamele und nahm sechs Perser und einen Tataren in meinen Dienst. Die Ausrüstung einer Karawane, die nicht der Spur der anderen folgt, sondern ihre eigenen Wege gehen will, kostet Zeit und Geduld, und während nun meine Leute Proviant und alles Notwendige kaufen, packen und verstauen, kann ich die Zeit nicht besser benutzen, als indem ich erzähle, wie es vor Jahr und Tag auf meiner ersten Reise nach Teheran zuging. Setzt euch daher im Schatten der Platane nieder und hört mir zu!

Meine erste Reise nach Baku

Am 15. August 1885 war ich mit dem Dampfer nach Petersburg gefahren. Hier steigt man in den Eisenbahnzug, der südostwärts über Moskau geht, und vier ganze Tage lang sitzt man ruhig in seinem

Kupee und läßt den Blick über die endlosen russischen Steppen hinschweifen. Stunde um Stunde rollt der Zug dahin, er qualmt aus dem Schornstein, er keucht und stöhnt über all die schweren Wagen, die seine Lokomotive schleppen muß. Schrilles Pfeifen durchschneidet die Luft, wenn eine Bahnstation kommt, und ebenso gellend läutet die Glocke ein-, zwei- und dreimal, wenn die Wagen wieder auf das ebene Land hinausgleiten. In sausender Fahrt eilen wir an unzähligen Dörfern vorüber, in deren Mitte gewöhnlich eine weißgetünchte Kirche ihre zwiebelförmigen, grüngedeckten Türme emporreckt. Landgüter und Straßen, Flüsse und Bäche, fruchtbare Felder und Heumieten, Windmühlen mit sich drehenden Flügeln, Karren und Wanderer, alles verschwindet hinter uns, und viermal hüllen Dämmerung und Nacht das gewaltige Rußland in ihre dunklen Schleier.

Endlich tauchen die himmelhohen Berge des Kaukasus wie eine hellblaue Wand vor uns auf. Die ganze Bergkette schwebt noch fast in der Luft; kaum läßt sich glauben, daß man schon am nächsten Tag seine Täler hinauffahren soll oder über die Höhen hinweg, deren Gipfel sich bis über 5000 Meter erheben! Die Entfernung ist noch groß, aber mitten in dem Blau glänzt schon der silberweiße Kegel des Kasbek, eines der höchsten Berge des Kaukasus.

Endlich sind wir an der Endstation der Eisenbahn angelangt. Die Straße über das Hochgebirge ist 200 Kilometer lang. Meine Reisegesellschaft mietet einen Wagen, und auf jeder Poststation werden die Pferde gewechselt. Ich, der neue Hauslehrer, muß auf dem Bock sitzen. Eiligst geht es vorwärts, die Pferde berühren fast mit dem Bauche den Boden, so strecken sie die Beine, und an den Wegbiegungen heißt es sich festhalten, um nicht herab- und in einen Abgrund geschleudert zu werden. Welch ein Genuß für mich! Ich war ja zum erstenmal in meinem Leben in der Fremde.

Unaufhörlich begegnen uns Landleute mit Eseln oder Hirten mit Schaf- und Ziegenherden. Dort kommen kaukasische Reiter in schwarzen Schafpelzen, bis an die Zähne bewaffnet, hier die Postkutsche, mit Reisenden vollgepfropft; da wieder ein Heuwagen, den Ochsen oder graue Büffel ziehen.

Je höher wir dringen, desto schöner und wilder wird das Gebirge. Manchmal ist der Weg in die senkrechte Felswand eingesprengt; dann hängen schwere Felsmassen wie ein gewölbtes Dach über uns. Auf gefährlichen, steilen Abhängen, wo im Frühling Lawinen die Straßen bedrohen, läuft sie durch gemauerte Tunnel, die die Lawine überspringt, wenn sie in sausender Geschwindigkeit den Berg hinabstürzt.

Nun ist der höchste Punkt der Straße erreicht, und Hals über Kopf geht es wieder abwärts. Nach achtundzwanzigstündiger Fahrt sind wir in Tiflis, der größten Stadt in Kaukasien, und einer der seltsamsten Städte, die ich je gesehen. Wie aneinandergeklebte Schwalbennester hängen die Häuser an den steilen Ufern des Kuraflusses, und auf den engen, schmutzigen Straßen wimmelt ein buntes Gemisch der fünfzig verschiedenen Völkerschaften, die Kaukasien bewohnen.

War die Straße über das Gebirge von hinreißender Schönheit, so kann man sich kaum ein öderes Land denken, als die Ebene, die wir, nun wieder auf der Eisenbahn, zwischen Tiflis und Baku durchqueren: unendlich weite Steppen und Wüsteneien, öde und graugelb; nur selten zeigt sich ein Zug langsam einherschreitender Kamele. Als wir uns dem Meere näherten, erhob sich ein heftiger Sturm. Der Staub wirbelte in Wolken auf und drang durch alle Ritzen in das Kupee hinein, die Luft war dick, schwer und erstickend heiß, draußen sah man nichts als einen grauen, undurchdringlichen Nebeldunst. Und das Schlimmste von allem: der Sturm kam von der Seite, und schließlich war die Lokomotive nicht mehr imstande, die Wagen vorwärtszubringen. Zweimal mußten wir halten, und bei einer Steigung der Bahn rollte der Zug sogar eine Strecke wieder zurück.

Trotz alledem erreichten wir endlich die Küste des Kaspischen Meeres, dessen klare, grüne Wellen sich haushoch erhoben und gegen das Ufer donnerten, und eines Abends langten wir in Baku an. 15 Kilometer weiter liegt Balakhani, das für sieben Monate zu meinem freiwilligen Verbannungsort bestimmt war.

Denn hier sollte ich einen Knaben unterrichten, der dieselbe Schule besucht hatte, an der ich wenige Wochen vorher mein Abiturientenexamen bestanden. Ich erhielt freie Station und sechshundert Kronen Gehalt! Wir studierten tapfer und fochten viel, faulenzten aber noch mehr. Was konnte man auch von einem Schüler verlangen, wenn der Lehrer weit lieber zu Pferde die Dörfer der Tataren ringsum aufsuchte, als dem Schüler die Aufgaben abzuhören! Kurz, es war eine Prüfungszeit für uns beide, und wir betrachteten einander auch als Unglückskameraden. Meine Gedanken waren ganz wo anders als bei schwedischer Geschichte, französischen Verben usw., und doch – bei der Rückkehr nach Stockholm bestand mein Zögling sein Examen! Der Schuldirektor war wohl ein sehr nachsichtiger Herr!

Ich erinnere mich jener Zeit noch so genau, als sei es erst gestern gewesen. Hoffnungslos quälte ich mich mit der russischen Grammatik, machte aber große Fortschritte im Persischen und lernte ohne alle Mühe tatarisch sprechen. Dabei brütete ich über dem Plan einer großen

Reise nach Persien. Woher das Geld dazu kommen sollte, war mir freilich dunkel, denn ich besaß nur geringes Vermögen. Aber durch Persien mußte ich ziehen, und sollte ich mich als Tagelöhner verdingen und anderer Leute Esel über die Landstraßen treiben; das wußte ich!

Das Klima in Baku und Balakhani ist nicht das beste, der Sommer glutheiß und der Winter bitterkalt. Die Nordwinde fahren vom Meere aus über die Küste hin, und rheumatische Erkrankungen sind sehr häufig. Auch ich bekam einen gehörigen Gelenkrheumatismus, der mich einen Monat hindurch ans Bett fesselte. Ich war so krank, daß meine Mutter mir schon nachreisen wollte. Meine Knie schwollen an und schmerzten entsetzlich. Tag und Nacht wachte ein Arzt an meinem Bett und tat alles, um meine Schmerzen zu lindern. Dieser Arzt war ein alter polnischer Jude. Durch meine nächtlichen Fieberträume hindurch sah ich ihn im Zimmer umhergehen, still und schweigend, armselig gekleidet, ein Bild der Treue und Ergebenheit. Und als er seine Aufgabe beendet hatte, weigerte er sich, eine Entschädigung für seine Mühe anzunehmen! Ich solle das Geld lieber den Armen geben, meinte er. Noch heute steht der Alte deutlich vor mir mit seinem gefurchten Antlitz, seiner großen krummen Nase und den lang herabbaumelnden Schraubenzieherlocken an den Ohren; ich sehe noch seinen langen Rock, der einst schwarz gewesen, nun aber an den Nähten grün geworden und voller Mottenlöcher war. Jetzt ist er, glaube ich, tot, mein alter Jude, aber er gehört zu denen, die ich nie vergessen werde!

Das Nobelwerk in Balakhani

Wer hat nicht schon von den Nobelpreisen gehört, die alljährlich an die hervorragendsten Vertreter der Wissenschaft, Kunst und Literatur verteilt werden? Sie tragen ihren Namen nach dem Erfinder des Dynamits, Alfred Nobel, der sein gesamtes großes Vermögen der Wissenschaft stiftete und durch diese hochsinnige Tat sich und seinem schwedischen Vaterland ein ehrenvolles Denkmal gesetzt hat.

Alfred Nobel hatte zwei Brüder, Ludwig und Robert. Robert besuchte auf einer Reise durch Baku die merkwürdige Stelle bei Balakhani, wo sich Naphtha, aus dem das Petroleum hergestellt wird, in großen natürlichen Bassins im Erdinnern findet, und Russen, Armenier und Tataren damals das wertvolle Öl mit unzulänglichen Hilfsmitteln zu bergen suchten. Im Jahre 1874 kauften die Brüder große Landstrecken bei Balakhani und begannen nun auf moderne Weise das Bohren auf Naphtha.

Die Eingeborenen merkten bald, mit welch gefährlichen Rivalen sie es zu tun hatten. Die langen Röhrenleitungen, durch die man das Naphtha nach der »schwarzen Stadt« hinpumpte, wurden aufgerissen, und Diebstähle, Brandstiftungen und Mord sollten die Fremden aus dem Lande scheuchen! Aber die tapferen Schweden ließen sich nicht schrecken und verdoppelten nur ihre Bemühungen und ihre Wachsamkeit. Auf eigens gebauten Eisenbahnen, Dampfern und Kamelkarawanen wurde das gereinigte Öl in die ganze Welt hinaus versandt, und die Naphthaquellen der Gebrüder Nobel verbreiteten neues Licht über Westasien und Europa.

Um zu den tiefen Höhlungen zu gelangen, wo das Naphtha in Erdschichten eingebettet liegt, baut man einen 15–20 Meter hohen Turm aus Holz. Darin hängt ein gewaltiger Meißel, und eine Dampfmaschine bewegt ihn ununterbrochen auf- und abwärts; dadurch frißt sich der Meißel immer tiefer in die Erde hinein. Dann wird in das Brunnenloch ein eisernes Rohr von knapp einem Meter Durchschnitt hineingepreßt. Kann es nicht weiter dringen, dann wird das Bohren mit einem kleineren Meißel fortgesetzt, und ein engeres Rohr durch das erste hinabgepreßt. So geht es immer tiefer, bis das Naphthalager erreicht ist.

Oft wird aber auch das Naphtha durch den Druck der Gase im Innern der Erde von selbst in die Brunnenröhren hinaufgepreßt, und wir pflegten uns auf Spaziergängen in Balakhani manchmal diese merkwürdigen »Wasserkünste« zu betrachten. Mit mächtigem Getöse dringt ein dicker, grünlichbrauner Strahl aus der Erde heraus durch den Bohrturm in die Luft; man sieht die wohl 60 Meter hohe Fontäne schon aus weiter Ferne. Das niederrieselnde Öl wird in ringsum gegrabenen Teichen aufgefangen. Bei starkem Wind zerstäubt der Strahl, und ein feiner dunkler Sprühregen senkt sich wie ein Schleier auf die Erde nieder. In Balakhani kann man kaum aus einer Tür treten, ohne sich die Kleider mit Öl zu beschmieren, und schon in zwei Meilen Entfernung riecht es nach Petroleum. Kein Grashalm wächst in dieser Gegend, nur ein Wald von Bohrtürmen.

Im Jahre 1910 belief sich die Zahl der Türme auf 4094, von denen 2600 tätig waren. Sie ergaben im vorigen Jahre 8 Milliarden Kilogramm Rohnaphtha, und ein Siebentel davon kam aus den Nobelschen Bohrlöchern, von denen einige in 24 Stunden mehr als 300 000 Kilogramm heraufpumpen oder 20 Millionen Kilogramm liefern, wenn das Öl von selbst aus der Erde hervorsprüht. Das tiefste der Nobelschen Bohrlöcher geht 860 Meter in die Erde hinein. Der Wert des Naphthas beträgt an Ort und Stelle jetzt ungefähr 2¼ Pfennig pro Kilogramm.

Bei Baku gibt es 176 Aktiengesellschaften; die Nobels ist die größte unter ihnen und bestimmt die Preise.

Ein Beamter Nobels ließ sich einmal in solch ein Bohrloch hinunter, ehe die Röhren eingesenkt waren; er wollte sich die durchbohrten Erdschichten aus der Nähe ansehen und befestigte sich dazu eine Sicherheitslaterne vor der Brust. Der Raum war so eng, daß er die Arme senkrecht über dem Kopf halten und an dem Tau, das ihn hinunterließ, festbinden lassen mußte. Als er das Signal zum Hinaufwinden gab und wieder ans Tageslicht kam, war er von den eingeströmten Gasen fast bewußtlos. Solch ein Ausflug in das Erdinnere erfordert großen Mut; wie leicht hätte sich das Loch durch Nachrutschen der Erdmassen verstopfen können! –

Es war im Februar 1886, als wir eines Abends vor unserem Hause den unheimlichen Ruf »Feuer, Feuer!« hörten. Schon der bloße Gedanke an Feuer erweckt in dieser mit Petroleum durchtränkten Gegend Entsetzen. Wir eilten auf den Hof hinaus. Ein zauberhaftes weißes Licht erhellte die ganze Gegend, und die Bohrtürme standen wie schwarze Gespenster auf diesem Hintergrund. Je näher wir kamen, desto wärmer wurde es; blendend weiße Flammen züngelten regellos durch die Luft, und schwarze Rauchwolken wölbten sich über uns. Ein Bohrturm stand in Flammen, und neben ihm brannte ein kleiner Naphthasee. Ein Tatar, der sich ein Instrument holen wollte, hatte seine Laterne fallen lassen und war kaum mit dem Leben davongekommen, denn der ölgetränkte Turm fing sofort Feuer.

Jeder Versuch, solch ein Feuer zu bekämpfen, ist aussichtslos. Zwar war Nobels Feuerwehr gekommen, und alle Spritzen arbeiteten; aber die Wasserstrahlen verwandelten sich schon in Dampf, ehe sie den brennenden Spiegel des Naphthasees erreichten. Die Hauptaufgabe ist, das Feuer auf einen bestimmten Herd zu beschränken, und dann läßt man es brennen und sieden, bis an der Brandstätte kein Tropfen Naphtha mehr übrig ist.

Quer durch Persien

Von Baku aus begab ich mich nach Ablauf meiner Hauslehrerzeit wirklich am 6. April 1886 auf meine erste Reise durch Persien. Ich hatte einen Reisegefährten, den jungen Tataren Baki Khanoff, annähernd 700 Mark Reisegeld, zweimal Unterzeug und zwei Anzüge zum Wechseln, eine warme Joppe und eine Friesdecke. Was ich nicht auf dem Leibe trug, war in eine tatarische Reisetasche gepackt, und in einer kleinen ledernen Umhängetasche führte ich einen Revolver, ein Zeichenbuch, ein Notizbuch und zwei persische Landkarten mit. Baki Khanoff war ausstaffiert mit einem großen Mantel, einer mit Silber beschlagenen Flinte und einem Dolch. Unser Geld hatten wir, jeder die Hälfte, in unsere Gürtel eingenäht, die wir um den Leib trugen. Zu einer Reise, die hin und her durch Persien 3000 Kilometer betrug, war unsere Ausrüstung also recht dürftig; aber ich dachte: es wird schon gehen!

Zwei Nächte und einen Tag zwang uns ein heftiger Sturm, an Bord auf dem Kaspischen Meer zu warten, bis unser Schiff uns zur persischen Küste hinüberbringen konnte. Sobald wir an Land kamen, umringte uns ein Schwarm Perser, die alle laut und lebhaft die vortrefflichen Eigenschaften ihrer Pferde anpriesen. Nach schneller Musterung entschieden wir uns für zwei kleine gutgenährte Rosse, schnallten unser Gepäck hinten auf dem Sattel fest und ritten bald, begleitet von dem Besitzer der Pferde, durch dunkle Wälder und duftende Olivenhaine aufwärts dem Elbursgebirge zu.

Eine Nacht schliefen wir droben auf der Höhe in einem Dörfchen namens Karsan. Als wir am nächsten Morgen aufbrachen, schneite es heftig und hatte auch die ganze Nacht hindurch so dicht geschneit, daß Land und Straßen unter hohen Schneewehen verborgen lagen. Soweit es unsere Verhältnisse gestatteten, zogen wir uns warm an und ritten weiter. Lautlos fiel der Schnee in großen, schwebenden Flocken, unten im Tale taute er auf unsern Kleidern, aber oben auf den windigen Höhen gefror er wieder, und bald waren wir auf der Windseite mit dickem Eis gepanzert. Schließlich waren wir im Sattel geradezu festgefroren, die Hände verloren das Gefühl, der Zügel blieb auf dem Hals des Pferdes liegen, und die Augen schmerzten vom Schneegestöber. Als ich so steif war, daß mir in Armen und Beinen jede Empfindung erstorben war, glitt ich aus dem Sattel und trabte nun zu Fuß, durfte aber den Schwanz des Pferdes nicht aus der Hand lassen, um mich nicht in dem blendenden Schneetreiben zu verirren.

Lange ging das so nicht weiter, und wir beschlossen daher, im ersten Dorf am Wege einzukehren. Bald tauchten auch einige elende Hütten vor uns auf. Vor der einen banden wir die Pferde an, klopften uns den Schnee ab und traten in ein dunkles, niedriges Gemach mit Lehmfußboden. Gleichzeitig mit uns waren noch einige andere Wanderer angelangt, und nun bildeten wir um ein großes Feuer herum einen dichten Kreis. Es war zwar verzweifelt eng und feucht hier, und es wimmelte von Ungeziefer, aber es war doch prächtig, sich wieder am Feuer trocknen und wärmen zu können, und als Baki Khanoff Tee und

Eier gekocht und Brot und Salz beschafft hatte, wurde es ordentlich gemütlich. Wir waren vier Tataren, zwei Perser und ein Schwede, und diese sieben Mann mußten sich über Nacht in dem engen Raum, so gut es ging, einschachteln. Als das Feuer erloschen war, machte die erstikkende Hitze einer feuchten Kälte Platz. Aber wenn man einundzwanzig Jahre alt ist, macht man sich aus so etwas nichts.

Wohl und munter kamen wir schließlich in Teheran, Persiens Hauptstadt, an. Hier war es schon frühlingswarm und schön, und ich wohnte einige Tage als Gast bei einem Landsmann, einem Dr. Hybennet. Als ich aber nach Süden weiter wollte, mußte ich allein reisen, denn Baki Khanoff war am Fieber erkrankt und kehrte nach Baku zurück.

Schon die Reise nach Teheran war ziemlich kostspielig gewesen; aber mein guter Landsmann hatte meiner Kasse aufgeholfen, und ich trug 640 Mark in meinem Gürtel, als ich am 27. April weiterritt. Der Weg führte von Station zu Station, wo man die Pferde wechselt, auch die Nacht über bleiben und für eine Silbermünze Eier und Brot, ein Huhn, Melonen und Weintrauben kaufen kann. Von jeder Station bis zur nächsten kommt ein Begleiter mit, der sich aber oft selbst das bessere Pferd nimmt und dem Reisenden das schlechtere gibt.

So ging es auch mir auf dem Wege zwischen Kaschan und dem Gebirgsdorf Kuhrud. Als ich hinter den Kniff kam, tauschte ich mein Pferd gegen das des Begleiters, und dieser blieb nun nach mehrstündigem Ritt hinter mir zurück, weil sein armer Gaul nicht weiter konnte. Vier Stunden lang ritt ich in völliger Dunkelheit auf schmalen Pfaden; ich hatte mich offenbar verirrt, und müde und schläfrig wollte ich gerade absteigen, das Pferd an einen Baum binden und mich für die Nacht in meine Friesdecke wickeln, als ich in der Ferne ein Licht leuchten sah. »Aha! Das ist das Kuhruder Posthaus!« dachte ich, aber als ich näher kam, war es ein Licht in einem Nomadenzelt. Ich ritt heran und rief. Niemand antwortete, aber an dem Schatten auf dem Zelttuch sah ich, daß das Zelt bewohnt war. Als ich nochmals vergeblich gerufen hatte, stieg ich ab, öffnete mit einem Ruck die Zelttür und fragte nach dem Weg nach Kuhrud.

»Kann man denn mitten in der Nacht nicht in Ruhe schlafen?« ertönte drinnen eine Stimme.

»Ich bin ein Europäer, und Sie müssen mir den Weg zeigen«, erwiderte ich in barschem Ton.

Nun kam ein älterer Mann heraus; er sagte kein Wort, aber ich verstand, daß ich ihm, mein Pferd am Zügel führend, folgen sollte. Er schlängelte sich in der Dunkelheit zwischen den Büschen hindurch, und als er mich zu einem fußtiefen Bach, den auf beiden Seiten dichter Olivenwald umgab, hinuntergeführt hatte, zeigte er mit dem Finger nach den Bergen hinauf und verschwand stumm wie ein Fisch in der Dunkelheit. Nun stieg ich wieder auf und überließ dem Pferd die Führung, und nach zwei Stunden hielt es auch richtig vor dem Stationshaus. Ich war fünfzehn volle Stunden im Sattel gewesen, und das Abendessen schmeckte mir heute besser als sonst. Dann aber streckte ich mich der Länge nach auf dem steinernen Fußboden aus, nahm den Sattel als Kopfkissen und deckte mich mit der Friesdecke zu; ein anderes Bett habe ich mir während der ganzen Reise nie leisten können!

So gelangte ich schließlich nach Ispahan, wo viele Baudenkmäler an die entschwundene Größe dieser ehemaligen Hauptstadt Persiens erinnern. Von da ging es weiter südwärts nach Persepolis, der berühmten Stadt des Altertums, wo die großen Perserkönige Xerxes und Darius ihre Paläste hatten. Jetzt weiden nur arme Hirten ihre Schafe in dieser Gegend, aber von den Palästen stehen noch viele prachtvolle Säulen, die den 2400 Jahren, die über sie hingingen, Trotz geboten haben. Nicht weit von Persepolis liegt Schiras mit seinen Rosengärten, Lustschlössern, Springbrunnen und Kanälen. Es verdankt seinen Ruhm Persiens unsterblichen Dichtern, die in seinen Mauern ihre schönsten Lieder sangen.

Auf dem Kirchhof in Schiras liegt ein Schwede, Dr. Fagergren, begraben; er starb vor mehr als dreißig Jahren und hatte dreißig Jahre in dieser Stadt gelebt. Eines Tages klopfte an seine Tür ein Derwisch, ein Bettelmönch, und erklärte: »Mich schickt der oberste Priester in Bagdad, um dich zu bekehren.« Der Doktor gab ihm ein Geldstück, um ihn loszuwerden, aber der in Lumpen gehüllte Mönch ließ sich nicht abspeisen. Nun fragte ihn Dr. Fagergren, ob er ihm einen Beweis für die wundertätige Macht des obersten Priesters geben könne.

»Ja«, antwortete der Mönch, »du bist ein Europäer, und ich werde mit dir sprechen, in welcher Sprache du willst.«

»Nun, dann sprich bitte einmal schwedisch«, rief der Doktor aus, und zu seinem höchsten Erstaunen sagte der Bettler in volltönendem Schwedisch einen Gesang aus Tegnérs Fridthiofssaga her! Der vermeintliche Bettelmönch war nämlich der ungarische Professor Vámbéry, der damals verkleidet durch Persien reiste, um ungehinderten Zutritt zu den Heiligtümern zu erhalten!

Je mehr ich mich nun der Küste des Persischen Golfs näherte, um so heißer wurde es, und eines Tages hatte ich in meinem Schlafzimmer 39 Grad Celsius. Man reist deshalb während der Nacht. Da ich schnell zu reiten pflegte, konnte auf der letzten Strecke der alte Stallknecht nicht mehr mit; ich ritt also die ganze Nacht allein weiter, den Revolver bei der Hand, falls sich Räuber zeigen sollten. Aber froh war ich doch, als die Sonne aufging und die spiegelblanke Wasserfläche des Persischen Golfs beleuchtete. Bei einer Hitze von 45 Grad, wie ich sie weder vorher noch nachher je kennen lernte, langte ich in der Küstenstadt Buschehr an. In neunundzwanzig Reisetagen hatte ich 1500 Kilometer zu Pferde zurückgelegt.

Der Persische Golf, eine Meeresbucht des Indischen Ozeans, trennt Persien und Arabien voneinander. Arabien ist eine längliche Halbinsel zwischen dem Persischen Golf und dem Roten Meer; im Nordwesten wird es vom Mittelmeer und im Südosten vom Indischen Ozean bespült. Aber diese Halbinsel ist so groß wie ein Drittel Europas! Der größte Teil des Küstenlandes ist dem türkischen Sultan untertan, aber das wilde, kriegerische Hirtenvolk im Innern, die Beduinen, sind so gut wie unabhängig. Nur wenige Teile Arabiens sind bewohnt; ungeheure Strecken sind öde Sandwüsten, in die noch kein Europäer seinen Fuß gesetzt hat. Nahe der Küste des Roten Meeres liegen zwei arabische Städte, die allen Mohammedanern so heilig sind, wie Jerusalem und Rom den Christen. Sie heißen Mekka und Medina. In Mekka wurde im Jahre 570 nach Christi Geburt der Prophet Mohammed geboren; in Medina starb er im Jahre 632, und hier liegt er begraben. Er ist der Stifter des Mohammedanismus, und seit er den Arabern den Islam predigte, hat sich diese seine Religion so stark über die Alte Welt verbreitet, daß sie jetzt mehr als zweihundert Millionen Bekenner hat! Eine Wallfahrt nach Mekka ist der Herzenswunsch aller Anhänger Mohammeds; wer einmal dort war, kann ruhig sterben, und im Leben trägt er den Ehrentitel Hadschi. Aus Afrika und dem innersten Asien pilgern alljährlich Unzählige zu diesen heiligen Städten.

An der arabischen Küste im Persischen Golf liegt die weltberühmte Insel Bahrein, deren Perlenfischerei im Sommer und Herbst ihren englischen Besitzern über elf Millionen Mark Jahresertrag bringt. Etwa 5000 Bote mit 30 000 Mann Besatzung sind dann auf dem Meere. Jeder Bootsbesitzer stellt einige Taucher an. Solch ein Taucher geht selten in eine größere Tiefe als zwölf bis dreizehn Meter hinunter und bleibt höchstens fünfzig Sekunden unter Wasser. Er hat Wachs in den Ohren, ein Klemmer kneift ihm die Nase zu, und mit einem Stein an den Füßen und einem Strick um den Leib springt er über Bord und verschwindet in der Tiefe. Auf dem Meeresgrund angekommen, sammelt er in einem Korb, den er sich vor den Leib gebunden hat, so viele Muscheln, als er in der Schnelle erraffen kann, und auf ein Zeichen wird er wieder an die Oberfläche gezogen. Hier öffnet der Bootsbesitzer die Muscheln, nimmt die kostbaren Perlen heraus, die nach Größe und Art sehr verschiedenen Wert haben, und verkauft sie nach den indischen Märkten. –

An Arabien grenzt im Nordosten Mesopotamien, das vom Euphrat und Tigris durchströmt wird. Dorthin brachte mich von Buschehr aus ein englischer Dampfer, und auf den trüben Fluten des Tigris fuhr ich stromaufwärts. Vom Deck aus sah man die kupferbraunen, halbnackten Araber auf prachtvollen Pferden sattellos daherreiten. Sie weiden ihre Schafherden auf den Steppen und tragen lange Lanzen. Manchmal überfluteten ganze Wolken grüner Heuschrecken den Dampfer, und man konnte ihnen nur durch schleunige Flucht in die Kabine entgehen; um den Schornstein herum lagen sie verbrannt und betäubt in riesigen Haufen.

Nach mehrtägiger Flußfahrt landete ich in Bagdad, von dessen ehemaligem Glanz nicht viel mehr übrig ist. Im zehnten Jahrhundert war es die größte Stadt der Mohammedaner, und hier wurden die indischen und arabischen Märchen gesammelt, die unter dem Namen »Tausendundeine Nacht« bekannt sind. Nicht weit von Bagdad, aber am Tigris, lag in grauer Vorzeit das große, prächtige Babel, das hundert kupferne Tore hatte und dessen Mauern so breit waren, daß sechs Wagen nebeneinander darauf fahren konnten. An den Wassern zu Babel hingen die gefangenen Israeliten ihre Harfen an die Weiden, und über Babels Zukunft prophezeite Jeremias: »Und Babel soll werden zum Steinhaufen und zur Drachenwohnung, zum Wunder und zum Anpfeifen, daß niemand drinnen wohnet.«

Ein Reisemärchen

Als ich in Bagdad anlangte, bestand meine ganze Barschaft noch aus ungefähr hundert Mark oder zweihundert persischen Silberkran, und damit mußte ich auf der 950 Kilometer langen Rückreise nach Teheran auskommen, wo ich erst wieder neues Geld erhalten konnte! Aber das schreckte mich nicht weiter. Wenn ich nur erst 300 Kilometer weit bis zur Stadt Kirmanschah gekommen war, konnte ich mich von da aus schlimmstenfalls bei einer Karawane verdingen. Angenehm war es zwar gewiß nicht, den ganzen Weg zu Fuß laufen zu müssen und weiter keinen Lohn zu erhalten als etwas Brot, Gurken und Melonen.

Zunächst schloß ich mich an eine Karawane von fünfzig Maultieren an, die englische Waren von Bagdad nach Kirmanschah beförderte. Sie wurde von zehn arabischen Kaufleuten zu Pferd begleitet, und acht Pilger und ein chaldäischer Kaufmann hatten sich gleichfalls hinzugefunden. Für fünfzig Kran Miete für einen Maulesel durfte auch ich mich anschließen, beköstigen mußte ich mich selbst.

Am 6. Juni 1886 abends zehn Uhr trat ich diese Reise ins Blaue an. Wenn ich jetzt in reiferen Jahren daran denke, erscheint sie mir wie ein Märchen oder auch wie der unüberlegte Streich eines neugebackenen Studenten!

In der warmen Sommernacht führten mich zwei Araber auf meinem Maulesel durch Bagdads enge Gassen. Nur hier und dort brannte noch ein mattes, flackerndes Licht einer Öllampe. Aber in den Basaren herrschte ausgelassenes Leben. Da saßen die Araber zu Tausenden, aßen, tranken Kaffee, rauchten und plauderten. Denn es war gerade Fastenmonat, in dem sie nur nach Sonnenuntergang etwas verzehren durften. Auf dem Hof einer Karawanserei war meine Karawane noch mit dem Packen beschäftigt, und da sie erst um zwei Uhr nachts aufbrechen sollte, legte ich mich unterdes auf einen Haufen Warenballen und schlief wie ein Murmeltier.

Viel früher als ich es wünschte war es zwei Uhr. Ein Araber rüttelte mich auf, und schlaftrunken kletterte ich auf meinen Maulesel. Unter dem Zurufen der Treiber, dem Klingeln der Schellen und dem Bimbam der großen Kamelglocken zog die lange Karawane in die Dunkelheit hinaus. Bald lagen die letzten Vorstadthäuser und Palmenhaine Bagdads hinter uns und vor uns die schweigende, schlummernde Wüste.

Kein Mensch kümmerte sich um mich. Ich hatte ja meinen Maulesel bezahlt und durfte nun tun und lassen, was mir beliebte. Bald ritt ich voran, bald als letzter im Zuge, und manchmal war ich drauf und dran, im Sattel einzuschlafen. Am Wege lag ein totes Dromedar, und eine Schar Hyänen und Schakale schmausten von der Leiche. Als wir herankamen, huschten sie lautlos fort in die Wüste. Ein Stück weiter hielten einige fette Geier bei einem Pferdekadaver Wache und flatterten vor uns mit schweren Flügeln davon.

Nach siebenstündigem Ritt erreichten wir eine Karawanserei, wo die Araber ihre Tiere abluden und den Tag über ruhen wollten. Hier war es so heiß wie in einem Backofen, und man konnte nichts anderes tun als halb schlafend auf dem steinernen Fußboden zu liegen.

In der nächsten Nacht ritten wir in acht Stunden nach dem großen Dorf Bakuba, das ein Wald herrlicher Dattelpalmen umgibt. Hier lagerten wir wiederum auf dem Hof einer Karawanserei, und ich plauderte gerade mit zweien meiner Reisegefährten, als drei türkische Soldaten ankamen und mir meinen Paß abverlangten.

»Ich habe keinen Paß«, erklärte ich.

»Gut, so bezahlen Sie uns zehn Kran pro Mann, dann lassen wir Sie trotzdem über die Grenze.«

»Keinen Pfennig gebe ich«, war meine Antwort.

»Dann her mit Ihrer Friesdecke und Ihrer Reisetasche!« riefen die Soldaten und rissen meine Sachen an sich.

Nun hatte aber meine Geduld ein Ende. Ich gab dem Kerl, der sich meiner Reisetasche angenommen hatte, einen Stoß vor die Brust, daß er seinen Raub fallen ließ, und dem mit der Friesdecke ging es ebenso. Als die Unverschämten nun über mich herfallen wollten, eilten zwei Araber zu meiner Verteidigung herbei. Um aber weiter solche Auftritte zu vermeiden, zog ich es doch vor, zum Statthalter zu gehen, der mir für sechs Kran einen Paß ausschreiben ließ.

Auf diese Weise war ich mit meinen Arabern gut Freund geworden, und statt meines Maulesels liehen sie mir nun ein Pferd. So zogen wir neun Uhr abends im herrlichsten Mondschein weiter und ritten die ganze Nacht hindurch. Bisweilen nickte ich auf meinem Gaul ein; als aber einmal das Tier vor einem im Wege liegenden Skelett scheute, mich abwarf und durchging und die Karawanenmänner nur mit vieler Mühe es wieder einfangen konnten, da schlief ich während der Nacht nicht wieder.

Den ganzen Tag über lagerten wir wiederum im nächsten Dorf. Aber diese Art von Reise fand ich schauderhaft; es ging so langsam, und man sah so gut wie nichts vom Lande selbst! Als daher ein alter Araber uns auf einem prächtigen arabischen Roß aus Bagdad nachgeritten kam, beschloß ich, mit seiner Hilfe meiner Gesellschaft durchzubrennen. Für fünf Kran pro Tag war er dazu bereit. Zuerst hielten wir uns noch bei der Karawane, aber sobald der Mond untergegangen war, beschleunigten wir unsern Ritt, und als der Glockenklang hinter uns schwächer geworden war, trabten wir schnell durch die Nacht davon.

Am 13. Juni erreichten wir auch glücklich Kirmanschah. Nachdem ich aber nun meinen Araber abgelohnt hatte, blieben mir noch bare fünfzig Pfennige in der Tasche! Davon konnte ich mir weder ein Zimmer mieten, noch mich auch nur sattessen, und die Aussicht, bei den Mohammedanern betteln gehen zu müssen, war nicht gerade verlockend.

Nun hatte ich von einem reichen arabischen Kaufmann namens Aga Hassan gehört, und zu seinem prachtvollen Hause in Kirmanschah lenkte ich meine Schritte. Mit staubigen Reitstiefeln und mit der Peitsche in der Hand kam ich durch eine Reihe glänzender Zimmer und stand schließlich vor dem Herrn des Hauses, der mit seinem Sekretär unter Büchern und Papieren saß und arbeitete. Er trug einen goldgestickten, weißen Seidenmantel, auf dem Scheitel einen Turban und auf der Nase eine Brille und sah ebenso freundlich wie vornehm aus.

»Wie geht es Ihnen, mein Herr?« fragte er.

»Danke, immer gut«, antwortete ich.

»Wo kommen Sie her?«

»Aus Bagdad.«

»Und wohin wollen Sie?«

»Nach Teheran.«

»Sind Sie Engländer?«

»Nein, Schwede.«

»Schwede? Was ist denn das?«

»Nun, ich bin aus einem Land, das Schweden heißt.«

»Wo liegt denn das?«

»Weit hinten im Nordwesten, hinter Rußland.«

»Ach so, jetzt weiß ich Bescheid – sind Sie etwa gar aus dem Lande des Eisenkopfes?«

»Ja, gerade daher bin ich, aus dem Lande Karls XII.«

»Das freut mich aber sehr! Ich habe von Karls XII. merkwürdigen Heldentaten gelesen. Sie müssen mir von ihm erzählen und auch von Schweden, seinem jetzigen König, seinem Kriegsheer, und auch von Ihrem eigenen Heim, Ihren Eltern und Geschwistern. Aber erst müssen Sie mir versprechen, sechs Monate lang mein Gast zu sein. Was ich besitze, gehört Ihnen, Sie haben nur zu befehlen.«

»Ich bin Ihnen überaus dankbar für Ihre Güte, aber ich kann Ihre Gastfreundschaft nicht länger als drei Tage in Anspruch nehmen.«

»Drei Wochen meinen Sie doch wohl?«

»Nein, Sie sind zu liebenswürdig, aber ich muß unbedingt nach Teheran.«

»Das ist aber wirklich schade! Vielleicht überlegen Sie sich die Sache noch!«

Nun begleitete mich ein Diener nach einem benachbarten Hause, das fast ein Palast war; dies war meine Wohnung! In einem großen Saal mit persischen Teppichen und schwarzseidenen Diwans ließ ich mich häuslich nieder. Zwei Sekretäre bildeten meinen Hofstaat, und Diener waren bei jedem Wunsch zur Hand! Hatte ich Appetit, so brachte man mir auserlesene Stücke am Spieß gebratenen Schaffleisches, Hähnchen mit Reis, saure Milch, Käse und Brot, Aprikosen, Weintrauben und Melonen, und hinterdrein gab es Kaffee und eine Wasserpfeife. Wollte ich trinken, so wurde mir ein süßes Getränk aus Dattelsaft mit Eis serviert. Und wollte ich ausreiten, um mir Stadt und Umgegend zu besehen, so warteten meiner auf dem Hofe arabische Vollblutpferde! Vor meinem Haus lag ein stiller, mit Mauern umgebener Garten, dessen Gänge mit Marmor gepflastert waren. Unter seinen blühenden Fliederbäumen konnte ich den ganzen Tag umhergehen und beim Duft der Rosen meinen Träumen nachhängen. In einem Bassin mit kristallklarem Wasser schwammen Goldfische, und ein hoher feiner Wasserstrahl, der senkrecht in die Höhe stieg, glitzerte wie Spinngewebe im Sonnenschein. In diesem entzückenden Garten schlug ich mein Nachtlager auf. Kurz, es war vollkommen wie ein Märchen aus »Tausendundeine Nacht«, und wenn ich am Morgen aufwachte, so wollte ich immer nicht glauben, daß alles Wirklichkeit sei. Meine fünfzig Pfennige hatte ich immer noch in der Tasche!

Als aber dann der letzte Tag meines Aufenthaltes gekommen war, konnte ich meine Lage nicht länger verheimlichen.

»Ich muß Ihnen etwas Unangenehmes anvertrauen«, sagte ich zu einem Sekretär.

»So?« erwiderte er mit sehr erstaunter Miene.

»Ja, mein Geld ist alle.«

»Wie seltsam, daß Sie als Europäer sich ohne Geld auf eine so weite Reise begeben konnten.«

»Ja, die Reise wurde länger als ich beabsichtigte, und jetzt bin ich völlig abgebrannt.«

»Nun, was schadet das? Geld können Sie von Aga Hassan so viel bekommen, wie Sie wollen.«

Die Mitternachtsstunde schlug gerade, als ich von meinem edlen Wirte Abschied nahm. Er arbeitete während der Fastenmonate die ganze Nacht hindurch.

»Es tut mir leid, daß Sie nicht länger bleiben können.«

»Ja, mir tut es auch leid, Sie verlassen zu müssen, und Ihnen Ihre große Güte nicht vergelten zu können.«

»Sie wissen doch, daß Räuber und Wegelagerer die Straßen durch das Gebirge unsicher machen? Ich habe daher veranlaßt, daß Sie die Post begleiten dürfen, die von drei Soldaten eskortiert wird.«

Nach einem letzten Dank und Lebewohl ging ich. Der Sekretär reichte mir einen mit Silbergeld gefüllten Lederbeutel. Der Postreiter und die Soldaten standen schon reisefertig da, wir bestiegen die Pferde und ritten zuerst langsam durch die engen, dunklen Gassen der Stadt, dann in starkem Trab, als die Häuser spärlicher wurden, und schließlich, als uns auf allen Seiten die Einöde umgab, im stärksten Galopp. So ging es sechzehn Stunden weiter, wir wechselten dreimal die Pferde und legten in einem Ritt 170 Kilometer zurück. In Hamadan ruhten wir einen Tag und ritten dann auf neun verschiedenen Pferden zur Hauptstadt weiter. Während der letzten fünfundfünfzig Stunden schlief ich überhaupt nicht mehr, und halbtot vor Müdigkeit, zerlumpt und zerfetzt, ritt ich endlich durch das Südwesttor in die Stadt ein. Das war das Märchen von meiner ersten Reise nach Teheran und durch Persien!

Durch die persische Wüste

Nun aber auf aus dem Schatten der Platanen und fort aus Teheran, hinaus in die große einsame Wüste! Erst in der Oase Tebbes werden wir wieder ausruhen können.

Die Karawane steht marschbereit. Die vierzehn Kamele habe ich sorgfältig ausgewählt; dicke Friesdecken schützen ihren Rücken, damit er nicht von der Last wundgescheuert wird, und aus zwei Löchern der Decke gucken die Höcker hervor, die nicht gedrückt und verletzt werden dürfen. Die größeren Kamele gehen voran. Rote gestickte Halfter mit glitzernden Metallplättchen und roten und gelben Troddeln schmücken ihren Kopf, und über der Stirn schwankt ein Federbusch; um die Brust hängt ein Riemen mit zahlreichen Messingschellen, und am Halse trägt jedes Tier seine Glocke. Zwei der Glocken sind so groß wie Kirchenglocken und mußten daher seitwärts an den Lasten befestigt werden, damit sie nicht die Knie ihrer Träger verletzten. Die Kamele sind nicht wenig stolz auf ihren Staat; sie fühlen sich in ihrer Würde und ziehen mit königlichem Anstand aus Teherans südlichem Stadttor hinaus.

Mein Reitkamel ist eines der größten in der Karawane. Sein dickes, braunes, wolliges Haar hängt am Halse und an der Brust lang herab. Zwischen den Höckern und an ihren Seiten bildet das Gepäck eine kleine Plattform, und hier sitze ich wie auf einem Lehnstuhl, ein Bein rechts und das andere links von dem Vorderhöcker. So kann ich bequem das Land überblicken und mit Hilfe des Kompasses alles, was ich sehe, auf eine Karte einzeichnen: kleine Gebirge, Sandgürtel oder Schluchten; denn das ist der Zweck meiner Reise. Alle diese Kamele sind geübte Paßgänger. Sie heben die beiden linken oder die beiden rechten Beine gleichzeitig und erhalten dadurch einen wiegenden Gang, so daß man auf ihnen wie in einem Boot auf bewegter See schaukelt. Manche Leute werden seekrank, wenn sie einen ganzen Tag oben zwischen den Höckern gesessen haben.

Mein Reitkamel und ich werden bald die besten Freunde, und ich bin mit ihm ebenso zufrieden, wie es mit mir. Wenn es steht, müßte ich eine Leiter haben, um es zu besteigen. Daher muß es sich legen, wenn ich in den Sattel will. Oft aber erhebt es sich schnell wie eine Sprungfeder, zuerst mit den Hinterbeinen und dann mit den Vorderbeinen, und wenn ich dann nicht aufpasse, schieße ich einen Purzelbaum. Manchmal dreht es während des Marsches den Hals um und legt mir seinen zottigen Kopf auf den Schoß. Ich kraue ihm dann die Stirn, fahre ihm mit der Hand über die Augen und klopfe ihm die Nase. Am Morgen erscheint es vor meinem Zelt. Es schiebt mit der Nase den Türvorhang beiseite und guckt mit seinem Zottelkopf so weit in das kleine Zelt herein, daß dieses fast ausgefüllt ist. Ich lege dann meine Arme um seinen Kopf, streichle es und gebe ihm ein Stück Brot. Nun glänzen seine hellbraunen Augen vor Wonne; dann geht es wieder zurück auf die Weide. Es ist ja auch nicht anders möglich, als daß man mit einem Tier, auf dem man Monate hindurch täglich zehn Stunden reitet, gut Freund wird.

Der Klang der Glocken tönt beständig in meinen Ohren im Takt der Schritte der Kamele. Die Schritte sind lang und langsam, und mehr als 30 Kilometer legt eine Karawane selten an einem Tage zurück. Unser Weg führt nach Südosten. Wir haben schon längst die Gegenden am Fuß des Elbursgebirges hinter uns, wo die durch Flüsse gespeisten Kanäle noch herrliche Gärten und fruchtbare Felder hervorzuzaubern vermögen. Die Dörfer liegen immer weiter voneinander entfernt, und nur an ihren Kanälen schimmert das Land noch grün; sowie wir draußen sind, umgibt uns nichts als graugelbe Einöde mit vertrockneten Steppengrasbüscheln hier und da. Immer seltener begegnen uns Reihen von Eseln mit Strauchwerk aus der Steppe, das als Brennholz verkauft werden soll. Sie sind jämmerlich klein und unter ihren Lasten fast nicht zu sehen. Ihre Nüstern hat man, grausam genug, aufgeschnitten, damit sie leichter atmen und dadurch größere Märsche machen können! Ihre langen Ohren schwanken vor und zurück, und die Unterlippe hängt wie ein Beutel herab. Schläfrig und traurig sehen die armen Tiere aus, und sie sind so eigensinnig, daß sie niemals ausweichen.

In dem letzten Dorf am Rande der Wüste halten wir uns einige Tage auf, um uns auf die Gefahren vorzubereiten, die unser warten. Der Dorfälteste besitzt zehn Kamele, die er uns gern auf einige Tage vermieten will; sie sollen uns mit Wasser in Ledersäcken und Heu verproviantieren und uns auf den rechten Weg bringen. Unsere eigenen Kamele haben ja schon ihre reichlich volle Last.

Nun ist keine Spur von Leben mehr um uns. Einzelne kleine Gebirgsstöcke erheben sich wie Inseln; aber hinter ihnen ist der

Horizont der Wüste so eben wie der des Meeres. Die persische Wüste hat nur spärliche Oasen, in denen die Karawanen Wasser und Lebensmittel erhalten können. Die Wüstengegend im Norden aber, Kewir genannt, enthält auch nicht die geringste kleine Oase, da wächst kein Grashalm, da krabbelt nicht einmal eine Spinne, denn der Boden der Kewir ist Salz, und wenn es im Winter regnet, wird der salzhaltige Ton so glatt wie Eis. Und gerade sie ist das Ziel meiner Reise, denn sie ist noch fast unerforscht.

Aber einen ganzen Monat dauert es, ehe wir den Punkt erreicht haben, von wo aus wir das Wagnis bestehen wollen, die Kewir zu durchqueren. Bis dahin ging alles seinen ruhigen Gang, ein Tag glich ziemlich dem anderen. Eines Tages schneite es jedoch so dicht, daß die ersten Kamele meiner Karawane nur noch wie unbestimmte Nebelgestalten vor uns herschwankten, denn es war Winterszeit, als ich diese Reise unternahm, und Tage lang lag der Nebel so dicht über der Wüste, daß ich wie auf dem Meere mich nur auf den Kompaß verlassen konnte. Dabei hatten wir in der Nacht 14 Grad Kälte. Doch wir besaßen Brennholz in Fülle, denn am Rande der Sandwüste, wo der Wind hohe Dünen aufgehäuft hat, wachsen Saxaul und Tamariske in Mengen, Steppenpflanzen, die mehrere Meter hoch werden können und deren harte Stämme in unseren Lagerfeuern hell und prächtig aufloderten.

Erst von dem Dorfe Dschandak aus trat ich den eigentlichen Weg in die Salzwüste an und nahm nur zwei Begleiter und vier Kamele mit. Zunächst aber mußten wir am Rande der Salzwüste vier Tage liegenbleiben, da es regnete. Wird eine Karawane in der Kewir selbst vom Regen überfallen, so können die Männer noch von Glück sagen, wenn sie unter Verlust des Gepäcks und der Tiere wieder aus dem salzigen Lehmsumpf lebendig herauskommen. Viele Karawanen aber sind schon in dieser Wüste untergegangen. So war es daher ein Glück für uns, daß es regnete, ehe wir auf den glatten Tonboden gekommen waren. Als aber nun nach vier Tagen eine größere Karawane von Süden her kam und trotz des noch immer bedenklich drohenden Wetters den Durchgang wagen wollte, schloß ich mich ihr an.

Es war stockfinster, als wir aufbrachen. Ein Feuer wurde angezündet, und bei seinem Schein beluden wir die Kamele. Bald verschwand das Feuer hinter uns, und vor uns lag in nächtliches Dunkel gehüllt die Kewir. Wohin es ging, war nicht zu sehen; man mußte sich ganz seinem Reitkamel anvertrauen. Ringsum lagerte tiefes Schweigen, das nur vom Glockenklang unterbrochen wurde.

Ohne Aufenthalt marschierten die Perser den ganzen Morgen und den größten Teil des Tages weiter. Die Kräfte der Männer und der Tiere wurden bis aufs äußerste angestrengt, denn jeden Augenblick konnte ein neuer Regenguß kommen. An ein Nachtlager war nicht zu denken! Schläfrig und fröstelnd saß ich in Mantel und Friesdecke eingehüllt auf meinem Sitz, bis die Glocken wie zum Frühgottesdienst läuteten und der Tag graute. Aber auch jetzt machten die Perser nicht halt, und mir blieb nichts anderes übrig, als ihnen zu folgen. »Haltet euch dazu, Herr«, sagte einer meiner Begleiter, »drüben auf der anderen Seite dürft ihr schlafen!« Wer einzeln hinter der Karawane zurückbleibt, ist verloren. Die Perser glauben sogar, daß in der Wüste böse Geister hausen und den Zurückbleibenden verhexen. Er hört zwar das Geläute der Glocken, aber aus einer entgegengesetzten Richtung, läuft dorthin, entfernt sich immer mehr von den Seinen, verliert sich schließlich ganz und versinkt.

So geht es den ganzen Tag weiter. Der Himmel sieht unheilverkündend aus; überall Wolken. Die Wüste ist so glatt wie eine Tenne; nirgends auch nur der geringste Hügel. Im Westen sinkt die Sonne und liegt wie eine glühende Kugel in einer Wolkenschale. Ein Bündel blendend roter Strahlen flutet über die Wüste hin, und deren Oberfläche leuchtet wie ein Purpurmeer. Im Norden ist der Himmel dunkelviolett, und auf diesem Hintergrund heben sich die Kamele ziegelrot ab, ein märchenhaftes Farbenspiel!

Dann geht die Sonne unter, und nun verblassen die Farben; die langen Schatten der Kamele auf dem Erdboden verschwinden, und eine neue Nacht steigt im Osten herauf. Bald ist die Karawane unsichtbar, aber das Spiel der Glocken tönt unausgesetzt. Hin und wieder schaut der Mond durch eine Wolkenlücke auf uns nieder, und sein Licht wirft unsere Schatten auf den öden Wüstenboden. Ohne Rast geht es weiter.

Um Mitternacht ward der Himmel noch schwärzer. Die Perser hockten stumm auf ihren Kamelen und nickten ein. Bald war niemand mehr wach als der Führer, der das erste Kamel am Strick hielt, und ich auf dem letzten Kamel im Zuge. Da fallen plötzlich schwere Tropfen auf uns nieder, und ehe eine Minute vergeht, prasselt der Regen auf Kamele, Reiter und Gepäck herunter.

Mit einem Schlag ist die Karawane verwandelt! Laut, ängstlich und hastig gellen die Glocken, als riefen sie Feuersnot über die Giebel und durch die Straßen einer brennenden Stadt. Die Männer sind von den Kamelen herabgesprungen. Der Regen peitscht den glatten Wüstenboden, und einige Tiere beginnen schon auszugleiten. Wenn uns das Leben lieb ist, müssen wir eilen, sonst saugt uns die Wüste noch in der letzten Stunde auf!

Mit lauten Rufen treiben die Männer die Kamele an, und die Glocken hämmern, als ob sie die Toten zum Jüngsten Gericht erwecken wollten.

Da stürzt das erste Kamel! Auf diesem Boden sind die Tiere schlimm daran. Sie haben ja keine Hufe wie die Pferde, sondern weiche breite Fußschwielen, und wenn sie ausgleiten, tun sie es mit großer Geschwindigkeit und mit Aplomb. Alle vier Beine rutschen nach einer Seite hin, und der schwere Körper mit seiner Last saust auf der anderen nieder. Das ist schon für das Kamel nicht gerade angenehm, aber für den Reiter noch viel peinlicher; eben saß er noch so gut eingehüllt dort oben, und nun zappelt er unten im Schlamm.

Jetzt fällt ein Kamel nach dem andern und muß wieder aufgerichtet werden. Das gibt jedesmal Aufenthalt, und währenddessen wird der Lehm immer weicher! Mit jedem Schritt sinken die Kamele tiefer in den Schlamm ein. »Patsch!« tönt es, wenn sie auftreten, und »quatsch«, wenn sie das Bein aus dem Loch herausziehen, und so patscht und quatscht es um alle neunundfünfzig Kamele der Karawane herum. Der Regen schmettert herunter und die Glocken läuten. Aber solange wir sie noch läuten hören, kämpfen wir mit Erfolg; erst wenn sie schweigen, hat die Wüste uns besiegt.

Da verstummen sie mit einem Male!

»Was ist los?« fragte ich.

»Wir sind an der Teufelsrinne«, antwortet eine Stimme, und langsam setzt der Glockenklang wieder ein. Der Reihe nach müssen die Tiere ein mit Salzwasser gefülltes Flußbett durchwaten. Als die Reihe an mein Kamel kommt, stemme ich die Knie fest an. Zu sehen ist nichts, ich höre nur, wie die vor mir gehenden Kamele plätschern und wie es ringsum aufspritzt. Jetzt gleitet mein Träger den steilen Abhang hinunter, schlenkert mit den Beinen, balanciert mit dem Körper, um sich im Gleichgewicht zu halten, dann plantscht er durch das Wasser hindurch und klettert an der anderen Seite in die Höhe.

»Tamarisken!« höre ich jemanden rufen.

Gesegnet sei das Wort, denn es bedeutet unsere Rettung! In der Salzwüste wächst nichts, und wo man auf die ersten Tamarisken stößt, ist wieder sandiger Boden. Dann ist alle Gefahr vorüber, und auch die größte Müdigkeit macht neuem Lebensmute Platz. Nach zwei Stunden landen wir denn auch glücklich in einem Wüstendorf, wo wir nach der überstandenen Lebensgefahr ausgiebig rasten. Und den Zweck der Reise habe ich erreicht: in meinem Zeichenbuch trage ich die erste Landkarte dieser berüchtigten Sandwüste als Siegespreis von dannen!

Schakale und Hyänen

Denke dir, freundlicher Leser, daß irgendein unerklärliches Wunder dich plötzlich in die Oase Tebbes hineinversetzte, mitten in die persische Wüste, wo Brunnen und ein Hain von hunderttausend Palmen den erschöpften Wanderern Schatten und Erquickung bieten! Wie würdest du gleich am ersten Abend staunen über die sonderbare Serenade, die von der Wüste herüberklingt. Beim fliehenden Licht des Tages sitzest du lesend in deinem Zelt; da blickst du von deinem Buche auf und horchst hinaus! Dir wird unbehaglich und unheimlich zumute, so allein in deinem Zelt! Doch jeden Abend wiederholt sich so sicher wie der Sonnenuntergang die gleiche Serenade, und bald gewöhnst du dich daran und machst dir schließlich nichts mehr daraus.

Es sind ja nur die Schakale, die ihr Abendlied singen. Das Wort Schakal ist persisch, und der Schakal ist der Urvater des Hundes, der Vetter des Wolfes und des Fuchses. Er ist graugelb von Farbe und nicht groß, hat spitze Ohren und kleine, kluge, lebhafte Augen und hält seinen Schwanz waagerecht, nicht hängend wie der Wolf. Er ist ein Raubtier und geht nachts auf Beute. Alles Eßbare findet ausnahmslos vor ihm Gnade, aber Hühner und Weintrauben zieht er toten Karawanentieren vor. Gibt es nur irgendeine denkbare Möglichkeit, so holt er sich Datteln aus den Palmengärten, die er besonders gründlich plündert, wenn nach heftigen Stürmen reife Früchte herabgefallen sind. Mit einem Wort: der Schakal ist ein unverschämter, zudringlicher Wicht! Ich war ebenso verblüfft wie erbost, als sich eines Nachts Schakale in unseren Garten schlichen und unseren einzigen Hahn den Hunden just vor der Nase wegstibitzten. Ein entsetzlicher Spektakel hatte uns geweckt, in der Rauferei mit den Hunden blieben aber die Schakale Sieger, und wir hörten nur noch das verzweifelte Geschrei unseres armen Hahns in der Ferne ersterben.

Weiß Gott, wo das Gesindel sich aufhält, solange die Sonne am Himmel steht!

In zoologischen Handbüchern steht zu lesen, es verstecke sich in Höhlen, aber ich habe bei der Oase Tebbes keinerlei Höhlen gefunden, und doch kamen die Schakale Nacht für Nacht massenhaft in die Oase hinein. Sie sind ebenso rätselhaft wie die Wüste selbst; sie sind überall und nirgends. Mehrmals hoffte ich auf meinen Streifereien in der Umgegend von Tebbes, sie durch Zufall aufzuspüren, aber die Einöde lag schweigend da, nichts Lebendiges war zu sehen. Und trotzdem standen sie in der Dämmerung laut lachend vor meinem Zelt und schienen zu fragen, ob ich nicht noch mehr Hähne hätte!

Sobald die Sonne unter dem Horizont versinkt, die Dämmerung ihre Schleier über die stille Landschaft breitet und die Palmen in Sehnsucht nach der Wiederkehr der Sonne entschlummern, dann beginnt da draußen in kaum 200 Meter Entfernung die Serenade der Schakale. Sie klingt wie ein kurzes, abgebrochenes Gelächter, von tiefen Baßtönen aufsteigend bis zum höchsten Diskant, wie ein Klagegeheul, das anschwillt und verstummt, um von einer anderen Schar beantwortet zu werden, oder wie ein gemeinsames Angstgeschrei in Not befindlicher Kinder, die um Hilfe rufen. Näher beschreiben läßt sich der Ton nicht. Wie eine Welle umrauscht er die Oase. Das Geheul der Schakale ist die Stimme der Wüste; es schreit nach Nahrung. »Kameraden, wir sind hungrig«, rufen sie einander zu, »wir wollen auf Beute ziehen.« Vorsichtig schleichen sie an die Oase heran, blitzschnell springen sie über Mauern und Zäune und treiben allenthalben ihr Wesen auf verbotenen Wegen. Hätten die Hühner nicht ein so dummes – Spatzenhirn, sie würden schnell unter Dach kriechen, sobald das Abendlied der Schakale beginnt.

Was haben sie nicht alles auf dem Gewissen, diese unsichtbaren und überlauten kleinen Straßenräuber, die vom Kap Verde, dem grünen Vorgebirge im äußersten Westen der Alten Welt, bis ins innerste Indien hinein vom Ertrag der Wüsten und vom Abfall leben! Ihr Stammbaum ist beinahe ebenso alt wie der der Palmen, und bei den Völkern des Orients ist die Reihe ihrer Schandtaten reichlich so lang, wie bei uns das Sündenregister des guten Reineke. In Simsons dreihundert »Füchsen« erkennen wir leicht die Schakale wieder, und seit jener Zeit knüpfen sich unzählige Anekdoten an ihren Namen.

Ihr Heim ist aber nicht nur die stille ebene Wüste. Wenn in den prächtigen Klubhäusern zu Simla, dem Sommersitz des Vizekönigs von Indien, die Regimentsmusik spielt, braucht man nur seinen Kopf aus dem Fenster zu stecken, und man hört das jämmerliche Bellen und Klagegeheul der Schakale!

Übrigens ist mit diesen Bestien nicht zu spaßen. Im Jahre 1882 wurden in Bengalen nicht weniger als 359 Menschen von Schakalen getötet! Furchtbar aber ist es, wenn die Tollwut sie packt. Die letzte Grenzkommission in Seïstan hat es erfahren müssen. Bei Nacht schlich sich ein toller Schakal ins Lager und biß einen Schlafenden ins Gesicht; sechs Wochen später war der Mann tot. Andere schlichen sich in die Häuser der Eingeborenen, legten sich hier auf die Lauer und warteten auf eine Gelegenheit zum Beißen. Das Entsetzlichste aber war wohl eine dunkle Winternacht, als der Nordwind heulte und den Staub am Boden entlangfegte; da kam ein einzelner toller Schakal unhörbaren

Schritts in das Lager der Engländer. Er kroch in ein Zelt hinein, wo mehrere Männer schliefen, und packte, blindlings um sich beißend, zunächst eine Friesdecke. Die Schläfer fuhren in die Höhe und liefen zu ihren Waffen. Das Lager bestand aus drei Abteilungen und mehreren Hundert angepflockten Dromedaren. In der undurchdringlichen Finsternis sah man nicht, wohin sich der Eindringling wandte, aber bald hörte man hier, bald dort die Dromedare vor Entsetzen und Verzweiflung brüllen, und als der Tag graute, zählte man achtundsiebzig gebissene Lasttiere. Sie wurden von den anderen abgesondert und, als die Tollwut auch sie befiel, erstochen. Ein tolles Dromedar, das angebunden ist, zerfleischt sich selbst. Hunde und Ziegen, die der Schakal gebissen hatte, wurden sofort erschossen. Das Unheimlichste bei dem Ausbrechen dieser Seuche unter den wilden Bestien ist die Wehrlosigkeit des Menschen dagegen. In tiefer Nacht und unhörbar schleicht der Schakal zum Lagerfeuer und hat schon zugebissen, ehe man nach der Flinte gegriffen hat; nur durch eine wohlgezielte Kugel kann man sich ihn vom Leibe halten.

Vor zwanzig Jahren hatte ich selber ein kleines Abenteuer mit ihnen. Mit zwei Dienern und einigen Pferden ritt ich aus dem Inneren Persiens zur Küste des Kaspischen Meeres und lagerte eines Abends in einem Dorfe im Elbursgebirge. Da die Karawanserei wegen ihres giftigen Ungeziefers berüchtigt war, ließ ich mich in einem Garten häuslich nieder, dessen Obstbäume und Pappeln eine anderthalb Meter hohe, gänzlich türlose Mauer schützte. Um in den Garten zu kommen, mußte man über die Mauer klettern. Als es dunkel wurde, gingen meine Leute ins Dorf; ich selber hüllte mich fest in Mantel und Friesdecke, der Sattel diente als Kopfkissen, und bald lag ich in tiefem Schlaf. Zwei Stunden mochte ich wohl so geschlafen haben, da weckte mich ein scharrender Ton; er kam von zwei Lederkisten her, auf denen noch die Reste meines Abendessens standen, Brot, Honig und Äpfel. Ich richtete mich auf und horchte angestrengt, hörte aber nichts als das Rieseln eines in der Nähe fließenden Bächleins. Die Dunkelheit gestattete keine Umschau, nur die Sterne blinkten matt durch das Laubwerk, und so schlief ich denn wieder ein.

Nach einer Weile erwachte ich abermals von demselben Scharren an den Kisten und hörte, daß an ihren Riemen gezerrt wurde. Nun sprang ich auf und unterschied ein halbes Dutzend Schakale, die wie Schatten zwischen den Pappeln verschwanden. Aus dem Schlafe wurde diese Nacht nichts mehr, denn ich hatte mehr als genug zu tun, die dreisten Tiere in einiger Entfernung zu halten. Lag ich eine Weile still, sofort waren sie wieder da und zerrten an den Riemen, und nur wenn ich mit der Reitpeitsche auf eine Kiste hieb, zogen sie sich zurück. Bald aber gewöhnten sie sich daran und liefen nur noch ein paar Schritte weit. Da fielen mir meine Äpfel ein, und als die Schakale wieder heranschlichen, warf ich einen Apfel in den Haufen, und dieser harmlosen Verteidigungswaffe bediente ich mich so lange, bis der letzte Apfel in der Dunkelheit fortgerollt war. Die meisten Würfe gingen fehl; nur einmal entlockte ich einem der frechen Diebe ein Klagegeheul.

Wie ewig lang war diese Nacht!

Endlich aber graute zwischen den Pappeln die Morgendämmerung, und lautlos sprangen die Schakale über die Mauer. Nun hätte ich wenigstens ungestört frühstücken können, aber mit dem übriggebliebenen Abendbrot hatten die Eindringlinge bis auf den letzten Bissen aufgeräumt. Später erzählte man mir, die Schakale jener Gegend seien so bösartig, daß zwei oder drei stark genug sind, einen Mann zu überwältigen. Seitdem ließ ich meine Diener stets in meiner Nähe schlafen.

Da wir einmal von solch ungebetenen Gästen sprechen, die immer gleich zur Stelle sind, wenn in der Sahara der Löwe oder in Ostpersien der Panther ihre Beute getötet haben, dürfen wir die Hyäne nicht vergessen, denn auch sie gehört zum Wüstenvolk. Ein seltsames Tier, die Hyäne, weder Hund noch Katze, vielmehr ein Mittelding zwischen ihnen und größer als beide. Sie ist schmutzig graubraun mit schwarzen Streifen und Flecken, hat einen abgerundeten Kopf, schwarze Schnauze und schwarze Augen und so kurze Hinterbeine, daß der borstige Rücken nach hinten abfällt. Auch sie geht nachts auf Beute aus und kommt in Westpersien aus ihren Schlupfwinkeln in den Bergen zu den Karawanenstraßen herunter, um nach gefallenen Eseln, Pferden oder Kamelen zu suchen. Liegen Tote nicht tief genug begraben, dann scharrt sie unter den Grabsteinen die Leichen heraus, denn sie lebt fast nur von verwesendem Fleisch.

Eine Heerstaße in Persien in einer milden mondbeschienenen Sommernacht. Ein erschöpftes Kamel ist verendet und liegt, die Beine von sich gestreckt und das müde Haupt auf dem Boden, wie eine schwarze Masse tot da. Der Kadaver verbreitet einen widerlichen Gestank, aber die Hyänen lieben ihn, er lockt sie an. Sie eilen aus ihren Höhlen herbei, ihr heiseres Bellen nähert sich, dann knurren sie leise und bleiben einen Augenblick umherwitternd mit gespitzten Ohren auf der Ebene stehen. Aus ihren Mundwinkeln trieft es, sie haben mehrere Tage nichts gefressen. Jetzt wittern sie das Kamel und eilen hin. Sie stemmen die Vorderpfoten fest auf den Boden und reißen dem Kadaver mit den Zähnen die Bauchhaut auf, dann bohren sie die Schnauze in die weichen Teile der Bauchhöhle und fressen sich an Därmen und Muskeln satt. Einige Schritte weiter sitzen wartend die Aasgeier. Plötzlich unterbrechen die Hyänen ihren Schmaus. Die Pfoten noch im Bauch des toten Kamels, heben sie den Kopf und spitzen wieder die Ohren, alle nach derselben Richtung hin. Sobald wir im Mondschein heranreiten, verschwinden sie wie Schatten in der dunklen Wüste, aber kaum sind wir vorüber, dann sind sie schon wieder da und wühlen weiter in den Eingeweiden des Kamels, bis sie von neuem gestört werden. Erst wenn im Osten der Tag graut, suchen sie ihre Höhlen wieder auf.

So streift das vierbeinige Volk der Wüste um den Rand der Oase Tebbes herum und teilt das unermeßliche Reich mit dem Panther, dem Wildesel und den feinen zierlichen Gazellen. Und auf der ungeheuren weiten Fläche liegt so eine Oase vergessen und einsam wie eine Insel im Ozean.

Wölfe auf dem Pamir

Wer nicht selber wochenlang die Wüste durchwandert hat und dann endlich an eine Oase gelangte, der kann sich kaum vorstellen, was das bedeutet. Die Oase ist dem Wüstenwanderer, was dem vom Sturm bedrohten Seefahrer der sichere Hafen ist, und es bedarf erst eines mannhaften Entschlusses, um sich aus solch einer Oase loszureißen und die Wanderung durch den Sonnenbrand der Wüste fortzusetzen.

Einstweilen bleiben wir deshalb noch eine Weile in der Oase Tebbes liegen, und nichts kann wohl so leicht mit der freigebig spendenden Sonne versöhnen, als wenn man sich der Zeiten erinnert, wo einem auch nur ein leiser Strahl von ihr mehr als willkommen gewesen wäre.

Eine von diesen meinen Erinnerungen führt uns eine Strecke nordwärts von der persischen Wüste in ein wesentlich anderes Land. Im November 1893 war ich von Orenburg am Uralfluß, der teilweise die Grenze zwischen Asien und Europa bildet, aufgebrochen, um auf einem klapprigen Tarantas, dem gewöhnlichen Fuhrwerk auf den russischen Landstraßen, die Kirgisensteppe zu durchqueren, die sich zwischen dem Irtysch und dem Kaspischen Meere, dem Uralfluß und dem Syr-darja ausdehnt.

Diese ungeheure Steppe ist so glatt wie ein gefrorenes Meer, und die Pferde können hier ruhig durchgehen: es hat keine Gefahr, daß man in einen Graben geworfen wird oder an einem Steinblock ein Rad zersplittern könnte. Die Strecke bis Taschkent, der Hauptstadt Turkestans, ist zweitausend Kilometer lang, also so weit wie von Hamburg bis Athen, und bei Schneetreiben und 20° Kälte hatte ich die neunundneunzig Poststationen mit neunundneunzigmaligem Pferdewechsel glücklich überstanden! Von Taschkent hatte ich die Provinz Samarkand mit ihrer gleichnamigen Hauptstadt bereist und das südwestwärts von Samarkand, im Norden des Amudarja gelegene Land Buchara besucht, dessen Emir ein Vasall Rußlands ist.

Von hier aus zog ich auf das gewaltige Bergplateau Pamir, das von seinen Bewohnern das »Dach der Welt« genannt wird, weil sie glauben, es erhebe sich wie ein Dach über die ganze übrige Erde. Von diesem ungeheuren Gebirgsknoten gehen die höchsten Bergketten Asiens und der Erde überhaupt aus, der Himalaja, der Transhimalaja, der Karakorum, der Kwen-lun und Tien-schan nach Osten, der Hindukusch nach Westen. Ein Blick auf die Karte zeigt, daß die meisten und größten Bergketten Asiens und selbst Europas mit dem Pamir zusammenhängen oder daß man ihren Ursprung von ihm ableiten kann. Die Bergketten Tibets ziehen sich weit in China und in die hinterindische Halbinsel hinein. Der Tien-schan ist nur das erste Glied einer Kette verschiedener Gebirge, die sich nordwärts durch ganz Asien erstreckt. Die Fortsetzung des Hindukusch finden wir in den Bergen Nordpersiens, des Kaukasus, Kleinasiens und der Balkanhalbinsel, in den Alpen und den Pyrenäen. Der Pamir gleicht dem Leib eines Tintenfisches, der seine Arme nach allen Seiten hin ausstreckt. Die gewaltigen Gebirgsketten, die von ihm ausgehen, sind das Knochengerüst, das Skelett Asiens, um das herum sich die Hochebenen wie Muskelstränge ausbreiten. Ströme, Flüsse und Bäche sind feine Adern und Blutgefäße. Die Wüsten im Innern sind kranke, verkümmernde Teile dieses Organismus, und die Halbinseln die Gliedmaßen.

Im Februar 1894 befand ich mich in Margelan, der Hauptstadt Ferghanas, der Kornkammer Zentralasiens, denn Ferghana ist ein reiches, rings von Bergen umgebenes fruchtbares Tal. Ich hatte eine kleine, tüchtige Karawane aus elf Pferden und drei Leuten ausgerüstet, und unter meinen Begleitern befand sich zum erstenmal Islam Bai, der mir später viele Jahre hindurch ein treuer Diener war. Zelte brauchten wir nicht mitzunehmen; der Gouverneur hatte den Kirgisen befehlen lassen, überall, wo ich übernachten wollte, zwei schwarze Frieszelte aufzuschlagen. Proviant hatten wir in unseren Gepäckkisten, Stroh und Gerste in Säcken, außerdem aber eiserne Spaten, Beile und Spieße, denn wir hatten durch tiefen Schnee und über Glatteis zu wandern. Nur eines hatten wir vergessen: uns einen Hund zu besorgen. Aber unterwegs gesellte sich von selbst einer zu uns und bat höflich, ob er uns begleiten dürfe. Das erlaubte ich ihm gern, und er wurde allen bald ein lieber Freund.

So zogen wir südwärts nach dem Pamir hinauf und folgten einem engen Talgang, in dem ein schäumender Fluß über vereiste Steinblöcke hinwegströmte. Wiederholt kreuzten wir ihn auf schmalen, schwankenden Holzbrücken, die wie Zündhölzchen aussahen, wenn man sie von den hohen Abhängen aus unten im Tale liegen sah. Auf den Halden lag der Schnee immer tiefer. Er taute in der Sonne auf, gefror aber in der Nacht wieder, und unser Pfad glich einer Eisstraße, die am Rand eines steilen Abgrundes entlang läuft.

Mehrere Kirgisen hatte ich zur Hilfe mitgenommen, und einer von ihnen führte das erste Pferd, das zwei große Strohsäcke und zwischen ihnen mein Zeltbett trug. An einer Stelle, wo sich der Pfad schräg abwärts senkte, rutschte das Pferd aus, versuchte vergeblich wieder festen Fuß zu fassen und stürzte in den Abgrund, wo es mit gebrochenem Rückgrat liegen blieb. Seine Strohlast wurde weithin über die Steine zerstreut, und mein Bett tanzte den Fluß hinunter. Das war kein geringer Schreck, und alle Mann hoch eilten wir nun hinunter, um zu retten, was nur irgend zu retten war.

Dann ging es wieder aufwärts. Stufen wurden in das Eis gehauen und der Weg mit Sand bestreut. Aber je höher wir hinaufkamen, desto schlimmer wurde es. Jedes Pferd mußte ein Kirgise am Halfter führen und ein zweiter es am Schwanz halten; an Reiten war nicht zu denken, man kroch fast auf allen Vieren. Über zwölf Stunden marschierten wir so, bis das Tal sich öffnete und die flackernden Lagerfeuer von den Zelten der Kirgisen sichtbar wurden.

Tag für Tag ging es höher hinauf, und einmal verspürte ich auf der schwindelnden Höhe eines Passes in beinahe 5000 Meter Höhe die unangenehmen Anzeichen der Bergkrankheit, rasendes Kopfweh, Übelkeit und Ohrensausen. Unter heulendem Schneesturm stiegen wir in das breite, mit Schnee gefüllte Alaital hinab. Zwei Kirgisen mußten mit Stäben vorangehen, um den Weg auszupeilen, damit die Pferde nicht im Schnee versanken. Dann mußte ich vier Kamele mieten, die vor der Karawane hergeführt wurden, um eine schmale Rinne für die Pferde auszutreten. Himmel und Erde verschmolzen in einem einzigen Weiß; das einzige Schwarze, was man sah, waren Pferde, Kamele und Menschen.

Aber bei jedem Nachtlager fanden wir behagliche Frieszelte für uns bereitgestellt. Einmal hatten wir nur noch eine kleine Strecke zu solch einem Zelt hin zurückzulegen, als eine Rinne mit drei Meter tiefem Schnee unsern Weg kreuzte. Das erste Pferd verschwand wie in einer

Versenkung; um es herauszuziehen, mußte es erst von seiner Last befreit werden. Die klugen Kirgisen nahmen nun die Friesdecken des Zeltes, breiteten sie über die Schneefläche aus und führten die Pferde einzeln über diese Brücke, deren weicher Stoff sich auf dem Schnee muldenförmig nach unten senkte.

Ja, diese Reise war ein Gegenstück zu unserer Wanderung durch die persische Wüste, ein dauerndes Stapfen und Waten durch Schnee und über Eisabhänge. Als ich eines Tages einen Reiter vorausschickte, um den Weg auszukundschaften, guckte nur der Kopf des Pferdes und der Reiter aus dem Schnee hervor. Ein andermal fehlte das übliche Kirgisenzelt, und wir lagerten innerhalb einer Schneemauer ums Feuer herum, bei 34° Kälte! Die Kirgisen, die unser Zelt hatten aufschlagen sollen, waren durch eine Lawine, die vierzig Schafe begrub, zurückgehalten worden. Sechs dieser Leute waren gleichwohl weitergewatet, uns entgegen, aber zwei blieben im Schnee stecken, und die übrigen vier langten in einem höchst jämmerlichen Zustande bei uns an; einer hatte sich den Fuß erfroren, der zweite war schneeblind geworden. Die Kirigsen pflegen ihre Augen dadurch zu schützen, daß sie lang herabhängende Pferdehaare vorn unter der Mütze befestigen oder sich mit Kohle einen schwarzen Ring um die Augen ziehen und die Nase schwärzen.

In diesen Gebirgen wimmelt es von Wölfen, und auch wir begegneten zahlreichen Spuren dieser blutdürstigen Räuber. Der Hunger macht sie überaus dreist, und besonders den Schafherden der Kirgisen tun sie großen Schaden. Ein einzelner Wolf hatte kürzlich einem Kirgisen 180 Schafe totgebissen, nur aus Freude am Erwürgen! Ein wandernder Kirgise war in dieser Gegend von einem Rudel Wölfe überfallen worden, und nach zwei Tagen fand man von ihm nichts weiter als den Schädel und das Gerippe. Zwei meiner Führer waren im vorigen Winter zwölf Wölfen begegnet; da sie aber bewaffnet waren, hatten sie zwei der Untiere getötet, die sofort von ihren Kameraden aufgefressen wurden. Man stelle sich die entsetzliche Lage eines Kirgisen vor, der unbewaffnet von einem Rudel Wölfe überrascht wird! Sie haben seine Spur gewittert und folgen ihm. Ihre Augen glühen vor Haß und Blutdurst; sie ziehen die runzlige Oberlippe in die Höhe, um die Reißzähne frei zu haben, und die Zunge hängt ihnen triefend aus dem Rachen. Der Wanderer hört ihre schleichenden Schritte hinter sich und sieht ihre grauen Pelze in der Dämmerung auf dem weißen Schnee. Es überläuft ihn eiskalt vor Entsetzen, und zu Allah betend stürmt er vorwärts durch die Schneewehen, in der Hoffnung, noch das nächste Zeltdorf zu erreichen.

Von Zeit zu Zeit stehen die Wölfe still und erheben ein langgezogenes, unheimliches Geheul. Aber schon in ein paar Minuten haben sie ihn wieder eingeholt und werden immer dreister. Er läuft um sein Leben. Sie wissen, daß er die Anstrengung nicht lange aushalten kann. Jetzt schnappt einer nach dem Zipfel seines Pelzes, läßt ihn aber wieder los, weil der Flüchtling die Mütze nach ihm wirft. Auf sie stürzen sich alle und reißen sie in Stücke. Und diese Vorspeise erhöht nur ihren Appetit. Der Arme schwankt vorwärts, er kann nicht mehr, mühsam setzt er einen Fuß vor den andern und erstickt beinahe vor Atemnot. Nun ist ihr Augenblick gekommen, und von allen Seiten stürzen sie sich auf ihn. Er schreit und brüllt und schlägt mit den Armen um sich, zieht seinen Dolch und sticht aufs Geratewohl drauflos. Aber ein großer Wolf springt ihm auf den Rücken und reißt ihn zu Boden. Nun ist wenigstens sein Rücken gedeckt, aber im Dunkeln über ihm leuchten die Augen und Zähne der Wölfe, und er sticht mit dem Dolche auf sie ein. Sie wissen, daß er auch dazu bald zu schwach sein wird. Zwei reißen ihm die Stiefel auf, um an seine Füße zu kommen. So weit kann er mit dem Dolche nicht reichen, er richtet sich also ein wenig auf, und im selben Augenblick beißt ihn ein Wolf so in den Nacken, daß das Blut auf den weißen Schnee spritzt. Hat der Wolf erst Blut geleckt, dann ist er fürchterlich. In seiner Verzweiflung dreht sich der Kirgise mit gezücktem Dolch um – da sind sie von hinten über ihm, und er fällt wieder auf den Rücken. Jetzt stößt er langsamer um sich. Die Wölfe knurren heiser, heulen und keuchen, und der Schaum steht ihnen vor der Schnauze. Dem Unglücklichen wird es schwarz vor den Augen, das Bewußtsein verläßt ihn, der Dolch entfällt seiner Hand – und gleich wird der größte der Wölfe seine Zähne in die Gurgel seines Opfers begraben! Aber gerade wie er zuschnappen will, hält er plötzlich inne und stößt ein kurzes Geheul aus, das in der Wolfssprache einem Fluch gleichbedeutend ist. Denn am Fuß des nächsten Hügels sind zwei kirgisische Reiter aufgetaucht, die ihrem Kameraden entgegengeritten sind. Im Nu sind die Wölfe verschwunden, und der Bewußtlose wird nun in seinem zerfetzten Pelz zu den nahen Zelten gebracht. Er atmet und sein Herz schlägt noch, und bei den Flammen des Abendfeuers erwacht er bald wieder zum Leben. –

Wehe aber auch dem Wolf, der angeschossen und gefangen wird! Man begreift, welchen Haß die Kirgisen gegen diese Raubtiere haben, die sich sehr selten ihren Schüssen aussetzen. Der Gefangene wird nicht kurzerhand totgeschlagen, sondern man denkt sich die gräßlichsten Qualen aus, um ihn zu foltern!

Wenn im Alaital der große Winterschnee fällt, streifen die Wölfe auf den hohen Flächen des Pamir umher, wo der Schnee nicht so tief liegt, und stellen hier dem Wildschaf nach, das große, runde, schön gewundene Hörner hat und nach seinem Entdecker Marco Polo, dem berühmten Reisenden des Mittelalters, Ovis Poli genannt wird. Eine regelrechte Treibjagd veranstalten die Wölfe auf die Herden dieser Schafe. Die einzelnen Wildschafe, die sich unvorsichtig von der Herde entfernen oder zurückbleiben, werden von vorher ausgestellten Wachtposten der Wölfe auf einen vorspringenden Felsenabsatz gejagt, den die Räuber sofort umringen. Können sie dem gejagten Wild von oben herab beikommen, so haben sie leichte Arbeit; sonst warten sie geduldig, bis ihm die Beine vor Ermüdung einschlafen und es von dem Felsen herunter ihnen in den Rachen fällt.

Auf meinen verschiedenen Reisen durch Asien bin ich zahlreichen Wölfen begegnet, und sie haben mir Schafe, Maulesel und Pferde zerrissen. Wie manches Mal haben sie vor meinem Zelt ihr Geheul angestimmt und nach Fleisch und Blut geschrien! Aber wenn sich die Gelegenheit bot, dann galt auch kein Mitleid, und nicht wenige traf meine oder meiner Begleiter Kugel. Sie streifen ja wie böse Höllengeister fast in ganz Zentralasien umher, und man muß es ihnen vergelten, daß sie die Schafe der Nomaden zerreißen, die Füllen der Wildesel tothetzen und der geschmeidigen, zierlichen Antilope nachstellen.

Der Vater der Eisberge

Wo man auch im östlichen Pamir verweilen mag, überall sieht man den Mus-tag-ata, den Vater der Eisberge, mit seinen flachen, hügeligen Gipfeln, die alle übrigen Berge überragen. Er ist 7880 Meter hoch, also einer der höchsten Berge der Erde. Auf seinem gewölbten Scheitel häuft sich der Schnee, und seine unteren Schichten verwandeln sich durch den beständigen Druck von oben in Eis. Daher trägt der Berg stets eine mit Schnee bepuderte Eismütze. Aber um den Gipfel herum gibt es auch flache Mulden, und in ihnen sammelt sich der Schnee wie in Schalen, sinkt langsam nieder und verwandelt sich auch hier durch den Druck von oben in Eis. So entstehen mächtige Eiszungen, die sich außerordentlich langsam, jährlich nur um einige Meter, abwärtsbewegen. Sie sind von gewaltigen, schroffen Bergwänden umgeben, von denen Schutt und Steinblöcke auf das Eis herabfallen, und dieses nimmt sie mit in die tieferen Gegenden hinab. Je wärmer nun, weiter abwärts, die Luft wird, um so mehr taut von dem Eise; aber der Druck von oben gleicht das wieder aus, so daß sich der untere Rand des

Eisstroms immer auf derselben Stelle zu befinden scheint. Hier sammelt sich nun allmählich das mitgeführte Geröll an, schiebt sich übereinander und bildet gewaltige Haufen und Steinwälle, die man Moränen nennt. Der Eisstrom selber heißt Gletscher. Der Mus-tag-ata sendet nach allen Seiten zahlreiche solcher Gletscher aus; sie sind mehrere Kilometer lang und ein bis zwei Kilometer breit. Ihre Oberfläche ist sehr uneben und zeigt zahlreiche Höcker und Pyramiden von klarem Eis.

Auf diesen Gletschern des Mus-tag-ata habe ich manche Wanderungen zu Fuß und auf Yaks reitend unternommen. Man muß gut beschuht sein auf solchen Wanderungen, sonst läuft man leicht Gefahr, auszugleiten und in eine der Spalten im Eise zu stürzen, die sich überall zeigen. Beugt man sich über den Rand solch einer Spalte, dann sieht man wie in eine dunkelblaue Grotte mit blanken Glaswänden hinein, und lange Eiszapfen hängen vom Rande hernieder. Über die Gletscherflächen fließen Schmelzbäche hin, bald lautlos und weich, als ob Öl durch die grünblauen Eisrinnen glitte, bald plätschernd und in muntern Sprüngen. Auf dem Boden der Eisspalten sickert und gluckst es; oft stürzen auch solche Gletscherbäche in stattlichen Wasserfällen in die Abgründe hinunter. An warmen Tagen, wenn die Sonne am Himmel steht, taut es überall, und es sickert, brodelt und rinnt ringsum. Ist aber das Wetter naßkalt und unfreundlich, dann ist auch der Gletscher stiller, und wenn der Winter mit seiner scharfen Kälte kommt, dann wird er starr und stumm, und all die Bäche gefrieren zu Eis.

Die Yaks der Kirgisen sind außerordentlich sicher auf den Füßen. Man kann mit ihnen über glatte, gewölbte Eisflächen reiten, über die kein Mensch gehen könnte. Der Yak stemmt seine Hufe so fest auf, daß das weiße Eispulver ringsherum stäubt, und wenn es so steil abwärts geht, daß er nicht mehr stehen bleiben kann, dann spreizt er alle vier Beine, macht sie so steif wie Holzklötze und rutscht den Eisabhang hinunter ohne umzufallen. Oftmals ritt ich über Moränenhaufen, die aus gewaltigen, übereinandergetürmten Granitblöcken bestanden. Da hieß es die Knie tapfer zusammenkneifen, denn der Yak machte Sätze und Sprünge wie ein Toller. Einmal waren die Steinblöcke dem Yak zu groß, und ich mußte zu Fuß weiter. Um schließlich wieder hinunterzugelangen, blieb mir nichts weiter übrig, als mich zwischen den Blöcken hinabgleiten zu lassen, und als ich glücklich unten ankam, landete ich in einem Bach. Aber ich krabbelte mich wieder auf offenes Terrain hinaus, nur Jolldasch, mein Hund, stand noch auf einem der höchsten Blöcke und heulte erbärmlich. Ich pfiff ihm und rief seinen Namen; da machte er kehrt und verschwand zwischen den Steinen. Nachher hörte ich ihn leise bellen und heulen, bis schließlich auch er ins Wasser plumpste, und als er mich dann fand, war er recht unzufrieden, daß ich ihn auf solche Abenteuer mitgenommen hatte!

Viermal habe ich versucht, von einigen tüchtigen Kirgisen begleitet, den Gipfel des »Vaters der Eisberge« zu besteigen, aber immer ohne Erfolg. Hoch oben zwischen den Moränen war unser Lager aufgeschlagen. Islam Bai, sechs Kirigisen und zehn Yaks standen vor Sonnenaufgang bereit, und wir hatten Lebensmittel, Pelze, Spaten und Spieße, Brennmaterial und ein Zelt bei uns. Die steilen Halden hinauf ging es erst durch Geröll, dann über Schnee, der immer tiefer wurde. Die dünner werdende Luft erschwerte das Atmen, und immer häufiger blieben die Yaks stehen, um zu verschnaufen. Die Kirgisen selbst gingen zu Fuß und trieben die Tiere nach den schwindelnden Höhen hinauf. Am Abend des ersten Tages hatten wir einen Punkt erreicht, der 6300 Meter über dem Spiegel des Weltmeeres liegt. Da hatten wir für heute genug und blieben die Nacht dort, um am folgenden Morgen den Aufstieg fortzusetzen.

Aber zwei Kirgisen waren so erschöpft vor Müdigkeit und Kopfschmerz, daß sie mich baten, wieder abwärts steigen zu dürfen. Die übrigen schaufelten den Schnee weg und umgaben unser kleines Zelt noch mit einer Schneemauer. Das Feuer wurde angezündet und der Teekessel zum Kochen gebracht, aber wenn die Bergkrankheit im Anzuge ist, steht es schlecht mit dem Appetit. Die zehn Yaks lagen draußen angebunden im Schnee, und die Kirgisen rollten sich in ihren Pelzen wie Igel zusammen. Der Vollmond schwebte wie ein silberweißer Ballon gerade über dem Scheitel des Berges, und ich verließ mein Zelt, um dieses unvergeßliche Schauspiel zu genießen. Der Gletscher unter mir lag im Schatten, aber die Firnfelder glänzten im Mondlicht blendendweiß. Die Yaks lagen rabenschwarz auf der weißen Fläche, unter ihnen knarrte der Schnee, und es dampfte aus ihren Nüstern. Weiße, leichte Wölkchen segelten vom Berge aus schnell unter dem Mond dahin.

Dann ging ich wieder in mein Zelt. Das Feuer war erloschen und der eben getaute Schnee wieder zu Eis gefroren. Drinnen war es feucht und rauchig, und die Männer seufzten und stöhnten über Kopfweh und Ohrensausen. Ich kroch in meinen Pelz, konnte aber nicht schlafen. Lautlos war die Nacht, nur selten hörte man einen dumpfen Schuß – dann hatte sich eine neue Spalte im Eis gebildet oder ein Steinblock war von einem Bergabhang herabgestürzt.

Wie seltsam war doch so eine Nacht an der Grenze des unendlichen Weltenraums, dessen dunkelblaues Gewölbe alle Berge der Erde überspannt! Wir in unserem rauchigen Zelt lagen in einer Höhe, an die die mächtigsten Bergspitzen Europas, Nordamerikas, Afrikas und Australiens nicht heranreichen. Nur in Asien gibt es noch viele und in Südamerika einige Gipfel, die sich noch höher erheben. Man hätte einundzwanzig Eiffeltürme übereinander stellen müssen, um da hinaufzugelangen, wo wir die Nacht zubrachten!

Als ich am Morgen unter meinem Pelz hervorkroch und aus dem Zelt lugte, fegte ein wütender Schneesturm über die Hänge des Berges hin. Die dichten Wolken stöbernden Schnees waren völlig undurchsichtig, und weiter hinaufzusteigen wäre sicherer Tod gewesen. Ich konnte noch froh sein, daß es uns gelang, in solchem Wetter wieder lebendig hinunterzukommen. Und der Abstieg führte mitten durch die Schneewehen hindurch und fast kopfüber abwärts. Mein Yak sehnte sich nach der Weide und sprang wie ein Delphin durch den Schnee. Sitzt man nicht fest im Sattel, so schießt man vornüber, und dabei stürzt auch der Yak und fällt auf seinen Reiter. Diese Nacht auf der Höhe von 6300 Metern lag mir noch lange Zeit in den Gliedern.

Ein andermal brach mein erster Yak, der zwei große Holzbündel trug, plötzlich im Schnee ein, blieb aber zum Glück noch mit den Hörnern, einem Hinterbein und den Reisigbündeln auf der Schneekruste hängen; sein übriger Leib aber schwebte frei in der Luft über einem dunklen, gähnenden Abhang! Der Schnee hatte hier eine tückische Brücke über eine große Spalte im Eis gebildet und unter dem Gewicht des Yaks nachgegeben. Es kostete unsägliche Mühe, bis das Tier an einem Strick wieder hervorgezogen war.

Ein kirgisisches Reiterspiel

Der östliche Pamir steht unter der Herrschaft des Kaisers von China. Ein offenes Tal wird im Osten von einer Bergkette begrenzt, die in ungeheuren Verzweigungen und Armen nach dem muldenförmigen Becken Ostturkestans abfällt. Die Bergkette erstreckt sich von Norden nach Süden, und ihr höchster Gipfel ist mein alter Freund, der Mustag-ata.

An dem Fuße des »Vaters der Eisberge« ist der Talgrund eben und weit, und üppiges Gras wuchert hier. Auf der Ebene liegen die schwarzen Zelte der Kirgisen verstreut, den Flecken eines Pantherfelles vergleichbar. Eines dieser Zelte hatte ich für die Sommermonate 1894 gemietet, und mit besonderem Vergnügen studierte ich die Lebensgewohnheiten der Kirgisen.

Die Kirgisen sind ein prächtiges, ritterliches Hirten- und Reitervolk. Sie leben von ihren großen Schafherden, haben aber auch zahlreiche Pferde, Kamele und Rindvieh. Sie sind vom Gras der Steppe abhängig und wandern gleich anderen Nomaden von einem Weideplatz zum andern. Ihre schwarzen Frieszelte hängen über einem Gestell von Holzrippen am Ufer der Bäche und Flüsse. Haben die Herden das Gras abgeweidet, dann rollen die Hirten ihre Zelte wieder zusammen, packen sie und ihre ganze übrige Habe auf die Kamele und suchen eine andere Weide. Sie sind freigeborenes, männliches Volk und lieben die endlose Steppe. Das Leben in der freien Luft und auf der weiten Ebene hat ihre Sinne zu unglaublicher Schärfe entwickelt. Einen Ort, den sie einmal gesehen haben, vergessen sie nie. Ob der Wuchs der Steppe dichter oder dünner wird, ob der Boden die geringste Unebenheit zeigt, ob schwarzer oder grauer, feiner oder grober Schutt dort liegt, alles dient ihnen als Erkennungszeichen. Oft, wenn ich auf der Reise von Orenburg her durch die Kirgisensteppe auf dem Wege einige Minuten anhielt, um die Pferde verschnaufen zu lassen, erlebte ich es, daß mein kirgisischer Kutscher sich umdrehte und mir zurief: »Da hinten reitet ein Kirgise auf einer gefleckten Stute.« Ich richtete mein Fernglas hin und entdeckte bestenfalls einen kleinen Punkt, ohne aber auch im geringsten sagen zu können, was das sei.

Unter den Kirgisen lebte ich monatelang. War das Wetter schön, so machte ich weite Ausflüge zu Pferde oder auf dem Yak und nahm eine Karte der Umgegend auf. Wenn es vom Himmel goß, blieb ich im Zelt oder besuchte meine Nachbarn und plauderte mit ihnen. Ich hatte ihre Sprache geläufig sprechen gelernt, und tägliche Übung bringt Fertigkeit.

Um das große schwarze Zelt des Kirgisen herum halten bissige Hunde Wache, und zwischen ihnen spielen fröhlich kleine, nackte, braungebrannte Kinder. Sie sind allerliebst, und man begreift kaum, daß sie einmal zu großen, derbknochigen, halbwilden Nomaden heranwachsen werden. Aber alle Kinder sind ja lieb und niedlich, bevor das Leben und die Menschen sie verdorben haben. Im Zelt sitzen die jungen Weiber beim Garnspinnen und Zeugweben. Die älteren beschäftigen sich in einem Anbau des Zeltes mit dem Abrahmen der sauren Milch und mit Butterbereitung, oder sie sitzen um den Kessel herum, in dem Fleisch kocht. Das Feuer brennt mitten im Zelt, und der Rauch entweicht durch eine runde Öffnung in der oberen Wölbung des Kuppeldaches. Die jüngeren Männer hüten die Schafe draußen auf der Weide oder die Yaks im Gebirge. Zuzeiten gehen sie auch auf die Jagd und erbeuten wilde Schafe und Ziegen. Bei Sonnenuntergang werden die Herden in die Umfriedungen nahe bei den Zelten getrieben, und die Weiber melken Mutterschafe und Yakkühe. Nachts muß der Wölfe wegen bei den Tieren Wache gehalten werden. Die Kirgisen sind Mohammedaner, und oft hört man sie vor den Zelten ihre arabischen Gebete singen.

Nach kurzer Zeit schon war ich mit allen meinen Nachbarn gut Freund. Sie sahen, daß ich es gut mit ihnen meinte und mich nicht für besser hielt als sie, und daß ich mich freute, unter ihnen zu leben. Von nah und fern kamen sie, um mir Geschenke zu bringen, Schafe und Milch, erbeutete Wildschafe und Gebirgsrebhühner. Auch alle meine Leute, Islam Bai ausgenommen, waren ja Kirgisen und folgten mir gern überallhin, wohin ich wollte.

Eines Tages hatten nun die Häuptlinge beschlossen, mir zu Ehren ein Fest zu veranstalten. Es sollte ein »Bajga«, ein Reiterspiel, sein, und schon früh am Morgen versammelten sich kleine Scharen Berittener auf der großen Ebene, wo die wilde Jagd stattfinden sollte.

Als die Sonne ihren höchsten Stand erreicht hatte, begab auch ich mich dorthin. Zweiundvierzig Kirgisen ritten mir zur Seite und hinter mir. In ihren Festgewändern, bunten Mänteln und farbigen Leibbinden, mit den gestickten Mützen, mit Dolchen und Messern und den klappernden Gehängen, an denen Feuerstahl, Bohrer, Pfeife und Tabaksbeutel befestigt waren, boten sie einen ebenso stattlichen wie festlichen Anblick. Auch der Häuptling der Kirgisen, die auf der Ostseite des Mus-tag-ata wohnen, war darunter. Sein langer Mantel war dunkelblau, seine Leibbinde hellblau, auf dem Kopf trug er eine violette Mütze mit Goldrand, und an der Seite baumelte in schwarzer Scheide ein Krummsäbel. Er war von hohem Wuchs und hatte einen dünnen, schwarzen Vollbart, einen struppigen Schnurrbart, schmale, schrägliegende Augen und, wie die meisten Kirgisen, vorstehende Backenknochen.

Die ganze Ebene vor uns war schwarz von Reitern und Pferden. Das wimmelte bunt durcheinander, wieherte und stampfte ringsum. Stramm und sicher saß der Großhäuptling Choat Bek trotz seiner hundertundelf Jahre im Sattel, wenn auch die Last der Jahre seine Gestalt schon ein wenig gebeugt hatte. Seine große Adlernase krümmte sich über dem kurzen, weißen Bart, und auf dem Scheitel trug er einen braunen Turban. Fünf Söhne, die auch schon Graubärte waren, umgaben ihn, jeder auf hohem Roß.

Nun begann das Schauspiel. Die Zuschauer reiten beiseite, um den Platz vor uns freizumachen. Ein Reiter sprengt mit einem Bock in den Armen heran, steigt ab und schleppt das arme Tier nahe zu uns hin. Ein zweiter Kirgise packt den Bock mit der Linken am Horn, schneidet ihm mit einem einzigen Schnitt seines scharfen Messers den Kopf ab, läßt den Bock ausbluten, ergreift ihn an den Hinterbeinen und reitet spornstreichs im Bogen über die Ebene. In der Ferne zeigt sich eine Reiterschar. Sie nähert sich mit unheimlicher Geschwindigkeit. Achtzig Pferdehufe schmettern auf den Boden unter betäubendem Lärm, den wildes Geschrei und das Klappern der Steigbügel noch verstärken. In einer Staubwolke sausen sie dicht an uns vorüber; man fühlte den Luftzug wie einen Sturmwind. Der erste Reiter wirft mir den toten Bock, der noch warm ist, vor die Füße, und dann jagen sie wie ein Ungewitter wieder davon.

»Reitet beiseite, Herr!« rufen mir einige Häuptlinge zu, »jetzt wird es gleich toll hergehen!«

Und kaum habe ich Zeit, weit genug zurückzuweichen, als die erhitzte Schar auf schaumbedeckten Rossen schon wie eine Lawine heransaust. Um den Bock entsteht ein unentwirrbarer Knäuel von Menschen und Pferden, die kaum noch in dem aufwirbelnden Staub zu unterscheiden sind. Sie kämpfen um den Bock; wer ihn ergreift, ist der Sieger. Sie drängen, stoßen und schieben einander, die Pferde scheuen, bäumen oder überschlagen sich, und andere Pferde setzen über sie hinweg. Die Reiter, die fest im Sattel sitzen, beugen sich tief hinunter und greifen nach dem Vlies. Einige purzeln dabei auf die Erde und sind in Gefahr, zertreten zu werden, andere hängen halb unter ihren Pferden.

Am schlimmsten aber wird der Wirrwarr, als zwei Männer auf Yaks sich noch in den Haufen drängen. Die Yaks kitzeln mit ihren Hörnern die Pferde an den Weichen; die Pferde werden gereizt und schlagen aus, und die Yaks verteidigen sich. Nun ist das Stiergefecht in vollem Gang.

Einem kräftigen Kirgisen ist es endlich gelungen, den Bock an sich zu reißen. Sein Pferd versteht es meisterhaft, sich und seinen Reiter rückwärts aus dem Spiel zu ziehen, und nun sprengt er schnell wie der Wind in weitem Bogen über die Ebene, die anderen ihm nach, und als sie wieder zurückkommen, scheinen sie die Absicht zu haben, sich mit unwiderstehlicher Gewalt auf mich zu stürzen! Doch im letzten Augenblick stehen die Pferde wie angemauert, und nun beginnt der Kampf aufs neue. Viele haben blutige Gesichter, andere zerrissene Kleider; Mützen und Peitschen liegen auf der Walstatt zerstreut umher, und manches der Pferde hinkt.

»Für uns Alte ist es doch ein Glück, daß wir nicht mit in dem Haufen zu sein brauchen«, sagte ich zu Choat Bek.

»Oh, Herr«, antwortete der Greis lächelnd, »es sind wohl schon hundert Jahre her, daß ich so alt war wie Ihr jetzt!«

Im Reich des schwarzen Todes

Allzuschnell ist unsere Rastzeit in der Oase Tebbes verstrichen. Die Kamele stehen wieder beladen da, wir sitzen auf. Die Glocken läuten wieder, und unsere Karawane zieht weiter durch die Wüste, tage- und wochenlang immer nach Südosten. Endlich gelangen wir an das Ufer eines großen Sees, der Hamun heißt, auf der Grenze zwischen Persien und Afghanistan. Die Nordhälfte von Afghanistan wird von dem Hindukuschgebirge ausgefüllt; der Name bedeutet Hindutöter, weil die Hindus, die sich aus dem heißen Indien da hinaufwagen, alle Aussicht haben, im ewigen Schnee umzukommen. Im Frühling aber schmelzen große Massen des Winterschnees, und dann tanzen Flüsse und Bäche in muntern Sprüngen talabwärts, um sich auf den Ebenen des südlichen Afghanistan zu einem großen Flusse zu vereinigen. Er heißt Hilmend und strömt in den Hamunsee, an dem ich auf meiner Reise im Jahre 1906 meine Zelte aufgeschlagen hatte.

Die Kamele über den See zu bringen, war ausgeschlossen, denn richtige Boote oder gar Fähren gab es dort nicht. Also mußte ich mich von ihnen trennen, so treu sie mir auch Monate hindurch gedient hatten. Am letzten Abend kaufte ich alles Brot, das im nahen Dorfe zu erhalten war, und fütterte sie damit der Reihe nach.

Die großen, schönen Tiere sahen ganz verwundert drein. Der schwarzbraune Kamelhengst blickte seine Kameraden verstohlen an und schien sagen zu wollen: »Was mag diese feine Bewirtung wohl bedeuten? Soll das vielleicht ein Abschiedssouper sein?«

»O nein«, antwortete sein braungelber Nachbar, »wir sind ja mitten in der Wüste, und zu Fuß können sie doch nicht an das Ziel ihrer Reise kommen.«

»Freilich! Aber sie werden uns gegen Dromedare austauschen, denn für uns Kinder des Nordens sind die südlichen Wüstengegenden zu heiß.«

»Ja«, sagte ein drittes Kamel, »der Sommer ist vor der Tür, wir würden sterben und von den Bremsen aufgefressen werden.«

Mein Reitkamel, das gerade dabei war, einen Brotfladen zwischen den Zähnen zu zermalmen, flüsterte den anderen traurig zu: »Jawohl, wir werden wie Sklaven verkauft! Erinnert ihr euch nicht des bärtigen Mannes mit dem weißen Turban, der uns neulich ins Maul guckte, uns überall am Leibe befühlte, unsere Höcker betastete und nachsah, ob uns die Haarquaste auch noch an der Schwanzspitze sitzt? Hörtet ihr nicht das Silbergeld im Zelt des Sahib klingen? Da kaufte der mit dem weißen Turban uns um einen Spottpreis. Aber was hilfts? Es ist nun einmal Sklavenlos, von einer Hand in die andere zu gehen! Wir hatten es gut bei dem Sahib, und es ist grausam von ihm, uns zu verkaufen.«

»Aber denke doch an die Weide im Gebirge«, tröstete einer der Kameraden, »mir ist sie jedenfalls lieber als eine neue Wüstenwanderung in der Sommerhitze!«

Hätten die Tiere gewußt, daß wir uns hier zwischen zwei Wüsten befanden, von denen die eine die »hoffnungslose« Wüste, die andere Gehenna oder die »Hölle« heißt, so hätten sie allen Grund gehabt, sich zu freuen. Aber als sie nun der neue Eigentümer am nächsten Tag in langer Reihe unter den Palmen fortführte, sahen sie tiefbetrübt aus, und mein prächtiges Reitkamel wandte den Kopf nach meinem Zelt zurück, solange es noch einen Zipfel davon sehen konnte. Noch heute frage ich mich oft, auf welchen Wüstenpfaden es jetzt wohl wandern mag?

Auf den flachen Ufern des Hamunsees wachsen Schilfstauden und Binsen in Fülle, aber kein Baum. Aus dem Schilf bauen die Eingeborenen ihre Hütten und auch eine Art närrischer Boote. Bündel knochentrockener, gelber Binsen schnüren sie zu zigarrenförmigen Spulen zusammen, und durch Zusammenbinden einer Menge solcher Spulen entsteht ein mehrere Meter langes torpedoartiges Ding, das sie als Fahrzeug benutzen. Beladen liegt solch ein Boot kaum zehn Zentimeter über dem Wasser, aber es kann sich auch bei Seegang nie füllen oder unter Wasser gedrückt werden. Wohl können sich die Binsenspulen lockern, aber man hütet sich sehr, bei starkem Wind damit zu fahren.

Auf vierzehn solcher Binsenboote wurde ich mit meinen Leuten und allem Gepäck untergebracht und jedes Fahrzeug von einem halbnackten Perser mit einer langen Stange weitergestoßen. Der See ist kaum anderthalb Meter tief, aber zwanzigtausend Meter breit, und nach den vielen Wochen trockener, schwüler Wüstenhitze war die Fahrt eine herrliche Erfrischung. Nur die Hunde wollten sich zuerst nicht mit unserer lustigen Flottille befreunden, sondern sprangen ins Wasser, da sie des Schilfs wegen das Land nahe glaubten. Aber sie schwammen, bis sie keuchten, und mußten zuletzt halbtot vor Erschöpfung wieder aus dem Wasser gezogen werden.

Zwei Stunden jenseits des Hamunsees liegt Nasretabad, die Hauptstadt Seïstans, das zur Hälfte Afghanistan, zur Hälfte Persien gehört. Fünf Monate vor mir war hier ein anderer Gast eingezogen, die Pest!

Jetzt eben ging der schwarze Todesengel umher und holte sich massenhaft seine Opfer; er nahm den Bauern vom Pflug und den Hirten von seiner Herde, und der Fischer, der am Morgen noch fröhlich am Hamun seine Netze ausgelegt hatte, lag am Abend stöhnend und fiebernd in seiner Hütte.

Asien ist die Urheimat der Arier und der Mongolen; es ist auch die Wiege der großen Religionen, des Buddhismus, des Christentums und des Mohammedanismus. Und Asien ist auch der Herd furchtbarer Seuchen, die von Zeit zu Zeit gleich vernichtenden Wogen über die Menschheit hinrollen.

Auch der »schwarze Tod«, die Pest, ist in Asien zu Hause. Im Jahre 1350 drang sie nach Europa und raffte hier fünfundzwanzig Millionen Menschen hin! Ganze Provinzen verödeten, und um die verlassenen Kirchen wuchs dichter Urwald. Viele Menschen taten Buße ob dieser Strafe Gottes, andere überließen sich der Schwelgerei und dem Trunk. Man hatte ja damals noch keine Ahnung von Bakterien, und noch weniger vom Serum, das das Blut gegen den zerstörenden Einfluß der Bakterien unempfindlich macht.

Im Jahre 1894 kam die Pest von China über Hongkong nach Indien, wo innerhalb weniger Jahre drei Millionen Menschen daran starben! Ich erinnere mich eines kleinen Hauses in Bombays Armenviertel, das ich 1902 besuchte. Die Behörden hatten befohlen, jedesmal an dem Haus, wo jemand an der Pest gestorben ist, ein rotes Kreuz neben die Türpfosten zu malen – und dieses kleine Haus hatte nicht weniger als vierzig Kreuze!

Jetzt im Jahre 1906 wütete die Pest mörderisch in Afghanistan, und vom Dach des Hauses, in dem ich bei Engländern wohnte, konnte ich die Leichenzüge sehen, die die Opfer der Seuche zu Grabe trugen; in einem Tümpel außerhalb der Stadtmauer wurden die Leichen gewaschen. Die kleine Stadt drohte auszusterben, und die Menschen flüchteten in Scharen. Ein englischer Arzt und sein Assistent wollten ihnen mit Serumeinspritzungen helfen, aber aus Haß gegen die Europäer redete die mohammedanische Geistlichkeit dem Volke ein, daß gerade die Christen die Krankheit ins Land gebracht hätten. Irregeführt und aufgereizt sammelten sich die Eingeborenen zum Angriff auf das englische Konsulat, wurden aber zurückgeschlagen. So viel wie möglich versuchten sie die Todesfälle zu verheimlichen und schafften deshalb die Leichen bei Nacht fort. Bald aber starben sie so dicht hintereinander, daß gar keine Zeit mehr war, Gräber zu graben. Wer an Hyänen und Schakale dachte, grub sich deshalb selbst noch bei Lebzeiten sein Grab! Prozessionen mit schwarzen Fahnen und Opferziegen zogen um die Moschee der Stadt und flehten Allah um Schonung an. Aber Allah erhörte sie nicht, und diese Menschenansammlungen verbreiteten die Pest nur noch mehr.

Es gab Häuser, in denen man die Leichen überhaupt nicht mehr beerdigte. Die Überlebenden machten sich in aller Stille fort und schlossen die Haustür. Dann brach wohl ein armer Schlucker in das leerstehende Häuschen ein und ließ sich in dem einzigen Gemach nieder, wo die schwarze Leiche eines Pestkranken lag und ihn natürlich in kurzer Zeit ebenfalls vergiftete. Auf diese Weise sind ganze Dörfer ausgestorben. –

Unter dem Mikroskop erscheint die mörderische Pestmikrobe wie ein winzig kleiner, länglicher Punkt, und doch sieht man sie dabei in zwölfhundertfacher Vergrößerung. Sie lebt im Blut der Ratten und wird durch deren Ungeziefer auf Menschen übertragen. Sie ist fürchterlich ansteckend; in dem Haus, aus dem sich der Todesengel ein erstes Opfer geholt hat, stirbt einer nach dem andern. Und in ihrer abergläubischen Verblendung sind die Eingeborenen nicht zu bewegen, ihre Kleider und das ganze Inventar des verseuchten Hauses zu verbrennen. Sie können sich von ihrer Habe nicht trennen und gehen lieber mit ihr zugrunde.

In einem Haus wohnt ein armer Zimmermann mit seiner Frau, zwei halbwüchsigen Söhnen und einer Tochter. Seit zwei Tagen hat er sich matt und kraftlos gefühlt, und nun brennt sein Körper vor Fieberhitze. In einer Ecke auf dem festgestampften Lehmfußboden liegt er, phantasiert, und alles ist ihm gleichgültig, wenn man ihn nur in Ruhe läßt. Wenn seine Frau ihn mit einer Friesdecke zudeckt, jammert er laut, denn seine Lymphdrüsen sind zu großen Geschwüren angeschwollen und außerordentlich empfindlich. Nach zwei Tagen dringen die Mikroben aus den Beulen in das Blut, und der Unglückliche stirbt an Blutvergiftung. Sobald sein Blut erstarrt ist, verläßt das Ungeziefer in den Kleidern des Mannes die Leiche, denn es sucht nach pulsierendem Blut. Für die Überlebenden, die trauernd am Totenbett stehen, ist dann die Gefahr am größten. Aber man kann die Eingeborenen noch so sehr davor warnen, sie glauben doch kein Wort davon – und sterben!

Dieses Reich des schwarzen Todes bald wieder verlassen zu können, war natürlich ein großes Glück, und durch die Wüsten Belutschistans ging es dann weiter auf Indien zu. Meine alten Diener hatte ich entlassen, und neues Personal, lauter Belutschis, begleitete mich. Wir ritten auf Dschambas, schnellfüßigen Dromedaren, die seit Generationen im Rennen geübt sind. Sie haben hohe, dünne, aber starke Beine mit großen Fußschwielen, die mit dumpfem, leisem Ton auf dem trocknen Boden aufschlagen. Den Kopf tragen sie hoch und bewegen ihn schneller als die würdevollen Kamele. Beim Laufen aber halten sie ihn in horizontaler Richtung, fast in gleicher Höhe mit ihrem Höcker. Jedes Dromedar trägt zwei Reiter, der Sattel hat deshalb zwei Einsenkungen und zwei Paar Steigbügel. Im Nasenknorpel des Dromedars sitzt ein kleines Querholz, an dessen Ende eine feine Schnur befestigt ist. Man lenkt das Dromedar, indem man die Schnur von der einen Seite auf die andere wirft.

Es ist erst dreißig oder höchstens vierzig Jahre her, daß die Belutschis aufgehört haben, plündernd in persisches Gebiet einzubrechen. Erst seitdem die Engländer sich des Landes angenommen haben, sind geordnete Verhältnisse eingetreten. Doch muß man noch immer eine Eskorte bei sich haben, und mich begleiteten daher sechs mit modernen Gewehren bewaffnete Dromedarreiter. Wie die Belutschis das östliche Persien, so haben die Turkmenen Chorassan durch unzählige Raubzüge gebrandschatzt, und auf der westlichen Grenze führen die Kurden ein heilloses Räuberleben. In diesen unruhigen Grenzgebieten gibt es kein Dorf, das nicht seine kleine Festung hat oder wenigstens mit einem Wachtturm versehen ist.

Wie es auf solch einem Raubzug in der Wüste zugeht, das will ich nun erzählen.

Ein nächtlicher Raubzug in der Wüste

Schah Sevar, »der reitende König«, der Häuptling eines kriegerischen Stammes im westlichen Belutschistan, sitzt eines Abends, die Pfeife rauchend, am Lagerfeuer vor seinem schwarzen Zelt, dessen Tuch über Tamariskenzweige gespannt ist. Der Märchenerzähler ist soeben verstummt. Da nahen im nächtlichen Dunkel zwei weißgekleidete Männer mit weißen Turbanen um den Kopf. Sie binden ihre Dromedare an und neigen sich demütig vor Schah Sevar; dieser fordert sie auf, sich zu setzen und sich Tee aus der eisernen Kanne einzuschenken. Nun wird es ringsum lebendig. Noch andere Männer treten ans Feuer; sie alle tragen lange Flinten, Speere, Säbel und Dolche. Einige führen zwei oder drei Dromedare am Zügel.

Jetzt sitzen vierzehn Männer um das lodernde Feuer. Es ist sonderbar still in diesem Kreise, und auf Schah Sevars Antlitz ruht feierlicher Ernst. Schließlich fragt er: »Alles bereit?«

»Ja, Herr!« ertönt es von allen Seiten.

»Ist das Pulverhorn gefüllt, und Blei im Beutel?«

»Ja!«

»Sind die Wasserschläuche voll?«

»Ja!«

»Lebensmittel in den Taschen?«

»Ja, Herr. Datteln, saurer Käse und Brot auf acht Tage!«

»Ich sagte euch vorgestern: diesmal gilt es Bam. Bam ist ein starkbevölkertes Dorf. Entdeckt man uns zu früh, dann kommt es zu heißem Kampf. Wie der Schakal aus der Wüste müssen wir heranschleichen. Es sind 500 Kilometer, ein Ritt von vier Tagen!«

Wieder starrt Schah Sevar eine Weile in die Flammen, dann fährt er fort: »Sind die Dschambas frisch?«

»Ja!«

»Und zehn weitere Dromedare für die Beute?«

»Ja!«

Nun erhebt er sich, und alle Männer folgen seinem Beispiel. Ihre wilden Gesichter glänzen kupferrot im Feuerschein. Sie sind keine Diebe, Diebstahl halten sie für einen gemeinen Lebensberuf. Aber Plünderung und Raub gilt ihnen als ritterlicher Sport, und ihren Ruhm macht die Zahl der Sklaven, die sie in ihrem Leben erbeuten.

»Aufgesessen!« befiehlt der Häuptling mit gedämpfter Stimme. Die Musketen werden über die Schulter geworfen und schlagen klappernd gegen das Gehänge, an dem Pulverhorn und Lederbeutel mit Kugeln, Feuerstein, Stahl und Zunder befestigt sind. Im Gürtel stecken die Dolche; Zaum und Sattelgurt sind schon vorher besorgt. Im Augenblick sitzen die Männer im Sattel. »In Allahs Namen!« ruft Schah Sevar, und in mäßigem Trab sprengt die Schar in die Nacht hinaus.

Man folgt einem bekannten Pfade; die Sterne dienen als Wegweiser. Der Tag graut, die Sonne geht auf, und der vorwärts, nach Bam weisende Schatten der Dromedare fällt auf festen gelben Sand, in dem kein Grashalm wächst. Kein Wort wurde in der Nacht gesprochen. Nun aber die ersten 120 Kilometer durchritten sind, sagt der Häuptling: »Wir rasten an der Quelle des weißen Wassers.« Hier angelangt, füllen sie die Schläuche frisch und lassen die Dromedare saufen. Dann ziehen sie sich in das nahe Gebirge zurück, um die heißen Stunden des Tages verstreichen zu lassen. Sie lagern nie an Quellen, wo man leicht andere Menschen trifft.

Mit Einbruch der Dämmerung sind sie wieder im Sattel. Heute reiten sie schneller als in der vorigen Nacht und machen am Morgen an einer salzigen Quelle halt. In der dritten Nacht beginnen die Dromedare, mühsamer zu atmen, und wenn die Sonne aufgeht, hängt der Schaum in weißen Flocken an ihren beweglichen Lippen, die sie ungeduldig kauen. Müde sind sie nicht, aber atemlos und verdrießlich, und die Haut über ihren Nüstern hat sich wie zwei Glocken aufgebläht. Aber weiter geht die wilde Jagd nach Westen, und weiter stürmen die Dromedare ohne Anfeuerung seitens der Reiter in wirbelnder Staubwolke dahin.

Nun liegt auch der letzte Wüstenpfad, den noch hin und wieder eine Karawane zieht, hinter ihnen, und in rasender Flucht geht es über hartgefrorenen, salzhaltigen Schlammboden. Nichts Lebendes zeigt sich hier, nicht einmal ein verirrter Rabe oder Geier, der die Bewohner von Bam vor der drohenden Gefahr warnen könnte. Ohne Rast geht es den ganzen Tag weiter. So stumm und still ist die Reiterschar wie die Wüste selbst, man hört nur die langgezogenen Atemzüge der Dromedare und das Rasseln ihrer Fußschwielen auf dem harten Boden. Wenn das Abendrot seine Purpurdecke über die Wüste breitet, sind nur noch 20 Kilometer zurückzulegen.

Da hält Schah Sevar sein Dromedar an, und als fürchte er, daß man in Bam seine Stimme höre, ruft er halblaut: »Halt!« Ein leises Zischen der Reiter, und die Tiere beugen die Knie und legen sich nieder. Die Reiter springen aus dem Sattel und binden den Dromedaren die Vorderbeine mit kurzen Stricken zusammen, damit die Tiere sich nicht erheben und fortlaufen können und so den Plan verraten. Alles ist jetzt todmüde und streckt sich auf dem Boden aus. Einige Männer schlafen, andere hält die Aufregung wach, vier Posten halten nach verschiedenen Seiten hin Ausschau. Das Ziel des Raubzuges ist nicht zu sehen, wohl aber die Berge, an deren Fuße Bam liegt. Wenn nur die Nacht erst da wäre und der Schutz der Dunkelheit!

Der Tag war windstill und heiß. Am Abend kommt ein schwacher Lufthauch von Norden her, und Schah Sevar lächelt. Ostwind hätte ihn und seine Reiter zu einem Umweg gezwungen, um nicht die witternden Dorfhunde zu früh zu beunruhigen. Neun Uhr ist es jetzt. In einer Stunde schläft ganz Bam. Die Reiter sind mit ihrer Mahlzeit fertig und stecken einen Rest Datteln, Käse und Brot wieder in die Tasche. »Sollen wir die Wasserschläuche leeren, um die Lasten der Tiere zum Angriff zu erleichtern?« fragt ein Belutschi

»Nein«, antwortet Schah Sevar, »vielleicht kommen wir nicht mehr dazu, die Schläuche im Dorf vor unserem Rückzug zu füllen.«

»Jetzt ist es Zeit«, sagt er dann, »die Waffen bereit!« Sie sitzen wieder auf und reiten langsam auf das Dorf zu. »Erst wenn sich etwas Verdächtiges zeigt, reite ich schneller, und ihr folgt mir. Ihr drei mit den Lastdromedaren bleibt die letzten im Zuge.« Wie Falken schauen die Räuber nach ihrem Ziel. Langsam hebt sich am westlichen Horizont die Kontur des Berges. Noch 5 Kilometer, aber ihre Augen, die das Leben im Freien geschärft hat, unterscheiden schon die Gärten in Bam. Sie kommen näher und näher. Da bellt ein Hund – ein zweiter stimmt ein – alle Dorfhunde schlagen jetzt an; sie haben die Dromedare gewittert!

»Vorwärts!« ruft der Häuptling. Unter den anfeuernden Rufen der Reiter verdoppeln die Dromedare ihre Kraft, sie wissen, was auf dem Spiele steht. Ihre Köpfe liegen fast mit der Erde parallel, sie fliegen dahin, von Schaumflocken und Staubwolken umwirbelt. Das Gebell der Hunde wird immer toller, einige kommen schon den Dromedaren entgegengelaufen. Jetzt erreicht die wilde Jagd den Eingang des Dorfes. Rufe der Verzweiflung ertönen, die Schlafenden werden geweckt, Frauen und weinende Kinder fliehen nach den Bergen hin. Zu geordneter Verteidigung ist keine Zeit mehr, zu überraschend war der Überfall; es fehlt an einem Führer. Wie aufgeschreckte Hühner laufen die Unglücklichen durcheinander, und die Reiter fallen über sie her. Schah Sevar sitzt hochaufgerichtet auf seinem Dromedar und leitet den Angriff. Die anderen springen ab und überwältigen drei Männer, zwölf Weiber und sechs Kinder, die in Eile gebunden und von zwei Belutschis bewacht werden, während die übrigen Reiter die benachbarten Häuser durchsuchen. Ihre Beute sind zwei junge Männer, die vergebens Widerstand leisten, zwei Säcke Korn, ein wenig Hausgerät und alles Silber, das sie finden konnten.

»Wieviele Sklaven?« brüllt Schah Sevar.

»Dreiundzwanzig!« tönt es von mehreren Seiten.

»Das genügt, ladet auf!«

Die Sklaven und das gestohlene Gut werden auf den Dromedaren festgebunden. »Eilt, eilt!« ruft der Häuptling. »Denselben Weg zurück!« In der Hast des Aufbruchs entsteht ein entsetzlicher Wirrwarr, einige Tiere haben sich in die Stricke der anderen verwickelt. »Zurück!« Das scharfe Auge des Häuptlings hat eine herannahende Schar bewaffneter Männer entdeckt. Drei Flintenschüsse krachen plötzlich durch die Nacht, und Schah Sevar stürzt rücklings aus dem Sattel. Sein Dromedar scheut und flieht wüstenwärts. Der linke Fuß des Reiters hängt im Steigbügel, und sein Kopf schleift durch den Staub, der den Blutstrom der Stirnwunde verstopft. Dann aber gleitet der Fuß aus dem Bügel; »der reitende König« liegt als Leiche vor den Toren Bams.

Noch ein zweiter Räuber ist schwer verwundet und wird von den Dorfbewohnern zusammengehauen. Bam ist erwacht. Die in den Stricken verwickelten Dromedare werden mit den Sklaven und der übrigen Beute eingefangen. Aber zwölf Reiter und zehn Lastdromedare sind, von einigen wütenden Hunden verfolgt, in der Dunkelheit verschwunden, und sechzehn Dorfbewohner werden vermißt. Der ganze Überfall war das Werk einer halben Stunde. In dieser Nacht schläft niemand mehr in Bam.

Jetzt müssen die Dromedare das Äußerste leisten; sie haben doppelte Last zu tragen, aber gehetzt wie auf der Jagd stürmen sie daher. Unaufhaltsam geht es die ganze Nacht und den ganzen nächsten Tag hindurch. Dann und wann sehen sich die Räuber um. An der salzigen Quelle wird zum erstenmal gerastet; Späher besetzen den naheliegenden Hügel. Man ißt und trinkt und ordnet sich für den weiteren Ritt. Keine Minute ist zu verlieren. Die Gefangenen sind gelähmt vor Schrecken, die jungen Mädchen halb erstickt vor Weinen, ein kleiner Knabe in zerrissenem Hemdchen ruft vergeblich nach seiner Mutter. Andere der geraubten Kinder haben sich müde geweint und sind trotz des heftigen Schaukelns während des Rittes erschöpft eingeschlafen. Mit weißen Binden werden den Gefangenen die Augen verbunden; sonst merken sie sich den Weg und fliehen früher oder später nach Bam zurück.

Dann geht der wilde Ritt weiter, und nach acht Tagen Abwesenheit ist die Reiterschar wieder daheim mit ihrer Beute, aber ohne ihren Häuptling. Die Behandlung der Sklaven ist gut und – die Zeit heilt alle Wunden!

Skorpione

Auf ebensolchen Renndromedaren, wie die Räuber des vorigen Kapitels, reiten wir nun durch Nordbelutschistan nach Osten. Versengte, dürre Wüsten und Steppen, nur spärlich mit Disteln und Grasbüscheln bewachsen, wandernde Dünen von feinem gelben Sand und niedrige im Wechsel der Hitze und Kälte verwitterte Bergrücken – das ist die Signatur dieses Landes. Nur wenige Nomaden wandern hier mit ihren Schafherden her, und der Fremdling fragt sich oft, wovon nur Menschen und Tiere hier leben können. Freilich gibt es in einigen Tälern Weide und auch Quellen, und bisweilen durchreiten wir Gürtel üppiger Tamarisken und Saxaulsträucher mit grünen Nadelzweigen, hartem Holz und Wurzeln, die bis zum Grundwasser reichen. Die große Karawanenstraße, der wir folgen, ist aber entsetzlich öde. Nur bei den Stationen finden wir Brunnen mit salzhaltigem Wasser. Und die Hitze wird jetzt Ende April mit jedem Tage drückender. Das Thermometer zeigt im Schatten 42 Grad, und wenn man auf seinem

Dromedar der Sonne entgegenreitet, ist es, als stecke der Kopf in einem glühenden Ofen. Wenn ein Wind weht, geht es noch an, aber dann jagen die Sandwirbel wie Gespenster über den heißen Boden. Doch wenn die Luft still ist, dann scheinen die Umrisse der Gebirge in kleinen hastigen Wellen zu zittern. Der Lauf eines Gewehrs, das in der Sonne gelegen hat, würde Brandblasen an den Händen verursachen, und im Hochsommer umwickeln die Belutschis sogar ihre Steigbügel mit Filzstücken, um die nackten Dromedare vor Brandwunden an den Flanken zu schützen.

Diese Gegend ist eine der heißesten der Erde. Sie Sonne steht mittags so hoch, daß der größte Teil des Schattens der Dromedare unter ihnen selbst verschwindet. Mit welcher Sehnsucht sieht man dem Sonnenuntergang entgegen und wartet man darauf, daß sich die Schatten verlängern und die ärgste Hitze abnimmt! Aber kühl wird es hier nicht einmal in der Nacht, vielmehr wird man dann noch von Mückenwolken gepeinigt.

Weiter im Osten werden die Täler fruchtbar, aber Myriaden gefräßiger Heuschrecken verzehren den üppigen wachsenden Weizen; die Schädlinge waren gerade in dem Jahr, in dem ich dieses Land besuchte, besonders zahlreich.

Außerdem wimmelt Belutschistan und auch Persien von Skorpionen, diesen kleinen Wüstenbewohnern, die in zweihundert verschiedenen Arten in allen heißen Gegenden der fünf Erdteile zu finden sind. Einige sind winzig klein, andere bis zu fünfzehn Zentimeter lang. Sie sind schwarzbraun oder rötlich oder, wie in Belutschistan, strohgelb. Ihr Körper besteht aus einem ungegliederten Kopf- und Bruststück, einem Hinterteil von sieben gegliederten Ringen und sechs Schwanzringen. Das letzte, dreizehnte Glied enthält zwei Giftdrüsen und ist mit einem nadelfeinen Stachel versehen. Das Gift ist eine wasserhelle Flüssigkeit.

Die Skorpione leben in morschen Baumstämmen, unter Steinen und in Mauern, und da sie die Wärme lieben, suchen sie Häuser und Hütten auf und kriechen in Kleider und Betten. In alten Zeiten glaubte man an ihre Auferstehung nach dem Tode, und aus dem Alten Testament sind sie uns wohlbekannt; denn Gott führte die Kinder Israels »durch die große furchtbare Wüste, den Aufenthaltsort der Schlangen und Skorpione, ein verdorrtes Land, wo es kein Wasser gibt.« Sie kommen auch im Neuen Testament vor, denn Jesus sagte zu den Siebzig: »Siehe, ich gebe euch Macht, auf Schlangen und Skorpione zu treten«, und daß sie im Altertum ebenso gefürchtet waren wie heute, zeigt die Stelle aus der Offenbarung Johannes: »Und aus dem Rauche gingen die Heuschrecken auf die Erde, und ihnen ward dieselbe Macht gegeben, welche die Skorpione auf der Erde haben.«

Aber dieses scheußliche Gewürm kriecht nicht nur auf der Erde herum, sondern es ist auch im Zodiakus, dem Ring von Sternbildern, den wir den »Tierkreis« nennen, als achtes der zwölf Bilder vertreten. In dieser Eigenschaft findet sich der Skorpion in alten ägyptischen Tempeln abgebildet, und so erfreute er sich schon im grauesten Altertum einer Berühmtheit, wie kein anderes so niedrigstehendes Tier.

Bei Nacht verlassen die Skorpione ihren dunklen Schlupfwinkel und gehen auf die Jagd. Sie halten dabei den Schwanz aufwärts über den Rücken gebeugt, um den Stachel nicht zu beschädigen und sofort zu Angriff und Abwehr bereit zu sein. Hat der Skorpion ein geeignetes Opfer gefunden, etwa eine Spinne, so stürmt er hastig darauf los, ergreift es mit seinen krebsähnlichen Scheren, hebt es über den Kopf und über seine nach oben gerichteten Augen und versetzt ihm mit dem Giftstachel den Todesstoß. Dann saugt er sich in den Weichteilen des Opfers fest und zermalmt die harten mit seinen Kiefern.

Die jungen Skorpione kommen lebendig zur Welt und gleichen vom ersten Tag an den alten, sind aber noch hell und weich. Sie kriechen auf dem Rücken und an den Beinen der Mutter umher, die unterdes immer schwächer geworden ist, und verlassen sie erst nach einiger Zeit, wenn sie stirbt. Zu den schlimmsten Feinden der Skorpione gehören gewisse behaarte, ebenfalls giftige Raubspinnen, die in Persien und Belutschistan sehr häufig sind.

Die Stiche großer Skorpione sind auch dem Menschen gefährlich. In einigen Fällen ist der Gestochene zwölf Stunden später unter entsetzlichen Qualen gestorben. Andere verfallen in Krämpfe und Fieber und leiden große Schmerzen. Wer aber öfter von Skorpionen gestochen wird, bleibt schließlich unempfindlich gegen das Gift. Öfter habe ich in asiatischen Hütten, in meinem Zelt, unter meinem Gepäck oder gar auf meinem Bett Skorpione gefunden, bin aber nie von ihnen gestochen worden. Wohl aber ist das vielen meiner Diener begegnet, und sie erzählten mir, es sei sehr schwer festzustellen, wo der Skorpion gestochen habe, da der ganze Leib nach dem Stich jucke und brenne. In Ostturkestan pflegt man den Skorpion, von dem man gestochen wurde, zu fangen und zu einer breiigen Masse zu zerdrücken, und diese Salbe schmiert man dann auf die Stelle, wo der Stachel eingedrungen ist. Ob die Kur aber hilft, das weiß ich nicht.

Es wird erzählt, die Entschlossenheit eines Skorpions gehe so weit, daß er Selbstmord begehe, wenn er sich ohne Hoffnung auf Rettung in Lebensgefahr befinde. So soll er, wenn man ihn in einen Kreis glühender Kohlen legt und er vergeblich versucht hat, hinauszukommen, sich seinen Giftstachel in den eigenen Rücken bohren. Ich habe dieses Experiment öfter gemacht und jedesmal gefunden, daß der Skorpion zwar mehrere Male im Kreise herumrannte und zu entkommen versuchte, aber dann ganz hübsch vernünftig in der Mitte sitzen blieb. Vielleicht sagte ihm sein Instinkt, daß die Kohlen erkalten, wenn er sich Zeit lasse. Aber ehe es so weit war, hatte ihn schon ein großer Stein zermalmt. Gewiß ist Mitleid gegen Tiere ein schöner Zug, aber Skorpione muß man vernichten, wo man ihnen begegnet.

Der Indus

Wenn man 2400 Kilometer auf Kamelen und Dromedaren geritten ist, klingt die Dampfpfeife einer Lokomotive wie die lieblichste Musik! Auf der Anfangsstation der indischen Eisenbahn sagte ich meinen Belutschis Lebewohl, bestieg den Zug und fuhr über die große Garnisonstadt Quetta im britischen Belutschistan zum Indus hinunter.

Nun wollen wir für einen Augenblick die Landkarte zur Hand nehmen. Im Süden des Himalaja bildet die indische Halbinsel ein Dreieck, dessen Spitze wie ein Dorn in den Indischen Ozean hineinragt. Die Basis dieses Dreiecks im Norden aber ist breit. Hier strömen die drei großen Flüsse Indiens, Indus, Ganges und Brahmaputra. Der Brahmaputra bewässert die Ebenen Assams in der östlichen Ecke des Dreiecks. An den Ufern des Ganges liegt eine ganze Welt großer berühmter Städte, von denen wir mehrere besuchen wollen, sobald wir von einem längeren Ausflug nach Tibet zurückgekehrt sind. Ganges und Brahmaputra haben ein gemeinsames Delta, durch dessen zahllose Arme sich das Wasser beider Flüsse in den Bengalischen Meerbusen ergießt.

Im westlichen Winkel des Dreiecks strömt der Indus dem Indisch-arabischen Meere zu. Seine Quellen und die des Brahmaputra liegen hoch oben in Tibet nahe beieinander, und wie ein ungeheurer weißer Edelstein wird der Himalaja von den glitzernden, rauschenden Silberfäden der beiden Ströme eingefaßt: da oben im Westen durchschneidet ihn in einer bis 3000 Meter tiefen Talschlucht der Indus, und im Osten sucht der Brahmaputra durch ein nicht weniger wildes, schwindelerregendes Tal den Weg nach dem Tiefland. Die seit tausend und abertausend Jahren unermüdlich nagende und zermalmende Kraft der Wassermassen hat diese gewaltigen Quertäler in die höchsten Gebirgsmassen der Erde eingeschnitten.

Der Indus hat mehrere Nebenflüsse. In schäumenden Wasserfällen und rauschenden Stromschnellen eilen sie vom Gebirge herab ihrem Gebieter entgegen. Der größte von ihnen heißt Satledsch, und sie alle durchströmen ein Tiefland, das Pendschab heißt. In dreizehn Mündungen, die auf eine Küstenstrecke von 250 Kilometer verteilt sind, strömt der Indus ins Meer. Seine ganze Länge beträgt 3200 Kilometer, also etwas mehr als die der Donau.

Am Ostufer des Indus entlang führt uns nun der Zug nach Norden. In unserem großen, geräumigen Abteil ist es ebenso heiß wie neulich in Belutschistan, nämlich 42 Grad! Um aber die Eisenbahnwagen vor der glühenden Sonne zu schützen, hat man ihnen Strohhauben aufgesetzt, deren Enden rechts und links bis über das halbe Fenster hinabreichen. Die Fensterscheiben sind nicht weiß wie in den europäischen Eisenbahnen, sondern dunkelblau oder grün; denn sonst blendet der Widerschein der Sonne vom Erdboden zu stark. Je ein Fenster rechts und links ist statt des Glases mit einem Netzwerk von Wurzelfasern bespannt, über das Tag und Nacht Wasser herabrieselt. Vor diesen Fenstern ist ein Windfang angebracht, der bei der Schnelligkeit der Fahrt einen starken Luftstrom durch das nasse Fensternetz in das Innere des Abteils hineinpreßt. Dadurch wird die Luft im Innern um zehn bis zwölf Grad abgekühlt, und es ist köstlich, sich halbnackt mitten in die Zugluft zu setzen!

Diese Eisenbahn begleitet den Indus getreulich vom Fuß des Gebirges bis ans Meer, wo sie in einer großen Hafenstadt, die Karatschi heißt, endet, und Dampfschiffe fahren den trüben Fluß hinauf und hinunter. Wir aber fahren den Indus hinauf bis Rawalpindi, einer großen Garnisonstadt, wo wir den Zug verlassen, um uns zu einem Ausflug über Kaschmir und Ladakh nach Ostturkestan vorzubereiten und von da nach Tibet hineinzuschleichen.

Alexander der Große

Im Juli des Jahres 325 vor Christi Geburt fuhr Alexander der Große, König von Mazedonien, mit einer Flotte neuerbauter Schiffe den Indus hinunter und landete in der Stadt Pattala, da, wo sich die Deltaarme des Flusses voneinander trennen. Er fand die Stadt verlassen, denn die Einwohner waren ins Innere des Landes entflohen. Alexander schickte ihnen leichte Truppen nach und ließ ihnen sagen, daß sie in Frieden in ihre Häuser und Hütten zurückkehren könnten. Bei der Stadt wurden eine Festung und mehrere Schiffswerften erbaut.

König Alexander hatte große Pläne. Als Zwanzigjähriger hatte er die Herrschaft über das kleine Mazedonien angetreten und nicht nur die Völker Thraziens, sondern auch Illyrien und ganz Griechenland unterworfen. Er hatte seine Heeresmassen über den Hellespont geführt, die Perser geschlagen und die kleinasiatischen Reiche Lyzien, Kappadozien und Phrygien besiegt und mit einem Schwerthieb den gordischen Knoten zerteilt, das Sinnbild der Herrschaft über Asien. Bei Issus, in der rechtwinkligen Bucht vor Cypern, besiegte er den persischen Großkönig Darius Kodomannus, der ihm mit seinem ganzen Heere entgegentrat. In Damaskus bemächtigte er sich des persischen Kronschatzes. Dann eroberte er Tyrus und Sidon, die berühmten Handelsstädte der Phönizier, und gründete an der Küste Ägyptens Alexandria, das noch heute nach 2240 Jahren eine blühende Stadt ist. Durch die Libysche Wüste zog er nach der Oase des Jupiter Ammon, wo die Priester ihm, nach alter Pharaonensitte, die Weihe eines Sohnes des Ammon verliehen.

Dann aber zog er weiter ostwärts nach Asien, überschritt den Euphrat, besiegte am Tigris noch einmal den Darius und eroberte das stolze Babylon und Susa, wo 150 Jahre vor ihm der Perserkönig Ahasverus (Xerxes), der über »127 Provinzen von Indien bis Kus« herrschte, seine Häuptlinge zu einem Gastmahl geladen und ihnen »den herrlichen Reichtum seiner Macht und die köstliche Pracht seiner Größe« gezeigt hatte. Und dann zog Alexander nach Persepolis und ließ den Palast des persischen Großkönigs einäschern, zum Zeichen, daß es nun mit der alten Herrschaft vorbei sei. Den Darius über Ispahan und Hamadan verfolgend, wandte er sich weiter östlich nach Baktrien, dem heutigen Russisch-Zentralasien, und ging nordwärts nach dem Syrdarja und dem Lande der Skythen. Von hier zog er mit einem über 100 000 Mann starken Heer südwärts, nach Indien, eroberte das ganze Tiefland des Pendschab und unterwarf sich alle Völker, die im Westen des Indus wohnen.

Jetzt war er nach Pattala gelangt und gedachte nun der zahlreichen Siege, die er erkämpft, und der weiten Länder, die er erobert hatte. Überall hatte er Griechen und Mazedonier eingesetzt, die an der Seite der eingeborenen Fürsten und Satrapen das Regiment führen sollten. Aber dieses große Reich mußte zu fester Einheit zusammengefügt werden, und Babylon sollte seine Hauptstadt sein. Nur im Westen war noch eine ungeheure Lücke auszufüllen, die Wüstengegenden, die wir eben auf dem Wege von Teheran über die Oase Tebbes durch Seïstan nach Belutschistan durchwandert haben.

Um die hier wohnenden Völker zu unterwerfen, schickte er einen

Teil des Heeres auf einer nördlicheren Straße über Seïstan nach Nordpersien. 12 000 Mann aber sollten auf neugebauten Schiffen an der Küste des Indisch-arabischen Meeres entlang durch die Meerenge von Hormus und den Persischen Golf bis zur Euphratmündung segeln und rudern. Kein Grieche hatte bis dahin diese Meere befahren, und mit den Schiffen jener Zeit bei völliger Unkenntnis der Küsten war dies Unternehmen auch ein gefährliches Wagnis. Aber es mußte versucht werden, denn Alexander wollte sich zwischen der Mündung des Euphrat und der des Indus einen Seeweg sichern, der den westlichen Teil des Reiches mit dem östlichen verband. Um die Flotte mit Lebensmitteln und Trinkwasser versehen zu können, entschied er selber sich für den gefährlichen Wüstenweg längs der Küste. Von seinen 40 000 Kriegern aber, die ihn auf diesem Marsch begleiteten, starben 30 000 vor Durst!

Der Großadmiral Nearchus aus Kreta führte Alexanders Auftrag in glänzendster Weise aus, und seine Fahrt ist eine der merkwürdigsten Reisen, die je gemacht wurden. Die von ihm aufgenommenen Seekarten sind so genau und zuverlässig, daß man sie noch heute benutzen kann, obwohl sich die Küste seit jener Zeit an mehreren Stellen verändert hat, stärker versandet und seichter geworden ist.

Aber Alexander wollte seine Flotte nicht zu dieser waghalsigen Fahrt auslaufen lassen, ehe er sich selbst von der Befahrbarkeit der Indusmündung und dem Aussehen des großen Weltmeeres überzeugt hatte. Daher fuhr er mit den schnellsten Schiffen der Flotte, Dreißigruderern und kleinen Triremen, die von 150 nackten Ruderknechten in drei Bankreihen übereinander mit langen Rudern durch die Öffnungen im Schiffsrumpf hindurch fortbewegt wurden, den westlichen Indusarm hinunter, während Truppen am Ufer entlang zogen, um die Schiffe zu decken.

Mitten im Sommer, wenn der Indus seinen höchsten Wasserstand erreicht und die Ufer meilenweit überschwemmt hat, zwischen den Sand- und Schlammbänken ohne Lotsen durchzurudern, ist keine Vergnügungsfahrt. Am zweiten Tag schon erhob sich ein heftiger Südsturm, und der tückische Seegang in den Wasserwirbeln des Stromes beschädigte mehrere Fahrzeuge und brachte einige zum Kentern. Alexander ging daher an Land, um einige Fischer aufzutreiben, die ihm als Lotsen dienen sollten, und nun ging es weiter stromabwärts. Der Fluß wurde immer breiter und breiter, und immer deutlicher verspürte man die frische Brise vom Meere her. Der Wind wurde stärker, der Südostmonsum hatte seinen Höhepunkt erreicht. Das grautrübe Flußwasser schlug immer höhere Wellen, das Rudern wurde immer schwerer, da die Ruder bald nicht ins Wasser hineinreichten, bald zu tief eintauchten. Man wußte damals noch nichts von Ebbe und Flut. Bald schien es, als ob der Fluß vom Meere zurückkehre, und die Lotsen rieten dem König, in einem Kanalarm Schutz zu suchen, wo die Schiffe aufs Land gezogen wurden. Nun trat die Ebbe ein, und das Wasser sank, als ob es vom Meere aufgesogen würde. Die Boote lagen auf dem Trocknen, und manche sanken tief in den Schlamm ein. Alexander und seine Leute waren ratlos, denn sie konnten weder vor noch zurück. Als sie aber mit dem Flottmachen der Schiffe beschäftigt waren, kam die Flut vom Meere wieder und nahm sie auf ihren Rücken.

Nachdem man nun die regelmäßige Wiederkehr von Ebbe und Flut beobachtet hatte, ließen sich deren Gefahren vermeiden, und Alexanders Flotte kam schließlich zu einer Insel, die süßes Wasser in Hülle und Fülle hatte. Von hier aus sah er die schäumende, donnernde Brandung an der äußersten Indusmündung, und oberhalb der rollenden Küstenwellen den hohen, gleichmäßigen Horizont des Ozeans. Und als er sich nun überzeugt hatte, daß auch von den obersten Bankreihen der Triremen nichts anderes mehr als Himmel und Wasser zu erblicken war, da opferte er dem Gott des Meeres, Poseidon, den Nereiden und der silberfüßigen Meeresgöttin Thetis, der Mutter seines Stammvaters Achilleus, und bat die Götter um Schutz für die weitere Fahrt nach dem Euphrat; und als er das Gebet beendet hatte, warf er einen goldenen Becher in die Flut.

In einem weißen Mantel, einen goldenen Gürtel um die Lenden und ein turbanartiges Tuch um die kastanienbraunen Locken, stand der dreißigjährige König der Mazedonier hoch aufgerichtet und schlank am Achtersteven der Trireme und schaute auf das herrliche Meer hinaus, das er mit derselben Entschlossenheit zu besiegen gedachte, wie er bisher drei Weltteile unterworfen hatte! Er atmete den kühlen, salzigen Monsun und dachte wohl an die endlosen Heerstraßen der Wüste, wo erstickender Staub Pferde und Transportwagen umwirbelt. Er war der mächtigste Herrscher der Erde und sich seiner Machtfülle wohl bewußt. Aber schwerlich ahnte er, daß sein Name noch nach mehr als 2000 Jahren bei den Kindern später Zeiten fortleben würde. Es gibt Städte in Ägypten, Wüsten in Persien und Bergketten und Seen in Zentralasien, die noch heute Alexanders Namen tragen!

Drei Jahre später, 323 v. Chr., starb er in Babylon, erst dreiunddreißig Jahre alt. Sein weltumspannender Heereszug aber verbreitete in ganz Asien griechische Bildung. Daher verlöschte sein tatenreiches Leben nicht spurlos wie ein Meteor in der Nacht der Zeiten.

Heute, wo verständige Leute sich die dicken Röcke bis unters Kinn zuknöpfen und auf Friedenskongressen kluge Reden halten, dürften Knaben und Jünglinge gut tun, sich gelgentlich einmal der ritterlichen, sonnigen Zeit zu erinnern, als noch die Schwerthiebe der Mazedonier auf die Köpfe und Schilde der Feinde niedersausten, der Ruf der Sieger ein Echo in Asiens Tälern weckte und junge Krieger sich einen Weg durch den heißen Sand der Wüste bahnten.

Die Todeskarawane

Von Rawalpindi zunächst nach Srinagar, der Hauptstadt Kaschmirs, sind 300 Kilometer. Rings um das Kaschmirtal erheben sich die schneebedeckten Hörner des Himalaja, und durch eines der großen und kleinen Täler dieses Gebirges zog ich im Jahre 1895 mit einer Karawane von sechsunddreißig Mauleseln und hundert Pferden bergauf. Nach einer Reise von ungefähr einem Monat kam ich nach Jarkent, einer Stadt in dem gewaltigen, flachen und muldenförmigen Becken, das auf allen Seiten, nur im Osten nicht, von Gebirgen umgeben wird und Ostturkestan heißt. Im Süden von Ostturkestan erhebt sich Tibets mächtiges Hochland, wo Indiens und Chinas große Flüsse ihre Quellen haben. Im Westen ist der Pamir, das »Dach der Welt«, und im Norden der Tien-schan oder das Himmelsgebirge, das weiter nach Osten hin vom Altai und mehreren anderen Bergsystemen fortgesetzt wird, aus denen die Riesenflüsse Sibiriens kommen. Aber innerhalb dieses Gebirgsringes, im Herzen Asiens, liegt das Tiefland Ostturkestan, das mich an eine tibetische Schafhürde erinnert, die von ungeheuren Steinmauern umgeben ist. In ihrem nördlichen Teil strömt von Westen nach Osten ein Fluß: der Tarim. Er entsteht im Süden aus dem Jarkent-darja und dem Chotan-darja und nimmt in seinem Lauf noch andere Nebenflüsse auf; denn aus dem Gebirgskranz Ostturkestans strömt das Wasser von Firnfeldern und Eiszungen herab, die Quellbäche des Tarim plätschern munter in den engen Tälern zwischen den Bergen, und der große Fluß strömt majestätisch durch die Ebene, aber er ist dazu verurteilt, nie das Meer zu schauen; er stirbt und erlischt in einem Wüstensee, dem Lop-nor!

Den größten Teil Ostturkestans nimmt eine Wüste ein, die die schrecklichste auf Erden ist: Takla-makan. Durch ganz Asien und Afrika zieht sich von Nordosten nach Südwesten, einem ausgetrockneten riesig breiten Flußbett vergleichbar, ein Wüstengürtel hin; die Gobi, der größere Teil der Mongolei, die Takla-makan, der »Rote Sand« und der »Schwarze Sand« in Russisch-Turkestan, die Kewir und andere Wüsten in Persien, die Wüsten Arabiens und schließlich die Sahara. In dieser Wüstenkette, die sich vom Stillen Ozean bis an den Atlantischen Ozean erstreckt, ist also die Takla-makan ein Glied.

Im westlichen Teil dieser Wüste erlebte ich die furchtbarste Erinnerung meines vierzehnjährigen Wanderlebens in Asien. Es war im April des Jahres 1895, als ich von dem Dorfe Merket am Jarkent-darja durch diese Wüste nach Osten ziehen wollte bis zum Fluß Chotan-darja, eine Entfernung von 300 Kilometern. Ich hatte einen erfahrenen Führer, vier Diener und acht Kamele bei mir und Proviant für zwei Monate mitgenommen, denn ich wollte nachher Tibet durchreisen. Der eine meiner Begleiter war der treue Islam Bai, ein anderer hieß Kasim.

Im Anfang war alles gut gegangen. Am 23. April verließen wir die letzte Bucht eines Sees, wo ich befohlen hatte, Wasservorrat für zehn Tage einzufüllen, und bald zogen wir durch ein Sandmeer, dessen Dünen immer höher wurden und bis zu sechzig Metern anstiegen. Obendrein erhob sich bald ein Sturm, der den Sand in dichten Wolken emporwirbelte, daß er Nase, Mund und Ohren füllte.

Am Morgen des 25. April hatte ich die unheimliche Entdeckung gemacht, daß der gewissenlose Führer entgegen meinem Befehl nur für zwei Tage Wasser mitgenommen hatte, in der Hoffnung, daß wir in höchstens zwei bis drei Tagen irgendwo Wasser graben könnten. Aber diese Hoffnung trog, und die Regenwolken, die sich hin und wieder am Himmel bildeten, sandten keinen Tropfen herab. So mußte unser Trinkwasser bald schluckweise verteilt werden.

Am 27. April hatte ich schon zwei Kamele zurücklassen müssen und einen großen Teil des Gepäcks ausgesetzt. Am nächsten Tage wehte ein Nordweststurm, einer der »schwarzen Stürme«, die den Flugsand in undurchdringlichen Wolken mit sich führen und Tag in Nacht verwandeln, so daß man wie im Sand begraben ist. Die Kamele legten sich nieder, ihre Köpfe dem Winde abgewendet, und wir bohrten den Kopf unter sie, um nicht im Flugsand zu ersticken.

Unser geringer Wasservorrat war noch dazu auf unerklärliche Weise zusammengeschrumpft, und am 30. hatten wir nur noch ein Drittelliter Wasser. Da überraschte Islam Bai meinen Führer mit der Kanne am Munde! Meine Leuten hätten ihn getötet, wäre ich nicht dazwischen getreten! Als dann am Abend die letzten Tropfen verteilt werden sollten, hatten Kasim und ein anderer, halbtot vor Durst, sie doch ausgetrunken! Am 1. Mai hatten wir nichts mehr als ranzig gewordenes Pflanzenöl, das für die Kamele bestimmt gewesen war, und mich, der ich am Tage vorher schon keinen Tropfen mehr getrunken hatte, quälte der Durst entsetzlich. Man gerät dabei in Verzweiflung und verliert fast den Verstand; das Verlangen nach Wasser läßt einem keine Ruhe, man fühlt, wie der Körper eintrocknet. Wir hatten eine Flasche chinesischen Branntweins mitgenommen, den wir zum Brennen in einem Kochapparat brauchen wollten. Ich trank ungefähr ein Wasserglas voll davon; dann aber warf ich die Flasche fort und ließ ihren tückischen Inhalt in den Sand rinnen.

Das gefährliche Getränk hatte meine Kräfte gebrochen. Als die Karawane sich zwischen den Dünen weiterschleppte, konnte ich sie nicht mehr begleiten. Ich kroch und taumelte hinter ihr drein. Die Glocken klangen so hell in der stillen Luft, aber ihr Klang wurde immer schwächer und erstarb schließlich in der Ferne. Um mich her lag die schweigende Wüste, Sand, Sand, Sand auf allen Seiten!

Der Spur der anderen langsam folgend, erreichte ich endlich einen Dünenkamm, von dem aus ich die Karawane wiedersah. Die Kamele hatten sich niedergelegt, Kasim saß am Boden, die Hände vor dem Gesicht und phantasierte schon, er weinte und lachte in einem Atem; ein anderer, Muhamed Schah, flehte kniend Allah um Hilfe an. Da wir nichts anderes Trinkbares mehr hatten, schlachteten wir einen Hahn und tranken sein Blut. Dann kam das Schaf an die Reihe, das wir mitgenommen hatten. Aber sein Blut war dick und roch so widerwärtig, daß nicht einmal der Hund es haben wollte. Sogar vor dem Urin der Kamele schreckten meine Begleiter nicht zurück! Alles Gepäck, das nicht im Augenblick unentbehrlich war, wurde im Zelt zurückgelassen, insgesamt acht Kisten voll wertvoller Gegenstände, darunter meine photographischen Apparate mit etwa tausend Platten! Der Führer verlor geradezu den Verstand und stopfte sich Sand in den Mund, behauptend, es sei Wasser. Ihn und Muhamed Schah behielt die Wüste.

Am Abend konnte auch Islam Bai nicht weiter, und Kasim allein begleitete mich auf der Suche nach Wasser. Er nahm Spaten, Eimer und den Fettschwanz des Schafes mit. Ich hatte nur meine Uhr, den Kompaß, ein Taschenmesser, einen Bleistift, ein Stück Papier, zwei kleine Blechdosen mit Hummer und Schokolade, eine Zündholzschachtel und zehn Zigaretten bei mir. Aber das Eßbare konnte uns nichts helfen, denn Gaumen und Schlund waren so trocken, daß das Schlukken unmöglich war.

Die Uhr war gerade Zwölf. Wir hatten mitten auf dem Wüstenmeer Schiffbruch gelitten und verließen jetzt unser wrackes Schiff, um irgendeine Küste zu erreichen. Auch der Hund Jolldasch blieb bei der Karawane, und ich sah ihn nie wieder. Eine Laterne stand brennend neben Islam Bai, als wir, Kasim und ich, uns entfernten; ihr Schein verschwand bald hinter den Dünen.

Wir waren so leicht wie möglich gekleidet; Kasim trug nur ein Wams, weite Hosen und Stiefel; die Mütze hatte er vergessen und erbat sich von mir ein Taschentuch, das er um den Kopf band. Ich trug eine weiße Russenmütze, wollenes Unterzeug, einen weißen Anzug aus dünnem Baumwollstoff und steife schwedische Stiefel. Ich hatte mich in unserm Todeslager umgezogen, um mich fein sauber zum Sterben hinlegen zu können.

Mit der Entschlossenheit der Verzweiflung wollten wir vorwärts, waren jedoch nach zwei Stunden schon so schläfrig, daß wir eine Weile ruhen mußten. Aber die Nachtkälte jagte uns schon um vier Uhr wieder auf, und wir schleppten uns weiter. Der Tag wurde glühend heiß, und um zwölf Uhr waren wir völlig erschöpft vor Müdigkeit. Aus einem nach Norden gerichteten Sandabhang grub Kasim nachtkalten Sand aus, in den wir uns völlig nackt so einbohrten, daß nur der Kopf herausguckte. Um uns vor einem Sonnenstich zu schützen, hängten wir unser Zeug so über dem Spaten auf, daß es uns beschattete. Erst um sechs Uhr rührten wir uns wieder und marschierten nun doch noch sieben Stunden! Aber immer öfter mußten wir uns ausruhen, und um ein Uhr schlummerten wir auf einer Düne ein. Hier lagen wir drei Stunden, dann ging es wieder nach Osten weiter. Den Kompaß hatte ich stets in der Hand. Ein neuer Tag, der 3. Mai, brach an, da blieb Kasim plötzlich stehen und zeigte, ohne ein Wort zu sagen, nach Osten. In der Ferne war ein kleiner dunkler Punkt sichtbar, eine grüne Tamariske! Der Strauch konnte im Wüstenmeer nicht leben, wenn nicht seine Wurzeln in Grundwasser hinabreichten. Wir schleppten uns zu ihm hin, dankten Gott und kauten wie Tiere die saftigen grünen Nadeln der Tamariske. Eine Weile ruhten wir in ihrem spärlichen Schatten aus, dann ging es weiter, bis wir um ein halb zehn Uhr fast ohnmächtig neben einem zweiten Strauch niedersanken.

Wieder gruben wir uns in den Sand ein und lagen hier, ohne ein Wort miteinander zu reden, volle neun Stunden. In der Dämmerung schleppten wir uns mit schwankenden Schritten weiter. Nach dreistündiger Wanderung blieb Kasim wieder plötzlich stehen. Etwas Dunkles zeigte sich zwischen den Dünen, drei prächtige Pappeln mit saftigen Blättern! Zwar waren die Blätter zum Essen zu bitter, aber wir rieben uns die Haut damit ein, bis sie feucht wurde.

Hier wollten wir nun einen Brunnen graben, aber der Spaten entfiel unseren kraftlosen Händen! Wir warfen uns also auf den Boden und kratzten die Erde mit den Nägeln fort, aber lange hielten wir das nicht aus. Nun sammelten wir trockne Zweige und zündeten ein großes, loderndes Feuer an, das Islam unsere Richtung anzeigen und im Osten Aufmerksamkeit erregen sollte, denn am Ufer des Chotan-darja entlang führt eine Karawanenstraße.

Am 4. Mai morgens vier Uhr ging es weiter. Aber nach fünf Stunden waren wir völlig erschöpft. Kasim war nicht mehr imstande, eine Grube zu graben. Ich bohrte mich deshalb selbst in den kühlenden Dünensand ein und lag hier zehn Stunden, ohne ein Auge zu schließen.

Wie unerträglich langsam schreitet an solch einem Tag die Sonne am Himmel hin! Als schließlich die Abendschatten sich über die Erde dehnten und ich zum Aufbruch bereit war, flüsterte mir Kasim zu, er könne nicht mehr mit. Ich war so stumpf, daß ich nicht einmal daran dachte, ihm Lebewohl zu sagen, als ich allein durch Dunkelheit und Sand meinen Weg fortsetzte. Gleich nach Mitternacht fiel ich neben einer Tamariske nieder. Die Sterne funkelten wie gewöhnlich, kein Laut war hörbar, nur das Klopfen meines Herzens und das Ticken meiner Uhr unterbrach das entsetzliche Schweigen. Da raschelte etwas im Sande.

»Bist du es, Kasim?« fragte ich.

»Ja, Herr«, flüsterte er.

»Laß uns noch eine Strecke gehen«, sagte ich, und er folgte mir auf zitternden Beinen.

Seit unser Körper so trocken geworden war wie Pergament, hatten wir das Durstgefühl fast verloren. Aber unsere Kräfte waren zu Ende, und wir krochen streckenlang auf allen Vieren. Wir waren fast betäubt und so gleichgültig gegen alles, als seien wir Nachtwandler. Nach einiger Zeit aber erwachten wir wieder zu vollem Bewußtsein, denn plötzlich standen wir vor einer Menschenspur! Hirten am Fluß mußten unser Feuer gesehen und herbeigekommen sein. Wir folgten der Spur auf einen hohen Dünenkamm hinauf, wo der Sand fester war und die Spuren sich deutlicher erkennen ließen. Und nun – erkannten wir sie! »Es sind unsere eigenen Spuren«, flüsterte Kasim mit ersterbender Stimme. Wir waren im Kreis herumgegangen! Aufs tiefste niedergeschlagen und ermattet sanken wir auf der Spur nieder.

So brach der 5. Mai an. Wir hatten nur anderthalb Stunden geschlafen. Kasim sah entsetzlich aus; seine Zunge war geschwollen, weiß und trocken, seine Lippen blau angelaufen. Ein krampfartiges Schlucksen quälte ihn, das seinen ganzen Körper erschütterte, das Zeichen des herannahenden Todes. Wir hatten tapfer gekämpft, aber nun war das Ende nahe. Dick floß das Blut in den Adern, und man fühlte, wie

Augen und Gelenke ausgetrocknet waren. Als die Sonne aufging, zeigte sich am östlichen Horizont eine dunkle Linie. Das mußte der Uferwald des Chotan-darja sein! Noch eine letzte Anstrengung, um dorthin zu gelangen, ehe Erschöpfung und Durst uns töteten! In einer Bodensenkung wuchsen zahlreiche Pappeln.

»Hier wollen wir bleiben, der Wald ist noch so weit!« Aber zum Graben hatten wir keine Kraft mehr, und kriechend setzten wir unsern Weg fort.

Endlich waren wir dort. Mir war so wirr im Kopf wie nach einem schrecklichen Traum, nach quälendem Alpdrücken. Grün und üppig stand der Wald da vor uns, Gras und Kräuter wuchsen zwischen seinen Bäumen. Zahlreiche Spuren wilder Tiere, Tiger, Wölfe, Füchse, Hirsche, Antilopen, Gazellen und Hasen, waren überall zu sehen. Die Vögel sangen ihr Morgenlied, und das Gesumm der Insekten erfüllte die Luft. Überall herrschte fröhliches Leben.

Weit konnte es also zum Fluß nicht mehr sein, aber undurchdringliches Dornendickicht und vom Wind gebrochene Stämme verlegten uns den Weg quer durch den Wald. Da zeigte sich ein Pfad mit deutlich erkennbaren Menschen- und Pferdespuren! Er mußte sicher zum Flußufer hinführen, aber selbst die Hoffnung auf baldige Rettung konnte uns nicht mehr aufrechterhalten. Um neun Uhr brannte die Sonne schon so heiß, daß wir im Schatten zweier Pappeln niedersanken. Mit Kasim konnte es nun nicht mehr lange dauern. Nach Atem ringend lag er am Boden und starrte mit wahnsinnigem Blick gen Himmel. Er antwortete nicht mehr, wenn ich ihn rüttelte. Ich entkleidete mich und kroch in eine Höhlung zwischen den Wurzeln der Bäume hinein. Ringsum im Sand sah ich Spuren von Skorpionen, die in den morschen Stämmen hausten; aber das giftige Ungeziefer ließ mich in Frieden.

Zehn Stunden lag ich so, ohne zu schlafen, dann nahm ich den Holzstiel des Spatens und kroch allein durch den Wald. Kasim rührte sich nicht mehr. Von Baumstamm zu Baumstamm schleppte ich mich durch das Dickicht hindurch, und an den Dornen zerrissen Kleider und Hände. Es dämmerte und wurde dunkel, und ich fühlte, wie mich der Schlaf überwältigen wollte. Gewann er die Oberhand, so erwachte ich nie wieder.

Da nahm auf einmal der Wald ein Ende: das Bett des Chotan-darja lag vor mir. Aber – sein Boden war trocken, genau so trocken wie der Sand der Wüste! Erst spät im Sommer, wenn der Schnee im südlichen Gebirge geschmolzen ist, führt der Fluß Wasser. Aber sollte ich hier am Ufer sterben? Ehe ich alles verloren gab, wollte ich noch versuchen, das ganze Bett zu durchqueren. Es war hier zwei Kilometer breit, eine ungeheure Strecke! Den Spatenstiel als Stab benutzend, schwankte ich langsam vorwärts, kroch ganze Strecken, aber noch öfter mußte ich ausruhen und dann mit aller Willenskraft gegen die Schlaflust ankämpfen.

Bisher waren wir immer ostwärts gegangen, aber in dieser Nacht zog mich eine unwiderstehliche Gewalt nach Südosten. Eine unsichtbare Hand scheint mich geführt zu haben.

Die Hörner des Mondes warfen ein bleiches Licht über das ausgetrocknete Flußbett. Ich ging in der Richtung des Mondes weiter und hoffte, einen silbernen Streifen in einer Wasserfläche blinken zu sehen. Nach einer Weile – mir eine Ewigkeit! – unterschied ich die Waldlinie des östlichen Ufers. Sie wurde deutlicher. Eine umgestürzte Pappel lag schräg über einer Mulde im Flußbett, und am Ufer wuchsen dichte Gebüsche aus Sträuchern und Schilf.

Wieder mußte ich ruhen und horchte in die feierlich stille Nacht hinein, in der ich mich Gott und der Ewigkeit näher fühlte als je zuvor. Sollte ich mitten im Flußbett vor Durst umkommen? Sollten die schäumenden Wassermassen der Sommerflut meine vertrocknete Leiche wegspülen? Unmöglich! Noch einmal vorwärts! Und kaum hatte ich ein paar Schritte zurückgelegt, als ich wie angewurzelt stehen blieb: mit sausendem Flügelschlag erhob sich eine wilde Ente, Wassergeplätscher wurde hörbar, und im nächsten Augenblick stand ich am Rand eines Tümpels mit frischem, kaltem, herrlichem Wasser!

Ich sank auf die Knie und dankte Gott für meine wunderbare Rettung. Dann zog ich die Uhr heraus und untersuchte meinen schwachen Puls, der nur noch neunundvierzig Schläge tat. Darauf trank ich erst langsam, bald immer schneller und trank und trank, bis endlich mein Durst vorläufig gestillt war. Dann setzte ich mich nieder und fühlte nun, wie mir das Leben schnell zurückkehrte. Nach einigen Minuten war mein Puls auf sechsundfünfzig Schläge gestiegen. Die eben noch vertrockneten, holzharten Hände wurden wieder weicher, das Blut floß leichter in den Adern, die Stirn wurde feucht; das Leben erschien mir schöner und herrlicher als je zuvor! Dann trank ich wieder und dachte über meine wunderbare Errettung nach. Wäre ich nur fünfzig Schritte rechts oder links aus dem Wald herausgekommen, so hätte ich den Tümpel nie gefunden, ich wäre nach der verkehrten Seite gekrochen, wo es bis zum nächsten Tümpel vielleicht noch zehn Kilometer waren, und so weit wäre ich nie gekommen, ehe mich Schlaf und Todesstarre überwältigten!

Nun aber zurück zu dem sterbenden Kasim! Sollte er noch gerettet werden, so war schnellste Hilfe geboten. Ich füllte meine wasserdichten Stiefel bis an den Rand, hängte sie mit den Henkeln an beiden Enden des Spatenstiels auf und kehrte mit dieser Last leichten Schritts zum Walde zurück. Aber es war stockfinster und unmöglich, eine Spur zu sehen. Ich rief mit der ganzen Kraft meiner Lungen »Kasim!« Keine Antwort. Nun suchte ich ein Dickicht von verdorrten Stämmen und Reisig und zündete es an. Im Nu loderten helle Flammen auf. Es knisterte, sprühte und knallte, es siedete und pfiff in der von unten aufsteigenden Zugluft. Die feurigen Zungen leckten an den Pappelstämmen empor, und ein rotgelbes Licht erhellte die pechfinstern Schlupfwinkel des Waldes wie am Tage. Weit entfernt konnte Kasim nicht sein, und er mußte das Feuer sehen. Wieder suchte ich nach meiner Spur, aber um mich nicht im Wald zu verirren, blieb ich schließlich in der Nähe des Feuers, lehnte die Stiefel gegen eine Baumwurzel, legte mich an eine Stelle hin, wo das Feuer mich nicht erreichen konnte, ich aber doch vor wilden Tieren sicher war, und schlief sanft ein.

Als der Tag anbrach, fand ich die Spur. Kasim lag noch ebenso da, wie ich ihn verlassen hatte. »Ich sterbe«, flüsterte er mit kaum vernehmbarer Stimme; als ich ihm aber den einen Stiefel an die Lippen hielt, da erwachte er wieder zum Leben und trank erst ihn und dann noch den andern aus! Nun beschlossen wir, wieder zusammen zum Wassertümpel zurückzukehren. Wieder in die Wüste zurückzugehen, war unmöglich, denn wir hatten eine Woche nichts gegessen, und nun, da der Durst gestillt war, meldete sich auch der Hunger. Auch waren wir überzeugt, daß unsere Kameraden schon vor mehreren Tagen gestorben seien.

Aber Kasim war so matt, daß er mir nicht zu folgen vermochte, und ich suchte vergeblich stundenlang nach etwas Eßbarem. Schließlich legte ich mich in der Nähe des Tümpels in ein dichtes Gebüsch, die Mütze und die Stiefel unter den Kopf, und schlief tief und schwer. Seit dem 1. Mai hatte ich nicht mehr ordentlich geschlafen. Als ich erwachte, war es bereits dunkel, und der Sandsturm, der schon am Tage gewütet hatte, heulte noch immer. Der Hunger quälte mich so entsetzlich, daß ich Gras, Blumen und Binsenschößlinge zu essen begann. Der Tümpel wimmelte von Kaulquappen. Sie schmeckten bitter, aber ich biß sie in den Nacken und schluckte sie hinunter. Nach diesem »Abendessen« sammelte ich einen großen Vorrat trockner Äste, um das Feuer während der Nacht unterhalten zu können, kroch dann wieder in meinen Schlupfwinkel und sah zwei Stunden lang in die Flammen. »Dieser Sturm wirft die ersten Schaufeln Erde über meine toten Leute und die gefallenen Kamele«, dachte ich. Dann schlief ich wieder ein.

Am 7. Mai kroch ich im Morgengrauen aus dem Dickicht hervor, nahm Wasser in den Stiefeln mit und ging nach Süden. Nach einigen Stunden waren meine Füße so wund und voller Blasen, daß ich mein Hemd in Streifen zerriß und sie umwickelte. Welch eine Freude, als ich am Ufer eine Schafhürde traf! Sie war freilich lange nicht benutzt worden, aber sie verriet doch, daß in den Wäldern Hirten lebten. Am Mittag frühstückte ich Gras und Schilfsprossen und wanderte weiter nach Süden. Aber schon um acht Uhr versagten die Kräfte. Ich suchte mir wieder ein durch Pappeln und Gebüsch geschütztes Plätzchen und zündete wie gewöhnlich mein Lagerfeuer an. Ich konnte nichts anderes tun als still liegen, in die lodernden Flammen schauen und den geheimnisvollen Geräuschen des Waldes lauschen. Manchmal hörte ich schleichende Schritte und das Knacken dürrer Zweige. Aber nun ich auf so wunderbare Weise gerettet worden war, fürchtete ich nicht mehr, daß mich etwa Tiger angreifen würden.

Es war noch dunkel, als ich am 8. Mai aufstand, um im Wald nach einem Weg zu suchen, aber noch war ich nicht weit gekommen, als die Bäume sich schon lichteten und mit einem Male wieder das unheimliche gelbe Sandmeer vor mir lag. Da eilte ich zurück zum Flußbett und ruhte während der heißen Stunden im Schatten einer Pappel. Dann ging ich weiter und hielt mich jetzt am rechten Flußufer. Kurz vor Sonnenuntergang blieb ich plötzlich stehen, gebannt durch einen überraschenden Anblick; ganz frische Spuren zweier barfüßiger Männer, die vier Esel nordwärts getrieben hatten, zeigten sich im Sand! Zwar diese Wanderer noch einzuholen war aussichtslos. Ich folgte daher ihrer Spur in entgegengesetzter Richtung und ging schneller als sonst. Schon senkte sich die Dämmerung auf den Wald nieder, da glaubte ich an einem Ufervorsprung etwas Ungewöhnliches zu hören. Ich lauschte atemlos, aber der Wald verharrte in geheimnisvollem Schweigen. Vielleicht war es ein Glockenvogel oder eine Drossel, dachte ich und ging weiter. Nach einer Weile fuhr ich wieder zusammen und blieb wie angewurzelt stehen: ganz deutlich hörte ich eine Menschenstimme und das Brüllen einer Kuh. Schleunigst zog ich meine nassen Stiefel an, eilte in den Wald und stand nach einigen Minuten auf einem offenen Platz, wo zwischen den Bäumen eine Schafherde weidete. Ihr Hirt stand wie versteinert da, als er mich erblickt hatte; dann drehte er sich auf den Fersen um und verschwand im Dickicht.

Nach einer Weile aber kehrte er mit einem älteren Hirten zurück, und nachdem ich ihnen mein Schicksal erzählt hatte, bat ich sie um

Brot. Sie wußten zwar nicht recht, was sie denken sollten, führten mich aber in ihre Hütte und gaben mir Maisbrot und Schafmilch.

Der glücklichste Zufall aber war, daß zwei Kaufleute am nächsten Tag vorbeiritten, und ich von ihnen erfuhr, daß sie tags vorher am Ufer neben einem weißen Kamel einen Sterbenden gefunden hätten. Es war Islam Bai! Sie hatten ihn mit Wasser erquickt, und am nächsten Tag erschienen er und Kasim in meiner Hütte. Mein treuer Islam hatte meine Aufzeichnungen, Karten, einige Instrumente und die Reisekasse gerettet; mein nächtliches Feuer bei den Pappeln hatte ihm wieder Mut und Kraft eingeflößt. Die beiden anderen Männer aber und die Kamele waren in der Wüste umgekommen.

Zweitausend Kilometer flußabwärts

Unmittelbar unterhalb des Dorfes, von dem aus ich im Jahr 1895 den Todeszug durch die Wüste Takla-makan angetreten hatte, lagerte ich wieder im September 1899 mit einer großen Karawane und vielen Dienern, um von hier aus ganz Ostturkestan auf einer Wasserstraße zu durchqueren und auf diese Weise vielleicht eine sehr wichtige, wissenschaftliche Streitfrage zu lösen. Diese Wasserstraße heißt im oberen Teil Jarkent-darja, im unteren Tarim. Bei jenem Dorf führte eine Landstraße über den Fluß, und die Reisenden wurden auf Fähren übergesetzt. Solch eine Fähre kaufte ich, um auf ihr die zweitausend Kilometer lange Reise anzutreten!

Meine Leute hatten mit Hilfe der Eingeborenen die Fähre zu einem behaglichen Heim eingerichtet. Auf einem besonderen Bretterfußboden war mein Zelt fest aufgeschlagen, und dahinter war eine mit schwarzem Fries überzogene und mit Fenstern versehene Kajüte. Im Zelt standen mein Bett und mehrere Kästen, ein Teppich lag auf dem Boden, aus zwei Kisten war ein Schreibtisch hergestellt, den sogar Bilder, die Photographien meiner Eltern und Geschwister, schmückten, und eine andere Kiste diente als Stuhl. In der Mitte der Fähre lag das schwerere Gepäck, unser Proviant, und auf dem Achterdeck hatte die Küche ihren Platz, wo Islam Bai seines Amtes waltete. Außerdem hatte ich noch eine kleine Reservefähre bauen lassen, die vorausfahren und vor gefährlichen Stellen im Fluß warnen sollte. Diese zweite Fähre glich einem kleinen Bauernhof; sie trug Obst und Gemüse und beherbergte Hühner und Schafe. Mein großes Gepäck, das ich während der Fahrt nicht brauchte, war auf die Kamele geladen worden, und die Karawanenleute hatten Auftrag, mich in drei Monaten am Ende dieses

Flusses zu erwarten. Außer Islam Bai nahm ich noch fünf Begleiter zur Flußfahrt mit, um die Fähre zu lenken und die übrige Bedienung zu besorgen.

Am 17. September 1899 trat ich diese romantische Fahrt an, und einige Stunden und Tage meines Lebens auf dem Flusse will ich nun schildern.

Die Fähre ist gehorsam den Flußkrümmungen gefolgt, und ein Reisetag nähert sich seinem Ende. Ich kommandiere »Halt!« Palta, einer der Bootsknechte, stemmt eine Stange fest in den Grund des Flusses, drückt mit seiner ganzen Körperkraft dagegen und zwingt dadurch die Fähre, ihr Achter dem Land zuzukehren. Nun schwimmt ein anderer mit einem Tau ans Ufer und bindet es an einem Baumstamm fest. Das Landungsbrett wird ausgelegt und auf einem offenen Platz im jungen Wald Feuer angezündet. Bald brodelt es munter in den Teekannen und Reistöpfen. Ich bleibe noch am Schreibtisch und schaue über den Fluß, wo die Mondstraße auf der Oberfläche goldene Ringe bildet. Still und friedlich ist es um mich her, sogar die Mücken sind zur Ruhe gegangen. Ich höre nur die Scheite des Lagerfeuers knistern und von einer Uferstelle Sand ins Wasser abrutschen. In der Ferne ertönt Hundegebell, das meine beiden vierbeinigen Begleiter beantworten.

Nun kommen Schritte über die Fähre. Islam Bai erscheint mit dem Abendessen. Der Schreibtisch verwandelt sich in einen Eßtisch, und Islam serviert Reispudding mit Zwiebeln und Mohrrüben auf feingehacktem Schaffleisch, frisch gebackenes Brot, Eier, Gurken, Melonen und Weintrauben. Damit kann man schon zufrieden sein! Will ich trinken, so lasse ich meinen Becher an einer Schnur in das Wasser hinunter, das leise plätschernd an der Fähre entlangstreicht. Meine Hunde leisten mir Gesellschaft. Sie sitzen mit gespitzten Ohren, den Kopf ein wenig auf die Seite gelegt, vor mir und warten auf einen guten Bissen. Dann kommt Islam Bai wieder, um abzuräumen. Ich schließe das Zelt, krieche in meine Koje und freue mich, an Bord meines eigenen Schiffes wohnen zu können. Nur ein Tau brauche ich loszumachen, um wieder unterwegs zu sein.

Eines Tages hatten wir eine Gegend erreicht, wo der Fluß zusammenschrumpfte und mit großer Geschwindigkeit sich zwischen kleinen Inseln und Haufen aufgeschwemmten Treibholzes hindurchzwängte. Hier hat Palta viel zu tun, unaufhörlich muß er die Fähre mit der Stange von irgendeinem Hindernis abstoßen, und oft genug rennen wir gegen Pappelstämme, die nicht über das Wasser emporragen. Dann dreht sich die Fähre gleich im Kreis, und die ganze Besatzung springt ins Wasser, um das Schiff wieder flott zu machen.

In der Ferne ertönt ein Rauschen, das immer stärker wird. Im Handumdrehen sind wir an eine Stromschnelle gelangt, und zum Halten ist es zu spät. Wenn sich die Fähre jetzt nur nicht quer dreht, dann kentern wir! »Laßt sie gerade auf den Fall losgehen!« rufe ich. Alle Stangen sind in Bewegung, und mit sausender Geschwindigkeit gleitet die Fähre glatt und munter über die kochenden Wassermassen hin. Unterhalb der Stromschnelle ist der Fluß breiter, aber so seicht, daß wir auf den blauen Tongrund aufrennen. Wir drücken, stoßen und ziehen, aber es hilft nichts. Da muß denn sämtliches Gepäck ans Land getragen werden, und mit vereinten Kräften drehen wir die Fähre so lange im Kreis, bis der Flußgrund nachgibt. Dann wird das Gepäck wieder an Bord gebracht.

Streckenweise bedeckt alter dichter Wald die Ufer, und die Fähre gleitet wie auf einem Kanal in einem Park dahin. Der Wald ist stumm, kein Blättchen rührt sich, und der Fluß fließt lautlos. Nur dann und wann brauchen die Männer mit der Stange einen Stoß zu tun, um die Fähre wieder in die Mitte des Fahrwassers zu bringen. Es ist wie ein Märchen, und ich wage kaum zu sprechen, um die Stille nicht zu stören. Wir fahren wie in einem verzauberten Wald, und ich erwarte jeden Augenblick, kleine Nixen und Elfen aus dem Unterholz hervorgucken zu sehen. Aber groß ist das Reich dieses Waldes nicht, und da, wo er endet, beginnt die weite, mörderische Wüste.

So vergingen Wochen, und die Fähre trieb immer weiter flußabwärts. Schon machte sich der Herbst bemerkbar; der Wald schillerte gelb und rot, und die Blätter begannen zu fallen. Wollte ich nicht einfrieren, so war es Zeit, das Ziel zu erreichen, wo mich meine Karawane erwartete. Daher stoßen wir jetzt schon früh am Morgen vom Ufer ab und landen erst lange nach Sonnenuntergang. Es ist so still wie in einem Tempel, hin und wieder schnattert eine Wildente im Schilf, oder ein Fuchs schleicht raschelnd einher. Eine Herde wilder Schweine liegt gemütlich im Uferschlamm, betrachtet die lautlos vorübergleitende Fähre mit größter Verwunderung und saust ab wie ein schnaubender Wirbelwind durch das knackende Schilfdickicht. Hirsche grasen am Ufer, sie wittern die Fähre und machen kehrt. Kurz vor der Fähre schwimmt ein Rehbock quer über den Strom, und Islam lauert mit der Flinte am Vordersteven. Aber das Reh ist ein tüchtiger Schwimmer; mit einem Sprung ist es droben auf dem Uferwall und verschwindet blitzschnell. Auch Tigerspuren zeigten sich bei unsern Lagerplätzen, aber es gelang uns nie, eine dieser dunkelgelben Wildkatzen mit ihrem schwarzgestreiften Fell zu überraschen.

Als wir schon lange keine Menschen mehr getroffen hatten, zeigte sich eines Tages am Ufer der Rauch eines Feuers. Einige Hirten hüteten ihre Herden, und ihre Hunde begannen zu bellen. Erstaunt und erschreckt gafften die Männer die herantreibende Fähre an und glaubten sicher eine Spukerscheinung zu sehen. Schleunigst machten sie kehrt und liefen spornstreichs davon. Zwei meiner Leute, die ich ans Land schickte, konnten sie nicht mehr auffinden.

Ein andermal trieben wir durch eine Gegend, wo mehrere Dörfer in der Nähe des Flusses lagen. Hier hatte man durch Kundschafter unsere Ankunft erfahren, und als wir uns näherten, kamen uns an den Ufern ganze Reiterscharen entgegen. Ich lud die Dorfhäuptlinge an Bord ein und bewirtete sie mit Tee. Acht Falkner ritten auf feurigen, schnellen Rossen; zwei trugen Adler, die anderen Falken. Den Raubvögeln war eine Kappe über den Kopf gezogen, und mit ihren starken, gelben Zehen und scharfen Krallen griffen sie um den Lederhandschuh des Trägers. Als ich gelandet war, zeigte man mir zwei der besten Falken auf der Jagd. Ein Reiter sprengte mit seinem Falken über ein Feld hin, wo Beute zu erwarten war. Ein Hase fuhr auf, und der Reiter warf seinen Falken in die Luft. Blitzschnell schoß dieser dem flüchtenden Hasen nach und schlug ihm die Fänge in den Rücken. Das ging weit schneller vor sich, als es sich niederschreiben läßt! Der Reiter sauste spornstreichs hinterher, um die Beute zu retten, denn der Falke hatte sofort begonnen, mit nachlässigen Kopfbewegungen und heftigen Rukken dem Hasen die Haare an der Stelle auszureißen, in die er seinen messerscharfen Schnabel bohren wollte. Ein anderer der Falken fing ein Reh, und der Häuptling schenkte mir die ganze Jagdbeute.

Je weiter es ging, desto wasserärmer wurde der Fluß. Der Jarkent-darja würde den See Lop-nor, den ich erforschen wollte, nie erreichen, wenn er sich nicht unterwegs mit dem großen Fluß Ak-su, »das weiße Wasser«, zum Tarim vereinigte. Der Jarkent-darja fließt sehr langsam, aber der Ak-su kommt mit trübem, wirbelndem Wasser und reißender Geschwindigkeit vom Tien-schan-Gebirge im Norden her. Immer kälter wurde das Herbstwetter, und eines Morgens lag dichter Nebel wie ein Schleier auf dem Waldessaum an beiden Ufern. Bäume, Sträucher und die ganze Fähre waren weiß bereift. Nun dauerte es nicht mehr lang, bis das Eis eine dünne Kruste über die Uferseen, kleinen Flußarme und stillstehenden Tümpel spannte, und es galt, sich zu sputen, um nicht einzufrieren. Das Frühstück wurde nicht mehr am Land bereitet, sondern auf dem Achterdeck der Fähre, wo wir aus Lehm einen Herd gebaut hatten, und hier aßen wir abwechselnd, um uns zu wärmen. Während der letzten Novembertage hatten wir 16 Grad Kälte. Das

Treibeis wurde immer dichter, und eines Morgens war die Fähre so fest eingefroren, daß sie mit Beilen und Spießen erst wieder flott gemacht werden mußte. Wir erkannten den schönen Fluß kaum wieder. Seine Oberfläche war ganz mit Eisschollen und Eisschlamm bedeckt, das rasselte, klang und schrammte gegeneinander und glitt wie eine lange, raschelnde Schlange mit der Strömung dahin.

Jetzt fuhren wir bis in die späte Nacht hinein. Ich hatte mehrere Eingeborene angeworben, die uns mit Leitkähnen vorausfuhren und mit Laternen den Fahrweg zeigten. Das Feuer auf dem Achterdeck und das Kohlenbecken im Zelt nützten nicht mehr viel, und eines Abends, als es zu spät war, um Brennholz zu suchen, steckten wir ein ganzes Schilfdickicht in Brand. Das knallte und knisterte in dem dürren Geäst, und ein unheimlicher Feuerschein erhellte die ganze Gegend. Im Treibeis glänzte es wie lauter Diamanten, und das Feuer leuchtete tief in das Dickicht hinein. Wenn heute Tiger dort lauerten, so machten sie sich gewiß schnell davon. Die Nacht über ließen wir die Fähre mitten in der ärgsten Strömung liegen, damit sie nicht einfror, und die Treibschollen klirrten und hämmerten die ganze Nacht dagegen. Aber ich war an den Lärm schon so gewöhnt, daß ich ebensogut schlief wie sonst.

Am 7. Dezember hatten beide Ufer einen breiten Eisrand. Oft blieben wir stecken, machten uns aber immer wieder flott und tanzten den ganzen Tag wie in einem Bad von Porzellanscherben. Ich wollte die Fahrt nicht eher aufgeben, als bis es unmöglich war, auch nur noch einen Zoll weiter vorzudringen. Am Abend hatten wir eine ganze Kahnflottille vor uns, die mit Laternen und Fackeln Licht in die Dunkelheit brachte. Auf einmal aber wurde es ganz still um uns her, die Fähre erhielt einen heftigen Stoß, der ganze Fluß war querüber zugefroren. Aber – am Ufer brannte ein Feuer von aufgeschichteten Baumstämmen – es brannte im Lager meiner eigenen Karawane! Wir waren am Ziel.

Der wandernde See

Die Gegend, wo meine Fähre für den ganzen Winter eingefroren war, heißt »Der neue See«. Hier biegt der Tarim nach Süden um und ergießt sich weiter abwärts in einen seichten See, den Lop-nor. Das ganze Land ist hier so flach, daß man mit dem bloßen Auge nicht die geringsten Unebenheiten gewahrt, und das hat, wie ich nun zum ersten Male feststellen konnte, zur Folge, daß der Fluß seinen Lauf verändert und sich auf kürzere oder auch auf längere Strecken ein neues Bett gräbt! In alten Zeiten floß er geradeaus nach Osten weiter und mündete in den ehemaligen Lop-nor im nördlichen Teil der Wüste; in alten chinesischen Erdbeschreibungen ist von ihm in diesem Sinne die Rede.

Das merkwürdige am Lop-nor ist also, daß er wandert und sich mit dem Unterlauf des Tarim wie ein Pendel zwischen Norden und Süden hin und her bewegt. Da, wo er einst lag, bin ich viel umhergewandert, und ich habe auch eine Karte des früheren Flußbettes und des alten Sees aufgenommen. Dabei fand ich Ruinen alter Dörfer und Gehöfte, uralte Kähne und Hausgerät, Baumstämme so spröde wie Glas und Schilf- und Binsenwurzeln. In einem Bau aus Fachwerk entdeckte ich sogar eine ganze Sammlung chinesischer Handschriften, die mancherlei Aufklärung gaben über die Zustände dieser Gegend, als noch Menschen hier leben konnten. Die alten Schriften waren mehr als sechzehn Jahrhunderte alt.

Die merkwürdige Erscheinung des wandernden Sees erklärt sich folgendermaßen: Während der Hochwasserzeit ist der Tarim voller Schlamm, und er sowohl wie der alte See waren dann immer sehr seicht. Allmählich füllte sich der See mit Schlamm und verwesten Pflanzen, und dadurch hob sich nach und nach der Boden des Flußbettes, bis sich schließlich das Wasser nach Süden verlief, wo das Land jetzt etwas tiefer war als der Boden des Sees. Das alte Flußbett und der See trockneten infolgedessen langsam aus, der Pappelwald verdorrte, die Schilffelder wurden dürr, und der Wind verwehte alles im Sand. Die Menschen verließen ihre Hütten und zogen ebenfalls südwärts dem neuen Flußlauf nach und bauten an dem neuen See ihre neuen Hütten. Tarim und Lop-nor hatten also eine Pendelschwingung nach Süden ausgeführt, und Menschen, Tiere und Pflanzen mußten sie mitmachen. Im Süden geht es nun wieder ebenso, Fluß und See füllen sich wieder und kehren nach Norden zurück! Aber über diesen Schwingungen vergehen viele Jahrhunderte.

Jetzt liegt der See im Süden; er ist fast ganz mit Schilf überwachsen; Pappelwald gedeiht nur am Fluß. Die wenigen Eingeborenen sind teils Hirten, teils Fischer; sie sind türkischen Stammes und bekennen sich zum Islam. Ebenso gutherzig wie friedfertig, nehmen sie den Fremdling mit großer Gastfreiheit auf. Ihre Hütten bauen sie aus zusammengeschnürten Schilfbündeln, der Fußboden ist mit Schilfmatten bedeckt, und das Dach besteht aus Zweigen, über die Schilf gebreitet wird. Einen großen Teil des Tages verbringen sie in ihren Kähnen, die ausgehöhlte Pappelstämme und daher lang und schmal sind. Das Ruder ist breitblättrig und treibt den Kahn mit größter Geschwindigkeit vorwärts. Sie halten sich im Schilf enge Kanäle offen, durch die sie mit ihren Kähnen so schnell wie Aale hindurchhuschen. Hier legen sie auch ihre Fischnetze aus. Im Frühling leben sie auch von den Eiern, die sie sich aus den Nestern der Wildgänse holen. Das Schilf wächst so dicht, daß man, wenn ein heftiger Sturm es hier und da umgebrochen hat, wie auf einer Brücke darübergehen kann, obgleich zwei Meter tiefes Wasser darunter steht.

An den Ufern des Lop-nor war früher der Tiger sehr häufig, und die Eingeborenen pflegten ihn auf eigentümliche Weise zu jagen. Hatte eine dieser Bestien Vieh geraubt, dann versammelten sich alle Männer der Umgegend und kreisten den Räuber von drei Seiten im Dickicht ein, wo er versteckt lag. Nur die Uferseite blieb frei. Ihre einzigen Waffen waren Stangen und Stöcke, und um den Tiger zum Verlassen seines Verstecks zu zwingen, zündeten sie das Dickicht an. Nun merkte der Tiger, daß es für ihn keinen Weg landeinwärts gab, und er versuchte nun, nach einer Insel oder zum andern Ufer hinüberzuschwimmen. Aber noch ist er nicht weit, da kreist ein halbes Dutzend Kähne ihn im Wasser ein. Sie sind viel schneller als der Tiger, ganz dicht saust der erste Kahn an ihm vorbei, und ein Mann im Vordersteven drückt mit dem Ruderblatt den Kopf des Tieres unter Wasser. Ehe dieser wieder auftaucht, ist der Kahn längst aus seinem Bereich. Wütend faucht, prustet und hustet der Tiger, aber im selben Augenblick ist ein zweiter Kahn da, und ein neues Ruder taucht ihn noch tiefer unter Wasser. Wenn er wieder an die Oberfläche kommt, schnappt er nach Luft; von seinen Zähnen, Tatzen und Krallen kann er keinen Gebrauch mehr machen, er schwimmt ums Leben. Aber noch ist es weit bis zum Ufer. Der erste Kahn hat einen Kreis beschrieben und ist jetzt wieder da. Der Tiger ist schon sehr erschöpft. Jetzt wagt sich der Kahn noch dichter heran, der Mann im Vordersteven drückt das Tier mit seiner ganzen Kraft nieder, so daß der Ruderschaft senkrecht im Wasser steht, und hält das Tier so lange unter Wasser fest, wie es eben geht. Kommt der Verfolgte wieder an die Oberfläche, so bereitet ihm der nächste Kahn dasselbe Schicksal, und bald wird der Tiger vor Atemnot kraftlos. Er denkt nicht mehr an das nächste Ufer, er will nur den Kähnen ausweichen, und damit ist sein Schicksal besiegelt. Immer wieder wird er in das offene Wasser hineingejagt, er tastet und plumpst mit den Tatzen umher, zum schnellen Schwimmen hat er die Kraft verloren. Die Verfolger werden nun so dreist, daß sie gar keine Vorsicht mehr brauchen. Drei oder vier Ruderblätter zugleich drücken den Tiger unter das klare Wasser, wo er genau zu sehen ist, und wenn er noch immer auftaucht, schlägt man ihm mit den Rudern auf die Schnauze. So wird er schließlich totgehetzt, die Tatzen erschlaffen nach verzweifeltem Kampf, und er ertrinkt. Dann bindet man ihm einen Strick um den Hals und rudert ihn jubelnd ans Land. Man hat den König des Dickichts besiegt, ohnen einen einzigen Schuß zu tun.

Das Klima am Lop-nor ist im Winter und im Sommer sehr verschieden, es wechselt zwischen 30 Grad Kälte und 40 Grad Hitze, wie stets im Innern der Festlandsmassen unserer Erde, wenn sie nicht, wie Mittelafrika, in der Nähe des Äquators liegen, wo es immer heiß ist. An den Küsten ist der Temperaturunterschied geringer, denn das Meer kühlt die Luft im Sommer und erwärmt sie im Winter. Im Lopland aber frieren im Winter alle Flüsse und Seen fest zu, während im Sommer erstickende Glut herrscht. Wolken von Stechmücken peinigen die Einwohner, und das Vieh wird von Bremsen fast umgebracht; deshalb muß man Pferde und Kamele am Tage in Binsenschuppen unterstellen. Nur bei Nacht haben die Tiere vor diesen Quälgeistern Ruhe.

Unermeßliche Mengen von Wildgänsen, Wildenten, Schwänen und anderen Schwimmvögeln nisten am Lop-nor; die offenen Wasserflächen sind mit schnatternden Vögeln übersät. Im Spätherbst ziehen sie über Tibet hinweg nach Süden, und im Winter liegt der See in eisigem Schweigen.

Wilde Kamele

Die Gegend, über deren ebenen Boden der Lop-nor seit Jahrtausenden zwischen Norden und Süden hin und her wandert, heißt die Lopwüste. Von ihr erzählt Marco Polo vor sechshundertundvierzig Jahren merkwürdige Dinge. Wenn sich hier jemand von seinen Begleitern trennt, soll er Geisterstimmen hören, die ihn bei Namen rufen; in dem Glauben, es seien seine Kameraden, folgt er diesen Stimmen, aber sie führen ihn in die Irre, und er kommt elend um. Auch das Trappeln großer Reiterscharen, Töne von Musikinstrumenten und besonders Trommelwirbel sollen zu hören sein.

Auf meinen Kreuz- und Querzügen durch die Lopwüste hat aber niemand meinen Namen gerufen, und die Stille der schweigenden Wüste wurde höchstens durch den Oststurm unterbrochen, der donnernd über den gelben Lehmboden hinrollt. Im Laufe der Zeit haben diese heftigen Frühlingsstürme Rinnen und Furchen in den Lehm gepflügt. Sonst aber ist die Wüste wie ein gefrorenes Meer. Nur die umliegenden, mürben Schalen von Mollusken verraten, daß hier ehemals Wassermassen des Lop-nor sich ausdehnten.

Die Nordgrenze der Lopwüste bilden die östlichsten Ketten des Tien-schan, »die dürren Berge«, deren Abhänge fast nie vom Regen bespült werden. An dem Südfuß entspringen nur wenige salzhaltige Quellen, um die herum Schilf und Tamarisken wachsen, und auch an vereinzelten anderen Stellen in der Nähe des Gebirges kämpft etwas Vegetation um ihr kümmerliches Dasein.

Hier aber ist das Land der wilden Kamele. Ihr solltet diese Tiere kennen und lieben lernen, wie ich sie kenne und liebe, der ich sie viele Male windschnell über die Wüste habe hinjagen sehen und ihnen den Kopf gestreichelt habe, wenn die Kugeln meiner Jäger sie verwundet hatten.

Die wilden Kamele leben in Herden von etwas sechs Stück. Das Leitkamel ist ein dunkelbraunes Männchen, die Weibchen sind heller gefärbt. Ihre Wolle ist so weich und fein, daß es ein wahres Vergnügen ist, mit der Hand darüber hinzustreichen. Oft weiden mehrere Herden oder Familien an derselben Stelle. Sie fressen Schilf und Tamarisken, sind fett und rund, und ihre beiden festen Höcker enthalten sehr viel Fett. Im Frühling und Sommer können sie acht Tage ohne Wasser aushalten, im Winter sogar vierzehn. Seit unzähligen Generationen wissen sie die Quellen in der Wüste zu finden; die Mütter haben ihre Jungen dorthin geleitet, und als diese erwachsen waren, haben sie wieder ihre eigenen Kleinen hingeführt. Sie trinken das Wasser, auch wenn es noch so salzig ist, es bleibt ihnen ja keine Wahl. Aber sie halten sich nie lange auf einer Quellweide auf, denn hier ist die Gefahr am größten. Ihre Erfahrung sagt ihnen, daß ihre Feinde sich ebenfalls hier zum Trinken einstellen.

Gegen die Gefahr haben sie keine andere Waffe, als ihre scharf entwickelten Sinne. Den Menschen wittern sie schon aus einer Entfernung von zwanzig Kilometern, und sie scheuen den Geruch einer Lagerstätte, die sie erkennen, auch wenn der Wind längst die Asche verweht hat. Zahme Kamele erregen ihren Argwohn, sie riechen nicht so wie die wilden. Auch wenn ihnen keine Gefahr droht, bleiben sie nicht lange auf demselben Weideplatz; sie finden ihren Weg ohne Karte und Kompaß und verirren sich nie.

In manchen Gegenden sind sie so zahlreich, daß man fast alle zwei Minuten eine Fährte kreuzt. Laufen die Spuren von allen Seiten strahlenförmig in eine Einsenkung zwischen zwei Hügeln zusammen, so kann man gewiß sein, daß dort eine Quelle ist. Als meine zahmen Kamele einmal elf Tage lang ohne Wasser waren, wurden sie so durch die Fährten ihrer wilden Verwandten gerettet.

Nun denke man sich eine aus sechs wilden Kamelen bestehende Herde, deren Spur Kameljäger aus den »dürren Bergen« nachstellen. Der Führer ist ein altes Männchen, das dreißig Jahre in der Wüste gelebt hat und allen Gefahren entronnen ist. Es liegt wiederkäuend auf seinen vier Knien inmitten seiner drei Weibchen und zweier jüngeren Männchen; nur zwei grasen. Der Alte hört plötzlich mit Wiederkäuen auf, reckt den Hals empor und bläht die Nüstern auf, um möglichst viel Luft in die Nase ziehen und dadurch besser wittern zu können. Die anderen bleiben noch ruhig liegen, sie verlassen sich auf den Führer. Er macht einige Schritte nach Westen, denn er hat irgendeine Gefahr gemerkt. Da kracht von Norden her ein Schuß. Die Liegenden schnellen wie Sprungfedern in die Höhe, und die ganze Herde jagt in einer Staubwolke davon. Bald erscheinen sie durch das Fernglas nur noch wie kleine schwarze Punkte.

Sie laufen den ganzen Tag; erst in der Nacht mäßigen sie ihre Schritte und bleiben gelegentlich stehen, um Ausschau zu halten. Da keine Gefahr mehr zu drohen scheint, beruhigen sie sich allmählich und ziehen zusammen wieder zu einer salzigen Quelle am Fuß des Gebirges. Ringsumher wachsen dichte Schilfstauden und Tamarisken. Der Wind kommt von Osten, und sie ahnen daher nicht die Gefahr, die ihnen von Westen droht. Denn wir sind gegen den Wind an der anderen Seite der Oase angelangt, und zwischen zwei Tamarisken hindurch beobachte ich alle ihre Bewegungen mit dem Fernglas. Lautlos und geschmeidig wie ein Panther schleicht sich mein Jäger am Boden entlang, verbirgt sich in kleinen Einsenkungen und hinter Sträuchern und nähert sich langsam der Herde. Möchten ihn doch nur die Kamele wittern und ihm entrinnen! Regungslos liegt der Schütze in Treffweite hinter einem Strauch – vorsichtig hebt er die Flinte ans Auge und drückt ab. Der Schuß kracht, die Tiere fahren zusammen und fliehen dem Schützen gerade entgegen. Bald aber merken sie den Irrtum und machen kehrt, und pfeilschnell jagen sie, in aufgewirbelte Staubwolken gehüllt, ins Gebirge hinauf.

Aber es sind ihrer nur fünf, ein Männchen ist zurückgeblieben. Es liegt mit emporgerecktem Hals da und betrachtet uns, die wir näher kommen, mit abwesenden Blicken. Es kaut noch an den Schilfblättern, die es gerade zwischen den Zähnen hatte, als die Kugel ihm in den Bauch drang. Es versucht, sich zu erheben, aber die Vorderbeine versagen den Dienst. Nun stehen wir um den Sohn der Wüste herum; er ist zu Tode verwundet und von seinen Kameraden verlassen. Sein Blick schweift ruhig und besonnen über den Horizont hin, er nimmt Abschied von der Wüste. Nach einer Minute ist er tot.

So sah ich den König der Wüste, das wilde Kamel, das gleich dem Wildesel in leblosen Gegenden daheim ist und auf salziger Heide. Wo nicht einmal eine Eidechse Nahrung findet und keine Fliege in der Luft summt, wo die Sommersonne den Lehmboden glühend erhitzt, da zieht es seine weiten Königsstraßen, und die Entfernungen sind ihm nichts. Es ist mit ihm wie mit dem Wind, man weiß nicht, woher er kommt und wohin er geht. Das wilde Kamel ist schneller als der afrikanische Strauß und spottet der Pferde und Reiter. Ich sah es in seiner grenzenlosen Freiheit weiden und trinken, im Schatten der Tamarisken ruhen und erschreckt der untergehenden Sonne entgegenfliehen. Wenn wir es am wenigsten erwarteten, tauchte es plötzlich in unserer Nähe auf. Es ist etwas Wunderbares, daß ein so gewaltiges, hochgewachsenes Tier in solcher Öde der Erde gedeihen kann. Und doch leben sie hier, vermehren sich und huschen wie Schatten und Gespenster flüchtig vor dem Auge des Reisenden vorüber.

Tibet

Im Süden Ostturkestans dehnt sich die gewaltige Erhebung der Erdrinde aus, die wir Tibet nennen. Seine Nachbarn sind: im Osten das eigentliche China, im Süden Birma, Bhotan, Sikkim, Nepal und Britisch-Indien, im Westen Kaschmir und Ladak. Die politischen Grenzen haben jedoch nur wenig Bedeutung; sie bleiben selten von einem Jahrhundert zum anderen unverändert, denn seit alter Vorzeit erweitert jede erstarkende Macht stets ihr Reich auf Kosten ihrer Nachbarn. Unverändert bleibt dagegen die Erdrinde selbst, wenn wir von der beständigen Arbeit absehen, die Regen und Flüsse, Wetter und Winde ausführen, indem sie die Mulden mit Schlamm und Sand füllen, die Täler tiefer einschneiden und durch Verwitterung die Gebirge abbröckeln. Wie tätig aber auch diese Kräfte sein mögen, Tibet bleibt doch das höchste Gebirgsland der Erde.

Wenn du deine linke Hand so auf Tibet legst, daß die Stelle der Knöchel auf dem Pamir ruht, so bedeckt die übrige Handfläche die Gebiete Mitteltibets, die keinen Abfluß nach dem Meere haben und daher in eine Menge einzelner Salzseebecken zerfallen. Dein Daumen entspricht dem Himalaja, dein Zeigefinger dem Transhimalaja, dein Mittelfinger dem Kara-korum, der Ringfinger dem Arkatag und der kleine Finger dem Kwen-lun. So kannst du die höchsten Bergketten der Erde an deinen fünf Fingern aufzählen. Nimmst du nun eine Gießkanne mit einer Brause am Ausguß und läßt eine gleichmäßige Dusche über deinen Handrücken fallen, drückst dabei die Hand auf die Tischplatte und spreizest die Finger, dann wird ein geringer Teil des Wassers auf der Rückseite der Hand stehen bleiben, während das meiste zwischen den Fingern hinunterrinnt. Genau so geht es in Tibet. Die Gießkanne vertritt den Regen des Südwestmonsuns, der übrigens in den östlichen Gegenden des Landes reichlicher fällt als in den westlichen. Das auf dem Handrücken zurückbleibende Wasser sind die kleinen, zerstreut liegenden salzigen Seen auf der Hochebene, denen jeder Abfluß zum Meere fehlt. Das hinunterrinnende Wasser aber sind die großen Flüsse zwischen den Bergketten.

Von diesen Flüssen gehen zwei nach Osten: der Gelbe Fluß, Hwang-ho, in das Gelbe Meer, und der Blaue Fluß, Jang-tse-kiang, in das Ostchinesische Meer. Die übrigen laufen nach Süden; der Mekong mündet in das Südchinesische Meer, der Saluën, der Irawadi und der Brahmaputra in die große Bucht des Indischen Ozeans, den Bengalischen Meerbusen. Du wunderst dich, welch eigentümlichen Bogen der Brahmaputra um die Spitze deines Daumens herum macht, und natürlich rinnt auch auf der Außenseite deines Daumens eine Menge Wasser nieder; das ist der Ganges, der von den Hochtälern des Himalaja kommt. Und am weitesten nach Westen, dem Handgelenk am nächsten, fließen die beiden uns schon bekannten Flüsse: der Indus nach Süden ins Arabische Meer, und der Tarim erst nach Norden und dann ostwärts in den Lop-nor.

Der Himalaja ist die höchste Bergkette der Erde, und zwischen seinen Kämmen erheben sich die gewaltigsten Gipfel der Welt. Drei davon mußt du im Gedächtnis behalten, denn sie sind weit berühmt: den Mount Everest, der mit seinen 8840 Metern der höchste Berg der Erde ist, den Kantschindschanga mit 8580 und den Dhawalagiri mit 8180 Metern. Der Dapsang in der Kara-korum-Kette ist aber nur 200 Meter niedriger als der Mount Everest.

Von Süden gesehen bietet der Himalaja ein großartiges Schauspiel. Kein anderes Bergland der Erde kann sich an staunenerregender Schönheit mit ihm messen. Fährt man mit der Eisenbahn von Kalkutta nach Sikkim hinauf, so hat man den mit ewigem Schnee bedeckten Kamm des Himalaja vor und über sich, und der Kantschindschanga ragt wie ein blendendweißer Zahn empor. Unter der scharf sich abhebenden Schneegrenze ziehen sich die steilen, bewaldeten Abhänge hinunter. Früh am Morgen und bei schönem Wetter steht der zackige Schneekamm im grellen Sonnenschein da, während Abhänge und Täler noch im Schatten und Nebel verschwinden. Auf der Fahrt nach diesen großen Höhen hinauf verändert sich die Flora ebenso, wie von Italien bis zum Nordkap. Die letzten Pflanzen, die noch den Kampf gegen die Kälte aufnehmen, sind Moose und Flechten. Weiter hinauf steht nur noch nacktes Gestein.

Nord- und Mitteltibet liegen nun aber durchschnittlich 5000 Meter hoch, also höher noch als der Gipfel des Montblanc! Und da schon das ganze Plateau eine so ungeheure Höhe hat, erscheinen die Bergketten darauf recht unbedeutend. Zwischen den fünf großen Ketten liegen noch unzählige kleinere, und alle ziehen von Westen nach Osten. Sie haben sich ungefähr so gebildet wie die Falten einer Tischdecke, die von zwei verschiedenen Seiten her zusammengeschoben wird.

Mit einem seltsamen, unbeschreiblichen Gefühl steht man auf solch einem hohen Paß im Herzen Tibets. Du bist in fast 6000 Meter Höhe, und 50–100 Meter von dir entfernt können sich Gipfel erheben, die noch 1500 Meter höher sind. Aber dein Blick beherrscht trotzdem das ganze Bergland ringsum bis an den Rand des Horizonts, falls es nicht windig und die Luft völlig klar ist. Gewöhnlich aber wehen eiskalte Westwinde. Es ist nur eine Folge der Entfernung, daß die mit Schnee und Eis bedeckten Hörner blau schimmern.

Zuerst hat man das vernichtende, demütigende Gefühl der eigenen Unbedeutendheit; man ist ein Staubkorn auf der Oberfläche dieser großen, schönen Erde. Wie erbärmlich erscheint da aller Zwist und alles Streben des Menschen, verglichen mit dem erhabenen Schweigen der großen Einsamkeit ringsum. Über dir wölbt sich der unendliche Weltenraum – unter deinen Füßen liegt Tibet. Seine flachen Bergketten erinnern an Meereswellen, die im wildesten Sturm in Stein verwandelt wurden; der ewige Schnee ist der Schaum auf den Wellen.

Kein lebendiges Wesen stört die Stille. Im Schutt droben auf dem öden Paß zeigen sich vereinzelte Spuren von Yaks und Antilopen, und du wagst kaum, mit deinen Begleitern zu sprechen. So feierlich ist die Stille, wie in der Kirche beim Gottesdienst.

Will man Tibet in der Richtung von Norden nach Süden durchwandern, so muß man über alle diese Ketten hinüber und jede auf einem himmelanstrebenden Paß überschreiten. Das Siedethermometer zeigt die Höhe über dem Meere an; denn das Wasser kocht auf der Höhe des Meeresspiegels bei 100 Grad Celsius, bei 5500 Meter Höhe z. B. aber schon bei 82 Grad.

Welch ein Glück ist es nun für die Völker Asiens, daß das Innere des Kontinents sich zu der schwindelnd hohen Anschwellung Tibet erhebt! An diesen Höhen werden die Wasserdämpfe des Monsuns abgekühlt und verdichtet, so daß sie als Regen niederfallen und die großen Flüsse speisen. Wäre das Land flach wie Nordindien oder Ostturkestan, so würden noch viel größere Gebiete Innerasiens nur Wüsten sein. So aber sammelt sich das Wasser in den Gebirgen und rinnt nach allen Seiten hinunter; an den Flüssen wohnen Menschen dicht gedrängt, hier entstehen Städte und Reiche, und die Flüsse wieder speisen Kanäle, die Ackerfelder und Gärten bewässern.

Ihr wißt doch, daß Asien der größte Weltteil der Erde und daß Europa kaum etwas anderes ist als eine seiner Halbinseln? Ja, es fehlt nicht viel, daß Asien allein so groß ist wie Europa, Afrika und Australien zusammen! Von den 1650 Millionen Menschen, die auf der Erde leben, wohnen 870 Millionen, also über die Hälfte, in Asien. Nehmen wir nun unsern Atlas zur Hand und vergleichen Südeuropa mit Südasien, so finden sich zwischen beiden mehrere ganz wunderliche Ähnlichkeiten. Von beiden Weltteilen springen drei Halbinseln nach Süden vor. Die Iberische Halbinsel mit Spanien und Portugal entspricht in Asien der Arabischen Halbinsel; beide sind plump und viereckig. Der italienische Stiefel entspricht der Indischen Halbinsel; beide haben unten vor ihrer Spitze eine große Insel, Sizilien und Ceylon. Und der Balkanhalbinsel schließlich entspricht Hinterindien; beide haben eingeschnittene, unregelmäßige Küsten und im Südosten eine ganze Inselwelt, den Archipelagos und die Sundainseln. Merkwürdig, nicht wahr?

Doch zurück zu Tibet, das einer von mächtigen Wällen umgebenen Festung gleicht. Im Süden hat es sogar einen doppelten Wall, den Himalaja, und weiter nördlich den Transhimalaja, und zwischen beiden ist ein teilweise mit Wasser gefüllter Festungsgraben: der obere Indus und der obere Brahmaputra. Und Tibet ist auch wirklich eine Festung, eine Schutzmauer im Rücken Chinas.

Ein Land, das so gewaltige Bergketten umgeben, ist natürlich überaus schwer zugänglich, und der Europäer, die Tibet durchquerten, gibt es nicht viele. Aber gerade das reizte mich, und seit 1896 habe ich Tibet, das »verschlossene Land«, siebenmal in verschiedenen Richtungen durchzogen!

Die Lage Tibets hat auch ihre Wirkung auf die Eingeborenen. Von der Welt abgeschnitten und ohne Berührung mit Nachbarn, ist das Volk der Tibeter seine eigenen Wege gegangen und hat sich innerhalb seiner Grenzen ganz eigentümlich entwickelt. Das nördliche Drittel des Landes ist ganz unbewohnt; dort reiste ich einmal drei Monate lang und ein andermal einundachtzig Tage umher, ohne einen einzigen Menschen zu treffen! Das mittelste Drittel ist spärlich bevölkert, hauptsächlich durch Hirten, die mit ihren Schaf- und Yakherden wandern und in schwarzen Zelten wohnen. Manche von ihnen sind auch geschickte Yak- und Antilopenjäger; andere sammeln Salz in ausgetrockneten Seen, beladen damit ihre Schafe und vertauschen es im Süden gegen Gerste.

Das südliche Drittel hat die meisten Einwohner, zwei bis drei Millionen. Hier gibt es nicht nur Nomaden, sondern auch feste Ansiedler, die in kleinen, aus Steinhütten bestehenden Dörfern wohnen und in den tiefen Flußtälern, besonders dem des Brahmaputra, Gerste bauen. Sogar einige kleine Städte haben sich gebildet; die größten sind Lhasa und Schigatse.

Wenn unsere Reise uns wieder nach Indien hinunterführt, werden wir die Religion Buddhas, den Buddhismus, kennenlernen. In veränderter Form hat diese Sittenlehre vor tausend Jahren Tibet erobert. Vorher herrschte hier eine Naturreligion, die Berge, Flüsse, Seen und Luft mit Dämonen und Geistern bevölkerte. Vieles von dem alten Aberglauben ging in die neue Lehre über, die Lamaismus heißt. Es gibt auf Erden 570 Millionen Christen und 450 Millionen Buddhisten; von diesen letzteren sind alle Tibeter und Mongolen, die Burjäten in Ostsibirien, die Kalmücken an der Wolga, die Völker in Ladak, Nordnepal, Sikkim und Bhotan sogenannte Lamaisten.

Die Lamaisten haben eine große Zahl Mönche und Priester, die alle Lama genannt werden. Ihr Oberpriester ist der Dalai-Lama in Lhasa, und ihm fast ebenbürtig ist der Taschi-Lama, der oberste Priester in Taschi-lunpo, dem großen Kloster bei Schigatse. Der Drittvornehmste ist der Großlama in Urga in der nördlichen Mongolei. Diese drei und etliche andere sind verkörperte Götter, Inkarnationen. Sie sterben nie, denn der den Einzelnen innewohnende Gott wechselt nur seinen irdischen Leib. Wenn ein Dalai-Lama stirbt, so hat sich nur der Gott, die Seele, wieder auf die Wanderung begeben und siedelt in den Körper eines anderen Knaben über. Hat man diesen Knaben herausgefunden, so wird er der neue Dalai-Lama. Die Lamaisten glauben also an Seelenwanderung, und das Ende, die Vollendung aller Seelen, ist ihre Vernichtung, das »Nirwana«.

Im oberen Brahmaputratal finden sich viele Klöster mit Nonnen oder Mönchen. Die Tempelsäle sind mit Götterstatuen aus Metall oder vergoldetem Ton geschmückt, und Tag und Nacht brennen Butterlampen davor. Mönche und Nonnen dürfen sich nicht verheiraten, aber bei dem übrigen Volk herrscht der sonderbare Brauch, daß eine Frau zwei oder noch mehr Männer heiraten darf. Bei den Mohammedanern ist es gerade umgekehrt; dort kann ein Mann mehrere Frauen haben. Daß beides gleich unsinnig ist und ein glückliches Familienleben undenkbar macht, brauche ich kaum zu sagen.

Meine Pilgerfahrt nach Lhasa

Vom Lop-nor aus drang ich im Jahre 1901 zum dritten Male in das Land der hohen Berge ein. Der Sommer hatte gerade mit seinen erstickenden Staubstürmen begonnen, und man sehnte sich hinauf in die frische, reine Luft. Meine große Karawane war eine recht gemischte Gesellschaft. Ich hatte sechzehn mohammedanische Diener aus Ostturkestan, zwei russische und zwei burjätische Kosaken und einen mongolischen Lama aus Urga bei mir; Lebensmittel auf sieben Monate, Zelte, Pelze, Betten, Waffen und Kisten, alles wurde von 39 Kamelen, 45 Pferden und Mauleseln und 60 Eseln getragen. Außerdem hatte ich 60 Schafe zum Schlachten, mehrere Hunde und einen zahmen Hirsch.

So brach ich zum Hochgebirge auf und überstieg eine Bergkette nach der anderen. Oben auf den großen Höhen ist die Luft so dünn, daß man nur schwer atmen kann und die geringste Bewegung Herzklopfen erregt. Daher ermattet eine Karawane sehr schnell, das Weidegras wird immer spärlicher, viele Karawanentiere gehen dabei zugrunde, und man kommt selten mehr als 20 Kilometer an einem Tag vorwärts.

Ich hatte schon vierundvierzig Tagesmärsche geradeaus nach Süden hinter mir, da traf ich die ersten Menschenspuren. Mein Ziel war Lhasa, bis wohin ich noch 480 Kilometer zurückzulegen hatte. Bisher waren alle Europäer, die zu dieser heilige Stadt vorzudringen versucht hatten, durch tibetische Reiter zum Umkehren gezwungen worden. Die Tibeter sind im Grunde ein gutmütiges, liebenswürdiges Volk, aber sie dulden keine Fremden in ihrem Land; sie haben gehört, daß Indien und Zentralasien von den Weißen erobert worden seien, und fürchten nun, sie könne dasselbe Schicksal treffen. Vor 200 Jahren lebten katholische Missionare in Lhasa, und noch im Jahre 1845 haben die berühmten französischen Geistlichen Huc und Gabet die Stadt besucht. Seitdem aber wurden zwei Europäer bei dem wiederholten Versuch, Lhasa zu erreichen, ermordet, und die übrigen haben unverrichteter Sache wieder umkehren müssen.

Nun wollte ich mein Glück versuchen! Mein Plan war, verkleidet mit zwei Begleitern zu reisen. Der eine war der mongolische Priester, den wir ganz einfach Lama nannten, und der andere der burjätische Kosak Schagdur. Die Burjäten sind mongolischen Stammes, sprechen mongolisch und sind auch Lamaisten. Sie haben schmale, etwas schiefstehende Augen, hervorstehende Backenknochen und fleischige Lippen. Die Tracht ist bei beiden Völkern fast die gleiche: ein Pelz mit langen Ärmeln, ein Gürtel um den Leib, eine Mütze und vorn aufwärtsgebogene Stiefel. Mein Anzug war daher genau ebenso, und alles, was wir an Zelt, Kisten und Proviant mitnahmen, war mongolische Arbeit und mongolischer Herkunft. Was ich an europäischen Sachen unbedingt brauchte, Instrumente, Schreibgerät und Fernglas, wurde sorgfältig in eine Kiste verpackt. Zu meiner Verteidigung dienten zwei russische Gewehre und ein schwedischer Revolver, und von den Karawanentieren sollten mich fünf Maulesel, vier Pferde und unsere beiden bissigsten Hunde, der »Tiger« und »Lilliput«, begleiten. Ich ritt einen prächtigen Schimmel, Schagdur einen großen Gelben und der Lama einen kleinen, gelbgrauen Maulesel. Die Lasttiere wurden von meinen Leuten geführt, und ich ritt hinterdrein. Die beiden ersten Tage begleitete uns noch ein Mohammedaner namens Ördek, der aber nach zwei Tagen wieder ins Hauptquartier zurückkehren sollte, wo die übrige Karawane auf meine Rückkehr wartete.

Viele Mongolen pilgern alljährlich in großen, bewaffneten Karawanen zur heiligen Stadt, um dem Dalai-Lama zu huldigen und sich seinen Segen und den des Taschi-Lama zu holen. Die Pilgerstraße dieser mongolischen Wallfahrer wollte ich demnach erreichen; denn es gab keine andere Möglichkeit, als unter solcher Verkleidung nach Lhasa zu gelangen.

Am 27. Juli hatte ich das Hauptquartier verlassen, und die Zurückbleibenden waren überzeugt, daß sie mich nie wiedersehen würden! Während des ersten Tages hatten wir nichts Lebendiges gesehen, und auch am zweiten Tag waren wir unbehindert 40 Kilometer weit geritten. Dann hatten wir unser Lager auf offenem Gelände an zwei Seen aufgeschlagen; nur im Südosten erhoben sich einige kleine Hügel, in deren Nähe die Tiere weideten. Ördek sollte sie in der Nacht bewachen, damit wir drei anderen schlafen konnten. Wenn er wieder fort war, fiel uns selbst ja diese Aufgabe zu.

Zunächst verbesserte ich nun meine Verkleidung. Mein Kopf wurde rasiert, bis er wie eine Billardkugel glänzte. Nur die Augenbrauen durften sitzen bleiben. Dann schmierte mir der Lama den Kopf mit Fett, Ruß und brauner Farbe ein, und als ich mich hinterher in einem kleinen Handspiegel besah, erkannte ich mich selbst nicht mehr; auf jeden Fall aber hatte ich eine gewisse Ähnlichkeit mit meinen beiden lamaistischen Dienern erhalten.

Am Nachmittag hatte sich Nordweststurm erhoben, und wir waren daher früh in unser kleines, dünnes Zelt gekrochen, wo wir ruhig einschliefen. Es war um Mitternacht, als sich Ördek in unser Zelt schlich und mir mit bebender Stimme mitteilte, draußen seien Räuber aufgetaucht. »Zwischen den hintersten Pferden bewegte sich ein Schatten!« Wir griffen zu den Waffen und eilten hinaus. Der Sturm wütete noch immer, und der Mond schien bleich aus zerrissenen Wolken heraus. In der Luft heulte und stöhnte es wie gewöhnlich in Tibet. Aber wir kamen zu spät. Auf dem Hügelkamm konnten wir noch eben drei Reiter unterscheiden, die zwei ledige Pferde vor sich herjagten: das eine war mein geliebter Schimmel, das andere Schagdurs Gelber. Schagdur schickte ihnen eine Kugel nach; aber sie hatte keine Wirkung, als die Räuber zur Eile anzutreiben.

»Herr, laß uns die Schurken verfolgen«, rief Schagdur.

Ich war nicht weniger wütend als er, zwang mich aber zur Ruhe. »Das nützt nichts, mit unseren müden Pferden holen wir sie nicht ein.«

»Dann laß mich und Ördek sie verfolgen.«

»Bedenke doch,« erwiderte ich, »daß sie das Land weit besser kennen als wir! Sie reiten Nacht und Tag und folgen den Bächen, um ihre Fährte zu verwischen. Im besten Fall dauert es zwei Tage, bis ihr sie erreicht, und vielleicht lauern um uns her noch mehr solche Diebe. Wir wollen lieber aufpassen, daß wir nicht auch unsere übrigen Tiere noch verlieren.«

Die Nacht war dunkel, und aus dem Schlafen wurde nun nichts mehr. Wir ließen uns an dem kleinen Kohlenfeuer nieder, kochten Reis und Tee und zündeten unsere Pfeifen an. Als die Sonne aufging, waren wir zum Aufbruch bereit. Wir hatten die Spuren untersucht und gefunden, daß sich die Diebe gegen den Wind an uns herangeschlichen hatten und so der Aufmerksamkeit der Hunde entgangen waren. Einer von ihnen war in einer Regenfurche dicht an unsere grasenden Pferde herangekrochen und hatte sie durch plötzliches Aufspringen nach der dem Wind abgewandten Seite hingescheucht, wo sie ein berittener Räuber in Empfang nahm und vor sich herjagte. Der Dritte hatte mit seinem Pferd und dem seines Kameraden gewartet, und dann waren auch diese beiden davongeeilt. Gewiß hatten sie uns schon den ganzen Tag umlauert. Vielleicht wußten sie schon, daß wir aus meinem Hauptquartier kamen, und wie leicht konnten sie also eine Warnung nach Lhasa senden!

Ördek war außer sich vor Wut, daß er nun zu Fuß die zwei Tagereisen weite Strecke zurückgehen sollte. Wie ich später erfuhr, wagte er nicht, denselben Weg einzuschlagen, sondern schlich sich wie eine Wildkatze in allen möglichen Rinnen weiter und sehnte sich am Tag nach der Dunkelheit; aber wenn es dunkel wurde, packte ihn die Angst noch stärker, und in jedem Steinblock sah er einen lauernden Spitzbuben. Zwei Wildesel machten ihn beinahe verrückt vor Furcht, so daß er sich in einer Schlucht wie ein Igel zusammenkauerte, um dann in atemlosem Lauf seinen Weg fortzusetzen. Als er schließlich in dunkler Nacht im Hauptquartier anlagte, glaubte zum Überfluß der Nachtwächter, der Ankömmling gehöre nicht zu ihnen, und legte auf ihn an. Da rief nun Ördek und winkte mit der Hand, und als er endlich wieder in seinem Zelt war, schlief er achtundvierzig Stunden hintereinander!

Wir drei Pilger ritten nun nach Südosten und schlugen 40 Kilometer weiter das Zelt an einem Bach auf. Unsere Rollen waren so verteilt, daß Schagdur als der vornehmste gelten sollte; mich hatten meine Leute wie einen gewöhnlichen Maultiertreiber zu behandeln. Ich durfte mit dem Kosaken nun nicht mehr russisch sprechen, sondern nur mongolisch; der Lama war schon seit langer Zeit mein Lehrer in dieser Sprache gewesen. Am Nachmittag schlief ich bis 8 Uhr, und als ich erwachte, waren meine beiden Kameraden in größter Angst; sie hatten drei tibetische Reiter erblickt, die uns von weitem beobachtet hatten. Wir mußten also jeden Augenblick einen neuen Überfall erwarten.

Wir teilten nun die Nacht in drei Wachen, von 9 Uhr bis Mitternacht, von 12 bis 3 Uhr und von 3 bis 6 Uhr; ich übernahm die erste und der Lama die letzte Wache. Die Tiere wurden vor dem Zelt angepflockt, und vor und hinter dem Zelt lagen die Hunde.

Meine erste Nachtwache begann. Ich ging zwischen unseren beiden Hunden hin und her, und sie heulten jedesmal vor Freude, wenn ich sie streichelte. Wie finster war diese Nacht in Tibet und wie endlos lang waren die Stunden! Der Himmel überzog sich mit schwarzen, durch zuckende Blitze erhellten Wolken, und der Regen strömte in Sturzbächen herab. Er trommelte auf der mongolischen Kasserolle, die draußen am Feuer stehengeblieben war. Hin und wieder suchte ich Schutz in der Zelttür, aber sobald die Hunde knurrten, eilte ich wieder hinaus. Jetzt tropfte es nicht mehr, sondern es strömte von meinem Pelz herab.

So wurde es Mitternacht, aber Schagdur schlief so fest, daß ich es nicht übers Herz brachte, ihn zu wecken. Eben hatte ich beschlossen, seine Wache um eine halbe Stunde abzukürzen, als die beiden Hunde wütend zu bellen begannen. Der Lama erwachte und stürmte ins Freie, wir schlichen mit unseren Waffen nach der verdächtigen Stelle hin und hörten Pferdegetrappel, das sich auf dem durchweichten Boden entfernte. Dann war wieder alles still, und die Hunde bellten nicht mehr. Nun weckte ich Schagdur und legte mich in meinem nassen Pelz schlafen.

Unter bleischwerem Himmel ritten wir am nächsten Tag weiter. Menschen oder Nomadenzelte zeigten sich nicht, wohl aber zahlreiche Spuren von Schafherden und Yaks und alte Lagerstätten. Jetzt vergrößerte sich täglich die Gefahr, mit Menschen zusammenzutreffen, und von Tag zu Tag stieg meine Spannung, wie die Tibeter uns drei aufnehmen würden.

Auch am 31. Juli hielt der strömende Regen an. Wir folgten einem deutlich erkennbaren, ausgetretenen Weg, auf dem vor kurzem eine Yakherde getrieben worden war. Nach einer Weile kamen wir sogar an einer Schar tangutischer Pilger vorbei, die 50 Yaks, 3 Pferde und 3 Hunde hatten, die von Tiger und Lilliput tüchtig gezaust wurden. Die Tanguten sind ein Nomadenvolk im nordöstlichen Tibet, und jeder zweite von ihnen ist ein Räuber! Doch kamen wir glücklich an ihnen vorbei und lagerten nun zum erstenmal in der Nähe eines tibetischen Nomadenzelts, das einen jungen Mann und zwei Frauen beherbergte.

Während der Lama sich mit diesen in ein Gespräch einließ, kam der Besitzer des Zeltes und war nicht wenig erstaunt, einen Gast bei sich zu sehen. Dann begleitete er den Lama zu meinem Zelt und setzte sich vor dem Eingang auf den nassen Boden nieder. Unser Besuch hieß Sampo Singi und war der schmutzigste Kerl, den ich in meinem ganzen Leben gesehen habe. Aus seinen verfilzten Haarsträhnen tropfte das Regenwasser auf einen zerlumpten Mantel; er trug Friesstiefel, aber keine Hosen, ein Kleidungsstück, das fast alle Tibeter als überflüssig betrachten. Es mußte recht erfrischend sein, sich so hosenlos auf einen durchnäßten Sattel zu setzen. Sampo Singi schneuzte sich mit den Fingern so laut, daß es widerhallte, und so oft, daß ich mich fragte, ob das etwa zum guten Ton gehöre. Ich folgte daher seinem Beispiel, und er war nicht im geringsten erstaunt. Dann besah er sich unsere Sachen und gab alle Auskunft, die wir nur wünschten; nach Lhasa seien es noch acht Tagereisen. Als er uns fragte, ob wir Pfeffer in unseren Schnupftabak zu streuen pflegten, lachten wir ihn aus, und um seine Würde zu wahren, schnauzte Schagdur mich an: »Sitz nicht hier und gaffe, Bengel, geh und treibe die Pferde zusammen!« Ich eilte sofort zu den Tieren und hatte alle Hände voll zu tun, bis ich sie glücklich beim Lager hatte.

Dank der Nachbarschaft der Nomaden, die auch bissige Hunde und Waffen hatten, verlief die Nacht ruhig, und früh am Morgen machte uns Sampo Singi in Begleitung eines anderen Tibeters und einer Frau abermals eine Visite. Wir hatten sie gebeten, uns Eßwaren zu verkaufen, und sie brachten allerlei gute Dinge: ein Schaf, ein großes Stück Fett, einen Napf saure Milch, eine Holzschüssel mit geriebenem Käse, eine Kanne frische Milch und einen großen Klumpen buttergelber Sahne. Nun sollten wir bezahlen. Aber unsere Reisekasse bestand aus chinesischen Silberstücken, die nach Gewicht bewertet und stets auf einer kleinen Waage gewogen werden. Sampo Singi wollte aber nur Geld aus Lhasa nehmen, und das hatten wir nicht. Zum Glück aber hatte ich in Turkestan zwei Ballen blauen chinesischen Seidenzeugs gekauft; eine Bahn dieses Stoffes ersetzt alles Silber. Die Tibeter wurden ganz närrisch, als sie die Seide rascheln hörten, und nach dem üblichen Feilschen einigten wir uns zu gegenseitiger Zufriedenheit.

Das Schaf wurde also geschlachtet, einige fette Stücke über dem Feuer geröstet, und nach einem tüchtigen Frühstück sagten wir den Tibetern Lebewohl. Noch immer strömte der Regen, als wir talabwärts weiterritten und das rechte Ufer eines Flusses erreichten, der so breit war, daß sein anderes Ufer im Regennebel verschwand. Vier seiner zwanzig Arme waren jeder ein ordentlicher Fluß. Aber der tapfere kleine Lama ritt ohne Zögern in die reißende, schmutzig-graue Strömung hinein, und wir folgten. Für mich war die Gefahr nicht allzugroß, denn ich kann schwimmen, aber meine beiden Leute konnten es nicht, und der Fluß war vom Regen der letzten Tage so ungeheuer angeschwollen, daß nach meiner Berechnung in jeder Sekunde 250 Kubikmeter Wasser durch sein Bett strömten!

Als wir die halbe Breite des Flusses hinter uns hatten, rasteten wir ein Weilchen auf einer Schlammbank, von wo aus weder das rechte noch das linke Ufer durch den Regenschleier zu sehen waren. Das strömende Wasser rechts und links verwirrte so, daß man fast glaubte, die kleine Sandbank treibe mit unheimlicher Geschwindigkeit flußabwärts.

Nun ging der Lama mit seinem Maulesel wieder in das Wasser hinein; aber er war noch nicht zehn Schritte weit, da ging die Flut dem Maulesel schon bis an die Schwanzwurzel. Der Lama führte aber auch das Maultier mit meinem wichtigsten Gepäck, zwei Fellkisten, die, solange das Wasser nicht eingedrungen war, wie Korkkissen wirkten. Dadurch verloren die Füße des Tieres plötzlich ihren Halt, und von der Strömung mitgerissen, verschwand es flußabwärts im Regen. Aber der Maulesel wußte sich zu helfen. In der Nähe des linken Ufers konnte er wieder Grund fassen, er stemmte die Hufe fest auf den Boden und kletterte aus dem Wasser heraus. Die beiden Kisten saßen noch richtig auf seinem Rücken, jetzt allerdings ganz voll Wasser.

Der Lama setzte seinen Weg fort, unbekümmert darum, ob das Wasser um seinen Sattel schäumte, und ich erwartete jeden Augenblick, ihn dieselbe Reise antreten zu sehen wie den Maulesel. Aber dem Mutigen gehört die Welt, und zuletzt lag nur noch ein Arm von 30 Meter Breite vor uns. Meine beiden Begleiter ritten schon zum Ufer hinauf, während ich noch im Fluß war. Aber da ich nicht gemerkt hatte, wo sie gelandet waren, geriet ich zu weit nach rechts. Mit jedem Schritt sank das Pferd tiefer, das Wasser ging mir über die Stiefelschäfte, dann bis ans Knie und bis über den Sattel; nur Kopf und Hals des Pferdes waren noch in den schäumenden Wellen sichtbar. Der Lama und Schagdur schrien wie besessen, um mir die Furt zu zeigen, aber ich hörte nichts in dem betäubenden Rauschen. Nun stieg mir die Flut bis an die Hüften, und ich öffnete schon den Pelz, um ihn auszuziehen und so leichter schwimmen zu können – in demselben Augenblick verlor mein Pferd den Grund unter den Füßen und wurde von der Strömung ergriffen. Unwillkürlich packte ich seine Mähne, und das war das beste, was ich tun konnte, denn es faßte gleich wieder festen Fuß und drängte sich nun in heftigen Wendungen den Uferwall hinauf.

Nach diesem unfreiwilligen Bad ritten wir weiter. Es quatschte in meinen Stiefeln und tropfte aus den Ecken der Kisten, und unser heutiges Lager war erbärmlich. Keinen trockenen Faden auf dem Leib, immer noch Regen, und kaum denkbar, ein Feuer anzuzünden! Schließlich gelang es doch, ein rauchendes Dungfeuer in Brand zu bringen. Aber in dieser Nacht schüttelte ich Schagdur ohne Erbarmen aus dem Schlaf, als meine Wache vorüber war, und kroch ins Zelt!

Am 2. August legten wir nur 25 Kilometer zurück. Die Straße war nun deutlich sichtbar und recht breit. An der einen Böschung lagerte eine große Teekarawane, und fünfundzwanzig Männer saßen um ein Feuer herum, während ihre dreihundert Yaks weideten. Die Teeballen waren in gewaltigen Haufen aufgestapelt; es war chinesischer Tee von keiner besonderen Sorte und in Würfel gepreßt, die Ähnlichkeit mit Ziegelsteinen haben. Daher heißt er auch Ziegeltee. Jeder Würfel ist in rotes Papier gewickelt, und etwa zwanzig werden, mit einem Strick umschnürt, in einen Lederbeutel gefüllt.

Als wir an der Karawane vorbeiritten, traten mehrere Männer an uns heran und taten allerlei freche, zudringliche Fragen. Sie waren bewaffnet, sahen wie Räuber aus und machten uns den Vorschlag, wir sollten uns ihnen auf der Reise südwärts nach Schigatse anschließen. Dafür bedankten wir uns aber schön. Mein Hund »Tiger« setzte seinen tibetischen Verwandten unterdes so heftig zu, daß die Tibeter selbst dabei Angst bekamen und schließlich auch dachten, es sei wohl am besten, wenn jeder für sich bleibe.

Am nächsten Morgen trieb die sonderbare Karawane an uns vorüber. Das war eine andere Gesellschaft als die prächtigen Kamelkarawanen in Persien und Turkestan! Aber militärische Ordnung hielten sie, und die Männer gingen pfeifend und kurze, gellende Rufe ausstoßend neben ihren Tieren her. Zehn Kerle trugen Flinten auf dem Rücken, und alle waren barhäuptig, braungebrannt und schmutzig. An diesem Tag blieben wir in unserm Lager, um unsere Sachen zu trocknen, und der Lama malte mir noch einmal den Kopf bis auf den Hals hinunter und auch in die Ohren hinein. Jetzt näherte sich die Entscheidung! Die Erwartung einer Gefahr ist stets viel schlimmer als die Gefahr selbst.

Am 4. August begegnete uns wieder eine Karawane von etwa hundert Yaks, aber ihre bewaffneten Treiber hielten uns für gewöhnliche Pilger und kümmerten sich nicht um uns. Dann ritten wir an mehreren Zelten vorüber, und jenseits eines Passes bemerkte ich, daß die Zelte wie schwarze Punkte umhergestreut lagen, an einer Stelle vierzehn nebeneinander. Nun war ich also mitten auf der großen Landstraße nach Lhasa!

Am nächsten Tag zählten wir in einem offenen, ebenen Tal zwölf Zelte, und in der Dämmerung kamen drei Tibeter auf uns zu. Unser Lama war der einzige, der Tibetisch verstand, und redete mit ihnen. Als er dann aber zu mir kam, war er außer sich vor Angst: einer der drei, ein Häuptling, hatte ihm gesagt, Yakjäger im Norden hätten die Nachricht geschickt, daß eine große europäische Karawane heranziehe! Er argwöhne daher, daß einer von uns ein Weißer sei, und befehle uns energisch, hier auf dieser Stelle zu bleiben!

So waren wir also Gefangene der Tibeter und erwarteten voller Unruhe den nächsten Morgen, wo sich unser Schicksal entscheiden mußte. An den Feuern der Tibeter sahen wir, daß sie während der Nacht unser Zelt bewachten in der Furcht, daß wir Reißaus nehmen könnten.

Am Tag darauf nun kamen mehrere Gruppen zu uns, vornehme Häuptlinge und gewöhnliche Nomaden, und alle befahlen uns, wenn uns das Leben lieb sei, hier zu bleiben, bis der Gouverneur der Provinz anlange! Dabei taten sie alles mögliche, um uns Schrecken einzujagen; Reiterscharen sprengten in geschlossener Reihe auf unser Zelt los, als ob sie uns mit einem Schlag in Grund und Boden stampfen wollten. Wir dachten aber nicht daran, uns wie tolle Hunde niederschießen zu lassen, sondern hielten unsere geladenen Flinten bereit. Sobald die Reiter zu uns herangestürmt waren, schwangen sie ihre Säbel und Lanzen über den Kopf und stießen dabei ein wildes Geheul aus, machten dann aber eine schnelle Wendung nach rechts oder links. Dieses kriegerische Manöver wurde mehrere Male wiederholt.

Während der nächsten Tage benahmen sie sich friedlicher, ja wir standen zuletzt mit den meisten unserer Nachbarn auf ganz vertrautem Fuß. Sie besuchten uns ununterbrochen, schenkten uns Milch, Butter und Fett und krochen bei Regen ganz ruhig in unser Zelt hinein, wo wir kaum selber Platz hatten. »Der Dalai-Lama habe befohlen, man dürfe uns kein Leid zufügen«, erzählten sie, und wir sahen auch täglich reitende Boten auf den nach Lhasa und dem Dorf des Gouverneurs führenden Straßen kommen und gehen. Wo unsere sieben Last- und Reittiere waren, wußten wir nicht, aber ich hatte den Tibetern erklärt, daß sie für unsere Tiere verantwortlich seien, da sie uns wider unsern Willen hier zurückhielten.

Am 9. August kam endlich Leben in die Sache. In einiger Entfernung von uns wuchs ein ganzes Zeltdorf aus dem Boden hervor und, von einigen Reitern begleitet, stellte sich ein mongolischer Dolmetscher in unserm Zelt ein, der uns folgendermaßen anredete:

»Der Statthalter Kamba Bombo ist hier und befiehlt euch, heute zu einem Gastmahl in sein Zelt zu kommen.«

»Grüßt Kamba Bombo«, antwortete ich, »aber sagt ihm, daß man vorher einen Besuch macht, wenn man jemand zu einem Gastmahl einladet!«

»Ihr müßt kommen«, fuhr der Dolmetscher fort, »ein gebratenes Schaf steht in der Mitte des Zeltes, und Schalen mit geröstetem Mehl und Tee. Er erwartet euch.«

»Wir gehen keinen Schritt aus dem Lager. Will Kamba Bombo uns sehen, so mag er kommen!«

»Wenn ihr mir nicht folgt, so kann ich mich vor dem Statthalter nicht rechtfertigen. Er ist Tag und Nacht gereist, um euch zu sprechen. Ich bitte euch, mitzukommen.«

»Hat Kamba Bombo uns etwas zu sagen«, so schloß ich die Unterredung, »so ist er uns willkommen. Wir wollen nichts von ihm, sondern nur als friedliche Pilger nach Lhasa reisen.«

Zwei Stunden später kamen die Tibeter in einer langen, schwarzen Reihe angeritten, in ihrer Mitte der Gouverneur auf einem großen, weißen Maulesel. Sein Gefolge bestand aus Beamten, Offizieren und Geistlichen in roten und blauen Mänteln, mit Flinten, Säbeln und Lanzen, und mit Turbanen oder hellen Hüten auf dem Kopf. Sie ritten auf silberbeschlagenen Sätteln, und die ganze Truppe sah aus, als handele es sich um einen Feldzug gegen einen feindlichen Stamm!

Als sie angelangt waren, wurden auf dem Boden Teppiche und Kissen ausgebreitet, und auf diesen nahm Kamba Bombo Platz. Nun ging ich auf ihn zu und bat ihn, in unser schlechtes Zelt zu treten, wo er sich auf den Ehrenplatz, einen Maissack, setzte. Er mochte wohl vierzig Jahre alt sein und sah jovial, aber durchtrieben, auch bleich und angegriffen aus. Als er seinen weiten, roten Mantel und seinen Baschlik ablegte, stand er in einem außerordentlich feinen Anzug aus gelber chinesischer Seide da, und seine Stiefel waren von grünem Samt.

Nun begann die Unterhaltung, und wie! Jeder von uns tat sein Möglichstes, den andern totzureden. Aber das Ende vom Lied war die Erklärung, man würde uns, ganz gleichgültig, wer wir seien, den Hals abschneiden, wenn wir auch nur einen Schritt in der Richtung nach Lhasa machten! Wir wehrten uns zwar noch an diesem und dem nächsten Tag gegen diesen Beschluß, aber alles half nichts, und wir mußten der Übermacht weichen. –

»Sind Sie so bange vor mir«, fragte ich Kamba Bombo, »daß Sie mit solch einer Schar zu meinem Zelt kommen?«

»Nein«, antwortete er, »aber ich weiß, daß Sie ein vornehmer Herr sind, und ich habe Befehl aus Lhasa, Ihnen die gleichen Ehren zu erweisen wie den höchsten Beamten unseres Landes.«

So kehrte ich denn nach meiner unterbrochenen Pilgerfahrt nach Lhasa auf endlosen Wegen durch das Land Tibet wieder zurück zum Hauptquartier. Kamba Bombo sahen wir nicht wieder, aber die Unsrigen traf ich im besten Wohlbefinden.

Als sich drei Jahre später die Engländer mit indischen Truppen und Maschinengewehren gewaltsam den Weg nach Lhasa bahnten und dabei Tausende niederschossen, soll Kamba Bombo einer der Gefallenen gewesen sein. Das tat mir außerordentlich leid. Wohl hatte er meine Pläne durchkreuzt, aber höflich und liebenswürdig, und er hatte nur seine Pflicht getan, entsprechend dem Befehl des Dalai-Lama. Auch hatten wir uns als die besten Freunde getrennt, ich hatte ihm chinesischen Stoff geschenkt, und er verehrte mir als Ersatz für die gestohlenen Pferde zwei schöne Schimmel. Außerdem hatte er uns mit Proviant für die ganze Rückreise versehen. Unter den vielen tausend Asiaten, mit denen ich in Berührung gekommen bin, war er einer der trefflichsten.

Ein lustiges Gefängnis

Trotz dieser verunglückten Pilgerfahrt nach Lhasa gab ich die Hoffnung, die verbotene Stadt zu erreichen, dennoch nicht auf und machte nun den Versuch mit meiner ganzen Karawane noch einmal! Wochenlang rückte ich auf neuen Wegen nach Süden vor. Zuerst ging alles gut, aber eines schönen Tages zeigten sich einige Reiter mit langen, schwarzen Flinten auf dem Rücken. Sie verschwanden, kamen jedoch in größerer Zahl wieder, und bald wimmelte es auf allen Seiten von tibetischen Reitern. Sie wagten nicht, nahe an uns heranzukommen, sondern folgten uns beobachtend in Gruppen. Und schließlich saßen wir am Ostufer eines Süßwassersees rettungslos in der Klemme. Ein aus fünfhundert berittenen Tibetern bestehendes Aufgebot, das unter dem Befehl zweier Statthalter und mehrerer Häuptlinge stand, hatte uns wie in einem Netz gefangen, und jeglicher Widerstand war unsinnig. Mit blutendem Herzen mußte ich mich dazu verstehen, ihnen zu versprechen, ihr Land auf dem einzigen Wege, den sie mir offen ließen, wieder zu verlassen. Er führte westwärts nach Ladak, eine Wanderung von drei langen Monaten.

Welch einen lustigen Anblick aber gewährte das Lager der Tibeter! Ihre schwarzen Frieszelte erhoben sich in langer Reihe am Seeufer, und zwischen den Zelten rauchten die Dungfeuer, an denen viele Soldaten unter freiem Himmel lagerten. Die kleinen, sehnigen und starken, braungebrannten und schmutzigen Kerle in zerrissenen, von Rauch und Ruß geschwärzten Pelzen erinnern an die Lappen. Jeder trägt einen geraden Säbel in der Scheide am Gürtel. Die Flinten liegen vor den Zelten an der Erde. Bald sieht man die Männer wie Wichtelmännchen zwischen den Zelten herumhuschen, um die Pferde in Ordnung zu halten, bald sitzen sie mit gekreuzten Beinen um die Feuer herum und kochen sich ihren dicken, saftigen Ziegeltee, der noch mit Butter vermischt wird. In einigen Gruppen spielt man eine Art Würfelspiel mit Wirbelknochen, in anderen veranstaltet man Ringkämpfe oder Spiele und singt unverdrossen eintönige Lieder.

Meine Zelte lagen mitten zwischen denen der Tibeter. Wir waren ja ihre Gefangenen und durften keineswegs nach Belieben gehen oder kommen. Aber dennoch wurden wir die besten Freunde. In beiden Lagern lagen die Flinten bereit, aber niemand dachte daran, sie zu benutzen.

Der unruhige Spiegel des vor uns liegenden blauen Sees erstreckt sich zwischen wilden, schroffen Bergen nach Westen, und eine gute Strecke vom Ufer entfernt erhob sich eine Insel, deren Gestalt einem Sattel glich, denn sie bestand aus zwei Bergen mit einer Einsenkung dazwischen. Ich hatte ein Boot aus Segeltuch bei mir; es war den weiten Weg von einem Kamel getragen worden, und ich hatte bereits einmal eine stürmische Fahrt zu dem Inselsattel hinüber gemacht. Bevor ich für immer von dem See Abschied nahm, wollte ich wenigstens einmal seine ganze Fläche überqueren und seine Tiefe messen.

Als am 21. September der Morgen graute, herrschte im Lager Leben und Bewegung. Unter Waffengeklirr und Pferdegetrappel rüsteten sich die Tibeter zum Aufbruch, um uns zwei Tagemärsche weit westwärts zu einem Punkt zu geleiten, der hinter den Bergen am Westende des Sees lag. In der Nacht hatten wir fünf Grad Kälte gehabt, und einen herrlicheren, freundlicheren Herbstmorgen konnte man sich nicht denken. Die Luft war klar und windstill, und der See lag herrlich und verlockend da. Ich beschloß also, über den ganzen See zu rudern und mich dann wieder der Karawane zuzugesellen. Ein junger kräftiger Ruderer vom Lop-nor sollte die Ruder führen, während ich steuerte und die Tiefe des Sees durch Lotungen feststellte. Mein Begleiter hieß Kutschuk und war schon oft mit mir auf Wasser gewesen.

Während wir nach der sattelförmigen Insel hinruderten, sah ich meine von den Tibetern geleitete Karawane in einer langen, schwarzpunktierten Linie nach den Bergen des Nordufers sich hinbewegen, und dann verschwand sie uns aus dem Gesicht. Nun waren Kutschuk und ich ganz allein, aber nun kam auch der Wind von Westen her gefegt, und wir hatten bald tüchtigen Sturm. Zum Umkehren war es zu spät, am Ufer war keine lebende Seele mehr, die uns hätte helfen können, wenn uns die Brandung ans Land warf. Also vorwärts gegen Wind und Wellen! Die Wellen zersplitterten am Vordersteven und fielen dann wie ein Sprühregen auf uns herab. Daher waren wir völlig durchnäßt, als wir endlich unter dem Inselufer vor dem Wind Schutz fanden. Hier legten wir das Boot fest und gingen ans Land, um unsere Sachen zu trocknen.

Dann machten wir einen Spaziergang um unser kleines, unfreiwilliges Gefängnis herum. Gegen das Westufer tosten die Wellen mit ungezügelter, stürmischer Wut. Mit dem Fernglas konnte ich am Nordufer des Sees einige schwarze Nomadenzelte unterscheiden, aber hier auf der Insel war nichts Lebendes zu finden. Nur im Winter kommen die zahmen Yaks über das Eis hierhin; der Dung, den sie hier hinterlassen hatten, lieferte uns vorzügliches Brennmaterial.

Nun warteten wir Stunde auf Stunde vergeblich auf ein Abflauen des Sturms.

»Was meinst du, Kutschuk, weht es nicht schon ein bißchen schwächer als vorher?«

»Nein, Herr, der Sturm ist stärker geworden.«

»Wir haben doch auf drei Tage Proviant?«

»Ja, knapp.«

»Denke nur, wenn der Sturm sechs Tage anhält!«

»Ja, dann sitzen wir schön in der Tinte.«

»Und wenn uns das Boot wegschwämme, Kutschuk! Du hast es doch ordentlich festgemacht?«

»Ja, es kann sich nicht losreißen.«

»Das wäre eine schöne Bescherung, wenn der Wind es auf den See entführte!«

»Was soll dann aus uns werden, Herr?«

»Das weiß ich wahrhaftig nicht. Die anderen würden so ruhig auf uns warten wie wir hier auf sie. Zuletzt würden sie zum See zurückreiten, um sich zu überzeugen, ob kein Zeichen unseres Schiffbruchs angetrieben sei. Aber es könnte lange dauern, bis sie das Boot, und noch länger, bis sie uns fänden! Unser Proviant würde dann längst verzehrt sein. Die Nomaden können uns nicht helfen, auch wenn sie wüßten, daß wir hier sind; sie haben ja keine Boote. Wir würden natürlich versuchen, Fische zu fangen; die Lotleine gäbe eine Angelschnur und eine Nadel den Angelhaken, ein paar Stücke unserer Schafkeule nähmen wir als Köder, und jeden Abend würden wir auf dem Hügel, der dem Nordufer zugewandt ist, ein großes Feuer anzünden. Daran würden die Nomaden erkennen, daß Menschen hier sind, und es unseren Kundschaftern mitteilen.«

Der Tag wurde endlos lang. Schließlich zogen wir das Boot ganz aufs Trockne und lehnten es schräg gegen ein Ruder, damit es Schutz vor dem Winde gäbe. Über das Ruder wurde dann noch meine Friesdecke als Zelttuch und Sonnendach gehängt. Kutschuk schlief bald ein, und ich lauschte im Liegen dem Sturm, der zwischen den Felsen stöhnte.

Um 3 Uhr zündeten wir Feuer an und setzten Teewasser auf. Dann beobachteten wir das Wetter; aber jedesmal, wenn Kutschuk vom Westufer der Insel zurückkehrte, brachte er nur immer die Nachricht, der Sturm sei noch stärker geworden. Die Sonne ging unter, und tiefe Schatten breiteten sich über die Insel. Fern im Osten leuchtete das Gebirge noch scharlachrot. Dann wurde auch dieser Schein blasser, und blau, kalt und klar stieg die Nacht am Osthimmel herauf. Öde und leer lag das Ufer da, das noch gestern unsere Lagerfeuer so erhellten, daß man den Lichterschein einer Hafenstadt zu sehen glaubte. Der Halbmond war die einzige Laterne in unserem Gefängnis.

Wir hüllten uns gut ein und legten uns im Schutz des Bootes schlafen. Der Himmel war unser Dach, und über uns jagten die Luftgeister hin und sangen in den Felsen ihre Klagelieder. Draußen im unerreichbaren Weltenraum funkelten die Sterne. Die Brandung donnerte gegen das westliche Ufer, und auch an der dem Winde abgekehrten Seite klang das Wellenplätschern wie Metall auf dem Sand. Aber vor Pferdedieben oder gar Räubern waren wir hier sicher, auch wenn sie dicht wie Möwen drüben am Ufer saßen! Hier konnten wir uns einmal gründlich ausschlafen.

Es war noch dunkel, als wir aufstanden und Feuer anzündeten, um unsere erstarrten Glieder an den Flammen zu wärmen. Langsam wurde es im Osten, wo die Bergkämme sich rabenschwarz abhoben, hell. Endlich stieg die blendende Feuerkugel der Sonne empor. Wieder wanderten wir zum Westufer hinüber, aber der Sturm war eher noch stärker als schwächer geworden. Geduld, Geduld! so hieß es unerbittlich; wir waren an der kleinen Felseninsel so gut wie festgeschmiedet.

Nun kochten wir Tee und frühstückten. Dann wanderte ich mehrere Stunden auf der Insel umher und zeichnete eine Karte von ihr. Kutschuk sammelte ganze Stapel Brennmaterial, trockne Grasbüschel und Dung, und verankerte meine Friesdecke mit großen Steinen, damit der Wind sie nicht fortwehte. So lebten wir wie Robinson Crusoe und Freitag; aber das schlimmste war, daß unser Proviant bald zu Ende sein mußte. Um die Zeit totzuschlagen, setzte ich mich auf einen Felsenvorsprung über den schäumenden Kaskaden der westlichen Uferbrandung. Dann stieg ich auf den nördlichen Berg hinauf, um den Sonnenuntergang zu sehen, und nun zog eine neue Nacht über die Insel. Wie ein kleines Silberboot segelte der Mond in eilfertiger Fahrt durch die dunklen, vom Wind zerrissenen Wolken.

Genau im Westen hatte ich die Lage noch einer zweiten kleinen Insel eingepeilt. Wenn wir wenigstens deren Ufer erreichen könnten, ehe der Mond unterging! Denn nachher mußte es wieder pechfinster werden.

»Jetzt flaut der Wind ab, Herr«, sagte Kutschuk nach einer neuen Beobachtungstour. Und wirklich, der Wind legte sich schnell. Wir schoben also das Faltboot ins Wasser, packten unsere Sachen, und bald klatschten wieder die taktfesten Ruderschläge. Aber so sehnlichst wir uns aus unserem Gefängnis herausgewünscht hatten, so schmerzlich war es mir fast, das sichere Ufer in der Nacht verschwinden zu sehen. Zwei Tage und eine halbe Nacht hatte ich auf diesem Eiland verlebt; es war gleichsam eine Station auf meinem Lebensweg gewesen, und niemals würde ich wieder dorthin zurückkehren!

Bald war der Schein unseres letzten Feuers durch einen Felsenvorsprung verdeckt, der sich wie ein schwarzes Gespenst aus den Wellen erhob, und wir steuerten auf die andere Insel los. Ich hatte eine Laterne angezündet, um Kompaß, Uhr, Thermometer und Lotleine ablesen und meine Notizen machen zu können. Die Wolken jagten wie eilende Pilger nach Osten, und die Jolle schaukelte auf den tintenschwarzen Wölbungen der ersterbenden Dünung, zwischen denen das Silber der Mondstraße in unruhigen Ringeln tanzte.

So vergingen die Stunden der Nacht, und wir glaubten noch weit von der Insel entfernt zu sein, als wir schon dicht am Strand waren. »Halt!« rief ich im letzten Moment, ehe das Boot auf Grund schrammte. Dann luden wir aus, zogen das Boot aufs Land und legten uns sofort schlafen.

Am Morgen stürmte es wieder, und wieder mußten wir warten. Erst um 2 Uhr nachmittags war alles zur Abfahrt bereit. Aber gerade als wir abstoßen wollten, zog ein neuer Sturm herauf. Er dauerte nur eine Stunde, und dann ruderten wir schleunigst auf den See hinaus, um seine größte Fläche, den westlichen Teil, zu durchqueren. Schon waren wir draußen auf offenem Wasser, als sich vor uns eine drohende, stahlblaue Wolkenwand erhob. Über den Bergen regnete und schneite es, aber noch herrschte auf dem See Ruhe. Die heftigsten Stürme in Tibet haben ihre bestimmten, unzweideutigen Vorzeichen. Der Himmel wird unterhalb der Wolken dunkelgelb wie vom Widerschein eines Steppenbrandes; das ist der feine Staub, der vom Erdboden aufgewirbelt wird als Herold eines heftigen Sturmes.

»Es wäre am besten, nach der Insel zurückzurudern, Herr!«

»Nein, der Proviant ist zu Ende, und ich habe auch das Warten nachgerade satt. Her mit deinem Ruder, und auch du, Kutschuk, arbeite, was das Zeug halten will!«

Ein eiskalter Windhauch ließ uns die Mützen fester auf die Stirn drücken. Ein neuer Windstoß hielt schon länger an, und nun fiel der Sturm über uns her. Über dem See preßten die Felsen beider Ufer den Wind so zusammen, daß seine Heftigkeit sich verdoppelte. Wir ruderten wie die Galeerensklaven, die Ruder knackten, das Boot knisterte, sein flacher Zeugboden knallte bei jeder anrückenden Welle. Wunderlich genug, daß der Bootsrumpf nicht zerplatzte. Die Wellen wurden immer höher und drohten mit ihrem Sprühwasser das Boot zu füllen.

»Nur vorwärts, Kutschuk, es ist gar nicht gefährlich! Wir haben ja die Korkkissen zur Hand und nähern uns dem Ufer. Vielleicht erreichen wir es noch, bevor das Boot sinkt.«

»Ja, wir *können* noch die nächste Landzunge erreichen, – oh Allah!«

Das Boot war schon halb voll Wasser, als ein hoher Wellenkamm längs der Steuerbordreling hinfegte und uns unter Wasser zu drücken drohte. Mit Ruder und Arm versuchte ich, seine Kraft zu brechen. Wir saßen schon wie in einer Badewanne, und das Wasser schwappte im Boot hin und her. Wir arbeiteten, daß unsere Handknöchel ganz weiß waren. »Stärker eintauchen, Kutschuk!« Und es gelang uns wirklich, das Boot in den Windschatten zu bringen, ehe die verhängnisvolle Welle kam, die es gefüllt und zum Sinken gebracht hätte! Im Abenddunkel erreichten wir glücklich das Ufer, stellten das Boot schräg und spannten die Friesdecke als Dach darüber. Dann zündeten wir Feuer an, um unsere Kleider zu trocknen, und nachdem wir unsere letzte Brotrinde verzehrt hatten, schliefen wir, todmüde, trotz des strömenden Regens bald ein und freuten uns, nicht mehr Gefangene auf den kleinen Felseninseln im See Tschargut-tso zu sein.

Als wir schließlich wieder im Hauptlager eintrafen, waren die Tibeter freudig überrascht. Ihre Häuptlinge hatten gefürchtet, die Bootfahrt sei nur ein Vorwand, und meine wirkliche Absicht sei gewesen, ungesehen am Südufer des Sees zu landen, zwei Nomadenpferde zu kaufen, und dann mit Kutschuk über das Gebirge nach Lhasa zu reiten. Nun aber hatten sie mich wieder, und sie ließen mich erst nach drei Monaten an der Grenze Ladaks aus den Augen!

Der Taschi-Lama

So kamen wir wieder in das kleine Leh, Ladaks Hauptstadt, zurück und sahen wieder die Winterkarawanen, die aus Ostturkestan über das hohe Gebirge gekommen waren und mit ihren Waren nach Kaschmir zogen. Dann vergingen mehrere Jahre, aber im August 1906 kam ich abermals nach Leh, um nochmals mit einer Karawane, diesmal von hundert Pferden und Mauleseln und siebenundzwanzig Männern, in Tibet einzudringen. Diesmal ging der Weg über die hohen Gebirge im nördlichen Tibet, und einundachtzig Tage lang sahen wir keinen fremden Menschen. Als wir aber dann rechts abschwenkten und uns südlicheren Gegenden näherten, begegneten uns tibetische Jäger und Nomaden, denen ich Schafe und zahme Yaks abkaufte, denn der größte Teil meiner Lasttiere war unterwegs umgekommen. Die dünne Luft und die spärliche, schlechte Weide, dazu Kälte und Wind hatten sie getötet. Die Temperatur war bis auf 40 Grad Kälte gesunken.

Nach halbjähriger Wanderung gelangten wir an den oberen Brahmaputra, auf dessen trüben Fluten die Tibeter, die sonst nie zu Wasser fahren, Boote halten, denen man kaum ansieht, daß es Boote sein sollen. Über ein Gestell aus dünnen, biegsamen Latten werden vier zusammengenähte Yakhäute gespannt, und damit ist das Boot fertig. Aber es ist tragfähig und schwimmt leicht auf dem Wasser.

Als wir nur noch eine Tagereise von Schigatse, Tibets zweitgrößter Stadt, entfernt waren, ließ ich die Karawane am Ufer weiterziehen; ich selbst aber nahm mit zwei Dienern in solch einem Boote Platz, das ein Tibeter sehr geschickt führte, und trieb in schneller Fahrt den riesigen Brahmaputra hinunter. Eine Menge anderer Boote belebte die schöne Fahrstraße. Sie waren voller Pilger, die den großen Lamatempel in

Schigatse besuchen wollten. In zwei Tagen feierten die Lamaisten ihr höchstes Fest, Neujahr. Dann strömen von nah und fern Pilger nach der heiligen Stadt. Um den Hals tragen sie kleine Götterbilder oder auf Papier geschriebene und in kleinen Futteralen verwahrte wundertätige Sprüche, und viele Pilger drehen kleine Gebetmühlen, die mit langen Papierstreifen gefüllt sind. Durch das Drehen der Mühle dringen die auf dem Papier stehenden Gebete zu den Ohren der Götter – so bequem ist in Tibet das Beten! Dabei kann man ruhig mit seinem Reisegefährten schwatzen; wenn nur die Mühle im Gang ist, braucht man sich seines zeitlichen und ewigen Wohls wegen nicht zu sorgen!

Viele Pilger murmeln, wie alle Tibeter, zu passender und unpassender Zeit die heiligen Silben »Om mani padme hum!« Diese vier Worte sind der Schlüssel alles Glaubens und der Seligkeit. Sie bedeuten: »O, das Juwel ist in der Lotosblume, Amen!« Das Juwel ist Buddha, und auf allen seinen Statuen sieht man ihn gleichsam aus der Blätterkrone einer Lotosblume emporwachsen. Je öfter man die vier Worte wiederholt, desto größere Aussicht hat man auf ein glückliches Dasein, wenn nach dem Tode die Seele in eine neue Hülle übergeht.

Nun langten wir in Schigatse an und schlugen in einem Garten am Rand der Stadt unsere Zelte auf. Vielleicht fragt einer meiner Leser, warum ich diesmal nicht wieder versuchte, nach Lhasa vorzudringen, und warum mich die Tibeter, die mir das letzte Mal ein Heer von fünfhundert Mann entgegenschickten, nicht an der Weiterreise nach Schigatse hinderten? Nun, im Jahr 1904 hatten die Engländer von Indien aus einen Heereszug nach Lhasa unternommen, um dem Dalai-Lama Respekt beizubringen. Dabei hatten sie die Stadt so genau beschrieben, daß ich dort nichts weiter zu suchen hatte, und statt dessen mich lieber nach dem unbekannten Schigatse begab. Und diese meine Reise folgte so bald nach dem Zug der Engländer, daß die Tibeter es nicht wagten, mir, dem Europäer, Hindernisse zu bereiten.

Außerhalb der Stadt Schigatse liegt das große Kloster Taschi-lunpo, in dem 3800 Mönche verschiedenen Ranges wohnen, von blutjungen Novizen bis zu ergrauten Oberpriestern. Sie gehen alle barhäuptig und nacktarmig, und ihre Anzüge bestehen aus langen, roten Zeugstücken, die sie sich um den Leib binden. Der oberste Prister heißt Taschi-Lama; er bekleidet den gleichen hohen Rang und die gleiche hohe Würde wie der Dalai-Lama in Lhasa. Er ist weit und breit wegen seiner Heiligkeit und seiner Gelehrsamkeit berühmt, und Tausende von Pilgern warten stundenlang, damit er sie mit einem Worte segne.

Dieser Taschi-Lama war damals ein siebenundzwanzigjähriger Mann, der schon als ganz kleiner Junge zu seiner Würde gekommen war. Ich erhielt von ihm eine Einladung zu dem großen Tempelfest am Neujahrstag. Mitten in der Klosterstadt ist ein länglicher, mit Veranden, Balkonen und Altanen umgebener Hof. Ringsherum sieht man die vergoldeten Kupferdächer der Heiligtümer und Grabkapellen, in denen dahingeschiedene Hohepriester ruhen. Überall wimmelt es von dichtgedrängten Menschenmassen, und alle diese Gäste von nah und fern tragen Festgewänder in leuchtend bunten Anzügen, die mit silbernen Ketten, Korallen und Türkisen geschmückt sind. In der Mitte eines Balkons ist der Platz des Taschi-Lama. Er ist mit gelben Seidendraperien und goldenen Quasten verhängt, aber durch einen kleinen, viereckigen Spalt konnte ich das Gesicht des heiligen Mannes sehen.

Die Feier begann mit dem Einzug der Kirchenmusikanten in den Hof. Sie trugen drei Meter lange kupferne Posaunen, die so schwer sind, daß ihre Schallöffnung auf der Schulter eines Chorknaben ruht. Mit dumpfen, langgezogenen Posaunenstößen blasen die Mönche das neue Jahr ein, so wie einst die Priester Israels den Beginn des Jubeljahrs verkündeten. Dann folgen Zymbeln, die in langsamem, vibrierendem Takt erklingen, und Trommeln, die von den Tempelmauern widerhallen. Der Lärm ist ohrenbetäubend, aber nach der großen Stille in den Tälern Tibets klang er doppelt festlich und erhebend.

Wenn das Musikkorps in der Mitte des Hofes Platz genommen hat, treten tanzende Mönche auf. Sie tragen kostbare Gewänder aus chinesischer Seide, und in den Falten glitzern gestickte Golddrachen im Sonnenschein. Ihre Gesichter verbergen sich hinter Masken, die wilde Tiere mit geöffneten Rachen und gewaltigen Hauern vorstellen. Und nun tanzen diese Mönche einen langsamen Rundtanz, um – so glauben die Andächtigen – böse Geister zu bannen.

Am nächsten Tag wurde ich sogar zum Taschi-Lama beschieden. Durch gepflasterte, enge Gassen zwischen hohen Klostermauern hinauf kommt man durch enge, dunkle Gänge auf hölzernen Leitertreppen schließlich in die höchsten Stockwerke der Tempelstadt, wo der Hohepriester seine Privatzimmer hat. Ich fand ihn in einem einfachen Saal, wo er mit gekreuzten Beinen in einer Fensternische saß und durch eine Mauerscharte über die Tempeldächer, die hohen Berge und die sündhafte Stadt im Tal hinschaute. Er ist bartlos und hat kurzgeschorenes, braunes Haar. Sein Blick ist wunderbar bezaubernd und sanft, beinahe schüchtern. Er reichte mir seine Hände und bat mich, neben ihm Platz zu nehmen; dann unterhielten wir uns mehrere Stunden lang über Tibet, Schweden und die große, herrliche Erde.

Der Taschi-Lama ist einer jener seltenen Menschen, die man nie wieder vergißt, wenn man ihnen einmal gegenübergestanden hat.

Wildesel und Yak

Hätte ich auf meinen Reisen in Tibet alle die Wildesel gezählt, denen ich begegnete, so würden das viele, viele Tausende sein. Da oben im Norden oder drinnen im Herzen des Hochlandes oder im Süden vergeht kaum ein Tag, wo man nicht diese prächtigen, stolzen Tiere bald einzeln, bald paarweise, bald wieder in Herden von mehreren Hundert erblickt. Der lateinische Name des Wildesels ist Equus kiang. Dieser Name verrät seine nahe Verwandtschaft mit dem Pferde, und Kiang nennen ihn die Tibeter. Der Wildesel ist so groß wie ein mittelmäßiger Maulesel, hat gut entwickelte Ohren und feines Gehör, am Schwanz eine Quaste und rotbraunes Fell, am Bauch und an den Beinen aber ist er weiß. Wittert er Gefahr, dann schnaubt er laut, hebt den Kopf in die Höhe, spitzt die Ohren und bläht die Nüstern; er gleicht eher einem schönen Esel als einem Pferd. Doch wenn man ihn auf den Salzebenen Tibets umhergaloppieren sieht, erscheint der Unterschied zwischen dem zahmen und dem Wildesel größer als zwischen Esel und Pferd, und die Pferde und Esel meiner Karawane sahen neben den Kiangs der Wüste wie Strolche aus.

Die Wildesel sind eine Zierde des stillen, öden Tibets und seit vielen Jahren meine Freunde. Die Karawane wandert über die flache Ebene am Ufer eines Salzsees. Da kommt eine Herde Wildesel in einer Staubwolke angaloppiert. Sie alle folgen dem Kommando eines Leitesels; die Hengste folgen den Stuten, diese dem Leitesel, und die Füllen halten sich in der Nähe der Mütter. Die wachsamen, aber unvorsichtigen Tiere haben zwar die Karawane gewittert, aber noch nie eine solche Erscheinung gesehen und wissen nicht, wie gefährlich es werden kann, wenn man seine Neugier durchaus befriedigen will! Sie beschreiben einen schönen Halbkreis auf uns zu und machen neben unserem Wege halt. Dann und wann schnauben sie, und ihre Beine zittern vor Muskelkraft und Elastizität. Wenn die Karawane sich nähert, macht die Herde rechtsumkehrt, umkreist uns von hinten und erscheint wieder auf der anderen Seite. Und dieses Manöver wiederholt sich in so geschlossener Ordnung, als ob die Wildesel unsichtbare Reiter auf dem Rücken trügen. Sie scheinen unsere müden Pferde, die kaum noch einen Fuß vor den anderen setzen können, verhöhnen zu wollen.

Oder wir lagern auf der Ebene neben einer zugefrorenen Quelle. In der Nähe weidet eine Kiangherde, und bis die Sonne sinkt, laufen die Tiere spielend umher. Sobald es aber dunkel wird, sammeln sie sich mitten auf der Ebene zu einem großen Knäuel, Stuten und Füllen in die Mitte, Hengste um sie herum. Sie stellen Nachtwachen aus, die vor

Wölfen warnen. Und unsere Hunde bellen, wenn die Wildesel in der Stille der Nacht schnauben oder mit den Hufen den Erdboden stampfen.

Meine Kosaken fingen einmal zwei kleine Füllen, die noch nichts von Gefahren wußten. Sie standen zwischen den Zelten angebunden und versuchten gar nicht zu entfliehen. Sie schlürften eifrig mit Wasser verdünnte Milch, und wir hofften, daß sie gedeihen und uns Jahre hindurch begleiten würden. Als ich aber sah, wie sehr sie die Freiheit entbehrten, wollte ich sie lieber der Wildnis und der Pflege ihrer Mütter wiedergeben. Aber es war schon zu spät; die Mütter wollten sie nicht wieder annehmen, nachdem sie in Menschenhänden gewesen waren. Wir mußten sie schlachten, um sie vor Wölfen zu bewahren. So streng ist das Gesetz der Wildnis; eine menschliche Berührung genügt schon, um den Zauber ihrer Freiheit zu brechen. »Wer ließ den wilden Esel frei und löste die Bande des wilden Maultieres, dem ich in der Wüste seine Heimat gegeben habe und seine Wohnstätte auf der salzigen Heide?« heißt es im Alten Testament.

Wir dürfen aber nicht von Tibet Abschied nehmen, um nach Indien zurückzukehren, ohne auch eine flüchtige Bekanntschaft mit dem gewaltigen Ochsen zu machen, der in Tibets höchsten Gebirgen lebt. Auf tibetisch heißt er Yak, und dieser Name ist auch in die meisten europäischen Sprachen übergegangen. Seine Farbe ist stets rabenschwarz; nur wenn er alt ist, schillert das Kopfhaar manchmal grau. Der zahme Yak dagegen ist oft weißbraun oder gefleckt. Gemeinsam haben beide die seltsame Körperform und den üppigen Behang. Von der Seite gesehen sieht der Yak buckelig aus; gerade über den Vorderbeinen ist der höchste Teil des Rückens, und von dort schrägt er sich nach der Schwanzwurzel hin ab; Hals und Nacken senken sich noch ein Stück tiefer. Das Tier ist ungeheuer schwer, stark und plump; oft sind die Spitzen der groben Hörner gesprungen und durch einen heftigen Kampf mit einem Nebenbuhler abgenutzt.

Da der Yak in einer Kälte bis zu 40 Grad unter dem Gefrierpunkt lebt, braucht er ein dichtes Fell und eine schützende Fettschicht unter der Haut, und damit ist er so gut versehen, daß ihm keine Kälte auf der Welt etwas anhaben kann. Wenn sein Atem wie zwei Dampfwolken aus seinen Nüstern strömt, dann ist ihm am wohlsten. Merkwürdig ist der Kranz von fußlangen Wollfransen, der den unteren Teil seiner Flanken und den oberen Teil der Vorderbeine oft so üppig umgibt, daß die Haarzotteln den Boden berühren. Wenn der Yak auf steinharter, gefrorener oder mit Schutt bedeckter Erde liegt, dienen ihm diese dicken Fransen als Polster, und er liegt auf ihnen weich und warm.

Wovon leben nun diese fleischigen Riesen, wo doch eigentlich hierzulande nichts wächst und eine Karawane aus Mangel an Weide umkommen kann? Oftmals sieht man ja tagelang keinen Grashalm; erst in 4500 Meter Höhe findet man, und auch sehr selten, kleine, jämmerliche Sträucher, und um Bäume zu sehen, muß man noch 1000 Meter tiefer in das Brahmaputratal hinuntersteigen. Und doch streifen diese großen Tiere dort oben umher und gedeihen dabei vorzüglich. Sie leben von Moosen und Flechten, die sie mit der Zunge auflecken, und ihre Zunge ist so rauh wie eine Kartätsche und mit harten, scharfen Hornwiderhaken versehen. Damit schälen sie auch das nur zentimeterhohe, samtweiche Gras ab, das an den Uferwülsten hochalpiner Bäche wächst und so kurz ist, daß ein Pferd es nicht abweiden könnte.

Einmal machte ich von meinem Hauptquartier aus einen mehrtägigen Ausflug und nahm nur zwei meiner Leute mit. Der eine von beiden war ein Afghane und hieß Aldat. Er war ein gewaltiger Yakjäger vor dem Herrn und pflegte die erbeuteten Felle an ostturkestanische Kaufleute zu verhandeln, die sie zu Sätteln und Stiefeln verarbeiten. Wir hatten unser Nachtlager 200 Meter höher als die Gipfel des Montblanc aufgeschlagen, so daß man, wenn man nur ein paar Schritte ging, gleich Atemnot und Herzklopfen spürte. Als das Lager fertig war, bat mich Aldat, ich solle mir doch den großen Yakstier ansehen, der droben auf einem Abhang über meinem Zelt weide, und da ich Aldat versprochen hatte, er dürfe unterwegs jagen, und wir auch Fleisch und Fett brauchten, ging ich mit. Der Stier hatte uns noch nicht gewittert. Er ging in der Windrichtung und dachte nur an das saftige Moos seiner Weide; das Schmelzwasser des getauten Schnees rieselte zwischen den Steinen durch, das Wetter war kalt, windig und wolkig – ein richtiges Yakwetter! Mit der Flinte auf dem Rücken kroch Aldat in einer Rinne bergauf, auf Ellenbogen und Zehenspitzen vorwärtsschleichend wie eine auf Raub ausgehende Katze. In dreißig Schritt Entfernung blieb er hinter einem kaum merkbaren Steinwall liegen. Gespannt beobachtete ich jede seiner Bewegungen. Vorsichtig legte er die Flinte zurecht, stützte sie und zielte. Der Yak blickte nicht auf, er ahnte nichts Böses. Fünfzehn Jahre lang war er in diesen friedlichen Bergen in der Nähe der Schneegrenze umhergestreift, und wohl nie war ihm in dieser langen Zeit ein Mensch begegnet. Da krachte der Schuß, daß das Echo von den Felswänden widerhallte. Der Yak fuhr in die Höhe, daß Erde und Steine um ihn herumflogen. Dann machte er einige unsichere Schritte vorwärts, blieb stehen, taumelte, versuchte sich im Gleichgewicht zu halten, fiel, erhob sich mühsam wieder, stürzte dann aber schwer und hilflos zu Boden und blieb regungslos liegen. Ohne nur die Hand zu bewegen, lag Aldat unbeweglich hinter seiner Flinte, um nicht die Rachsucht des sterbenden Stiers zu erwecken. Aber der Yak war tot und eine Stunde später schon abgehäutet und zerteilt.

Das geschah am 9. September. Am 23. aber konnten die Verwandten des Yakstiers aus der Ferne einen eigentümlichen Zug beobachten. Einige Männer trugen einen länglichen Gegenstand nach dem Rande eines Grabes, das sie eben geschaufelt hatten, senkten ihn hinein, bedeckten ihn mit einem Pelz und füllten das Grab mit Steinen und Erde. In den einfachen Grabhügel wurde eine Zeltlatte aufrecht gesteckt, und an ihre Spitze banden sie den buschigen Schwanz des wilden Yaks. Der unter diesem Grabhügel schlummerte, war Aldat selbst, der tapfere Yakjäger!

Nutzpflanzen Indiens

Droben in Tibet hat der größte Nebenfluß des Indus, der Satledsch, seine Quellen. Mit unwiderstehlicher Kraft durchbricht er den Himalaja, um nach dem Meere zu gelangen, und sein Tal ist auch für uns der beste Weg, um aus dem Hochland Tibet in das glühend heiße Tiefland Indiens hinabzusteigen. Dabei durchschneiden wir eine Reihe verschiedener Höhengürtel, die auch alle ihre eigentümlichen Tiere und Pflanzen haben. Der Tiger geht nicht sonderlich hoch an den Südabhängen des Himalaja hinauf, aber der Schneeleopard fürchtet die Kälte nicht. Der Yak würde umkommen, wenn man ihn in dichtere Luftschichten hinabführte; aber Wolf, Fuchs und Hase kommen so gut in Indien wie in Tibet vor.

Schärfer noch sind die Grenzen des Pflanzenreichs. Unterhalb der Grenze des ewigen Schnees (3900 Meter) blühen Ranunkeln und Anemonen, Läusekraut und Schlüsselblume, genau so wie in unsern höheren Breitegraden unter entsprechenden Temperaturverhältnissen. 3600 Meter hoch ist die Waldgrenze, die die Birke nicht überschreitet, wo aber Fichte und Kiefer noch gedeihen. Zwischen 3000 und 1800 Meter Höhe umgeben uns mächtige Wälder des bezaubernd schönen Nadelholzbaumes, der Himalajazeder heißt und auf dem Libanon berühmte Verwandte hat; aus Zedern des Libanon waren die Schiffe gebaut, mit denen die Phönizier vor 4000 Jahren den Handel des Mittelmeers beherrschten. Auf 2100 Meter Höhe grüßt uns die Eiche und erfreut uns der Duft der Kletterrose. Unter 1000 Meter Höhe aber öffnet sich eine andere Welt, denn hier ist die Grenze des tropischen

Waldes, und bald umgeben uns Akazien und Palmen, Bambusrohr und der ganze Reichtum des indischen Dschungels.

Die Pflanzenwelt Indiens ist am nächsten der des tropischen Afrika verwandt. Befruchtet vom Regen der Monsune oder durch künstliche Bewässerung, gibt der Boden wilden und angebauten Pflanzen die reichste Nahrung. Zwar liegen auch, besonders im Nordwesten, weite Strecken als trockene Wüsten da. Doch in den andern Gegenden ist die Vegetation dafür um so üppiger und dichter, so daß die Luft von betäubenden Düften erfüllt ist wie in einem riesigen Treibhaus.

Hier gedeiht die gurkenförmige Frucht der Banane, die Nahrung vieler Millionen Menschen. Von Indien und den Sundainseln aus hat sich diese wohltätige Pflanze nach Afrika und den Küsten des Mittelmeers hin verbreitet, ja bis nach Mexiko und Mittelamerika. Zuckerhaltig und saftig, wohlschmeckend und duftend, ist ihr weißes, mehliges Fleisch eine herrliche Kost, und die großen Blätter der Banane werden zum Decken von Dächern, Sonnenschirmen und anderen nützlichen Dingen gebraucht.

Wie herrlich ruht es sich während der heißen Jahreszeit im Schatten des Mangobaums! Er ist 15 Meter hoch, und unter seinen blaugrauen, lederartigen Blättern herrscht wunderbare Kühle. Das Fleisch der Mangofrüchte ist goldgelb und saftig, reich an Zucker und Zitronensäure. Doch wenn du mich fragst, wie sie schmecken, so bin ich um eine Antwort verlegen, denn ihr Geschmack erinnert an keine andere Frucht; aber soviel ist gewiß, daß sie sehr gut schmecken. –

Aus ihrer Heimat Kotschinchina haben sich der Apfelsinenbaum (Apfel aus Sina, China) und sein kleinerer Bruder, der Mandarinenbaum, über ganz Indien und von dort weiter verbreitet, Früchte, die jedem bekannt sind, ebenso wie die Weintrauben, Melonen, Äpfel und Birnen, Walnüsse und Feigen, an denen allen und noch vielen andern Indien Überfluß hat. Die Feige ist grün, ehe sie reif ist, dann wird sie gelb, und der Feigenbaum ist überall zu finden, wo er genügend Wärme hat. Schon im Alten und auch im Neuen Testament spielt er eine Rolle, und unter einem Feigenbaum brachte Buddha Klarheit in die Rätsel seiner Religion. Daher heißt dieser Baum Ficus religiosa. Nicht weniger berühmt im Buddhismus ist die Lotosblume (Nymphaea stellaris), die gleich der Seerose auf dem Wasser schwimmt. Sie ist das Sinnbild der buddhistischen Religion, wie das Kreuz das des Christentums.

Auf bedeutender Höhe steht in Indien der Reisbau, besonders in der Nordostecke des vorderindischen Dreiecks, in Bengalen und Assam, ebenso auf der Südspitze im Dekan, und in Birma auf der hinterindischen Halbinsel. Weizen baut man im Nordwesten und Baumwolle in den inneren Teilen des Landes. Der Baumwollstrauch hat große gelbe Blüten, und wenn die walnußgroße Fruchtkapsel aufspringt, zeigt sich eine Menge Samen, der mit weichem, wolligem Haar bekleidet ist; dieses Haar ist die Baumwolle. Wenn die abgepflückten Fruchtkapseln in der Sonne getrocknet sind, werden die Haare durch Maschinen von den Samen abgelöst, gesäubert, in Ballen verpackt und dann nach Fabrikstädten der ganzen Welt, besonders nach Manchester versandt. In Indien und Arabien baute man den Baumwollstrauch schon vor zweitausend Jahren. Alexander der Große brachte ihn nach Griechenland, und fast auf der ganzen Welt gibt es jetzt Baumwollplantagen; am höchsten steht der Baumwollanbau in Nordamerika.

Eine ungeheure Entwicklung zeigte in den letzten Jahrzehnten die Gewinnung von Kautschuk und Guttapercha. Im Jahre 1830 wurden 230 Tonnen Kautschuk nach Europa geliefert; 1896 stieg die Ausfuhr auf 31 500 Tonnen, was durch die Ausdehnung der Fahrrad- und Automobilindustrie verursacht wurde. Als die Nachfrage mit einem Male so groß wurde, begann ein sinnloses Abschlachten der Bäume, deren erstarrter Milchsaft Kautschuk genannt wird; aber jetzt ist man zu vernünftigeren Methoden zurückgekehrt. In Indien ist der Gummibaum der wichtigste aller kautschukliefernden Baumarten. Seine Rinde wird mit Querschnitten versehen und der herausfließende Milchsaft aufgefangen; dann wird er gekocht, umgerührt, gepreßt, auf Blechplatten gebreitet, zusammengerollt und in Klumpen in den Handel gebracht.

Aus Indien erhalten wir ferner eine Reihe von Gewürzen, Zimt, die Rinde an den Zweigen des Zimtbaumes, Pfeffer, den Alexander der Große zuerst in Europa einführte, Ingwer, Kardamome und Sesam, aus dessen Früchten feines Speiseöl gepreßt wird. Außerdem gedeihen hier Tee, Kaffee, Tabak und noch ein Kraut, das Segen und Fluch zugleich ist, der Mohn. Ritzt man mit einem Messer seine unreife Fruchtkapsel, dann sickert ein weißer, milchiger Saft heraus, der braun wird und an der Luft erstarrt. Das ist Opium. Der Ertrag der Opiumpflanzungen in Persien und Indien geht zum größten Teil nach China. Der Chinese ist ein leidenschaftlicher Opiumraucher. Eine kleine Opiumkugel wird in dem engen Kopf der besonders konstruierten Pfeife festgeklebt und über die Flamme einer Lampe gehalten. Der Rauch wird in zwei tiefen Zügen eingeatmet, und schon nach der zweiten Kugel sinkt der Opiumraucher in todesähnlichen Schlaf voll süßer Träume und herrlicher Gesichte. Er vergißt seine Sorgen und seine Umgebung und erfreut sich einer kurzen Seligkeit. Wenn er aber wieder erwacht, dann erscheint ihm die Wirklichkeit schwerer und trüber als je, und ein gräßlicher

Kopfschmerz ist die Folge. Wer diesem Laster einmal verfallen ist, kann nur in Sanatorien gerettet werden. In Persien gilt das Opiumrauchen als eine Schande, und man frönt ihm nur in geheimen Spelunken. Aber in China rauchen Männer und Frauen ganz öffentlich.

Aus Opium stellte im Jahre 1805 ein deutscher Apotheker Sertürner das Morphium her, durch dessen Einspritzen örtliche Schmerzen gestillt werden. Auch daraus hat sich eine Leidenschaft entwickelt, und die unglücklichen Menschen, die zuletzt die Morphiumspritze nicht mehr entbehren können, sind ebenso gewiß verloren wie die Trinker. Sarg und Leichentuch warten ihrer viel früher als anderer.

Auf endlos langen Feldern baut man in Indien das Zuckerrohr, dessen Saft zwanzig Prozent Zucker enthält. In Indiens alter Sprache, im Sanskrit, heißt er Sakkara, und die Araber, die ihn nach den Küsten des Mittelmeers brachten, nannten ihn Sukkar. So heißt er auch, mit kleinen Abweichungen, in allen Sprachen Europas und in vielen Asiens.

Auch die Palme gedeiht in vielen Arten in Indien, besonders die Dattelpalme, die Kokospalme und die Sagopalme. Aus dem Mark der letzteren wird Sago hergestellt; sie ist eine merkwürdige Pflanze, denn sie blüht nur ein einziges Mal im Alter von höchstens zwanzig Jahren, dann stirbt sie. Und neben den Palmen gibt Indiens Erde zahlreichen nützlichen Baumarten Nahrung, so dem Sandelbaum, dessen Holz zu feinen Möbeln verarbeitet wird, dem Ebenholzbaum und dem Teakbaum, der 40 Meter hoch wird und in ganz Ostindien und auf den Sundainseln große Wälder bildet. Sein Holz ist hart und stark gleich dem der Eiche, und Nägel rosten darin nicht. Daher benutzt man es viel zum Schiffbau; auch Schlaf- und Speisewagen der Eisenbahnen sind meist aus Teakholz hergestellt. Manchmal wird der zum Tode verurteilte Baum drei Jahre vor dem Fällen entrindet; er stirbt dann auf seiner Wurzel und wird leichter an Gewicht, so daß er von den Arbeitselefanten ohne Mühe getragen wird und auf dem Wasser der Flüsse schwimmt, deren Lauf er hinuntergeflößt wird.

Und dieses reiche Land, das über fünf Millionen Quadratkilometer umfaßt, also zehnmal so groß ist wie Deutschland, gehört England; zwei Fünftel davon sind Schutzstaaten, alles übrige nebst Birma bildet das indische Kaiserreich. Auch Ceylon ist eine englische Kronkolonie. Seit Vasco da Gama 1498 den Seeweg nach Indien entdeckte, trat Europa mit dem fernen Lande in nähere Verbindung. Hundert Jahre später wurde die große englische Handelsgesellschaft, die »Ostindische Kompanie«, gegründet; diese faßte festen Fuß in Indien und unterwarf sich immer größere Teile des Landes. Jetzt sind die Engländer einhundertfünfzig Jahre lang vollkommen Herrscher dort, und das Wunderbarste dabei ist, daß dieses nach China größte Reich der Erde mit 300 Millionen Einwohnern nur von einer Handvoll Engländer regiert wird. Außer dem englischen Teil der Armee leben ihrer nur 76 000 dort! Dieses Wunder ist nur dadurch möglich, daß Indiens Fürsten und Völker sich gegenseitig weit mehr hassen als ihren gemeinsamen Herrn, die englischen Eindringlinge.

Abwärts zum Ganges

Diesem durch seine Naturschätze überreichen Tiefland Indien nähern wir uns jetzt durch das Tal des Satledsch, der, je weiter es abwärts geht, immer mächtiger wird. Auf kleinen schwankenden Brücken reiten wir über unzählige Nebenflüsse, die in munteren Kaskaden über die Steinblöcke hintanzen, daß es weithin dröhnt und das brodelnde Wasser zu Sprühregen zerstäubt. Sie alle eilen dem Strome zu, der schließlich ungeheuer anschwillt und in seiner wilden Kraft ehrfurchtgebietend dahinströmt.

Die Luft wird dichter und der Atem geht leichter. Das Klingen in den Ohren und der Kopfschmerz hören auf, und die Kälte hat nachgelassen. Schon in früher Morgenstunde umgibt uns linde Luft, und bald kommen Tage, an denen man mit einiger Sehnsucht der Kühle in Tibets Hochland gedenkt. Als ich vor mehreren Jahren dieses Weges zog, machte einer meiner Hunde, ein großer zottiger Tibeter, der sehr unter der zunehmenden Wärme litt, einfach kehrt und lief nach Tibet zurück! Seine Lungen und alle seine Organe waren in ihrem Bau der dünnen Luft angepaßt, und ich mußte ihn wohl oder übel laufen lassen.

Die erste Stadt, die wir erreichen, heißt Simla. Sie zählt kaum 15 000 Einwohner, aber sie ist eine der schönsten Städte der Welt und eine der mächtigsten, denn in ihrem Zedernwald erhebt sich ein Schloß, und in diesem Schloß steht ein Kaiserthron. Und der Kaiser ist der König von England, dessen Macht in Indien einem Vizekönig anvertraut ist. Wenn die lähmende Sommerhitze beginnt, begeben sich alle Engländer, die ihr Beruf nicht im Tiefland festhält, hinauf in die Berge, und wer im Pendschab wohnt, zieht nach Simla. Der Vizekönig und sein Stab, die Regierung, das Oberkommando des Heeres, Beamte und Offiziere, alle reisen sie mit Weib und Kind nach Simla hinauf, und dort lebt die feine Welt unter Vergnügen und Festen ganz wie in London. Dann steigt die Einwohnerzahl auf 30 000.

Simla ist auf Hügeln erbaut, die schwindelerregende Abgründe umgeben, und die Häuser kleben wie Schwalbennester an steilen Halden. Terrassenartig übereinander laufen die Straßen, und ringsumher steht dunkler, dichter Wald. Aber durch die Lichtungen der Zedern sieht man im fernen Südwesten die Ebenen des Pendschab und den gewundenen Lauf des Satledsch, und von Norden her leuchten die Gebirgsmassen des Himalaja mit ihrem ewigen Schnee. Es muß herrlich sein, nach Indiens stickiger Luft in Simla wieder aufzuatmen; vielleicht aber ist es noch herrlicher, Tibets schneidender Kälte entronnen, dort zu rasten.

Von Simla aus führt uns die Eisenbahn durch hundert Tunnel und in den tollsten Kurven über unzählige Brücken und an tiefen Abgründen entlang in das Pendschab hinunter, und nun umgibt uns die sengende Glut dieses Tieflandes. Was gäbe man nicht für einen nur leisen Lufthauch von Tibets Schneebergen! Aber wir müssen zufrieden sein, ruhig an dem durchbrochenen, beständig mit Wasser bespülten Fenster zu sitzen und auf jeder Station ein großes Glas Limonade mit schwimmenden Eisstücken zu trinken.

Nur flüchtig schauen wir in Dehli hinein, die ehemals so große und berühmte Stadt am Dschamna, einem Nebenfluß des Ganges. Als das Land noch einer vom Norden gekommenen mohammedanischen Herrschaftsfamilie angehörte, war Dehli die Hauptstadt des Reiches und der Sitz des Großmoguls. Und zahlreiche stolze Denkmäler erinnern noch an diese Dynastie, prachtvolle Gebäude aus eitel weißem Marmor, deren Wände und Säulen mit wertvollen Steinen, Lapis Lazuli und Malachit, Nephrit und Achat eingelegt sind. In einem dieser Paläste pflegte ehemals der Großmogul in einer offenen, von doppelten Säulengängen umgebenen Halle Gericht zu halten und Gesandte zu empfangen. Wenn der Sonnenschein auf diese Säulenreihen fällt, sieht es aus, als ob der Marmor durchsichtig sei, und hellblaue Schatten fallen auf den Marmorfußboden. Im Thronsaal stand früher der Thron des Großmoguls, der Pfauenthron. Er war mit dickem Goldblech bekleidet und mit zahllosen Diamanten verziert; auf seiner Rückseite leuchtete der berühmte Diamant Orlow, der jetzt das russische Reichszepter schmückt. Als im Jahre 1739 der Perserkönig Nadir Schah den Großmogul besiegte, wurde dessen Milliardenschatz, darunter auch der Pfauenthron und der größte, bekannte Diamant, der Kohinur oder »Berg des Lichts«, der jetzt zum britischen Kronschatz gehört, Beute des Siegers. Noch jetzt ist der Pfauenthron im Besitz des persischen Schahs, noch glänzen die goldenen Pfauen auf seiner Rückseite, aber der große Diamant fehlt nebst den übrigen Diamanten; sie wurden einer nach dem anderen gestohlen oder herausgebrochen, wenn sich Nadir Schahs Nachfolger in Geldverlegenheit befanden.

Wenn man einige Stunden in den engen Gassen und bunten Basaren Dehlis umhergewandert ist und sich zwischen lärmenden Hindus und Mohammedanern hat durchdrängen müssen, so hat man unter den gewölbten Bogen des Thronsaales doppelten Genuß. Dann versteht man auch die persischen Worte, die über seinem Eingang zu lesen sind: »Wenn das Paradies auf der Erde zu finden ist, so ist es hier, nur hier!«

Auch Agra, weiter abwärts am Dschamna, war zeitweilig Hauptstadt des Großmoguls, und einer dieser Herrscher hat hier 1629–1648 ein Bauwerk errichtet, daß noch heute als eines der schönsten auf Erden gilt. Es heißt Tadsch Mahal oder der Kronpalast und ist eine Grabmoschee zur Erinnerung an die Lieblingsgemahlin des Großmoguls Schah Dschahan, an deren Seite er selber in der Krypta der Moschee beigesetzt ist.

Dieses gewaltige Grabdenkmal ist aus lauter weißen Marmorblöcken errichtet; zweiundzwanzig Jahre hat man daran gearbeitet, und nicht weniger als vierunddreißig Millionen Mark hat der Bau damals gekostet!

Durch ein prächtiges Portal aus rotem Sandstein gelangt man zuerst in den Garten, der das Heiligtum umgibt. In einem großen Teil plätschern Goldfische unter schwimmenden Lotosblumen, ringsum das üppigste Grün voll singender Vögel und springender Eichkätzchen. Jasmin- und Rosenduft weht uns entgegen; junge Zypressen streben himmelan.

Blendendweiß im Sonnenschein, ein Sommertraum aus versteinerten weißen Wolken, schwebt auf einer Terrasse der marmorne Tadsch Mahal, ein Kunstwerk, wie es nur die Liebe aus dem Erdenschutt hervorzuzaubern vermag. Auf den vier Ecken der Terrasse erhebt sich je ein hohes, schlankes Minarett, ebenfalls aus Marmor, und die Kuppel der achteckigen Moschee hat eine Höhe von fünfundsiebzig Metern. Im Innern stehen hinter einem Gitter aus durchbrochenem Marmor die Grabdenkmäler des Schah Dschahan und seiner Königin Mumtás-e Mahal. Die Sarkophage beider ruhen in der Krypta.

Die vier Fassaden des Gebäudes sind völlig gleich. Aber der grüne Hintergrund und die wechselnde Beleuchtung rufen in dem Betrachter immer neue Stimmungen hervor. Die von der Sonne bestrahlten Flächen sind schneeweiß, die leichten Schatten hellblau. Hier und da scheint das Laubwerk einen grünen Widerschein auf den weißen Marmor zu werfen. Wenn die Sonne in feurigem Abendrot niedersinkt, umhüllt ein orangefarbiger Schimmer das ganze Gebäude, und man darf Agra nicht verlassen, ohne den Tadsch Mahal im Mondschein gesehen zu haben. Feucht und dunstig, warm und schweigend liegt dann der Garten; aber die Beleuchtung der Marmorwände ist jetzt eisig kalt, die Schatten erscheinen rabenschwarz, nur die Kuppel glänzt silberweiß. Nachtschmetterlinge flattern zwischen den Bäumen, und die Mücken summen laut. Die geheimnisvollen Töne des Dschungels erschallen ringsumher, und das trübgraue Wasser des Dschamna wälzt sich leise rauschend dem heiligen Ganges entgegen.

Eine heilige Stadt

Das Flußgebiet des Ganges, durch das uns nun die Eisenbahn weiter nach Osten führt, ist überaus fruchtbar und wird von hundert Millionen Menschen, meist Hindus, bewohnt. Es wimmelt von zahlreichen Städten, deren mehrere bis zu zwei- und dreitausend Jahre alt sind, und von unzähligen Dörfern, in denen die eingeborenen Bauern ihre Hütten aus Bambusrohr und Strohmatten haben.

Die Hindus bauen Weizen und Reis und haben prächtige Obstkulturen. Ihre kleinen braunen, hübschen Kinder spielen splitterfasernackt vor den Hütten. Bedauernswerte kleine Geschöpfe! Mit neun Jahren schon werden sie verheiratet; die jungen Eheleute wohnen aber noch getrennt, bis sie erwachsen sind, und von der Hochzeitsfeier ab ist die Frau für alle Welt, selbst für ihre Verwandten, unsichtbar. Noch unglücklicher aber ist eine Witwe. Früher mußte sie sich mit der Leiche ihres Gatten auf einem Scheiterhaufen verbrennen lassen; diese schaudervolle Sitte haben zwar die Engländer abgeschafft, aber ihr Los ist trotzdem noch immer schwer genug. Man geht ihr mit Abscheu aus dem Wege, und wem am Morgen zuerst eine Witwe begegnet, dem wird gewiß am Tage ein Unglück widerfahren!

Auf dem Bahnhof von Benares hält der Zug, und durch ein Gewimmel von Hindus und Mohammedanern in leichten bunten Anzügen mit Turbanen oder kleinen runden Mützen bringt mich ein Wagen nach einem Bungalow, wie der indische Gasthof heißt, wo ich mich durch ein Bad von der heißen Fahrt erfrische.

Benares ist die heiligste Stadt der Erde. Lange bevor Jerusalem und Rom, Mekka und Lhasa standen, war Benares die Heimat der uralten indischen Religion, und noch immer ist diese Stadt das Herz des Brahmanismus und des Hinduismus. Es gibt mehr als zweihundert Millionen Hindus, und das Ziel ihrer aller Sehnsucht ist Benares! Die

Kranken schleppen sich dahin, um im Wasser des heiligen Ganges wieder zu gesunden, die Alten, um hier zu sterben; und wer in der Ferne stirbt, läßt seine Asche nach Benares schicken, damit sie in das seligmachende Wasser des heiligen Flusses gestreut werde. In Benares predigte auch Buddha 500 Jahre vor Christi Geburt, und seinen Anhängern, den vierhundert Millionen Buddhisten, ist Benares ebenfalls ein Heiligtum.

Die Straßen der Stadt sind entsetzlich eng und von stickigen Dünsten und dem Gestank verfaulender Pflanzenstoffe erfüllt. Rechts und links sind offene Läden, wo zierliche Vasen, Schalen und Becher aus Messing und anderen Metallen, viele mit eingelegter Lackarbeit, verkauft werden. Die blankgetretenen Pflastersteine sind glatt wie Seife von dem Dung heiliger Kühe, die mit halbgeschlossenen Augen und hängenden Ohren schläfrig und faul dastehen oder schleppenden Ganges daherkommen und die engen Gassen versperren. Überall leuchten gelbe Ringelblumen, denn es gilt als ein gutes Werk, diese vierbeinigen Heiligen damit zu füttern.

Du kannst tagaus und tagein die Straßen von Benares durchwandern und grübelnd vor ihren zweitausend Tempeln sitzen, klar wird dir das Rätsel dieser merkwürdigen brahmanischen Religion gewiß ebensowenig wie mir! Milliarden von Jahren und 330 Millionen Götter, wer soll das begreifen! Lies immerhin die 4000 Jahre alten Hymnen der Veden und bewundere ihre Poesie, die Natur und Sonne, Regen und Feuer, Erde, Wind und Morgenrot besingt. Aber was du an tiefsinnigen Ewigkeitsgrübeleien darin findest, das wirst du nie verstehen, wenn du nicht selbst Hindu bist!

Die Hindus haben drei vornehmste Götter: Brahma, den Schöpfer, Wischnu, den Erhalter, und Siwa, den Zerstörer. Von diesen dreien sind die übrigen Millionen Götter abgeleitet; so bedeutet z. B. die Göttin Kali nur eine Eigenschaft des Siwa. Dieser Göttin opferte man früher Kinder, jetzt, nachdem die Engländer diese Roheit verboten, nur noch Ziegen.

Die religiöse Verehrung der Hindus beschränkt sich aber nicht auf die Götter. Fast die ganze Natur ist ihnen heilig, vor allem die Tiere Kuh und Stier, Affe und Krokodil, Schlange und Schildkröte, Adler, Pfau und Taube. Lüge, Diebstahl und Mord sind erlaubt, wenn aber ein Hindu Fleisch ißt oder durch einen Zufall auch nur ein Kuhhaar verschluckt, ist er zur Hölle des siedenden Öls verdammt; er ist allen Gläubigen ein Gegenstand des Entsetzens, vor allem aber sich selbst! Dieser Aberglaube ist ihm seit vielen tausend Jahren in Fleisch und Blut übergegangen und besteht noch heute in voller Kraft. Eine Kuh zu töten, ist hierzulande, wo man dem Vieh sogar Krankenhäuser baut, die schlimmste aller Gottlosigkeiten. Ein großer Aufstand gegen die Engländer im Jahre 1857 wurde zum Teil dadurch verursacht, daß die Patronen eines neuen Gewehrmodells mit – Rindertalg eingefettet waren!

Und dabei werden die Hindus von weißen Herren regiert, die Ochsen schlachten und deren Fleisch essen, eine Gewohnheit, die den Indern weit abscheuerregender ist, als Witwen zu verbrennen und der Göttin Kali Kinder zu opfern! So weltenfern steht ihre Empfindungsweise von der unsrigen. Oftmals bin ich bei Hindus zu Gaste gewesen und trefflich bewirtet worden, aber mit mir zu essen hätte nichts in der Welt sie bewogen; mit einem Ungläubigen zu essen gilt als Verunreinigung, und wenn Hindus mich besuchten, hatte es gar keinen Zweck, ihnen etwas vorzusetzen. Bei großen Festlichkeiten, die der englisch-indische Vizekönig in Kalkutta veranstaltete, sah ich vornehme Fürsten, Maharadschas in goldgestickten, mit Edelsteinen übersäten Gewändern; aber sie nahmen ihren Platz erst kurz vor Schluß des Diners ein und rührten keine Speise an. Nahm aber doch ein vornehmer Hindu an der Mahlzeit teil, so war dies ein Abtrünniger, der aus seiner Kaste ausgeschieden war.

Seitdem Indien, oder auf Persisch Hindostan, durch die von Nordwesten her eindringenden Arier erobert wurde, also seit mehr als 4000 Jahren, sind die Hindus in Kasten eingeteilt, und der Unterschied zwischen den einzelnen Kasten ist weit größer als bei uns in Europa zwischen Rittern und Bauern im Mittelalter. Einst waren die Brahminen, die Geistlichen, und die Krieger die beiden vornehmsten Kasten. Jetzt gibt es Tausende solcher Kasten, denn jedes Gewerbe bildet eine für sich; alle Goldschmiede z. B. gehören derselben Kaste an, alle Sandalenmacher einer anderen. Und auch die Angehörigen der einen Kaste verunreinigten sich, wenn sie etwa mit denen der anderen speisen würden.

Wenn ein Hindu Indien verläßt und über das »schwarze Meer« reist, verliert er die Zugehörigkeit zu seiner Kaste; nur wenn er den Brahminen große Summen zahlt, kann er sie unter bestimmten Bußübungen wiedererlangen. Solch eine Bußübung besteht in dem Verzehren der vier von der Kuh kommenden Stoffe, Milch, Butter und Dung in zweierlei Gestalt, denn die Kuh ist eine verkörperte Gottheit und heiliger als alle Menschen, das heißt – mit Ausnahme der Brahminen!

Daher auch die Masse hübscher und fetter Kühe in den Straßen von Benares. Und ebenso wimmelt es hier von heiligen Affen. Sie haben einen besonderen Tempel, der der Gattin Siwas geweiht ist, einem bösen Weibe, das nur am Zerstören Freude hat und mit blutigen Opfern versöhnt werden muß.

Als ich einmal diesen Affentempel besuchte, war man am Eingang gerade damit beschäftigt, eine Ziege zu opfern. Zwei Männer verkauften aus großen Körben Gerste und Nüsse und rieten mir dringend, einen Beutel voll mitzunehmen, um nicht mit leeren Händen den heiligen Affen gegenüberzutreten. Und kaum betrat ich den Hof, als mich auch schon etwa fünfzig graue Affen umgaben, die schnarrend, schnatternd und lachend die Zähne fletschten, voller Wohlbehagen und guter Laune. Als ich ihnen eine Handvoll Gerste reichte, stellten sie sich auf die Hinterbeine, hielten meine Hand mit einer ihrer schwarzen Pfoten fest und nahmen mit der andern eine Prise Gerstenkörner. Eine zweite Handvoll verschwand ebenso schnell, und so ging es weiter, bis mein Vorrat erschöpft war. Dann starrten sie mich mit ihren runden braunen Augen an, schnappten mit den Zähnen, schnalzten mit den Lippen, kratzten sich im Nacken oder unter den Armen und verschwanden im Nu, um sich auf den Zweigen der nahen Bäume zu schaukeln. Der Affentempel ist ihr Quartier, wo sie ihrer Nahrung sicher sind, aber sie erfreuen sich unbeschränkter Freiheit und huschen zwischendurch überall in der Stadt umher. »Mit affenähnlicher Gewandtheit« sieht man sie am Rande der Hausdächer hinlaufen, Balkons und Altane erklettern, über die Straße springen, sich in die Baumkronen, die einen Tempelhof beschatten, hinaufschwingen und im nächsten Augenblick wieder auf Friesen und Dachvorsprüngen hoher Pagoden Platz nehmen. Und auf dem Hintergrund gemalter und geschnitzter Szenen aus den Göttersagen der Hindus passen sie auch ganz vortrefflich!

Am Gestade der Gläubigen

Vor Tau und Tag, wenn die nächtliche Dämmerung sich eben erst im Osten zu lichten beginnt, bin ich schon am Uferkai von Benares, miete mir ein Boot, das vier Männer mit Ruderstangen vorwärtsstoßen, und lasse mich auf dem Kajütendach in einen Korbstuhl nieder. Langsam den Kai entlangfahrend, habe ich eine treffliche Aussicht auf diese seltsame Stadt, die sich am linken Gangesufer hinzieht, eine langgestreckte Masse zusammengeballter Gebäude, Häuser, Mauern und Altane und dazwischen zahllose Pagoden, Hindutempel mit hohen Türmen und überladener Architektur.

Von dem 30 Meter hohen Ufer führen breite Treppen zum Fluß

hinunter, und Steindämme ragen gleich Brücken ins Wasser hinein. Zwischen ihnen stehen Holzgerüste über dem Wasserspiegel, die mit Strohdächern und großen Sonnenschirmen überdacht sind.

Hier ist der Versammlungsort der Gläubigen. Aus dem Innern der Stadt kommen sie zum heiligen Fluß hinunter, um die aufgehende Sonne zu begrüßen, braune, halbnackte Gestalten, und ihre leichten Kleidungsstücke, oft nur ein Lendentuch, schreien in grellbunten Farben. Ein ungeheures Menschengewühl entfaltet sich längs des Flusses; der Uferteil allein, den ich übersehen kann, trägt mindestens fünfzigtausend.

Ich lasse das Boot stillstehen, denn dieses Schauspiel ist gar zu seltsam.

Auf einem der steinernen Dämme kommt ein Brahmine heran und hockt sich nieder. Sein Kopf ist glattrasiert, nur im Nacken steht noch ein Büschel Haare. Er schöpft mit der Hand Wasser aus dem heiligen Fluß, schlürft es auf, spült sich damit den Mund und speit es wieder aus. Ganga, die Tochter Wischnus, ruft er an und bittet sie, die Unreinheit der Geburt und der Sünde von ihm zu nehmen und ihn bis zum Tode zu schützen. Dann sagt er Wischnus vierundzwanzig Namen her, erhebt sich und ruft die heilige Silbe »Om«, die Brahma, Wischnu und Siwa umfaßt. Schließlich wendet er sich noch an Erde, Luft, Sonne, Mond und Sterne und gießt sich Wasser über den Scheitel.

Jetzt wird über dem Dschungel am rechten Gangesufer der Rand der Sonne sichtbar. Ihr Aufgang wird von diesen Tausenden frommer Pilger mit Wasseropfern begrüßt. Man spritzt mit den Händen Wasser in die Luft der Sonne zu und watet auf dem langsam abfallenden Ufergrund in den Fluß hinein. Der Brahmine hat sich wieder niedergekauert und macht nun mit Händen und Fingern die rätselhaftesten Bewegungen. Bald fährt er damit über seinen Scheitel, bald legt er sie auf Augenlider, Stirn, Nase, Ohren und gegen die Brust, alles um Wischnus einhundertundacht verschiedene Offenbarungen sinnbildlich darzustellen. Vergißt er auch nur eine einzige dieser unzähligen Handbewegungen, dann war der ganze Gottesdienst, der eine bis zwei Stunden in Anspruch nimmt, vergeblich! Nach dem Mittagessen und am Abend wiederholt sich die gleiche Zeremonie. In der Zwischenzeit hat der Brahmine im Tempel andere religiöse Pflichten zu erfüllen.

Langsam gleitet mein Boot wieder den Ganges hinab. Da liegt auf Lumpen ein Greis ausgestreckt; er ist so mager, daß die Haut sich über den Rippen strafft, und ebenso braun wie die anderen Gläubigen, aber sein Bart ist schneeweiß. Er ist nach Benares gewandert, um am heiligen Ganges, der dem Fuße Wischnus entströmt, zu sterben. Dort ist ein Aussätziger, ein Mann in mittlerem Alter, dessen Lebenskraft seine Wunden verzehren; er sucht Heilung am Ganges, an den Quellen des Lebens. Hier steigt eine junge Frau graziös die steinerne Treppe herunter, den Wasserkrug zierlich auf dem Kopfe tragend. Sie watet in den Fluß hinein, bis das Wasser ihr an die Hüfte reicht; dann trinkt sie aus der hohlen Hand, spritzt Wasser zur Sonne hin, gießt sich die Tropfen übers Haar, füllt ihren Krug und geht langsam wieder zurück, während die heilige Flut von dem roten Schleier herabrinnt, der ihren Körper umhüllt. Andere sitzen in Gruppen stundenlang am Ufer und gehen gemeinsam wieder heim.

In der unendlichen Kette des Daseins ist diese kurze Morgenstunde nur eine Sekunde der Ewigkeit. Und alle diese Tausende, die mit dem Wasseropfer aus den heiligen Fluten der Sonne huldigen, sind überzeugt, daß jedem, der nach Benares pilgert und in seinen Mauern stirbt, Vergebung aller Sünden werde. Benares sehen und dann sterben! Das genügt.

Gleich den Buddhisten glauben auch die Hindus an Seelenwanderung. Die Seele eines Hindu muß mehr als acht Millionen Tiergestalten durchwandern und in den späteren Daseinsformen die Sünden abbüßen, die sie früher beging. Daher die Opfer an Götter und Brahminen, um von diesem ewigen Wandern baldigst erlöst zu werden und in den Himmel der Götter eingehen zu dürfen. –

Am Abend, wenn die heißesten Stunden des Tages vorüber sind, fahre ich wiederum langsam an den steinernen Ufertreppen der Stadt vorüber. Trübschmutzig und grau strömt jetzt der heilige Fluß lautlos in seinem Bett dahin. Welche Masse Unreinlichkeit und Verwesung enthält dieses seligmachende Wasser! Ganze Bündel zertretener übelriechender Ringelblumen treiben vorüber, Abfälle, Lumpen, Späne, Blasen und Schaum.

Aus einer steilen Gasse nähert sich unter schauderhafter Musikbegleitung in schnellem Takt ein Leichenzug dem Ufer. Lärmende Trommelwirbel hallen von den Mauern der Pagoden wider. Auf der Bahre unter einem weißen Tuch liegt der Tote, gerade ausgestreckt, braun und mager, und Leute aus der Kaste der Leichenverbrenner legen ihn auf den am Ufer aufgeschichteten Scheiterhaufen. Bald sprüht und knistert es, und dicke Rauchwolken steigen empor. Der Geruch verbrannten Fleisches dringt bis zu mir hin, und ich lasse das Boot weiter fortrudern. Mit dem Brennholz sind die Totengräber aber nicht allzu verschwenderisch. Wenn der Holzhaufen heruntergebrannt ist, liegt der verkohlte schwarze Körper noch in der glühenden Asche und wird dann in den Fluß geworfen!

Im Ganges wohnen Götter, nicht nur unsichtbare, die mit dem segensreichen Wasser Leben und Kraft aus den Feldern der Hindus hervorlocken, sondern auch sichtbare. Dem Hindu ist ja fast die ganze Natur die Offenbarung einer Gottheit, und ein Gott ist auch das Krokodil. Man darf es nicht stören oder gar töten. Unbehindert kriecht es das Ufer hinauf, greift mit seinen scharfgezähnten Kiefern kleine spielende Kinder und verschwindet mit seiner Beute im Strom. Vater und Mutter trauern wohl, aber niemals denken sie an Rache, sondern betrachten das Krokodil jetzt vielleicht noch mit größerer Ehrfurcht als bisher. »Auf der Erde ist nicht seinesgleichen. Es ist ein König über alle Raubtiere«, heißt es in der Bibel.

Früher warf man am Ganges die Toten auch unverbrannt in den Fluß. Infolge der daraus entstehenden Pestgefahr haben die Engländer diese Sitte verboten, doch soll sie in einigen entlegenen Gegenden immer noch herrschen. Man legt die Toten auf ein kleines Floß und läßt sie von den Wellen des Ganges langsam durch die stille Nacht forttragen. Einmal sah ich solch einen toten Pilger, der mitten im Fluß auf einer Sandbank hängengeblieben war. Ich würde ihn gar nicht bemerkt haben, hätten nicht die Geier bei seinen Resten Leichenwache gehalten. –

Nun gießt der Vollmond sein Licht über Fluß und Dschungel, und die tiefe märchenhafte Stimmung einer Mainacht breitet sich über das Gangesufer. Das Wasser rauscht leise um einen festgefahrenen Baumstamm, und es raschelt in den schwarzen Verstecken des Dschungels. Ein Panther schleicht umher auf Beute; seine gelben Augen glühen wie Lampen im Dickicht. Die Affen sind an den Lianen emporgeklettert und sitzen schlafend unter den Kronen der Bäume. Ein schlaftrunkener, aus seinen Träumen aufgeschreckter Papagei läßt seine Stimme wie eine schrille Pfeife über den Wald hin ertönen, aber niemand achtet seiner, nicht einmal der Panther wendet sich um. Im Wasser zeigt sich eine leise Bewegung. Ein Krokodil hebt den Kopf langsam heraus und kriecht auf den Baumstamm hinauf. Das Mondlicht glänzt auf seinen nassen Rückenschildern. Es horcht angestrengt umher und wartet einige Zeit auf Beute. Bald aber zieht es sich wieder zurück, biegt den Schwanz wie eine Stahlfeder und verschwindet in der Tiefe.

Da plötzlich erschüttert ein Ton die Luft, der ringsum Schrecken verbreitet. Wie heiserer, klagender Donner rollt es durch das Dschungel. Der Tiger ist erwacht und sehnt sich nach Blut! Wer einmal das Todesurteil gehört hat, das in dem Warnungsgeheul des Tigers liegt, vergißt es nie wieder!

Asiens Licht

Im sechsten Jahrhundert vor Christi Geburt lebte in Kapilavastu, 200 Kilometer nördlich von Benares, der arische Stamm der Sakya. Der König dieses Landes hatte einen Sohn namens Siddharta, der an Leib und Seele mit übermenschlichen Gaben ausgestattet war. Als der Prinz sein achtzehntes Jahr erreicht hatte, sollte er sich eine Gattin wählen, und seine Wahl fiel auf die schöne Jarodara. Aber um ihre Hand zu gewinnen, mußte er im Wettkampf mit den Tapfersten und Kräftigsten seines Volkes den Preis erringen.

Zuerst traten die Meister des Bogens auf und trafen mit ihrem Pfeil das Ziel, eine kupferne Trommel. Siddharta befahl, das Ziel doppelt so weit zu stellen; dann ergriff er einen Bogen, aber der zerbrach. Da holte man aus einem Tempel einen zweiten, der so hart war, daß niemand ihn spannen konnte. Siddharta aber bewältigte ihn mit Leichtigkeit; der Pfeil durchbohrte nicht nur die Trommel, sondern setzte seinen Flug noch eine Strecke über die Ebene hin fort.

Dann schritt man zur Schwertprobe. Die übrigen Mitbewerber schlugen mit einem Hieb den Stamm eines kräftigen Baumes durch. Siddhartas Klinge aber schnitt zwei nebeneinanderstehende Stämme mit einem Male durch, so scharf und blitzschnell, daß die Bäume ruhig stehen blieben. Da jubelten schon die andern Bewerber und spotteten über das stumpfe Schwert des Prinzen. Nun aber fuhr ein schwacher Windhauch durch die Kronen der Bäume, und beide stürzten zu Boden.

Als dritte Probe galt es, ein wildes Roß zu zwingen, das niemand reiten konnte. Unter Siddhartas starker Hand aber wurde es gefügig und fromm wie ein Lamm.

Darauf führte der Prinz seine Gattin in den prachtvollen Palast in Kapilavastu. Der König aber fürchtete, daß Bosheit, Armut und Unglück, die draußen in der Welt herrschten, die Seele des Prinzen trüben könnten, und er ließ daher um den Palast herum eine hohe Mauer bauen, an deren Toren Wachen aufgestellt wurden.

Nun lebte der Prinz glücklich in seinem Schloß. Aber eines Tages überfiel ihn die Sehnsucht, zu erfahren, wie die Menschen draußen in der Welt lebten. Der König gewährte ihm auch die Bitte, den Palast verlassen zu dürfen, befahl aber, daß die Stadt sich wie zu einem Feste schmücken und daß man alle Armen, Kranken und Krüppel fortführen sollte. In seinem von Stieren gezogenen Wagen fuhr der Prinz durch die Straßen.

Da erblickte er einen gebeugten, abgezehrten Greis, der ihm mit dem

Rufe: »Gib mir ein Almosen, morgen oder übermorgen sterbe ich!« die Hand entgegenstreckte.

Der Prinz fragte, ob dieses scheußliche, allen anderen so unähnliche Geschöpf wirklich ein Mensch sei.

»Ja«, antwortete ihm sein Wagenlenker, »alle Menschen werden alt, schwach und elend wie dieser hier.« Da kehrte Siddharta traurig und grübelnd nach Hause zurück.

Nach einiger Zeit bat er seinen Vater, die Stadt nun auch in ihrem Alltagskleide sehen zu dürfen. Als Kaufmann verkleidet und in Begleitung desselben Wagenlenkers ging er zu Fuß durch die Straßen. Überall sah er Wohlsein und Fleiß, aber plötzlich ertönte an seinem Wege der Klageruf: »Ich leide, helft mir nach Hause, ehe ich sterbe!« Siddharta blieb stehen und sah einen Pestkranken, dessen Körper voller Aussatz war und der sich nicht bewegen konnte. Der Prinz fragte seinen Begleiter und hörte, daß ein Kranker vor ihm liege.

»Kann die Krankheit alle Menschen befallen?«

»Ja, Herr, sie schleicht umher wie der Tiger durchs Dickicht, man weiß nicht wann und warum, aber überfallen kann sie uns alle.«

»Kann der Unglückliche lange in solchem Elend leben, und was ist das Ende?«

»Der Tod!«

»Was ist der Tod?«

»Seht dorthin, da kommt ein Leichenzug. Der Mann auf der Bambusbahre dort hat aufgehört zu leben. Die hinter ihm sind seine trauernden Angehörigen. Seht, wie sie ihn drunten am Ufer auf den Holzstoß legen und wie er brennt; bald wird von ihm nur noch ein Häufchen Asche übrig sein.«

»Müssen alle Menschen sterben?«

»Ja, Herr.«

»Ich auch?«

»Ja.«

Betrübter als je zuvor kehrte Prinz Siddharta nach Hause zurück, und in seiner Seele reifte die Sehnsucht, die Menschen von Leid, Tod und Gram zu erlösen. Er hörte eine Stimme in sich: »Wähle zwischen Königskrone und Bettelstab, zwischen Weltmacht und einsamen, heimatlosen Pfaden, die zur Rettung des Menschen führen!«

Sein Entschluß war gefaßt. Leise schlich er an Jarodaras Lager und sah seine junge Gattin mit ihrem neugeborenen Sohn im Arm auf einem Rosenbett ruhen. Dann verließ er alles, was er geliebt hatte, befahl seinem Begleiter, sein Pferd zu satteln, und ritt nach den kupfernen Toren, die von drei Wachen besetzt waren. Ein Mohnwind wehte über die Wächter hin, tiefer Schlaf befiel sie, und die schweren Tore sprangen lautlos von selber auf.

Als er weit von Hause entfernt war, sandte er seinen Begleiter mit den königlich geschmückten Pferden zurück, tauschte mit einem zerlumpten Bettler die Kleider und ging allein weiter. Da trat ihm der Geist des Bösen entgegen und bot ihm die Herrschaft über die vier großen Weltteile an, wenn er auf sein Vorhaben verzichten wolle. Aber er trotzte der Versuchung und wanderte in ein anderes Reich. Hier siedelte er sich in einer Höhle an und versuchte, die Brahminen zu belehren, daß Brahma kein Gott sein könne, da er eine so schlechte Welt erschaffen. Die Brahminen aber begegneten ihm mit Mißtrauen, und nun zog er sich mit fünf Jüngern in die Einsamkeit zurück, um sich tiefer Betrachtung und Selbstkasteiung hinzugeben.

Aber bald erkannte er, daß Mißachtung und Abtötung des Körpers, der doch die Wohnung der Seele ist, nichts helfe, und begann, wieder Nahrung zu sich zu nehmen. Da verließen ihn seine Jünger, denn Kasteiung des Leibes galt damals als der einzige Weg zur Seligkeit. Nun war Siddharta allein, und unter dem heiligen Feigenbaum, der noch jetzt in Indien gezeigt wird, erlangte er Weisheit, fand die Erklärung aller Rätsel und wurde ein »Erleuchteter«, Buddha.

Schließlich kam er nach Benares, gewann hier seine ersten Jünger wieder, und nun verbreitete sich seine Gemeinde, die Ordensbrüderschaft der gelben Bettelmönche, weiter und weiter. Während der Regenzeit, vom Juni bis Oktober, lehrte er in Benares; während der schönen Jahreszeit wanderte er von Dorf zu Dorf. »Abscheu vor dem Bösen, Übung des Guten, Reinigung des Herzens, das ist die Religion Buddhas«, so predigte er. Er starb im Alter von achtzig Jahren, 480 Jahre vor Christi Geburt. –

Buddha war ein Reformator, der dem religiösen Glauben der Inder neues Leben einflößen wollte. Viele seiner Ordensbrüder waren Brahminen. Er verwarf die Vedabücher, die Abtötung des Leibes und das Kastenwesen, predigte Menschenliebe und lehrte, daß der Weg ins Nirwana, das Paradies der Stille und der Vollkommenheit, jedem offen stehe. Schriften hinterließ er nicht. Aber seine Lehre erhielt sich im Gedächtnis der Schüler, die sie später niederschrieben. Ihre fünf Hauptgebote waren:

Du sollst nicht töten;
Du sollst nicht stehlen;
Du sollst nicht unkeusch leben;
Du sollst nicht lügen;
Du sollst nicht berauschende Getränke trinken.

Heute, 2500 Jahre nach Buddhas Zeit, ist seine Lehre über ungeheure Gebiete Ostasiens verbreitet, über ganz Japan, China, die Mongolei, Tibet, Hinterindien, Ceylon und das Land nördlich vom Kaspischen Meer. Die ursprünglich schöne und tiefsinnige Lehre Buddhas wurde jedoch in den meisten Ländern mit vielen Sonderbarkeiten vermischt und ist dadurch entartet. Aber zahllos sind die Buddhastatuen in den Tempeln Ostasiens, und ihr Urbild erhielt den Namen: Asiens Licht.

Indiens Elefanten

Als ich zum erstenmal nach Indien reiste, begleitete mich als Diener ein russischer Kosak aus Ostsibirien. Er hatte noch nie in seinem Leben einen Elefanten gesehen, und sein Erstaunen war daher grenzenlos, als uns in einer indischen Stadt ein ganzer Zug dieser grauschwarzen Kolosse begegnete.

»Herr, sind das wirklich lebendige Tiere?« fragte er verblüfft.

»Ja, du siehst doch, sie gehen und folgen gehorsam ihren Treibern.«

»Ich glaubte wirklich, es sei eine Lokomotivenart, die durch eine Maschine im Innern in Gang gebracht wird.«

»Nein, nein, es sind Elefanten, die einst wild in den Wäldern lebten, aber gefangen und gezähmt als Reit- und Lasttiere treffliche Dienste tun. Paß mal auf, ich will dir zeigen, daß sie auch fressen können.«

Beim nächsten Obststande kaufte ich ein Bündel Zuckerrohr und hielt einem der Elefanten ein Rohr hin. Er nahm es mir langsam und zierlich aus der Hand, hielt es quer im Maule, schälte mit dem Rüssel einige vertrocknete Blätter und die Wurzelfasern ab und verspeiste das übrige.

»Ja«, sagte mein Kosak jetzt nachdenklich, »es sind richtige Tiere; aber so etwas Merkwürdiges habe ich in meinem ganzen Leben noch nicht gesehen.« –

Die Heimat der wilden Elefanten sind die Wälder Indiens, die Hinterindische Halbinsel, Ceylon, Sumatra und Borneo. Eine andre Art findet sich in Afrika. Sie leben in Herden, meist zu dreißig und vierzig, und jede Herde bildet einen Staat für sich. Sein Oberhaupt ist ein ausgewachsenes Männchen mit großen, starken Stoßzähnen, dem alle anderen gehorchen und sich nur mit größter Unterwürfigkeit nahen. Auf der Wanderung durch die Wälder oder auf der Flucht ist aber stets ein Weibchen die Führerin der Herde und bestimmt die Geschwindigkeit, je nachdem wie schnell die Jungen laufen können. Geruch und Gehör sind beim Elefanten so fein entwickelt, daß er einen Feind aus weitester Ferne wittert, und es ist ganz zwecklos, eine Elefantenherde von der Windseite überraschen zu wollen. Auf Meilenweite hören sie das Trompeten ihrer Stammverwandten und verstehen es genau, denn die Elefanten haben verschiedene Töne, um Wohlbefinden oder Verdrießlichkeit, Warnung oder Lockung, Furcht oder Wut auszudrücken. Brechen sie zum Angriff durch das Unterholz, dann schallt es gellend wie eine Trompete aus ihrem Rüssel.

Der Rüssel ist ihr empfindlichstes und nützlichstes Glied. Er ist außerordentlich beweglich und biegsam und besteht aus 40 000 teils langgestreckten, teils ringförmigen Muskeln. Mit ihm reißen sie die Zweige von den Bäumen, schälen geschickt deren Rinde ab, rollen die Blätter zu einem Ball zusammen und stecken ihn sich ins Maul. Ihre Bewegungen sind langsam und schwerfällig und ihre kleinen Augen recht ausdruckslos, als ob sie der Umgebung keinerlei Aufmerksamkeit schenkten. Während der heißen Tagesstunden legen sie sich nieder oder ruhen aufrechtstehend auf ihren runden, plumpen Beinen. Vor Sonnenuntergang traben sie nach dem nächsten Wasser, um zu trinken. Mit dem Rüssel saugen sie das Wasser auf und spritzen es sich ins Maul.

Wird eine Herde wilder Elefanten erschreckt, dann ergreift sie schleunigst die Flucht. Meist folgt sie alten, ausgetretenen Pfaden durch das Dickicht, aber auch dann, wenn neue gebrochen werden, gehen die Tiere im Gänsemarsch mit aufgerolltem Rüssel hintereinander, damit die ersten den Weg bahnen. Das dichteste Gebüsch von Bambusrohr zersplittert wie Glas unter ihrer Wucht, und um ihre Flanken kracht es von geknickten Zweigen und niedergetrampelten Stämmen. Die schwarzroten Jungen halten sich zwischen den vier Beinen ihrer Mütter, und diese nehmen sich sorgsam in acht, daß sie ihr Kleines nicht treten. Reißende Ströme sind für die Elefanten kein Hindernis; sie gehen ruhig ins Wasser hinein, und wenn sie keinen Grund mehr haben, schwimmen sie; die ganze Herde läßt sich vom Strom flußabwärts treiben, nähert sich dabei aber gleichmäßig dem anderen Ufer. Um ihre Brust rauscht es wie vor einem Dampfer. Die neugeborenen Jungen werden von der Mutter beim Schwimmen mit dem Rüssel unterstützt; die größeren krabbeln auf ihren Rücken. Sobald die Tiere wieder Grund haben, erheben sich ihre schwarzen Rücken über dem Wasser, und dann geht es in langsamem Trab durch neue Waldesdickichte weiter.

Stoßen sie auf bewohnte Gegenden, große Lichtungen in den Wäldern, wo die Hindus ihre Felder haben, dann ist es den Eingeborenen oft schwer, sich der Tiere zu erwehren. Denn bebaute Äcker sind ihre leckerste Weide. An den Pflanzungen, die oft von Elefantenherden heimgesucht werden, stehen daher dauernd Wachen, die mit Trommeln Lärm schlagen, schreien und toben, und wenn das nicht hilft, große Haufen Bambusrohr anzünden, um die Tiere in die Flucht zu jagen. Manchmal kennen aber die Elefanten diesen Kniff schon und lassen sich nicht stören. Im übrigen aber sind sie gutmütige, friedliche und scheue Tiere und machen sich möglichst schnell aus dem Staube, sobald sie Unheil wittern. Dem Menschen sind sie daher nicht sehr gefährlich, aber der Mensch ist ihr ärgster Feind.

Man fängt in Indien die wilden Elefanten, zähmt sie und richtet sie zur Arbeit ab. Gewöhnlich bedient man sich zahmer Elefanten, um an die wilden überhaupt heranzukommen. Geschickte Fänger verstecken sich, so gut es geht, auf dem Rücken ihrer zahmen Tiere und treiben sie auf eine Herde ihrer wilden Verwandten los. Sobald ein ausgewachsenes Männchen von seiner Herde getrennt ist, greifen es die Jäger von allen Seiten an, beschäftigen und ängstigen es, um es so zu hindern, mit seinen Kameraden zusammen zu entfliehen, und um es zu ermüden. Zweimal vierundzwanzig Stunden kann es dauern, ehe es so matt ist, daß es sich, gleichgültig gegen sein ferneres Schicksal, niederlegen muß. Dann gleiten die Inder schnell von ihren zahmen Trägern herab, schnüren dem ermatteten Elefanten lederne Stränge um die Hinterbeine und binden ihn an einem nahen Baum fest.

Auf Ceylon gibt es sogar außerordentlich geschickte Fänger, die zu zweien und ohne die Hilfe zahmer Elefanten ihre Beute aufsuchen. Sie folgen einer gefundenen Fährte durch Wälder und Dickicht, erkennen genau das Alter jeder Spur, die Zahl der hier gewanderten Elefanten und die Schnelligkeit ihres Ganges. Das kleinste Zeichen am Wege, das ein Fremder nie bemerken würde, gibt ihnen Auskunft, und wenn sie die Herde erreicht haben, folgen sie ihr geräuschlos wie Schatten; sie schleichen auf den Waldespfaden so vorsichtig und weich dahin wie ein Leopard, sie streifen nie ein raschelndes Blatt und treten nie auf einen knackenden Zweig, so daß die Elefanten trotz ihres feinen Geruchs und ihres scharfen Gehörs keine Ahnung von ihrer Nähe haben. Im tiefen Wald, wo die Elefanten nur langsam vorwärts können, machen sie sich an sie heran, werfen ihrem Opfer eine Schlinge aus Ochsenlederriemen vor die Hinterfüße und ziehen sie im richtigen Augenblick an. Merkt jetzt der Elefant die Gefahr und schickt sich mit wilden Trompetenstößen zum Angriff an, dann huschen die Verfolger wie Waldmäuse durch das Dickicht, sind aber bald wieder da, um die Schlingen immer wieder zu verstärken, bis der Elefant festsitzt.

In Indien fängt man auch ganze Elefantenherden auf einmal, und diese Jagd ist wohl das Großartigste und Wunderbarste, was man sich an Jagd überhaupt vorstellen kann. Mehrere hundert geübter Eingeborener werden aufgeboten und so viele zahme Elefanten wie möglich. Sobald die Stelle im Wald, wo sich die vielleicht aus hundert Tieren bestehende Herde aufhält, bekannt ist, wird um sie eine Postenkette von mehreren Kilometern Umfang gebildet und so schnell und geräuschlos wie möglich ein Zaun von Bambusrohr errichtet. Nach etwa zehn Tagen werden die Elefanten unruhig und versuchen durchzubrechen, doch wohin sie sich auch wenden, überall werden sie mit Schreien und Rufen, blinden Schüssen und geschwungenen Brandfackeln empfangen. Schließlich finden sie sich in ihr Schicksal und bleiben in der Mitte des Kreises, wo sie am wenigsten beunruhigt werden.

Inzwischen hat man aus vier Meter hohen Pfosten und Stangen ein starkes Gehege von höchstens 50 Meter Durchschnitt errichtet. Sein vier Meter breiter Eingang läßt sich durch eine große herunterklappende Tür in einem Augenblick versperren, und von den Türpfosten aus laufen zwei lange Plankenzäune, die sich nach auswärts immer weiter voneinander entfernen. Nun nähert sich der große Kreis der Treiber der Herde immer mehr und scheucht sie unter Lärm und Geschrei in diese breite, immer enger werdende Gasse hinein, und da die Elefanten keinen anderen Weg frei finden, stürmen sie in die feste Umzäunung hinein, das Tor klappt hinter ihnen zu, und sie sind in der Falle gefangen. Zwar versuchen sie, die Umzäunung zu durchbrechen, aber sie ist zu stark, und die Treiber scheuchen sie von außen her immer wieder zurück.

Nun läßt man die Tiere achtundvierzig Stunden in Ruhe, und dann beginnt erst der gefährlichste und schwierigste Teil der Jagd. Die erfahrensten und geschicktesten Fänger reiten auf gut dressierten, zahmen Elefanten in das Gehege hinein; sie sind gewandt wie Katzen und bei aller Kühnheit doch sehr auf ihrer Hut. Die zahmen Elefanten sind mit Stricken versehen, an denen der Reiter sich festhalten und, wenn er angegriffen wird, hinabgleiten kann, und werden von ihrem Herrn mit einem kleinen eisernen Stachel vorwärts oder rückwärts, rechts oder links gelenkt. So nähert sich der Reiter einem der wilden Elefanten. Geht dieser zum Angriff über, dann ist gleich ein zweiter zahmer Elefant zur Stelle, der ihn mit seinen Stoßzähnen bearbeitet. Im rechten Augenblick wirft der Reiter seinem Opfer eine Schlinge um den Kopf, der zahme Elefant hilft mit seinem Rüssel die Schlinge richtig legen, und ihr anderes Ende wird um den Stamm eines Baumes geknüpft. Dann läßt sich der Reiter auf den Boden hinab und legt dem Tiere eine zweite und dritte Schlinge um die Hinterbeine. Nun ist es bewegungsunfähig gemacht und reißt und zieht vergeblich an seinen Banden. Andere Reiter haben unterdessen ebenso seine wilden Vettern gefesselt.

Dann werden die Gefangenen einer nach dem anderen aus der Umzäunung hinausgeführt und im Wald an Bäume angebunden. Hier müssen sie sich erst längere Zeit an die Gesellschaft der Menschen und der zahmen Elefanten gewöhnen, und erst wenn Furcht und Wildheit gänzlich von ihnen gewichen sind, führt man sie in die Dörfer, wo sie dressiert werden, um im Dienst ihrer Herren zu arbeiten.

Es ist ein hübscher Anblick, die zahmen Elefanten bei ihrer Arbeit zu sehen. Sie tragen Bauholz und Warenballen auf den Landstraßen und sind überall, wo man großer Kraft bedarf, im Frieden und im Kriege, eine nützliche Hilfe.

Im grauen Altertum bestand ein indisches Kriegsheer aus vier Abteilungen: Elefanten, Streitwagen, Reiterei und Fußvolk. Das erste Mal, daß europäische Krieger Elefanten auf dem Schlachtfeld begegneten, war im Jahre 331 vor Christo, als Alexander der Große den König Darius bei Arbela besiegte; und als der Mazedonierkönig über den Indus gegangen war, hatte er im Jahre 327 am Ufer des Hydaspes einen harten Strauß mit den Kriegselefanten des Königs Porus zu bestehen, die dem feindlichen Fußvolk als sichere Deckung dienten. Aber die Mazedonier wußten sich zu helfen; sie zielten mit ihren Speeren und Streitäxten nach den Rüsseln und Fersen der Elefanten, und letztere gerieten vor Schmerz in solche Wut, daß sie alles ohne Unterschied zertraten, besonders die eigenen Leute des Porus, die zwischen ihnen eingekeilt waren und nicht entkommen konnten. Als Alexander nach seinen märchenhaften Siegen nach Babylon zurückkehrte, verlieh er seinem Einzug einen besonderen Glanz durch eine Reihe indischer Elefanten. Als Sinnbilder unbegrenzter Macht standen sie später stets angebunden um sein Zelt und seinen Thron, und als er gestorben war, gingen sie, reich mit goldenen Ketten und indischen Tüchern behangen, im Leichenzuge einher. Der Paradewagen, auf dem Alexanders Sarkophag nach Ägypten gebracht wurde, war mit Bildern indischer Elefanten verziert.

Im Jahre 1398 ging der große Tatarenkönig Timur der Lahme über den Hindukusch und stieß vor Dehli mit dem König von Hindostan zusammen. Dieser hatte in seinem Heer hundertundzwanzig mit Panzerhemden bekleidete Elefanten, an deren Stoßzähnen Säbel und vergiftete Speere befestigt waren; auf ihrem Rücken trugen sie Türme mit Bogenschützen. Aber Timur jagte ihnen Herden wilder Büffel mit brennenden Fackeln an den Hörnern entgegen, so daß die Elefanten scheu wurden, kehrt machten und die indischen Truppen in Verwirrung brachten. Als Timur nach Hause zurückkehrte, brachte er fünfundneunzig Elefanten mit, und diese schleppten die Ziegelsteine zum Bau seiner prachtvollen Grabmoschee, deren melonenförmige Kuppel noch heute die Stadt Samarkand in Turkestan überragt.

Der Großmogul Dschahangir besaß nicht weniger als 12 000 Elefanten, und als Nadir Schah im Jahre 1739 Dehli und den Pfauenthron eroberte, hatte sein Heer gegen 2000 Elefanten zu kämpfen. Die erbeuteten Schätze ließ er auf 10 000 Kamelen, 7000 Pferden und 500 Elefanten nach Persien bringen, und zwölf der letzteren schenkte er dem Sultan in Konstantinopel.

Auch in der Mythologie der Inder spielt der Elefant eine bedeutende Rolle. Nach der Vorstellung der Hindus ruht die Welt auf den Rücken acht großer Elefanten, die den acht Himmelsrichtungen zugewandt sind. Indra, der Gott der Luft und des Gewitters, wird auf einem Elefanten reitend abgebildet, und Ganescha, der Gott der Weisheit und Wissenschaft, trägt einen Elefantenkopf.

So geht der Elefant durch die Weltgeschichte und nimmt an den Kämpfen der Menschen und an ihrer Arbeit teil. In unseren Tagen dienen die Elefanten hauptsächlich dazu, den Glanz der indischen Fürstenhöfe und der Nationalfeste zu erhöhen. Indiens Maharadschas sind stets wohlversehen mit Elefanten zur Tigerjagd und zum Reiten. Bei festlichen Gelegenheiten dürfen diese Paradetiere niemals fehlen, und alte, gutdressierte Elefanten, die ein vornehmes, königliches Benehmen zur Schau tragen, werden teuer bezahlt.

Mehrfach hatte ich Gelegenheit, als Gast indischer Fürsten Ausflüge auf dem Rücken ihrer Elefanten zu machen. Man erklettert sie mit Hilfe einer Leiter und findet oben einen bequemen Sattel, der fast einem Lehnstuhl gleicht und mit Rückenlehne, Fußbrett und Sonnendach versehen ist. Doch bin ich auch schon ohne Sattel geritten und hatte nichts weiter unter mir als eine dicke rote Friesdecke mit goldenen Borten und Quasten und einer Art Handgriff zum Festhalten. Der Führer sitzt auf dem Nacken des Reittieres und lenkt es mit einem eisernen Stachel nach Belieben.

Wenn indische Fürsten oder der Vizekönig selbst auf die Tigerjagd gehen, geschieht es stets mit einer großen Anzahl Elefanten. Diese bilden einen großen Kreis um den Dschungel, in dem der Tiger versteckt ist, und nähern sich immer mehr dem Mittelpunkt, bis sie schließlich wie eine dichte Mauer stehen. Gelingt es dem Tiger, durch eine Lücke der Kette zu entwischen, dann zerreißt er häufig einen der Treiber, die zu Fuß laufen. Aber dem Elefantenreiter wird er selten gefährlich, denn er zieht es vor, am Boden entlang zu schleichen, wenn er von allen Seiten gehetzt wird. Hat man ihn schließlich gezwungen, das Dickicht zu verlassen, dann fällt er unter den gut gezielten Schüssen der Jäger.

Als der jetzt verstorbene König von England 1903 zum Kaiser von Indien gekrönt wurde, fanden in Dehli große Festlichkeiten statt, an deren Vorbereitungen mehrere Jahre gearbeitet worden war. Ein förmlicher Wetteifer entbrannte unter den zahlreichen indischen Fürsten in der Entfaltung von Pracht und Reichtum. Vor Dehli wurde eine neue Feststadt aus kostbaren riesengroßen Zelten mit Wohnungen, Straßen und Marktplätzen aufgeführt, um nach wenigen Tagen wieder vom Erdboden zu verschwinden, und an dem Tage des Krönungsfestes schritt einer der glänzendsten Züge, die je die Welt gesehen, durch Dehlis Straßen. Voran ritten der Herzog von Connaught als Vertreter seines königlichen Bruders, der nicht selbst anwesend war, und der Vizekönig Lord Curzon mit seiner jungen, strahlenden Gemahlin auf hohen Elefanten; ihr Sattel glich einem goldenen Tempel mit einem Königsthron, und ihnen folgten alle regierenden Fürsten und Maharadschas Indiens in Gewändern aus kostbaren Goldbrokaten mit Edelsteinen übersät. Die großen würdevollen Elefanten, die ihre hohen Herren durch ein Gewühl von vielen hunderttausend Hindus und Mohammedanern trugen und über die Köpfe der Zuschauermassen hinweg und durch einen Wald von Lanzen hindurch wie große wandelnde Kolosse erschienen, erhöhten die imponierende Größe des Zuges gewaltig. Ihr Körper verschwand fast unter kostbaren, mit Gold und Silber beladenen, buntgestickten Seidendecken, und allenthalben schaukelten goldene Ketten und Quasten; dreizipfelige Tücher hingen über ihre Stirn hernieder bis zu den vergoldeten oder mit metallenen Schuppenhülsen überzogenen Stoßzähnen. »Mit Indiens Schätzen reich beladen«, mit Gold und Diamanten, Seidendecken aus Benares und Perlen von den Küsten Bahreins und Ceylons schritten sie mit einer Würde einher, als wüßten sie, wie unentbehrlich sie sind, wenn es gilt, einen unauslöschlichen Eindruck auf Indiens Völker zu machen. –

Der wilde Elefant soll hundertfünfzig Jahre alt werden, der zahme selten mehr als achtzig. Da man außerordentlich selten Skelette von Elefanten findet, glauben die Singhalesen in Ceylon, daß die Elefanten ihre Toten begraben. In einigen Gegenden hält man sie sogar für unsterblich. Wahrscheinlich aber sucht der alte Elefant, wenn er seinen Tod herannahen fühlt, eine schwer zugängliche Stelle im tiefsten Innern des Waldes oder am Rand eines Morastes auf, wo er sicher ist, ungestört aus dem Leben zu scheiden.

Wer die zahmen Elefanten in Indien gesehen hat, muß sie lieben und ihre Pflichttreue, Gutmütigkeit und Geduld bewundern. Wenn sie nicht arbeiten, stehen sie angepflockt auf dem Hof oder im Park unter dichtbelaubten Bäumen; ihre Wärter putzen sie, füttern sie und geleiten sie morgens und abends zur Tränke. Den einen Hinterfuß umschließt ein Eisenring, und dieser ist mit einer Kette an einem Pfahl befestigt; ganz blank ist dieser massive Pfahl, denn seit Jahrzehnten schon hat der Elefant seine dicke Haut daran gescheuert und ringsherum eine tiefe Rinne in den Boden getreten. Vielleicht ist sein jetziger Wärter ein Enkel des Mannes, der ihm einst die Freiheit raubte, oder ein alter Mann, der schon seinen Enkeln zeigt, wie zahme Elefanten behandelt werden müssen. Generationen hat so ein Elefant vorüberwandeln sehen. Ob er sich wohl noch der Zeit erinnert, da er in ungebundener Freiheit mit seiner Herde die großen dunklen Wälder durchwanderte und trotzigen Sinnes das Bambusrohr niedertrat, das ihm den Weg versperrte? Jetzt gehorcht er nachgiebigen Sinnes dem braunen Mann, dessen Brustkorb er mit einem Fußtritt zerquetschen könnte! Lauscht er wohl noch den Lockrufen seiner freien Vettern, wenn sie mit erhobenen Rüsseln trompetend durch die Dschungeln stürmen? Jetzt trägt er die Tracht eines Gefangenen und ist von anderen Gefangenen umgeben. Vielleicht sehnt er sich noch immer nach Wald und Freiheit zurück; vielleicht hofft er noch immer, dereinst wieder in Gesellschaft freier Stammverwandten frei die Sonne begrüßen zu können, wenn sie über einem freien Indien aufgeht.

Der König der Dschungeln

Im Tiergarten zu Kalkutta geht ein gewaltiger Königstiger mit langen lautlosen Schritten hin und her. Sein Fell ist rotbraun, an den Seiten dunkel gestreift und am Bauche weiß. Seine Bewegungen sind bewunderungswürdig weich und biegsam, wie geschaffen zu schleichendem Überfall und Sprung. An den Wänden dreht er sich schnell und graziös um, springt dann und wann geschmeidig auf das Brett an der Innenwand und gleitet in seine Höhle hinein. Aber bald ist er wieder da, springt auf den Boden des Käfigs herunter und beginnt von neuem sein Hin- und Herwandeln. Vor seinem Käfig stehen außer mir einige kupferbraune Hindus und zwei weiße Misses aus Amerika, den Baedeker in der Hand. Aber der Tiger beachtet uns nicht. Seine gelben Augen, in denen ein verzehrendes Feuer funkelt, blicken über unsere Köpfe hinweg nach den Palmen und den Mangobäumen des Parkes.

»Wenn ich nur dort wäre«, denkt er, »wie leicht schliche ich im Dunkel der Nacht davon und zurück in die Dschungeln des Gangesdeltas!«

Auf einem Porzellanschild an dem Käfig steht: »Menschentöter. Dieser Tiger hat vierzig Menschen zerrissen.« Schließlich aber geriet er in ein Netz oder in eine Grube, und nun ist der König der Dschungeln ein lebenslänglicher Gefangener. –

Nach ihrer Art zu jagen und ihrem Geschmack könnte man drei Arten Tiger unterscheiden: die eine lebt in den Dschungeln und Wäldern von Wild, die andere sucht sich zahmes Vieh als Beute, und die dritte ist nur mit Menschenfleisch zu sättigen! Die letztere Art ist ziemlich selten. Im allgemeinen gilt der Tiger als feig; wie die Tiere der Dschungeln ihn, so fürchtet er den Menschen.

Am verbreitetsten ist der Tiger, der in den Dschungeln Wildschweine, Hirsche und Antilopen jagt; er begnügt sich aber auch mit kleineren Tieren und kann im Notfall lange Hunger ertragen. Alte Tiger sind schwerfälliger und halten sich aus Bequemlichkeit an zahmes Vieh. In einigen Gegenden holt sich der Viehtiger jede fünfte Nacht eine Kuh oder ein junges Rind und richtet dadurch natürlich großen Schaden an. Er ist stark genug, ein 180 Kilogramm schweres Tier mehrere hundert Schritte weit durch dichtes Buschholz zu schleppen, und sein Appetit ist erst nach etwa 30 Kilogramm Fleisch gestillt. Wenn der Tiger ein Stück Vieh geholt hat, schleppt er seine Beute in das dichteste Schilf und frißt sich satt. Während der Mahlzeit trinkt er auch gern einmal Wasser, und wenn er genug hat, geht er nochmals ans Wasser, wie um sich den Mund zu spülen. Dann versteckt er sich in einem weit entfernten tiefen und einsamen Dickicht. Hier legt er sich auf die Seite, streckt alle viere von sich und schläft den Tag über, aber nicht so tief, daß ihn nicht das leiseste Knacken zwischen den Büschen oder im Schilf die Ohren spitzen ließe. Sein Gehör ist unglaublich scharf entwickelt; aus einer Entfernung von mehreren Metern hört er den Käfer auf einem Bambusblatt klettern, und er versteht alle fernen und nahen Töne des Dschungels richtig zu deuten. In seinem sicheren Versteck lauscht er dem Schritt des Viehs und dem Grasen der Schafe und hört in weiter Ferne den Hirten singen.

In der nächsten Nacht kommt er auf derselben Spur wieder zurück, um sich den Rest des Mahles zu holen; er benutzt immer vorhandene Hirtenpfade. Diese seine Gewohnheit kennen die Jäger, und wenn sie ihm möglichst gefahrlos zu Leibe gehen wollen, legen sie ihm eine große eiserne Falle in seinen Weg, die so konstruiert ist, daß spitze Eisenzähne oberhalb der Tatze zusammenklappen, sobald der Tiger in den Eisenring hineintritt.

Hat der Tiger nun ausgeschlafen, so erhebt er sich, krümmt Rücken und Schwanz wie eine Katze, dehnt und streckt sich, daß die Krallen der Vordertatzen sich in die Erde graben, und gähnt mit weit aufgerissenem Rachen und vorgestreckter straffer Zunge. Wenn er tief Atem holt, geht es wie ein dumpfes Brüllen durch den Wald. Er schüttelt die Erde ab, putzt sich mit der Zunge rein und leckt sich die groben, harten Schnurrhaare. Dann geht er leise und vorsichtig durch das Dickicht mit weit offenen Augen, die im Dunkeln wie grüne Lichter leuchten. Die Schilfstengel zerknicken unter seinen Tatzen. Eine Nachteule schreit in einem Baum über ihm; ein Fuchs hört ihn kommen und steht sofort still, die eine Vordertatze noch erhoben.

Nun ist der Tiger aus dem Dickicht heraus und schleicht unter den Bäumen entlang. Manchmal bleibt er lauschend stehen und atmet so leise, daß man es nicht hören würde, auch wenn man ihm das Ohr an die Schnauze legte. Dann biegt er in den Pfad ein, der zu dem Rest seiner gestrigen Beute führt. Diesmal aber führt sein Weg in den Tod. Mit der linken Vordertatze tritt der Tiger mitten in den Fallenring, die Eisenzähne schlagen zusammen und dringen oberhalb der Tatze bis auf den Knochen ins Fleisch. Rasend vor Schrecken und Schmerz fährt die Bestie wie eine elastische Stahlfeder in die Höhe, aber sie kann die Tatze nicht nachziehen. Nun kauert sich der Tiger zusammen, denn er ahnt einen nahen Hinterhalt. Viele Male hatte er von seinen dunklen Schlupfwinkeln vom Unterholz aus die Hirten mit ihren Herden wandern sehen, und er weiß, sie sind seine Feinde. Jetzt werden sie über ihn herfallen. Will er sein Leben retten, so muß er fort. Das Blut trieft von der Tatze herunter, er spannt alle seine Kräfte an – die Eisenzähne lassen nicht los, aber er kann die Falle mit sich schleppen. Er geht rückwärts und zieht sie nach. Die Tatze wird kalt, das Blut tropft langsamer und er leckt es mit der Zunge ab. Immer tiefer kriecht er ins Dickicht hinein, und hier liegt er stöhnend und winselnd, wenn die Sonne aufgeht.

Jetzt weiß der Jäger, daß sein Feind festsitzt, aber noch wagt er nicht, ihm zu folgen. Das Tier ist auf alle Fälle dem Tode geweiht, denn es muß verhungern, weil das Eisen es hindert, sich Beute zu suchen. Die Spur des Tellereisens ist deutlich genug, und erst nach mehreren Tagen nähert sich der Jäger vorsichtig mit gespannter Flinte und zu Pferde, um flüchten zu können, wenn die Bestie ihre letzten Kräfte zum Sprunge sammelt. Bei seinem Herannahen richtet sich der erschöpfte Tiger auf; Muskeln und Haut um den geöffneten Rachen herum sind verzerrt, die Augen funkeln grün vor Haß, und er faucht drohend, denn er weiß, daß seine letzte Stunde gekommen ist. Dann hallen die

Schüsse im Walde wider, und zu Tode getroffen sinkt er über dem Tellereisen zusammen. –

In Innerasien, wo ich den Spuren des Tigers am Lop-nor und am Tarim oft begegnet bin, ist er den Menschen nicht so gefährlich, aber in Indien gibt es Tiger, die meilenweit umher Tod und Schrecken verbreiten. Ein ausgewachsener Tiger ist, von der Nase bis zur Schwanzspitze gemessen, drei Meter lang. Der Menschentöter ist gewöhnlich eine Tigerin; vielleicht hat sie einmal ein Zufall auf diesen Geschmack gebracht, oder es war ihr, als sie Junge hatte, die sie ungern allein ließ, bequemer, Hirten, Holzhauer, Landbriefträger usw. zu überfallen, noch lieber Kinder und Frauen, denn diese gehen unbewaffnet und fast nackt, und ihre Haut ist weicher. Wenn der Tiger einen Menschen angreift, schlägt er ihm die Eckzähne in die Gurgel, dreht ihm mit den Tatzen den Kopf um und bricht ihm so die Wirbelsäule. Beim Sprung stößt er einen kurzen, dumpfen, hustenartigen Laut aus, der dem wehrlosen Opfer das Blut in den Adern erstarren macht. Vor einigen Jahrzehnten erlegte man eine Tigerin, die 132 Menschen, Männer, Frauen und Kinder, gefressen hatte; eine andere zerriß 127! Im Jahre 1886 sind in Indien fast 1000 Menschen diesem wildesten und blutdürstigsten aller Raubtiere zum Opfer gefallen, und 1400 Tiger wurden von Menschen getötet. Ganze Dörfer werden verlassen, wenn sich in der Gegend ein Menschentöter niedergelassen hat, der sich zu bestimmten Zeiten ein Opfer holt. Man verlegt Wege und Fußpfade solch einer Bestie wegen und wagt sich nur stark bewaffnet und in großer Anzahl in den Wald. Die Bevölkerung solcher Dörfer schwebt dauernd in Todesangst. Wenn ein einzelner Jäger plötzlich zwischen den Grashalmen das gestreifte Untier auf der Lauer liegen sieht, hat er keine Zeit mehr, die Flinte zu erheben und zu zielen. Daher jagt man den Tiger lieber vom Rücken eines Elefanten aus, von dem man das Dickicht besser übersehen kann, trifft große Vorsichtsmaßregeln und bietet eine Menge Leute und Hunde auf. Eine gute Hilfe für den Jäger sind die Krähen und kleinen Vögel, die durch ängstliches Geschrei vor dem nahen Untier warnen. Die besten Späher aber sind die Affen, denn sie toben und schreien und schütteln die Zweige, wenn ein Tiger unter ihrem Baum hinschleicht.

Der kühnste Tigerjäger, dem ich je begegnet bin, war der englische General Gerard in Indien. Er wagte sich ganz allein mit seiner Doppelflinte in die Dschungeln hinein, und Tigerjagd war sein Lieblingssport; er sprach davon, als sei sie die einfachste Sache auf der Welt. Er machte weite Reisen, um mit seiner Kugel eines dieser Raubtiere zu erlegen, das die Leute irgendeines Dorfes beunruhigte. Er pflegte den Tiger in seinen eigenen Schlupfwinkeln aufzusuchen und kroch im Notfall auf allen vieren durch das Gestrüpp. Duckte sich der Tiger, seine Kräfte zum Sprung sammelnd, nieder, dann zielte er mit unglaublicher Kaltblütigkeit auf das Herz des Tieres, und nie verfehlte er sein Ziel, wenn er auch stets die zweite Patrone in Reserve hatte. Auf diesen kühnen und gefährlichen Jagdzügen hatte er allein 216 Tiger getötet.

Weit sicherer geht der Jäger natürlich, wenn er die List zu Hilfe ruft. Solch eine Jagd hat mir einmal ein Engländer beschrieben. Früh am Morgen hatte ein Tiger eine Kuh geholt, aber keine Zeit gehabt, sich satt zu fressen, und nachdem er seine Beute im Gebüsch verborgen hatte, ging er in sein Versteck, um am Tage zu schlafen. Es war daher sicher, daß er in der nächsten Nacht zurückkehren würde. Der Jäger band nun in der Nähe der toten Kuh einen Ochsen an einen Pfahl und verbarg sich zwischen den Zweigen eines den Pfahl überschattenden Baumes drei Meter hoch über dem Boden.

Um fünf Uhr nachmittags nahm er seinen Platz ein; die Sonne ging unter, die Dämmerung kam, und die Nacht brach herein. Aber der Mond verbreitete einiges Licht. Tiefe Stille herrschte überall, der Ochse stand schlafend da, und der Jäger wartete lautlos in seinem Versteck.

Da ertönte in der Ferne eine dumpfe, heisere Stimme; dann wurde es wieder still. Bald zeigte der Ochse die größte Unruhe, und auch der Jäger wagte kaum zu atmen, denn schon hatte er das Raubtier erblickt; einige Schritte entfernt saß es und starrte unverwandt nach dem Ochsen hin, der so weit zurückgewichen war, als der Strick es ihm erlaubte. Mehrere Minuten lang saß der Tiger so ganz unbeweglich, als ob er einen Hinterhalt wittere; es war so totenstill, daß er das Herz des Jägers und das des Ochsen schlagen hören mußte. Kein Blatt regte sich, der Mond schien jetzt klar, aber die stickigen Dünste der indischen Nacht lagen schwer über dem Erdboden. Der Jäger war in einer fieberhaften Aufregung.

Nun erhebt sich der Tiger und geht geräuschlos, wie er gekommen ist, auf den Ochsen zu. Da sein Opfer angebunden ist, spart er den Sprung. Jetzt ist er nur noch einen Fuß weit entfernt – da hebt der Jäger seine Doppelflinte und zielt. Das leise Geräusch genügt, um den Tiger zu warnen; wie von einem elektrischen Schlag getroffen, duckt er sich, richtet den Blick zum Baum empor und wäre sofort im Gebüsch verschwunden gewesen, hätte ihn nicht die erste Kugel schon niedergestreckt. Der gerettete Ochse aber begann einen wahnsinnigen Freudentanz um seinen Pfahl herum und sprang bei jeder Runde über den toten Räuber hinweg!

Die Eingeborenen wagen es sogar, den Tiger ohne Feuerwaffen zu hetzen. Sie führen zwei Meter lange Bambusspieße mit sich, die in eine zweischneidige Klinge auslaufen. In großer Zahl kreisen sie den Tiger ein und umringen das Dickicht, in das sie ihn getrieben haben. In den engen offenen Gängen sind Netze ausgespannt; hier und dort einen Ausweg suchend, verwickelt sich der Tiger darin. Dann eilen die Leute herbei und stoßen ihm ihre Waffen ins Herz.

Im nordöstlichen Asien wagen die Eingeborenen den Namen des Tigers gar nicht auszusprechen, denn er ist ihnen ein Gegenstand religiöser Verehrung; wenn jemand vom Tiger spricht, glauben sie, hört dieser es und wird sogleich da sein! Auf seiner Spur im Walde werden Opfergaben hingelegt. Wer einen Tiger tötet, wird, sagen die Tungusen, unter den Krallen eines Tigers sterben. In Siam und Korea ißt man sein Fleisch, um dadurch seiner wilden Kraft teilhaftig zu werden. Fürsten und reiche Leute auf Java veranstalten Kämpfe zwischen einem Büffelstier und einem Tiger, Schauspiele, die nicht weniger roh sind als die Stiergefechte Spaniens. Die beiden Kämpfer werden zusammen in einen großen Käfig gesperrt, und einer von beiden muß sein Leben lassen. Es kommt aber vor, daß die beiden Gegner, wenn der Tiger sich schon in die Ohren des Büffels festgebissen oder sich an seinem Halse eingekrallt und der Stier sich wieder von seinem Gegner befreit und ihn auf die Hörner genommen hat, des Kampfes müde sind und ablassen, als ob sie ein stillschweigendes Übereinkommen geschlossen hätten, sich nicht mehr durch rohe Menschen aufeinander hetzen zu lassen! –

Noch einer besonderen Art von Tigern sei hier gedacht, die in Tibet heimisch ist. Schon Marco Polo, der berühmteste Reisende des Mittelalters, berichtet von der Masse der Raubtiere, Tiger und Bären, die das Land überschwemmten, als die Mongolen es verheert hatten, und deren man sich nur durch das Anzünden mächtiger Bambusrohrfeuer erwehren könne. Die Bambusrohre, so erzählt er, zerplatzten mit so ungeheurem Knall, daß die Raubtiere entsetzt die Flucht ergriffen und selbst die Menschen in Ohnmacht fielen. Das mag der gute Marco Polo vor 630 Jahren wohl ein bißchen übertrieben haben, und heute ist das Raubzeug in Tibet nicht mehr allzu häufig. Weit unheimlicher sind dort die Tiger, die von den Tibetern an die Eingänge ihrer weißgetünchten, steinernen Häuser angemalt werden, um böse Geister zu bannen. Sie haben greuliche Krallen und reißen den Rachen auf, daß sie einen Ochsen mit Haut und Haar verschlingen könnten; und dabei sind sie X-beinig und überhaupt sehr merkwürdig, und oftmals kam es mir vor, als ob sich Karlchen Miesnick einmal nach Tibet hin verlaufen hätte!

Schlangen und Schlangenbändiger

Von Kalkutta aus führt die Eisenbahn südwestwärts durch die indische Halbinsel. Aber ehe wir nach Bombay gelangen, unterbrechen wir die Reise in Haidarabad. In der Nähe dieser Stadt wohnt ein alter Freund von mir, ein englischer Oberst, in einem mit luftigen Veranden umgebenen Haus mitten in einem üppigen Park. Am Abend fragt er mich, ob ich lieber im Haus oder in einem mit Bretterfußboden versehenen Zelt im Park schlafen wolle, und als ich mich für das letztere entscheide, bittet er mich, vor dem Schlafengehen ja gründlich nachzusehen, ob sich nicht eine Kobra eingeschlichen oder gar in meinem Bett aufgerollt habe, denn im Park seien viele Brillenschlangen, und man könne nicht vorsichtig genug sein! Angenehme Nachbarschaft!

Die Kobra ist Indiens giftigste Schlange. Sie kommt dort überall ziemlich häufig vor; ebenso in Hinterindien, in Südchina, auf den Sundainseln und auf Ceylon. Sie ist bald gelblich mit einem Stich ins Bläuliche, bald braun und auf dem Bauche schmutzig weiß, und anderthalb Meter lang. Wenn sie gereizt wird, hebt sie den Vorderteil des Körpers wie einen Schwanenhals empor und breitet die acht vorderen Rippenpaare so weit aus, daß unterhalb des Kopfes eine schirmartige Anschwellung entsteht; auf deren Rückseite zeigt sich eine gelbe Zeichnung, die an eine Brille erinnert. Der übrige Körper ist zusammengerollt und verleiht ihr den nötigen Halt, wenn sie mit dem Oberleib hin und her schwankt, bereit, blitzschnell ihren giftigen Biß auszuteilen.

Die Kobra lebt überall, wo sie eine geschützte Höhle findet, in altem Gemäuer, Stein- und Holzhaufen, unter Baumwurzeln oder in abgestorbenen Baumstämmen, und sie meidet auch Menschenwohnungen nicht. Oft kann man sie schläfrig und regungslos zusammengerollt vor ihrer Höhle liegen sehen. Nähert man sich, dann gleitet sie lautlos und schnell in ihre Höhle hinein; wird sie angegriffen, dann verteidigt sie sich mit einer Waffe, die ebenso gefährlich ist wie ein geladener Revolver. Sie ist eine Tag- oder vielmehr Dämmerungsschlange, meidet aber Sonnenbrand und Hitze und geht erst nach Sonnenuntergang im dichten Gestrüpp der Dschungeln auf die Jagd nach Eidechsen, Fröschen, Vögeln, Mäusen und anderen kleinen Tieren. Sie erklettert Bäume und schwimmt über große Bäche. Selbst ein an der Küste ankerndes Schiff ist vor ihr nicht sicher; sie schwimmt hinaus und klettert an der Ankerkette in die Höhe. Das Weibchen legt zwanzig längliche Eier, so groß wie Taubeneier, aber mit weicher Schale.

Männchen und Weibchen sollen sehr aneinander hängen; ist eines von beiden getötet worden, zeigt sich das andere bald darauf an derselben Stelle.

Die Hindus sehen in der Brillenschlange einen Gott; viele würden sich daher nie überwinden können, sie zu töten. Kriecht die Schlange in eine Hütte hinein, dann setzt ihr der Besitzer Milch hin und schützt sie in jeder Weise, denn wo sie gastfreundlich behandelt wird, bringt sie, heißt es, Glück und Wohlstand. Oft wird die Schlange dann fast zahm, und wenn sie merkt, daß man sie in Frieden läßt, tut sie ihrem Wirt auch nichts zuleide. Hat sie aber doch einen Bewohner der Hütte durch ihren Biß getötet, dann wird sie eingefangen, weit fortgetragen und wieder freigelassen. Denn tötet man sie, dann muß der Gebissene auch sterben. Ein Schlangenbändiger, der eine Kobra tötet, verliert auf immer seine Macht über die Schlangen. So ist es begreiflich, daß sich das Reptil über Gebühr vermehrt. Alljährlich sterben in Indien etwa 20 000 Menschen an Schlangenbissen!

Das Gift der Kobra sammelt sich in Drüsen und wird durch die Giftzähne herausgepreßt, sobald diese die Haut eines Menschen oder Tieres durchdringen. Seine Wirkung ist entsetzlich. Ist ein größeres Blutgefäß getroffen, dann ist ein schneller Tod unvermeidlich. Sonst stirbt der Gebissene erst nach mehreren Stunden, doch kann er durch sofortige ärztliche Behandlung gerettet werden. Die Wirkung des Bisses kann schwächer sein, wenn die Schlange schon kurz vorher gebissen hat, das zweite Opfer wird vielleicht nur heftig erkranken, ein drittes von dem Gift kaum angegriffen werden; denn der Inhalt der Giftdrüsen erschöpft sich allmählich, ergänzt sich aber auch wieder sehr schnell. Ein von der Kobra Gebissener wird eiskalt und verliert alle Lebenszeichen; Atem und Puls sind unmerkbar, Sehfähigkeit, Gefühl und Schlingvermögen schwinden. Ist sachkundige Hilfe zur Stelle, was in den Dschungeln Indiens natürlich nur selten der Fall ist, dann bleibt der Kranke etwa noch zehn Tage sehr matt; erst dann tritt langsam Besserung ein. Liegt er achtundvierzig Stunden wie tot da, ohne jedoch zu sterben, so kann man hoffen, daß der Körper die Wirkung des Giftes überwindet.

Zu den seltsamsten Menschen in Indien gehören die Schlangenbändiger, und man weiß noch immer nicht recht, was es mit ihnen auf sich hat. Einige sehen aus, als ob sie sich selber vor den Schlangen, die sie vorzeigen, fürchteten, andere behandeln diese Tiere mit unbeschreiblicher Todesverachtung. Einige Vorsichtige ziehen ihnen die Giftzähne aus, andere lassen sie ruhig sitzen, und dann kommt es auf ihre Gewandtheit und Schnelligkeit an, dem Biß der Schlange auszuweichen. Oft genug aber werden die Bändiger von ihren eigenen Schlangen getötet.

Man glaubte früher, der Schlangenbändiger locke durch die einschläfernden Töne seiner Flöte die Schlange aus den Schlupfwinkeln hervor und bringe sie dazu, nach seiner Pfeife zu tanzen. In Wirklichkeit ist der Vorgang viel einfacher. Wenn die Schlange sich aufrichtet und mit dem Oberleib hin und her schwankt, hält ihr der Bändiger einen harten Gegenstand hin, etwa einen Ziegelstein. Die Schlange beißt zu, tut sich aber nur selber weh. Hat sich das mehrmals wiederholt, dann unterläßt sie das Beißen. Der Bändiger kann nun mit der Hand über den Kopf der Schlange hinfahren, ohne gebissen zu werden. Doch behält das Tier, immer noch gereizt, seine Verteidigungsstellung und wiegt den Oberkörper hin und her. Das sieht so aus, als ob es nach den Tönen der Flöte tanze.

Es gibt indessen auch unerschrockene Schlangenbändiger, die durch Musik und Handbewegungen eine gewisse Herrschaft über die Kobra auszuüben scheinen, als ob sie sie zu einer Art hypnotischen Schlafes zwängen. Der Bändiger läßt sich auf einem Hofe nieder, wo ihn die Schaulustigen in gebührender Entfernung umringen. Er stellt den runden, flachen Korb mit der Brillenschlange auf die Erde und nimmt den Deckel ab. Dann reizt er die Schlange, bis sie ihren Oberleib aufrichtet und ihren Brillenschirm aufspannt. Unausgesetzt spielt seine eine Hand auf der Flöte, mit der anderen macht er einschläfernde Bewegungen, bis die Schlange allmählich ruhig wird. Dann kann er mit ihrem Kopf über sein Gesicht hinfahren und seine Lippen auf die Stirnschilder der Schlange drücken. Plötzlich weicht er dann mit blitzschneller Bewegung seitwärts aus, denn eben erwacht sie wieder aus ihrer Erstarrung. Die geringste Muskelspannung, schon der Augenausdruck der Kobra genügt, um den Bändiger erkennen zu lassen, wenn der gefährliche Augenblick da ist. Keine Sekunde darf der Bändiger den Blick von ihr lassen, und ebenso fixiert auch die Schlange ihn unausgesetzt; es ist wie ein Zweikampf, wo jeder Ausfall des Gegners den Tod bringen kann, wenn er nicht im rechten Augenblick pariert wird. Ein geschickter Schlangenbändiger soll mit einer eben eingefangenen Schlange ebenso leicht umgehen können wie mit einer schon gezähmten. Natürlich erfordert dieses Spiel großen Mut und stete Geistesgegenwart.

Auch die Geschicklichkeit der Schlangenbändiger beim Fang der Kobra wird vielfach bewundert. Doch ist das ein Taschenspielerkunststück, bei dem alles auf Fingerfertigkeit und Schnelligkeit ankommt. Der Schlangenfänger packt das Tier mit der bloßen linken Hand am

Schwanz, die rechte läßt er blitzschnell am Leibe der Schlange hinaufgleiten und hält nun die Schlange zwischen Daumen und Zeigefinger wie in einem Schraubstock fest. Vermutlich ist der eigentliche Kniff dabei, daß er der Schlange mit der linken Hand ihren festen Halt raubt und Wellenbewegungen ausführt, welche die der Schlange aufheben. Die Schlangenbändiger gehen immer zu zweien oder mehreren auf Fang aus. Einer trägt die Heilmittel gegen den Schlangenbiß. Das gebissene Glied wird oberhalb der Wunde abgeschnürt und das Gift ausgesogen. Dann wird ein kleiner schwarzer Stein in der Größe einer Mandel auf die Wunde gelegt; er saugt ebenfalls Blut auf und wenigstens etwas auch von dem Gift. Er klebt an der Wunde fest und fällt erst ab, wenn er seine Arbeit getan hat.

Ein besonderes Schauspiel ist der Kampf zwischen einer Schlange und einem Mungo oder Rikki-Tikki. Der Mungo ist ein kleines Raubtier aus der Familie der Schleichkatzen und der Todfeind der Kobra. Er ist kaum so groß wie eine Katze und hat einen langgestreckten Körper. Solch einen Zweikampf sah ich einmal in einer indischen Stadt. Der Mann, der die Tiere mit sich führte, sicherte sich erst eine kleine Einnahme, da bei dem Zweikampf eines von beiden draufgehen mußte. Kaum war die Schlange aus ihrem Korb herausgekommen, als der Mungo schon über sie herfiel; und nun begann ein Kampf in Wendungen und Sprüngen der beiden Gegner von solcher Schnelligkeit, daß er sich kaum mit den Augen verfolgen ließ. Die Kobra, die ganz genau wußte, daß es ums Leben ging, ließ ihren Gegner keinen Augenblick aus den Augen, und der Mungo wich ihrem Angriff stets mit größter Geschicklichkeit aus. Schließlich hatte sich die Schlange, soweit sie konnte, nach der einen Seite hingewandt und wollte nun den Kopf nach der anderen hinschwingen; da nahm der Mungo den Augenblick wahr und packte sie von hinten am Hals. Die Schlange ringelte und drehte sich, aber der Mungo ließ nicht los, und schließlich hing ihr Kopf nur noch an zwei dünnen Muskelsträngen. –

Außer der Kobra lebt in den Wäldern Ostasiens auch die Riesen- oder Pythonschlange. Sie ist hellbraun oder rotbraun, am Bauche weiß und hat auf dem Rücken dunkle Flecken. Die größte Art wird bis zu 8 Meter lang. Die allergrößten Exemplare können ein Hirschkalb auf einmal verschlingen; gewöhnlich begnügen sie sich aber mit kleineren Säugetieren oder Vögeln. Es soll vorgekommen sein, daß solch ein Reptil ein Kind verschlungen hat. Doch im allgemeinen geht die Pythonschlange nicht auf Menschen, wenn sie sich nicht gerade ihrer Haut wehren muß. Selbst ein ausgewachsener Mann ist ihr gegenüber unter allen Umständen verloren; sie besitzt ungeheure Muskelkraft, kann ihre Muskeln so lange anspannen, wie sie will, und läßt ihr Opfer nicht eher los, als bis es aufgehört hat zu atmen.

Stundenlang liegt sie aufgerollt auf den Zweigen eines Mangobaumes und beobachtet die sich niederlassenden Vögel, oder auf der Erde und späht nach Beute. Hat sie in einiger Entfernung ein Kaninchen erblickt, dann läßt sie es nicht mehr aus den Augen, entrollt sich mit langsamen, weichen Bewegungen und kriecht vorwärts, die Rippen auf den Boden stützend. Die Zunge spielt leicht und beweglich aus ihrem Munde heraus. Das Opfer sitzt wie verzaubert da und sieht nur starr die Schlange an. Sobald sie in Greifweite ist, schnellt sie den Kopf blitzschnell nach vorn, öffnet den Rachen, umringelt die Beute und hat sie im nächsten Augenblick zwischen zwei Windungen ihres Leibes erdrückt. Sobald das erbeutete Tier tot ist, ringelt sich die Schlange wieder auf und fährt mit der Zunge darüber hin, als ob sie versuchen wolle, wo sie am besten mit dem Verspeisen beginne. Dann sperrt sie ihre Kiefer so weit auf wie nur möglich und fängt mit dem Kopfe des Opfers an. Nach und nach schiebt sie die Kiefer vorwärts und zwingt mit ihren nach innen gerichteten Zähnen die Beute in ihren Leib hinein. Der Unterkiefer wird so weit ausgedehnt, daß er wie ein Beutel aussieht. Die Speicheldrüsen entfalten die größte Tätigkeit, um das Fell oder die Federn glatt zu machen. Am schwersten ist das Verschlingen der Schulterblätter der Säugetiere und der Flügel der Vögel. Aber schließlich gleitet die ganze Portion doch hinunter, und man sieht es dem Schlangenleibe an, wie sie langsam in den Magen gelangt.

Die Pythonschlange ist in den meisten europäischen Tiersammlungen zu finden. In der Gefangenschaft liegt sie still und braucht zum Verdauen ihres Futters im Sommer acht Tage und im Winter einen Monat oder noch längere Zeit. Sie kann aber auch nach einer reichlichen Mahlzeit volle drei Monate ohne Fressen auskommen.

Eine Dampferfahrt auf dem Indischen Ozean

Bombay ist eine Perle unter den Städten der Erde und der Schlüssel zu Indien. Hier landet man, wenn man mit dem Dampfer von Europa durch den Suëskanal nach Indien reist, und von hier fährt man mit der Eisenbahn weiter. Im Hafen liegen unzählige Schiffe, die dort löschen oder Ladung einnehmen, denn Bombay ist eine reiche Handelsstadt von 300 000 Einwohnern.

Hier begegnen wir zum letztenmal Mitgliedern der verschiedenen Völker und Religionen, die wir auf unserer bisherigen Reise im Innern des Landes kennengelernt haben, und noch etlichen andern mehr. Sogar die Brillenschlange und die Pythonschlange können wir hier wiedersehen – aber unter Glas. In Bombay lebt auch der letzte Rest eines ehemals großen und mächtigen Volkes. 6–700 Jahre vor Christi Geburt lebte ein weiser Mann namens Zoroaster und begründete die Religion, die ganz Persien und die daran grenzenden Länder umfaßt und in deren Zeichen Xerxes seine unübersehbaren Heerscharen gegen Griechenland führte. Als im Jahre 650 die kriegerischen Missionare des Islam Persien überschwemmten, flüchteten viele Tausende der Anhänger Zoroasters nach Indien. Und dieser Rest des Volkes lebt noch in Bombay und führt den Namen Parsi. Sie sind die eigentlichen Besitzer Bombays und beherrschen als kluge, betriebsame und reiche Kaufleute seinen Handel.

Zur Glaubenslehre der Parsi gehört grenzenlose Verehrung des Feuers, des Wassers und der Erde. Um die Erde durch Gräber nicht zu verunreinigen oder das Feuer durch Leichenverbrennung nicht zu schänden, haben die Parsi eine eigene Art der Bestattung. Auf einem hohen Hügel auf einer in das Meer vorspringenden Halbinsel erheben sich niedrige, runde Türme, die »die Türme des Schweigens« heißen. In einem dieser Türme wird die Leiche nackt und ohne Sarg niedergelegt, und innerhalb weniger Minuten ist von dem Toten nur noch das Gerippe übrig, denn in den nahen Bäumen horsten große Geier und machen gründliche Arbeit. Doch unter den Zypressen und den herrlichen Laubbäumen des Parkes, der die Türme des Schweigens umgibt, können die Angehörigen der Toten sich ihrem Kummer ungestört hingeben. Und prächtiger kann ein Begräbnisplatz wohl nicht gelegen sein: im Westen und Süden dehnt sich das unendliche Meer mit seinen stürmischen, vom Monsun aufgepeitschten Wellen, im Norden und Osten aber liegt Bombay, die Königin des Indischen Ozeans.

Wir schreiben nun den 14. Oktober 1908; es ist elf Uhr vormittags, und in zwei Stunden fährt der Dampfer »Dehli« von Bombay nach dem äußersten Osten ab. Er ist 151 Meter lang, faßt 8000 Tonnen und befördert Reisende und Frachtgüter nach Schanghai. Er gehört einer großen, reichen Gesellschaft, der »Peninsular and Oriental«, die von der englischen Postverwaltung einen jährlichen Zuschuß von mehr als fünf Millionen Mark erhält; dafür nimmt sie die Post nach den Küsten Asiens und Australiens mit. Von England nach dem Suëskanal bringen die Passagiere, aber von dort weiter ostwärts die Frachtgüter die Haupteinnahme. Jedes Schiff zahlt für die Durchfahrt durch den Suëskanal 40 000 Mark, aber das ist noch immer viel billiger, als wenn, wie früher, die Schiffe um ganz Afrika herumfahren müßten.

Ehe man an Bord geht, muß man sich von einem Arzt untersuchen lassen, denn Bombay ist ein Hauptherd der Pest. Dann werden die starken Kabeltaue gelöst, und die Schrauben beginnen sich zu drehen; eine Stunde dauert es, bis das Ungetüm langsam aus den Hafenmolen heraus ist, aber dann gleitet der Dampfer über die Meeresbucht zwischen unzähligen Schiffen der verschiedensten Flaggen hindurch, und hinter uns liegt Bombay mit seinen Häusern, Kirchen und Schornsteinen und seinem dichten Mastenwald.

Auf das oberste Deck der »Dehli« haben nur die Schiffsoffiziere Zutritt; hier ist die Kajüte mit dem Steuerrad und dem Kompaß und dahinter die des Kapitäns. Das mittelste Deck mit seinem schützenden Sonnendach steht den Reisenden zur Verfügung. Zu einem zehn Kilometer langen Morgenspaziergang muß man siebzigmal um dieses Deck herumgehen. Auf seiner geräumigen Fläche spielen die Engländer Kricket, und damit die Bälle nicht über Bord fliegen, sind Netze ausgespannt. Ein prachtvoller Salon enthält Schreibtische und Sofas, ja sogar ein Klavier, und nach dem Achterdeck zu liegt die Rauchkajüte, wo man nach dem Essen Kaffee trinkt. Auf dem untersten Deck liegen die Schlafkabinen, in denen es so heiß ist, daß man sich nicht zudecken mag.

Wenn ich am Morgen aufwache, drücke ich auf einen elektrischen Knopf. Ein englischer Aufwärter kommt, ruft meinen schwarzen Barbier und macht mir inzwischen in einer großen Porzellanwanne ein Bad aus Seewasser zurecht; nachher duscht man sich mit süßem Wasser ab und erhält dann sein erstes Frühstück, Tee, kleines Gebäck und Bananen. Das zweite Frühstück wird gemeinschaftlich im großen Speisesaal eingenommen, der noch eine Treppe tiefer liegt. Hier versammeln sich um siebeneinhalb Uhr die Passagiere auch zum Diner, das von Portugiesen, einer Mischrasse aus der portugiesischen Besitzung Goa an Indiens Westküste, zubereitet und serviert wird.

Wir haben uns langsam von der Küste Indiens entfernt. Die Sonne versinkt schnell ins Meer, die Dämmerung ist kurz, und bald glänzen nur die Dampferwellen weiß in dem elektrischen Lichtschein, der vom Schiffe ausströmt. Hier und da blitzen draußen in der Dunkelheit kleine Lichtpunkte auf, es sind Dampfer, die ebenfalls aus Bombay kommen oder dorthin gehen. Am folgenden Tag lassen wir Goa hinter uns und rechts die Inselgruppe der Lakkadiven. Die Küste ist noch immer in Sehweite, und vor uns zieht sich ein Sand- und Kiesgürtel entlang, über den die Meeresbrandung in mächtigen Wellen hinrollt. Der Himmel ist hellblau, leichte Wölkchen schweben über der Küste, und die Segel eines Frachtschiffes glänzen wie die Flügel eines Riesenschwans. Um neun Uhr abends zeigt sich ein prachtvolles Farbenspiel: in blendendem, bläulichweißem Lichte, gleich dem Reflex des Blitzes in den Wolken, leuchten die Dampferwellen, als ob wir durch lauter Quecksilber hindurchführen, und wenn der Schein bleicher geworden und schließlich ganz erloschen ist, spannt der Mond seine flimmernde Silberbrücke über das Meer. Die Nacht ist still, man hört nur das einförmige, dumpfe Keuchen der Maschinen, und noch um ein Uhr wandre ich auf dem Deck umher, um die kühle Nachtluft zu genießen. Welch ein Hochgefühl der Freiheit, wenn man so lange in den weiten Wüsten Asiens umhergeirrt ist!

Am Morgen des 17. Oktober gleiten wir am Kap Komorin, der Südspitze Indiens, vorüber. Führen wir von dort aus südwärts, so gelangten wir nach anderthalb Tagen an den Äquator, und vor uns dehnten sich die gewaltigen Wasserwüsten der südlichen Halbkugel. Führen wir immer weiter in dieser Richtung, so erreichten wir schließlich zwei kleine, einsame Felseninseln, deren nackte Küsten von den Stürmen des Indischen Ozeans gepeitscht werden, Neu-Amsterdam und St. Paul. Dann aber würde der Teil des Südpolarfestlandes, der Wilhelms II. Namen trägt, unserer Fahrt eine Grenze setzen.

Statt dessen biegen wir jetzt nach Südosten ab und sehen mittags am Horizont die Insel Ceylon langsam aus dem Meer emporsteigen. Schon von ferne leuchtet das weiße Band der schäumenden Brandung, die besonders großartig im Sommer ist, denn dann weht dort monatelang ununterbrochen der heftige Wind, den man Südwestmonsun nennt. Er ist ein Segen für ganz Indien, denn er lockt aus der Erde Korn und Reis hervor, wovon dreihundert Millionen Menschen leben.

Hinter einem Wald von Dampfschloten, Segeln und Masten wird eine mächtige Reihe asiatischer und europäischer Häuser sichtbar. Es ist Colombo, die Hauptstadt Ceylons und ein Haupthafen aller Schiffe, die zwischen Europa und dem fernen Osten verkehren. Ruderboote kommen aus dem Hafen und befestigen die Kabel unseres Schiffes an gewaltigen, schwimmenden Bojen. Singhalesen und Hindus huschen die Treppen der »Dehli« hinauf und stürzen sich auf das Gepäck der Reisenden; sie haben nur ein rosa oder weißes Zeugstück um die Lenden gewickelt und ein Tuch oder einen Kamm auf dem Kopf. Eine Schaluppe bringt uns an Land. Auf den Straßen wimmelt es von kupferbraunen Menschen, Droschken, Straßenbahnen, Einspännern und kleinen zweirädrigen »Rikschas«, die von halbnackten Männern gezogen werden. Zwischen ganzen Wäldern schlanker Kokospalmen wechseln Hütten der Eingeborenen mit den Häusern europäischer Beamten und Kaufleute.

Am nächsten Tag legt der Dampfer »Moldavia« neben der »Dehli« an; er bringt Reisende und Güter aus England, die nach Ostasien sollen und nun von uns aufgenommen werden, während die »Moldavia« ihre vierzehntägige Weiterreise nach Australien antritt. Die neuen Passagiere sind meist Beamte und Offiziere, die mit ihren Familien auf Urlaub in der Heimat gewesen sind und jetzt wieder zu ihren Wohnorten zurückkehren, aber auch Kaufleute und Vergnügungsreisende. Ein schwedischer Ingenieur ist darunter, der in Siam Telephonverbindungen einrichten will, und auch ein hübsches junges Mädchen, das nach Hongkong reist, wo sein Verlobter lebt und die Hochzeit der beiden stattfinden soll.

Nachdem alles fertig ist, spielt die Musikkapelle der »Moldavia« einen Marsch, und unter dem Hurrarufen der Besatzung fährt der Dampfer »Dehli« wieder in die offene See hinaus, wo von den siebzig neuen Passagieren mehrere Damen bald in ihre Kabinen verschwinden, obgleich das Schiff sehr unbedeutend in der Dünung rollt. Am Abend biegen wir am Südvorgebirge Ceylons nach Osten ab und schlagen nun einen Kurs ein, den wir bis an Sumatras Nordkap beibehalten. Bis dahin sind es noch 1650 Kilometer, also eine Reise von sechzig Stunden.

Quer durch Australien

Während die »Dehli« ihre Fahrt fortsetzt, begleiten wir in Gedanken den Dampfer »Moldavia« auf seiner Fahrt nach Australien, dem kleinsten der fünf Weltteile, der südlich von den Sundainseln und dem Äquator die Wasserwüsten des Indischen und Stillen Ozeans voneinander trennt.

Im Innern und in den westlichen Gegenden Australiens gibt es Gebiete, die noch kein Europäer betreten hat, gewaltige Sandwüsten von größter Trockenheit, denn der Regen der Südostpassate fällt auf die Bergketten im Osten, wo denn auch die Flüsse strömen. Vor fünfzig Jahren wußte man über das innere Australien noch viel weniger als heute, und ein hoher Preis war für den Mutigen ausgesetzt worden, der als erster Australien von Meer zu Meer durchqueren würde.

Nun kam eine große Expedition zustande. Die Kolonie Viktoria in Südaustralien rüstete sie aus, und große Geldsummen wurden dazu gespendet. Zum Leiter der Expedition wählte man Robert Burke, einen ebenso kühnen wie tüchtigen Mann; aber es fehlte ihm an Kaltblütigkeit und ruhigem, sicherem Urteil, Eigenschaften, ohne die man keine

Karawane durch unbekannte, öde Länder führen kann. Man ließ aus Nordwestindien zwei Dutzend Kamele mit Treibern kommen und versorgte sich mit Lebensmitteln auf ein ganzes Jahr; und alle Zurüstungen waren bis ins kleinste so gut, wie sie sich für Geld nur beschaffen ließen. So ausgerüstet hätte man Australien Stück für Stück erobern können, und als die Gesellschaft aus Melbourne, der Hauptstadt Viktorias, aufbrach, war die ganze Stadt auf den Beinen. Waren auch viele nur herbeigeeilt, um sich die Kamele anzuschauen, weil man solche Tiere hier noch nie erblickt hatte, so erwarteten doch die meisten einen Triumph im Dienst der geographischen Forschung.

Burke war nicht allein. Er hatte etwa fünfzehn Europäer bei sich. Einige von ihnen waren Männer der Wissenschaft; sie sollten die Pflanzenwelt des Landes, die seltsamen Familien der Beuteltiere, die Eigenschaften des Grundgesteins, das Klima usw. untersuchen. Einer dieser Gelehrten hieß Wills. Andere waren Diener, die Pferde und Transport zu besorgen hatten.

Die Karawane brach am 20. August 1860 auf. Das war der erste Mißgriff, denn gerade dann beginnen Frühling und Dürre. Man wanderte indessen unerschrocken drauflos, überschritt den Murray, Australiens größten Fluß, und erreichte seinen Nebenfluß, den Darling. Dort wurde ein Standlager aufgeschlagen, und der größere Teil der Karawane blieb hier zurück. Burke, Wills und sechs andere Europäer zogen mit fünf Pferden und sechzehn Kamelen nach Nordwesten weiter und gelangten nach zwanzig Tagen an den Cooperfluß, der sich in den Eyresee ergießt.

Hier wurde ebenfalls ein Standlager aufgeschlagen, mehrere Ausflüge in die Umgegend gemacht und ein Bote nach dem Darling gesandt, um die dort Zurückgebliebenen schleunigst herbeizuholen. Aber der Bote mußte unterwegs zuviel Zeit vertrödelt haben, denn eine Woche nach der andern verging, ohne die Nachzügler zu bringen, und als sie auch gar nichts von sich hören ließen, beschloß Burke mit nur drei Begleitern, Wills und den beiden Dienern King und Gray, sechs Kamelen, zwei Pferden und Proviant auf zwei Monate direkt nordwärts zu gehen und den Weltteil bis an die Küste Queenslands am Carpentariagolf zu durchqueren. Die vier anderen sollten mit ihren Kamelen und Pferden bis zu Burkes Rückkehr an jenem Ort bleiben und ihn nur im äußersten Notfall verlassen.

Alles ging gut, aber das Land war langweilig und häßlich, die Natur ungleichmäßig und verwildert. Solange man noch am sandigen Bett des Cooperflusses hinzog, fanden sich genügend Wassertümpel. Im Schatten betrug die Temperatur 36 Grad, und wenn es bei Nacht einmal nur

23 Grad waren, so kam den Reisenden die Luft ordentlich kalt vor. Nachher gingen sie von einem Flußbett zum andern und fanden in diesen kurzen Flüssen, die nur während der Regenzeit Wasser führen, gewöhnlich noch Tümpel im Schatten undurchdringlicher Dickichte, die der Grasbaum, der Buchsbaum und der Gummibaum oder Eukalyptus bildeten. Letztere gehörten jedoch nicht derselben Art an, wie der weltberühmte blaue Gummibaum, der in der Kolonie Viktoria und auf Tasmanien vorkommt. Man sieht ihn als fieberstillend an, denn er legt Moräste und ungesunde Sumpfgegenden trocken und wächst so schnell, daß er nach sieben Jahren zwanzig Meter hoch ist. Der Riesengummibaum ist aber noch merkwürdiger, denn er wird hundertundzwanzig Meter hoch, und eine andere Eukalyptusart soll sogar eine Höhe von hundertfünfzig Metern erreichen.

Auch wüste Ebenen, Dünengürtel und Tonbodenstrecken, die von der Dürre rissig geworden waren, hatte die Expedition zu überschreiten und mußte dabei ihre Lederschläuche mit Wasser gefüllt mitnehmen. Bisweilen erblickte sie Scharen wilder Tauben, die nordwärts flogen, und glaubte dann fest, bald Wasser zu finden, wenn sie der Richtung dieser Vögel folgte. An einigen Stellen hatte es so stark geregnet, daß etwas Gras aufgesprossen war, an anderen aber ließen die Salzbüsche vor Trockenheit die Zweige hängen.

Trügerische Luftspiegelungen führten die Reisenden irre. Einmal raste ein wütender Sturm durch Wald und Buschholz. Das Tierleben war arm; in den wortkargen Aufzeichnungen der Expedition werden kaum andere Tiere namhaft gemacht als Holztauben, wilde Enten und Gänse, Pelikane, Trappen, eine Unmenge Watvögel, Papageien, Schlangen, Fische und Ratten. Doch das Känguruh, dies sonderbare, hüpfende und springende Tier, das seine Jungen sieben Monate lang in einer Hauttasche am Bauche mit sich herumträgt, und das Australien ebenso eigentümlich ist wie das Lama Südamerika, war nicht zu erblicken. Auch sagen die Aufzeichnungen nichts von dem Dingo, dem wilden australischen Hund, dem Schrecken der Schafherden.

Wohl aber sahen die Teilnehmer an der Expedition die Australneger, die mit Schilden, Speeren und Bumerangs versehen, aber mit nichts bekleidet waren. Diese nackten, tiefstehenden Wilden gaben ihnen im Austausch gegen Glasperlen, Zeugstreifen und andere Kleinigkeiten manchmal Fische. Sie kletterten wie Affen auf den Bäumen umher, wenn sie auf die Tiere des Waldes Jagd machten; aber sowie sie die Kamele erblickten, ergriffen sie die Flucht. Noch nie hatten sie derartige Känguruhs gesehen, die vorn und hinten gleich lange Beine hatten und noch obendrein buckelig waren!

Nachdem die Engländer eine hügelige Gegend durchzogen hatten, waren sie nicht mehr weit von der Küste entfernt. Von einem letzten Lagerplatz aus gingen Burke und Wills zu Fuß durch Sümpfe und Wälder, deren Hauptbestandteil Palmen und Mangobäume waren, aber das Wasser des Carpentariagolfs sollten sie trotzdem nicht zu Gesicht bekommen! Der Wald verdeckte es, und sein Sumpfboden machte es ihnen unmöglich, hinzugelangen, obgleich sie ihm schon ganz nahe waren.

Burke hatte sein Ziel erreicht, er hatte Australien durchquert. Aber seine Heldentat sollte keinem Nutzen oder Freude bringen, am allerwenigsten ihm selber!

Der Rückzug wurde eine Kette von Unglücksfällen, die traurigste Reise, die wohl je in unserm fünften Weltteil unternommen wurde. Der Aufbruch nach Süden wurde mit Blitz, Donner und Regengüssen gefeiert. Die Blitze zuckten so dicht, daß Palmen und Gummibäume mitten in der Nacht ebenso hell beleuchtet wurden wie am lichten Tage. Der Boden verwandelte sich in einen einzigen großen Morast. Um die Kamele zu schonen, hatte man kein Zelt mitgenommen. Alles wurde naß, die Ausdünstung des Körpers wurde gehemmt, und das machte schlaff. Und als der Regen aufgehört hatte, kam wieder die Dürre mit erstickender Hitze, in der man sich nach der Nacht wie nach seinem besten Freunde sehnt.

Ein ausgemergeltes Pferd wurde zurückgelassen. Dann töteten die Wanderer eine acht Fuß lange Schlange und verzehrten, nach dem Vorbild der Wilden, ihr Fleisch, erkrankten aber daran. Als sie einmal in einer Talschlucht in einer Höhle lagerten, kam wieder ein Sturzregen, der das ganze Tal anfüllte und nicht nur ihr Lager, sondern auch sie selber fortzuschwemmen drohte. Moskitos quälten sie sehr, und manchmal mußten sie einen ganzen Tag warten, weil der Boden durch Regengüsse in Schlamm verwandelt war.

Als der Diener Gray aus ihrem zusammenschrumpfenden Vorrat Milch stahl, erhielt er Prügel. Ein Kamel mußte geschlachtet werden, um sein Fleisch herzugeben. Ein elendes Pferd wanderte den selben Weg. Wasser fand sich zur Genüge. Gray erkrankte und starb.

Am 21. April waren die drei Männer in Sehweite des Standlagers, wo ihre Kameraden, dem Befehl nach, ihre Rückkehr abwarten sollten. Burke glaubte sie schon aus der Ferne zu sehen. Wie sehnten sie sich dorthin! Dort gab es ja alles, was sie entbehrten, und dort waren sie vor der Hungersnot gerettet, der schon einer der Vier zum Opfer gefallen war.

Doch der Platz war leer! Keine menschliche Seele war zu sehen. In dem Stamm eines Baumes standen nur die eingeschnittenen Worte: *Grabt. 21. April.* Sie gruben unter dem Baum nach und fanden einen Brief, der ihnen sagte, ihre Kameraden hätten den Ort am selben Tag, vor nur wenigen Stunden, verlassen! Glücklicherweise fanden sie auch einen Vorrat an Mehl, Reis, Zucker und Dörrfleisch, der zur Reise nach der englischen Station hinunter genügte. Aber wo waren die Kleidungsstücke, um die schlechten Lumpen, die kaum noch auf dem Leibe zusammenhingen, zu ersetzen? Nach viermonatigem, unaufhaltsamem Marsch und beständigen Entbehrungen waren alle so erschöpft, daß ihnen jeder Schritt eine Anstrengung erschien, und nun kamen sie ins Standlager, um dort zu erfahren, daß ihre Kameraden am selben Tage abgezogen und ihrer Pflicht untreu geworden waren! Grausamer konnte das Schicksal sie nicht behandeln. –

Burke fragte Wills und King, ob sie sich zutrauten, die Kameraden noch einzuholen, aber beide verneinten. Ihre zwei letzten Kamele waren schon ganz kraftlos, während die der anderen sich, wie der Brief aussagte, noch bei guten Kräften befanden. Ein kluger Mensch würde es auf alle Fälle versucht haben, sie einzuholen, oder wäre zum wenigsten ihrer Spur gefolgt! Das wollten Wills und King auch tun. Aber Burke schlug einen westlicheren Weg vor, der ihm sicherer und besser erschien, und der sie nach der Stadt Adelaide in Südaustralien bringen würde. Er führt an dem »hoffnungslosen Berge« vorbei, ein unheilverkündender Name.

Zuerst ging auch alles gut, sie hatten noch Mehl und Reis und erhielten von den Eingeborenen Fische und »Nardo«, eine Art gemahlenen Kleesamen, sogar Ratten, die unzerlegt mit Haut und Haar auf glühenden Kohlen gebraten waren und ziemlich gut schmeckten. Ein Kamel stürzte, das andere weigerte sich bald weiterzugehen. Man nahm einen Vorrat von seinem Fleische mit. Doch die Lebensmittel gingen zu Ende, und, was noch schlimmer war, auf dem Weg zum »hoffnungslosen Berge« hörte das Wasser ganz auf.

Da beschlossen sie umzukehren und wieder nach dem verlassenen Standlager zu gehen! Auf dem Wege dorthin fristeten sie ihr Leben mit den Fischen, die sie gelegentlich von den Eingeborenen erhielten. Sonst hatten sie nichts weiter als Nardosamen, den sie auf den Kleefeldern sammelten. Halbtot vor Hunger und Erschöpfung erreichten sie das Standlager. –

Die Mittwinterzeit, Ende Juni, war herangekommen, und die Nächte waren kalt. Es wurde beschlossen, daß Burke und King sich auf die Suche nach Eingeborenen begeben sollten. Wills war nicht mehr imstande, sie zu begleiten, behielt aber einen kleinen Wasser- und Samenvorrat.

Nachdem sie zwei Tage lang schleppenden Schrittes umhergewandert waren, konnte Burke nicht weiter. King schoß eine Krähe, die sie verzehrten, aber Burkes Kräfte waren gänzlich erschöpft. Eines Abends sagte er zu seinem Diener: »Ich hoffe, daß Sie bei mir bleiben werden, bis ich wirklich tot bin . . . Dann lassen Sie mich nur liegen, ohne mich zu begraben.« Am folgenden Morgen war er tot. –

Nun eilte King zu Wills zurück und fand auch ihn tot. Die letzten Worte, die er vier Tage vorher in sein Tagebuch geschrieben hatte, waren: »Kann höchstens noch vier bis fünf Tage leben, wenn es warm wird. Puls 48 Schläge, sehr schwach.«

Als die Reisenden gar nichts von sich hören ließen, fürchtete man das Schlimmste; aus Melbourne, Adelaide und Brisbane wurden Entsatzexpeditionen abgesandt, auch in Sydney und anderen Städten beunruhigte man sich sehr um das Schicksal Burkes. Schießlich stieß man auf King, der das Vertrauen der Eingeborenen gewonnen hatte, seit zwei Monaten bei ihnen wohnte und ihre Lebensweise angenommen hatte. Er war nicht wiederzuerkennen und halb verrückt, erholte sich aber bei der sorgfältigen Pflege, die ihm zuteil wurde, schnell wieder. Die beiden Toten wurden begraben, Burke in die englische Flagge eingehüllt. Später brachte man ihre Asche nach Melbourne, wo auf ihrem Grab ein stattliches Denkmal errichtet wurde. Dieses Denkmal ist so gut wie alles, was von einer Expedition übriggeblieben ist, die mit so sonnigen Hoffnungen aufbrach und am Fuß des »hoffnungslosen Berges« scheiterte. –

Die Sundainseln

Am Morgen des 21. Oktober richten sich alle Ferngläser nach Osten. Zwei kleine, steile Inseln tauchen im weißen Kranz ihrer Brandung aus dem Meere auf, und hinter ihnen werden noch andere Inseln sichtbar, deren Wälder im ewigen Sommer der heißen Zone grünen. Bald fahren wir inmitten wirklicher Schären.

Asien ist das größte Festland der Erde. Mit seinen Gliedern Europa, Afrika und Australien hängt es mehr oder weniger zusammen und bildet die Festlandmasse der östlichen Halbkugel, während Amerika der westlichen Halbkugel angehört. Europa ist mit Asien so eng verbunden, daß man es eine Halbinsel Asiens nennen könnte. Afrika hängt mit Asien durch die 110 Kilometer breite Landenge zusammen, die seit

1869 der Suëskanal durchschneidet. Australien dagegen liegt als gewaltige Insel im Südosten frei für sich; das einzige Band, das es mit Asien verbindet, sind die beiden Reihen großer und unzähliger kleiner Inseln, die sich zwischen beiden Erdteilen aus dem Meer erheben. Die westliche Inselkette sind die Sundainseln, die östliche die Philippinen und Neuguinea. Sumatra ist gewissermaßen das erste Ponton der gewaltigen Brücke, die sich vom südlichsten Zipfel Hinterindiens, der Malaiischen Halbinsel, nach Südosten hinzieht. Das nächste Ponton ist Java, und ihm folgt weiter nach Osten eine Reihe mittelgroßer Inseln. Nördlich von dieser Brücke liegen noch die zwei andern großen Sundainseln, Borneo und Celebes.

Die Tier- und Pflanzenwelt dieser Inseln ist ungeheuer reich. In den Wäldern leben Elefanten, Nashörner und Tapire, im Dickicht lauern Tiger und Panther, und in der Tiefe der Urwälder hausen Affen der verschiedensten Art. Der größte unter ihnen ist der Orang-Utan; er wird bis zu anderthalb Meter groß, ist sehr stark, wild und gefährlich und lebt fast immer auf Bäumen. Auf den Sundainseln baut man Zuckerrohr, Kaffee, Tee, Reis und Tabak; hier gedeihen Gewürze und Kokospalmen und der Baum, dessen Rinde das fieberstillende Mittel Chinin schenkt. Und dieses Mittel braucht man auf den Sundainseln am nötigsten, denn in den tiefliegenden Küstengegenden herrschen überall Fieber. Doch wenn man ins Hochland hinaufgeht, 12–1500 Meter über dem Meer zwischen den Bergen, die das Innere der Inseln bedecken, dann findet man ein gutes, gesundes Klima.

Mitten durch Sumatra und Borneo geht der Äquator, und daher herrscht auf diesen Inseln immerwährender Sommer mit starker, feuchter Wärme. Die einzigen Jahreszeiten, von denen man hier sprechen kann, sind die Zeiten des Regens und der Trockenheit, und die Sundainseln gehören zu den regenreichsten Gegenden der Erde. Die Bevölkerung besteht aus Malaien. Sie sind Heiden, aber längs der Küsten hat der Mohammedanismus großen Einfluß gewonnen. Die wilden Stämme im Innern glauben blind an Geister; alle leblosen Gegenstände sind nach ihrer Ansicht von Geistern beseelt, und die Seelen der Toten nehmen an den Freuden und Leiden der Lebenden teil. Es gibt hier noch Stämme, die mit Menschenopfern die Geister versöhnen.

Sumatra, dessen Küste jetzt auf der rechten Seite hinter uns zurückbleibt, ist so groß wie Schweden, aber um ein Drittel weniger bevölkert. Borneo, nach Neuguinea die größte Insel der Erde, entspricht an Größe der ganzen Skandinavischen Halbinsel. Java, eines der schönsten und reichsten Länder, ist nur ein Viertel so groß wie Schweden, aber seine

Bevölkerungsziffer ist fast fünfmal so hoch. Die Sundainseln stehen unter Hollands Herrschaft; nur der nordwestliche Teil Borneos gehört England.

In der Meerenge zwischen Sumatra und Java liegt eine ganz kleine vulkanische Insel, Krakatau, die im Sommer 1883 der Schauplatz eines der furchtbarsten Naturereignisse war, die sich in geschichtlicher Zeit zugetragen haben. Die Insel war unbewohnt und wurde nur manchmal von Fischern aus Sumatra besucht. Aber wenn sie auch bewohnt gewesen wäre – keiner von ihren Einwohnern hätte erzählen können, was sich zugetragen hat. Denn sogar auf zwei anderen, einige Meilen entfernten Inseln wurde die ganze Bevölkerung bis auf den letzten Mann vernichtet. Am 26. August begann der Ausbruch des Vulkans, und solche Aschenmengen regneten hernieder, daß sie auf dem Deck einiger Schiffe, die in ziemlich großer Entfernung an der Insel vorüberfuhren, meterhohe Schichten bildeten! Es blitzte und donnerte, das Meer war aufgewühlt, und zahlreiche Schiffe und Boote gingen unter oder wurden aufs Land geworfen. Am zweiten Tag stürzte die Insel zusammen und wurde vom Meer verschlungen; nur noch einige Teile davon sind zu sehen. Und dieser Zusammenbruch rührte eine Sturzwelle auf, die, 30 Meter hoch, auf die benachbarten Küsten Sumatras und Javas losrauschte, Städte und Dörfer wegspülte, Wälder und Eisenbahnlinien vernichtete und sich bis an die Küsten Afrikas und Amerikas fortwälzte. Man konnte genau berechnen, mit welcher Geschwindigkeit sie sich über das Meer hingewälzt hatte. Das Getöse beim Ausbruch des Vulkans war auf Ceylon und in Australien, ja noch in einer Entfernung von 3400 Kilometern zu hören; man hätte es also durch ganz Europa und noch eine Strecke weiter gehört, wenn es sich in Wien erhoben hätte. Die Asche, die der Vulkan auswarf, bedeckte ein Gebiet, das so groß war wie die ganze Skandinavische Halbinsel, und 40 000 Menschen sind dabei umgekommen.

Über Singapur in das Südchinesische Meer

Die »Dehli« steuert grade auf Penang, eine Stadt an der Küste der Malaiischen Halbinsel, los. Ein paar Haifische folgen uns eine Weile auf der Backbordseite, und man schaudert bei dem Gedanken an das Schicksal dessen, der gerade jetzt das Unglück hätte, über Bord zu fallen. Der Hai würde sich dann auf den Rücken legen, pfeilschnell aufwärts schießen bis dicht unter die Oberfläche, seine Beute von unten packen und sie mit seinen messerscharfen Zähnen mittendurchbeißen.

Um so unschädlicher sind die fliegenden Fische, die allenthalben in großen Schwärmen spielen; sie springen aus dem Wasser und fliegen eine Strecke weit vermittels ihrer flügelähnlichen Flossen.

Nun zeigt sich Land, und alle Briefschreiber beeilen sich, ihre Postsendungen fertig zu machen. Wir gleiten in einen prächtigen Sund hinein, die Anker rasseln vor Penang auf den Grund, und ein Schwarm von Booten umgibt uns, um die Passagiere hinüberzubringen. Der Kapitän beschafft ein Automobil, und mit ihm und einem anderen Reisenden besuche ich den Botanischen Garten. Die Hauptstraße mit ihren großen Häusern, Hotels, Banken, Klublokalen und Kaufhäusern bietet das gleiche Bild wie alle Hafenstädte der südöstlichen Küste Asiens. Die kleinen, einsitzigen Rikschas zieht hier ein Chinese in losem blauem Kittel, mit bloßen Füßen und einem spitzen Strohhut auf dem Kopf. In rasender Fahrt geht es auf den vorzüglichen Wegen zwischen den Palmen hin zu dem Botanischen Garten, der wirklich prächtig ist. Er enthält Bäume und Pflanzen aus Indien, von den Sundainseln und aus Australien, und alles ist mit englischen und lateinischen Aufschriften versehen. In den Bäumen klettern flink und gewandt Affen herum oder sitzen und schaukeln sich auf den Zweigen, und große Wasserfälle stürzen schäumend die steilen Bergwände herab, die rings die dichte, üppige Vegetation umgeben.

Mit Einbruch der Dunkelheit überrascht uns ein starker Platzregen, und in wenigen Augenblicken stehen alle Wege unter Wasser. Der Regen fällt in Strömen, so dicht wie das Gras auf einer Wiese, und naß bis auf die Haut kommen wir wieder an unserem Schiffe an. Mit am Leibe klebenden Kleidern klettere ich geschwind die Strickleiter hinauf, um in der Kabine ein wohltuendes Bad zu nehmen und mich von Kopf bis zu Füßen trocken anzuziehen. Dann versammeln wir uns wieder am Mittagstisch, wo sich eine fröhliche Unterhaltung entspinnt.

Inzwischen bewegt sich der Dampfer wieder in die Nacht hinaus, und der Regen prasselt auf seine Dächer und gegen seine Seiten. Bis Singapur sind es noch dreißig Stunden, und die Fahrt geht nahe an der Küste des Festlandes vorbei. Ganz unerwartet taucht einige Meilen vom Lande ein Leuchtturm in der Dunkelheit auf. Hier wohnt ein einzelner Wächter, der jeden zweiten Monat auf Urlaub geht, um sein trübseliges, einsames Leben ertragen zu können. Die ganze Nacht hindurch regnet es, und am Tag ist die Hitze keineswegs groß, obgleich wir so nahe am Äquator schwimmen. In der nächsten Nacht lassen wir die Stadt Malakka hinter uns zurück; eine Reihe Küstenleuchttürme blinkt in der Dunkelheit, und die Laternen anderer Damper funkeln wie rote und grüne Augen.

Am 24. Oktober legt der Dampfer in Singapur an. Es ist die Hauptstadt dieses Teils der Malaiischen Halbinsel, die unter englischer Herrschaft steht, und hat 200 000 Einwohner, von denen die meisten Chinesen, die übrigen Malaien, Inder und Europäer sind. Alle Schiffe nach und aus dem fernen Osten laufen Singapur an, und hier ist auch der Hauptstapelplatz des Handels der Sundainseln. Die reichsten Zinnbergwerke der Erde sind auf der Malaiischen Halbinsel. Singapur liegt nur einen Breitengrad nördlich vom Äquator, und zwischen Winter und Sommer beträgt der Wärmeunterschied nur zwei Grad; aber es regnet hier fast täglich.

Als der Dampfer seine Fahrt am Nachmittag fortsetzt, umringt ihn ein Schwarm kleiner, leichter Kähne, deren Ruderer nackte, kupferbraune Malaienknaben sind; die Jungen schwimmen wie Fische, tauchen wie Ottern, sind unglaublich gelenkig und rudern ihre Kähne mit ebensoviel Anmut wie Geschicklichkeit. Sie strecken ihre Hände zu uns empor – wir verstehen dieses Zeichen und werfen eine Silbermünze in das klargrüne Wasser hinab. Plautz! springen die Buben kopfüber nach und tauchen bis auf den Grund, und wenn sie wieder an die Oberfläche kommen, zeigt der glückliche Finder das erhaschte Geldstück. Die Kähne bleiben unterdes sich selbst überlassen und sind mit der starken Strömung in der Meerenge zwischen Singapur und den Inseln abgetrieben. Doch im Handumdrehen schwimmen die Jungen ihnen nach und klettern mit großer Geschicklichkeit wieder hinein, ohne daß ein Boot kentert. Neue Münzen fallen über Bord, und unermüdlich wetteifern die kleinen Hydrioten, sie aufzufangen, möglichst bevor sie den Grund erreichen. Als wir schneller zu fahren beginnen, halten sie sich an den Seiten des Dampfers fest; wenn es aber dann zu geschwind geht, läßt einer nach dem andern los und kehrt mit dem Verdienst, den er sich glücklich ertaucht hat, wieder in den Hafen zurück.

Die Sonne geht gerade hinter den Häusermassen, Türmen und Schornsteinen Singapurs unter. Das Blinkfeuer eines Leuchtturmes kämpft mit dem fliehenden Tageslicht und bleibt Sieger. Eine Menge Dschonken mit braunen Segeln bewegt sich langsam auf dem blanken, spiegelglatten Wasser dahin. Dunkel und scharf hebt sich die Silhouette Singapurs auf dem erlöschenden Licht des westlichen Himmels ab; der Sund erweitert sich wieder, aber solange die Dämmerung dauert, sind Land und Inseln noch sichtbar. Dann biegen wir nach Nordosten ab, entfernen uns vom Äquator und steuern in das Chinesische Meer hinein. Wir haben jetzt die südlichste Spitze des festländischen Asiens umfahren.

Nach zwei Tagen haben wir Kotschinchina, Saigon und das Mekongdelta hinter uns, und sobald wir am 27. Oktober mit dem von Nordosten kommenden Meeresstrom, der sich an den Küsten Annams entlangzieht, in Berührung kommen, sinkt die Temperatur um einige Grad; das Wetter wird frischer und angenehmer. Die Jahreszeit des nordöstlichen Monsuns hat gerade angefangen, und je weiter wir nach Norden kommen, desto heftiger weht es uns entgegen. Nun haben wir zwischen zwei Wegen die Wahl: entweder auf offener See bleiben, wo Wind und Seegang uns entgegen sind, oder an der Küste entlang fahren, wo jener Meeresstrom die Fahrt ebenso stark behindert. Wie man sich auch entscheidet, das Schiff verliert immer ein paar Knoten in der Schnelligkeit. Unser Kapitän hat sich für die Fahrt an der Küste entlang entschlossen.

Der Ostteil der Hinterindischen Halbinsel besteht aus den französischen Besitzungen Kambodscha, Kotschinchina, Annam und Tongking. In Hanoi, der Hauptstadt Tongkings, ist der Sitz des Generalgouverneurs über das ganze Indochina. Die wichtigste Stadt im Süden ist Saigon im Deltaland des Mekong, das jedes Jahr durch die gewaltigen Schlammassen, die der große Fluß mitschwemmt, größer wird. Fast ein Drittel der hinterindischen Halbinsel nimmt das Königreich Siam ein, das zwischen dem Unterlauf der beiden Flüsse Mekong und Saluën gelegen ist, die beide im östlichen Tibet entspringen. Es hat nur sieben Millionen Einwohner verschiedener Volksarten, Siamesen, Chinesen, Malaien und Laosvölker. Der König von Siam ist Selbstherrscher, besitzt allen Grund und Boden und entscheidet über Leben und Tod seiner Untertanen. Seine Hauptstadt Bangkok zählt eine halbe Million Einwohner und wird von zahlreichen Kanälen durchschnitten; auf diesen lebt ein großer Teil der Bevölkerung in schwimmenden Häusern. Bangkok enthält viele berühmte und prächtige Pagoden oder Tempel mit Buddhastatuen, von denen einige aus echtem Gold sind. In Siam hat sich die buddhistische Lehre unverfälscht erhalten, der weiße Elefant gilt als heilig, und Siams Flagge zeigt einen solchen weißen Elefanten in rotem Feld. Die Siamesen sind mongolischen Ursprungs, mittelgroß, kräftig gebaut, von gelbbrauner Hautfarbe und sehr begabt, aber träge. Gesang, Musik und Spiel lieben sie sehr, und von ihren sonderbaren Bräuchen mag hervorgehoben werden, daß sie sich die Zähne schwarz färben.

Hongkong

Am Vormittag des 29. Oktober dampfen wir an den ersten Inseln und Felsenklippen vorbei, eine außerordentlich schöne, bezaubernde Hafeneinfahrt, die an Schwedens Schären erinnert. Der Nordostmonsun weht tüchtig; der salzige Schaum brodelt um den Bug der »Dehli« und fällt als feiner, glitzernder Sprühregen auf das Deck nieder. Der Seegang ist aber kaum zu spüren, denn die vielen Inseln brechen und bändigen die Wucht der Wogen. Um Mittag sind wir in dem geräumigen, vortrefflichen Hafen der Insel Hongkong, dessen Wasser so seicht ist, daß die Flügel der Propeller den graubraunen Bodenschlamm aufwühlen. Eine ganze Flottille kleiner Dampfbarkassen kommt uns entgegen, während wir in langsamer Fahrt zwischen unzähligen Schiffen hindurch nach dem Ankerplatz und den Bojen hindampfen. Hier flattern die Flaggen aller Handelsmächte im Winde; die englischen, chinesischen, japanischen, amerikanischen und deutschen Flaggen stechen grell voneinander ab.

Jedes Hotel sendet seine eigene Dampfbarkasse, um neue Gäste zu holen. Das erste jedoch, nachdem sich der Anker im Grund festgebohrt hat, ist das Verladen der europäischen Post, einer großen Menge versiegelter Säcke, in die Barkassen des Postamts. Verwandte und Freunde einiger Passagiere holen die ihrigen ab.

Mich erwartete ein englischer Hauptmann, den der Gouverneur Sir Frederick Lugard abgesandt hatte, um mich zu begrüßen und einzuladen, des Gouverneurs Gast zu sein. Eine prächtige weiße Schaluppe, an deren Achter die britische Flagge mit einem Zipfel ins Wasser tauchte, brachte uns in wenigen Minuten zum Kai der Stadt Viktoria. Viktoria ist Hongkongs Hauptstadt, und hier lebt beinahe die Hälfte der 440 000 Inselbewohner, von denen die meisten Chinesen sind. Seit 1842 ist Hongkong britische Kronkolonie, und der Schiffsverkehr in seinem Hafen steht dem keines anderen Hafens der Erde nach, übertrifft sogar London, Hamburg und Neuyork! Regelmäßige Dampfertouren verbinden Hongkong mit zahlreichen Hafenstädten der Welt, und in fünfundvierzig Tagen kann man von hier aus mit den vorzüglichen deutschen Dampfern nach Hamburg fahren. Der Handelsverkehr Hongkongs ist ungeheuer, und die Engländer haben hier auch eine Station ihres ostasiatischen Geschwaders mit ausgezeichneten Docks und Kais, Kohlenniederlagen und Kasernen. Viele Mächte haben Konsuln in Hongkong, um die Interessen ihrer Länder zu wahren. Man braucht nur ein paar Stunden hier zu sein, um die Bedeutung dieser Insel zu erkennen und Englands Macht und Unternehmungslust zu bewundern. Gibraltar, Aden, Colombo, Singapur und Hongkong, die sämtlichen wichtigsten Punkte des Seewegs nach dem fernen Osten, sind in den Händen der Engländer, und in Kriegszeiten können sie mit ihrer starken Flotte den Schiffen anderer Mächte hier den Zugang versperren.

Am Kai erwartete mich ein Tragstuhl mit einem Sonnendach und zwei langen Querstangen. Er war sehr vornehm ausgestattet, rot und weiß gestrichen, und zeigte an den Seiten die Kaiserkrone Großbritanniens. Seine Träger waren vier Chinesen in roten Anzügen, mit einer goldenen Krone auf der Brust. In gleichmäßigem Takt trugen sie mich durch die gewundenen, steilen, aber reinen und hübschen Straßen der Stadt Viktoria, und ich schwankte in meinem Stuhl wie auf dem Rücken eines Kamels. Bald öffnete sich eine Stakettür in einen üppigen Garten hinein, und auf der Treppe des »Regierungsgebäudes« bewillkommnete mich der Gouverneur. Am Abend fand ein Diner statt, und nachher wurden sämtliche Gäste, Damen und Herren, wieder in Tragstühlen, von Chinesen mit Stangenlaternen begleitet, nach einem offenen Platz hingebracht, wo ein englisches Regiment ein vergnügtes Abschiedsfest feierte. Es hatte seine zweijährige Dienstzeit hinter sich und sollte jetzt nach Singapur übersiedeln, um auch dort noch zwei Jahre zu dienen. Von einer Anhöhe aus hatten wir freie Aussicht über die Wiese, auf der die Soldaten, jeder mit einer Papierlaterne in der Hand, ringelnde Feuerschlangen und alle möglichen sonstigen Figuren bildeten.

Tags darauf trugen mich meine kräftigen Chinesen nach der »Berghütte«, der Sommerwohnung des Gouverneurs, die 500 Meter über dem Meere liegt und wo es daher weit kühler war als unten in der Stadt. Die Aussicht von dort oben ist einzig schön. Nach Süden schweift der Blick ungehindert über Inseln und Klippen und über das große, offene Meer mit den chinesischen Booten, deren braune Segel, gebläht vom heftigen Wind, an die Flügel einer mächtigen Fledermaus erinnern.

In der Nachbarschaft stand eine saubere, kleine englische Kirche, und hier traf ich plötzlich den Kapitän der »Dehli« und mehrere meiner Mitreisenden, die alle sehr ernst und feierlich aussahen. Der Altar der Kirche war mit Palmen geschmückt, und tropische Blumen verbreiteten einen berauschenden Duft. »Kommt sie noch nicht bald?« so ging die Frage; alles blickte den Weg hinunter, und bald zeigte sich an einer Biegung eine Gruppe von Tragstühlen. Im weißen Seidenkleide, den Schleier im Haar und mit einem Strauß weißer Lilien in der Hand, kam die Erwartete daher, die junge Dame, die von Colombo aus mit uns zusammen gereist war. Die ganze Schiffsgesellschaft hatte sie liebgewonnen, ihr Lachen klang so hell und kindlich über die indischen Wellen hin, und wir pflegten sie die »Königin des fernen Ostens« zu nennen. Jetzt feierte sie ihre Hochzeit mit einem uns unbekannten Herrn, und fast schien es uns, als ob es nun, da sie nicht mehr da war, leer und trübe auf der »Dehli« werden würde.

Was für Geheimnisse könnte das Deck so manches Schiffes erzählen, das weiße Männer und Frauen längs der gelben und kupferbraunen Küsten Asiens hin und her trägt! Fast auf jeder Reise spielt sich an Bord ein kleiner Roman ab. Einmal, so erzählte mir der Kapitän, sei er von England nach Colombo gefahren, und unter den Passagieren sei eine junge Dame gewesen, die in Colombo ihren Verlobten treffen sollte. Aber unterwegs hatte sie sich in einen andern verliebt, und bei der Ankunft hatte der Kapitän die traurige Pflicht, dem abgedankten Bräutigam mitzuteilen, daß seine Liebste an Bord einen neuen Bräutigam gefunden habe! Aber unsere kleine »Königin des fernen Ostens« war auf der ganzen Reise dem ihrigen treu geblieben.

Dem Nordostmonsun entgegen

Hundertfünfzig Kilometer westwärts von Hongkong liegt Kanton, die zweitgrößte Stadt Chinas, nahe der Mündung zweier Flüsse, die offene Straßen in das Innere des Landes hinein bilden. Daher ist Kanton nach Schanghai die wichtigste chinesische Handelsstadt. Von Kanton werden die größten Massen der berühmten chinesischen Seidenstoffe ausgeführt, und die Seidenweberei, die Porzellanmanufaktur und die Papierfabrikation stehen hier auf bedeutender Höhe. Kanton ist einer der etwa vierzig Vertragshäfen Chinas, das heißt der Häfen, die auch Ausländern offen stehen. Es hat 900 000 Einwohner, ist die Hauptstadt der südlichsten der achtzehn Provinzen Chinas und der Sitz eines Vizekönigs. Seine Straßen sind so eng, daß keine Wagen hindurchfahren können, und ein großer Teil der Bevölkerung lebt in Boothäusern, die an eingerammten Pfählen im Fluß befestigt sind. Eine 2000 Kilometer lange Eisenbahn verbindet Kanton mit Peking, der Hauptstadt des chinesischen Reiches.

Längs der Küste Chinas führt uns nun der Dampfer hin, und am letzten Tag des Oktobers sind wir draußen in der Bahn des Nordostmonsuns. Die See geht hoch, aber da wir den Seegang gerade entgegen haben, stampft das Schiff nur wenig. Der Wind ist aber so stark, daß man sich nicht auf Deck aufhalten kann, und dieser regelmäßige Wind weht nun hier ein halbes Jahr! Es heult und stöhnt um das Schiff herum, alle Zeltdächer werden abgenommen, damit sie nicht in Fetzen fliegen, und je weiter es nordwärts geht, um so kühler wird es; will man eine Weile in dem feinen Sprühregen der Wellen stehen, um die grünen, weißschäumenden Wogen zu betrachten, die uns mit dumpfem Getöse entgegenrollen, so braucht man einen Überzieher. Und doch wagen sich bei diesem hohen Seegang chinesische Fischerboote bis hier hinaus, und ihre Besatzung manövriert mit diesen kleinen Kähnen und mit ihren Netzen fabelhaft sicher und geschickt.

Im Osten haben wir jetzt die große Insel Formosa, die vor sechzehn Jahren von Japan erobert wurde. Sie bezeichnet die Grenze zwischen dem Südchinesischen und dem Ostchinesischen Meer, das weiter nördlich in das Gelbe Meer übergeht. Und nun betrachten wir auf der Karte die bogenförmigen Inselgruppen, die dem Festland vorgelagert sind. Hängen sie nicht da wie im Sommer Blättergirlanden vor der Tür eines Gutshofes! Die Sundainseln, die Philippinen, die Liukiu-Inseln, die japanischen Inseln, die Kurilen und die Aleuten. Jede solche bogenförmige Inselgruppe ist ein Wellenbrecher gegen den Stillen Ozean, und jede umsäumt ein Binnenmeer. Die beiden südlichsten Binnenmeere haben wir schon kennengelernt, die nördlichen sind das Japanische Meer, das Ochotskische Meer und das Beringmeer.

Der Nordostmonsun weht jetzt so stark, daß er halber Sturm ist. Er zieht und saugt das Wasser mit sich und treibt es Tag und Nacht in derselben Richtung nach Südwesten vor sich her. Dadurch entsteht eine starke Strömung auf der Oberfläche, und durch ihre Wucht verliert unser Schiff drei bis vier Knoten seiner Geschwindigkeit. Kommt noch die Ebbe hinzu und geht sie mit der Meeresströmung in einer Richtung, dann ist die Bewegung des Oberflächenwassers nach Südwesten so schnell wie die eines Bachs auf dem Festland.

Die Küste mit ihren Gebirgen und Inseln scheint bald nahe, bald fern, manchmal kann man mit dem Fernglas auch nur die Leuchttürme erkennen, die auf kleinen Inselchen dem Festland vorgebaut sind. Denn die chinesische Küste ist ein sehr gefährliches Fahrwasser voller Felseninseln, Unterwasserklippen und Untiefen.

Von Mitte Juli bis Mitte September wird Hongkong nebst Umgegend von verheerenden Wirbelstürmen heimgesucht, die Taifune heißen. Solch ein Wirbelwind dreht sich mit schwindelerregender Schnelligkeit und saugt alles, was ihm begegnet, in sich hinein; er entsteht gewöhnlich draußen auf dem Stillen Ozean, nähert sich aber nur langsam, mit 13 Kilometer Geschwindigkeit in der Stunde, dem Festland. Die Sturmwarnungsstationen auf den Philippinen und andern

Inseln, die in den Bahnen der Taifune liegen, können daher die chinesische Küste rechtzeitig von seinem Kommen durch Telegramme benachrichtigen. Dann hißt man z. B. im Hafen von Hongkong schwarze, dreieckige Flaggen an den hohen Masten, die weithin sichtbar sind, und jeder weiß, was das bedeutet. Die chinesischen Dschonken steuern sofort landwärts, um unter den hohen Küsten Schutz zu suchen, und die anderen Schiffe verstärken ihre Vertäuung. Übrigens kann man dem Taifun so ziemlich leicht ausweichen, denn er hat einen festbegrenzten Umkreis, und bei großer Fahrgeschwindigkeit kann ihm ein Schiff entkommen; nur braucht es dazu offenes Wasser, damit es sich nicht in die Buchten der chinesischen Küste hinein verirrt. Auch künden die spiralförmigen Bewegungen der Wolken und das starke Hin- und Herschwanken des Barometers das Nahen der Wirbelstürme an. Im September 1906, erzählte mir der Kapitän, sei sein Schiff von einem so plötzlich auftretenden Taifun überfallen worden, daß man nicht einmal die notwendigen Vorsichtsmaßregeln hatte treffen können. Das Schiff war damals mit einer Decklast Bauholz befrachtet, und die schweren Balken wehten wie Späne und Papier über Bord. Die außen am Oberdeck hängenden Rettungsboote drehten sich im Kreis und zertrümmerten von obenher das ganze Sonnendach. Die Liegestühle der Passagiere flogen wie Federn ins Meer hinaus. Eine große Gefahr ist auch der Seegang; der Wind wechselt schnell, die Wellen werden von verschiedenen Seiten heraufgepeitscht und bilden wütende, hohe Wellenberge, die über die Schiffe wegfegen können. Zwei Monate vor meiner Ankunft in Hongkong war die Insel von einem verheerenden Taifun heimgesucht worden, der dicke Bäume im Garten des Gouverneurs knickte und sogar eine aus Ziegeln erbaute Kaserne umriß. Wenn aber, wie jetzt im Oktober, der Nordostmonsun regelmäßig weht, hören die Taifune auf.

Die Zeit wird einem an Bord oftmals lang, und man vertreibt sie sich, so gut es geht, durch Lesen, Unterhaltung, Auf- und Abgehen oder durch »Kettenspiel«. Zwei Parteien bilden sich, jede zu zwei Herren, und stellen sich 12 Meter voneinander entfernt auf. Vor jeder Partei ist mit Kreide ein großer Kreis auf die Deckplanken gezogen, und die Kunst ist nun, ein ringförmiges, hartes Stück Tau so zu werfen, daß es innerhalb des Kreises liegen bleibt. Die Schwierigkeit besteht darin, das Weiterrollen des Seilringes über das Deck hin zu verhindern; der Hauptvorzug des Spiels aber ist der, daß man sich dadurch an Bord Bewegung schafft.

Wir haben nun den 2. November. In der Nacht regnete es in Strömen, und der neue Tag ist wolkentrübe, windig und feucht. Land sehen wir nicht, aber wir dampfen durch gelbbraunes, süßes Wasser. Der Blaue Fluß mündet hier, und sein süßes Wasser schwimmt über dem schwereren salzigen des Meeres. Ein Lotse kommt an Bord, um uns in dem gefährlichen Fahrwasser flußaufwärts zu führen; viele dieser Lotsen sind Schweden und Norweger, die geradezu ein Ministergehalt beziehen. Eine Stunde später haben wir auf beiden Seiten flaches Land, die Schlamminseln in der Mündung des Blauen Flusses.

Schanghai

Große Ozeandampfer können nicht nach Schanghai hinauf, denn diese Stadt liegt an einem kleinen Nebenfluß des Blauen Flusses. Wir sagen deshalb dem Dampfer, der hier zum letztenmal Anker wirft, Lebewohl und fahren mit kleineren Leichtern flußaufwärts. Bald wird es an den flachen Ufern lebhafter, die Häuser liegen immer dichter nebeneinander, Fabriken tauchen zwischen ihnen auf, und rechts und links sind chinesische Schiffe vertaut, darunter zwei komische Kriegsschiffe aus Holz, Überbleibsel einer längst entschwundenen Zeit; sie sind vorn und hinten hoch gebaut, und an den Masten flattert der blaue Drache im gelben Feld.

Nun rollt sich Schanghais stattlicher Hafenkai mit seinen prachtvollen hohen Häusern vor uns auf. Aber das ist nicht China, es ist ein Stück Europa, die Stadt der Weißen im Lande der Gelben, das reiche mächtige Schanghai mit seinen 12 000 Europäern, neben der chinesischen Stadt, die 650 000 Menschen bewohnen.

Als ich Anfang November 1908 in Schanghai landete, brachte mich ein Automobil zur Wohnung des Generalkonsuls, wo am Abend lauter Schweden zu einem Gastmahl versammelt waren. Auf den nächsten Tag, den 3. November, fielen zwei wichtige Geburtstage, der der Kaiserin-Witwe von China und der des Kaisers von Japan, zweier Herrscher, die sich durch Kraft und Klugheit ausgezeichnet und beide ihren Namen im äußersten Osten unsterblich gemacht haben. Der japanische Generalkonsul hielt großen Empfangstag, und der Gouverneur von Schanghai gab ein glänzendes Diner. Seltsam wechselnde Eindrücke jagten einander und füllten die Stunden der kurzen Zeit, die ich in Chinas größter Hafen- und Handelsstadt zubrachte. Aus Europäischen Straßen mit elektrischem Licht und Straßenbahnen, Kirchen, Handelshäusern, Klublokalen und öffentlichen Gebäuden, zeitgemäßen Werften und Docks kommt man in wenigen Minuten in die Chinesenstadt, in das unverfälschte Asien. Hier wimmelt es von gelben Männern in blauen Röcken und schwarzen Westen mit kleinen Messingknöpfen, in weißen Strümpfen und schwarzen Schuhen mit unbiegsamen, dicken Sohlen, eine kleine schwarze Mütze mit rotem Knopf auf dem Scheitel und einen langen Zopf im Nacken. Kaufleute rauchen in ihren offenen Läden lange, dünne Pfeifen, während sie auf ihre Kunden warten, und in den Teelokalen ist ein Gedränge und ein Lärm sondergleichen. Ein beständiges Hasten, ein ewiges Kommen und Gehen, ein ununterbrochenes Umsetzen von Geld und Waren.

Während meiner Anwesenheit in Schanghai wurde ich gebeten, einen Besuch in einer chinesischen Hochschule zu machen, und sah mich plötzlich in einem großen Saale zweihundert chinesischen Studenten gegenüber. »Was soll das?« fragte ich ganz schüchtern den amerikanischen Doktor, der mich hingeführt hatte. »Bitte, erzählen Sie den jungen Leuten etwas von Ihren Reisen!« Und ehe ich mich versah, stand ich schon auf einem Katheder und erzählte der gelben Zuhörerschaft, die unter lautlosem Schweigen lauschte, in englischer Sprache von meinem unglücklichen Zug durch die Wüste Takla-makan. Als ich fertig war, umringten mich die Studenten von allen Seiten, und ich mußte jedem die Hand schütteln. Ein sonderbares Zusammentreffen aber war es, daß sich in diesem Saale ein Mann befand, der meinen Diener Kasim kannte, denselben, dem ich in jener Wüste in meinen Stiefeln Wasser brachte. Der buddhistische Priester Hori war aus Japan mit dem Auftrag nach Schanghai gekommen, mich nach den berühmten Inseln im Osten hinzugeleiten. Er war zwei Jahre vorher in Ostturkestan gewesen und hatte eine Reise durch das Bett des Chotandarja unternommen. Und auf dieser Reise war ja mein alter Kasim sein Begleiter gewesen, und er hatte Hori die Stelle gezeigt, wo ich das segensreiche Wasser gefunden hatte. So erreichten mich seine Grüße gerade in der Stunde, wo ich den chinesischen Studenten von unsern gemeinsamen Abenteuern erzählte!

Missionen und Religionen in China

Zehn Kilometer westwärts von Schanghai liegt der große Gebäudekomplex des im 17. Jahrhundert gegründeten Jesuitenklosters Sikavai. Einer meiner Reisebegleiter von der »Dehli«, Pater Robert, ein katholischer Priester, zu dessen Sprengel Hongkong und Schanghai gehörten, ein sehr gebildeter Mann und großer Kenner alten chinesischen Porzellans, veranlaßte mich, dieser Missionsstation einen Besuch zu machen. Kathedrale, Kapellen, Knaben- und Mädchenschulen, das große meteorologische Observatorium, wo von jedem Tag Wetterkarten ausgearbeitet werden, und das zoologische Museum, dies alles zu betrachten, erforderte mehrere Stunden. An der Spitze jedes Instituts steht ein ehrwürdiger Pater; aber die Mädchenklassen werden von Nonnen und Laienschwestern geleitet. Die Kinder lernen Französisch und besuchen die katholische Messe. Es gibt Chinesen, die schon seit vielen Generationen katholisch sind und ihr Ave Maria und Vaterunser mit tiefster Andacht beten. 1 150 000 Chinesen sind Katholiken, 150 000 sind Protestanten. Die Missionare folgen dem Drang ihres Herzens und dem Gebot des Heilandes: »Gehet hin in alle Welt und lehret alle Heiden!« Sie arbeiten mit Geduld und Pflichttreue an ihrer Aufgabe und setzen sich den größten Gefahren aus. Nur schade, daß ihr Reich in sich gespalten ist. Katholiken und Protestanten helfen einander nicht. Dem Chinesen ist »Tien«, der Himmel, das höchste Wesen; ihm ist der »Tempel des Himmels« in Peking geweiht. Auf Chinesisch nennen die Jesuiten Gott den »Herrn des Himmels«, die englischen Missionare nennen ihn den »Höchsten Lenker« und die amerikanischen Baptisten den »Wahren Geist«. Die Streitigkeiten zwischen den christlichen Religionsgemeinschaften machen die Chinesen verwirrt, und sie wissen nicht recht, was sie glauben sollen.

Der Chinesen eigene Religion ist ein Gemisch verschiedener Lehren oder vielmehr Weisheitsregeln. China hat mehr Weise gehabt als irgendein anderes Land. Der vornehmste ist Konfuzius, ein Zeitgenosse des Sokrates und des Buddha; er schrieb ein aus dreihundert Oden bestehendes Buch und nannte es »Gedankenreinheit«. Um ihn sammelten sich zwölf Jünger und ein weiterer Kreis von 3000 Schülern. »Handle gegen jeden so, wie du willst, daß er gegen dich handle«, war eines seiner Gebote, und seine Gesetze haben die Chinesen zum höflichsten Volk der Welt gemacht. Sie sind taktvoll und liebenswürdig untereinander und ebenso im Verkehr mit Fremden.

Als man Konfuzius einmal fragte, wie er in so vielen Dingen so große Kenntnisse habe erwerben können, antwortete er: »Weil ich arm geboren bin und lernen mußte.« Er sah im Reichtum ein Unglück und im Wissen eine Macht. Sein Andenken steht bei den Chinesen in höchsten Ehren, aber sie betrachten ihn nicht als einen Gott, sondern nur als den größten Weisen aller Zeiten.

Neben dem Konfuzianismus steht in China der Taoismus, dessen erhabene Lehre jedoch vielfach zu Taschenspielerei und Aberglauben herabgesunken ist. Zu Anfang unserer Zeitrechnung drang der Buddhismus nach China und beherrscht jetzt fast das ganze Land. Doch ist in den religiösen Vorstellungen der Chinesen keine rechte Klarheit. Ein

Taoist kann seine Morgenandacht in einem Buddhatempel verrichten und sich am Abend in die Schriften des Konfuzius vertiefen. Viele haben also gleichgroße Achtung vor allen drei Lehren.

Das religiöse Bewußtsein aller Chinesen, der Konfuzianer, Taoisten und Buddhisten, hat aber einen gemeinsamen Grundton: das ist die Ehrfurcht vor den Geistern der Vorfahren, die Ahnenverehrung. Auch das einfachste Haus enthält einen Altar zu Ehren der Verstorbenen, gegen die man nichts anderes als die größte Ehrfurcht empfindet, und der Friede der Gräber darf unter keinen Umständen gestört werden. Im 17. Jahrhundert regierte in China Khang-hi, einer der größten Herrscher der Welt, einundsechzig Jahre lang. Sein Enkel Khien-lung erbte alle seine großen Eigenschaften, und als auch er einundsechzig Jahre über China geherrscht hatte, dankte er ab, einzig und allein aus Achtung vor dem Geist seines Großvaters, den er nicht in der Zahl seiner Regierungsjahre übertreffen wollte!

Eine Folge dieses Ahnenkultus ist, daß ungeheure Gebiete Chinas von Gräbern eingenommen werden. Der Mongolenkaiser Kublai Chan, der Ende des 13. Jahrhunderts regierte, erregte gärenden Unwillen, als er befahl, die alten Friedhöfe umzupflügen und in Äcker zu verwandeln, und diese Heiligkeit der Friedhöfe ist auch noch heute das größte Hindernis beim Bau der Eisenbahn. Die Bahnlinie muß um den geheiligten Friedhof herum oder auf einer Brücke über ihn hinweg geführt werden. Der Kaiser von China reist nur deshalb nach Mukden, um an den Gräbern seiner Ahnen zu opfern; denn hier in Mukden liegen Khang-hi und Khien-lung begraben, und ihre Dynastie, die der Mandschukaiser, herrscht noch heute in China.

Die katholischen Missionare bekämpfen klugerweise den Ahnenkultus der Chinesen nicht; die evangelischen dagegen finden ihn mit dem Christentum unvereinbar. Aber diese Pietät ist dem Chinesen angeboren und vererbt sich von Generation zu Generation. Wie die Bienen eines Schwarmes aneinanderhängen, eine Schicht unter der andern, so sind die Chinesen unserer Zeit eins mit ihren Vorfahren; ja, sie fühlen sich mit der Vergangenheit mehr zusammengehörig als mit der Gegenwart. Der Ahnenkultus ersetzt ihnen die Vaterlandsliebe. Wohl liebt der Chinese seine engere Heimat, aber was in anderen Teilen seines eigenen Landes vorgeht, ist ihm einerlei. Der Bewohner Kantons regt sich nicht darüber auf, wenn die Russen die Mandschurei und die Japaner Korea nehmen, wenn sie nur Kanton in Frieden lassen! Gegen Bekenner eines andern Glaubens ist der Chinese sehr tolerant, und er nimmt es durchaus nicht übel, wenn man ihm seine Bedenken über seinen eigenen Glauben ausspricht.

Der Ahnenkultus ist also die eigentliche Religion der Chinesen. Daneben hegen sie eine abergläubische Furcht vor Geistern und suchen Zuflucht bei den Göttern, von denen sie Hilfe erhoffen. Einmal besuchte ich in Nordchina einen Tempel, worin ein ganzer Saal mit freistehenden, bemalten Tonbildern angefüllt war, die darstellten, welche Qualen den Sünder im Totenreich erwarten. Hier wurde die Ehebrecherin in der Mitte durchgesägt, dem Dieb wurden beide Hände abgehauen, dem Verleumder die Zunge aus dem Munde gerissen und einem andern Sünder glühendes Eisen in die Augen gebohrt, während sein Nachbar mit verzerrten Zügen seine eigenen Eingeweide betrachtete, die ihm die Handlanger des Totenreichs aus der aufgeschlitzten Bauchhöhle herausgerissen hatten. Die Bilder waren in natürlicher Größe und mehr als gräßlich. In einer Ecke des Saales standen mehrere große Särge. Der Deckel des einen war nicht fest aufgelegt, und man sah darin einen Toten die Zähne fletschen. Auf meine Frage, warum die Särge hier ständen, erhielt ich die Antwort: Die Zeit der Qual im Fegefeuer wird für den Verstorbenen um so kürzer, je länger er in diesem Tempelsaal des Totenreichs stehen darf!

Ja, der Aberglaube der Chinesen ist groß. Ist jemand am Fieber erkrankt und phantasiert er, so glauben seine Angehörigen, seine Seele habe sich verirrt, und an dem Ort, wo er das Bewußtsein verlor, trägt man seine Kleider umher – um die verirrte Seele wieder auf die richtige Spur zu bringen! Und des Nachts steigt man aufs Dach und winkt mit einer brennenden Laterne, damit die arme Seele sich wieder nach Hause finde!

Das Reich der Mitte

Das erste, was ein chinesischer Schuljunge lernt, ist, daß der Himmel rund und die Erde viereckig ist, daß China in der Mitte der Erde liegt und deshalb das »Reich der Mitte« genannt wird. Alle andern Länder liegen um China herum und sind seine Vasallen!

Der Kaiser heißt der »Sohn des Himmels« und vereinigt in seiner Hand die höchste geistliche und weltliche Macht. Beim Regierungsantritt gibt er seiner Regierungszeit einen bestimmten Namen, der dann auch sein eigener wird. Seinen Nachfolger sucht er sich selber unter seinen Söhnen aus. Ist er kinderlos, so wählt er dazu einen seiner nächsten Verwandten, adoptiert dann aber seinen künftigen Nachfolger, damit dieser später seinem Geiste und den Geistern seiner Vorfahren die gebührenden Opfer darbringe. Gelbe Kleidung und der fünfzehige Drache sind die Sinnbilder des kaiserlichen Hauses. Der Kaiser steht himmelhoch über dem Volk, und die Sterblichen, die mit ihm sprechen dürfen, sind leicht zu zählen. Vor einigen Jahren erzwangen sich die europäischen Gesandten in Peking das Recht, den Kaiser an jedem Neujahrstag zu sehen; es wurde ihnen gewährt, aber der Kaiser hatte ihnen nichts zu sagen. Dagegen hatte der große Khang-hi (1662–1721) mehrere Jesuiten an seinem Hof, die auf seinen Befehl eine ausgezeichnete Karte von dem Reich der Mitte anfertigten.

China ist das älteste, volkreichste und unwandelbarste Reich der Erde. Als Ninive und Babylon blühten, vor 2700 Jahren, besaß China schon eine hohe Zivilisation, und viertausend Jahre hindurch ist es immer dasselbe geblieben. Von Ninive und Babel sind nur noch Trümmerhaufen da, aber China zeigt noch keine Lebensmüdigkeit. Das westliche Asien gleicht einem großen Gräberfeld mit unzähligen Grabsteinen aus entschwundenen Zeiten. Verheerende Völkerwanderungen sind darüber hingegangen; Rassen und Reiche haben einander hier bekämpft und abgelöst. Aber China ist durch die abgeschlossene Lage des Landes und den Abscheu des Volkes vor jeder Berührung mit Fremden noch immer dasselbe wie früher, und die abgöttische Verehrung des Hergebrachten und des Andenkens der Vorfahren macht die neuen Generationen den vorhergehenden gleich.

Während der zweiundzwanzig Jahrhunderte, die in der Geschichte Chinas der Geburt Christi vorhergehen, herrschten dort nacheinander drei Kaisergeschlechter. Zweiundeinhalbes Jahrhundert vor unserer Zeitrechnung baute ein mächtiger, vorausschauender Kaiser die große Mauer, das gewaltigste Bauwerk, das Menschenhände je ausgeführt haben. Sie ist 2450 Kilometer lang, 16 Meter hoch und an der Basis 8 Meter, nach oben zu aber nur 5 Meter dick. In bestimmten Entfernungen trägt sie Türme, und hier und da hat sie Tore. Sie ist aus Steinen, Ziegelsteinen und Fachwerk gebaut. Besonders im Westen des Reiches ist sie jetzt teilweise sehr verfallen, ja, an einigen Stellen sind nur noch Trümmerhaufen von ihr da. Im übrigen aber steht sie noch, und ich bin große Strecken an ihr entlang gezogen und mehrmals durch ihre schönen Tore gegangen.

Warum nun wurde diese ungeheure Mauer gebaut? Die Chinesen sind ein friedliebendes Volk. Um in Frieden gelassen zu werden und von allen Eindringlingen verschont zu bleiben, umzäunten sie sich mit Mauern. Auch die 1553 Städte Chinas haben gewaltige steinerne Ringmauern, und der große Kaiser im dritten Jahrhundert vor Christo dachte, es sei am einfachsten, lieber gleich um sein ganzes Reich eine solche Mauer zu bauen. Hauptsächlich drohte dem Reiche von Norden her Gefahr. Dort wohnten osttürkische, tatarische und mongolische Nomaden, wilde, tapfere und kriegerische Reitervölker. Ihnen war die chinesische Mauer ein unüberwindliches Hindernis, und sie ist dadurch auch für Europas Geschick verhängnisvoll geworden. Als jene Reiterhorden, die Hunnen, den Südweg nach China versperrt sahen, wandten sie sich westwärts und überschwemmten im vierten Jahrhundert samt den verbündeten Alanen ungeheure Gebiete Europas.

Für alle Zukunft konnte die große Mauer China dennoch nicht schützen. Im Jahre 1280 eroberte Dschingis Chans Enkel Kublai Chan, Marco Polos Freund und Wohltäter, das Land. Auch er war ein großer Baumeister. Er legte den Kaiserkanal zwischen Peking und Hangtschu, unmittelbar südwestlich von Schanghai, an, damit die Reisernten der südlichen Provinzen auch den nördlichen Teilen des Landes zugute kämen. Früher hatte man den Reis längs der Küste auf Dschonken befördert und dabei sehr unter japanischen Seeräubern zu leiden gehabt; jetzt konnten die Dschonken auf dem neuen Kanal ungefährdet durch das Innere des Landes fahren. Der Kaiserkanal ist 1350 Kilometer lang, schneidet den Gelben und den Blauen Fluß und wird noch heute benutzt; er ist ein Denkmal der hundertjährigen Mongolenherrschaft.

Im Jahre 1644 wurde China von der noch jetzt regierenden Mandschudynastie, einem ganz andern Volksstamm, erobert. Sie führte als Haartracht den Zopf ein. Genau hundert Jahre früher hatten die Portugiesen Macao, in der Nähe Hongkongs, erobert. Seitdem, und besonders während der letzten Jahrzehnte, sind die Europäer immer mehr in chinesisches Gebiet eingedrungen. Die französischen Besitzungen auf der hinterindischen Halbinsel standen einst auch unter chinesischem Schutz. Die Großmächte haben sich zu Herren der besten Häfen Chinas gemacht. Zweimal, zuletzt bei Gelegenheit des Boxeraufstandes im Jahre 1900, wurde Peking erobert und sein Kaiserschloß durch die vereinigten europäischen Truppen verwüstet. Man kann es daher verstehen, wenn die Chinesen die Europäer aus tiefstem Herzen hassen und nur die Zeit abwarten, wo die Stunde der Rache schlagen wird. –

Das »Reich der Mitte« ist das eigentliche China, aber der »Sohn des Himmels« herrscht noch über vier große Vasallenländer: Ostturkestan, die Mongolei, die Mandschurei und Tibet. An Areal ist das gesamte Chinesische Reich zwanzigmal und an Bevölkerung fünfeinhalbmal so groß wie Deutschland. Denn in China wohnen 330 Millionen Menschen; jeder fünfte Mensch auf Erden ist also ein Chinese!

Infolge der Lage des Landes ist das Klima herrlich und sehr gesund. Der Temperaturunterschied zwischen Sommer und Winter ist groß; im Süden herrscht beinahe tropische Hitze, im Norden um Peking herum im Winter schneidende Kälte. Der Boden ist außerordentlich fruchtbar; man baut Tee, Reis, Hirse, Mais, Hafer, Gerste, Bohnen, Gemüse und vieles andere. In den Südprovinzen stehen die Felder voller Zuckerrohr und Baumwollsträucher, und überall wird das Land von wasserreichen Flüssen durchströmt, die zur Bewässerung der Äcker und zur Beförderung der Waren dienen. Der größte Teil Chinas ist gebirgig. Die hohen Gebirge im Westen sind eine Fortsetzung der tibetischen Bergketten. Nach Osten hin werden sie immer niedriger. An der Küste dehnen sich die Tiefländer aus. Sechs der achtzehn Provinzen liegen an der Küste, die reich an vorzüglichen Häfen ist.

Das Reich der Mitte ist daher ein glückliches und in jeder Weise von der Natur begünstigtes Land. In den Bergen schlummern unerschöpfliche Reichtümer an Steinkohle, und China besitzt größere Steinkohlenlager als irgendein anderes Land unserer Erde. Daher ist auch seine Zukunft gesichert, und China kann dereinst selbst Amerika in der Entwicklung überholen.

Es ist bekannt, daß ein Land mit stark eingeschnittenen Küsten sich stets auch einer frühen, hohen Entwicklung erfreut. So war Griechenland im Altertum die Heimat der Wissenschaft und Kunst; und so beherrscht Europa jetzt die übrige Erde. Denn das Volk innerhalb solcher Küsten kommt früher und leichter als andere mit seinen Nachbarn in Berührung und kann sich durch den Handelsverkehr ihre Erzeugnisse und Erfindungen zunutze machen. Doch wie in so vielen andern Dingen, macht China auch hierin eine Ausnahme. Die Chinesen haben ihre Küste niemals in solcher Weise benutzt; sie haben im Gegenteil jeden Verkehr mit fremden Völkern sorgfältig vermieden. Infolgedessen ist ihre Entwicklung innerhalb ihrer eigenen Grenzen höchst eigentümlich und einheitlich geworden; sie ist allem andern unähnlich, und doch außerordentlich vornehm und kultiviert.

Schon zweitausend Jahre vor Christi Geburt hatten die Chinesen eine Schrift. Später erfanden sie den Haarpinsel, der noch heute von ihnen zum Schreiben gebraucht wird, und die Herstellung der schwarzen Tusche ist ihr Geheimnis. Die Tusche wird verrieben, der Pinsel eingetaucht und beim Schreiben senkrecht gehalten. Hundert Jahre nach Christi Geburt fabrizierte man in China Papier. In einer uralten Stadt am Lop-nor, wo jetzt wilde Kamele umherstreifen, fand ich eine Sammlung chinesischer Briefe und Schriften auf Papier, die seit dem Jahre 265 in der Wüste begraben lagen! Denn alle jene Briefe waren datiert. – Bereits 600 Jahre nach Christi Geburt erfanden die Chinesen die Buchdruckerkunst; in Europa erfand sie Gutenberg erst 850 Jahre später. 1100 Jahre vor Christo hatte China die Magnetnadel und fertigte Kompasse an, und auch das Pulver kannten die Chinesen lange vor den Europäern. Vor 3000 Jahren schon waren sie Meister im Bronzeguß, im innern China findet man noch die schönsten Gegenstände aus schwerer, dunkler Bronze, runde Schalen, auf Füßen ruhend und mit Löwen und Drachen verziert, Vasen, Schüsseln, Tassen und Kannen, alles bis in die kleinsten Einzelheiten aufs Feinste und Künstlerischste gearbeitet. Die Porzellanmanufaktur erreichte ihren Höhepunkt unter der Herrschaft der Kaiser Khang-hi und Khien-lung. Damals verfertigte man Vasen, Schalen und Schüsseln von einer solchen Vollkommenheit, so wundervoller Farbenzusammenstellung und Glasur, daß heutzutage nicht einmal die Chinesen selber mehr dergleichen herstellen können. Porzellan aus jener Zeit ist jetzt sehr selten und wird außerordentlich hoch bezahlt. In Japan sah ich eine kleine grüne chinesische Schale, die auf drei Füßen ruhte und mit einem Deckel versehen war; sie kostete fast dreiundzwanzigtausend Mark. Vergleicht man selbst das schönste Porzellan, das wir heutzutage herstellen können, mit Vasen aus Khang-his Zeit, so muß man zugeben, daß unseres dagegen minderwertig ist.

Über chinesischer Kunst, sie sei nun Malerei, Bronzeguß, Weberei oder anderes, schwebt immer ein Hauch von Geschmack und Vollendung. Seit uralten Zeiten war nach ihrem Seidenzeug in Europa außerordentlich große Nachfrage. Alles, was die Chinesen anfertigen, ist gediegen, haltbar und geschmackvoll. Ihre Baukunst ist ebenso vornehm und charakteristisch wie alles andere. Wie traurig plump und langweilig sind unsere Häuser, wenn wir sie mit den Villen der Chinesen und erst gar mit ihren Palästen und Tempeln vergleichen, deren geschweifte Dächer mit großen und kleinen Drachen geschmückt sind, die den Rachen aufreißen und die Krallen vorstrecken. China ist die Heimat der ostasiatischen Kunst; von dort wanderte sie nach Korea und Japan. –

Die chinesische Sprache ist ebenso seltsam wie alles andere in dem großen Reich; sie gehört, gleich der tibetischen Sprache, zum indochinesischen Sprachstamm. Im Chinesischen sind alle Worte einsilbig und unverständlich. Da, wo wir »gehen, ging, gegangen, wir gehen oder gehend« sagen, sagt der Chinese immer nur »gehen«. Der wirkliche Sinn ergibt sich entweder aus der Wortstellung oder aus bestimmten Hilfswörtern; so heißt es z. B.: »ich morgen gehen« oder »Sie gestern gehen«, wobei die zukünftige und die vergangene Zeit durch die Worte morgen und gestern bezeichnet werden. Ein einziges Wort, z. B. »li«, kann eine Menge verschiedener Bedeutungen haben, je nach dem Ton und der Aussprache, nach seiner Stellung im Satz und den vorhergehenden oder nachfolgenden Worten. Die Sprache zerfällt in eine Menge verschiedener Dialekte; der vornehmste ist der Dialekt der Mandarinen oder der gebildeten Klassen. Jedes Wort hat sein besonderes Schriftzeichen, und die chinesische Sprache besitzt daher 24 000 verschiedene Schriftzeichen; nur jeder zwanzigste Mann und jede hundertste Frau können lesen und schreiben.

Die chinesische Literatur ist außerordentlich reichhaltig, ja beinahe unerschöpflich. Als noch die nordischen Wikinger ihre Raubzüge zur See ausführten und ihre Runensteine errichteten, wurde in China schon ein geographisches Handbuch herausgegeben, das »Beschreibung aller Provinzen« hieß und viele Karten enthielt. Durch die Chroniken der Chinesen kann man ihre Geschichte viertausend Jahre zurück verfolgen, und das allermerkwürdigste an diesen Jahrbüchern ist der Umstand, daß sie sich durch die größte Genauigkeit und Zuverlässigkeit auszeichnen; alles mögliche wird darin erzählt, selbst die unbedeutendsten Begebenheiten. Die chinesischen Bücher sind sehr billig, und jeder Lesenskundige kann sich daher eine ziemlich große Bibliothek anschaffen. Von der Menge der chinesischen Bücher gibt die Bibliothek des Kaisers Khien-lung einen Begriff: nur der Katalog dazu umfaßte 122 Bände!

Das neue China

Im Reich der Mitte herrschen noch Bräuche und Laster, welche die Ordnung einer neuen Zeit ausrotten muß. Am schlimmsten ist das Opiumrauchen, das ungefähr 150 Millionen der Bevölkerung vergiftet. Seit tausend Jahren ferner herrscht die greuliche Sitte, die Füße kleiner Mädchen gewaltsam durch feste Binden am natürlichen Wachstum zu verhindern und in kleine Stümpfe zu verwandeln. Die Schuhe der chinesischen Frauen sehen daher aus, als ob sie für Puppen bestimmt seien. Dieses Einzwängen verursacht während des Heranwachsens beständigen Schmerz, aber trotzdem will kein Mädchen das Zusammenschnüren unterlassen, denn wenn es keine kleinen Füße hat, bekommt es keinen Mann!

Eine barbarische Sitte, die jetzt auch schon verschwindet, ist das Aussetzen neugeborener Kinder seitens der Armen, denen die Mittel zur Erziehung der Kinder fehlen. Einmal sah ich im Graben außerhalb einer Stadtmauer die Leiche solch eines armen Geschöpfes liegen. Und doch behandeln die Chinesen ihre Kinder mit der größten Liebe. In Pautu in Nordchina wohnte ich bei einem schwedischen Missionar, der einmal ein kleines, eben ausgesetztes Kind gerettet hatte. Seine Gattin pflegte es mit der größten Zärtlichkeit, und das Kind war, als es ein Paar Jahre bei ihnen gelebt hatte, ein niedliches, allerliebstes Geschöpf geworden. Da kamen die Eltern mit der flehentlichen Bitte um Rückgabe ihres Kindes, eine Bitte, die ihnen selbstverständlich gern erfüllt wurde. –

Die Strafen, die an Verbrechern vollzogen werden, sind unseren Begriffen nach unmenschlich. In Ostturkestan lassen die chinesischen Beamten dem Angeklagten flache silberne Nadeln unter die Nägel zwängen, um ihm ein Geständnis abzupressen! Eine gewöhnliche Strafe ist der große, viereckige Halsblock, der sich mit einem Schlosse öffnen und schließen läßt. Sein rundes Loch umschließt den Hals des Schuldigen, und das schwere Holz schleppt er auf den Schultern. Man läßt ihn dann mit diesem Block, der ihn an jeder Tätigkeit hindert, frei umhergehen.

Die Ehe ist bei den Chinesen eine ehrlich eingehaltene und ehrbare Institution; die Gattin ist ihrem Manne fast gleichberechtigt und steht ebenso gut wie er unter dem Schutz des Gesetzes. Der Obrigkeit erweist der Chinese die größte Ehrerbietung, und doch wird er von den Mandarinen auf eine Weise gequält und herumgehetzt, die in Europa blutige Revolutionen hervorrufen würde. Daß dies in China noch nicht geschieht, bewirkt die vieltausendjährige Sitte. Die Chinesen murren nicht, sie sind geduldig, fleißig und mit dem, was zum Lebensunterhalt genügt, zufrieden; sie begehren nicht mehr. Im Jahre 1897 hörte ich in Nordchina von verheirateten Männern erzählen, die nur zwanzig Mark Jahreslohn erhielten! Jedenfalls lebten sie nur von dem Reis, den ihnen der Arbeitgeber schenkte; aber auch dann begreift man nicht, wie sie sich durchschlagen können. Und dennoch klagen solche Arbeiter nie. Sie sind heiter, freundlich und höflich, und dabei arbeiten sie vielleicht bei einem Teehändler, der viele Millionen besitzt. Die Arbeit an und für sich und die Menschenkraft werden also sehr niedrig bewertet. Die Waren befördert man viele hundert Meilen weit auf Menschenrücken. In Nordchina benutzt man dazu auch Maulesel, Kamele und zweirädrige Karren, aber im übrigen sind Straßen und Wege so schmal und schlecht, daß nur Fußgänger sie passieren können. An den Flüssen und an der Küste bedient man sich daher zur Warenbeförderung der Wasserstraßen.

Alle Freunde Chinas freuen sich über den Lichtstrahl, der in den letzten Jahren über diesem bewunderungswürdigen Lande und seinem gewerbfleißigen, vortrefflichen Volke aufgegangen ist. Allerdings konnte nur Gewalt den Widerstand der Chinesen brechen. Eisenbahn,

Telephon, drahtlose Telegraphie machen keinen sonderlichen Eindruck auf einen Chinesen; die Eisenbahn findet er überflüssig, da man ja Beine zum Gehen und Flüsse zum Fahren hat; Telephon und Telegraph sind ebenso unnötig, man kann ja Eilboten schicken! Daß dies unvergleichlich viel länger dauert, macht in China gar nichts aus. Hier hat man es nie eilig; wenn nur alles gleichmäßig langsam geht, treten ja keine Störungen ein. In einer Gegend, wo gerade eine neue Telegraphenlinie in Betrieb genommen wurde, erklärten mir meine chinesischen Diener, das Papier, worauf das Telegramm geschrieben sei, laufe mit verzweifelter Geschwindigkeit in den Telegraphendrähten nach seinem Bestimmungsort, und die Isolatoren der Stangen seien kleine Häuser, in denen es bei Regen Unterkunft finde!

Vor etwa dreißig Jahren legten die Engländer von Schanghai aus versuchsweise eine kleine, nur 20 Kilometer lange Eisenbahn an. Als sie fertig war, wurde sie von der chinesischen Regierung angekauft; jedoch nicht um in Betrieb genommen, sondern nur um wieder zerstört zu werden! Schwellen und Schienen wurde aufgerissen und samt Wagen und Lokomotiven ins Meer geworfen. Jetzt allerdings haben sich die Chinesen in das Schicksal, das die Europäer und Japaner ihnen aufzwangen, finden müssen. Mehrere Bahnlinien durchschneiden das Land, und andere sind teils im Bau, teils geplant. Die Chinesen bauen sogar nun selber einige Eisenbahnen. Die Linie zwischen Peking und Kanton überschreitet die beiden großen Flüsse, und die über den Gelben Fluß führende Eisenbahnbrücke ist achteinhalb Kilometer lang, also die längste Eisenbahnbrücke, die irgendeinen Fluß auf Erden überspannt!

Dies »Erwachen Chinas« wird von fortschrittlich gesinnten Männern geleitet, die europäische Verbesserungen einführen wollen, um dem Lande zu nützen. Denn die Erfahrung hat sie gelehrt, daß sie gegen Europa wehrlos sind, und sie wissen, daß die Großmächte schon darüber beraten haben, China unter sich zu teilen. Sie wissen, daß sie die Weißen nicht hindern können, sich gerade der Häfen zu bemächtigen, nach denen es sie gelüstet. Im Jahre 1894 kam es zwischen China und Japan zu einem Krieg, und China wurde völlig besiegt, weil seine Verteidigung zu schlecht organisiert war. Damals nahmen sich die Japaner die Insel Formosa und Port Arthur. Nachher dehnte Rußland sich nach dem fernen Osten aus und legte in der Mandschurei Eisenbahnlinien an; 1898 verpachtete China an Deutschland für 99 Jahre Kiautschou. –

Die Chinesen haben jetzt gelernt, daß ein Land ohne Kriegsheer, Flotte und Festungen zur Verheerung und Zerstückelung verurteilt ist, und sind nun endlich aus ihren alten Irrtümern erwacht. Heute besitzt China schon eine immer größer werdende Flotte und ein Heer von mehr als hunderttausend Mann, das mit den neuesten Gewehren bewaffnet ist und von japanischen Offizieren gedrillt wird.

Jetzt reisen junge Chinesen nach Europa und Amerika und studieren zu Zehntausenden an den Hochschulen Japans. China hat selbst viele Universitäten nach europäischem Muster gegründet, und es hat Zeitungen, in denen die Tagesfragen besprochen werden. In der Tiefe ihrer Seele denken gewiß die meisten Chinesen: »Laßt uns die Kriegskunst der Europäer gründlich erlernen, denn nur mit ihren eigenen Waffen können wir uns ihrer erwehren!«

Mit dem Jahre 1916 wird nun auch das Opiumverbot in Kraft treten. Die Chinesen, eine so kräftige, zähe und gutgewachsene Menschenrasse, werden dann noch mehr an Kraft und Gesundheit zunehmen. Sie werden ihr Land gegen fremde Eindringlinge und Eroberer zu verteidigen wissen. Die Europäer säen also jetzt Drachenzähne im Reich der Mitte! Aber einst wird der Drache sich erheben und seinen Erziehern die Krallen in die Brust drücken! Man spricht in Europa schon jetzt von der »gelben Gefahr«; man fürchtet eine neue Völkerwanderung von Osten her, unübersehbare Chinesen- und Japanerscharen, die Europa überschwemmen und den Weißen die Herrschaft über die Erde entreißen werden. Aber so schlimm wird es wohl nicht werden. Hoffen wir nur, daß die Chinesen verstehen werden, das zu verteidigen, was ihr Erbe und ihr Eigentum ist. Ein viertausendjähriges Erbe!

Der Blaue Fluß

Der Blaue Fluß oder Jang-tse-kiang, der Mekong und der Saluën entspringen im östlichen Tibet und durchströmen dort parallel nebeneinanderliegende, tief eingeschnittene Täler, die sich in südlicher Richtung hinziehen. Doch während der Mekong und der Saluën ihren Lauf nach Süden bis ans Meer fortsetzen, macht der Blaue Fluß in Westchina eine scharfe Biegung nach Osten und teilt das Reich der Mitte in zwei Teile.

Nur die Europäer nennen Chinas größten Strom den »Blauen Fluß«. Die Chinesen selber nennen ihn den Großen oder den Langen Fluß oder, ganz oben im Westen, den Goldsandfluß. Nur drei Flüsse der Erde sind länger als er: der Nil, der Mississippi und der Amazonenstrom. Der Ob und der Jenissei sind ebenso lang wie der »Blaue«, nämlich 5200 Kilometer lang. Und der Blaue Fluß führt durchschnittlich 244mal soviel Wasser wie die Themse, an der London liegt! In einer Hinsicht steht der Blaue Fluß unter allen Flüssen der Erde obenan. Denn in seinem Flußgebiet wohnen nicht weniger als 180 Millionen Menschen, ja, ein Achtel der Gesamtbevölkerung der Erde wohnt im Gebiet dieses einen Flusses! Der Vizekönig über zwei der Flußprovinzen, Hupe und Hunan, hat mehr Untertanen als irgendein Land in Europa, Rußland ausgenommen. Chinas eine, die westliche Provinz Szetschuan, die der Blaue Fluß ebenfalls durchfließt, ist an Areal und an Bevölkerungsziffer so groß wie Frankreich. Bei solchen Vergleichen schrumpft Europa mächtig zusammen!

Am Blauen Fluß liegt eine ganze Reihe alter, berühmter Städte. Tschungking ist die Hauptstadt der Provinz Szetschuan, und bis hier hinauf gehen europäische Flußdampfer. Hankou ist die größte Handelsstadt Innerchinas. Nanking, in der Nähe der Mündung, war einst die Hauptstadt des chinesischen Reiches. Im Südwesten der Stadt Hankou liegt am Südufer des Blauen Flusses ein großer See. See heißt auf Chinesisch »hu«, »king« bedeutet Kaiserstadt, »pe« Norden und »nan« Süden. Peking bedeutet also »die nördliche Kaiserstadt« und Nanking »die südliche Kaiserstadt«. Hupe bedeutet »im Norden des Sees« und Hunan »im Süden des Sees«.

Die im Süden des Sees liegende Provinz Hunan ist eine der merkwürdigsten in ganz China. Ihre Bewohner sind kräftige, unabhängige Menschen und die besten Soldaten; aber sie sind weit heftigere Feinde der Fremden als die anderen Chinesen. Die Hauptstadt Hunans, Tschangscha, war von alters her ein Herd des Ausländerhasses und der revolutionären Bewegungen gegen die Fremden.

Bis nach Hankou hinauf gehen selbst die größten Ozeandampfer, nach der Hauptstadt Szetschuans kleinere Dampfschiffe. Sie sind böse Konkurrenten der Dschonken, die zu vielen Zehntausenden den Waren- und Personenverkehr auf dem großen Fluß seit unvordenklichen Zeiten aufrechterhalten haben. Es gibt viele Dschonkenarten; einige sind groß, andere klein, einige in ihrer Bauart den unteren, ruhigen Teilen des Flußlaufes angepaßt, andere wieder den Stromschnellen in Hupe und Szetschuan. Doch hübsch und zweckmäßig sind sie immer, und sie bilden stets eine Zierde des großartigen, schönen, beständig wechselnden Landschaftsbildes, in dessen Mitte der Fluß sich sein Bett eingeschnitten hat. Hier könnte ein Maler sein ganzes Leben zubringen, ohne auch nur einen Tag aus Mangel an Motiven müßig zu gehen.

In einigen Gegenden nimmt man zum Bau der Dschonken Zypressenholz, in anderen dünne eichene Planken. Das geschieht, um das

Boot elastisch und geschmeidig zu machen und das Risiko, daß in den Stromschnellen Lecke entstehen könnten zu verringern. An gefährlichen Stellen nimmt man Lotsen an Bord. Und doch hat man ausgerechnet, daß jede zehnte Dschonke sich festfährt und jede zwanzigste vollständig wrack wird. Die Reise von Hankou und Tschungking dauert 35 Tage, zurück aber nur 9 Tage, da man dann mit der Strömung treibt. Das Flußabwärtsfahren ist am gefährlichsten, gerade hierbei finden die meisten Schiffbrüche statt.

Jede große Dschonke hat ein kleines Beiboot, das immer zur Hand ist, um Waren und Passagiere ans Land zu setzen. Eine große Dschonke ist 12 Meter lang; im Achter ist sie hochgebaut und hat hier eine Art Kajüte, die mit geflochtenen Stroh- und Grasmatten gedeckt ist. Eine den Fluß hinaufgehende Dschonke nimmt zweieinhalb Tonnen Last ein, eine hinuntergehende sechs. Das Fahrzeug wird mit Rudern manövriert, von denen einige so groß sind, daß ihre Bedienung acht Mann erfordert. Sie werden meist benutzt, wenn man mit der Strömung treibt, damit das große, als Steuer dienende Ruder das Boot regieren kann. Die Dschonke hat auch einen Mast und ein Segel, das aber nur benutzt wird, wenn es stromaufwärts geht und günstiger Wind weht. Sowie es flußabwärts geht, wird es eingezogen. Im übrigen ist das Boot abgefacht, es hat eine Art wasserdichter Schotten, um nicht sofort zu sinken, wenn es leck wird. Infolgedessen kann man das Boot oft noch am Ufer auflaufen lassen, ehe es sich mit Wasser füllt und untergeht.

Wie ist es nun möglich, mit einem so großen, schwerbeladenen Boot gegen die starke, saugende Strömung den Fluß hinaufzufahren? Denn es ist klar, daß das Schiff selbst beim günstigsten Wind die Stromschnellen wie eine Nußschale wieder hinuntertanzen würde. Um dies zu verhindern, wird eine aus Bambusfasern geflochtene, 100 Meter lange Trosse am Vorderende der Dschonke befestigt, und mit dieser Trosse wird das Boot von etwa sechzig Männern, die in einer Reihe am Ufer entlanglaufen, aufwärtsgezogen. Das Ufer ist jedoch gewöhnlich sehr abschüssig, die Felsen steigen fast lotrecht aus dem Flusse auf. Mit affenartiger Gewandtheit schlüpfen die Männer auf den schmalen Felspfaden hin und um lebensgefährliche Vorsprünge herum. Dabei singen sie, um sich die Arbeit zu erleichtern. Die Aufseher folgen und treiben sie mit Rufen und Schlägen an; aber sie schlagen nicht hart zu und immer nur mit einem Bambusbündel, das mehr Geräusch als Schmerz verursacht.

Auf diese Weise wird die Dschonke längs des Ufers den Fluß hinaufgezogen. Oft sieht man von dem Felsenpfad aus weder das Boot noch den Fluß. Durch mehrere Trommeln an Bord setzt sich der Führer des Bootes mit den ziehenden Männern in Verbindung. Außerdem stehen noch sechs Mann stets bereit, die Trosse loszumachen, wenn sie an einem vorspringenden Felsenstück hängengeblieben ist. Einige andere, die vollständig nackt sind, verrichten denselben Dienst unten im Wasser.

An den Felsen längs des Flusses sieht man Rillen und Furchen, die von diesen Trossen gescheuert wurden. Aber diese Art Transport ist hier auch schon seit vielen tausend Jahren üblich. An Bord bleiben immer etwa zwanzig Mann Besatzung, um zu steuern und das Boot mit langen Stangen vom Ufer abzuhalten oder beim Hinaufziehen des Bootes gegen die Strömung zu helfen.

Diese Leute arbeiten wie Galeerensklaven. Ihre Arbeit ist lebensgefährlich. Sie haben die steilen Felswände und den strudelnden Fluß unter sich. Eine Woche nach der anderen keuchen sie gebückt unter der Trosse dahin. Ihr ganzer Leib ist voller wundgescheuerter Stellen, die kaum zu heilen begonnen haben, wenn sie schon wieder abgescheuert werden. Besonders in den Schultern sieht man die Spuren des Seilziehens. Sie haben ein schweres Leben, sind aber dennoch vergnügt. Sie werden wie Hunde behandelt und singen trotzdem. Und wieviel Lohn erhalten sie für eine ganze, fünunddreißig Tage dauernde Reise den Fluß hinauf? Nun, drei Mark, täglich dreimal Reis und dreimal während der ganzen Zeit auch Speck! Für die Reise abwärts, wobei die Arbeit viel leichter ist und nur ein Viertel der Zeit dauert, erhalten sie eine Mark. Diese Arbeiter erhalten also für einen zehnstündigen Arbeitstag dreizehn Pfennig Lohn! Und trotz alledem scherzen und lachen sie.

Im Februar ist der Wasserstand des Flusses am niedrigsten, dann ist das Wasser klar. Städte und Dörfer liegen 50 Meter hoch über dem Spiegel des Flusses. Sie erheben sich mit ihren Mauern, Treppen, Toren und Pagoden gewöhnlich in den flachen Dreiecken der Talmündungen. Jeder Zoll Boden der Hügel und der Täler ist bewaldet oder dient als Acker. Im Lauf des Frühlings beginnt der Fluß zu steigen, und im Sommer ist er eine ungeheure, schokoladenbraune oder grauschmutzige, hochangeschwollene Wassermasse. An einigen Stellen, wo das Tal sich verengt, kann das Wasser dann volle 30 Meter höher stehen als im Februar. Dann ist das Befahren des Flusses gefährlich, weil das Wasser alle Bänke, Felsblöcke und Klippen verdeckt, und Strudel und kochende Wirbel entstehen. Die von der Strömung mitgerissene Dschonke saust mit einer Geschwindigkeit von 10 Kilometern in der Stunde flußabwärts.

Unterhalb der Dörfer und der Städte liegen ganze Scharen solcher Dschonken, die auf Arbeit warten. Jeder einzige Felsen, jede Biegung hat ihren besonderen Namen, die »gelbe Katze«, das »schlafende Schwein«, der »Doppeldrache« oder dergleichen. Auch an Piraten fehlt es hier nicht. Ihre Raubnester liegen in den Bergen, und von dort aus überfallen sie die Dschonken an geeigneten Stellen. Daher sieht man bisweilen an vorspringenden Felswänden große Schriftzeichen; sie bedeuten: »Der Wasserweg ist nicht sicher«, oder »Kleine Dschonken müssen rechtzeitig vor Anker gehen«. Auf diese Weise werden die Bootsbesitzer vor der Gefahr gewarnt.

Der Verdienst, den ein Bootseigentümer erwirbt, scheint auch nicht groß zu sein. Er kann sich freuen, wenn er nach Hin- und Rückfahrt mit seiner Dschonke ohne Havarie in Hankou anlangt, um dort gleich neue Last einzunehmen und wieder auf die Reise zu gehen. Mit freundlichen Augen wird er die großen russischen Schiffe, die in Hankou mit Tee befrachtet werden, ganz gewiß nicht ansehen. Hankou ist Chinas größter Teehafen, und China die Heimat des Teestrauches. Erst vor 250 Jahren wurde der Tee in Europa bekannt; jetzt trinkt man ihn hier so allgemein wie in vielen anderen Teilen der Erde. In England und in Rußland ist er sogar Nationalgetränk geworden. Die Russen pflegten ehemals ihren Tee auf den Karawanenstraßen durch die Mongolei und Sibiren zu befördern; jetzt nimmt die Teeausfuhr Chinas ab, und Indien und Ceylon haben das Reich der Mitte darin überflügelt.

Die Mongolei

Zwischen China im Süden und Ostsibirien im Norden dehnt sich das ungeheure Gebiet Innerasiens aus, das den Namen Mongolei führt. Die Chinesen nennen sie das »Grasland«. Doch sehr große Teile dieses Landes sind auch wasserlose Wüsten, wo der Flugsand sich zu hohen Dünen anhäuft und wo die Karawanenstraßen und ihre Brunnen weit auseinander liegen. Jenen Wüstengürtel, einen der größten unserer Erde, nennen die Mongolen Gobi, was in ihrer Sprache Wüste bedeutet. Die Chinesen nennen diesen Gürtel Schamo, was auf Deutsch Sandwüste heißt.

Ich erwähnte schon, daß die Mongolei unter chinesischer Herrschaft steht und daß das geistliche Oberhaupt der Mongolen, ihr Papst, der Dalai Lama in Tibet ist. Sie haben auch eine Menge Lamaklöster und pilgern alljährlich in großer Anzahl nach Lhasa. Ein erstaunlich großer

Teil der männlichen Bevölkerung widmet sich dem Klosterleben und tritt in die Mönchsorden ein. Die Chinesen freuen sich darüber, denn das friedliche Klosterleben läßt die in alter Zeit so kriegerischen, wilden Mongolenhorden ihre eigene Kraft vergessen; der Gottesdienst vor der Buddhastatue in den Tempelsälen lenkt ihre Gedanken in andere Bahnen. Sie denken nicht mehr daran, daß ihr Volk einst fast ganz Asien und halb Europa mit seinem Zepter beherrschte und daß ihre Vorfahren, »die goldene Horde«, vor 700 Jahren den Kaukasus überschritten, sich das ganze Rußland tributpflichtig machten und den übrigen Westen in Schrecken setzten. Und sie haben vergessen, daß einst ihre Vorfahren das ganze Reich der Mitte eroberten und in der gelben Erde den Kaiserkanal ausgruben, den die Dschonken der Chinesen noch heute befahren. Von dem wütendsten Waffenklirren, dem je die Welt zitternd lauschte, ist jetzt nicht einmal mehr ein Echo übrig geblieben. Die Schwerter sind in ihrer Scheide festgerostet, und die Mongolenfürsten, die China seine Vasallen oder Tributfürsten nennt, wohnen friedlich auf den Steppen in ihren Zelten mit ihren acht Bannern.

Die Mongolen sind Nomaden. Sie besitzen große Schaf- und Ziegenherden und leben von Schaffleisch, Milch, Butter und Käse. Zu ihren Haustieren gehören auch das zweihöckerige Kamel und ein kleines, zähes, starkknochiges Pferd. Ihr Leben ist ein immerwährendes Wandern. Mit ihren Herden ziehen sie von einer Steppe nach der andern. Wenn in einer Gegend die Dürre das Wachsen des Grases verhindert hat oder alles Gras dort abgeweidet ist, brechen sie auf, beladen die Kamele mit ihren Zelten und ihrer übrigen Habe und suchen bessere Weideplätze auf. Das Zelt der Mongolen ähnelt in seiner Gestalt einer Käseglocke; sein Gestell ist ein Gitter aus zähen, festen Latten und wird mit schwarzen Friesdecken überzogen, genau wie bei den Chinesen. Die gleichen Naturverhältnisse und Lebensbedingungen rufen eben bei verschiedenen Völkern in verschiedenen Teilen der Erde dieselbe Lebensweise und dieselben Gewohnheiten hervor.

Die Mongolen sind ein gutmütiges, liebenswürdiges Volk. Ich habe sie an den Rändern ihres großen Gebietes kennen gelernt und bin auch einmal quer durch die Mongolei gereist. Der Ausgangspunkt war Peking, und die Reise ging gerade nach Nordwesten; zuerst durch die östlichen Grenzgebiete des mongolischen Plateaulandes, dann die ganze Mongolei hindurch und schließlich durch den Teil Ostsibiriens, wo der Baikalsee zwischen hohen Gebirgen liegt. Es war Ende März und Anfang April 1897. Damals war die sibirische Eisenbahn erst bis Kansk, einer kleinen Stadt im Osten des Jenissei, fertig. Es war die längste

Wagenfahrt, die ich in meinem Leben gemacht habe, denn von Peking nach Kansk sind 3000 Kilometer, und unterwegs ruhte ich nur einen einzigen Tag, nämlich in Irkutsk, der Hauptstadt Ostsibiriens.

3000 Kilometer durch Steppe und Wüsten, über verschneite, bewaldete Berge und durch überfrorene Täler! Wie klapperten da die Hufe der Pferde auf dem hartgefrorenen Boden, und wie viele Male drehten sich die Räder meiner Wagen!

In Peking hatte ich mich mit allem versehen, was ich auf der Fahrt nach der russischen Grenze brauchte. Zunächst mit einem chinesischen Paß, der mich berechtigte, die Mongolen und ihre Pferde aufzubieten, und, wenn es mir beliebte, in ihren Zelten zu übernachten. Ferner mit Proviant: Konserven, Brot, Tee, Zucker und andern notwendigen Dingen. Von der russischen Gesandtschaft wurden mir zwei Kosaken als Eskorte mitgegeben; arme Kerle, die diesen ganzen langen Weg in gestrecktem Galopp zurücklegen sollten! Aber sie waren damit zufrieden und freuten sich sehr, nach beendeter Dienstzeit in Peking in ihre sibirische Heimat zurückzukehren.

Man fährt in der Mongolei nicht auf gewöhnliche Weise. Man hat keinen Kutscher auf dem Bock, sitzt nicht bequem zurückgelehnt in einem mit Federn versehenen, vierräderigen Wagen und läßt den Blick halb träumend am Rand des Horizontes hinschweifen. Nichts von alledem! Hier gibt es weder gebahnte Straßen noch Posthaltereien. Man muß jedoch unaufhörlich die Pferde wechseln. Die frischen Pferde erhält man in den Zeltdörfern der Mongolen. Aber die Mongolen sind Nomaden, und ihre Dörfer sind auch beständig auf der Wanderschaft. Da muß man nun zunächst wissen, wo die Dörfer gerade liegen, und zweitens den Leuten vorher mitteilen lassen, daß sie eine bestimmte Anzahl Pferde bereitzuhalten haben. Deshalb werden reitende Kuriere vorausgeschickt, und das Stellen der frischen Pferde geschieht dann stets aufs pünktlichste. Aber nur die Mongolen selber wissen, wo die Nachbardörfer gerade liegen, und aus jedem Dorfe nimmt man daher einige Mongolen als Begleiter mit. Und gerade weil hier auch die Dörfer wandern, fährt man immer in gerader Linie vom einem zum andern. Daher kann man hier auch nie auf einer bestimmten Straße bleiben, sondern fährt quer durch die Wüste und über die Steppe und sieht gewöhnlich nirgends einen Schimmer von alten Wagengeleisen.

Der Wagen ist ein sehr einfaches Gefährt. Ein gar zu einfaches! Das merkt der Reisende schon, wenn er die erste Poststation noch nicht einmal hinter sich hat. Es ist ein hölzerner Karren auf zwei mittelgroßen Rädern, ganz überdacht, nach oben hin tunnelförmig abgerundet und mit blauem Tuch überzogen. Ein kleines Fenster an der vorderen

Querseite und zwei Seitenfenster gewähren dem Reisenden freien Ausblick auf die Steppe. Das Fensterglas ist in dem über das Dach gespannten Tuch befestigt und kann daher bei der Erschütterung nicht zerspringen. Der Karren aber hat keine Federn! Sein Boden ruht direkt auf der Räderachse. Einen Sitz hat er auch nicht. Man legt deshalb so viele Kissen, Pelze und Friesdecken, wie man auftreiben kann, hinein und sitzt darauf, um nicht ganz windelweich gerüttelt zu werden. Man hat auch nur soviel Platz darin, daß man eben die Beine ausstrecken kann. Und der Platz ist immer nur auf eine Person berechnet.

Es ist also ein Karren gewöhnlicher chinesischer Sorte mit einer Gabeldeichsel, in welche ein Pferd oder ein Maulesel eingespannt wird. In China sitzt der Kutscher auf dem einen Gabelarm oder läuft neben dem Wagen her. Ich hatte meine Reisetasche an der Unterseite der Gabelarme festgeschnürt. Das große Gepäck hatte ich mit Kamelen vorausgeschickt, aber es kam ein halbes Jahr nach mir in Stockholm an.

Das Anspannen ist das allersonderbarste. Am äußersten Ende jedes Gabelarmes ist eine derbe Seilöse befestigt. Durch die beiden Ösen wird ein langer runder Querbaum geschoben. Zwei reitende Mongolen nehmen die beiden Enden des Querbaums im Sattel auf ihre Knie. Zwischen den Gabelarmen läuft hier kein Zugtier. An den Enden des Querbaums sind lange Stricke befestigt. Zwei andere Reiter winden sich die Enden dieser Stricke zweimal um den Leib. Reitpeitschen haben sie alle, und wenn alles zum Abfahren fertig ist, sausen die vier Reiter spornstreichs über die Steppe hin, den Karren nachziehend.

An beiden Seiten reiten zwanzig andere Mongolen, die zur Hälfte in den aufgewirbelten Staubwolken verschwinden. Plötzlich sieht man zwei von ihnen von hinten her neben die Männer, auf deren Knien der Querbaum ruht, hinreiten. Die beiden neuen Pferde senken von selber den Kopf und stecken ihn unter den Baum, der auf den Knien ihrer Reiter liegen bleibt, während seine bisherigen Träger ihre Pferde anhalten und den Wagen weiterrollen lassen. Dann gesellen sie sich zu der übrigen Schar. Während des Pferdewechsels, der nur zwei Sekunden in Anspruch nimmt, hält der Wagen nicht an. Er fährt mit genau derselben wütenden Geschwindigkeit weiter. Man muß sich nur darüber wundern, wie leicht und gewandt dies alles vor sich geht, und wenn man nicht gerade aus dem Vorderfenster des Wagens guckt, so wird man dieses oft wiederkehrende Pferdewechseln gar nicht gewahr.

Auf dieselbe Weise werden auch die beiden Vorreiter und ihre Pferde bei der größten Geschwindigkeit unaufhörlich gewechselt. Wenn einer von ihnen müde wird, kommt ein neuer Reiter herangesaust und windet sich den Zugstrick um den Leib.

Nach zwei oder drei Stunden erblickt man vor sich auf der Steppe ein aus mehreren Zelten bestehendes Dorf. Hier stehen einige dreißig Pferde mit ihren Besitzern, die am Tag vorher von den Kurieren aufgeboten wurden, bereit. Wenn man im Dorfe anlangt, hält der Karren mit einem Ruck, und die Enden der Gabelarme neigen sich nach unten. Einer der Kosaken erkundigt sich, ob man aussteigen, in einem Zelt ausruhen, essen oder Tee trinken, oder ob man lieber sofort weiterfahren wolle. Ich pflegte nachts bei den Mongolen zu bleiben, um nicht von diesem rasenden Fahren ganz elend zu werden. Auf jeder Station erhalten die bis dahin mitgekommenen Mongolen zusammen einige Rubel. Man bezahlt hier immer mit blanken Silberrubeln, denn die Mongolen wollen weder Papiergeld noch Kleingeld haben. Die Silberrubel werden nämlich von ihren Frauen als Schmucksachen verwendet.

Noch vor Sonnenaufgang geht es wieder über die endlose Steppe hin. Vor kleineren Schluchten und Wasserrinnen scheuen sich die Reiter nicht im geringsten, nur wenn ganz tiefe Gräben den Weg in der Quere schneiden, mäßigen sie ihre Geschwindigkeit. Oft aber kommen sie gar nicht mehr dazu, einem Steinblock oder einer Grube auszuweichen, und wenn dann die Räder darüber hinsausen und der Wagen einen Satz macht, wird man bis an das Wagendach geschleudert und rollt zwischen seinen Pelzen und Kissen hin und her!

In der nördlichen Mongolei lag hoher Schnee, und hier wurde mein Karren von Kamelreitern gezogen. Ich war schon so zerschlagen und elend, daß es mir wie eine angenehme Ruhezeit erschien, als es nun mit gemäßigterem Schritt durch den weichen Schnee dahinging.

Dschingis Chan

Im Jahre 1162 wurde in der Mongolei ein Häuptling wilder Reiterhorden geboren, der den Namen Dschingis Chan trug. Er unterwarf sich alle Nachbarstämme, und was Mongolen hieß, sammelte sich unter seiner Fahne. Je höher seine Macht wuchs, desto größere Ländergebiete wollte er erobern, und er gab sich nicht eher zufrieden, als bis fast ganz Asien seinem Zepter gehorchte! Sein Wahlspruch war: »Ein Gott im Himmel und ein Großchan auf Erden.« Er begnügte sich nicht mit einem Reiche, das so groß wie das Alexander des Großen oder Cäsars war, sondern er wollte über die ganze bekannte Erde herrschen, und mit diesem Ziel vor Augen ritten er und seine Reiterhorden in dem großen Weltteil von einem Land ins andere. Überall ließ er Jammern und Wehklagen, verwüstete oder eingeäscherte Städte hinter sich zurück. Es war der größte und zugleich wildeste Eroberer, den die Weltgeschichte kennt. Als er auf dem Gipfel seiner Macht stand, waren ihm unzählige Völker tributpflichtig, von der Hinterindischen Halbinsel bis nach Nowgorod hin, von Japan bis nach Schlesien. Seinen Hof besuchten Gesandte französischer Könige, des türkischen Sultans, der russischen Großfürsten, der Kalifen und der Päpste jener Zeit. Weder früher noch später hat jemals ein Mann die Menschenkinder in solchem Grade in Bewegung gebracht und so viele verschiedene Völker wider ihren Willen zum Verkehr miteinander gezwungen. Dschingis Chan herrschte und gebot über mehr als die Hälfte des Menschengeschlechtes, und noch heute lebt der Schrecken vor ihm in vielen der Länder, die er verwüstet und verheert hat!

Bei seinem Tode war Dschingis Chan 65 Jahre alt, und er hinterließ sein unermeßliches Reich vier Söhnen als Erbe. Einer dieser vier war der Vater des Kublai Chan, der im Jahre 1280 China eroberte und im Reich der Mitte der Gründer der mongolischen Kaiserdynastie wurde. Sein Hof war noch glänzender als der seines Großvaters, und wir besitzen noch eine genaue Beschreibung des Großchans und seines Reiches, die der Mann verfaßt hat, von dem ich jetzt sprechen will.

Marco Polo

Im Jahre 1260 hielten sich in Konstantinopel zwei Kaufleute aus Venedig auf. Sie hießen Niccolò und Maffeo Polo. Ihr sehnlicher Wunsch, neue Handelsverbindungen mit Asien anzuknüpfen, lockte sie nach der Krim und von dort, über die Wolga hinüber, zuerst nach Buchara und dann an den Hof des Großchans Kublai Chan. Damals hatte man durch die Reisen katholischer Missionare dunkle Kenntnis von einem großen zivilisierten Reiche fern im Osten.

Der Großchan, der noch nie Europäer gesehen hatte, freute sich über die Ankunft der Venezianer, nahm sie freundlich auf und ließ sich von ihnen über alles Wunderbare berichten, was es in ihrer eigenen Heimat zu sehen gab. Dann beschloß er, ihnen einen Brief an den Papst mitzugeben, worin er bat, hundert gelehrte, kenntnisreiche Missionare nach dem Orient zu senden. Er wolle sich ihrer bedienen, um die wilden Stämme der Steppe gesittet zu machen und aufzuklären.

Nach neunjähriger Abwesenheit kehrten die beiden Kaufleute nach Venedig zurück. Der Papst war gestorben, und sie warteten zwei Jahre lang vergeblich auf die Wahl eines Nachfolgers. Da sie aber nicht wollten, daß der Großchan sie für treulos halte, beschlossen sie, sich wieder nach dem fernen Osten zu begeben, und auf diese Reise nahmen sie Niccolòs Sohn, den fünfzehnjährigen Marco Polo mit.

Unsere drei Reisenden begaben sich nun über Syrien nach Mossul in unmittelbarer Nachbarschaft der Ruinen Ninives, von dort nach Bagdad und Hormus, einer Stadt an der schmalen, den Persischen Golf mit dem Arabischen Meere verbindenden Meerenge. Dann reisten sie nordwärts durch ganz Persien und Nordafghanistan den Amu-darja hinauf nach dem Pamir und benutzten Straßen, die nach ihnen sechshundert Jahre lang auf neue Reisende aus Europa warten sollten! Über Jarkent, Chotan und den Lop-nor, lauter Orte und Gegenden, die wir schon kennen, und durch die Wüste Gobi ging nun ihr Weg nach China.

Im Jahre 1275 erreichten sie nach mehrjähriger Reise endlich den Hof des Großchans in der östlichen Mongolei. Dem Herrscher gefiel Marco Polo sehr, und er hörte mit Vergnügen, daß der Jüngling mehrere orientalische Sprachen lesen, schreiben und sprechen gelernt hatte. Er sagte sich, ein so tüchtiger, kenntnisreicher Mensch könne ihm nützlich werden, und nahm ihn in seinen Dienst. Der erste Auftrag, der dem jungen Polo anvertraut wurde, war eine Dienstreise nach dem nördlichen und dem westlichen China. Polo hatte gemerkt, daß Kublai Chan merkwürdige, seltsame Erzählungen aus fremden Ländern liebte, und deshalb bewahrte er alles, was er sah und erlebte, sorgfältig im Gedächtnis, um es nachher dem Kaiser zu erzählen. So stieg er immer höher in der Gunst des Großchans, wurde auf neue Amtsreisen ausgeschickt, die ihn sogar nach Indien und an die Grenze Tibets führten, war drei Jahre lang in einer großen Stadt Gouverneur und wurde auch daheim in der Hauptstadt Peking beschäftigt.

Marco Polo erzählt unter anderm, wie der Kaiser zur Jagd umherreiste. Er sitzt in einer Sänfte, die einem kleinen Zimmer mit einem Dache gleicht und von vier Elefanten getragen wird. Die Außenseite der Sänfte ist mit gehämmerten Goldplatten bedeckt, das Innere mit Tigerfellen ausgelegt. Neben ihm sitzen zwölf seiner besten Jagdfalken, und neben der Sänfte reiten mehrere Herren seines Gefolges. Hin und wieder ruft einer von ihnen: »Majestät, sehen Sie nur die Kraniche!« Dann läßt der Kaiser sofort das Dach seiner Sänfte öffnen und einen der Falken auf das Federwild stoßen; an diesem Sport hat er großes Vergnügen. Nachher begibt er sich ins Lager, das aus zehntausend Zelten besteht. Sein eigenes Empfangszelt ist so groß, daß tausend Personen ohne Schwierigkeit darin Platz finden; in einem zweiten finden geheime Beratungen statt, und ein drittes dient zum Schlafen. Sie werden von drei Zeltstangen gehalten und sind außen mit Tigerfellen, innen mit Hermelin- und Zobelfellen überzogen. Marco Polo versichert, diese Zelte seien so fein und kostbar ausgeschmückt, daß nicht jeder König ein solches Zelt bezahlen könne!

Nur die vornehmsten Edelleute dürfen den Kaiser bei Tafel bedienen. Dabei sind ihnen Mund und Nase mit seidenen, golddurchwirkten Tüchern verbunden, damit ihr Atem nicht die Schüsseln und Becher besudle, die sie ihrem hohen Herrn darbieten! Und jedesmal, wenn der Kaiser trinkt, spielt eine große Musikkapelle, und alle Anwesenden fallen auf die Knie.

Alle Kaufleute, die nach der Hauptstadt kommen, und besonders diejenigen, welche mit Gold und Silber, Edelsteinen und Perlen handeln, dürfen ihre Kostbarkeiten einzig und allein an den Kaiser verkaufen. Und Marco Polo findet es ganz natürlich, daß Kublai Chan größere Schätze besitzt als alle Könige der Welt, da er immer nur mit Papiergeld bezahlt, das er nach Gutdünken herstellen läßt! Dazumal war also in China schon Papiergeld im Umlauf.

So lebten Marco Polo, sein Vater und sein Oheim viele lange Jahre im Reich der Mitte und erwarben sich durch Klugheit und Fleiß ein großes Vermögen. Doch der Kaiser, ihr Beschützer, war alt, und sie fürchteten, daß ihre Lage nach seinem Tode anders werden könne. Sie sehnten sich auch nach Venedig zurück, aber jedesmal, wenn sie von ihrer Abreise sprachen, bat Kublai Chan sie, noch eine Weile damit zu warten.

Indessen trug sich eine Begebenheit zu, die ihnen die Abreise ermöglichte. Auch Persien stand damals unter mongolischer Herrschaft, und sein Fürst oder Chan war ein naher Verwandter Kublai Chans. Der persische Chan hatte nun seine Lieblingsgemahlin verloren und wollte ihren auf dem Sterbebett ausgesprochenen Wunsch, daß er eine Fürstin aus ihrem Stamme heiraten möge, erfüllen. Er schickte daher Gesandte in dieser Angelegenheit an Kublai Chan. Sie wurden freundlich empfangen, und man suchte dem Chan von Persien eine hübsche, junge Prinzessin aus. Da man jedoch meinte, die Landreise von Peking nach Täbris, die gegen 7000 Kilometer betrug, werde für ein so junges Mädchen zu beschwerlich sein, beschloß man, zu Wasser nach Persien zurückzukehren!

Die Gesandten hatten die drei Venezianer aufrichtig achten gelernt und sich sehr mit ihnen angefreundet. Sie baten daher Kublai Chan um die Erlaubnis, sie mitnehmen zu dürfen, denn jene seien alle drei geschickte Seeleute, und Marco Polo, der ja erst kürzlich in Indien gewesen sei, könne ihnen mancherlei wertvolle Auskunft über die Seereise dorthin erteilen. Nach vielen Bitten gab Kublai Chan nach und rüstete die ganze Gesellschaft mit großer Freigebigkeit aufs beste aus. Im Jahre 1292 segelten sie von der chinesischen Küste in der Richtung nach Süden ab.

Während der Reise hatten sie mit vielen Widerwärtigkeiten, Stürmen, Schiffbruch und Fieberkrankheiten zu kämpfen. An den Küsten der Insel Sumatra und Indiens wurden sie lange aufgehalten, ein großer Teil der Mannschaft erlag den Krankheiten, und auch zwei der drei Gesandten starben, aber die junge Prinzessin und ihre venezianischen Ritter gelangten unversehrt nach Persien. Der Chan war leider inzwischen gestorben, und die Prinzessin mußte sich mit seinem Neffen begnügen! Sie war sehr betrübt, als die drei Herren Polo sich von ihr verabschiedeten, um über Täbris, Trapezund, den Bosporus und Konstantinopel nach Hause zurückzukehren. Als sie im Jahre 1295 dort anlangten, waren sie vierundzwanzig Jahre fortgewesen!

Unter ihren Verwandten und Freunden in Venedig hatten sie als längst verstorben gegolten. Sie selber hatten ihre Muttersprache fast vergessen und erschienen in ihrer Vaterstadt in einfacher, stark abgetragener orientalischer Kleidung. Das erste, was sie taten, war, ihr altes Vaterhaus aufzusuchen und an seine Tür zu klopfen. Doch ihre Verwandten erkannten sie nicht wieder, wollten ihren abenteuerlichen Erzählungen keinen Glauben schenken und hießen sie ihrer Wege gehen!

Die drei Herren Polo bezogen nun ein anderes Haus und luden ihre Verwandtschaft zu einem großartigen Gastmahl ein. Als die Gäste sich an den gedeckten Tisch gesetzt hatten und die Mahlzeit beginnen sollte, traten die drei Wirte ein, in lange Gewänder aus kostbarer dunkelroter Seide gekleidet. Und als das Wasser zum Händewaschen herumgereicht wurde, wechselten sie ihre Kleider und hüllten sich in asiatische Mäntel vom feinsten Gewebe. Die seidenen Gewänder aber zerschnitten sie in Stücke, die unter die Dienerschaft verteilt wurden. Darauf erschienen sie in den wertvollsten Samtanzügen, während die gewebten Mäntel ebenfalls den Dienern überlassen wurden. Und schließlich wanderten auch die Samtanzüge denselben Weg!

Alle Gäste waren aufs höchste erstaunt über das, was sie sahen. Als aber die Speisen abgetragen waren und die Diener sich entfernt hatten, erhob sich Marco Polo und holte die schäbigen, abgetragenen Kaftane, welche die drei Reisenden getragen hatten, als ihre Verwandten sie nicht hatten erkennen wollen. Nun begannen sie, die Nähte dieser Kleidungsstücke mit scharfen Messern aufzutrennen, und dabei fielen ganze Haufen edler Steine auf den Tisch: Rubine, Saphire, Karfunkel, Diamanten und Smaragde! Denn als Kublai Chan sie hatte reisen lassen, hatten sie alle ihre Reichtümer gegen Edelsteine vertauscht, weil sie auf einer so weiten Reise nicht schwere Goldlasten mitnehmen konnten. Die Edelsteine hatten sie so in ihre Anzüge eingenäht, daß niemand etwas davon merken konnte.

Als die Gäste diese Schätze auf dem Tisch liegen sahen, kannte ihre Verwunderung keine Grenzen. Und nun mußten sie zugeben, daß diese drei Herren wirklich die vermißten Mitglieder des Hauses Polo seien. Jetzt wurden sie auch Gegenstand der größten Ehrfurcht und Hochachtung. Als sich das Gerücht hiervon in Venedig verbreitete, zogen die guten Bürger in Scharen nach dem Polohause, alle wollten die Weitgereisten umarmen, sie in der Heimat willkommen heißen und ihnen huldigen. »Täglich kamen junge Herren, um den stets höflichen, freundlichen Herrn Marco zu besuchen und ihn nach China und dem Großchan zu fragen, und er antwortete stets mit so liebenswürdiger Freundlichkeit, daß sich jeder als sein Schuldner fühlte.« Wenn er aber von den unermeßlichen Reichtümern des Großchans sprach und wenn er von andern, in den Ländern des Orientes angehäuften Schätzen redete, dann warf er unausgesetzt mit Millionen um sich, und deshalb nannten ihn seine Landsleute Herrn Marco Millioni!

Zwischen den drei großen Handeslrepubliken Venedig, Genua und Pisa herrschte in jener Zeit, wie noch lange hinterher, beständig Neid und Konkurrenz. Im Jahre 1298 rüsteten die Genueser eine mächtige Flotte aus, die venezianische Besitzungen an der dalmatinischen Küste am Adriatischen Meer verwüstete. Hier stießen sie mit der Flotte Venedigs zusammen, deren eine Galeere Marco Polo befehligte. Nach heißem Kampf siegten die Genuesen, machten siebentausend Venezianer zu Gefangenen, segelten dann heim nach Genua und zogen dort unter dem Jubel der Bevölkerung triumphierend in die Stadt ein. Die Gefangenen wurden gefesselt in die Kerker geworfen. Einer dieser Gefangenen war Marco Polo!

In der Gefangenschaft hatte Marco Polo einen Unglücksgefährten, den gelehrten Schreiber Rusticiano aus Pisa. Er war es, der nach Marco Polos Diktat die merkwürdigen Schicksale des Venezianers in Asien in französischer Sprache aufzeichnete. Wir haben also Ursache, uns über jene Schlacht und ihren Ausgang zu freuen. Denn sonst wäre vielleicht Marco Polos Bericht und selbst sein Name der Nachwelt unbekannt geblieben.

Nach einem Jahr wurden die Gefangenen ausgewechselt. Marco Polo kehrte wieder nach Venedig zurück, verheiratete sich dort und hatte drei Töchter. Im Jahre 1324 starb er und wurde in der Lorenzokirche zu Venedig begraben.

Auf dem Sterbebett wurde er ermahnt, seine abenteuerliche Geschichte zu widerrufen. Man glaubte nicht an die Wahrheit seiner Worte, und noch nach sechshundert Jahren, zu Anfang des neunzehnten Jahrhunderts, gab es Gelehrte, die behaupteten, daß alles nur eine geschickt zusammengesetzte Erdichtung sei. Doch die im Gefängnis aufgezeichnete Erzählung verbreitete sich nichtsdestoweniger in unzähligen Handschriften. Der große Christoph Kolumbus, der 1492 Amerika entdeckte, fand an ihr eine Stütze für seine Überzeugung, daß man, unausgesetzt nach Westen weitersegelnd, schließlich nach Indien kommen müsse.

In Marco Polos Buche finden wir allerdings einige sonderbare Stellen. Er spricht vom Land der Finsternis im Norden und von Inseln im Nordmeer, die so weit nordwärts liegen, daß man den Polarstern hinter sich lasse, wenn man sich dorthin begebe! Man vermißt auch vieles, was eigentlich darin hätte stehen müssen. So sagt er z. B. kein Wort über die große chinesische Mauer, durch deren Tore er doch mehrmals aus- und eingezogen ist.

Aber dennoch ist sein Buch ein Schatz geographischen Wissens, und die meisten seiner Entdeckungen und Angaben haben sich ein halbes Jahrtausend später bestätigt. Sein Leben glich einem Märchen, aber er nimmt unter den Entdeckern aller Zeiten eine der ersten, vornehmsten Stellen ein. Daher gebührt ihm auch ein Platz in diesem Buche.

Nippon, das Land der aufgehenden Sonne

Marco Polo war der erste Europäer, der Japan im Okzident bekannt machte. Er nennt es Tschipangu und erzählt, es sei eine große, reiche Insel in dem östlich von China liegenden Meer. Daher nannten es auch die Chinesen das »Land der aufgehenden Sonne«, und Nippon, wie die Japaner selbst ihre Inseln nennen, hat die gleiche poetische, an das Aufgehen der Sonne aus den Wellen des Stillen Meeres erinnernde Bedeutung. Japans Flagge zeigt die rote Sonne in weißem Feld; wenn sie aber an den Masten der Kriegsschiffe flattert, hat der Sonnenball sechzehn rote Strahlen.

Die Japaner hatten mich 1908 eingeladen, ihre Inseln zu besuchen, und sowohl zu Lande wie zu Wasser sollte ich ihr Gast sein. Am 6. November 1908 begab ich mich also von Schanghai an Bord des gewaltigen Dampfers, der nach Japan ging. Die »Tenjo Maru« hat sechs

Decks, und man glaubt, sich in einem mehrstöckigen Hause zu befinden, wenn man von der unteren Plattform zur Kabine hinaufsteigt. Eine ganze Wohnung prachtvoll möblierter Kabinen hatte man mir zur Verfügung gestellt, und ich reiste so luxuriös wie sonst wohl nur amerikanische Millionäre. Mein Salon war mit Schreibtisch, Sofa, Liegestühlen und Schränken ausgestattet. In der Schlafkabine stand ein herrlich bequemes Bett aus glänzendem Metall mit dicken, seidenen Gardinen, im Badezimmer eine Badewanne aus Porzellan. An den Wänden und der Decke saßen elektrische Lampen, auf dem Fußboden lagen dicke Teppiche, und alle Griffe und Beschläge waren von Silber. Ich brauchte nur auf einen Knopf zu drücken, so erschien ein hochgewachsener, schweigsamer Chinese, schwarz und weiß gekleidet und seinen Zopf über den Rücken, und erkundigte sich höflich nach meinen Befehlen.

Meine Kabinen lagen nach der Steuerbordseite hin auf dem zweitobersten Deck, und durch fünf runde Fenster konnte ich auf das in der Sonne glitzernde Meer hinausschauen. Hier war man vor dem Wind geschützt, der Nordostmonsun blies gegen die Backbordseite, und es war jetzt im November recht kühl. Das Meer hatte hohen Seegang, aber unser Dampfer war ein solcher Koloß, daß man es kaum spürte. Die »Tenjo Maru« macht regelmäßige Fahrten quer über den Stillen Ozean nach San Francisko. Unterwegs werden die mitten in der Nordhälfte des Ozeans liegenden Sandwichinseln angelaufen, und jenseits von Japan dampft das Schiff quer durch den gewaltigen Meeresstrom, der Kurosiwo, »das schwarze Salz«, heißt. Er kommt aus den Gegenden im Norden des Äquators und geht nordwärts, wobei er mit seinem 22 Grad warmen und 400 Meter tiefen Wasser Japans Küsten geradeso liebkosend berührt, wie der Golfstrom schmeichelnd um Englands und Norwegens Küsten spült. Jenseits Japan ist das Meer sehr tief; dort sinkt das Lot sogar bis 8500 Meter und noch weiter hinab. –

Von Schanghai auf dem chinesischen Ostmeer nach Nagasaki, einer bedeutenden Stadt auf Kiuschiu, der südlichsten der vier großen japanischen Inseln, sind 830 Kilometer. Schon mitten auf dem Meer erhielt ich ein drahtloses Telegramm aus Kioto, und während der ganzen Fahrt nach Jokohama stand das Schiff in ununterbrochener Verbindung mit dem Lande. In Nagasaki erstaunt der Fremde über die großartigen Schiffswerften und Docks; sie sind die größten in ganz Asien; auch die »Tenjo Maru« und einige andere ebenso große Schiffe sind wenigstens zum großen Teil in Nagasaki gebaut worden. Es ist wirklich schwer zu glauben, daß erst fünfzig Jahre verstrichen sind, seit die Japaner begonnen haben, sich die Kultur Europas und die Erfindungen des

Okzidents zu eigen zu machen. In vieler Hinsicht haben sie ihre Lehrmeister schon übertroffen!

Nach einem Tag Aufenthalt in Nagasaki ging es nordwärts um Kiuschiu herum nach der schönen, schmalen Meerenge bei Schimonoseki, die in ein Binnenmeer hineinführt. Leider war es schon stockfinster, als ich an Admiral Togos Flotte vorüberfuhr. Mit 85 der 200 modernen Kriegsschiffe Japans hielt er gerade eine Geschwaderübung ab. Die Manöver der Landarmee standen damit in Verbindung. Japan ist die fünfte Seemacht der Welt und wird nur von England, Deutschland, Amerika und Frankreich übertroffen. Es hat dreizehn Schlachtschiffe und läßt noch zwei bauen. Eine ganze Reihe seiner Kriegsschiffe hat es den Russen fortgenommen, repariert und umgetauft.

Die Landarmee besteht in Friedenszeiten aus 250 000 Mann mit 11 000 Offizieren. In Kriegszeiten, wenn alle Reservetruppen aufgeboten werden – und auch die Landwehr einberufen wird –, beträgt die Heeresmacht vielleicht anderthalb Millionen. Jährlich werden 120 000 Rekruten in den aktiven Dienst eingestellt. Die Japaner scheuen keine Opfer, wenn es sich um die Verteidigung ihres Vaterlandes handelt. Bei ihnen ist die Liebe zur Heimat eine Religion.

An Bodenfläche ist Japan um ein Fünftel kleiner als Deutschland, seine Bevölkerungsziffer aber um ein Achtel geringer. Rechnet man aber die kürzlich eroberten Teile auf dem Festland, Korea und Kwantung, mit, so muß man noch 200 000 Quadratkilometer zulegen und Japans Bevölkerung auf 63 Millionen veranschlagen! Dies neue Japan ist also um ein Fünftel größer als Deutschland und hat nur 800 000 Einwohner weniger als dieses!

Kobe

Wenn man, wie ich am 9. November 1908, die Meeresenge von Schimonoseki hinter sich hat und in das Binnenmeer eingefahren ist, das zwischen Hondo, Kiuschiu und Schikoku liegt, dann läßt man sich kaum mehr in seiner Kabine sehen, sondern bleibt hübsch auf Deck, in der einen Hand die Karte, in der anderen das Fernglas, um in vollen Zügen die großartige, beständig wechselnde Landschaft ringsum zu genießen. Zwischen den dunklen Inseln und auf den offenen Flächen das klare, grüne, salzige Meerwasser, über das die weißen Schaumköpfe der Wellen wie eine Gänseherde wimmeln und das von kleinen hübschen Fischerkähnen mit schwellenden Segeln durchpflügt wird, und als Rahmen dazu die unzähligen Inseln, bald groß, bald klein, bald bewaldet, bald nackt, aber gewöhnlich schroff zum Strande hin abfallend, wo die Brandung eintönig und dumpf ihr ewiges Lied singt. Der Wind pfeift über das oberste Deck der »Tenjo Maru« hin, die Luft ist frisch und rein, der Tag hell und heiter, und vom Meere und den Küsten her duftet es nach Salzschaum und Tannennadeln.

In der Dämmerung ankerte die »Tenjo Maru« auf der Reede von Kobe, wo sie vierundzwanzig Stunden liegen bleiben mußte, um Lastgüter abzuholen, und eine Barkasse brachte mich nach der lebhaften, betriebsamen Handelsstadt. Ein Dutzend höflicher, liebenswürdiger Japaner nahm mich schon an der Landungsbrücke in Empfang, um mir die Sehenswürdigkeiten der Stadt zu zeigen. Doch war es mittlerweile schon Abend geworden, und meine japanischen Freunde geleiteten mich deshalb zu einem Hotel, unter dessen Dach ich meine erste Nacht auf Nippons Erde zubringen sollte. Am Eingang empfing uns der Wirt in einem Anzug, der einem Weiberrock und einem dünnen Mantel mit kurzen, weiten Ärmeln glich. Zwei kleine Dienerinnen zogen mir die Schuhe aus und schoben meine Füße in Pantoffeln hinein. Dann ging es eine schmale Holztreppe hinauf und durch einen Korridor, dessen Holzfußboden blank poliert war. Vor einer Schiebetür ließ ich die Pantoffeln stehen und trat auf Strümpfen ein. Reinlichkeit ist das erste Gebot in einem japanischen Hause, und es wäre dort etwas Unerhörtes, wollte man mit demselben Schuhzeug, das eben noch mit dem Staub und Schmutz der Straßen in Berührung war, sein Zimmer betreten.

Eine ganze Reihe kleiner Zimmer stand mir zur Verfügung, richtige Puppenstuben, so klein und fein und niedlich war alles. Die einzelnen Räume waren durch Wände aus Papier oder aus ganz dünnem Holz getrennt und ließen sich teilweise so auseinanderschieben, daß eine Verbindung zwischen den Zimmern hergestellt werden konnte. An der Wand hingen Schilde mit Densprüchen und kernigen, sinnvollen Worten, die mit den gleichen seltsamen Schriftzügen geschrieben waren, wie sie auch die Chinesen haben. An einer Wand hing ein »Kakemono«, ein länglicher Papierstreifen, auf dem mit Wasserfarben Blumen gemalt waren, und auf einem kleinen, geschnitzten Holzschemel unter dieser Malerei stand ein Zwergbaum, der kaum zwei Fuß hoch war. Es war ein Kirschbaum, der künstlich am Weiterwachsen verhindert worden war, aber ein wirklicher, lebender Baum, der vielleicht schon zwanzig Jahre dastand und einem gewöhnlichen Kirschbaum in jeder Weise glich. Nur war er so klein, als gehöre er in das Land der Liliputaner.

Auf den Fußböden lagen Reisstrohmatten, jede nur drei Meter lang und einen Meter breit und mit schwarzen Kanten umnäht. Baut man ein Haus in Japan, so berechnet man die Fußbodenfläche der Zimmer stets nach einer bestimmten Anzahl Matten; man spricht daher von einer Sechsmattenstube oder Achtmattenstube. Oft sind die Zimmer so klein, daß drei oder sogar nur zwei Matten schon zum Bedecken des Fußbodens genügen.

Mit gekreuzten Beinen oder auf den Fersen hockend ließen ich und meine Begleiter uns auf kleine, viereckige Kissen, die einzigen vorhandenen Möbel, nieder, und ein junges Mädchen trat auf Strümpfen herein, um in die Mitte unseres Kreises ein Kohlenbecken zu stellen. Eine andere Zimmerheizung kennt man hier nicht. Das Kohlenbecken sieht aus wie ein Blumentopf aus dickem Metall; es wird zum größten Teil mit feiner, weißer Asche gefüllt. Die Dienerin häufte aus der Asche einen Kegel, dem Gipfel des Fujijama vergleichbar, und umgab seine Seiten mit glühenden Holzkohlen. Statt einer Feuerzange benutzte sie bei der Arbeit zwei schmale, eiserne Stäbchen.

Nachdem wir englisch geplaudert und Tee getrunken hatten, war es Zeit zum Schlafengehen. Bettstellen hat man in Japan nicht, das Bett wird einfach auf den Fußbodenmatten gemacht. Man pflegt hier einen Gast mit Aufmerksamkeit und Liebenswürdigkeit zu überhäufen, ihm jede Mühe zu ersparen, und jeder seiner Wünsche ist schon erfüllt, ehe er ihn ausgesprochen hat. Aber doch war ich nicht wenig verdutzt, als zwei junge Japanerinnen mich ohne weiteres zu entkleiden begannen und mir dann einen weiten, gesteppten Nachtrock von knisternder Seide anzogen, um nach vollbrachter Arbeit lautlos durch eine Schiebetür zu verschwinden. Und ebenso lautlos kamen sie am nächsten Morgen wieder, um mich mit warmem Wasser zu waschen, mich anzuziehen und, nachdem sie mich präsentabel gemacht hatten, mich in das Nebenzimmer zu führen, wo meine Freunde mich erwarteten.

Alle Bedienung und Aufwartung ist hier Sache der Frauen. Sie tragen die kleidsamen, geschmackvollen und bunten, dicht anliegenden Gewänder ihrer Heimat, die Kimonos; der Hals bleibt frei, um die Schultern liegt ein Schal mit vorn übereinanderfallenden Enden, ein breiter Zeuggürtel umschließt die Taille, und hinten sitzt eine große, kissenähnliche Schleife. Das Haar ist rabenschwarz, glänzend glattgekämmt und in Schleifen aufgesteckt, die wie aus Ebenholz geschnitzt erscheinen. Stets sind die Japanerinnen rein, fein und niedlich, und man würde vergeblich nach einem Staubkörnchen auf ihrem seidenen Besatz suchen. Wenn sie nicht bisweilen in sich hineinkicherten, würde man glauben, sie seien Wachs- oder Porzellanpuppen. Mit trippelnden Schritten bewegen sie sich über die Matten hin, sind höflich, liebenswürdig und sehr anmutig. Man behandelt sie übrigens auch wie Prinzessinnen, mit dem größten Takt und der größten Rücksicht, das verlangt die Sitte des Landes; sie ihrerseits verrichten gewissenhaft ihre Arbeit und sind dabei niemals anders als heiter, zufrieden und freundlich.

Nun setzten wir uns wieder auf unsere Kissen nieder, um zu frühstücken. Die Dienerinnen trugen kleine, rotlackierte Tische herein, die nicht größer und nicht höher waren als Schemel. Jeder Gast erhielt sein eigenes Tischlein, und auf jedem standen fünf Obertassen, Untertassen und Schüsselchen aus Porzellan und lackiertem Holz, alle mit einem Deckel zugedeckt, der einer Untertasse glich. Es gab rohe und gekochte Fische, verschieden zubereitet, Eierkuchen, Makkaroni, Krebssuppe mit Spargel, und noch allerlei Leckerbissen. Als ich die fünf ersten Gerichte gekostet hatte, wurde ein neuer Tisch mit neuen Gerichten gebracht. Wird ein großes Gastmahl gegeben, so kann solch ein »Tischlein deck dich« vier- oder fünfmal wechseln, ehe das Diner zu Ende ist.

Man ißt in Japan mit zwei Stäbchen aus Holz oder Elfenbein, die nicht länger sind als ein Federhalter, trinkt hellen, schwachen Tee ohne Zucker und Sahne, und macht sich das Essen mit einer Art schwachen Reisbranntweins, der Sake heißt, leichter verdaulich. Sobald eine Schale dampfenden, einfach in Wasser abgekochten Reisbreis aufgetragen wird, ist die Mahlzeit zu Ende. Ehe man fortgeht, werden noch Näpfe zum Reinigen der Hände herumgereicht.

Die Straßen der Stadt Kobe sind nicht gepflastert und haben nur schmale Wege, die für große, plumpe Wagen nicht ausreichen. Solche Wagen sieht man auch selten; sie werden nur zum Transport benutzt. Man fährt in »Jinrikschas«, feinen, zierlichen zweiräderigen Karren, die ein barfüßiger Mann, einen Champignonhut auf dem Kopf, in der Deichsel laufend zieht. Eine der wenigen Kaleschen der Stadt Kobe wartete am Morgen vor meinem Hotel, und als wir abfuhren, begleiteten uns Wirt und Dienerinnen bis auf die Straße und verbeugten sich in rechtwinkeligen Bücklingen.

Die Landstraße längs der Küste nach Westen führte durch eine Reihe lebhafter, betriebsamer Dörfer, an offenen Teehäusern und kleinen ländlichen Läden, behaglichen, sauberen Holzhäusern, an Tempeln, Feldern und Gärten vorüber. Alles war klein und zierlich und überaus sorgfältig gepflegt. Jeder Bauer bestellt seinen Acker mit Liebe und Sorgfalt, und aus der Ernte unzähliger kleiner Landwirte erwächst Japans Reichtum. Schnell konnte man auf der schmalen Straße nicht fahren, denn immerfort begegneten uns zweiräderige Karren und

Transportwagen, Träger und Wanderer. Oft schwebte ich in Todesangst wegen der kleinen zarten, entzückenden Kinder, die sorglos am Wege spielten. Die Japaner lieben ihre Kinder und behandeln sie mit rührender Zärtlichkeit. Nie wird ein Kind mit unfreundlichen oder gar erzürnten Worten angefahren, und diese Kinder sind daher auch von klein auf artig und rücksichtsvoll. Es liegt ihnen seit Jahrtausenden im Blut, daß sie anderen die gleichen Rücksichten erweisen müssen wie sich selbst, und von dem Tage an, wo sie zuerst auf ihren kleinen, dicken, krummen Beinchen zu gehen anfangen, wissen sie, daß nur anständiges, höfliches Betragen ihnen die Liebe anderer erwecken kann. Oft sieht man auf der Straße zwei kleine Knirpse von vier bis fünf Jahren erst voreinander eine höfliche Verbeugung machen, ehe sie miteinander reden, und wenn sie sich trennen, verbeugen sie sich ebenso höflich zum Abschied. In Japan kennt man keinen Pöbel und keine jungen Flegel. Das Volk der Japaner besteht aus lauter »Gentlemen«!

Am »Strand der Tänzerinnen« hielten wir eine Weile unter alten Nadelholzbäumen. Hier badet man im Sommer, während die Kinder zwischen den Bäumen spielen. Jetzt aber im November war es eher kalt als warm, und wir kehrten daher von hier aus wieder nach Kobe zurück. Unterwegs besuchte ich noch einen Schintotempel; er war zur Erinnerung an einen Helden gebaut, der vor 600 Jahren hier in einer Schlacht gefallen war. Auf dem Tempelhof stand eine in Port Arthur eroberte, große russische Kanone und ein Teil des abgeschossenen Mastes des Schlachtschiffes »Mikasa«. Meine japanischen Freunde versicherten mir, man werde dem Admiral Togo nach seinem Hinscheiden ganz gewiß auch solch einen Erinnerungstempel bauen.

Im siebenten Jahrhundert nach Christi Geburt wurde der Buddhismus in Japan eingeführt, und die große Masse der Bevölkerung des Landes bekennt sich noch heute zum Buddhaglauben. Doch bei seiner Geburt wird der Japaner dem Schutz einer schintoistischen Gottheit empfohlen, während die Feierlichkeiten bei seinem Tode nach den Gebräuchen der buddhistischen Sekte erfolgen, der seine Familie angehörte. Der Schintoglaube ist ein Ahnen- und Heroenkultus, ähnlich der beginnenden Religion aller Kulturvölker. Die vornehmste Gottheit ist die Sonne. Vom Sonnengott stammt das Kaiserhaus, und zum Kaiser sieht man deshalb ebenfalls mit religiöser Ehrfurcht auf. Auch das Andenken verstorbener Helden verehrt man, als ob sie sich nach ihrem Tode in Götter verwandelt hätten, und mit den Geistern der Vorfahren treibt man denselben Kultus wie in China. Während der letzten Jahre hat sich, wie schon einmal im 16. Jahrhundert, das Christentum ziemlich weit in Japan verbreitet, und man findet dort jetzt viele christlichen Kirchen.

Der Fujijama

Begleitet von einem schwedischen Landsmann, der schon zweiundfünfzig Jahre in Kobe wohnte, und seiner liebenswürdigen Familie, fuhr ich am Abend dieses Tages mit der Barkasse wieder zur »Tenjo Maru« hinaus. Der 11. November! Die Tage vergingen gar zu schnell, und im Lande der aufgehenden Sonne schienen sie noch kürzer als anderswo. Während der Nachtstunden dampfte das Schiff in den Stillen Ozean hinaus und steuerte, weit von der Küste Hondos entfernt, nach Nordosten. Der Himmel war trübe, und die unendliche Wasserwüste trat in gleichmäßigen, stahlgrauen Tinten hervor. Auf allen Seiten war der Horizont des Meeres düster und grau, dort im Süden, wo man, immer geradeaus fahrend, nach Neuguinea und Australien käme, und hier im Osten, wo man, immer weiter fahrend, zuletzt die Küsten Kaliforniens erreichen würde. Die Mittelmeerländer Europas liegen auf den gleichen Breitengraden wie Japan. Doch steht Japan unter der Herrschaft der Monsune, der periodischen Winde bestimmter Jahreszeiten; sie kommen im Sommer vom Meere her und bringen Regen, während der Winter ziemlich trocken ist, da dann der Wind aus entgegengesetzter Richtung weht. Im allgemeinen aber ist Japan kälter als die Mittelmeerländer, und auch zwischen seinen südlichen und nördlichen Teilen ist ein großer Klimaunterschied. Auf der Nordinsel Jesso dauert der Winter volle sieben Monate.

Am Mittag bat mich einer meiner japanischen Freunde, nun Ausschau zu halten, denn jetzt werde der Fujijama im Nordosten auftauchen. Von der Küste war noch nichts zu sehen, aber schon schwebte der Schneegipfel des Berges schwachweiß über dem Meere. Unser Kurs führte uns gerade auf den Fujijama zu, und mit jeder Viertelstunde trat der stattliche Berg immer deutlicher hervor. Nun zeigte sich auch die Küste wie eine dunklere Linie, vom Berg aber nur der Gipfel mit einem merkwürdig regelmäßigen, flachen Kegel, der oben wie abgeschnitten ist. Hier ist der Rand des Kraterringes, denn der Fuji ist ein Vulkan, der aber während der beiden letzten Jahrhunderte ruhte.

Immer schärfer zeichneten sich die Firnfelder in seinen Schluchten ab, aber noch immer war nur der Gipfel sichtbar, er schwebte wie ein Traumbild zwischen den Wolken, und als wir an der Küste vor Anker gingen, erhob sich sein Scheitel hoch über uns. Wir waren jetzt in nächster Nähe des Berges, und ich konnte meine Augen gar nicht von ihm wenden, besonders dann nicht, als die Abendsonne seine Schneefelder purpurn erglänzen ließ.

Der Fujijama (fuji = ohne gleichen; yama = Berg) ist Japans höchster Berg. Der Kraterring des schlummernden Vulkans liegt 3778 Meter über dem Spiegel des Stillen Meeres. Der Fujijama ist auch ein heiliger Berg. Die hinaufführende Straße ist mit Tempeln und Heiligtümern eingefaßt, und im Sommer, wenn der Schnee getaut ist, pilgern zahlreiche Gläubige zu seinem Gipfel hinauf. Er ist der Stolz der Japaner und das schönste, was sie an Landschaft besitzen. Seit grauer Vorzeit von den Liedern der Dichter besungen, ist er auch von Künstlern jeder Art unzählige Male dargestellt worden. Auf was für Gegenständen ist nicht der Kegel des Fujijama zu finden! In Silber- oder Goldfarbe auf den berühmten lackierten Kasten und den außerordentlich hübschen, aus Silber oder Bronze gefertigten Dosen, auf den wertvollen Vasen und Schalen, Präsentierbrettern und Schüsseln, auf Wandschirmen und Fächern, ja auf allem – immer derselbe Berg mit dem abgeschnittenen Gipfel! Und dem Maler ist es eine Wonne, sich zu dem weißen Kegel immer einen neuen Vordergrund auszudenken. Ich sah einmal ein Buch mit hundert Bildern des Fujijama, und jedes Bild darin bot einen anderen Blick auf den heiligen Berg. Bald sah man ihn zwischen den Zweigen der japanischen Zeder, halb zwischen den hohen Stämmen der Bäume, bald unter ihren Kronen. Hier über einem schäumenden Wasserfall oder einem stillen See, dessen Spiegel seinen Scheitel zurückwirft, dort über einer schwankenden Brücke oder einem gewerbefleißigen Dorf, über einer Gruppe spielender Kinder oder zwischen den Masten der Fischerkähne. Ich sah ihn durch das offene Portal eines Tempels oder in der Verlängerung einer der Straßen Tokios, ja zwischen den reifenden Ähren eines Reisfeldes und zwischen den emporgehaltenen Fächern einer Tänzerin!

Der Fujijama ist das Sinnbild alles dessen, was Nippon heißt. Sein Gipfel ist der erste Punkt auf Japans Inseln, der bei Tagesanbruch die Strahlen der aufgehenden Sonne auffängt. Wenn der junge Japaner jahrelang die Wissenschaften Europas studiert hat und in die Heimat zurückkehrt, um sein Volk darin zu unterrichten, späht er am letzten Reisetag vom Deck des Schiffes sehnsüchtig nach dem Fuji aus. Klein, das Gesicht blaß gelbbraun, mit gestutztem schwarzem Haar und dunklen, geschlitzten Augen, in europäischer Tracht und die Hände in den Hosentaschen, schaut er stundenlang nach Nordosten. Endlich sieht er seinen heiligen Berg, und immer höher und deutlicher tritt der Gipfel vor. Der Japaner verzieht keine Miene; er lächelt nicht, und seine Augen füllen sich nicht mit Tränen. Aber seine Seele jubelt vor Glück und Stolz, dem Fujijama und dem Land der aufgehenden Sonne anzugehören, wo seine Vorfahren in den Gräbern schlummern!

Jokohama und Tokio

Seltsam kalt und bleich zeichnete sich der heilige Berg auf dem dunkelblauen Himmel ab, als ich in der hellen Mondscheinnacht wieder meerwärts steuerte. Es war meine letzte Nacht auf dem Weg nach Osten, die letzte einer langen Seereise, die in Bombay begonnen hatte. Auf der rechten Seite blieb der Oschima oder »die große Insel« hinter uns zurück, ein noch tätiger Vulkan, über dessen flachem Gipfel dünne Dampfwölkchen schwebten, denn in Japan hat Vulcanus, der Gott des zerstörenden Feuers und der unterirdischen Kräfte, einen seiner Hauptsitze. Es gibt hier wohl hundert erloschene und einige zwanzig noch tätige Vulkane, und das Land wird auch ständig von Erdbeben heimgesucht. Man rechnet durchschnittlich 1200 Erdbeben im Jahr, von denen die meisten allerdings ganz unbedeutend sind! Aber von Zeit zu Zeit treten sie verwüstend auf und fordern tausende Opfer, und wenn die Erdbeben auf dem Meeresgrund stattfinden, bilden sich auf dem Seespiegel Sturzwellen, die ganze Städte und Dörfer fortspülen. Der Erdbeben wegen bauen die Japaner ihre Häuser aus Holz und ganz niedrig.

Am Morgen glitt die »Tenjo Maru« in die große Bucht hinein, an deren Ufern Jokohama und Tokio liegen. Zahlreiche Japaner erschienen, um mich zu empfangen, und der schwedische Gesandte führte mich zu seinem Palast in chinesischem Baustil. Über roten, aus Holz geschnitzten Dächern flatterte die blaugelbe Flagge.

Jokohama ist eine wichtige Handelsstadt, die eine Menge Dampferlinien aus vier Erdteilen berühren. Sie ist so groß wie Stockholm, und 800 Europäer, Kaufleute, Konsuln und Missionare, haben hier ihren festen Wohnsitz. Gesandtschaften und Generalkonsulate sind nach Tokio verlegt, der Hauptstadt des Reichs, die zwei Millionen Einwohner hat. Die meisten Leute wohnen in niedlichen Holzhäusern mit kleinen Vor- und Hintergärten; aber Tokio hat auch viele Paläste inmitten herrlicher Parks, die geschmackvolle Anlagen sind. Aus Lärm und Staub der Straßen flüchtet man sich in diese friedlichen Gärten, wo kleine Kanäle und Bäche zwischen grauen Steinblöcken plätschern und die Kronen der Bäume sich über gewölbte Brücken neigen.

Tokio, früher Yedo, ist reich an Sehenswürdigkeiten des alten und des neuen Japan. Es hat Museen jeder Art, Bildergalerien, Schulen und eine Universität, deren naturwissenschaftliche Institute nach europäischem Muster eingerichtet sind. Auch gibt es hier ein geologisches Institut, das geologische Karten des ganzen Landes aufgenommen hat und besonders alle Erscheinungen untersucht, die mit Vulkanen und Erdbeben zusammenhängen. In der wissenschaftlichen Forschung stehen die Japaner fast ebenso hoch wie die Europäer. In der Kriegskunst aber übertreffen sie vielleicht die weißen Nationen schon! Alle Erfindungen der Industrie unserer Zeit haben sie sich nutzbar zu machen gewußt, und ihr Handel droht die abendländische Konkurrenz aus Asien zu verdrängen. So ist es, um ein Beispiel anzuführen, noch gar nicht lange her, daß sich einige japanische Ingenieure in Jönköping aufhielten, um die Herstellung der schwedischen Zündhölzchen zu studieren. Jetzt fabrizieren sie ihre Sicherheitsstreichhölzer selbst und versehen nicht nur Japan, sondern fast ganz Asien damit. In Kobe standen ganze Berge Holzkisten aufgestapelt, die Schwefelholzschachteln enthielten und auf die Verfrachtung nach China und Korea warteten. Genau so ist es auf allen andern Gebieten. Die Japaner bereisen Europa und studieren mit ihrem scharfen Verstand dort die Herstellung der Turbinen, der Eisenbahnen, Telephone usw. Bald werden sie Europa ganz entbehren können und alles, was sie brauchen, selbst herstellen!

Der Kaiser von Japan

Das Chrysanthemum ist das Sinnbild des kaiserlichen Hauses. Es wird in Gewächshäusern und im Freien in unzähligen Farben und Formen gezüchtet und blüht im Herbst; dann feiert man im ganzen Lande Chrysanthemenfeste. In Kobe besuchte ich eine Chrysanthemenausstellung in einem öffentlichen Park, wo bis zu achthundert Blumen auf einem einzigen Stamm zu sehen waren. Einzelne Stauden waren durch Impfung, mit Stahldraht und breiten Hölzern so behandelt, daß sie einem Schiff mit aufgespannten Segeln, einem Vogel, einem Reh, einem Fahrrad oder einer Lokomotive glichen; ja, auf dem Theater wurde ein ganzes Stück aufgeführt, worin alle Mitwirkenden lebende Chrysanthemenstauden waren.

Der Palast des Kaisers von Japan in Tokio ist von einer Mauer und einem Graben umgeben. In einem seiner großen, schönen Parks mit Kanälen, Teichen und Brücken wurde ein Chrysanthemenfest gefeiert, zu dem auch Europäer eingeladen waren. Herren und Damen versammelten sich in eleganter Promenadentoilette und spazierten durch den Park, dessen Wege die herbstroten Kronen der Ahornbäume beschatteten. Der Mikado befand sich gerade zur Inspektion einer Flotte an Bord der Schiffe des Admirals Togo, aber die Hofmarschälle verkündeten, daß die Kaiserin dem Fest beiwohnen werde. Die Gäste bildeten Spalier, und Ihre Majestät kam, und zwar zu Fuß, von zwei Prinzen, sieben Prinzessinnen und einem großen Gefolge begleitet .Die Kaiserin ist eine kleine, jetzt sechzigjährige Dame mit gelblichem Teint und unbeweglichem Gesicht. Aber die Prinzessinnen waren allerliebst mit ihren rosigen Wangen und ihren fröhlichen dunklen Augen. Ich war aber sehr enttäuscht, daß sie den »Kimono«, ihre kleidsame Landestracht, abgelegt und europäische Kleidung angezogen hatten; die Hüte und Sonnenschirme aus Paris paßten gar nicht zu den auffallend zierlichen Figuren, und auf dem Hintergrund feurigroter Ahornbäume und schwellender rosigen und violetten Chrysanthemen sähe man weit lieber den »Kimono«.

Einige Tage später kehrte der Kaiser von seiner Reise zurück und bewilligte dem schwedischen Gesandten und mir eine Audienz. Wir durchschritten dämmerige Gemächer und Säle mit teppichbelegtem Parkettfußboden, viereckigen Wandgemälden von Japans ersten Künstlern, kunstreich geschnitzten Decken und wunderbaren Porzellan- und Bronzevasen. Dann führte man uns durch einen langen Gang in ein kleineres Zimmer. Hier erwartete uns der Kaiser. Er heißt Mutsuhito und ist im Gegensatz zu seinen Untertanen ein hochgewachsener Mann; er überragt sein Volk um Kopfeslänge. Er ist achtundfünfzig Jahre alt, und obgleich sein Haar, sein spitzer Kinnbart und sein Schnurrbart noch pechschwarz sind, sieht er noch älter aus, denn sein Gesicht ist voller Furchen und graugelb wie Pergament. Seine Stimme ist weich, melodisch und einschmeichelnd, und die Fragen, die er stellte, waren scharf und klug und verrieten, daß er auch im westlichen Kontinent gut Bescheid wußte.

Mutsuhito wurde im Jahre 1867 Mikado oder geistlicher Kaiser. Seine Regierungszeit heißt »Meiji« oder »die aufgeklärte Regierung«, und während seiner Herrschaft hat sich Japan in eine Großmacht ersten Ranges verwandelt. Schon ein Jahr nach seiner Thronbesteigung schaffte er das »Schogunat«, die Regierung weltlicher Kaiser, ab, in seiner Person beide Ämter vereinigend, schloß Verträge mit fremden Mächten, reorganisierte das Schulwesen, ließ ein modernes Strafrecht und ein bürgerliches Recht schaffen, und berief eine Volksvertretung, alles Zeugnisse seines scharfen, voraussehenden Blickes, seines überragenden Verstandes.

Bis dahin war das Land in viele kleine Fürstentümer zerstückelt gewesen, die von je einem »Daimyo« oder Lehnsherrn regiert wurden, und diese Herren befehdeten sich häufig, obgleich sie alle unter der Oberhoheit des »Schogun« standen, des Beherrschers des ganzen Landes. Mit den »Samurai« zusammen bildeten die »Daimyos« den Feudaladel. Ist es nicht wunderbar, daß die Japaner noch vor kaum fünfzig Jahren mit Pfeil und Bogen, Schwert und Speer Krieg führten? Wenn die Samurai zum Streite zogen, trugen sie schwere Rüstungen mit Arm- und Beinschienen, Helm und Visier. Sie waren geschickte Bogenschützen und schwangen ihr großes Schwert mit beiden Händen. Wollte ein Samurai ein eigenes Vergehen sühnen oder seine oder seiner Familie Ehre wieder herstellen, so beging er, um schimpflicher Strafe zu entgehen, »Harakiri«, Selbstmord, indem er sich mit einem scharfen Messer den Bauch aufschlitzte.

Dann aber brach die neue Zeit mit einem Schlag über Japan herein. 1872 wurde die allgemeine Wehrpflicht eingeführt, und man rief französische und deutsche Offiziere ins Land zur Ordnung des Heerwesens. Jetzt ist Japan so stark, daß keine Macht der Welt Lust haben wird, sich mit ihm zu messen.

Japans Jugend

Auf allen meinen Streifzügen im Lande der aufgehenden Sonne begleiteten mich Japaner, die mir alles zeigten und erklärten. In Kioto führten sie mich einmal in eine höhere Knaben- und Mädchenschule, und dort hörte ich in verschiedenen Klassen dem Unterricht in Geographie, Rechnen, Englisch, Zeichnen und Handarbeit zu. Wenn wir eintraten, erhob sich die ganze Klasse, und ein kleiner Knirps oder ein kleines Mädchen trat vor uns und sagte: »Wir freuen uns sehr, Sie willkommen heißen zu können, und hoffen, daß Sie von unserer Schule eine gute Erinnerung in Ihr Land mitnehmen werden.« Darauf antwortete ich, es sei mir eine Freude, die japanischen Kinder kennen zu lernen, und ich hoffte, daß sie durch fleißige Arbeit in der Schule zu tüchtigen Bürgern des mächtigen Reiches heranwüchsen, dessen Söhne und Töchter sie seien. Dann ging ich in der Klasse umher und strich ihnen über das Haar, während sie einander schelmisch anguckten und auf ihren Schulbänken in sich hineinkicherten. Schließlich versammelten sich die 450 Schüler der Schule auf dem geräumigen Hof, stellten sich dort klassenweise auf, und als ich die Front abschritt, stimmten sie ein lautes »Banzai« oder »Lang lebe!« oder »Hurra!« an. Ich mußte zur

Erinnerung einige Erzeugnisse ihrer Handfertigkeit und zwei Karten von Japan, die sie selber gezeichnet hatten und die mich an meine eigene Schulzeit erinnerten, mitnehmen. Dann wurde von uns allen ein gewaltiges Gruppenbild aufgenommen; da sitze ich mit zwei kleinen Mädchen auf dem Schoß, einem Dutzend sitzender und liegender Jungen vor mir und einem ganzen Blumengarten frischer Jugend um mich herum. –

Und dann die Briefe, die diese Kinder mir schrieben! Täglich erhielt ich ein ganzes Paket und hatte unmöglich Zeit, sie alle zu beantworten. Sie waren auf langen Streifen weichen Papiers mit Pinsel und Tusche geschrieben, und der Inhalt war oft so lustig, daß man vor Lachen ersticken konnte. Die stehenden Fragen waren: »Wie alt sind Sie? Wie gefällt Ihnen Japan? Sind die Japaner nett zu Ihnen? Welche Gegend Japans finden Sie am schönsten? Sind Sie in Rikko gewesen? Wann werden Sie wieder nach Japan kommen? Wollen Sie mir eine schwedische Ansichtskarte schicken, wenn Sie wieder zu Hause sind?« – Andere Kinder erzählten von ihren Beschäftigungen und ihren Zukunftsplänen, und diese Pläne waren gewöhnlich sehr großartig.

Ein andermal – es war in Tokio – wurde ich gebeten, den Studenten einen Vortrag zu halten. Ich stand auf einem erhöhten Platz im Park der Universität, und um mich herum hatte ich viertausend Studenten. Leicht war es nicht, mich überall vernehmbar zu machen, da Jinrikschas auf den Wegen rasselten und die Dampfpfeifen der Röhrenreiniger auf allen Seiten ertönten, aber was lag daran, wenn meine Stimmbänder in diesem Augenblicke rissen, gegenüber all der Begeisterung, die mich in den schallenden Banzairufen der Studenten umbrauste! Welch ein überwallendes Leben, welche Aufgewecktheit und Frische in dieser Jugend! Als ich zu ihnen hinunterging, um den vordersten die Hand zu schütteln, drängten sie sich von allen Seiten heran und hätten mich wohl gar erdrückt, wenn nicht einige starke Burschen mich wie eine Schildburg umgeben hätten. Mit Mühe erreichte ich meinen Wagen, aber auch der wurde umringt. Die Pferde wurden scheu und mußten am Zügel geführt werden. In der Einfahrt unter den schwedischen und japanischen Fahnen, dem gelben Kreuz und der roten Sonne, wären wir beinahe in dem Gewühl steckengeblieben. Bis weit auf die Straße hinaus folgten die Studenten dem Wagen in dichten Scharen und riefen immer wieder: »Banzai, banzai!«

Oft sah ich eine Straße mit kleinen Fahnen und Laternen aus buntem Seidenpapier festlich geschmückt. Wenn ich dann fragte, ob hier eine Hochzeit oder ein ähnliches Fest vor sich gehe, hieß es, als ob sich das von selbst verstünde: »Nein, das gilt zwei Rekruten in unserm Quartier, die heute in die Armee eintreten.« Angehörige und Freunde feiern sie schon jetzt beim Abschied als Helden, und sie betrachten es stolz als ihre größte Ehre, diesem Nippon ihrer Vorfahren auch ihre Kraft schenken zu dürfen. Daher singt man Lieder, wenn sie ausrücken, und schmückt abends die Straßen mit brennenden Papierlaternen und bei Tag mit Fahnen und Standarten. Und daher ist Japan Sieger, wenn es von Feinden bedroht wird. In diesem wunderbaren Land tut jeder Knabe, jeder Jüngling, jeder Mann begeistert seine Pflicht. Der Tagelöhner führt getreulich seine Arbeit aus, und der Soldat empfindet es als ein Glück, wenn der Krieg ihn zur Verteidigung des Vaterlandes ruft.

Korea

Es war ein herrlicher Tag, als ich durch die hinreißend schöne Meerenge von Schimonoseki, den japanischen Bosporus, in die Straße von Korea hinaussegelte, um in zwölf Stunden die Hafenstadt Fusan an der Südküste der Halbinsel Korea zu erreichen. Auf halbem Wege ragten die Tsuschimainseln wie gewaltige Delphine aus dem Wasser hervor. Hier ist der Schauplatz des denkwürdigen 27. Mai 1905, an dem Admiral Togo das Geschwader des russischen Admirals Roshestwenskij vernichtete. Mit einem fast unheimlichen Gefühl schaukelte ich über diese stillen Wassergräber hin und glaubte das Echo der donnernden Geschütze noch über den Wellen zittern zu hören. »Dort kam es zur Schlacht«, sagt der Kapitän, auf einen Punkt im Wasser zeigend, und unser Kurs führt fast unmittelbar über die Stelle, wo das russische Flaggschiff in den Fluten versank.

Die russische Flotte war um Asien herumgefahren und kam nun im Osten der Insel Formosa nach der Meerenge von Korea herangedampft. Sie hoffte, ungefährdet Wladiwostok auf der russischen Seite des Japanischen Meeres erreichen zu können, und näherte sich am 27. Mai in Schlachtordnung den Tsuschimainseln. Aber an der Südküste Koreas lag Admiral Togo mit der japanischen Flotte auf der Lauer. Auf einer Karte hatte er die ganze Meerenge in Quadrate eingeteilt und ließ beständig Boote, die sich durch drahtlose Telegraphie mit dem Flaggschiff verständigen konnten, zur Beobachtung umherfahren. Und nun knisterte der Funke durch die Luft und kündigte an, die russische Flotte sei in Sicht, und zwar auf dem Quadrat Nr. 203. Das war ein glückliches Omen, denn das Schicksal der Festung Port Arthur, an der Küste des chinesischen Festlandes, hatte sich dadurch entschieden, daß die

Japaner ein Fort erobert hatten, das den Namen »Zweihundertdreimeterhügel« führte. Seit dem 1. Januar 1905 war Port Arthur in ihren Händen. Auf jene Nachricht hin griff nun Togo mit seinen mächtigen Schiffen und mit sechzig Torpedos die russische Flotte an, und in einer Stunde war die Schlacht schon entschieden! Die Russen verloren vierunddreißig Schiffe und zehntausend Mann, das Flaggschiff sank, aber der schwerverwundete Admiral selbst wurde von den Japanern gefangen genommen. Damit waren die Japaner Herren der See und konnten nun ungehindert Truppen, Proviant und Kriegsmaterial nach dem Festland schicken, wo der Kampf mit Rußland noch in der Mandschurei wütete.

Von Fusan aus führte mich die Eisenbahn nordwärts durch die Halbinsel Korea. Nur selten fesselt ein Nadelholzwäldchen den Blick; sonst ist das Land dort baumlos. An den Abhängen ziehen sich oft unzählige kleine Hügel hin, koreanische Gräber. Überall sieht man die Spuren der friedlichen Eroberung Koreas durch Japan. Auf den Bahnhöfen standen japanische Polizisten, Soldaten und japanische Beamte, und meine Reisegefährten erzählten mir, daß schon 200 000 Japaner in Korea wohnten. Doch bleiben diese Ansiedler immer nur einige Zeit in der Fremde. Ein japanischer Landwirt z. B. verkauft die Hälfte seines Besitzes in Japan und ersteht mit dieser Kaufsumme ein anbaufähiges Gebiet auf der koreanischen Halbinsel, das wenigstens drei- bis viermal so groß ist wie sein ganzes Gut in der Heimat und mindestens ebenso ertragsfähigen Boden hat. Das bewirtschaftet er einige Jahre und kehrt mit dem Gewinn nach Hause zurück. Auch japanische Fischer kommen alljährlich an die Küste Koreas, um mit ihrem Fang wieder heimzukehren. So wird die Halbinsel von allen Seiten her von Japanern überschwemmt. Die Armee ist japanisch, längs der Nordgrenze werden japanische Festungen gebaut, Regierung und Beamte sind Japaner, und bald wird Korea nur noch ein Stück des Landes der aufgehenden Sonne bilden.

Nachdem die Bergkette, die sich von Norden nach Süden wie ein Rückgrat durch ganz Korea zieht, hinter mir lag, näherte sich die Hauptstadt Söul (spr. Schaul), von deren 200 000 Einwohnern etwa ein Fünftel Japaner sind. In einem Tal zwischen kahlen Felsen sieht man ein Gewirr grauer und weißer Häuser mit prismatischen Dächern, die mit grauen Dachpfannen gedeckt sind. In dem japanischen Stadtteil pulsiert das Leben genau so wie in Japan selbst. Vor den offenen Läden hängen am Abend die bunten Papierlaternen, und Kauf und Verkauf geht mit Lust und Liebe von statten. Die Gassen der koreanischen Viertel sind enger und menschenleerer, nur in den breiteren Hauptstraßen rasseln die Wagen der Straßenbahnen durch das bunte, asiatische Leben. Karawanen großer Ochsen schleppen Brennholz, schwere Karren führen allerhand Waren einher, Männer tragen in einem Gestell von Holzlatten auffallend schwere Lasten auf dem Rücken, und Weiber in weißen Gewändern, mit einem Schleier über dem festanliegenden, glattgekämmten Haar, huschen vorüber. Männer und Knaben ziehen mit Standarten umher, auf denen rote und weiße koreanische Schriftzeichen stehen; es sind Geschäftsempfehlungen. Ein Musikchor geht ihnen voraus, und Trommeln und Flöten erfüllen die Straße mit einem schrecklichen Lärm.

Meine stolzeste Erinnerung aus Söul ist ein Diner bei einem japanischen General, wo ich mit Tigerfleisch bewirtet wurde. Es schmeckte nicht schlecht, erinnerte ein wenig an frisches Schweinefleisch und war gut zubereitet. Aber doch werde ich künftig auch ohne Tigerfleisch auskommen können! Die so schmählich verspeiste Dschungelkatze hatte in der Nachbarschaft Schaden angerichtet und eine alte Frau gefressen; auf Befehl des Generals hatten die Gendarmen Jagd auf die Bestie gemacht und sie auch mit Kugeln buchstäblich gespickt abgeliefert. Damit die Koreaner sich nicht gegen die Japaner empören, dürfen sie keine Schießwaffen tragen; infolgedessen sind in letzter Zeit die Tiger dreister geworden, und während meines Aufenthalts in Söul ging ein solches Untier einmal ungeniert in einem Park spazieren!

Korea hat zehn Millionen Einwohner und ist mehr als halb so groß wie Japan, unter dessen Herrschaft es jetzt steht. Mit Koreas Schicksalen ist der Name des japanischen Fürsten Ito aufs engste verknüpft. Noch während meines Besuchs in Söul war er dort Generalgouverneur; er ist der Schöpfer der jetzigen japanischen Provinz Korea. Am Abend des 15. Dezember 1908 saß ich in einem schlecht erleuchteten Saal mit einigen japanischen Freunden in lebhafter Unterhaltung. Die enge Straße draußen war dunkel und still, es war schneidend kalt, und die Sterne funkelten. Da hörten wir Pferdegetrappel auf dem hartgefrorenen Boden. Zwei von berittenen Herolden getragene Fackeln warfen einen rotgelben, flackernden Lichtschein auf Läden und Häuserfassaden und auch auf die Kavallerieabteilung, die den Herolden folgte. Fast im Dunkeln fuhr dahinter ein kleiner, schwarzer, von zwei Pferden gezogener Wagen, und einige Reiter machten den Schluß. In einer Minute war die Schar schon wieder verschwunden und das Pferdegetrappel verhallt. In dem geschlossenen Wagen saß Fürst Ito, der von einer Amtsreise zurückkehrte. Das Gespräch unter uns war verstummt, meine japanischen Freunde waren ernst geworden und hatten sich unwillkürlich erhoben. Ein Cäsar war im Fluge vorbeigezogen!

Während der nächsten Tage begegnete ich ihm persönlich mehrmals, und er erzählte mir seine wunderbare Lebensgeschichte. In seiner Jugend stand er unter einem »Daimyo«, aber im Jahre 1863 beschlossen er und vier andere weitblickende Japaner, nach Europa zu reisen und die Kultur des Okzidents zu studieren. Damals aber stand auf Verlassen des Landes die Todesstrafe, und die fünf Freunde mußten daher aus ihrer Heimat regelrecht desertieren. Als Matrosen nahmen sie auf einem englischen Schiffe Dienst und segelten aus Nagasaki ab. In England erfüllten sie sich mit abendländischen Ideen und träumten stolze Träume von Japans Zukunft. Da drang plötzlich ein schwaches Echo neuer, in ihrer Heimat ausgebrochener Unruhen zu ihnen, und mit dem ersten besten Schiff fuhren sie ostwärts. In warmen Tagen und linden Nächten segelten sie um das Kap der Guten Hoffnung herum, denn damals gab es noch keinen Suëskanal, und auf Deck sitzend sprachen sie von Japans Zukunft und den Gefahren, die ihm von Osten und Westen drohten. Sie wollten ihrem Lande Retter sein, sie wollten mit der Vergangenheit brechen, ihrem Volk unwiderstehliche Waffen in die Hände geben. Und sie schufen Japan nach europäischem Muster um, und Japans Freiheit war gerettet.

Kaum ein Jahr nach meinem Besuch reiste Ito nach Charbin in der Mandschurei. Eben war er aus dem Eisenbahnwagen gestiegen und stand unter seinen Begleitern auf dem Bahnsteig, da knallten drei Revolverschüsse, und er sank tot zu Boden!

Itos Leben glich einer Heldensage. Er hat sein Land zum Siege geführt und ihm unvergeßliche Dienste geleistet. Den Verlust der Legionen auf dem Schlachtfeld konnte Japan verschmerzen, aber als die Kunde kam, daß Nippon seinen größten Sohn verloren habe, da versank es in tiefste Trauer. Und doch waren die Japaner auch wieder stolz auf seinen Tod, denn er war auf seinem Posten gefallen! Als seine sterbliche Hülle nach der Heimat gebracht wurde, glich die Fahrt dem Triumphzug eines siegreichen Feldherrn. Ein Tempel wird zu seiner Erinnerung entstehen, und noch zu späten Zeiten werden junge Sänger zu den Tönen des Saitenspiels sein ruhmreiches Leben besingen.

Die Mandschurei

Die Grenze zwischen Korea und der Mandschurei, einem der Vasallenländer Chinas, bildet der Jalu, den ich in einer kalten Winternacht auf einem chinesischen Schlitten überquerte, um nach Antung am nördlichen Jaluufer, einer Stadt mit 5000 japanischen und 40 000 chinesischen Einwohnern zu kommen. Eben erst hatte sich eine dünne Eishaut von einem Ufer zum anderen gebildet, die die einzige Brücke war. Unter der Last des Schlittens bog sich das Eis in Wellenlinien, aber ehe es brach, war der Schlitten, der von einem Chinesen mit einer langen Stange vorwärtsgestoßen wurde, schon darüber hingesaust.

Von Antung aus machte ich in Gesellschaft eines Japaners eine vergnügte kleine Eisenbahnfahrt. Die Entfernung nach Mukden beträgt nur 320 Kilometer; trotzdem dauert die Reise dorthin zwei ganze Tage. Eine Schmalspurbahn wurde während des Krieges zwischen Japan und Rußland gebaut, um Proviant und Kriegsmaterial an die japanische Front zu befördern. Sie geht in den sonderbarsten Krümmungen bergauf und bergab, und ein Zug soll selten ohne Abenteuer seinen Bestimmungsort erreichen. Der japanische Konsul in Antung hatte auf acht Fahrten nicht weniger als vier Eisenbahnunglücke erlebt, und gerade vor zwei Tagen war der Zug mit einem General und seinem Gefolge einen Abgrund hinuntergerollt! Heute aber hatte der Lokomotivführer Befehl erhalten, mit größter Vorsicht zu fahren, und ich legte denn auch die ganze Strecke ohne Zwischenfall zurück.

Die Eisenbahnwagen sind kaum halb so groß wie ein Straßenbahnwagen, und frierend zwischen all seinen Pelzen und Decken wird man den ganzen Tag hin und her gerüttelt und gestoßen. Zwei längliche Metallkasten, mit glühenden Kohlen gefüllt, sorgen, daß die Füße der Passagiere nicht erfrieren. Auf einer kleinen Station hält der Zug eine ganze Stunde, als ob sich die Lokomotive erst verschnaufen müsse, ehe sie die nun folgenden steilen Bergabhänge erklettert. Wenn es aber dann wieder abwärts geht, scheint die Bewegung des Zuges allen Gesetzen der Schwere Hohn zu sprechen, und es war fast unbegreiflich, daß er nicht in irgendeinem Abgrund anlangte. Jedesmal wenn der Zugführer bremste, gab es einen Stoß, daß man fast mit dem Kopf gegen die vordere Wagenwand flog.

Es war am Weihnachtsabend 1908, als ich in Mukden, der Hauptstadt der Mandschurei, anlangte, wo ich bei dem japanischen Konsul wohnte. Bei Mukden wurde vom 26. Februar bis 10. März 1905 die blutigste Schlacht des russisch-japanischen Krieges, ja eine der größten der Weltgeschichte, geschlagen. Hier kämpften 850 000 Mann mit 2500 Kanonen gegeneinander, und 120 000 Tote blieben auf dem Platz! Zwanzig Tage dauerte es, bis die von den Japanern eingeschlossenen Russen ihren Rückzug antraten. Nun waren die Japaner Herren der Mandschurei, die aber nach dem Frieden wieder an China zurückgegeben wurde.

Auf Mukdens Straßen zeigt sich ein buntes, fesselndes Leben. Die hochgewachsenen Mandschus sehen kraftvoll und selbstbewußt aus. Die Frauen zeigen sich nur selten außer dem Hause; sie tragen ihr Haar in hohen Knoten auf dem Scheitel und verstümmeln im Gegensatz zu den Chinesinnen ihre Füße nicht. In dem Gewühl der Eingeborenen sieht man viele Chinesen, Kaufleute, Offiziere und Soldaten in sauberen Gewändern mit blanken Knöpfen, Japaner und Mongolen und gelegentlich auch einen Europäer. Auf den breiteren Straßen klingelt lustig die Pferdebahn. Die Häuser sind hübsch und solid gebaut und mit bunt bemaltem Schnitzwerk, Drachen, Papierlaternen, Annoncen und schwarzen chinesischen Schriftzeichen auf roten Schildern bedeckt. Die Läden sind nach der Straße hin offen, und zwischen den hölzernen Säulen der Fassade liegen die Waren auf Tischen aus. Nach den vier Himmelsrichtungen hin hat Mukden prächtige Stadttore in vornehmer chinesischer Bauart. Aber rings um die Stadt herum dehnt sich eine kahle Einöde voller Gräber.

In Pei-ling, dem »Nordgrabe«, ruht der erste chinesische Kaiser der Mandschudynastie, und neben ihm sein Sohn, der große Khang-hi, der einundsechzig Jahre das Reich der Mitte beherrschte. Pei-ling besteht aus mehreren tempelähnlichen Gebäuden. Zuerst tritt man in eine Halle mit einer gewaltigen steinernen Schildkröte, die eine Steintafel mit chinesischen und mongolischen Inschriften zur Verherrlichung des toten Kaisers trägt. Tief in dem stillen Park liegt das Grab selbst, ein mächtiger Steinkoloß mit geschweiftem Dach. In einem besonderen Pavillon hier pflegt der Kaiser von China seine Andacht zu verrichten, ehe er die Gräber seiner Ahnen besucht. Unter den Nadelholzbäumen starren steinerne Pferde, Elefanten und Kamele einander und den Besucher an.

Im »Ostgrab« ruht der Kaiser Tai-tsu, der große Stammvater, der vor fast dreihundert Jahren den Grundstein des Gelben Tempels »Hwang-tse« legte. Dieser Tempel ist der größte Lamatempel der Mandschurei, und sein Abt war ein feister Mongole, zwar gastfrei und höflich, aber etwas hochnäsig. Er wurde indessen dann viel freundlicher, als er erfuhr, daß ich fünfzig Tage lang Gast des Taschi-Lama gewesen sei.

Port Arthur

Port Arthur ist eine der merkwürdigsten Erinnerungen, die mir von meiner letzten Reise geblieben sind. Doch ehe wir zu den zerschossenen Forts der berühmten Festung kommen, verweilen wir einen Augenblick bei dem Vorrücken der Slawen nach Osten während der vier letzten Jahrhunderte.

Am Anfang des sechzehnten Jahrhunderts begannen russische Kaufleute, Faktoreien an der Kama, dem großen Nebenfluß der Wolga, anzulegen und von Samojeden und Ostjaken Tierfelle einzuhandeln. Während der zweiten Hälfte desselben Jahrhunderts ging Jermak mit 800 Kosaken nach Westsibirien und entriß das Land den Tataren. Den Kosaken folgten die Kaufleute auf dem Fuße. Blockhäuser und Kirchen wurden in den Wäldern gebaut, man rückte nach und nach bis an die Altaiberge und den Jenissei vor, und viele tausend Zobelfelle, nebst Hermelin-, Eichhörnchen- und Fuchsfellen, wurden nach Rußland geliefert. Dann schoben in den dreißiger Jahren des siebzehnten Jahrhunderts die Kosaken und die Ansiedler ihre Vorposten immer weiter vor, bis sie nach Jakutsk und an das Ochotskische Meer, an den Amur und den Stillen Ozean gelangten, und der Zar schickte Gesandte an den Kaiser von China. Zwischen Kiachta und Peking wurde eine lebhafte Handelsstraße angelegt, und in Peking hatten die Russen ihre eigenen Karawansereien, wo sie Tee und Seidenstoffe zum Verfrachten aufspeicherten, sowie auch ihre eigene griechisch-katholische Kirche. Zweihundert Jahre lang zogen Kamelkarawanen zwischen Kiachta und Peking hin und her.

Aber eine neue Zeit brach über Sibirien herein. Die 1891–1904 gebaute große Transsibirische Eisenbahn, die nicht weniger als 750 Millionen Mark kostete, spannte ihre Schienenbänder durch die Wälder. Die Bahnschwellen wuchsen ja im Walde, man hatte sie nur zu fällen oder das Bauholz im Winter mit Schlitten aus der Nachbarschaft zu holen. Das übrige rollende Material und die Schienen zu den Gleisen wurden immer weiter nach Osten vorgeschoben. Durch einen Vertrag mit China erlangte man die Erlaubnis, die Bahnlinie quer durch die Mandschurei nach Wladiwostok an die Bucht Peters des Großen zu legen. Aber dieser Hafen friert im Winter zu. Zwar läßt er sich mit Eisbrechern offen halten, aber Rußland sehnte sich nach einem eisfreien Hafen an der Küste des Stillen Ozeans.

Er wurde an dem Tage gewonnen, an dem die Russen sich den Besitz Port Arthurs erzwangen! Von Charbin aus wurde eine Bahnlinie nach der berühmten Festung hin abgezweigt und die Festung selber in den nächsten paar Jahren in vorzüglichen Verteidigungszustand gesetzt. Damit hatte Rußland sein Ziel erreicht. Unendliche Horizonte öffneten sich ihm nun nach allen Seiten hin, die Eroberung Koreas, der Handel nach China und Japan, ja vielleicht sogar die Herrschaft auf dem Stillen Ozean! Aber auf dieses Ereignis hatte sich Japan schweigend und geduldig im Lauf der Jahre vorbereitet. Das Land der aufgehenden Sonne wollte sich nicht durch Rußlands Gewicht ersticken lassen. So kam es zum Entscheidungskampf, und die stolzen Pläne Rußlands wurden zu Wasser, als die russischen Soldaten vor den japanischen Eroberern Port Arthurs die Waffen strecken mußten.

Den zweiten und dritten Weihnachtstag des Jahres 1908 verlebte ich in Port Arthur. Ich war mit der Eisenbahn, die über eine ganze Reihe weltgeschichtlicher Kriegsschauplätze geht, von Mukden aus dorthin gefahren. Zwischen Dalnij und der Festung sieht man nur etliche von spärlichen Bäumen umgebene chinesische Dörfer, sonst ist die Gegend kahl. Auf einem Häuschen des Dorfes Schuischi-in wehte noch eine weiße Fahne. In diesem Hause trafen sich die Generale Stößel und Nogi am 2. Januar 1905, nachdem der erstere dem japanischen Befehlshaber die Festung überliefert hatte.

Je näher wir kamen, um so klarer traten die Hügel hervor, die den Hafen umgeben. Sie alle waren von den Russen stark befestigt worden: links das Tannenfort, das Fort der beiden Drachen, das Wachtturmfort und der östliche Ki-Kan-schan, wo der tapfere General Kondraschenko und elf Offiziere, die sich zum Kriegsrat versammelt hatten, getötet wurden. Rechts zeigt sich ein hübsches Denkmal, das die japanische Regierung den russischen Soldaten errichten ließ, die bei der Verteidigung Port Arthurs fielen; es ist von einer Anzahl weißer Steinkreuze innerhalb einer Mauer umgeben. Jedes Kreuz bezeichnet einen bestimmten Platz im Gebiete der Festung. So ruhen unter ein und demselben Kreuz alle die Russen, die auf dem Zweihundertdreimeterhügel gefallen sind. Und unter diesem Kreuze allein warten 6100 Soldaten auf den Tag der Auferstehung!

Nun zeigt sich der fjordähnliche Hafen. Einen Strandhügel seiner Einfahrt schmückt ein Denkmal für die gefallenen Japaner. Dieses Denkmal dient zugleich als Leuchtturm; so weisen die Toten den Lebenden den Weg.

Schließlich hält der Zug vor dem Bahnhof Port Arthurs. Einige japanische Offiziere heißen mich willkommen, unter ihnen der Kommandant der Festung.

Unser erster Ausflug gilt dem Museum. Auf dem Wege dorthin fahren wir am Palast des ehemaligen russischen Vizekönigs Alexieff, an der Werft der Flotte, am Armeelazarett und am Krankenhause des Roten Kreuzes vorüber. Der Vorplatz des Museums ist von einem Geländer umgeben, das aus Kanonenwagenrädern, Stacheldrahtnetzen und anderen Verteidigungsmitteln gebildet ist. An beiden Seiten des Eingangs stehen russische Kanonen in Reihen.

Nun betreten wir den ersten Saal. Während der Belagerung fuhr eine japanische Kugel durch seine Mauern; an den Löchern, die sie schlug, hängen kleine Zettel mit Erklärungen, denn auch diese Scharten zählen zu den Ausstellungsgegenständen.

Hier ist General Stößels Kosakensattel mit Riemenzeug und Decke, dort einige der Enterleitern, deren sich die Japaner bedienten, als sie Brücken über die Gräben des Forts zu schlagen versuchten. Einige Schritte weiter steht ein Bündel japanischer Fahnen, mit denen die Russen ihre Feinde zu täuschen versuchten. Dann folgt eine lange Reihe Glasschränke. Sie enthalten russische Uniformen von Offizieren und Soldaten mit allen ihren Abzeichen; ferner Mützen und Stiefel, Standarten und Fahnen, Telephone und Telegraphenapparate, elektrische Batterien und Funksignale, Spaten, Karste, Beile und Sprenggeräte und all die zahllosen Werkzeuge, die man beim Errichten beständiger oder gelegentlicher Forts, Verschanzungen und anderer Verteidigungswerke gebrauchte. Dort sind Minen und Handminen, Torpedos und Handgranaten, Kugeln und Panzerplatten, letztere so grauenhaft durchschossen, daß sie wie Siebe aussehen, und ganze Haufen Granatsplitter, die man aus den Hügeln herausgezogen hat, die dem mörderischen Feuer der Japaner monatelang ausgesetzt waren.

In einem zweiten Saal sind die Fuhrwerke der russischen Lazarette und der Ambulanz ausgestellt, Proben des russischen Proviants während der letzten Zeit der Belagerung und die Messinginstrumente und Trommeln der verschiedenen Musikkorps, die jetzt auf immer verstummt sind, seit in Port Arthur der letzte russische Parademarsch verhallte. In andern Glasschränken zeigen sich Ballkleider und weiße Seidenschuhe, die russischen Offiziersfrauen gehörten.

Den größten Teil des nächsten Saales nehmen vier große Tische ein; sie tragen die Modelle zweier Forts, wie sie vor und nach der Erstürmung aussahen. Ein Artilleriemajor, der selber mit im Feuer war, erklärte mir alles und erzählte von seinen Erinnerungen aus jenen grauenvollen Tagen. An den Modellen zeigte er mir, wo Minen und Konterminen in die Erde gelegt wurden, und verweilte besonders bei den Punkten in den Laufgräben, wo die russischen und die japanischen Soldaten miteinander reden konnten, ehe sie einander das Leben nahmen. Sein Bericht war entsetzlich, und dennoch folgte ich ihm mit atemloser Spannung, denn es liegt etwas Zauberhaftes in dem Feuerschein jener Tage, und mit Bewunderung lauschte ich der Schilderung des Heldenmutes und der wahnsinnigen Todesverachtung der Soldaten. –

Am 27. Dezember wurde ich bei Sonnenaufgang geweckt und fuhr mit einem Freunde, dem Major und fünf andern japanischen Offizieren zur Besichtigung der Forts. Während des Belagerungswirrwarrs nahmen die dort wohnenden Chinesen die Gelegenheit wahr, so viele russische Droschken, wie sie nur erwischen konnten, zu stehlen und zu vergraben. Als dann die Ruhe wiedergekehrt war, hatten sie die Wagen einen nach dem andern wieder ausgegraben, und nun wimmelte es von chinesischen Iswoschtschikas in dieser einst russischen, jetzt japanischen Stadt.

Bald sind wir am Fuße des Zweihundertdreimeterhügels angelangt und erklimmen seinen steilen, mit Schutt bedeckten Abhang. Unterwegs gehen wir an den Notgräbern vorüber, worin die Russen nach dem ersten Sturm ihre Toten begruben. Auf dem ganzen Hügel schillert der Boden in zwei Farbentönen, Graugelb und Rotbraun. Vom Graugelben ist nicht mehr viel zu sehen; das Rotbraune ist *Blut*, das in den Boden eingesickert ist!

Endlich erreichen wir den Gipfel des Hügels und werfen einen Blick auf die umliegende Landschaft. Alle Hügel und Abhänge in unserer Nähe sehen sonderbar getüpfelt, beinahe blatternarbig aus; das kommt von den durch Kugeln und Granaten verursachten Löchern! Von dem auf dem Gipfel befindlichen Fort war so gut wie nichts mehr vorhanden. Alles war weggeschossen, und auch der Hügel ist jetzt nicht mehr 203 Meter hoch. Dieser Hügel war von außerordentlich großer Bedeutung, denn von dort aus beherrschte man den Hafen, und alle andern Befestigungen waren von seiner Höhe aus sichtbar. Er war der Schlüssel zu Port Arthur. Nachdem die Japaner einige benachbarte Forts genommen hatten, konzentrierten die Russen ihren ganzen Widerstand auf den Zweihundertdreimeterhügel und umgaben sein Fort mit doppelten Stacheldrahtnetzen und Laufgräben, die wieder durch Eisenblech und dichte Haufen von Eisenbahnschienen geschützt wurden. Oben gab es Belagerungskanonen und schnellfeuernde Kanonen von verschiedenem Kaliber. Die Eroberung dieses Forts war eine fürchterliche Aufgabe.

Am 19. September 1904 versuchten zwei Kompanien der Japaner in Kugel- und Granatenregen den Hügel zu erstürmen, aber schon 200 Meter vor den ersten Laufgräben war mehr als die Hälfte gefallen. Nach mehreren nächtlichen Angriffen nahmen die Japaner die ersten Laufgräben, und am 22. November erklommen zwölf Kompanien, 2400 Mann im ganzen, den Hügel, fest entschlossen, ihn um jeden Preis zu erobern. Sie gingen dem Feuer der Feldkanonen der Russen gerade entgegen. Die erste Reihe wurde bis auf den letzten Mann niedergeschossen, die Leichen füllten die Laufgräben und erleichterten den nachfolgenden das Vorrücken. Als von den 2400 Mann nur noch 318 übrig waren, zogen sich diese zurück. Nur einige wenige blieben oben, die Fahne der aufgehenden Sonne schwingend, bis auch sie tot niedersanken.

Da neue Angriffe ebenso unglücklich abliefen, ließ Nogi schwere Artillerie vorrücken, die dem Fort bedeutenden Schaden zufügte. Neue Sturmkolonnen wurden von verschiedenen Seiten her ins Feuer geschickt und von den Russen niedergemäht. Aber kein Zoll breit Boden wurde gewonnen! Am 28. November ging es zwei weiteren Bataillonen ebenso, und der Hügel war mit Haufen Gefallener bedeckt. Von mehreren Sturmläufen kam nicht ein einziger Mann zurück! Einem dritten Bataillon gelang es schließlich, den Gipfel des Hügels zu erreichen, aber es konnte den Platz gegen die wütenden Angriffe der Russen nicht halten. Was von den Eroberern noch lebte, wurde von allen Seiten umzingelt und niedergemacht. Am nächsten Sturmlauf beteiligten sich 1000 Japaner, von denen 840 fielen! Am 30. nahmen die Japaner wieder den Hügel ein, wurden aber tags darauf nochmals von den Russen vertrieben.

Nach zweitägiger Ruhe eroberten aber schließlich die Japaner am 5. Dezember dennoch den ganzen Hügel und schlugen nunmehr alle Wiedereroberungsversuche der Russen zurück. Während der zehn Tage des eigentlichen Kampfes um den Besitz des Hügels hatten die Japaner an Toten 104 Offiziere und 2261 Mann verloren und an Verwundeten 184 Offiziere und 5029 Mann. Ungefähr 7000 Russen waren gefallen. Die Eroberung Port Arthurs kostete die Japaner im ganzen 65 000 Mann, und die Verteidigung die Russen 25 000! Doch es handelte sich ja hierbei auch um die Herrschaft über den Stillen Ozean!

Nach zwei weiteren Tagen konnten die Japaner von dem Zweihundertdreimeterhügel ihr Feuer auf die russischen Schiffe im Hafen richten, und diese wurden nun mit Leichtigkeit kampfunfähig gemacht.

Während unsere Mäntel in dem schneidendkalten Nordwinde flatterten, besahen wir den blutgetränkten Hügel, das vollständig zerschossene Fort und die mehr oder weniger eingestürzten Laufgräben. Der Major führte mich an die Stelle, wo ein russischer und ein japanischer Laufgraben in spitzem Winkel aufeinanderstießen; hier an der Ecke hatte ein mörderischer Kampf stattgefunden. Die Kämpfenden standen nur drei Meter von einander entfernt und warfen Handgranaten in die feindlichen Haufen hinein. Als ihnen die Granaten ausgingen, schleuderten sie Steine, und als der Abstand schließlich sogar für die Bajonette zu kurz wurde, fielen sie gleich wilden Tieren über einander her, bissen und kratzten und versuchten sich gegenseitig die Gurgel abzuschneiden!

Der Hügel ist nicht größer, als daß nur ein mittelgroßes Haus droben Platz finden könnte. Ich fragte den Major, wie 9000 Leichen auf diesen Abhängen hätten Raum finden können; er antwortete mir, daß sie an einigen Stellen in mehrfachen Schichten gelegen hätten und daß man zwei Tage Waffenstillstand gebraucht habe, um die Toten wegzubringen und neuen Ernten Raum zu schaffen.

Die Rückfahrt führte uns durch die neue Stadt mit ihren hübschen aber leeren Häusern; chinesische Plünderer hatten hier Türen und Fenster und alle bewegliche Habe gestohlen. Als wir vor dem Fort hielten, wo Kondraschenko am 15. Dezember 1904 von einer elfzölligen Granate getötet wurde, begann der Major wieder seinen Bericht. Ich hatte dieses Fort als Modell im Museum gesehen und war daher über seine unterirdischen Gänge ziemlich orientiert. Jetzt lag alles in Ruinen, zerschossen und zersprengt von Granaten und Minen. Wir gingen geduckt oder krochen zwischen den Schutthaufen einer Kasematte oder eines bombensichern gewölbten Ganges umher, wo Russen und Japaner unter der Erde mörderische Kämpfe ausgefochten und hinter Haufen getöteter Kameraden Deckung vor dem Feuer gesucht hatten. Mit entsetzlichen Verlusten waren die Japaner in diese Kasematte gelangt; sie hatten nach dem Graben des Forts hin Laufgräben gezogen, und als sie noch 50 Meter davon entfernt waren, gruben sie einen Minentunnel. Eines Tages vernahmen die japanischen Geniesoldaten in dem Minentunnel einen scharrenden Laut: es waren die Russen, die eine Kontermine gruben, um die japanische Mine zu zerstören. Die russische Mine sprang zuerst, und die Japaner im benachbarten Gange wurden in Stücke gerissen. Aber die Explosion ruinierte auch einen Teil des Forts, und durch die entstandene Bresche stürmten die Japaner hinein. Man glaubt fast zu ersticken, wenn man sich durch diese enge dunkle Kasematte drängt, in die eine Kompanie nach der andern hineingeschickt wurde, um sich durch mörderisches Feuer töten zu lassen. Die Japaner mußten an Mauerscharten vorbei, aus denen die Russen sie Mann für Mann niederschossen. Und im Gange selber waren die Feinde sich so nahe, daß sie sich anrufen konnten. Die Russen kämpften mit derselben Todesverachtung wie die Japaner, und ihrer beider Heldenmut war bewunderungswürdig. Fast alle Verteidiger dieses Forts wurden getötet, und die wenigen, die den Sturm überlebten, waren ohne Ausnahme verwundet!

Nachdem wir die Krypta, in der Kondraschenko gefallen ist, betrachtet hatten, fuhren wir an einem der »Hahnenkammforts« vorbei, das nie erobert worden ist. Sein Verteidiger, Hauptmann Wagnef, geriet über Stößels Kapitulation in solche Wut, daß er, weit entfernt, dem Befehl zu gehorchen, das Fort in die Luft sprengte. Weiter vorn sah ich eine Befestigung, welche die Japaner das »Spukfort« nannten, weil sie immer Rauch aus ihm hatten aufsteigen sehen. Die Russen hatten dort eine Küche!

Die Japaner haben jetzt in Port Arthur Geheimnisse, das ist gewiß. Mehrere Forts werden Fremden nicht gezeigt. Aber die Festung hat für sie nicht mehr dieselbe Bedeutung, die sie für die Russen hatte. Rußland brauchte einen starken Punkt im äußersten Osten, während die Japaner eine beständige Bedrohung ihrer nahen Inseln nicht dulden konnten. Ihnen ist die Hauptsache, daß kein Fremder Port Arthur besitzt. Daher wurden nach dem Kriege nur wenige der Forts wieder instand gesetzt, und die Garnison beträgt nur 2000 Mann. Überdies wohnen 4000 Japaner und ebenso viele Chinesen innerhalb des Gebietes der Festung.

Schließlich fuhren wir zum Hafen hinunter, wo vier russische Schlachtschiffe, zwei Kreuzer und 59 kleinere Kriegsschiffe von den Japanern genommen worden waren. Wir bestiegen eine ehemals russische Dampfbarkasse, und während einer Fahrt im Hafen und nach der Außenreede hinaus hielt mir ein japanischer Seeoffizier einen lehrreichen Vortrag über Ereignisse, die sich vor drei oder vier Jahren zugetragen und die ganze Welt in Spannung gehalten haben. In der 400 Meter breiten Einfahrt zeigte er mir die Stellen, wo der von Dichtern besungene Leutnant Hirosé und seine Leute mitten im Feuer der russischen Forts zwei japanische Schiffe versenkten, um die Einfahrt zu sperren und die in dem inneren Hafen befindlichen russischen Schiffe wie in einer Mausefalle zu fangen. Als Hirosé und seine Kameraden zu diesem schwierigen Unternehmen, von dem keiner von ihnen wiederkehrte, aufbrachen, hielt Admiral Togo eine Ansprache an sie, befahl ihnen, »in ihr Grab zu gehen« und trank ihnen mit Wasser zu!

Auf der Außenreede schwimmen eine Menge roter Bojen auf der Oberfläche des Meeres. Sie bezeichnen die Stellen, wo neunzehn Schiffe durch Minen und Torpedos in den Grund gebohrt wurden. Eine Viertelmeile im Südosten der Einfahrt liegt das russische Flaggschiff Petropawlowsk in 23 Faden Tiefe. Nur vier Mann retteten sich, als dieses Schiff am 13. April 1904 sank, und unter den Ertrunkenen befanden sich der Admiral Makarow und der große Maler Wereschtschagin, die beide ein besseres Schicksal verdient hätten. Eine halbe Meile weiter südwestwärts liegt in 19 Faden Tiefe das Schlachtschiff

Sewastopol. Sowohl der vordere wie auch der hintere Teil der gesunkenen Schiffe sind durch Bojen bezeichnet. –

Bevor die Winterdämmerung sich herabgesenkt hatte, war ich wieder im inneren Hafen. Ich sagte meinen japanischen Freunden Lebewohl, und ein Extrazug führte mich von der traurig-denkwürdigen Festung fort.

Die Transsibirische Eisenbahn

Am 28. Dezember 1908 bestieg ich in Dalnij den Zug und trat damit eine Eisenbahnreise an, die ohne Unterbrechung elf Tage und elf Nächte dauerte. Zwölf Stunden sind es bis Mukden, dann etwas weniger bis zur letzten japanischen Station. Auf dem nächsten Bahnhof ist dann der Inspektor ein Russe, und an Stelle der japanischen Schaffner treten russische. Am Nachmittag hält man in dem so traurig-berühmten Charbin am Sungari, einem Nebenfluß des gewaltigen Amur. Hierhin zogen sich die Russen nach ihren Niederlagen zurück, und auf dem Bahnsteig von Charbin wurde Fürst Ito ermordet. In Charbin steigt man um und wartet auf den internationalen Expreßzug, der wöchentlich zweimal von Wladiwostok nach Moskau geht.

Die Transsibirische Eisenbahn ist die längste der Erde; sie mißt von Dalnij bis Moskau 8700 Kilometer. Sie war gerade zum Russisch-Japanischen Krieg fertig geworden, aber da sie nur ein Gleis hatte, konnten die Russen nur mit außergewöhnlichen Anstrengungen Truppen und Kriegsmaterial auf die Schlachtfelder der Mandschurei schicken. Jetzt baut man ein zweites Gleis, um im Kriegsfall leichter operieren zu können und auch dem zunehmenden Handelsverkehr zu genügen. Dank dieser Eisenbahn fährt man jetzt in fünfzehn Tagen von Berlin nach Schanghai; der Seeweg um Südasien herum dauert zweieinhalbmal so lang; fährt man aber über das Atlantische Meer, dann mit der Bahn durch Kanada und nun wieder zu Schiff über den Stillen Ozean, so kann man in siebenundzwanzig Tagen von Berlin aus in Schanghai sein.

Am Morgen des Neujahrstags fuhr der Zug am Südufer des Baikalsees entlang, und eine der entzückendsten Landschaften entrollte sich nun vor meinen Blicken. Die schneebedeckten Berge des Ostufers standen in der reinen Morgenluft scharf und klar abgezeichnet, und nach Westen hin lag das Gebirge im hellsten Sonnenschein. Hier und dort sind die Hänge mit nordischen Kiefernwäldern bewachsen. Die Bahn geht unmittelbar am Seeufer entlang, manchmal nur zwei Meter vom Wasser entfernt. Dieser Teil der Transsibirischen Eisenbahn war der schwierigste und kostspieligste und wurde auch erst zuletzt fertig. Während seines Baues wurde der Verkehr zwischen den beiden Endpunkten der Bahn am See durch Fähren vermittelt. Die Bahn schlängelt sich um die Vorsprünge und Buchten herum und durch enge Galerien, wo die stehengebliebenen Felssäulen ganze Berggewölbe tragen. Manchmal geht es wie auf einer in die Felsen eingesprengten Bank weiter über jähe Abgründe, die fast senkrecht zum See abfallen. Zahllos ist die Reihe der Tunnel, an deren Ende immer wieder der Blick über das gebirgige Seeufer frei wird.

Der Baikalsee oder der »Reiche See« ist nach dem Kaspischen Meer und dem Aralsee Asiens drittgrößter Binnensee. Unter den Süßwasserseen der Erde übertreffen ihn nur die kanadischen Seen, und seine Höhe über dem Meeresspiegel beträgt 470 Meter. Sein Wasser ist hellgrün, süß und kristallklar und sehr reich an Fischen, darunter fünf verschiedenen Lachsarten. Hier lebt sogar eine Robbenart, wie überhaupt viele der Tierformen des Baikalsees mit denen des Meeres verwandt sind. Der Baikalsee ist der tiefste See der Erde; man hat in ihm bis 1521 Meter Tiefe gelotet. Verschiedene Dampferlinien durchqueren ihn, und im Winter halten Schlitten die Verbindung zwischen den Ufern aufrecht. Aber erst Anfang Januar beginnt er zuzufrieren, und die Eisdecke bleibt gewöhnlich bis Mitte April liegen. Jetzt am Neujahrstag war der ganze südliche Teil des Sees noch offen, obgleich wir nachts 30–35 Grad Kälte hatten!

Durch Sibirien

Sibiriens Areal ist fünfundzwanzigmal so groß wie Deutschland, aber in diesem ungeheuern Lande wohnen nur sieben Millionen Menschen. Von ihnen sind 60 Prozent Russen und 20 Prozent Kirgisen. Die übrigen sind Burjäten, Jakuten, Tungusen, Mandschus, Samojeden, Ostjaken, Tataren, Tschuktschen und noch andere.

Ein nicht geringer Teil der Bevölkerung sind Sträflinge, die nach Sibirien verbannt worden sind und deren hartes Schicksal es ist, hier unter strenger Aufsicht in den Goldbergwerken arbeiten zu müssen. Man veranschlagt ihre Anzahl auf etwa 150 000. Ehe die Eisenbahn gebaut war, mußten sie die unendlich weite Reise zu Fuß machen. Sie marschierten täglich, ob Regen oder Sonnenschein, ob Sturm oder Schneetreiben, 15 Werst weit durch dieses schreckliche, finstere und kalte Sibirien. Vor und hinter ihnen ritten Kosaken, die ihnen, wenn sie sich in ihren Ketten durch den Schlamm und Schmutz der Wege schleppten, kein Ausruhen gestatteten. Oft kamen Frauen und Kinder freiwillig mit, um das Geschick ihrer zur Zwangsarbeit in den Bergwerken verurteilten Gatten und Väter zu teilen.

Jetzt hat sich hierin vieles geändert. Allerdings ist die Strafarbeit ebenso hart, aber die Reise dorthin ist weniger beschwerlich. Jetzt werden die Unglücklichen in besonderen Gefangenenwagen mit vergitterten Fenstern auf der Bahn befördert. Manchmal sieht man diese rollenden Gefängnisse auf dem Nebengleis eines Bahnhofs stehen. Bleiche Gesichter schauen durch das Gitter und beobachten mit gleichgültigen Blicken, was auf dem Bahnsteig vor sich geht. Einmal sah ich, wie sich ein Mann, der vielleicht selber einmal Gefangener gewesen war und seine Strafe verbüßt hatte, an das Gitter solch eines Gefangenenwagens heranschlich, sich vorsichtig nach allen Seiten umschaute und, als er sich versichert hatte, daß ihn keine Gendarmen beobachteten, eine Flasche Wodka, eine Art Schnaps, durch die Stäbe des Gitters in den Wagen reichte. Dann verschwand er wieder zwischen den Zügen.

Um den Lenafluß herum wohnen die Jakuten, ein türkisch-tatarischer Stamm. Es sind ihrer nur 230 000, die dem Namen nach Christen sind und Ackerbau und Handel treiben. Im Osten des Jenissei finden wir die Tungusen, ein kleines Volk, das in festangesiedelte Tungusen, Pferde-, Hunde- und Renntiertungusen eingeteilt wird, je nach den Haustieren, die ihnen bei ihrer Lebensweise am wichtigsten sind. In Westsibirien, in den Gouvernements Tomsk und Tobolsk, wohnen die Ostjaken, ein kleiner finnischer Stamm von 26 000 Menschen, der in starker Abnahme begriffen ist; sie sind sehr arme Fischer, Jäger und Renntiernomaden. Nördlich von ihnen, im nördlichen Teil Westsibiriens und im nordöstlichen Europa wohnen die Samojeden; ihr Stamm, von ural-altaischer Herkunft, ist der Zahl nach noch kleiner als die vorigen; sie leben von Renntierzucht und Fischfang.

Alle diese sibirischen Stämme und noch mehrere dazu sind Schamanisten. So nennt man sie nach ihren Priestern, den Schamanen. Sie glauben an eine enge Verbindung zwischen den Lebenden und ihren längstverstorbenen Vorfahren. Man fürchtet sich sehr vor den Toten und tut sein möglichstes, um ihre Geister durch Opfergaben zu versöhnen und zu beschwören. Dies besorgen mit viel Zauberei und Schwarzkunst die Schamanen, die zugleich auch Ärzte sind. Ist jemand gestorben, so muß der Geist des Toten aus dem Zelt vertrieben werden. Der Schamane wird gerufen; er kommt in kostbarem, seltsamem Gewande und beginnt in religiöser Ekstase einen Tanz, der schließlich in eine Art

Raserei ausartet. Er schwankt hin und her, taumelt, stöhnt und ist wie von Sinnen. Nachdem er sich lange genug wie ein Verrückter gebärdet hat, ergreift er seine Zaubertrommel, deren dumpfe Töne ihn beruhigen und in die Wirklichkeit zurückführen. Und wenn er so all seine Künste vorgeführt hat, dann ist der Geist gebannt!

Sibirien ist ein reiches Land. Gold, Silber und Kupfer, Eisen, Blei, Graphit und Steinkohle schlummern neben vielen andern wertvollen Mineralien und Gesteinen in seinen Gebirgen, und sein vorzüglicher Ackerboden gibt ihm große Aussichten auf künftige Entwicklung. Der meiste anbaufähige Boden liegt in der Nähe der Eisenbahnen und der zur Beförderung dienenden Flüsse. Denn ganz Sibirien ist ein Netz von Wasserstraßen. Aus einem der Nebenflüsse des Ob kann man mit dem Dampfer durch Kanäle in den Jenissei hineinkommen und von dort nach der Lena gelangen. Tomsk, Sibiriens zweite Stadt mit 70 000 Einwohnern, ist das Herz dieses Kanalsystems. Mehr als 10 000 Kilometer der Flüsse lassen sich mit großen Dampfern befahren und beinahe 50 000 Kilometer mit kleinern. In Westsibirien, um Tomsk und Omsk herum, steigt der Ertrag der Landwirtschaft von Jahr zu Jahr, und man kann mit Bestimmtheit voraussagen, daß diese Gegenden dereinst eine mehr als doppelt so dichte Bevölkerung wie jetzt ernähren und obendrein noch große Mengen Korn ausführen werden. Allerdings gehört auch etwas dazu, daß diese endlose Eisenbahn sich verzinst; sie hat über zwei Milliarden Mark gekostet!

In Nordsibiriens ewig gefrorenem Boden und besonders in ehemaligen Überschwemmungsgebieten hat man hunderttausend Jahre alte, noch ganz frische Mammutexemplare gefunden! Das Mammut ist eine ausgestorbene Elefantenart, die in der Diluvialzeit über ganz Nordasien, Europa und Nordamerika verbreitet war; es war größer als unsere heutigen Elefanten und hatte 4 Meter lange Stoßzähne, einen dichten, dem kalten Klima angepaßten Pelz und auf Hals und Nacken eine ziemlich üppige Mähne. Daß der Mensch schon ein Zeitgenosse des Mammuts war, geht aus uralten, primitiven Abbildungen dieses Tieres hervor.

So fuhr ich also Tag und Nacht durch dies gewaltige Sibirien, das im Süden vom Altai, vom Sajan, von den Jablonoi- und Stanowoibergen und im Norden vom Nördlichen Eismeer begrenzt wird. Ungeheure Gebiete Nordsibiriens nimmt die Tundra ein, eine moosbewachsene Sumpfsteppe, die im Winter steinhart gefroren ist, im Sommer aber an der Oberfläche auftaut und gefährliche Moräste bildet.

Endlich, am 5. Januar 1909, befand ich mich mitten im Uralgebirge, und der Zug schlängelte sich zwischen seinen Hügeln und Tälern hin.

In der Nähe der Station Slatoust erhebt sich eine Granitsäule – hier ist die Grenze zwischen Asien und Europa!

Die Vegareise

Mit Sibirien und besonders mit seiner Küste am Nördlichen Eismeer ist aus neuerer Zeit eine ruhmvolle Erinnerung verknüpft. Mit der Absicht, eine Handelsstraße nach und von Westsibirien zu erschließen, hatte der Schwede Adolf Erik Nordenskiöld schon zwei Expeditionen nach dem Jenissei gemacht, und im Jahre 1878 legte er den Plan der Herstellung der Nordostdurchfahrt vor. So nannte man den seit Jahrhunderten gesuchten und sehnsüchtig herbeigewünschten nördlichen Seeweg nach Ostasien. Es handelte sich also um nichts Geringeres als die Umseglung Asiens und Europas, ein Unternehmen, das weder vorher noch nachher je ausgeführt worden ist. Das dazu ausgewählte Schiff war ein Walfischfänger, die »Vega«. An dem Leutnant Louis Palander hatte Nordenskiöld einen Schiffskapitän, der den schwierigsten Situationen gewachsen war; die wissenschaftlichen Untersuchungen und Sammlungen übernahm ein Stab bedeutender Forscher. Die Besatzung bestand aus siebzehn Matrosen der schwedischen Kriegsflotte. Proviant wurde auf zwei Jahre mitgenommen, und während eines Teils der Reise begleiteten einige kleinere, mit Kohlen beladene Schiffe die »Vega«.

Im Juni des Jahres 1878 verließ die »Vega« Karlskrona und richtete ihren Kurs nach Tromsö, dann ging sie um Europas nördlichstes Vorgebirge, das Nordkap, herum, an der Eismeerküste Rußlands entlang und an der Mündung des Petschoraflusses vorbei, der durch seine dichtbewaldeten Ufer bekannt ist. Über das Karische Meer, zwischen der sibirischen Küste und der langgestreckten Doppelinsel Nowaja Semlja, ging die Reise in östlicher Richtung nach der Jenisseimündung weiter.

Das Jahr war günstig, kein Treibeis hemmte die Fahrt der Schiffe, und schon am 19. August hatte man Kap Tscheljuskin, die nördlichste Spitze der Alten Welt, erreicht und mit Flaggenhissen und Salutschüssen begrüßt. Von dort ging es nach der Lenamündung weiter. Hier war große Vorsicht notwendig, denn das Fahrwasser war sehr seicht, und manchmal glitt die »Vega« über Wasserspiegel hin, die auf den Karten als »Land« verzeichnet waren.

Soweit ging alles gut, und die schwedische Expedition hatte mit keinen Widerwärtigkeiten zu kämpfen. Nordenskiöld hatte seinen Plan auf folgende Berechnung gebaut. Er wußte, daß die sibirischen Riesenflüsse während des Sommers der Küste ungeheuere Massen warmen Wassers zuführen, das aus südlicheren Gegenden kommt und oben auf dem salzigen Meerwasser schwimmt, weil es süß ist. Längs der sibirischen Küste bildet es nun eine Oberflächenströmung, die das Fahrwasser während des Sommers offen und eisfrei erhält. In der eisfreien Küstenrinne hoffte Nordenskiöld, die ganze Reise zurücklegen und, noch ehe Sommer und Herbst zu Ende waren, in den Stillen Ozean einlaufen zu können. Seine Berechnungen stellten sich auch als richtig heraus.

Aber im Osten der Lena ergießen sich nur kleine Flüsse ins Meer, und Nordenskiöld fürchtete daher, die letzte Strecke der Reise werde die schwierigste werden, denn dort konnte man nicht mehr auf offenes Wasser an der Küste rechnen. Am 28. August wurde die westlichste Insel der Gruppe, die wir die Neusibirischen Inseln nennen, gesichtet. Das Meer wurde nun seicht, und schwimmender Eisschlamm hinderte die »Vega« an voller Fahrt. Dann aber wurden die Aussichten wieder heller, und man erreichte offenes Wasser und hatte am 1. September mittags + 5,6 Grad.

Schon in den nächstfolgenden Tagen schlug das Wetter um in nördlichen Wind, Kälte, Schnee und Treibeis! Während der Nächte, die jetzt länger und dunkler wurden, mußte man still liegen. Das Meer begann zuzufrieren, und am 12. September geriet die »Vega« in so dichtes Eis, daß sie mehrere Tage die Fahrt einstellen mußte. Dann dampfte sie vorsichtig an der Küste entlang und kam dabei dem Land oft so nahe, daß sie nur noch einen Fuß Wasser unter dem Kiel hatte. Trotz alledem näherte sich langsam, aber sicher das Ziel; bis zum Ostkap, dem östlichsten Vorgebirge Asiens an der Beringstraße, die in den Stillen Ozean hinausführt, war es schon nicht mehr weit.

Am 27. Dezember warf die »Vega« an der Ostseite der Koljutschinbucht Anker. Die Nacht war kalt und windstill, und das Meer fror zu. Als man sich am nächsten Morgen einen Weg durch das Treibeis erzwingen wollte, war dieses durch neugebildetes Eis so fest zusammengefroren, daß man wieder warten mußte. Ein Südwind hätte das Eis sogleich wieder aufgebrochen und den Weg längs der Küste geöffnet; aber solch ein Wind kam nicht, und das Eis wurde immer dicker. Kaum mehr als 200 Kilometer vom Stillen Ozean entfernt, mußte man sich nun zur Überwinterung vorbereiten. Wäre die »Vega« nur ein paar Stunden früher an die Koljutschinbucht gelangt, so hätte sie die Beringstraße noch erreichen können.

Anderthalb Kilometer von der Küste, wo es den Nordstürmen

schutzlos preisgegeben war, fror das Schiff nun ein. Und hier lag es zweihundertvierundneunzig Tage, und unsere Polarfahrer lernten Kälte und Finsternis des arktischen Winters gründlich kennen! Sie richteten sich ein, so gut wie es eben ging. Sie stellten ihre Beobachtungen an über Wetter und Wind, das gefrorene Meer und sein Tier- und Pflanzenleben, und an der Küste fanden sie auch einige Tschuktschendörfer, mit deren halbwilden Bewohnern sie in lebhaften Verkehr traten. Am 20. Juli 1879 brach endlich die »Vega« ihre Fesseln und dampfte mit den Flaggen am Toppmast um das Ostkap herum, um dann an Kamtschatka und der Inselgruppe der Kurilen vorbei nach Jokohama zu steuern, von dort aus weiter über Hongkong, Singapur und Ceylon, durch den Suëskanal und das Mittelmeer nach Europa.

Der 24. April 1880! Nie werde ich den Abend vergessen. Über dem Stockholmer Hafen lag ein feuchter Regennebel, aber die ganze Stadt strahlte in hellem Lichterglanz, alle Häuser am Hafen und das Schloß waren illuminiert. Selbst so schwarz wie ein Gespensterschiff in der Nacht glitt die »Vega« langsam auf den Wellen des Norrströms in den Hafen, begrüßt von den vieltausendstimmigen Jubelrufen der Menschenmassen, die sich auf den Kais drängten. Eine große Tat war im Dienst der Forschung ausgeführt worden, und die Blicke der ganzen Welt hatten sich auf Schweden gerichtet.

Die Wolga und Moskau

Von der Grenze zwischen Asien und Europa führt uns der Zug über Ufa nach Westen weiter und nach Samara hin. Bei Sysran überschreiten wir die Wolga auf einer Brücke, die anderthalb Kilometer mißt. Hier sind wir am größten Fluß Europas, der gewaltigen Wolga, die 3700 Kilometer lang ist und zwischen Petersburg und Moskau, nur 340 Kilometer vom Finnischen Meerbusen, entspringt. Sie durchströmt das ganze europäische Rußland und gehört zwanzig Gouvernements an. Ihr rechtes Ufer ist hoch und steil, das linke flach. Ihre Mündung im Kaspischen Meer bildet ein sehr ausgedehntes Delta. –

Wenn man nun bei Sysran auf der langen Brücke über die Wolga geht und die Luft nicht ganz klar ist, glaubt man, einen See vor sich zu haben, denn das gegenüberliegende rechte Ufer ist nicht zu sehen. Doch noch weiter abwärts, wo der Fluß sein letztes scharfes Knie macht, um sich dem Kaspischen Meer zuzuwenden, beträgt seine Breite beinahe 10 Kilometer! Hier sind die Ufer flach, und die unendlichen Steppen dehnen sich nach allen Seiten hin aus.

Die Wolga ist fast in ihrem ganzen Lauf schiffbar und hat vierzig Nebenflüsse, die ebenfalls befahrbar sind. Etwa fünf Monate lang ist der Fluß zugefroren, und wenn das Eis im Frühling mit donnerähnlichem Krachen aufbricht, verwüstet der Eisgang die Ufer. Dank der Wolga und ihren Kanälen kann man zu Dampfer von der Ostsee aus nach dem Kaspischen Meer fahren, ja, auch vom Kaspischen Meer aus die Wolga hinauf in die Dwina hinein und ins Weiße Meer hinausgelangen. Aber die Wolga ist nicht allein eine wichtige Handels- und Verkehrsstraße, sondern hat auch einen unerschöpflichen Fischreichtum. Durch die Stör- und Sterlettfischerei werden die größten Vermögen erworben.

Wenn der Zug schwer und langsam über die Wolgabrücke gerasselt ist, fährt er in westnordwestlicher Richtung weiter, nach dem eigentlichen Herzen des heiligen Rußlands hin. Wir fahren durch mehrere Städte, und der Tag naht sich seinem Ende. Der Schaffner geht von Abteil zu Abteil und sagt den Reisenden, daß man in einer Stunde in Moskau sei.

Ich bin oftmals in Moskau gewesen, und immer habe ich mich gefreut, diese Stadt wiederzusehen. sie ist ein Urbild des alten, unverfälschten Rußlands, ein Heim anständiger, einfacher und altmodischer Sitten und Bräuche, der Treue und Redlichkeit und eines kindlich reinherzigen Glaubens an die Religion des Landes, die griechisch-katholische Lehre. Auf ihren winkligen, gewundenen und schlecht gepflasterten Straßen wimmelt es von tatarischen, persischen und kaukasischen Typen zwischen slawischen Bürgern und Bauern, jenen unverwüstlichen russischen Bauern, denen es so schlecht geht und die sich wie die Sklaven abschinden müssen, die am Sonnabend stets zu tief ins Glas gucken, aber immer zufrieden, gutmütig und heiterer Laune sind. Sieh nur jene hochgewachsenen Geistlichen mit üppigem Bart und wallendem Haar in ihren langen, braunen Röcken, auf dem Kopf ein schwarzes Barett! Und diese Mönche und Nonnen! Sie sind hier nur zu gewöhnliche Erscheinungen, denn in Moskau gibt es 450 Kirchen und eine Menge Klöster. –

Auf beiden Seiten der kleinen Moskwa, die sich in die Oka, einen Nebenfluß der Wolga, ergießt, erhebt sich die Stadt, in der mehr als eine Million Menschen leben. Der Kreml ist der älteste Teil und das Herz Moskaus. Seine Mauer wurde in den letzten Jahren des fünfzehnten Jahrhunderts erbaut. Sie ist 20 Meter hoch, mit Zinnen versehen und hat achtzehn Türme und fünf Tore. Innerhalb ihres unregelmäßigen Fünfecks mit zwei Kilometer Umfang liegen Kirchen, Paläste, Museen und andere öffentliche Gebäude. Dort erhebt sich mit fünf

Stockwerken der 82 Meter hohe Glockenturm des Iwan Weliki. Von seinem obersten Stockwerk aus beherrscht man den ganzen Horizont und hat die ganze Stadt Moskau direkt unter sich. Man sieht, wie die Straßen, den Speichen eines Rades vergleichbar, vom Kreml aus nach allen Seiten gehen, und wie diese Speichen dann wieder von Ringstraßen geschnitten werden. Zwischen den Gassen ziehen sich die Massen der schwerfälligen Steinhäuser hin, und aus diesem Häusermeer erheben sich zwiebelförmige Kuppeln mit grünen Dächern und goldenen griechischen Kreuzen. Quer durch die Stadt schlängelt sich die Moskwa in scharfen, S-förmigen Bogen, und die mit Türmen verzierten Mauern des Kreml spiegeln sich in ihrem Wasser.

In den Glockenstuben des Iwan-Welikiturmes hängen dreiunddreißig verschieden große Glocken. An seinem Fuß steht die heruntergestürzte »Zarenglocke«, die 201 000 Kilogramm wiegt und 20 Meter Umfang hat. Beim Fallen brach ein Stück ihres Randes ab; sie ist daher nicht mehr zu brauchen, steht aber als Zierde auf einem Sockel.

Innerhalb der Kremlmauern liegt auch die Mariä-Himmelfahrtskathedrale. Sie wird von einer 42 Meter hohen Kuppel gekrönt und hat an allen vier Ecken kleinere Kuppeln. Mitten im Kreml, ist sie nicht nur Moskaus, sondern ganz Rußlands wirkliches Herz. Denn hier werden die russischen Zaren gekrönt, während Iwan Welikis Glocken mit Donnerstimmen über der Stadt erdröhnen. Das Innere der Kathedrale macht einen unbeschreiblichen Eindruck. Das Licht, das durch die hohen schmalen Fenster fällt, genügt schon an und für sich nicht, um die Kirche zu erhellen, und es wird noch obendrein durch goldene Standarten mit Heiligenbildern und Kreuzen gedämpft. Das Kircheninnere ist überfüllt mit einer Unmasse religiöser Gegenstände und Heiligenbilder aus gediegenem Gold, bei denen nur Gesicht und Hände bemalt sind. Vor ihnen brennen Wachskerzen, deren Rauch sich nach den gewölbten Bogen hinaufringelt und die Kirchenfahnen wie graublauer Nebel umschwebt. –

Den rechtgläubigen Russen ist der Kreml fast ein heiliger Ort. Sie wallfahrten nach seinen Kirchen und Klöstern mit derselben Verehrung wie ein Tibeter nach den Buddhaheiligtümern. »Moskau wird nur vom Kreml und der Kreml nur vom Himmel übertroffen«, sagen sie. –

Kaum ein Jahr der Geschichte Moskaus ist so weltberühmt wie das Jahr 1812. Da eroberten Napoleon und die »große Armee« die Stadt, das Russenheer gab sie preis, und die Bürger verließen ihre Häuser. Am 14. September hielt Napoleon seinen Einzug, und am Tag darauf begann der Brand. Die Russen selbst hatten Moskau an mehreren Ecken angezündet. Drei Viertel der ganzen Stadt lagen in Asche, als die

Franzosen nach fünfwöchigem Aufenthalt und einem Verlust von 30 000 Mann Moskau wieder räumten, obdachlos den eisigen Stürmen des russischen Winters preisgegeben. Noch immer lebt die Erinnerung an diese blutige Zeit unter der Bevölkerung. –

In elf Stunden führt uns nun der Schnellzug in gerader Linie nordwärts, nach der Hauptstadt Peters des Großen, Petersburg, an der Mündung der Newa im Finnischen Meerbusen. Ganz andere Bilder als in Moskau umgeben uns hier, nicht mehr echtes, unverfälschtes Rußland, sondern die Kultur des Westens, die die slawische fortgeschwemmt hat. Allerdings sind Kirchen und Klöster in demselben Stile gebaut wie in Moskau, und der Blick fällt auf dieselben Typen und Trachten wie dort. Aber hier sieht und fühlt man überall nur zu deutlich, daß man in Europa ist.

Petersburg hat anderthalb Millionen Einwohner, also ein Hundertstel der Gesamtbevölkerung des Russischen Reiches. Man merkt es dieser Stadt auf Schritt und Tritt an, daß sie neu ist, alle ihre Straßen sind breit und schnurgerade. Das Klima aber ist rauh, feucht und häßlich; an zweihundert Tagen des Jahres regnet oder schneit es.

Wenn man in den Petersburger Straßen umherspaziert, sieht man gar vieles Ungewöhnliche. Alle Augenblicke kommt man mitten auf einer Brücke oder an einer Straßenecke an einer kleinen Kapelle vorüber. Darin ist ein Heiligenbild, und vor dem Bilde brennen Wachskerzen. Viele Vorübergehende bleiben stehen, entblößen ihr Haupt, fallen auf die Knie, machen das Zeichen des Kreuzes und murmeln ein Gebet, um dann wieder im Straßengewühl unterzutauchen.

Auch wimmelt diese Stadt von Uniformen. Nicht nur die große Garnison ist uniformiert, sondern auch alle Zivilbeamten, die Gymnasiasten, die Studenten und noch viele andere sind, jeder auf seine Weise, streng vorschriftsmäßig gekleidet und schon von weitem an ihren glänzenden silbernen oder Messingknöpfen erkennbar. Was aber besonders die Aufmerksamkeit der Fremden erregt, das sind die Fuhrwerke. Vornehme Leute fahren in offenen Schlitten, decken sich mit blaugefütterten Bärenfellen zu und lassen sich von großen, prächtigen Rappen ziehen. Manchmal sieht man auch vor solchen Schlitten drei Pferde, die Troika. Eines der Pferde läuft in der Mitte unter einem Bogen, der zum Auseinanderhalten der Stränge dient. Die beiden Seitenpferde laufen immer Galopp. Das gewöhnlichste Gefährt sind indessen die Iswoschtschiken, die so klein sind, daß auf dem Sitz kaum zwei Personen Platz finden. Und da es an jeder Rückenlehne und Seitenstütze fehlt, müssen sie einander um die Taille fassen, wenn sie nicht bei scharfen Biegungen herausgeschleudert werden wollen. Feste

Stände haben diese kleinen Schlitten nicht. Vor den Hotels, den Banken, den Theatern, den Bahnhofsgebäuden und anderen vielbesuchten Orten stehen sie in langen Reihen, und vereinzelt trifft man sie überall. Die Kutscher sind immer lustig und vergnügt und plaudern bald mit ihrem Fahrgast, bald mit ihrem Pferd, das sie »mein Täubchen« nennen. Und alle fahren mit verzweifelter Geschwindigkeit, als ob auf den Petersburger Straßen beständiges Wettrennen stattfinde.

Petersburg ist reich an Sammlungen und Museen, Bildergalerien, Kirchen und prächtigen Schlössern. Am schönsten ist jedoch die Isaakskathedrale mit ihrer hohen, vergoldeten Kuppel, die vier kleinere, ebenfalls mit Goldblech überzogene Kuppeln umgeben. Das obere Quadrat des Kreuzes steht 101 Meter über dem Erdboden; die Isaakskuppel ist daher das erste, was man von Petersburg sieht, wenn man sich vom Finnischen Meerbusen aus dem Lande nähert und die auf einer Insel liegende Festung Kronstadt passiert. Wunderbar tönt der Gesang der Abendmesse an den großen Festtagen im Innern dieser Kathedrale, und wie glänzt es hier überall von Gold und Silber und von den polierten Säulen aus Malachit und Lapislazuli! Draußen aber unter gewaltigen Pfeilern aus finnischem Granit warten die Armen auf ein Scherflein. Wenn der wohlhabende Kirchenbesucher sich vor den Heiligen bekreuzigt und ihre Fürbitte zum Heil seiner Seele erfleht hat und dann auf die Treppe hinaustritt, wird es ihm vielleicht weniger leicht als sonst, kalt und gleichgültig an den Kindern der Armut vorbeizugehen. Der Bau der Isaakskathedrale hat fast sechzig Millionen Mark gekostet. Vor fünfzig Jahren ist sie fertig geworden. In Wirklichkeit aber wird sie nie fertig. Jedesmal, wenn ich zwischen den Jahren 1885 und 1909 Petersburg besuchte, war immer wenigstens eine der Fassaden von Maurergerüsten verdeckt. Denn der Grund, auf dem dieser Riesenbau aus Granit und Marmor steht, ist Moorboden; die Mauern versacken daher und bedürfen stets der Ausbesserung. Bis jetzt hat die Kathedrale schon hundert Millionen gekostet! –

Eine Troika bringt uns nun unter Schellengeläut zum Finnischen Bahnhof. Wir steigen in den Zug und fahren während der Nachtstunden nach dem alten schwedischen Wiborg, das an der Stelle liegt, wo der Saimakanal in den Finnischen Meerbusen geht.

Von Wiborg aus geht eine Bahn nach den schäumenden Imatrafällen, mit denen das Wasser des Saimasees zwischen bewaldeten Granitufern in den Wuoxenfluß strömt. Doch weiter führt uns der Zug westwärts durch das »Land der tausend Seen«, zwischen roten Häuschen, bewaldeten Hügeln, Feldern und Granitplatten hin, kurz: durch eine Natur, die überall an Schweden erinnert. Der Zug rollt längs der ausgezähnten finnischen Küste hin und hält endlich in Åbo an der Aura, Finnlands alter Hauptstadt.

Drunten am Hafen erwartet uns der Dampfer »Bore«. Die Dämmerung ist schon eingetreten, als das Schiff zu zittern beginnt, die Taue gelöst werden, die »Bore« rückwärts vom Kai abstößt, sich dann dreht und nun durch die finnischen Schären westwärts steuert. Mitten in der Nacht kommen wir an den Ålandsinseln vorbei. Ein heftiger Weststurm weht uns entgegen, die Ålandssee türmt sich zu wütenden Wellen auf, und undurchdringliches Schneegestöber fegt über ihre Kämme hin. Aber der Kapitän der »Bore« ist ein bewährter Seemann. Mit sicherem Blick und wachsamem Auge fährt er mit seinem Schiff zwischen den Klippen hindurch in die schwedischen Schären ein.

Der Tag hat kaum zu grauen angefangen, als wir Furusund anlaufen. Dort liegt Östanå auf dem Festland und ihm gegenüber die Insel Ljusterö und Siarö, wo ich so viele schöne Sommer verlebt habe. Jetzt fahren wir über das Saxarwasser und das Trälmeer.

Hier haben wir den Tenösund, den Villen umranden, die im Winter verschlossen sind, dort schiebt sich der lange Arm des Askrikewassers vor, und hier ist die Landzunge Hasseludden, mit einem ganzen Dorf von Sommerwohnungen. Wir nähern uns der Stadt, und meine innere Erregung wächst mit jeder Minute. Die »Bore« fährt mit Volldampf, und doch so langsam! Endlich haben wir Lilla Värtan passiert und gleiten nach der Blockhausspitze hin.

Und nun entrollt sich wie mit einem Zauberschlage das schönste und unvergeßlichste aller Landschaftsbilder, die wir auf unserer langen Reise sahen, Stockholm! Gerade vor uns die südlichen Berge mit ihren Häusermassen, Zinnen und Türmen, und unmittelbar zu ihrer Rechten die Stadt zwischen den Brücken, die Ritterholmskirche, die Große Kirche und die Türme der Deutschen Kirche, deren Turmdächer die alten ehrwürdigen Fassaden der Skeppsbronstraße und die geraden Linien des Schlosses überragen. Auf der Steuerbordseite haben wir die Inseln und Stadtteile Kastellholmen und Skeppsholmen, das Nationalmuseum und den Platz Karls XII., und dort steht der junge König, noch immer mit der Hand nach Osten zeigend.

Die letzten Minuten sind Ewigkeiten! Nun aber habe ich endlich schwedischen Boden unter den Füßen. Da sind meine Eltern, meine Geschwister und meine Freunde! Und eine kleine Weile darauf sind wir wieder alle in unserem alten Heim versammelt. –

Hier nun schließt sich der Weg unserer Reise zu einem Ring zusammen, der wie eine Kette die ganze östliche Halbkugel der Welt umfaßte, und hier verlasse ich auch Euch, meine jungen Freunde! Wir haben miteinander im Fluge Europa durcheilt und einen großen Teil von Asien gesehen, sind zusammen durch das heiße Indien und das verschlossene Land Tibet gewandert, haben wenigstens in Gedanken Australien durchstreift und schließlich China und das Land der aufgehenden Sonne, Sibirien und Rußland durchfahren. Nur um meine Silberhochzeit mit Asien zu feiern? Nein, um gemeinsam die Wiege der Menschheit, die *alte Kulturwelt* kennenzulernen, und auch Euch Lust und Liebe zum Reisen zu lehren.

Und wenn's Euch gefallen hat, so machen wir bald eine zweite Reise »Von Pol zu Pol«, durch Afrika und die *Neue Welt*, zum Südpol und durch Westeuropa zum Nordpol

Bis dahin »Gott befohlen!«

Zum Lande der Mitternachtssonne

Nach kurzer Rast von unserer Asienfahrt wählen wir den hohen Norden als unser nächstes Ziel. Wir haben in Stockholm die Eisenbahn bestiegen, und wenn wir auf die hintere Plattform des letzten Wagens hinaustreten, blitzen uns die metallenen Bänder der Schienen entgegen, die Stockholm mit Narvik in Norwegen hoch oben an der Küste des Atlantischen Ozeans verbinden. Still träumt die Landschaft um uns herum im klaren Abend. Die Stunden verrinnen, wir schreiben den 27. Juni, die Zeit der hellen Nächte. Wer kann sich da entschließen, zur Ruhe zu gehen? Bald fesselt den Blick ein kleiner See, auf dessen Landspitzen und Inselchen die Kronen junger Fichten wie im Schlafe nicken, bald weite grüne Wiesen, an deren äußerstem Rand sich eine Reihe weißer Birkenstämme scharf gegen die dichte Dämmerung des Nadelholzwaldes abhebt.

Am nächsten Morgen sind wir bereits mitten im Land der unerschöpflichen Wälder und der Sägewerke. Überall Tannen, Fichten und Birken, die Seen und Flüsse bedeckt mit schwimmenden Holzblöcken und Flößen. Die nächsten Höhen schillern in kräftigen grünen Farbentönen, dahinter verschwindet alles mehr und mehr in tiefem Blau. Oft dehnen sich zwischen den Hügeln ebene Moorflächen, an deren Rändern die Bäume wie verkümmerte Zwerglein herumstehen. Einförmig zwar ist dieses Land, meilenweit bis nach Norden hin. Aber dennoch können wir den Blick nicht von ihm wenden; seine zarten Linien und Farben und die hingehauchten zitternden Spiegelbilder der Landschaft in den klaren Wellen blauer Seen entschädigen vollauf für die mächtigeren Reize des Hochgebirges, das fern im Westen liegen bleibt.

Schon haben wir mehr als die halbe Fahrt hinter uns und halten am Abend in Boden, von wo wir einen Abstecher nach Luleå am Bottnischen Meerbusen machen. Auf dem Weg zur Küste wird der Wald wieder dichter und höher, und bald wandern wir durch die Straßen von Luleå, der Hauptstadt Norrbottens, die nach dem letzten verheerenden Brande neu und vornehm auferstanden ist. Die Birkenalleen in den größeren Straßen sind nicht weniger bezaubernd als die Palmen von Singapur. Im Norden schimmern die Ränder der Wolken in blendendem Purpur. Aber welche Einsamkeit! Es ist heller Tag, und doch ist kein Mensch auf der Straße! Ist die Stadt verlassen oder verzaubert? Die Uhr löst das Rätsel: es ist Mitternacht! –

Ein kleiner Dampfer bringt uns am nächsten Morgen nach der Insel Svartö hinaus, und bald stehen wir auf einer gewaltigen Holzbrücke, die sich sechzehn Meter über den Wasserspiegel erhebt. An beiden Seiten ist je ein großer Erzdampfer vertäut, und nun kommt auf der Brücke ein Eisenbahnzug angerollt. Jeder seiner Wagen enthält dreißig Tonnen Erz. Sobald sich der erste über einer Öffnung in der Brücke befindet, schlägt sein Boden nach unten auf. Mit ohrenbetäubendem Gepolter stürzt das Erz in eine mit Eisenblech beschlagene Rinne, um im Laderaum eines der Schiffe zu verschwinden. So leert sich ein Wagen nach dem andern, ein Zug nach dem andern, und in jeder Stunde versinken tausend Tonnen im Innern eines Schiffes. Sobald es gefüllt ist, dampft es einem fremden Hafen zu, z. B. Rotterdam, von wo aus das Erz nach den großen Hüttenwerken in Westfalen weiterbefördert wird.

All dieses Eisenerz kommt aus Gellivara und dem Malmberg. Wenn im Winter die Schiffahrt aufgehört hat, wird es am Kai gestapelt; da liegen dann etwa 600 000 Tonnen. Hier auf Svartö fließt der eine der beiden Erzströme Norrlands; der andere geht über Narvik in Norwegen und ist noch gewaltiger, denn dort rinnt das Erz das ganze Jahr hindurch und kehrt als Goldstrom zurück. –

In Boden erreichen wir wieder unsern Zug und wenden uns nun mehr nach Nordnordwest, nach Lappland hin. Kein Gebirge, keine Flüsse! Die Bahn schlängelt sich zwischen endlosen Sümpfen und Torfmooren hin, aus denen kleine runde Hügel gleich Inseln hervorschauen. Aber denkt nicht, daß diese Torfmoore wertlose Wüsteneien seien, in denen nur die Bahnstationen spärliche Oasen bilden. Sie sind ein Kapital für die Zukunft, denn aus ihnen läßt sich so viel Torf gewinnen, daß er die jetzige Steinkohleneinfuhr für ganz Schweden zweihundert Jahre lang ersetzen kann!

Der Wald schrumpft immer mehr zusammen. Die Fichten sind so

klein, daß sie kaum zu Weihnachtsbäumchen taugen; ihre kurzen Zweige liegen eng am Stamm. Aber sie stehen so dicht, als ob sich ein Heer von Zwergen, das man nach Norden gejagt hat, zusammendrängte, um sich im Winter gegenseitig zu wärmen. Sie streben nach der Sonne, können sich aber nicht erheben, sondern bleiben verkrüppelt, mager und elend. Im Winter verschwinden sie ganz unter Schneewehen.

Schneidend gellt die Dampfpfeife der Lokomotive über den schweigenden Zwergwald. Der Lokomotivführer macht uns dadurch auf eine Merkwürdigkeit aufmerksam. Auf zwei weißen Tafeln rechts und links steht in großen schwarzen Buchstaben »Polcirkeln«. Hier sind wir also auf dem Polarkreise, wo der längste Tag des Sommers ebenso wie die längste Nacht des Winters vierundzwanzig Stunden dauert. Vom Polarkreis an wächst die Tageslänge nach dem Nordpol zu, wo sie sechs Monate beträgt, um mit einer ebenso langen Winternacht abzuwechseln. –

Das Merkwürdigste, was ich je im Leben sah, ist Kurunavara, das wir von Boden aus über Malmberg erreichen, eines der an Eisenerz reichsten Gebirge der Welt. Hier hat die Erde den Bewohnern Schwedens beinahe unerschöpfliche Reichtümer geschenkt, und der Vorüberfahrende ahnt kaum den unermeßlichen Schatz, der unter dem wellenförmigen Rücken des so unansehnlichen Gebirges lagert. Mitten in der Wildnis ist hier an der Ostseite eines Sees die Ortschaft Kiruna emporgewachsen, und nordwestlich von ihr erhebt sich ein zweiter Berg, der Luossavara, der gleichfalls ungeheure Massen kostbaren Eisenerzes in seinem Innern birgt.

In Kiruna herrscht einen Monat lang heller Tag, und ein Arbeiter versichert mir, das beständige Licht sei viel angreifender als die ebenso lange Winternacht. Denn auch dann, wenn die tiefste Dunkelheit herrsche und die Sonne sich seit vierzehn Tagen nicht mehr über dem Horizont gezeigt habe, sehe man doch im Süden den Widerschein des entschwundenen Lichtes, und die Flamme des Nordlichts zittere über dem weißen Schnee, über den die Lappen in ihren Schlitten dahinfahren. –

Zwischen schneebedeckten Bergen geht die Bahn nach Norden weiter. Vor uns erschließt sich eine prächtige Aussicht über den Torne-Träsk. Dieser siebzig Kilometer lange, bis zu neun Kilometer breite See liegt zwischen mächtigen, schneegestreiften Bergen, die sich am Nordufer zu 1300 Meter Höhe erheben. Der Torne-Träsk ist kein Sumpfsee, sondern ein richtiger Alpensee mit 162 Meter Tiefe, und wird an Schönheit nur von wenigen Seen Europas übertroffen.

Bei Björkliden werden die den Uferabhang bedeckenden Zwergbirken fünf Meter hoch, schrumpfen aber bald wieder zu jämmerlichen Büschen zusammen. Ein Wasserfall stürzt schäumend eine steile Wand hinunter; er heißt »der Silberschleier« und flattert auch glitzernd im Wind wie ein Schleier auf dem Haar einer Maid. Aber nun wird uns die Aussicht immer mehr beschränkt. Mauern zum Schutz gegen Schneewehen versperren sie. Oft schneien die Erzzüge hier oben so tief ein, daß kaum die obersten Blöcke der Erzlasten noch sichtbar sind. Dann muß der Zug mit Schaufelrädern, die durch Motore auf besonderen, von der Lokomotive geschobenen Wagen getrieben werden, aus dem Schnee befreit werden.

Mit einem Male liegt vor uns ein Lappenlager, ein Zelt und eine Hütte an einem kleinen Sumpfsee! Wie hübsch und zufrieden sehen doch diese kleine Lappen in ihren bunten Kleidern aus Renntierhaut mit roten, blauen, gelben Bändern aus! Beinahe hätten wir einige ihrer Renntiere überfahren, die natürlich gerade über das Geleise laufen müssen, als der Zug sich nähert. Seit tausend Jahren folgen die Lappen getreulich ihren Renntierherden nach Norden und ziehen, wenn die Tage zunehmen, über das Hochgebirge nach den norwegischen Fjorden, um im Herbst wieder zurückzukehren und den Winter in Lappland zu verbringen. Die Renntiere bestimmen den Zeitpunkt zum Aufbruch, und die Lappen müssen ihnen folgen und mit Hilfe ihrer muntern, wachsamen Hunde die Herden zusammenhalten. Denn diese Renntierherden sind ihr einziger Besitz, ihr Reichtum. Sie pflegen sie liebevoll und schützen sie sorgfältig vor dem Wolf, dem Vielfraß und den stechenden Insekten. Viertausend Lappen zählt man in Schweden, und sie besitzen zweihunderttausend Renntiere. Dieses Volk, einst aus Asien eingewandert, kennt sein Land in- und auswendig wie die Indianer ihre Wälder. Jeder Lappe ist ein Pfadfinder. Ein Lappe auch war es, der vor hundertsiebzig Jahren den Erzberg Kiruna entdeckte und den Weg dorthin zeigte.

Während der Zug uns die Strecke zwischen dem Torne-Träsk und der Grenze Schwedens entlang führt, durch dieses öde und doch bezaubernde Hochland, an kleinen, noch zugefrorenen Seen vorüber, zwischen aufgehäuften Schneeschollen hindurch und über einen Boden hin, wo kein Baum mehr wurzelt, wo die Renntiere sich draußen im Freien spärliches Moos suchen und dicker, blauer Rauch aus den Zelten der Lappen aufsteigt, muß ich an mein altes Tibet denken. Welche Ähnlichkeit zwischen beiden Ländern! Die Natur, die schlitzäugigen Menschen und ihre Lebensweise; die gleichen öden, welligen weiten Räume zwischen Seen und Sümpfen, beide von kleinen zufriedenen

Nomaden durchwandert, die abgehärtet und geduldig einen tapfern Kampf mit einer harten, kargen Natur und einem grimmigen Klima kämpfen. Dieselben Wanderungen mit den Jahreszeiten, dieselben Gewohnheiten, dieselbe Männertracht für beide Geschlechter und dieselben runden, nach oben spitzzulaufenden Zelte! Der Yak und das Schaf sind dem Tibeter, was das Renntier dem Lappen ist. Die Bewohner Tibets sind ebenso gutmütig und friedfertig wie ihre Geistesverwandten in Schweden und haben wie diese nur den einen Wunsch, in Frieden gelassen zu werden.

Am Nordkap

Die Grenze Schwedens ist jetzt erreicht; die Wolken liegen dicht wie Federbetten über der Station »Riksgraensen« (Landesgrenze) in 520 Meter Höhe. Dann geht es auf norwegischem Gebiet zum Meer hinunter. Der Zug überläßt sich jetzt seiner eigenen Schwere, der Führer hat nur zu bremsen. Auf einem 180 Meter langen Viadukt von zehn gewölbten Bogen überschreiten wir das wilde Nordtal und fahren dann an der linken Seite des Hundtales entlang. In der Tiefe schäumt der blaugrüne Fluß. Die Zwergbäume fangen wieder an, sich in die Höhe zu recken, je tiefer wir kommen. Die Berggrate verstecken sich in den Wolken. Aber unter dem Rande der Wolkenmäntel stürzen rauschende Wasserfälle von den Felswänden herab. Noch einige Windungen, und wir sind in der Hafenstadt Narvik, die zwischen hohen steilen Bergen liegt. Hier, wo das schwedische Erz in die Welt hinausrollt, erwartet uns der Dampfer »Salten«.

Bei scharfem südwestlichem Winde und nebeligem Wetter trägt er uns am folgenden Tage aus dem Ofoten-Fjord hinaus, um dann nach Nordosten abzubiegen zwischen großen Inseln durch schmale Sunde und über offene Flächen des Atlantischen Ozeans, auf denen man das weite Weltmeer zwischen den Inseln durchschimmern sieht. Mit jeder Stunde ändert sich die Umgebung. Die unteren Abhänge der hohen Berge sind mit Birkenwäldern und grünen Matten bekleidet; hier und dort liegt ein einsames Gehöft inmitten seiner Felder, deren Gerste so hoch im Norden nicht mehr reif wird. Die Höhen sind kahl, auf den Gipfeln liegt Schnee, und von den Zipfeln der Schneefelder tanzen die Schmelzbäche nach dem Meere hinunter.

Einige Fischerboote begegnen uns, Ruder- und Motorboote, alle haben braune Segel. Sie kommen vom Fischfang an den Küsten Finnmarkens, haben die Beute ihrer Netze verkauft und kehren jetzt mit ihrem Verdienst nach Hause zurück. Die Blinkfeuer der Leuchttürme auf Landspitzen und Klippen schlafen in der hellen Sommernacht; das Wetter war unfreundlich gegen uns, aber in der Nacht klärt sich der nördliche Horizont auf. Nur eine kleine Lücke bricht sich zwischen den Wolken, aber groß genug, um die Sonne durchblicken zu lassen, und endlich können wir uns mit eigenen Augen überzeugen, daß das Tagesgestirn auf diesen hohen Breiten nicht mehr im Meere versinkt.

Vor uns liegt Tromsö; dort die Kirche und das Museum, hier am Ufer Holzbuden auf ihren Pfählen, und an den Landungsbrücken Fischerboote und Dampfer. Aus den Birkenhainen oberhalb des Hafens blicken zierliche Holzvillen heraus, und wenn die Sonne sich wieder hinter Wolken versteckt, zeichnet sich die ganze Stadt dunkel auf dem hellen Nordhimmel ab. Vom unteren Rand der Wolken aber überflutet das Licht gleich Strahlen eines gewaltigen Scheinwerfers die Meerenge. Alles schläft. Nur zwei Knaben stehen draußen auf einer Mole, und einige Männer arbeiten in ihrem Boot. Nun fällt das Sonnenlicht brandgelb auf Giebel und Fassaden, und im Süden stehen die regenschweren Wolken dunkelviolett.

Tromsö ist eine kleine und gemütliche, aber schmutzige Stadt. Das Museum enthält die Tierwelt der nordischen Meere vom Walfisch bis zum winzigsten Gewürm; im Tromsöer Pelzwarenhandel spielen die kostbaren Felle des Blau- und des Silberfuchses, des Zobels und Hermelins eine wichtige Rolle.

Auch mehrere russische Segelschiffe liegen vor der Stadt. Sie kamen von Archangelsk mit Holzlasten befrachtet und hatten die Reise von dort bis hier in zehn Tagen zurückgelegt. In Tromsö und Umgebung kaufen sie dann frische Dorsche und andere Fische, die an Bord eingesalzen werden, und mit dieser Ladung gehen die Schiffe wieder zur Dwinamündung zurück. Im glücklichsten Fall ist der Gewinn solch eines Schiffsbesitzers an einer Fahrt 5000 Rubel. Die norwegischen Fischer lieben die russischen Händler aber nicht. Sie finden, daß sie zu viel an den Dorschen verdienen, und überdies trinken die russischen Matrosen ihnen zu viel und leben zu toll in den Hafenstädten.

Nur ungern trennt man sich von dieser ewig wechselnden Landschaft, um sich während des ewigen Tages einige Stunden schlafen zu legen. Wenn man dann aber draußen auf dem Loppmeer erwacht, wo die hohen Wellen des Ozeans ungehindert gegen das Schiff schlagen, ist man froh, noch einige Zeit liegen bleiben zu können. Man kann schon seekrank werden, wenn man Kleider und Handtücher hin- und herflattern sieht und Handkoffer, Schuhzeug und Bücher auf dem Fußboden der Kabine herumtanzen hört!

Nun aber gleiten wir in ruhigeres Wasser hinein, wo nur selten ein Fischer, hier und da ein Erzdampfer aus dem Baranger-Fjord oder ein Schiff mit Bauholz von der Küste des Weißen Meeres zu treffen ist. Wir machen einen Abstecher in den Kvänangen-Fjord und eine seiner Verzweigungen, den Jökel-Fjord, hinein, an dessen äußerem Rand Eisblöcke umherschwimmen. Der gellende Ton einer Dampfpfeife hallt von den Bergen wider. Das ist das Zeichen für einen am Strand angesiedelten Lappen, und bald stößt ein Kahn vom Ufer ab, der uns entgegenkommt und dessen Besitzer unserm Lotsen Aufklärung gibt. Er ist Dorschfischer und kennt das Fahrwasser. Es ist ein lebhafter, kleiner hübscher Kerl, wie er so breitbeinig und barhäuptig vor uns steht und uns versichert, daß wir bei 70 Faden Tiefe nicht auf Grund geraten würden! Das schwarzgrüne Wasser, von dem die Eisblöcke in leuchtendem Weiß sich abheben, sagt uns schon selbst, daß es bis zum Ankergrund des Fjords noch eine tüchtige Strecke ist.

Langsam gleiten wir in das Innere des Fjords hinein, und vor uns entrollt sich ein großartiges Bild. Über einer gewaltigen Felswand hängt ein Gletscher. Wenn von Zeit zu Zeit Eisblöcke durch ihr eigenes Gewicht herunterstürzen, schmelzen sie am Fuße des Berges wieder zu einer neuen Gletscherzunge zusammen. Diese dehnt sich dann langsam vorwärts, bis sie den Fjord erreicht hat; hier unterhöhlt die Kraft des Wassers den Eisrand, und Blöcke stürzen ab; dann »kalbt« der Gletscher, wie man zu sagen pflegt. Jetzt aber ruht er, doch der Lappe versichert uns, daß die Eiszunge im Sommer alle zwei Tage und im Winter alltäglich kalbe, und wenn die Blöcke vom Eisrand herabstürzten, könne man das Krachen 60 Kilometer weit hören. Der Kapitän des »Salten« läßt zwei Kanonenschüsse abfeuern, um das Eis zu erschüttern, aber heute läßt sich der »Jökel«, der Gletscher, nicht in seiner Ruhe stören. Vielleicht zu unserm Glück, denn das Kalben des Gletschers kann eine Sturzwelle aufrühren, die kleine Schiffe zum Kentern bringt.

Unser Lappenlotse wird königlich abgelohnt, und da er außerdem noch einen ganzen Arm voll Butterbrote, Obst und Zigarren erhält, wird ihm ganz schwindlig vor Glück. So nette Touristen seien ihm noch nie begegnet, wiederholt er immer wieder!

Der »Salten« wendet langsam im innersten Becken des Jökel-Fjords. Er steuert, wieder ins offene Meer gelangt, weiter nordwärts, auf Hammerfest zu, die nördlichste Stadt der Erde, vor deren übelriechenden Transiedereien zahlreiche russische Segelschiffe liegen, die von hier mit Fischen nach Archangelsk gehen. Am Abend fahren wir über ein offenes Gatt, wo das Meer graugrün ist und die See hoch geht.

Einige Delphine krümmen ihre blanken schwarzen Rücken anmutig über den Wellen.

Es ist kalt und windig geworden; beständig rieselt feiner Regen auf den »Salten« herab, und aus dem dichten Nebel schimmern nur die allernächsten Felseninseln, hinter denen wir Schutz vor dem Wind suchen, um in die schmale schöne Meerenge zwischen dem Festland und der Insel Magerö hineinzufahren. Unser Kurs geht östlich um Magerö herum. Im Süden gähnt der Porsanger-Fjord, im Osten ist Svärholtklubben schwach erkennbar mit dem Vogelberg, einer steil abfallenden Landspitze, auf der unzählige Möwen hausen. Dann wenden wir nordwärts. Auf der Steuerbordseite spielt ein Springwal in den Wellen, die jetzt vom Sturm gepeitscht werden. Das Schiff stampft unangenehm, die Stühle auf Deck spazieren kreuz und quer, und ringsum poltert es von beweglichen Gegenständen. Wir sind eben mit dem Mittagessen fertig geworden, als das Schiff heftig schlingert und die Tafel im Salon im Handumdrehen abdeckt. Auf dem Fußboden schwimmen die Sardinen im Rotwein herum!

So kämpfen wir mit den Wellen und rollen langsam unserm Ziel entgegen. Vor uns erhebt sich der Felsen des Nordkaps, Europas nördlichstes Vorgebirge, das schroff nach dem Meere abstürzt. Wenn wir nur erst glücklich im Schutz der hohen Felswände sind, wo bereits zwei Touristendampfer vor Anker liegen! Es glückt; bald sind wir in sicherm Schutz, und die See beruhigt sich.

Nur der innerste Winkel der Bucht ist still, über uns heult der Sturm und saust in ungezügelter Wut die steilen Abhänge hinunter und über das Meer hin. In 300 Meter Höhe steht auf dem Gipfel des Nordkaps ein kleiner Pavillon.

Die Mitternachtstunde ist nahe. Gelbes Dämmerlicht herrscht, bleischwere Wolkenmassen jagen über Meer und Land. Vergebens warten wir auf den Durchbruch der Mitternachtssonne im Norden! Aber großartiger noch als sie ist vielleicht die Aussicht, die wir jetzt nach Norden hin haben. Vor uns liegt stahlgrau und kalt das weite Eismeer, auf dem Hintergrund der blauschwarzen Wolken tanzen die weißen Schaumköpfe der Meereswellen, die der Südweststurm nach Nowaja-Semlja und dem Franz-Joseph-Land treibt.

Franklins Polarfahrt

Nun sind wir unmittelbar an der Grenze des ewigen Eises. Alle Festlande, Meere und Inseln hat der Unternehmungsgeist des Menschen bereits durchforscht. Nur die beiden Pole und ihre nächste Nachbarschaft haben seinem Vordringen bisher noch hartnäckigen Widerstand entgegengesetzt. Aber unermüdlich ist der Entdeckerehrgeiz an der Arbeit; die Wissenschaft duldet jetz keine weißen, unbeschriebenen Flecke mehr auf der Karte. Daher konnten selbst die unübersehbaren Eisfelder auf die Dauer die Kühnheit der Seefahrer nicht zurückschrecken. Ein Schiff nach dem andern ging zugrunde, aber immer neue Kiele durchpflügten die Polarmeere. Der Nordpol hatte die größere Anziehungskraft, denn er liegt Europa am nächsten, mitten im Nördlichen Eismeer, das von den Küsten Asiens, Europas und Nordamerikas eingeschlossen wird.

Die Geschichte der Polarforschung ist ungemein reich an Heldentaten und Katastrophen; einige davon wollen wir uns kurz ins Gedächtnis zurückrufen.

Des vom Glück begünstigten Versuches Nordenskiölds, längs der Küste Nordasiens die Nordostdurchfahrt zu finden, habe ich schon gedacht. Auch die Nordwestdurchfahrt ist eines der Probleme, die trotz aller Mißerfolge immer wieder unternommen wurden. Die verhängnisvollste dieser Expeditionen war die Polarfahrt des Engländers John Franklin im Jahre 1845.

Franklin war Offizier der englischen Flotte. Er hatte, zu Lande und zu Wasser, auf der nördlichen und südlichen Halbkugel der Erde Expeditionen geleitet, in Seeschlachten gefochten und Kartenaufnahmen bedeutender Strecken der Nordküste Amerikas im Osten der Beringstraße gemacht. Der größte Teil der amerikanischen Festlandsküste war ihm also bekannt, und es handelte sich nur noch darum, einen fahrbahren Wasserweg zwischen den im Norden der Küste liegenden großen Inseln zu finden. Vorhanden war er ohne Zweifel, ober ob er sich zur Schiffahrt eigne, war die Frage. Eine Reihe gelehrter Sachverständiger beschloß, eine große Expedition auszurüsten, um die Durchfahrt zu finden.

Ganz England begeisterte sich für den Plan, und Hunderte tapferer Männer meldeten sich zur Teilnahme. Admiral John Franklin war schon früher in diesen Gegenden gewesen und hatte daher den glühenden Wunsch, Leiter der Expedition zu werden. Allerdings fürchtete die Admiralität, daß Franklin mit seinen sechzig Jahren der Aufgabe nicht mehr gewachsen sein werde. »Ich bin erst neunundfünfzig«, entgegnete aber Franklin mit Nachdruck, und so wurde er der Leiter einer Expedition, von der weder er noch einer seiner Untergebenen zurückkehren sollte.

Die Schiffe, die vom Kiel bis zum Mast seetüchtig gemacht wurden, hießen »Erebus« und »Terror«, »Unterwelt« und »Schrecken«! Franklin hißte seine Admiralitätsflagge auf dem »Erebus«, wo Kapitän Fitzjames ihm an Rang der nächste war; Befehlshaber des »Terror« und zweiter Führer der Expedition wurde Kapitän Crozier. Das Offizierkorps wurde mit größter Sorgfalt ausgewählt; nur kräftige, auf dem Meer abgehärtete Männer von gründlichen Kenntnissen wurden angenommen. Die Besatzung der beiden Schiffe bestand aus dreiundzwanzig Offizieren und hundertelf Mann. Lebensmittel wurden auf drei Jahre mitgenommen und in beide Schiffsrümpfe Dampfmaschinen eingebaut, was damals noch nie in den Polarmeeren versucht worden war.

Von seiner vorgesetzten Behörde erhielt Franklin eine Anweisung, nach der er sich zu richten hatte; natürlich behielt er dabei das Recht, unter Umständen anders zu handeln. Seine Aufgabe war, von der atlantischen Seite aus das nördliche Amerika zu umsegeln und durch die Beringstraße in den Stillen Ozean einzulaufen. Mit der Lösung dieser Aufgabe wäre die Nordwestdurchfahrt gefunden gewesen.

Am 19. Mai 1845 verließen die beiden Schiffe England. Befehlshaber und Mannschaft waren voll der herrlichsten Hoffnungen auf Erfolg und entschlossen, ihre äußerste Kraft zur Erreichung des Ziels aufzubieten. Alle träumten schon von den warmen Winden, die sie im Stillen Ozean empfangen würden, und von dem unsterblichen Ruhm, der ihrer wartete, wenn sie durch die schmale Meerenge, wo Asien und Amerika nur wenige Meilen voneinander entfernt sind, südwärts steuern würden.

Auf See hielt der Admiral eine Ansprache an seine Leute, erklärte ihnen, um was es sich handle, und sprach die Erwartung aus, daß jeder seine Pflicht erfülle. Sie fuhren an den Orkney-Inseln vorbei, und am Johannistag sahen sie Kap Farewell, die Südspitze Grönlands, verschwinden. Tags darauf stießen sie auf das erste Eis, mächtige schwimmende Eisberge, die wilde, ausgezackte Formen zeigten und an der Wasserlinie vom Wellenschlag glockenförmig ausgehöhlt waren. Den meisten von der Mannschaft war dieses Schauspiel neu, sie standen auf Deck und bewunderten diese schwimmenden Berge, deren Zinnen noch den Wimpel des Großmastes überragten. Dann und wann schlug auch einer der Eisberge um, und das Meer geriet in Aufregung, wenn er seine vom Wasser zernagte Unterseite nach oben kehrte.

Zehn Tage später ankerten die beiden Schiffe bei der Insel Disko an der Westküste Grönlands. Hier trafen sie mit einem andern englischen Schiff zusammen, das vorausgesandt worden war, um mit seiner Ladung ihre Vorräte an Proviant und sonstigen Ausrüstungsgegenständen zu ergänzen. Der Kapitän dieses Schiffes war der letzte, der mit den Mitgliedern der Franklin-Expedition gesprochen hat; niemals, versicherte er später, habe er eine so tüchtige Schar gut vorbereiteter und für ihre Sache begeisterter Seeleute gesehen. Die würden sich überall durchschlagen, habe er geglaubt. Die letzte Postsendung der Polarforscher nahm er mit. Einige der Briefschreiber gaben Kamtschatka, die Sandwichinseln und Panama als Postadresse an; in einem Jahr, meinten sie, würden sie wieder in Europa sein, und die Briefe berichteten von der begeisterten Stimmung, die in der Offiziersmesse herrschte, und von der Bewunderung vor dem Admiral, dem alten Seebären, der nicht einmal bei stürmischem Wetter die Zahl der gehißten Segel verringerte, um nur schnell weiterzukommen! Denn er wußte, daß hier im Norden nur kurze Zeit während des Spätsommers auf offenes Wasser zu rechnen ist. Auf drei Jahre Proviant war vorrätig, sogar auf Deck stand jeder Winkel voll von Kisten und Tonnen – was war da weiter zu fürchten?

Am 26. Juli wurden »Erebus« und »Terror« von einem englischen Walfischfänger gesichtet. Das war das letzte Mal, daß ein sterbliches Auge sie erblickte; seit diesem Tage umgab die unglücklichste aller Polarexpeditionen ein grauenhaft tiefes Dunkel!

Der Tod des Admirals

Was man über das weitere Schicksal der beiden Unglücksschiffe »Erebus« und »Terror« mit Sicherheit weiß, beschränkt sich auf wenige Einzelheiten, die erst viele Jahre später durch Entsatzexpeditionen entdeckt wurden. Aber sie genügen der nachdenklichen Phantasie vollständig, um sich das furchtbare Drama zu vergegenwärtigen, dem Schiffe und Mannschaft zum Opfer fielen.

Zunächst ging die Fahrt nach Nordwesten weiter und zwischen zwei großen Inseln durch in den Lancastersund. Weiteres Vordringen wurde durch unüberwindliches Packeis verhindert. Die Dampfmaschinen erwiesen sich als so schwach, daß sie nur im ruhigen offenen Wasser brauchbar waren. Eine nach nordwärts gehende Meerenge zeigte aber noch offenes Wasser, und hier konnte man 250 Kilometer zurücklegen, ehe das Eis wiederum sein unerbittliches »Bis hierher und nicht weiter!« sprach. Daraufhin gingen die Seefahrer durch eine zweite offene Meerenge wieder südwärts. Herbstesanfang war da; Schnee bedeckte schon alles ringsum, und im Sund bildete sich neues Eis. Bei einer kleinen Insel fand man einen geschützten Hafen, und hier ging Franklin ins Winterquartier.

Wie sich das Leben an Bord während der langen Winternacht gestaltete, läßt sich nur vermuten. Die Offiziere lasen wohl und studierten, und die Mannschaft war mit dem Aufwerfen hoher Schneewälle beschäftigt, die bis über die Reling der Schiffe reichten, um das Innere der Schiffe warm zu halten. Jedenfalls baute man auch Schneehütten auf dem Eis und auf dem Land zu wissenschaftlichen Beobachtungen und hielt Tag und Nacht eine Wake offen, um stets Wasser zur Hand zu haben, falls bei ausbrechendem Feuer die Pumpen zu Eissäulen gefroren waren. Als dann die lange Polarnacht vorüber war und der Februar mit schwachem Lichtschein am südlichen Horizont aufging, als es von Tag zu Tag lichter wurde und schließlich wieder die Sonne am Himmel strahlte, da unternahmen Befehlshaber und Mannschaft wahrscheinlich Jagdausflüge auf die benachbarten Inseln. Die Hoffnungen aller erwachten mit dem zunehmenden Licht. Nur 420 Kilometer unbekannter Küste waren noch von der Nordwestdurchfahrt übrig. War es nicht so gut wie gewiß, daß das neue Jahr Zeuge ihrer Heimkehr sein werde? Immer länger blieb die Sonne am Horizont, und schließlich war der lange Polartag da, an dem sie überhaupt nicht untergeht.

Erst im Spätherbst aber wurden der »Erebus« und der »Terror« aus ihren Eisbanden befreit und konnten nun endlich die kleine Insel verlassen. Drei Tote blieben am Strand zurück; ihre Gräber mit wenigen einfachen Gedenkworten wurden fünf Jahre später von einer Entsatzexpedition aufgefunden. Nur dadurch weiß man überhaupt, daß Franklin an diesem Punkt überwinterte.

Nach Süden zu lag das Fahrwasser jetzt offen. Wie jubelten die Seeleute! Nach Westen breitete sich noch dickes Eis; aber auch die südliche Fahrstraße mußte ja schließlich nach Westen abbiegen. Eine Meile nach der anderen glitten die Schiffe, dem Treibeis ausweichend, südwärts. Im Osten und Westen zeigten sich die Küsten großer Inseln, und geradeaus ahnte man King-William-Land, den nächsten Nachbar des Festlandes. Damit war also der größte Teil der Nordwestdurchfahrt zurückgelegt, denn bis zu bereits bekannten Küsten im Westen waren es jetzt nur noch 200 Kilometer.

Und doch – wie hoffnungslos lang erschien diese Strecke, als die Schiffe wenige Tage später abermals vom Eise in Fesseln geschlagen wurden. Von Winden und Meeresströmungen getrieben, häuften sich die Eisblöcke und froren zu felsenharter Masse zusammen. Noch brauchte zwar die Besatzung die Hoffnung loszukommen nicht völlig aufzugeben. Der Winter stand allerdings vor der Tür, aber die letzten herbstlichen Südstürme konnten das Eis noch brechen und nordwärts treiben. Aber immer fester schloß es sich um die Schiffsrümpfe, und alle Hoffnung schwand. Die Tage wurden kürzer, der zweite Winter näherte sich mit eiligen Schritten, und wie im Jahre vorher bereitete man sich auf sein Kommen vor. Die Schiffe waren in siebzig Grad nördlicher Breite festgefroren, also etwas südlicher noch als die nördliche Spitze Skandinaviens. Aber dort hielt kein Golfstrom durch sein warmes Wasser das Meer offen. Niemals wieder sollten Offiziere und Mannschaft eine Welle gegen die Seiten des »Erebus« und des »Terror« plätschern hören!

Dieser Winter wird weniger heiter gewesen sein als der erste. Die Schiffe hatten einen schlechten Platz auf offener Reede ohne irgendeinen Küstenschutz. Sie lagen wie in einem Schraubstock, und das Pressen des Packeises drohte sie zu zertrümmern. Es knackte und knarrte in den Rümpfen, und die Schiffe stöhnten und jammerten, daß man sie doch wieder den freien Wellen überlassen möge! Wie lange konnten sie noch Widerstand leisten? Man mußte beständig auf den Moment gefaßt sein, wo das Holz mit betäubendem Krachen nachgab, und die Schiffe, wie Nußschalen zerdrückt, in den unergründlichen Fluten verschwanden. Das Leben an Bord eines eingeklemmten Schiffes kann nicht anders als voll quälender Sorge gewesen sein. Aber das Furchtbarste war doch die Dunkelheit, als die Sonne zum letztenmal unterging. Wie Schatten schlichen die Leute durch die finstern Gänge unter Deck, wo die Luft dumpf, feucht und verdorben war. Was sollte man draußen im Freien, wo es ebenso finster war, so daß man keinen Fußbreit vor sich sehen konnte? Lieber in der Kabine liegen und lesen beim bleichen Kerzenlicht. Wenn aber die Eispressung das Schiff in eine schräge Lage brachte, war es noch schlimmer; in den pechfinstern Gängen zwischen schwankenden Kisten und Ballen unter Deck durchzubalancieren war lebensgefährlich. Die einzige Abwechslung war die Glocke, die die Gefangenen zur Mahlzeit rief. Die Gespräche wurden immer wortkarger, man kannte einander ja in- und auswendig. Wer hatte noch etwas Neues zu sagen? Immer die gleichen Gesichter ringsum! Da ging man schon am liebsten den Kameraden aus dem Weg und suchte die Einsamkeit seiner Kabine. Wenn nur die lange, grausame Dunkelheit erst vorüber wäre!

Eine ungeheure Niedertracht, deren man nur mit Abscheu gedenken kann, hatte Franklins Expedition noch obendrein getroffen: der Kaufmann, dem die Lieferung der Fleischkonserven für beide Schiffe oblag, hatte verfaultes Fleisch, Sägespäne und Kies in die Blechdosen füllen lassen! Tausende solcher Dosen wurden später an den Küsten, die die Schiffe berührten, gefunden. Daß der Proviant nicht auf drei Jahre reichen konnte, mußten die im ewigen Eise Gefangenen wissen. Schon im zweiten Winter zitterte man jedenfalls bei dem Gedanken an das Zusammenschmelzen der Lebensmittel. Die Lage mußte ja verzweifelt werden, wenn nicht vor dem dritten Winter Hilfe kam!

Der zweite Winter verging, und die Sonne kehrte zurück! Allmählich wurde es in den Korridoren unter Deck heller, und man brauchte kein Talglicht mehr anzustecken, um am Abend lesen zu können. Und schließlich strahlte wieder der Sonnenschein vierundzwanzig Stunden des Tages hindurch, blendender als je, da die Schiffe noch von lauter Eis und Schnee eingeschlossen waren! Fern im Süden und Osten sah man die Hügel von King-William-Land. Wenn das Eis nur seinen Griff lockern und ins Treiben geraten wollte! Aber nach Westen hin lag noch immer Packeis, und ohne Zweifel waren die Schiffe durch die Eispressungen beschädigt. Zwei Offiziere unternahmen mit sechs Mann eine Wanderung nach King-William-Land, von wo aus man bei klarem Wetter das Festland Nordamerikas erblicken konnte. An der Stelle, wo sie wieder umkehrten, legten sie in einen Steinhaufen einen kurzen Bericht über die wichtigsten Ereignisse an Bord nieder. Diese Zeilen wurden nach vielen Jahren gefunden.

Mit guten Nachrichten und großen Hoffnungen kehrten die Wanderer zu den Schiffen zurück. Aber welch ein Schlag erwartete sie! Admiral Franklin lag auf dem Sterbebett! Das Warten hatte ihm zu lang gedauert. Man konnte ihm nur noch mitteilen, daß die Nordwestdurchfahrt als entdeckt anzusehen sei. Wenige Tage darauf, im Juni 1847, starb er, und dieser Tod war nach einem Leben voller Tapferkeit und Kühnheit noch als ein Glück anzusehen. Gewiß spielte ein stolzes Lächeln um seine Lippen, als er entschlief!

Wie mag es an diesem Trauertage auf dem »Erebus« ausgesehen haben? Der lange Polartag war in seiner Mittagshöhe. Die Sonnenstrahlen brachen sich in den scharfen Rändern des Eises und zerflossen in alle Farben des Prismas. An Bord war es still; am Besanmast flatterte die Flagge Englands halbmast. Ernste Männer gingen durch die Gänge und flüsterten leise in der Nähe der Admiralskabine. Bleich und erschöpft, sahen sie sich nun ihres Führers beraubt, der das Festland im Süden besser kannte als einer von ihnen. Der Schiffszimmermann baute einen Sarg zurecht. Dahinein legte man den Admiral in voller

Uniform. Vielleicht umhüllte man den Sarg mit einer englischen Fahne, und so trugen die Offiziere ihn über das Deck und über das Eis. Im glasklaren Eise war ein Grab ausgehauen; dort ließ man den Sarg hinab und deckte es zu mit Eisstücken und Eispulver. Der neue Oberbefehlshaber Kapitän Crozier trat an das Kreuz des Eishügels, um dem Toten die Grabrede zu halten, während die andern ihn entblößten Hauptes umstanden. Und gewiß sangen die bleichen Männer in ihren abgetragenen Polaranzügen die Begräbnisgesänge ihrer Heimat. Feierlich und ergreifend verhallte der Gesang über den Eisfeldern. Schweigend kehrten sie nach dem »Erebus« und dem »Terror« zurück, wo sie sich jetzt noch unglücklicher fühlten als je zuvor. Nochmals waren sie auf ein Jahr zum Bleiben verurteilt!

In Nacht und Eis

Wieder kam die Zeit, wo das Eis sich in Bewegung zu setzen begann und man auf offenes Wasser hoffen konnte. Sicher machten die Gefangenen des »Erebus« und »Terror« Ausflüge nach allen Seiten hin, um zu sehen, wo die Brandung des offenen Meeres am nächsten sei. Vielleicht suchten sie auch, mit Eissäge und Sprengpulver sich aus ihren Banden zu befreien. Alles umsonst! Das Eis hielt sie fest. Eines Tages aber entdeckten sie zu ihrer großen Freude, daß sich das ganze Eisfeld südwärts bewegte. Wenn sie doch nur das feste Land auf diese Weise erreichen könnten! Eine große amerikanische Gesellschaft, die sich nach der Hudson-Bai benannte, hatte weit droben im Norden des Festlandes kleine Handelsstationen angelegt. Nur bis dahin gelangen – dann war man gerettet!

Der Herbst machte Fortschritte, aber die Hoffnung auf Befreiung wurde wieder vereitelt. Nun, wo der Winter so nahe war, noch einen Versuch zur Erreichung des Festlandes zu machen, war undenkbar. Denn in jenen endlosen Einöden findet sich im Winter kein Wild, und das Wandern nach Süden führt daher zum sichern Hungertod. Im Sommer dagegen konnte man hoffen, dort schon ziemlich früh auf Renntiere zu stoßen und auf Moschusochsen, diese seltsamen Polartiere, die ebenso viel Ähnlichkeit mit dem Schaf wie mit dem Rind haben, die von Flechten und Moosen leben und nicht weiter südwärts gehen als bis zum 60. Breitengrad. Im Westen Nordamerikas fällt die südliche Grenze für das Auftreten der Moschusochsen ungefähr mit der nördlichen Baumgrenze zusammen. Eine Herde von zwanzig bis dreißig Tieren hätte Franklins notleidende Seeleute vom Tode errettet!

Wäre man wenigstens Eisbären begegnet! Oder besser noch Seehunden und Walrossen mit ihrer dicken Speckschicht unter der Haut. Auch der Polarhase wäre nicht zu verachten gewesen, wenn er sich in genügender Anzahl eingefunden hätte. Der Bergfuchs, der von Vogeleiern und jungen Vögeln lebt und im Winter, unkenntlich durch sein weißes Fell, auf die Schneehuhnjagd geht, wäre freilich weniger verlockend gewesen.

Nun aber war die Jahreszeit schon zu weit vorgeschritten, und die wilden Tiere zogen sich vor Schnee und Kälte südwärts. Sicherlich berieten die Offiziere, was nun zu tun sei. Sie hatten Karten und Bücher an Bord und wußten genau, wie weit es bis zu den ersten Handelsstationen der Hudson-Bai-Gesellschaft war, und auf dem Wege dorthin hatten sie möglicherweise Aussicht, auf Wild oder auf Eskimos zu stoßen! Man beschloß aber, auch den dritten Winter an Bord auszuhalten!

Warum benutzten sie nicht den Herbst, um die Walfischboote, Schlitten, Zelte, Werkzeuge und Munition und das ganze schwere Gepäck auf der King-William-Insel an Land zu bringen? Selbst bei der abnehmenden Helle hätten sie täglich doch mehrere Stunden arbeiten können. Und nun zogen sie vor, in ihren Kabinen Winterschlaf zu halten! Jedenfalls waren sie völlig niedergeschlagen und sahen der Dunkelheit mit Grauen entgegen. Noch ging die Sonne auf, beschrieb im Süden aber nur einen flachen Bogen und tauchte nach anderthalb Stunden wieder unter. Bald dauerte der Tag nur noch eine halbe Stunde, der hellen Minuten wurden immer weniger, und eines Tages sah man nur noch den oberen Sonnenrand wie einen strahlenden Rubin einen Augenblick über dem Horizont funkeln. Am nächsten Tage schon herrschte um Mittag Dämmerung; nur ein Widerschein der Sonne flammte gleich einem Abendrot über dem südlichen Himmel auf. Dann wurde die Dämmerung tiefer und tiefer. Zwar gewahrte man im Süden um Mittag noch einen blutroten Streifen, der einen matten Purpurschimmer über die Eisfelder warf. Aber auch dieser erlosch, und die Polarnacht, die auf diesem Breitengrade ganze sechzig Tage dauert, während sie am nördlichen Pol sogar ein halbes Jahr währt, war da, und die Sterne funkelten wie brennende Fackeln auf blauschwarzem Grund, selbst dann, wenn die Uhr in der Offiziersmesse die Mittagsstunde verkündete!

Immer freilich war es wohl nicht so pechfinster. Außer den Sternen, die in der reinen Luft bei der scharfen Kälte viel klarer leuchten als in den mehr von der Natur begünstigten Ländern, tut auch der Mond seinen Dienst. Aber sein Licht ließ die im Frost erstarrte Heimat des

Schnees und Eises noch viel öder und unheimlicher erscheinen, und in der Dunkelheit sah man wenigstens nicht, wie öde es auf allen Seiten war.

Wer zum erstenmal im hohen Norden überwintert, findet die Polarnacht wunderbar anziehend, das tiefe Schweigen der kalten Dunkelheit und das klagende Heulen des dahinfegenden Schneesturms. Nichts aber ist bewundernswerter als das Nordlicht. Schon in Schweden zeigt es sich im Winter nicht selten. Zwar weiß man, daß die magnetische und elektrische Kraft der Erde von Zeit zu Zeit fast die ganze Weltkugel in einen Lichtmantel hüllt, gleichwohl steht man noch fragend vor dieser rätselhaften Erscheinung. Wenn die Feuerzungen des Nordlichts ihren flackernden Schein über dem Norden ausstrahlten, glaubten die alten Wikinger, die Walküren ritten auf silberweißen Rossen von Walhall aus in die Schlacht.

Meist ist das Nordlicht unstet. Es flammt plötzlich auf, zittert eine Weile am Himmel, verblaßt und verschwindet. Am längsten währen die bogenförmigen Nordlichter, die manchmal ihre milchweißen Straßen hoch über dem Horizont ausspannen. Oft ist nur die eine Hälfte des Bogens sichtbar und erhebt sich wie eine Lichtsäule am Himmelsrand. Ein andermal gleicht das Nordlicht züngelnden Flammen, die nach unten rot und nach oben grün sind und schnell über den Himmel huschen. Weiter nordwärts ist das Licht gelblicher. Wenn seine Strahlen sich alle in demselben Punkt zu vereinigen scheinen, spricht man von einer Nordlichtkrone. Prachtvolle Farben zeigen sich schnell wechselnd in solchem Strahlenbündel, das den Scheitel der Erde krönt; aber nur selten ist das Licht so stark wie der Schein des Vollmondes. Am prächtigsten aber ist das Nordlicht, wenn es in Gestalt faltiger Vorhänge vom Himmel herniederzuhängen scheint, die im Winde flattern.

Für die im Eis gefangenen Engländer hatten die Flammenzungen des Nordlichts wohl keine Anziehungskraft mehr! Ausgemergelt und abgestumpft, des verdorbenen Proviants überdrüssig, von drei Wintern endlosen, müßigen Wartens mürbe gemacht, lagen sie in ihren Kojen und hörten die Uhr die Sekunden abticken. Die einzige Abwechslung des eintönigen Lebens waren noch die Todesfälle! Die Zimmerleute hatten alle Hände voll zu tun, und Kapitän Crozier kannte seine Leichenrede nun schon auswendig. Neun Offiziere und elf Matrosen starben während der beiden letzten Winter, die meisten jedenfalls während des dritten. Das verriet ein kleiner Papierstreifen, der versiegelt in einer Steinpyramide an der Küste niedergelegt und elf Jahre später gefunden wurde.

Auch die Monate dieser Finsternis näherten sich ihrem Ende. Der rote Streifen entzündete sich wieder im Süden und wurde allmählich heller. Dämmerung löste die Dunkelheit ab, und endlich blitzten die ersten Sonnenstrahlen wieder am Horizont. Nie wohl haben die Brahminen an den Ufern des Ganges die aufgehende Sonne mit größerem Jubel willkommen geheißen als die Mannschaft dieser beiden Unglücksschiffe »Erebus« und »Terror«.

Die Wanderung zur Todesbai

Mit der neuen Sonne erwachte die Hoffnung der Besatzung nun zum letztenmal! Wer Kapitän Crozier persönlich gekannt hat, war überzeugt, daß er die Hoffnung nie aufgegeben hat.

Jetzt galt es den letzten Versuch. Der Kapitän hielt an seine Leute eine Ansprache und verbarg ihnen nicht, daß ihr Leben auf dem Spiele stehe, und daß er das Äußerste von ihnen erwarten müsse. Noch waren hundertfünf Mann beisammen, aber viele wahrscheinlich krank oder gar sterbend, alle aber ganz entkräftet. Indes mit dem zunehmenden Licht regte sich wieder die Lebens- und Arbeitslust. Mehrere Schlitten wurden hergestellt, plump und schwer freilich, aber auch stark. Drei Walfischboote, die seit zwei Jahren festgefroren in ihren Davits gehangen hatten, wurden losgemacht und auf das Eis herabgelassen. Das Beste der noch vorhandenen Lebensmittel wurde ausgesucht, und um die Boote herum erhoben sich ganze Proviantstapel. Mit steigender Erregung sah man die Sonne Tag für Tag länger über dem Horizont verweilen. Sicher wurde ein ausführlicher Bericht über die bisherigen Schicksale der Expedition niedergeschrieben und an Bord zurückgelassen.

Als alles Gepäck auf dem Eise beisammen war, wurden Vorräte, Zelte, Instrumente, Flinten und Munition auf die Schlitten geladen und die drei Walfischboote mit Stricken auf je einem Schlitten festgeschnallt. Ein besonderer Schlitten mit Betten war für die Kranken bestimmt. Während dieser Vorbereitungsarbeiten wurden die Tage immer länger, und schließlich wurde das Verlangen zum Aufbruch so stark, daß nichts mehr die Mannschaft zurückhalten konnte. Aber dieser zu frühe Aufbruch besiegelte ihr Schicksal! Weder Wild noch Eskimos gehen vor dem Spätsommer so weit nach Norden, und auch bei voll beladenen Schlitten konnte der Proviant nur vierzig Tage reichen!

Am Tag vor dem Abmarsch traf jeder noch eine letzte Auswahl unter seinen Habseligkeiten; teuere Erinnerungen an Angehörige, die Bibel und die Uhr, die den trägen Gang der Zeit verkündete, führte jeder der schwergeprüften Seemänner in der Tasche mit sich. Die Offiziere betraten zum letztenmal ihre leeren Kabinen, um sich zu überzeugen, daß nichts Wichtiges vergessen war. Im Innern der Schiffe sah es aus wie in einem Hause, das bei einer Überschwemmung Hals über Kopf verlassen wurde und aus dem man nur noch das Unentbehrlichste hat mitnehmen können.

Am 22. April 1848 ertönte das Signal zum Aufbruch, und die viel zu schwer beladenen Schlitten knarrten langsam und ruckweise über das mit Schnee bedeckte, höckrige Eis. Beile, Spieße und Spaten sind unausgesetzt tätig, um scharfe Kanten wegzuhauen und hinderliche Blöcke beiseite zu räumen. Nur fünfundzwanzig Kilometer sind es bis King-William-Land, trotzdem dauert es drei Tage! Gar zu langsam verkleinern sich die Masten und der Rumpf der zurückgelassenen Schiffe, aber schließlich verschwinden sie doch.

Nun aber sah der Kapitän ein, daß es so nicht weitergehen konnte. Das Gepäck wurde aufs neue durchgesehen und alles irgend Entbehrliche ausgesondert. Die spätere Entsatzexpedition fand an dieser Stelle Massen der verschiedensten Dinge: Uniformstücke, Messingknöpfe, Metallgegenstände und ähnliches, was man als Münze beim Tauschhandel mit Eskimos und Indianern hatte gebrauchen wollen. Mitgeführt wurde aber aller Proviant und alle Munition; denn wenn jener zu Ende ging, war diese ihre einzige Rettung.

Mit leichteren Schlitten setzte sich der Zug längs der Westküste in Bewegung. Aber noch war man nicht weit gekommen, als John Irving, Leutnant auf dem »Terror«, zusammenbrach. Mit seiner blauen Uniform bekleidet, in Segelleinen eingewickelt, ein seidenes Tuch um die Stirn gewunden, wurde er zwischen schräg gestellten Steinen eingesargt und das Grab mit flachen Steinplatten gedeckt. Neben seinem Kopf lag eine silberne Medaille, auf deren Vorderseite stand: »Zweiter Mathematikpreis der Königlichen Seekriegsschule. Dem John Irving am Mitsommertag 1830 zuerteilt.« An dieser Medaille wurde der Tote nach langen Jahren wiedererkannt, und seine Überreste konnten daher nach seinem Geburtsort gebracht werden.

Zwei Buchten der Westküste von King-William-Land sind nach den beiden Unglücksschiffen der Franklin-Expedition benannt worden. Am Strande der nördlichsten, der Erebus-Bai, waren die Kräfte der englischen Seeleute so erschöpft, daß sie zwei Boote nebst den Schlitten, auf denen sie nun unnötigerweise so weit mitgeschleppt worden waren, zurückließen. Eine Masse anderer Dinge wurde gleichfalls hier geopfert. Hier und da bezeichnete ein Grab ihren Weg – und immer einfacher wurden diese Grabstätten, je weiter die Schar nach Süden vordrang!

Da kam das Schrecklichste. An der Terror-Bai hielten die Bande der Kameradschaft sie nicht länger zusammen! Keine Macht mehr hatte der Befehlshaber über die Mannschaft! Die ungefähr hundert noch Überlebenden trennten sich in zwei wahrscheinlich gleiche Teile. Der eine mit den Schwächeren wollte zu den Schiffen zurückkehren, wo man wenigstens vor Wind und Wetter geschützt war und noch Lebensmittel fand. Der andere zog mit dem dritten Walfischboot längs der Südküste weiter und hoffte, dann zum Festland hinüber und nach dem Großen Fischflusse zu gelangen. Zweifellos beabsichtigten diese, sobald sie Hilfe gefunden, zu ihren Kameraden zurückzukehren.

Verzweifelt muß die Wanderung der Zurückkehrenden gewesen sein; verzweifelt auch der Marsch derer, die weiterzogen. Von den ersteren weiß man so gut wie nichts. Die letzteren schleppten sich, ihre schweren Schlitten ziehend, müden Schritts weiter, bis sie einer nach dem andern zusammenbrachen. Niemand dachte mehr daran, die Leiche des Kameraden zu begraben; eines Sterbenden wegen konnte man sich nicht aufhalten! Jeder hatte für sich selbst genug zu sorgen. Einige starben im Gehen; dies sah man später an Skeletten, die man, auf dem Gesicht liegend, fand.

Vergeblich schleppten die Überlebenden ihre Munitionskisten mit, ohne auch nur einen Schuß abfeuern zu können, denn keine Spur von Wild kommt im Mai und Juni auf der Insel vor.

Immer weniger wurden derer, die das Boot über Schnee und Eis hinweg noch ans Land ziehen konnten. Nun warteten sie auf offenes Wasser, um über den Sund aufs Festland hinüberzukommen. Anfang Juli pflegt das Eis aufzubrechen, und jedenfalls sind die Überlebenden in dieser Zeit dort übergesetzt, denn das Boot wurde später in einer Bucht, die jetzt die »Todesbai« heißt, gefunden. Hätte man später dort nur das Boot aufgefunden, so wäre es ebensogut möglich gewesen, daß Wind und Wellen es dorthin verschlagen hätten; aber die Skelette im Boot und am Strand und allerlei Ausrüstungsgegenstände zeigten, daß das Boot bei der Überfahrt und beim Landen bemannt gewesen war. Viele Momente dieser verhängnisvollen Wanderung sind ewig dunkel geblieben. Warum schleppten sie die schweren Walfischboote zwei Monate lang überhaupt mit, da sie doch schon im vorigen Jahr, auf dem Ausflug kurz vor dem Tode des Admirals, das Festland im Süden gesehen haben mußten? Der Sund ist an seiner schmalsten Stelle nur zehn Kilometer breit, und sie hätten ihn an jeder beliebigen Stelle auf dem Eis überschreiten können! Nie wird sich das Rätsel lösen, denn alle, alle starben, und nicht ein einziges Blatt aus einem Tagebuch hat sich gefunden! – –

Als Nachrichten von Franklin gänzlich ausblieben, sandte man schon nach zwei Jahren die erste Entsatzexpedition aus. Im Herbst 1850 waren fünfzehn Schiffe auf der Suche; am tapfersten und energischsten war Franklins Gattin, die jahrelang die Hoffnung auf ein Wiedersehen nicht aufgab! Sie opferte ihr ganzes Vermögen der Entsatzarbeit, und die Regierung gab im Laufe von sechs Jahren sechzehn Millionen Mark für Hilfsexpeditionen aus! Alles vergeblich! Denn das Unglück war ja längst geschehen. Eine Expedition, die schon 1848 abging, blieb im Eise stecken und kam auf einen ganz eigentümlichen Einfall, um die in Not Befindlichen, wo sie auch sein möchten, von ihrer Nähe zu benachrichtigen. Man fing gegen hundert Bergfüchse, versah sie mit Messinghalsbändern, auf die ein kurzer Bericht über die Lage des Hilfsschiffes eingeritzt worden war, und ließ sie dann wieder laufen!

Im Jahre 1854 wurden die Namen Franklins, Croziers und der übrigen Teilnehmer aus der Personalliste der englischen Marine endgültig gestrichen. In Franklins Geburtsstadt wurde ihm ein Denkmal gesetzt, und in der Westminsterabtei, wo Englands Helden schlummern, errichtete man ihm einen marmornen Denkstein mit den Worten des Dichters Alfred Tennyson:

»Nicht hier! Im eisigen Arm du weilst
Des Pols – ein Mann, ein Held.
Zu einem andern Pol du eilst
Dort oben am Himmelszelt« –

Ein berühmter Polarreisender, Julius Payer, der Franz-Joseph-Land im Osten Spitzbergens entdeckte, hat ein Bild gemalt, das er »Die Todesbai« benannte. An einer öden Küste mitten in Eis und Schnee liegt ein aufs Land gezogenes Walfischfängerboot, und zwischen dem umhergestreuten Gepäck ruhen die Leichen mehrerer Seeleute. Im Innern des Bootes liegen andere Leichen in den verschiedensten Stellungen, die Züge in Verzweiflung und Entsetzen erstarrt! Einer liegt vornüber gebeugt auf einer offenen Bibel, deren Blätter die linke Hand krampfhaft zusammenknüllt. Am vorderen Ende des Bootes kniet ein Mann, der letzte Überlebende, Kapitän Crozier. Mit kaltblütiger Ruhe hält er seine Flinte bereit; zwei Eisbären nähern sich; vor ihnen will er sich und seine toten Kameraden beschützen! –

Der Bericht der Eskimos

Dreißig Jahre nach dem Untergang der Franklin-Expedition begab sich Leutnant Schwatka nach dem Norden, um die Lösung des Rätsels zu suchen. Mehrere der Verunglückten mußten ein Tagebuch geführt haben – *eines* genügte, um alles zu erfahren.

Schwatka suchte zuerst die Eskimostämme auf, die sich auf ihren sommerlichen Jagdreisen dem King-William-Land am meisten nähern. Bei vielen fand er Gegenstände, die der Expedition gehört hatten. Am merkwürdigsten aber waren die Erzählungen alter Eskimos.

Eine alte Frau war mit ihrem inzwischen verstorbenen Mann und zwei anderen Familien nach King-William-Land gezogen, um Robben zu fangen. Voll Verwunderung und Furcht hatten sie eines Tages eine Schar Fremder erblickt, die ein Boot hinter sich herzogen. Zuerst wollten sie die Flucht ergreifen, aber als einer der Fremden schnell auf sie zugegangen war, hatten sie nicht weglaufen mögen. Man verständigte sich durch Zeichensprache, und die Eskimos begriffen, daß die Männer weiße Seeleute eines gescheiterten Schiffes waren. Entsetzlich verhungert und mager hätten sie ausgesehen und schwarze Ringe um Augen und Mund gehabt. Vier Tage blieben die Eskimos bei ihnen, teilten mit ihnen das Fleisch eines Seehundes und erhielten als Entgelt ein Messer. Die Weißen brachten die Nächte teils in dem Boot, teils in einem kleinen Zelt zu. Lebensmittel hatten sie nicht. Einer der Männer sei hochgewachsen gewesen, so berichtete die Eskimofrau, und habe einen graugesprenkelten Bart gehabt; ein anderer sei »Doklut« – Doktor – genannt worden und habe eine weiße Brille getragen, die übrigen jeder eine dunkle. Dann wurden die Eskimos vom Eisgang überrascht und mußten den ganzen Sommer über auf der Insel bleiben. Während dieser Zeit verloren sie die Fremdlinge aus dem Gesicht.

Im nächsten Jahr kehrten dieselben Eskimos nach der Südküste der Insel zurück und fanden dort ein Zelt, vor dem mehrere Leichen lagen; nur zwei waren mit Sand und Steinen bedeckt, und auch drinnen im Zelt lagen mehrere Tote in den Betten, völlig angekleidet mit Stiefeln an den Füßen und mit ihren Decken zugedeckt. Die im Freien liegenden Leichen waren von den noch Lebenden hinausgetragen worden. Messer, Löffel, Uhren, Papiere, Werkzeuge und noch anderes, was im Zelte herumlag, nahmen die Eskimos mit.

Andere Eskimos erzählten, daß sie auf dem Festland ein Boot mit mehreren Gerippen gefunden hätten; wie viele, hatten sie vergessen; neben dem Boot hatten vier Tote gelegen. Nur einer der Umgekommenen hatte noch Haut und Haar, und sein Haar war hellblond; er konnte erst einige Monate tot gewesen sein. An seiner Hand steckte ein Ring, in den Ohrläppchen saßen Ohrringe, und seine Uhr war an einer Kette befestigt. Neben ihm lag eine blaue Brille. Alle Wertsachen, die im Boot lagen, nahmen die Eskimos an sich, darunter eine Säge, Tonpfeifen, Segelleinwand, Kleidungsstücke, einen Kompaß, eine Tabaksdose und eine Blechkiste mit Büchern. Die Bücher gaben sie ihren Kindern zum Spielen, und im Lauf der Jahre waren sie zerrissen worden. Zweifellos waren das die kostbaren Logbücher mit allen während der drei Jahre gemachten Beobachtungen und den eingezeichneten Karten – Papiere, für die England mehrere Millionen gezahlt hätte!

Schließlich berichtete noch ein älterer Mann, daß er und seine Stammesgenossen vor etwa dreißig Jahren in der Nähe der Festlandsküste ein in einem großen Eisfelde eingeschlossenes Schiff gefunden hätten. Es sei Herbst gewesen, als sie das Schiff gesehen hätten, und sie hätten auch Menschenspuren im Schnee erblickt. Im nächsten Frühjahr hätten sie sich wieder nach dem Schiff begeben, aber keine Spur einer Besatzung mehr gefunden, und an Bord sei es grabesstill gewesen. Wahrscheinlich war das ganze Deck vom vorigen Winter her noch hoch voll Schnee, und die Eskimos, die noch nie an Bord eines Schiffes gewesen waren, hatten nicht gewußt, wie hineinkommen. Auf ihr Klopfen und Poltern hatten sie keine Antwort erhalten, und die Schiffsluken hatten sie nicht gefunden. Da hatten sie mit Beilen ein Loch in die Schiffsseite gehauen und waren durch dieses Loch vorsichtig hineingekrochen. Drinnen war es pechfinster und totenstill. Aber sie faßten Mut und suchten in den Gängen und Kabinen umher. Nur in einer Koje hatten sie die Leiche eines Mannes gefunden. Neben ihm auf einem kleinen Tisch hatte eine Blechkanne mit einigen Fleischstücken gestanden. Als dann das Eis im Laufe des Sommers aufbrach, füllte sich das Schiff durch das in den Rumpf gehauene Loch und ging unter. Andere Eskimos bestätigten diesen Bericht. Aber welches der beiden Schiffe es war, ob »Erebus« oder »Terror«, die »Unterwelt« oder der »Schrecken«, das so untersank, das weiß man nicht.

Und wer war dieser Einsame im Innern des Schiffes? Man schaudert bei dem Gedanken an sein Schicksal. Er war der Letzte jener fünfzig, die von der Terror-Bai nach den Schiffen zurückkehrten. Alle Kameraden waren tot, nur er hatte noch die Kraft behalten, sich zu dem Schiffe hinzuschleppen. In den Kajüten lag alles noch so unordentlich umher, wie man es vor zwei Monaten beim Abzug zurückgelassen hatte. Der Letzte der Mannschaft suchte Proviant zusammen und trug ihn in seine Kabine. Decken waren reichlich vorhanden, ein bequemes Bett konnte er sich noch herrichten. Der Sommertag näherte sich seinem Ende.

Immer länger blieb die Sonne unter dem Horizont. Er ahnte nicht, daß draußen auf dem Eis Eskimos das Schiff betrachteten, aber nicht an Bord zu kommen wagten! Und doch war er zwischendurch auch auf Deck und auf dem Eise gewesen und hatte vergeblich nach Hilfe vom Lande her ausgeschaut. Dann kam wieder die Dämmerung, und ihr folgte wieder die lange Nacht. Da blieb er in seiner Kabine, horchte angestrengt, aber er hörte nichts als den Wind im Takelwerk und in den vereisten, klirrenden Tauen, oder das seufzerartige Knarren des Schiffsrumpfes, den das Eis zusammenpreßte. Furchtbarer als irgendein Kerker muß dieses völlige Alleinsein auf dem verlassenen Schiff gewesen sein! Und doch brachte es ihn nicht zum Wahnsinn! Der Letzte der Überlebenden erwartete ruhig seine letzte Stunde; ein vierter Winter war ihm zuviel und die Zeit bis zum nächsten Sonnenaufgang zu lang. Als dann der Tag wieder leuchtete, der das Eis schmolz und das Schiff aus seiner dreijährigen Gefangenschaft befreite, versank es mit seinem Helden in der salzigen Tiefe. –

An der Ostküste Grönlands

Den Nordpol, das Ziel so zahlreicher Entdeckungsfahrten, umgibt ein so dichter Kranz ungelöster geographischer Probleme, daß jede Expedition, die bei dem ewig wechselnden Zustand des Polareises von ihrer Route meist völlig abgetrieben wird, doch mit einer Fülle neuer wissenschaftlicher Resultate heimkehrt und, wenn sie auch nicht den Nordpol erreicht, doch bei sorgfältiger wissenschaftlicher Arbeit zu unserer Kenntnis der Polargegend wichtige Beiträge liefert. Das gilt auch von der deutschen Nordpolexpedition, die in den Jahren 1869 und 1870 auf Betreiben des berühmten deutschen Geographen August Petermann unternommen wurde und das Verdienst hat, an der Ostküste Grönlands, der größten Insel der Welt und der Heimat der Eskimos, die auf der Landkarte als ein langer weißer, nur an den Rändern gefärbter Zipfel vom Nordpol herabhängt, weite Gebiete erschlossen zu haben.

Grönland, dessen Inselcharakter erst durch die neuesten Entdekkungsfahrten besonders des Amerikaners Peary festgestellt wurde, verdankt seine Entdeckung und erste Besiedelung im zehnten Jahrhundert den Norwegern, deren Kolonien an der Westküste sich bis in das 14. Jahrhundert hinein in blühendem Zustand erhielten. Schon um das Jahr 1000 wurde in Grönland von Norwegen her das Christentum gesetzlich eingeführt, und von 1126 ab läßt sich bis zum Reformationszeitalter hin die Reihe der grönländischen Bischöfe verfolgen. Der lebhafte Schiffsverkehr, der in jenen frühen Jahrhunderten zwischen Grönland, Island und Norwegen bestand, nahm aber mit dem Verfall der norwegischen Kolonien im 13. Jahrhundert ab, und um die Mitte des 15. Jahrhunderts war alle Verbindung Grönlands mit der zivilisierten Welt wieder unterbrochen. Erst im Zeitalter der nordischen Entdeckungsreisen, also vom 16. Jahrhundert ab, mußte diese ungeheure Insel stückweise aufs neue entdeckt werden, und im 17. Jahrhundert wurde die grönländische Küste von deutschen und holländischen Walfischfängern, den sogenannten Grönlandfahrern, häufig besucht. Immer aber war die Westküste Grönlands das Ziel der Walfischfänger und Entdeckungsreisen, da die Ostküste durch den unermeßlichen Strom des vorübertreibenden Polareises wie hinter einem sichern Bollwerk völlig unzugänglich erschien. Erst zu Ende des 18. und besonders im 19. Jahrhundert drang die geographische Forschung auch hier siegreich vor, und der Erfolg der deutschen Expedition lockte eine große Zahl der Polarfahrer zu dieser Ostküste Grönlands hin, die heute in ihren wesentlichen Konturen als bekannt gelten darf.

Mit zwei Schiffen, dem Dampfer »Germania« und dem Segelschiff »Hansa«, stach die deutsche Expedition am 15. Juli 1869 von Bremerhaven aus in Gegenwart des Königs Wilhelm von Preußen in See. Aber bereits Mitte Juli wurden die beiden Schiffe, als sie eben die Kante des Polareises erreicht hatten, voneinander getrennt. Der »Germania« glückte es, sich bis zur grönländischen Ostküste durchzuarbeiten; sie erreichte am 5. August 1869 Land und drang am 12. August bis zum Breitengrad 75° 17′ vor, wo das Eis die Weiterfahrt verbot. Sie zog sich zunächst nach der Südseite der Shannon-Inseln zurück, um diese wissenschaftlich zu untersuchen, und traf dabei auf Moschusochsen, deren Vorkommen an der Ostküste Grönlands bis dahin noch unbekannt war. Da sich die Eisverhältnisse auch weiterhin ungünstig gestalteten, legte sich die »Germania« in einen kleinen Hafen an der Südseite der Sabine-Insel ins Winterquartier und, da auch die Herbststürme keine Bewegung des Eises mit sich brachten, blieb die Expedition zehn Monate an dieser Stelle, um auf Schlitten- und Bootfahrten eine Reihe noch völlig unerforschter Küstenstrecken zu erkunden.

Sie hatte sich einen vorzüglichen Hafen zur Überwinterung ausgesucht, der durch vorgelagerte Berge vor den rasenden Nordstürmen geschützt war und vom Treibeis ganz unbehelligt blieb, und dank der weitsichtigen Vorsorge des trefflichen Kapitäns Koldewey und seiner vier wissenschaftlichen Mitarbeiter Dr. Börgen, Oberleutnant Payer, Dr. Copeland und Dr. Pansch, gestaltete sich diese zehnmonatige arktische Überwinterung im »Germaniahafen« zu einem ganz anheimelnden Idyll.

Auf dem nahen Festland der Sabine-Insel wurden der Hauptteil des Proviants aufgestapelt und zwei Observatorien errichtet, ein astronomisches und ein meteorologisches. Das Deck der »Germania« wurde mit einem dichten Zelt bedacht und mit einer Moosschicht belegt, was aber nicht davor schützte, daß bei tagelangen heftigen Stürmen der Schnee durch alle Ritzen drang und das Deck fußhoch bedeckte. Die Kajüte wurde mit Filz, Wollstoff und Segeltuch ausgeschlagen, eine sinnreiche Ventilation für die Räume unter Deck angebracht und beizeiten Trinkwasser aus den sprudelnden Bächen der nahen Küste herbeigeschafft. Das Schiff umgab man mit einer Brustwehr mächtiger Eisblöcke, und ein Zaun, ebenfalls mit Eisblöcken, führte zu den Observatorien. Um den Stand der Flut zu beobachten und bei Feuersgefahr gesichert zu sein, wurde stets ein Loch in der Eisdecke offengehalten, eine Vorsicht, die sich bei einem im Laufe des Winters ausgebrochenen Feuer in der Kajüte glänzend bewährte.

Bis in den November hinein wurden diese Vorbereitungen durch prächtiges klares Winterwetter unterstützt. Dann setzte allmählich starker Frost ein, die Tage wurden kürzer, am 6. November verschwand die Sonne, und die dreimonatige Polarnacht sank auf die »Germania« und ihre siebzehn Bewohner herab. Bis zur Wiederkehr des Tageslichts war die Besatzung auf das Schiff und seine nächste Umgebung beschränkt. Die Bedienung der Observatorien, die mehrfach der Gewalt der Stürme und der Neugier der Eisbären zum Opfer fielen, und die Ausführung der übrigen wissenschaftlichen Beobachtungen waren nach Stunden genau geregelt, und allein der peinlichen Gewissenhaftigkeit in Befolgung dieser Vorschriften war es zu verdanken, daß das vorhin erwähnte, im Hinterdeck ausbrechende Feuer rechtzeitig bemerkt wurde. Zur Beschäftigung der Mannschaft richteten die Gelehrten der »Germania« eine Navigationsschule ein, in der nautische Wissenschaften, Geographie, Astronomie und Physik gelehrt wurden, und selten wohl hat man in einem Schiffslogis so viel von Plus und Minus, von Potenz und Wurzel reden gehört, als in der Kajüte der deutschen Polarfahrer! Sogar eine »Ostgrönländische Zeitung« wurde gegründet; sie erschien alle vierzehn Tage in zwei handschriftlichen Exemplaren, enthielt allerlei Scherze, Gedichte, Ansprachen und »offizielle Bekanntmachungen« und trug zur Winterunterhaltung nicht wenig bei. Zum Weihnachtsfest baute der Zimmermann einen künstlichen Tannenbaum, dessen Zweige mit den grünen Schößlingen der unter dem Schnee gedeihenden Pflanze Andromeda lieblich geschmückt wurden; auch den Silvesterabend beging man mit Rheinwein, Musik, Gesang und Tanz auf dem Eise.

Am 3. Februar 1870 kehrte die mit Jubel begrüßte Sonne zurück, und bald hatte man wieder volle Arbeitstage ohne das ermüdende Lampenlicht. Damit hörte aber auch das gemütliche Leben an Bord auf, und die Mannschaft verteilte sich zu Schlittenfahrten, die ihren Mut und ihre Ausdauer auf die härtesten Proben stellten. Bei der völligen Unbewohntheit der Küste waren Hundeschlitten oder Renntiere nicht zu beschaffen; man mußte also die Schlitten mit Gepäck und Proviant selbst über Eisberge und Schneefelder ziehen. Gleichwohl gelang es den deutschen Pionieren, auf fünf solcher Schlittenreisen fast tausend Seemeilen unbekannten Gebietes zu durchqueren. Das Furchtbarste waren dabei die Schneestürme, die oftmals tagelang die Teilnehmer einer Schlittenexpedition in ihr enges Zelt festbannten und Zeitverluste verursachten, die bei dem knappen Proviant oft lebensgefährlich wurden.

War der Tagesmarsch beendet, meist mit Eintritt der Finsternis, dann wählte man eine geeignete Stelle am Strand oder eine Eisfläche als Lagerplatz. Kleinere Schneelagen wurden mit dem Fuße weggestreift, scharfkantige festgefrorene Blöcke mühsam beseitigt, größere manchmal mehr als hundert Schritt weit herangeschleppt, um die Zelttaue daran zu befestigen, eine Arbeit, die bei Sturm und bis zu zwanzig Grad Kälte einige Überwindung kostete! War der Schlafsack im Innern des Zeltes ausgebreitet, das Gepäck geordnet, vom Koch der Kessel mit Schneeblöcken vollgestopft, die Lampe angezündet und die Abendration ausgeteilt, dann konnten auch die andern Gefährten, die mittlerweile in der zunehmenden Kälte empfindlich froren, das Nachtquartier beziehen. Die Öffnungen des Zeltes wurden mit Haken geschlossen, und man traf die Vorbereitungen für die Nacht.

Die an die Strümpfe angefrorenen steifen Segeltuchstiefel müssen als Kopfpolster dienen, sie werden mit der Hand aufgetaut und mühsam losgerissen, drauf die schneebereiften Strümpfe ausgezogen, abgeschabt und auf der Brust verwahrt, um durch die einzige Wärmequelle, die eigene Körperwärme, für den nächsten Tag getrocknet zu werden. Endlich haben sich alle in den Schlafsack hineingezwängt, jeder liegt teilweise auf seinem Nachbar und harrt, auf den bescheidensten Raum beschränkt, des Abendbrots. Der Wind drückt die Wände des Zeltes tief ein und verringert den beengten Raum noch mehr. Durch das Gewebe, aus jeder Naht und der kleinsten Öffnung sprüht eine feine Schneekörnerflut und ergießt sich ununterbrochen wie Mehl aus der Mahlmaschine auf den Schlafsack. So oft auch die Schneelage mit dem Messer weggeschabt wird, bildet sie sich von neuem. Oft auch schmilzt der Schnee bei der Temperaturerhöhung im Zelt und dringt bis auf die Haut.

Mit einem an Stumpfsinn grenzenden Gleichmut warten die Kameraden, dicht gedrängt, hockend, mit erstarrenden Händen die Handschuhe oder Strümpfe ausbessernd, vermummt, den Bart voll Eis, in diesem Chaos gefrorener Kleidungsstücke und Stiefel. Der Kochtopf ist leck geworden, die Spirituslampe rinnt und bedroht das Zelt mit Feuersgefahr; seine Vernichtung wäre bei dem wütenden Sturm das Werk eines Augenblicks. Der Koch klagt, er verbrenne sich heute die Finger, die er gestern erfroren hat; seine Tätigkeit ist einer stetigen Kritik unterworfen, zu der der allgemeine Hunger reizt. Jeder wartet mit Ungeduld auf das fertige Essen; fröstelnd zusammengekauert ruft wohl einer: »Peter, kakt (kocht) et bald, du hest ja woll Snee in den Spiritus dahn!«

Worauf Peter antwortet: »Hol de Näse! Hest du nich töben (warten) leert?«

Alle Lebensmittel sind steinhart gefroren, Büchsenfleisch oder Schinken wird mit dem Beil zerschlagen, Butter läßt sich unbedenklich in der Westentasche unterbringen, um während des Marsches gefroren gegessen zu werden, denn das Thermometer in der inneren Rock- und Hosentasche zeigt gewöhnlich noch sechs bis zehn Grad Kälte!

Endlich ist nach zwei Stunden das Abendmahl fertig und wird gierig und möglichst heiß verschlungen. Die Dampfentwicklung während des Kochens macht, daß man wie in einem Dampfbad von seinem Nachbarn kaum etwas sieht, die Zeltwände werden gänzlich durchnäßt, die Feuchtigkeit der Kleider nimmt zu, eine Öffnung der Zelttür führt sofort Schneefall herbei, und nach Beendigung des Kochens ist alles vereist oder mit einer dicken Schneekruste belegt.

Die geringe Ration einer aus Hülsenfrüchten und gekochtem Rindfleisch bereiteten Suppe kann den täglich wachsenden Hunger nicht stillen, der Schlaf muß ihn vergessen machen ebenso wie den brennenden Durst.

Zuletzt hat sich auch der Koch, nachdem er den Kessel ausgekratzt hat, einen Platz im Schlafsack erobert, und die größte Dichtigkeit seiner Bevölkerung ist erreicht. Die Seitenlage ist die einzig mögliche, heute liegen alle links, morgen alle rechts; Sondergelüste, wie etwa Rückenlage, erfahren gemeinsamen Protest, so wie jede Bewegung, sobald der Zustand allgemeiner Erstarrung angenommen ist. Aus acht Menschen ist ein einziger Klumpen geworden!

Morgens um 5 Uhr wird wieder aufgebrochen; der dünne schwarze

Kaffee ist mit eiskaltem Brotstaub zu einem Brei vermengt. Die gefrorenen Stiefel werden mit der Hand aufgetaut, ihre Falten und ihr Inneres vom Schnee befreit, ebenso das Zelt, das völlig steif geworden ist und erst biegsam geklopft werden muß. Ebenso der Schlafsack, der wegen seiner durch die Beeisung täglich wachsenden Last den Spitznamen »Walroß» erhalten hat. Die durchnäßte Seehundskleidung gefriert im Freien sofort, und an den Haaren bilden sich dichte Frostblüten. Dieser oder jener reibt sich mit geschabtem Schnee das Gesicht ab, um die Augen zu erfrischen; eine andere Art sich zu waschen verbietet der Wassermangel. Schlitten und Zelt werden aus den Schneewehen ausgegraben, und endlich nach zwei Stunden kann jeder nach den Zugsträngen greifen, der sehnsuchtsvoll herbeigewünschten Erlösung von der Pein des Nachtlagers!

Ein Glück noch, wenn das Brennmaterial bis zum Schluß einer Schlittenpartie ausreichte. Ging der Vorrat zu Ende, so mußte sich die Mannschaft daran gewöhnen, das rohe, noch warme Fleisch eben erlegter Moschusochsen zu genießen, und der Selbsterhaltungstrieb sträubte sich nicht einmal gegen Haarbüschel, Wolle der Decken vermischt mit Brotstaub, Pfeffer oder Wacholderbeeren!

Bis Mitte Juli wurden diese Schlittenfahrten an der Küste entlang unternommen und dabei der 77. Breitengrad erreicht. Als sich aber das Polareis in Bewegung setzte, mußte die »Germania« suchen, aus ihrem Winterquartier loszukommen. Ein neuer Vorstoß nach Norden erwies sich als unmöglich, und die Expedition benutzte die übrige Zeit der Schiffahrt zur weiteren Erforschung der Küste; dabei entdeckte sie den Kaiser-Franz-Joseph-Fjord, der tief in das Innere Grönlands hineinführte und an großartigen Naturschönheiten mit den romantischsten Alpengegenden wetteifern konnte. Ein Schaden am Dampfkessel setzte dann aber der weiteren Entdeckungsfahrt der »Germania« ein vorschnelles Ziel, und sie konnte von Glück sagen, daß sie mit dem Rest ihrer Dampfkraft aus dem neuentdeckten Fjord wieder herauskam. Am 17. August lichtete sie die Anker zur Heimreise, und nach zwei Tagen mühevollen und aufregenden Hin- und Hersegelns durch den Gürtel des Packeises hörte endlich die Besatzung mit unbeschreiblicher Freude wieder die Brandung des offenen Meeres gegen die Eisschollen toben. Am 10. September schon lief die »Germania« glücklich in die Weser ein und landete am 11. September an ihrem Ausgangspunkt Bremerhaven.

Von Eisbären belagert

Neben den Moschusochsen, die im Gegensatz zu ihrem unheimlichen Äußeren sich entsprechend ihrer zoologischen Zugehörigkeit zu den Schafen als recht harmlos erwiesen, waren den Germanialeuten während ihrer Überwinterung die zahlreichen Renntiere ein sehr willkommenes Wild. Da die Ostküste Grönlands völlig unbewohnt war, zeigten die Tiere nicht die geringste Scheu vor den ihnen fremden Menschen und liefen den Jägern oftmals geradezu in den Schuß. Sogar die Polarfüchse, die häufig das Schiff umstrichen, waren so zahm, daß sie sich mit der Hand streicheln ließen.

Bedenklich und mit dem Fortschreiten des Winters immer gefährlicher wurden aber die Besuche der Eisbären, und die Besatzung der »Germania« hatte ausgiebig Gelegenheit zu beobachten, daß diese Raubtiere keineswegs, wie man früher glaubte, einen Winterschlaf hielten. Immer häufiger zeigten sich die ungebetenen Gäste in der Nähe des Schiffes, aus dessen Innern ihnen allerlei köstliche Gerüche in die Nase stiegen, und es kam schließlich so weit, daß die »Germania« von einem Kreis dieser gefährlichen Raubtiere geradezu belagert wurde und niemand mehr ohne Begleitung das Schiff auch nur auf wenige Schritte verlassen durfte.

Es war am 13. Januar vormittags zu der Zeit, in der die Mannschaft gewöhnlich im Freien beschäftigt war und spazierengehen mußte, als einer der Matrosen namens Klentzer auf eigene Hand den nahen Germaniaberg bestieg, um die Landschaft in dem schon heller werdenden Mittagslicht zu betrachten. Oben angelangt, setzte er sich auf einen Felsen und sang wohlgemut ein Lied in die stille, klare Luft hinaus. Ganz zufällig warf er einmal einen Blick nach rückwärts – da stand nur wenige Schritte entfernt ein mächtiger Eisbär, der sich mit ernster Miene den Fremdling betrachtete. Der Matrose war ein ebenso ruhiger und entschlossener wie kräftiger Mann, und es wäre unter gewöhnlichen Umständen an der Sache nichts Besonderes gewesen; der Bär stand wunderschön zum Schuß und konnte nicht so leicht verfehlt werden, aber – Klentzer war vollständig unbewaffnet und hatte nicht einmal ein Messer!

Unbegreiflich! Nicht wahr? Denn erst vor wenigen Tagen noch war ein Bär bei dem Schiff gesehen worden! Und nur erklärlich durch die dem Matrosen eigene fatalistische Sorglosigkeit und durch den Umstand, daß bis dahin fast alle Bären vor den ungewöhnlichen Erscheinungen der Polarfahrer geflohen und den Matrosen noch keinen rechten Respekt eingeflößt hatten.

Klentzer sieht sich also unbewaffnet und allein, weit von den Kameraden entfernt, dem Bären gegenüber. Flucht ist die einzige, wenn auch sehr zweifelhafte Rettung, und schon kommt ihm der verwegene Gedanke, sich auf gut Glück den steilen Gletscherabfall hinabzustürzen. Doch wählt er lieber den sanfteren Abhang seitwärts und beginnt nun, eiligst den Berg hinabzulaufen. Nach einiger Zeit sieht er sich um – der Bär trottet wie ein großer Hund gemächlich in einiger Entfernung hinterdrein. So geht's eine Zeitlang bergab, so schnell das Terrain es erlaubt. Machte Klentzer einmal halt, so stand auch der Bär still, ging er weiter, so folgte der Bär langsam, und gab er sich wieder ans Laufen, so folgte in demselben Tempo auch der Bär! So waren die beiden schon ein gut Stück vorwärtsgekommen, und Klentzer glaubte sich schon halb gerettet. Da mochte wohl dem Bären die Sache langweilig werden, und er hielt sich jetzt näher an die Fersen des Verfolgten. Das wurde dem Matrosen doch zu unheimlich, und er erhob, um das Tier zu erschrecken und um Hilfe zu erhalten, ein lautes Geschrei, dabei immer vorwärtsrennend. Im ersten Augenblick schien der Bär dadurch etwas verdutzt, dann aber gereizt zu werden, und er rückte dem Fliehenden jetzt so nahe, daß dieser schon den heißen Atem des Ungetüms zu fühlen glaubte. In dieser schrecklichen Lage fiel Klentzer die bekannte Bärengeschichte ein, die er sich gerade vor kurzem erst hatte erzählen lassen, in der der Verfolgte sich dadurch rettete, daß er dem Bären Kleidungsstücke vorwarf, bei deren Untersuchung sich das Tier so lange aufhielt, bis Hilfe herbeikam. Klentzer zieht also, immer laufend, die Jacke aus und wirft sie hinter sich, und siehe da, die List hilft: der Bär bleibt stehen und beginnt eine nähere Untersuchung der Jacke, die er beschnüffelt und hin- und herzerrt. Klentzer faßt neuen Mut, stürzt weiter den Berg hinab und stößt aus voller Kehle ein Geschrei um Hilfe aus, das weithin durch die stille Gegend schallt. Aber nur zu bald ist der Bär ihm wieder auf den Fersen, und Klentzer wirft ihm nun die Mütze, dann die Weste zu, wodurch abermals einiger Vorsprung gewonnen wird. Schon sieht Klentzer, daß Rettung naht und mehrere Kameraden über das Eis herbeieilen. Mit Aufbietung seiner letzten Kraft läuft und schreit er wieder – aber alle Hilfe scheint vergebens, denn eiliger und eiliger naht der Verfolger, und Klentzer muß nun das Letzte, was er noch abgeben kann, seinen Schal, nehmen, den er dem Ungeheuer gerade übers Gesicht wirft. Der Bär jedoch, durch das Geschrei von neuem gereizt, wirft den Schal verachtungsvoll mit einem Ruck des Kopfes zurück und dringt immer begehrlicher auf den Wehrlosen ein, der schon die kalte schwarze Schnauze an seiner Hand fühlt. Jetzt scheint er verloren; der Matrose weiß keinen Rat mehr – da kommt er auf den wunderbaren Gedanken, mit seinem Lederleibriemen dem Tier die Kehle zuzuschnüren! Starr blickt er in die erbarmungslosen Augen der Bestie – eine kurze Pause der Verzweiflung tritt ein, da – wird der Bär stutzig, seine Aufmerksamkeit scheint seitwärts abgelenkt, und im nächsten Augenblick macht er sich in vollem Galopp davon! Das Geschrei der zu Hilfe eilenden Kameraden hatte ihn offenbar erschreckt, und er hielt es für das Klügste, das Weite zu suchen. Klentzer war wie durch ein Wunder gerettet.

Weit schlimmer noch war ein Überfall auf den Astronomen der »Germania« Anfang März. Gegen 9 Uhr abends war Dr. Börgen ins Freie gegangen, um eine Himmelserscheinung zu beobachten und zugleich die meteorologischen Ablesungen zu besorgen. Eben im Begriff ans Land zu gehen, begegnet er Kapitän Koldewey. Die beiden sprechen noch einen Augenblick, worauf der eine zum Observatorium, der andere zum Schiff geht. Auf dem Rückweg vom Observatorium, noch fünfzig Schritt vom Schiff entfernt, vernimmt Dr. Börgen ein Geräusch links neben sich und steht einem auf ihn eindringenden Bären gegenüber. Der Angriff geschah so plötzlich, daß Börgen vom Gewehr keinen Gebrauch machen, ja später nicht einmal sagen konnte, ob sich der Bär aufgerichtet und ihn mit den Tatzen zu Boden geschlagen oder ihn umgerannt habe. Das nächste, was Börgen fühlte, war das Eindringen des Gebisses in die Kopfhaut, die nur von einer dünnen Tuchkapuze bedeckt war. Der Bär bemühte sich, wie er es mit den Seehunden zu tun pflegt, den Schädel seines Opfers zu zerbrechen, doch glitten seine Zähne zuerst knirschend daran ab. Ein lauter Hilferuf verscheuchte die Bestie für einen Augenblick, sie kehrte aber sofort zurück und biß noch mehrere Male in Dr. Börgens Kopf. Daß das Gebiß des Raubtiers nicht zermalmender wirkte, war jedenfalls dem Umstand zuzuschreiben, daß es ein noch nicht völlig ausgewachsenes Tier war. Der Hilferuf war indes vom Kapitän gehört worden. Er eilte auf Deck, alarmierte die Besatzung, und alles stürmte dem bedrängten Gefährten zu Hilfe. Der entstehende Lärm flößte dem Bären Angst ein, und er versuchte nun, sein Opfer, das er am Kopf gefaßt hielt und das sich nur durch ohnmächtige Rippenstöße zu wehren versuchte, in Sicherheit zu bringen. Da erdröhnte ein Schuß, das Tier erschrak, ließ Börgen los und sprang ein paar Schritte zur Seite, doch gleich darauf packte es seinen Arm und dann seine Hand, die in einem Pelzhandschuh steckte. Dieser Aufschub ermöglichte den Verfolgern, sich zu nähern, aber dennoch wäre der Bär mit seiner Beute entwischt, wenn er das Ufer erklettert hätte. Er wandte sich aber längs der Küste, wo in dem unebenen Eis seine Geschwindigkeit erheblich verzögert wurde, während sich die Herbeieilenden auf dem glatten Eis rasch näherten. Immerhin wurde Börgen etwa dreihundert Schritt weit fortgeschleift und durch den Schal, dessen Ende der Bär mit gefaßt hatte, beinahe erdrosselt. Endlich ließ das Untier los, und gleich darauf beugte sich Kapitän Koldewey mit einem »Gottlob, er lebt noch!« über den Körper des Gelehrten.

Wenige Schritte abseits stand der Bär, offenbar noch überlegend, was zu tun sei, bis ihn eine Kugel belehrte, daß es die höchste Zeit für ihn sei, sich davonzumachen. An Verfolgung aber dachte niemand, da es zunächst galt, den Verwundeten an Bord zu schaffen; es dauerte mehrere Wochen, ehe dieser von den zahlreichen Verletzungen, die ihm der Eisbär zugefügt hatte, genesen war.

Zweihundert Tage auf der Eisscholle

Das Schicksal der »Hansa«, die Kapitän Hedemann befehligte, und die in Dr. Buchholz und Dr. Laube zwei wissenschaftliche Mitarbeiter an Bord hatte, war nicht so glücklich wie das der »Germania«. Sie war durch ein mißverstandenes Signal zu weit westwärts gesegelt und saß bald, nachdem sie das Hauptschiff aus dem Gesicht verloren hatte, im Packeis fest, das langsam südwärts trieb. Land zu erreichen war unmöglich, und man mußte sich auf eine Überwinterung im Treibeis gefaßt machen. Mit oder ohne Schiff? Das war die schwierige Frage, von deren Entscheidung das Schicksal der ganzen Besatzung, insgesamt vierzehn Mann, abhing. Undenkbar war es ja nicht, mit dem Eise langsam weiterzutreiben und im Februar etwa bei Island wieder flott zu werden. Aber wie manche Grönlandfahrer früherer Zeit, die gleichfalls mit ihren Schiffen zwischen das Eis der grönländischen Küste getrieben, waren nicht dabei zugrunde gegangen!

Die Eispressungen wurden immer häufiger, und bald mußte man sich auf den Verlust der »Hansa« vorbereiten. Die Boote gaben zu wenig Schutz gegen Sturm, Kälte und Schnee, und zunächst war daher eine passende Unterkunft zu beschaffen. 450 Schritt vom Schiff entfernt suchte man eine feste bruchfreie Stelle im Eise aus, die voraussichtlich nicht so bald bei einer Reibung mit andern Eisfeldern durchbrechen würde, und begann hier den Bau eines Hauses. Backsteine waren die vorhandenen Briketts, ein treffliches Baumaterial, das die Feuchtigkeit aufnahm und die Wärme im innern Raum zurückhielt! Wasser und Schnee waren der Mörtel; je stärker der Frost war, um so besser schritt die Arbeit vorwärts; man brauchte nur in die Fugen und Ritzen zwischen den Kohlensteinen feinen, trockenen Schnee zu streuen und Wasser darauf zu gießen – in zehn Minuten war alles zu einer festen Masse gefroren. Der Dachstuhl wurde aus Segellatten gezimmert und mit Segeltuch und Matten bedeckt, und um dem luftigen Dach mehr Dichtigkeit und Halt zu geben, wurde noch Schnee darüber geschaufelt. Der Fußboden wurde gleichfalls mit Briketts belegt, und in das nach sieben Tagen, am 3. Oktober, vollendete Haus schaffte man Proviant für zwei Monate: Brot, Fleisch, Konserven, Speck, etwas Kaffee, Alkohol, Brennholz und Kohlen. Gleichzeitig wurde auch das Schiff selbst für eine eventuell mögliche Überwinterung vorgerichtet.

Unterdessen trieb die »Hansa« immer weiter nach Südwest. Ein letzter Versuch, zu Fuß zum Lande vorzudringen, erwies sich durch einen der Küste parallel laufenden Wasserarm als undurchführbar. Am 18. Oktober begann dann das Eis seinen Kampf mit dem von ihm eingeschlossenen Schiff. In regelmäßigen Zwischenräumen, wie durch einen gleichmäßigen Wellenschlag hervorgerufen, begann das Pressen und Schrauben der Eismassen, das Dröhnen und Knallen, Quietschen und Pfeifen unter dem Eise. Bald klang es wie das Knarren von Türen, bald wie ein Durcheinander vieler Menschenstimmen, bald wieder wie das Bremsen eines Bahnzuges. Das Eisfeld, in dem die »Hansa« eingebettet lag, hatte sich im Treiben gedreht und drängte nun das Schiff immer stärker an das Küsteneis heran. Die Masten schwankten, und dem Steuermann oben auf seiner Brücke war es oft, als ob ihm jemand nachstiege.

Das war nur das Vorspiel für die Ereignisse der nächsten Tage. Unter Sturm und Schneegestöber setzten die Eispressungen immer stärker ein, allmählich hoben die Eismassen den Vorderteil des Schiffes empor, während der hintere Teil eingeklemmt blieb und den furchtbarsten Druck auszuhalten hatte. Jeden Augenblick konnte die Katastrophe eintreten, und die einzige Zuflucht der Mannschaft war dann das Kohlenhaus auf dem Eise! In größter Eile wurde noch alles aus dem Schiff herausgeschafft, was an Kleidungsstücken, Betten, Brennmaterial und Proviant kostbare Dienste leisten konnte. Als dann die Pressung etwas nachließ, zeigte es sich, daß das Schiff an unzugänglicher Stelle ein Leck erhalten hatte! Alles Pumpen war vergeblich, und die »Hansa« begann langsam zu sinken. Was noch irgendwie von Wert sein konnte und erreichbar war, wurde aufs Eis geschafft; die bisher angelegten wissenschaftlichen Sammlungen und photographischen Aufnahmen aber gingen verloren, die Masten wurden gekappt und samt der ganzen Takelung aufs Eis geschleppt; dann wurden die Leinen gelöst, mit denen der Eisanker die »Hansa« noch am Felde festhielt, damit nicht die Scholle selbst durch das sinkende Schiff zertrümmert wurde. Ringsum häufte sich ein chaotisches Durcheinander der verschiedensten Dinge, schwach belebt durch Gruppen mit dem Tode kämpfender, vor Frost zitternder Ratten, die das Wasser aus dem Schiffsinnern getrieben hatte, und in der Nacht vom 21. zum 22. Oktober versank die »Hansa« in den eisigen Fluten! –

Jetzt galt es, sich in dem Kohlenhause einigermaßen wohnlich einzurichten. Das undichte Segeltuchdach wurde durch ein Plankendach ersetzt, und um Luft und Licht in die schwarze Wohnung einzulassen, wurden zwei Klappfenster im Dache angebracht, die aber den größten Teil des Tages über das Lampenlicht nicht entbehrlich machten. Zu beiden Seiten des Mittelgangs wurden Pritschen zum Schlafen errichtet und gegen das Festfrieren der Kopfkissen an die Wand Holzfütterungen angebracht. Zwei Öfen sorgten für ausreichende Heizung. An den mit Segeltuch überzogenen Wänden wurden Borde angebracht, auf denen Bücher, Instrumente und Kochgeschirr Platz fanden; die Schiffskisten dienten als Tische und Bänke. Der goldene Spiegel aus der Kajüte prangte an der hinteren Wand, darunter ein kostbares Barometer und die Uhr. Der größte Teil des Proviants und Brennmaterials wurde von der Stelle, wo die »Hansa« eingebrochen war, herbeigeschafft und bei dem Hause aufgestapelt. Da der Schnee bald die Höhe der Hauswände erreichte, wurde rings um die Wohnung ein vier Fuß breiter Gang gegraben und mit Segeln gedeckt. Das war die Speisekammer. Ein für etwa zwei Monate reichender Teil des Proviants wurde in die Boote gepackt, die alle paar Tage aus dem Schnee ausgegraben werden mußten. Eine Fallreeptreppe diente zum Hinabsteigen in das Haus, das wie ein Fuchsbau kaum mit dem Dach aus dem Schnee hervorragte, und um Schnee und Wind von diesem Eingang fernzuhalten, wurde noch eine Vorhalle mit einem gewundenen Gang im Schnee ausgeschaufelt, deren Dach ebenso konstruiert war wie das der Vorratsräume. –

Mit der Vernichtung der »Hansa« schien die Kraft des Eises erschöpft zu sein; die Eispressungen hatten aufgehört, und das Eisfeld mit dieser wunderbaren Ansiedlung trieb langsam die Eisküste Grönlands entlang, bald dem Lande näher, bald weiter davon ab, eine Bewegung, die jedenfalls in Ebbe und Flut ihre Ursachen hatte. Die pittoresken Bildungen der grönländischen Felsenküste waren meist deutlich zu erkennen, ohne daß sich aber eine Möglichkeit zeigte, sich auf sie hinüberzuretten.

Die vierzehn Ansiedler hatten natürlich bald begonnen, ihre

schwimmende Eisinsel zu durchforschen, wie ehedem Robinson sein Eiland. Sie zeigte nach allen Richtungen ziemlich den gleichen Durchmesser von etwa zwei Seemeilen und hatte über dem Wasser eine Höhe von fünf Fuß, woraus erfahrungsgemäß auf eine Unterwasserstärke des Eises von weiteren vierzig Fuß zu schließen war. Im übrigen bot sie nur das Bild eines gleichmäßig mit Schnee bedeckten, ebenen Feldes, und wenn man sich von dem tief im Schnee vergrabenen Hause entfernte, so verschwanden bald alle Merkzeichen der Ansiedlung bis auf die dunklen Punkte der beiden Schornsteine, der nach jedem Schneegestöber wieder freigelegten Boote und des Mastes mit der flatternden norddeutschen Flagge! Einen abschreckend wilden Anblick aber boten die Ränder des Eisfeldes, namentlich im Westen und Nordosten. Die Reibungen und Pressungen mit antreibenden Schollen hatten hier Mauern bis zu zehn Fuß Höhe aufgetürmt. Im Sonnenschein glitzerten die Schneekristalle wie Millionen Diamanten. Abend- und Morgenrot ließ die weißen Flächen fahlgrünlich erscheinen. Die Nächte waren prachtvoll hell, so daß man die feinste Schrift ohne Mühe lesen konnte. Und Nordlichter erschienen fast in jeder Nacht, oft so intensiv leuchtend, daß der Glanz der Sterne zurücktrat und die Gegenstände auf dem Eise Schatten warfen.

In dieser märchenhaften Eiswelt entwickelte nun das kleine Häuflein Schiffbrüchiger eine emsige, geregelte Tätigkeit, das einzige Mittel, um sich über das zum Verzweifeln träge Hinschleichen der Tage, Wochen und Monate hinwegzubringen. Morgens um 7 Uhr weckte die letzte Nachtwache die Kameraden, die sich schnell in ihre Wollkleider warfen, mit geschmolzenem Schneewasser wuschen und ihren Morgenkaffee mit Hartbrot zu sich nahmen. Dann ging jeder an seine Beschäftigung: Anfertigung von allerlei noch fehlenden nützlichen Geräten, Segelnähen, Holzspalten, Herstellung neuer Kleider, Tagebuchführung und Lektüre. Bei klarer Luft wurden astronomische Beobachtungen angestellt und die nötigen schriftlichen Berechnungen gemacht. Um 1 Uhr ging es zum Mittagessen, dessen wesentlicher Bestandteil eine kräftige Fleischsuppe bildete, und die reichlich vorhandenen Konservengemüse sorgten für häufige Abwechslung der Beigerichte. Salzfleisch und Speck wurden wenig genossen; der Speck der erlegten Walrosse, deren Jagd die Männer häufig beschäftigte, wurde meist nur als Brennmaterial verwendet. Hin und wieder lieferte ein neugieriger Eisbär köstliche Braten in die Küche. Mit Spirituosen wurde sehr sparsam umgegangen; nur des Sonntags gestattete man sich ein Glas stärkenden Portweins. Der Gesundheitszustand der Mannschaft blieb denn auch ungewöhnlich gut.

Ohne ernstere Gefahren ging der Dezember 1869 dahin. Das Weihnachtsfest wurde nach heimischer Sitte festlich begangen; die Matrosen hatten aus Tannenholz und Besenreisern einen kunstvollen Christbaum hergestellt und den Kapitän sogar mit selbstgefertigten Geschenken überrascht. Ebenso wurde Silvester mit Gewehrsalven und einem fröhlichen Punsch begangen, und wenn jemals Glückwünsche zum neuen Jahr bei klingenden Gläsern tiefernst gemeint waren, so hier in der hellen Polarnacht auf der treibenden Eisscholle der deutschen Hansafahrer! –

Mit einem furchtbaren Unwetter setzte aber das Jahr 1870 am 2. Januar ein. Schon am Vormittag dieses Tages glaubten der Kapitän und die Offiziere ein eigentümliches Geräusch zu hören, wie wenn jemand mit dem Fuß auf dem Boden scharrte. Als sich am Nachmittag die Mannschaft eben zur Mittagsruhe niedergelegt hatte, ertönte dasselbe Geräusch, aber weit stärker. Es war ein Scharren, Poltern und Knistern, ein Sägen, Ächzen und Knarren, als ob unheimliche Geister unter der Scholle ihr Wesen trieben. Betroffen sprang alles auf und stürzte hinaus; jedenfalls war das Proviantlager rings um das Haus eingestürzt. Doch nichts war zu entdecken, und draußen konnte man im Schneesturm keine zehn Schritte weit sehen. Aber zwischen dem Wüten des Sturmes immer wieder dieses Schieben und Knirschen des Eises, und wenn man das Ohr gegen den Boden drückte, war es, als ob Wasser unter der Scholle durchriesele. Kein Zweifel, das Eisfeld begann zu bersten oder an den Kanten abzubröckeln, und ein Augenblick konnte über Leben und Tod der vierzehn Menschen entscheiden!

In dieser furchtbaren Lage verbrachten die in Schnee und Eis fast Begrabenen zwei endlose Tage. Als dann das Unwetter ausgetobt hatte und am Morgen des 4. Januar die Luft wieder klar war, sahen die Ansiedler mit Entsetzen, daß die Form ihrer Eisinsel sich verändert hatte und ihr Durchmesser jetzt höchstens noch eine Seemeile betrug! Das Kohlenhaus lag nach drei Seiten hin nur zweihundert Schritte von dem Rand der Scholle entfernt, nach der vierten Seite noch tausend Schritte gegen dreitausend vorher! Dabei waren die Ränder des Eisfeldes so mit Trümmereis bedeckt und mit Schnee überweht, daß an ein Hinüberschaffen der Boote und an eine Rettung zur nahen Küste nicht zu denken war. Die Hansamänner waren und blieben Gefangene des unerbittlichen Eises! Am 11. Januar stürzte frühmorgens der wachhabende Matrose mit dem Alarmruf »Alle Mann klar!« ins Haus. Ein unbeschreibliches Getöse wütete in der nächsten Nähe. Aufs neue begann das Eisfeld auf allen Seiten abzubröckeln, etwa fünfundzwanzig Schritte vom Hause entfernt klaffte plötzlich eine Eisspalte, das abgelöste Stück erhob sich haushoch und trieb mit dem aufgestapelten Brennholz in die tobende See hinaus. Die wieder verkleinerte Scholle mit dem Kohlenhaus hob und senkte sich, und abermals schien der letzte Augenblick der Ansiedler gekommen! Sie nahmen voneinander Abschied und verteilten sich bei zweien ihrer Boote in zwei Gruppen. So standen und kauerten sie einen ganzen Tag, der letzten Katastrophe gewärtig. Aber wie durch ein Wunder hielt gerade der Teil der Scholle, auf dem sie sich angesiedelt hatten, noch zusammen. Am Abend legte man sich etwas beruhigt im Hause nieder, aber um Mitternacht riß abermals ein angstvoller Ruf die Schläfer empor. Man nahm sich nicht erst Zeit, durch den langen Schneegang zu laufen, sondern stieß das Dach auf und kletterte so ins Freie. Dicht neben dem Hause ragte ein Eiskoloß von riesenhafter Höhe empor – nur wenige Augenblicke. Dann tönte die beruhigende Stimme des Kapitäns: »Es ist vorüber!« Ob es wirklich ein Eisberg oder nur eine Luftspiegelung oder gar die hohe Küste war, ließ sich bei der Schnelligkeit, mit der das unheimliche Gespenst verschwand, nicht entscheiden.

Am 14. Januar aber wurde durch das plötzliche Öffnen einer Spalte im Eis das Kohlenhaus selbst zerstört, und man mußte sich in die Boote retten! Aus den Trümmern wurde ein kleineres Wohnhaus gebaut, dessen Dach der Sturm gleich in der ersten Nacht hinwegwehte. Es hatte aber nur für sechs Mann Raum; die übrigen mußten in den Booten unterkriechen. Nach dem Zeugnis des Kapitäns hielt sich die tapfere deutsche Schar in diesen Tagen des Schreckens, wo der Tod hinter jedem Eisblock hervorgrinste, musterhaft, und der einzige Ausländer unter ihnen, der holländische Koch, behielt sogar seinen trockenen seemännischen Humor in den angstvollsten Augenblicken. An allen diesen Tagen, wo die dämmrigen kalten Morgenstunden bei Sturm und Schneegestöber immer neue Bilder der Zerstörung ringsum enthüllten, brachte er es noch fertig, den Kameraden, als sei nichts vorgefallen, den Morgenkaffee zu bereiten, und als ihn der Einsturz des Hauses gerade bei der Reparatur seines Kaffeekessels überraschte, meinte er: »Wenn doch die Scholle so lange halten wollte, bis ich mit meinem Kessel fertig bin! Ich möchte noch Tee für den Abend kochen, damit wir ›vor dem Abzug‹ noch etwas Warmes haben!«

Die gewaltigen Eispressungen im Januar hatten hauptsächlich darin ihren Grund, daß die Scholle mit den Schiffbrüchigen zu dieser Zeit zwischen Island und Grönland durchtrieb, wo sich die Eismassen, zumal durch das vielfache Vorspringen der grönländischen Küste in zahlreichen Kaps, stark zusammenschoben. Sobald sie am Kap Dan vorübergetrieben waren, wo die Küste Grönlands westlich zurückweicht und im Osten die Schranke von Island wegfällt, hörte die Eisstopfung auf, und die Szenen an der »Schreckensbucht« – so wurde für alle Zeit die Meeresbucht genannt, vor der am 4. Januar die Hansascholle völlig zu bersten drohte – wiederholten sich nicht wieder. Aber neben den alle Tage drohenden Eisbergen zog jetzt eine neue Gefahr herauf. Im Februar schon begann die Sonne merklich zu wirken; am 17. April stieg das Thermometer auf zehn Grad Wärme! Anfang Mai goß starker Regen nieder, und die Hütte der Schiffbrüchigen, die früher im Tale gestanden hatte, lag jetzt nach dem Schmelzen des Schnees auf einem Hügel.

Da zeigte sich plötzlich am 7. Mai rings um die Scholle nach allen Seiten hin freies Wasser, und der Augenblick der Erlösung aus der eisigen Gefangenschaft schien gekommen. Nachdem der Kapitän den ganzen Vormittag über Eis und Wetter beobachtet hatte, entleerte man nach dem Essen in fieberhafter Hast die Boote, schob sie über den Rand der Scholle, belud sie wieder, und nach drei Stunden war alles »klar«. Noch ein letzter dankbarer Blick auf die getreue Eisinsel, die die Hansaleute zweihundert Tage lang durch alle Gefahr glücklich hindurch getragen hatte, und unter dreimaligem Hurra gingen die drei Boote um 4 Uhr nachmittags unter Segel. In der Nacht wurden sie wieder aufs Eis geholt, was jedesmal eine ungeheure Anstrengung kostete, und so näherte man sich bis auf anderthalb Seemeilen dem Lande.

Hier aber hatte sich das Küsteneis zu einer undurchdringlichen Masse zusammengeschoben, und man mußte mehrere Tage auf dem Eis biwakieren. Mit dem Fernrohr sah man am Lande schon Bäche von den steilen Abhängen herabstürzen, und frisches Wasser stand allenthalben auf den Schollen; eines Tages summte sogar eine muntre Fliege um eines der Segel. Das bedenkliche Abnehmen des Proviants zwang aber nun die Besatzung der Boote, koste es, was es wolle, die Küste zu gewinnen, und unter unsäglichen Anstrengungen und unaufhörlichen Regengüssen, die alle Nachtruhe verdarben, schob man die Boote schrittweise durch das Eislabyrinth der drei Meilen entfernten Insel Illuidlek zu. Die Mahlzeiten bestanden morgens und abends nur noch aus einem viertel Pfund Brot und einem kleinen Stück Speck, und das Zuendegehen des Vorrats an Spiritus machte, da Seehunde mit ihrem brennbaren Speck nicht mehr anzutreffen waren, die Bereitung warmer Getränke bald unmöglich. Dabei träumten die Männer in den wenigen Stunden unruhigen Schlafes von prächtigen Mahlzeiten und empfanden beim Erwachen die Leere ihres Magens um so quälender!

Am 4. Juni gelang es endlich, die Insel zu erreichen. Vier Wochen waren seit dem Verlassen der Eisscholle verflossen, und der Proviant reichte jetzt nur noch für höchstens vierzehn Tage! Die Insel aber war nichts als ein Felseneiland und zeigte keine Spur von Vegetation; nur einzelne Möwen und Alke nisteten hier!

Am Abend des 7. Juni landete die Besatzung der »Hansa« endlich an der Küste des grönländischen Festlandes und konnte sich hier wenigstens einmal gründliche Ruhe gönnen ohne die stete Gefahr des herandringenden Eises. Und nach einer sechstägigen Segelfahrt kreuz und quer durch die Klippen und Fjorde der Küste langten die drei Boote am 13. Juni glücklich in der Ansiedlung Friedrichstal an der Westküste an, wo sie in dem dortigen Missionshause trefflich aufgenommen und verpflegt wurden. In Julianehaab trafen sie dann ein dänisches Schiff, und am 26. Juli lichteten die Geretteten die Anker zur Heimfahrt.

Am 1. September 1870 kamen sie in Kopenhagen an, und die Nachricht von dem siegreichen Kampfe Deutschlands gegen den französischen Erbfeind empfingen die dem Leben wieder Geschenkten! An demselben Tage, an dem die Kunde von der Schlacht bei Sedan die Welt durchflog, betraten sie in Schleswig zum erstenmal den deutschen Boden und fuhren dann in Hamburg ein, als gerade die Stadt zur Feier des Sieges in prächtiger Illumination erglänzte! So waren nach abenteuerreicher, heldenhaft überstandener Irrfahrt im Polareise vierzehn tapfere Männer ihrem glorreichen Vaterlande wiedergegeben.

Eine Gordon-Bennett-Fahrt zum Nordpol

Der amerikanische Zeitungsunternehmer Gordon Bennett, dessen Name heute durch die von ihm ausgesetzten großen Preise für Wettfahrten im Automobil und im Luftballon in aller Munde ist, war es, der einst Stanley nach Afrika schickte, um den verschollenen Missionar Livingstone aufzusuchen. Neben der Erforschung des tropischen Afrikas, für die er große Summen opferte, versuchte er aber auch die Eroberung des Nordpols. Er hatte die Geschichte der Polarreisen studiert, und dabei war ihm aufgefallen, daß mehrere Schiffe, die vom Atlantischen Ozean nach dem Norden fuhren, in eine mit schwimmendem Eis bedeckte Meeresströmung geraten waren, die sie nach Süden zurückdrängte. Wenn also ein Schiff durch die Beringstraße zwischen Asien und Amerika hinaufging, so mußte es von dieser Strömung Nutzen ziehen und konnte vielleicht gerade durch sie über den Nordpol hinweg auf der andern Seite in den Atlantischen Ozean getrieben werden.

Gordon Bennett kaufte also ein Schiff, das seinerzeit mit auf der Suche nach Franklin gewesen war. Es erhielt in New York den Namen »Jeannette«, und bei dem Taufakt war auch der eben von seiner zweiten Akrikareise zurückgekehrte Stanley zugegen. Die »Jeannette« umsegelte ganz Amerika und lief San Francisco an, um hier ihre Ausrüstung zu vollenden. Proviant auf drei Jahre wurde eingeschifft. Kapitän und Leiter der Expedition war De Long, der erste Maschinist hieß Melville, der Arzt Dr. Ambler. Dazu kamen fünf andere Offiziere; die Besatzung bestand aus vierundzwanzig Mann, darunter zwei Indianern, geschickten Jägern, und zwei Chinesen zur Besorgung der Küche. Das ganze Unternehmen kostete 1 Million 800 000 Mark.

De Long erhielt von Bennett drei wichtige Aufträge. In erster Linie sollte er den Nordpol erreichen; außerdem die Nordostdurchfahrt in entgegengesetzter Richtung suchen als die »Vega«. Von dem schließlichen Gelingen der schwedischen Expedition wußte man damals noch nichts; die »Vega« war seit einem Jahr fort, und man hatte über sie noch keine Nachricht. Wenn nötig, sollte demnach De Long ihr Entsatz bringen.

Am 8. Juli 1879 ging die »Jeannette« in See. Eine ganze Flotte Dampfer und Jachten begleitete sie; auch Frau De Long fuhr mit aufs offene Meer hinaus. Dort sagten sich die beiden Gatten zum letztenmal Lebewohl, und die tapfere Frau stand solange an der Reeling ihres Schiffes, als noch ein Schimmer der Rauchsäule des Polarschiffes zu sehen war. Ein Abschied auf ewig!

Die See rollte stark, als die »Jeannette« auf das hohe Meer hinauskam, und als die Glocke zum Mittagessen ertönte, fanden sich nur wenige im Speisesaal ein. Die meisten zogen es vor, in der Kabine zu liegen, während das stampfende Schiff wie eine Möwe auf den Wellen schaukelte. Sogar abgehärtete Seeleute mußten dem Meeresgott reichlichen Tribut zollen. Auf weißen Flügeln umschwebten die Albatrosse das Schiff und senkten sich dann und wann auf die Wellen hinab, wenn Abfall über Bord geworfen wurde. Einige wurden gefangen; sie flatterten und schlugen mit den Flügeln und konnten sich von Deck nicht wieder emporschwingen, weil ihnen die harte ebene Unterlage nicht Luft genug bot. Merkwürdigerweise wurden auch sie seekrank; obwohl sie ihr Leben über den Wellen zubrachten und so oft auf ihnen schaukelten, konnten sie das Rollen des Schiffes nicht vertragen, sondern kehrten buchstäblich ihre Magen um! Obendrein waren sie voller Ungeziefer, obwohl das salzige reine Meer ihr Heim war.

Unter den Passagieren erkrankte am heftigsten der Chinese. Dr. Ambler mußte seine ganze Kunst aufbieten, um ihn überhaupt am

Leben zu erhalten; im nächsten Hafen wurde er auf einem andern Schiff wieder heimgeschickt.

Die Tage gingen ihren ruhigen Gang. Man stellte Beobachtungen an und begann mit dem Sammeln der Meeresbewohner. Abends musizierte man auf einem Klavier, und Sonntags hielt De Long auf dem Achterdeck Gottesdienst. Das Meer hatte sich wieder beruhigt, und fern im Osten mußte schon die Küste Kanadas liegen. Um Kohlen zu sparen, vertraute sich die »Jeannette« möglichst viel ihren Segeln an; es dauerte daher lange, ehe sie durch die Inselkette der Alëuten in das Beringmeer einlief.

An der Küste von Alaska wurden Eskimohunde an Bord genommen; aber neun davon wurden von ihren Kameraden sogleich aufgefressen und mußten durch andere ersetzt werden. Der Pflege dieser vierzig Hunde und der Jagd wegen hatte man die beiden Indianer mitgenommen. Der Hundezwinger lag auf dem Vorderdeck, und hier herrschte beständig ein Höllenlärm, der sich nur auf kurze Zeit beruhigte, wenn einer der Indianer seine Peitsche auf die Gesellschaft niedersausen ließ.

Auf der Insel St. Lorenz erfuhr De Long, daß die »Vega« vor drei Monaten glücklich angekommen und südwärts gegangen sei. Ein alter Tschuktsche, der selbst an Bord der »Vega« gewesen war, berichtete ihm ausführlich über das Winterquartier des schwedischen Schiffes. Um sich von der Richtigkeit der Angaben zu überzeugen, segelte De Long nach der Stelle des Winterquartiers hin und ließ jene Mitteilung von den dort wohnenden Tschuktschen bestätigen. An dem glücklichen Erfolg der Vega-Expedition war also nicht mehr zu zweifeln. Zwei seiner eigenen Aufträge waren damit erledigt: die Nordostdurchfahrt war gefunden, und die Vegaleute bedurften seiner Hilfe nicht. Nun blieb ihm als einziges Ziel die Erreichung des Nordpols.

Von San Francisco war ein zweites Schiff nach der Beringstraße hinaufgefahren, um die Kohlenbunker und den Proviantraum der »Jeannette« wieder zu füllen. Es nahm auch die letzte Post der Polarfahrer mit zurück. Nachher wurde die »Jeannette« nur noch einmal gesehen, und zwar von einem amerikanischen Walfischfänger; dieser erzählte, das Polarmeer sei voller Treibeis gewesen, und die »Jeannette« sei sicher bald im Eis steckengeblieben. Die letzten in diesem Jahre heimkehrenden Walfischfänger hatten das Schiff aber nicht mehr gesehen, und bald fing man an, sich seinetwegen zu beunruhigen. Aber erst nach beinahe zwei Jahren, 1881, wurden fünf Hilfsexpeditionen nach der Nordküste Alaskas, nach Nordgrönland, nach Franz-Joseph-Land und andern Teilen des Nördlichen Eismeers ausgesandt, und die russische Regierung wurde gebeten, allen sibirischen Seefahrern zu befehlen, daß sie sich nach dem Schiff umsehen und ihm im Notfall Hilfe bringen sollten.

Untergang der »Jeannette«

Unterdes war die »Jeannette« schon Anfang September 1879 in dichtes Eis geraten, und da sie keinen Zoll breit mehr weiter konnte, hatte sie sich an einem Treibeisfeld verankert und das Feuer unter ihren Dampfkesseln ausgehen lassen. Am nächsten Morgen war sie schon auf allen Seiten eingeschlossen und gefangen – einundzwanzig Monate lang! Die Seefahrer nahmen dies Schicksal ruhig hin und hofften, das Eis werde sich bald in Bewegung setzen. Auf den zugefrorenen Süßwassertümpeln, die sich auf den Eisschollen bildeten, lief die Mannschaft Schlittschuh; die einen beschäftigten sich mit Lektüre, die andern gingen auf Jagd. Zwei Walrosse und einige Eisbären wurden erlegt. Als der eine Indianer sein erstes Walroß getötet hatte, steckte er dem noch nicht erkalteten Tiere seinen Arm in den Rachen, zog ihn blutbedeckt wieder heraus und bestrich seine Stirn zuerst mit Blut und dann mit Schnee; dieses Verfahren, so hatte ihn sein Vater gelehrt, sichere ihm Glück auf der Jagd.

Bald merkte man aus der Beobachtung des Himmels, daß das Schiff nur scheinbar im Eis still lag. Eine unregelmäßige Meeresströmung trieb das ganze Eisfeld nordwestlich. Wäre es nur etwas schneller gegangen, so hätte man ja nicht bequemer das Polareis durchfahren können! Aber es ging verzweifelt langsam. Oft trieb das Eisfeld weite Strecken in Kurven und Kreisen, und von der Wrangelinsel bis zu der nur etwa tausend Kilometer entfernten Gruppe der Neusibirischen Inseln brauchte man fast zwei Jahre!

Ohne Gefahr war dieses Gefängnis der »Jeannette« keineswegs. Das Eis preßte ungeheuer. Man nahm das Steuer ab, ließ aber die Schraube noch sitzen und schlug und sägte die drohenden Eisblöcke in ihrer Nähe weg. Die Instrumente wurden mehrere hundert Meter entfernt auf dem Eise untergebracht, wo man ein Observatorium erbaute, das mit dem Schiff in telephonischer Verbindung stand. Die »Jeannette« lag in zwei Meter starkem Eis eingekeilt, aber da hier und dort die Eisfelder durch die ungeheure Pressung übereinandergeschoben wurden, betrug die Dicke des Eises an einigen Stellen bis zu sechs Metern. Bei solchen Schiebungen der Eismassen dröhnte es um die »Jeannette« herum wie Donner, und äußerste Vorsicht war nötig.

Man hatte bis dahin geglaubt, die Wrangelinsel erstrecke sich als ein zweites Grönland nordwärts zum Pol hin. Die Drift der »Jeannette« zeigte aber, daß die Insel ziemlich klein und rings um ihre Küsten das Meer noch größtenteils offen war. Seehunde und Walrosse traten hier sehr zahlreich auf, aber man begegnete nur zwei Weißwalen.

Anfang November wurde das Krachen des Eises, das seine Lage unaufhörlich veränderte, aufs höchste beängstigend. Die Hunde heulten vor Schrecken, weder sie noch ihre Herren hatten je solch Getöse gehört. Manchmal trennten sich die Schollen, und die »Jeannette« schwamm kurze Zeit auf dem Wasser. Spalten und Rinnen öffneten sich nach hierhin und dorthin, und einige Tage lang war die Besatzung des Schiffes in solcher Aufregung, daß sie es kaum über sich vermochte, Tee zu trinken.

Am 10. November begann die drei Monate währende Winternacht, eine Zeit der Ruhe, in der man sich einigermaßen behaglich einrichtete. 7 Uhr morgens ertönte die Reveille, und es wurde geheizt. Um 9 Uhr aß man das Frühstück, und von 11 bis 1 Uhr mußten alle zur Jagd gehen, um sich Bewegung zu machen. Um 3 Uhr läutete es zum Essen, dann ließ man die Küchenfeuer ausgehen, um Kohlen zu sparen. Um 8 Uhr gab es Tee und kalte Küche, dann legte man sich schlafen. Das Menü brachte ziemlich viel Abwechslung; zweimal wöchentlich gab es Eisbärbraten oder Robbenfleisch. Wein wurde nur bei festlichen Gelegenheiten getrunken. Am Weihnachtstag erschien die Mannschaft in Parade in der Messe, um den Offizieren Glück zu wünschen, und wurde von ihnen zum Mittagessen eingeladen. Den Abend feierte man mit der Aufführung eines Theaterstücks, und im übrigen unterhielt man die Mannschaft mit Vorlesungen, gerade so wie auf der »Vega«.

Im Januar 1880 war die »Jeannette« aber so fürchterlichen Eispressungen ausgesetzt, daß sie leck wurde. Wo das Leck saß, wußte man nicht, aber im Vorderraum stieg das Wasser immer höher, und die Pumpen mußten in Gang gebracht werden. Von da ab arbeiteten sie volle achtzehn Monate!

Anfang Februar wurde ein weißer Fuchs geschossen. Was in aller Welt hatte der hier draußen zu suchen? Das Wrangelland war doch immerhin eine große Strecke entfernt. Meister Reineke hatte vielleicht die Hunde gewittert und sich bis hier hinaus locken lassen. Ein andermal versuchte ein Eisbär, an Bord eine Visite zu machen; von den wütenden Hunden empfangen, machte er durchaus nicht kehrt, sondern jagte seine Gegner in die Flucht. Das tapfere Tier hätte wohl ein besseres Schicksal verdient gehabt, als in kleinen Portionen auf der Speisekarte der »Jeannette« zu erscheinen.

Als die Sonne, von stürmischem Jubel begrüßt, wiederkehrte, erstaunten die Gefangenen, wie blaß und graugelb sie aussahen. Die Kälte sank auf fast fünfzig Grad; es war hier also noch vier Grad kälter als im Winterquartier der »Vega«.

Im Mai zeigte sich hin und wieder eine Möwe, auch gelegentlich eine verirrte Eidergans oder eine Wildente. Währen des Sommers herrschte herrliches Wetter. Die Hunde fanden den beständigen Sonnenschein sogar belästigend warm und lagen keuchend auf der Schattenseite des Decks.

So trieb die »Jeannette« von Monat zu Monat in ihrem Eisfeld immer weiter nach Norden, und hätte sie sich gegen das Eis behaupten können, so wäre sie sicher über den Nordpol selbst oder wenigstens in seine Nähe gekommen! Die Beobachtungen der Seeleute schienen zu ergeben, daß das ganze Polarmeer mit einem Mantel schwimmenden Eises bedeckt war, das, wenigstens in der Nähe der sibirischen Küste, langsam den entgegengesetzten Weg des Zeigers eine Uhr zurücklegte, nämlich von Osten über Norden nach Westen.

Dann trat die zweite, ein Vierteljahr dauernde Nacht ein. Die Gesundheit der Gefangenen litt mehr als im ersten Winter. Anzeichen von Skorbut, der vernichtenden Polarkrankheit, der schon so viele Menschen erlegen sind, zeigten sich, und der Schiffsarzt hatte alle Hände voll zu tun.

Am 18. Mai erblickte der Lotse von der Tonne, dem Ausguckposten an der Spitze des Großmastes aus, im Südwesten, wo bisher noch kein Land bekannt war, eine Küste. Es war nur eine kleine Insel; sie erhielt für alle Zeit den Namen des im Eise eingekerkerten Schiffes. Einige Tage später zeigte sich eine zweite Insel, an der die »Jeannette« langsam vorüberging. Anfang Juni öffneten sich um das Schiff herum gähnende Spalten im Eise. Am Abend des 10. wurden heftige Stöße verspürt, und in den Stunden der sonnenhellen Juninacht barsten die Eisfelder allenthalben, überall zeigten sich große Wasserflächen, und die »Jeannette« war beinahe flott. Das Steuer wurde wieder eingesetzt, die Dampfkessel geheizt, und man freute sich in der Hoffnung, endlich wieder aus dem Packeis hinauszukommen.

Mit dem Flottwerden der »Jeannette« endet das Logbuch des Kapitäns De Long. In seinem Tagebuch aber setzt er den Bericht fort. Danach kam die »Jeannette« am Vormittag des 11. Juni ganz vom Eise los, und alle beseelte ein Gefühl, als ob das Schiff eben erst vom Stapel gelaufen wäre! Die ganze Mannschaft stürmte aus den Kabinen auf Deck und jubelte über das kristallklare Becken blauen Wassers, worin die »Jeannette« schwamm.

Man verankerte sich in Erwartung einer sich öffnenden Fahrstraße. Aber man wartete vergeblich! Das Eis schob sich abermals von allen Seiten zusammen, und am 12. Juni wurde das Schiff schlimmer denn je bedrängt. Das Wetter war dabei prächtig. Als wieder etwas Ruhe in den Pressungen eingetreten war, ging ein Teil der Mannschaft auf Jagd, und während ihrer Abwesenheit begann die Eispressung von neuem. De Longs Flaggensignal rief alle an Bord zurück, und als der letzte der Jäger, ein Indianer, mit einem erlegten Seehund auf der Schulter angekeucht kam, preßte das Eis schon so, daß das Schiff sich schräg überneigte. Alles war in der furchtbarsten Aufregung! Die »Jeannette« mußte unfehlbar wie Glas zersplittern, wenn das Eis mit ganzer Kraft weiterpreßte, und es drängte stürmisch heran. Das Schiff kämpfte seinen Todeskampf; es wurde zusammengedrückt, daß sich das Deck wellenförmig hob und die Treppen zur Kommandobrücke zusammenstürzten! Auch der Maschinist verließ seinen Posten mit dem Schrekkensruf: »Das Eis dringt in die Kohlenbunker ein!«

Dann hörte man nur noch das Wasser durch alle Lecke einströmen. Offiziere und Mannschaft arbeiteten wie Galeerensklaven. De Long erteilte seine Befehle von der Kommandobrücke herab, die Matrosen standen mit halbem Leib im Wasser und reichten einander Kisten mit Proviant zu. Als das Wasser unter Deck aber immer höher stieg, mußten sie ihre Plätze verlassen. Schlitten, Boote und einen Lebensmittelvorrat hatte man schon längere Zeit vorher an einem sicheren, vom Schiff entfernten Orte bereitgehalten. Jetzt mußte nur noch gerettet werden, was sich irgendwie bergen ließ. Offiziere und Mannschaft hatten ihre Habseligkeiten zusammengepackt, und schon war es die höchste Zeit, diese zu holen, denn das Wasser stand schon in den Kajüten und den Salons. Auf dem Besanmast wurde die Flagge gehißt – zum Untergang! Was gerettet war, wurde zum Lager getragen, wo die Zelte aufgeschlagen waren. Unterdes drängte und drängte das Eis, das Schiff neigte sich stark nach Steuerbord; es war schon bis oben voll Wasser und wurde nur noch durch den Druck des Eises gehalten!

Die Letzten der Mannschaft waren vom Deck gesprungen, das langsam von Wasser überflutet wurde; da verließ auch der Kapitän als Allerletzter die Kommandobrücke seines sinkenden Schiffes! Am 13. Juni um 3 Uhr morgens stand der ganze Schiffsrumpf unter Wasser, die Schornsteine verschwanden in den Wellen, nur die Masten ragten noch empor. Knallend zersplitterten die Rahen an den Eiskanten, und zuletzt gähnte eine Wake wie ein unergründliches Grab; nur noch einige Bojen und Planken trieben umher. Die Mannschaft der »Jeannette« stand so still und schweigend wie bei einem Begräbnis, und die Hunde heulten kläglich. Dann schob sich langsam eine Eisscholle über die Wake gleich der eisernen Decke in einem Krematorium!

Schweigend begaben sich die Leute ins Lager, wo alles bunt durcheinander aufgehäuft lag. Lebensmittel für zwei bis drei Monate waren vorhanden, Fleisch, Brot, Zucker, Tee, Schokolade, Fleischextrakt und anderes. Mehrere Gewehre waren da und zweitausend Patronen. Zwei Schiffsboote und ein Walfischboot, Schlitten, Zelte und anderes waren gleichfalls gerettet worden.

Leer und wüst lag rings die Eislandschaft; keine Spur mehr von dem Schiff, das so lange das Heim der Männer gewesen war. Sie kamen sich vor wie arme Schlucker, die der böse Hauswirt auf die Straße geworfen hat. Der Unglückstag war ein Sonntag; zur gewöhnlichen Zeit rief De Long die Seinen zum Gottesdienst.

Dann wurde das Lager in Ordnung gebracht und die Zelte schön bequem und warm eingerichtet. Die Neusibirischen Inseln waren ja nahe, und über das Meer würde man ohne allzu große Schwierigkeiten zum Lenadelta an der sibirischen Küste gelangen können. Am Abend sangen die Matrosen zu den Klängen der Ziehharmonika. Sechs Tage gab De Long seinen Leuten Zeit, sich zum Aufbruch vorzubereiten. Die Boote wurden auf den größten Schlitten festgeschnallt und mit Zelten, Proviantkisten und dem übrigen Gepäck gefüllt. Logbücher, Aufzeichnungen und Karten ließ der Kapitän nicht aus den Augen. Niemand durfte überflüssige und allzu beschwerliche Sachen mitnehmen; jede einzelne Last durfte nichts weiter enthalten als zwei Filzdecken, zwei Paar Strümpfe, Unterzeug, Fausthandschuhe, zwei Mützen, Schuhzeug zum Wechseln, eine Schneebrille, ein Paket Tabak nebst Pfeife und Zündhölzern und etliche andere Kleinigkeiten. Als dann alles zum Abmarsch fertig war, zählte man 28 Mann und 23 Hunde.

Durch die Eiswüste

Unter Führung des Eislotsen, der vorausging, um den besten Weg mit schwarzen Fähnlein abzustecken, begann nun die Wanderung durch die Eiswüste. Marschiert wurde während der Nachtstunden, und um Mitternacht wurde Rast gemacht, um Mittag zu essen; die Sonne stand ja Tag und Nacht gleichmäßig am Himmel. Die Schlitten waren schwer, und ihre Kufen fuhren sich fest in dem tiefen Schnee. Man mußte daher jede Strecke mehrmals zurücklegen, um alles Gepäck nach und nach fortschaffen zu können. Unzählig waren die Aufenthalte und Unterbrechungen des Marsches, da nur zu oft breite Spalten und offene

Wasserrinnen den Weg der Wanderer kreuzten. Jede Rinne mußte auf Eisflößen mehrfach zurückgelegt werden, um einen Schlitten nach dem andern hinüberzubringen. Das Schmelzwasser auf dem Eis ging den Leuten bis an die Knie. Dabei war die Sonnenglut zum Ersticken, jeder ging in Hemdärmeln, und es dampfte um die einzelnen Männer herum, die hier um ihr Leben kämpften. Die Hunde zogen die kleineren Schlitten; fand man kein Wild, so wurden sie mit Konservenfleisch gefüttert. Nachdem die Mannschaft eine Woche lang bis zur Erschöpfung gearbeitet hatte, stellte sich heraus, daß das Eisfeld, auf dem sie wanderten, dreimal so weit nordwärts getrieben war, wie sie nach Süden vorgedrungen zu sein glaubten! Statt näher kamen sie immer weiter vom Ziel ab! Da diese furchtbare Tatsache auf die ganze Mannschaft vernichtend gewirkt hätte, vertraute De Long sie nur zweien der Offiziere an.

Fortgesetzt mußte der Marsch auf alle Fälle werden, und man sonderte nun noch einmal von dem Gepäck alles irgendwie Entbehrliche aus. Jetzt galt es vor allem, offenes Wasser zu gewinnen.

Mitte Juli erhellte sich die trübe Lage der Wanderer. Zwei Robben, ein Walroß und ein Eisbär wurden erlegt; für einige Zeit also frisches Fleisch genug, und auch die Hunde ergötzten sich an den Knochen. Glückverheißender noch war, daß sich endlich im Südwesten Land zeigte. Nach unendlichen Schwierigkeiten erreichte man durch einen jede Aussicht verhüllenden Nebel hindurch eine Insel, die Gordon Bennetts Namen erhielt. Eine Flagge wurde aufgezogen, und ein dreifaches Hurra feierte die Entdeckung!

Auf der Bennett-Insel ruhte man sich mehrere Tage aus. Da es nun zu Boot weitergehen sollte, fand eine neue Musterung des gesamten Gepäcks statt. Auch die Schlitten wurden kassiert, und da die Hunde infolgedessen unnützer Ballast waren, wurden die elf minderwertigsten erschossen. Zwölf wurden mit in die Boote genommen, sie sträubten sich aber gegen die Seefahrt und zogen es vor, auf Eisschollen zu springen, auf denen sie einer nach dem andern forttrieben! Nur zwei folgten ihren Herren – bis zum Ende.

Bei der Abfahrt von der Insel verteilten sich Offiziere und Mannschaft, Lebensmittel und Ausrüstung auf drei Boote. Das des Kapitäns war sechs Meter lang, hatte Mast, Segel und Ruder und nahm vierzehn Mann auf, darunter den Arzt Dr. Ambler, den Physiker Collins, die Matrosen Nindermann, Noros und Erikson, einen Indianer und den Chinesen.

Den Oberbefehl über das zweite Boot, das elf Mann faßte, erhielt Melville. Glücklich alle, die das Los traf, ihm zugeteilt zu werden! Das dritte und kleinste Boot, worin nur acht Mann Platz fanden, stand unter dem Kommando des Leutnants Chipp, eines besonders tüchtigen Seemanns.

Vor der Abfahrt ward ein für allemal Befehl gegeben zusammenzubleiben. Melville und Chipp durften De Longs Boot nie aus dem Gesicht verlieren.

Bald bemächtigte sich der Wind der drei Boote und trieb sie in schneller Fahrt über das Meer. Auch war die Seefahrt allen willkommen, da man sich in den Booten wenigstens ausruhen konnte. Ein um so härterer Schlag war es daher für sie, als das Eis sie wieder zehn Tage lang einschloß. Dann kamen sie doch wieder los und landeten auf der Fadschejew-Insel, die zu der Gruppe der Neusibirischen Inseln gehört. Das Ufer bedeckten Massen brauchbaren Treibholzes, und einige Hütten und Geräte zeigten, daß die Insel gelegentlich von Menschen besucht wurde.

Dann ging es weiter, bald segelnd, bald rudernd, an der südlichen Küste der Kesselinsel entlang. Das Wetter war stürmisch, und eines Tages hatte man Chipps Boot aus dem Gesicht verloren. Die beiden andern Boote warteten daher an einer Eisscholle, bis die Vermißten wieder auftauchten, und die ganze Mannschaft landete dann auf der Kesselinsel, um hier ein Lager aufzuschlagen.

Nach zwei Ruhetagen ging es unter den Uferfelsen, von denen ab und zu ein Steinkäuzchen auf die Seeleute herabsah, weiter. Am 10. September kamen sie zur Semenow-Insel, die zwei Jahre vorher von der Besatzung der »Vega« gesichtet worden war, und schossen hier eine Renntierkuh, die sie wieder mit frischem Fleisch versah.

De Long beabsichtigte, hier mehrere Tage zu bleiben, damit alle Kräfte sammeln konnten, ehe sie dem weiten Meer Trotz boten. Leider gab er Melvilles Drängen auf eilige Weiterfahrt nach, obgleich Himmel und Wind Unwetter verkündeten. Das Lenadelta, der nächstliegende Teil der sibirischen Festlandküste, den man zu erreichen versuchen mußte, lag zweihundert Kilometer entfernt.

Das Boot mit Kapitän De Long segelte voran. Es war aber noch nicht weit gelangt, als es mit solcher Wucht gegen einen Treibeisblock prallte, daß es leck wurde! Wieder mußte man an einem Eisfeld landen, um das Leck zu stopfen, und auch die beiden andern Boote warteten hier eine Weile. Das war das letztemal, daß die gesamte Mannschaft der Expedition beisammen war. Dann segelten sie bei günstigem Wind weiter südwestwärts.

Die See ging hoch. Gegen Abend erhob sich ein Sturm, und die Wellen rollten mit schaumweißen Kämmen an den offenen Booten vorüber. Melville übergab in seinem Boot das Kommando einem seekundigen Offizier, der das Fahrzeug vortrefflich manövrierte. Wer nicht an Segel oder Steuer beschäftigt war, mußte Wasser schöpfen, denn eine Welle nach der andern schlug über die Reling. Noch in der Dämmerung waren die Boote De Longs und Chipps in Sicht. Aber dann wurde es dunkel; naß bis auf die Haut, steif vor Kälte kämpften die Männer im Boote Melvilles mit erstarrten Händen um ihr Leben. Der Sturm trieb sie im Dunkel vor sich her der Küste zu. Nichts war zu sehen; man hörte nur das Tosen des Sturms und das Rauschen der Wellen, deren Kämme sich in kochenden Schaumfällen überschlugen. Dennoch hielten sie alle tapfer stand. Aber als der Tag über dem öden Meer anbrach, war von den andern Booten nichts mehr zu sehen.

Weiter ging der Kampf mit Wind und Wellen den Tag über und die ganze nächste Nacht hindurch. Als Melvilles Boot schließlich glücklich im östlichen Teil des Lenadeltas landete, hatte die Mannschaft einhundertundacht Stunden hintereinander zusammengekauert an den Rudern gesessen! Einige der Leute waren so steif gefroren, daß sie sich kaum an Land und bis an das Feuer hinschleppen konnten, das ihre Kameraden anzündeten und um das herum sich nun alles in todesähnlichen Schlaf niederwarf. Aber das Glück war ihr Gefährte: zwei Tage später stießen sie auf Fischer, die ihnen den Weg nach Bulun, dem ersten Dorf am Lenaufer, zeigten.

Wo aber war Kapitän De Long geblieben? –

De Longs Todesmarsch

Obgleich dreißig Jahre seit dieser Fahrt über das Eismeer vergangen sind, weiß man noch heute nicht, was aus dem Boote Chipps geworden ist. Zweifellos hat es niemals Land erreicht, sondern ist im Sturme untergegangen. De Long dagegen rettete seine Mannschaft wenigstens auf festes Land. Zwar verlor sein Boot Mast und Segel in der ersten Sturmnacht, aber drei Paar Ruder ersetzten sie. Am Morgen des 13. Septembers sah er die andern Boote nicht mehr, aber dafür kam am nächsten Tag die Küste in Sicht. Sie hatte einen seichten Strand, und neugebildetes Eis erschwerte das Herankommen. Zwei Tage später ruderten sie, halbtot vor Kälte und Nässe, so dicht an das Land heran, wie nur eben möglich, und bugsierten dann vom Eis aus das Boot so weit, bis es nicht mehr vom Fleck ging. Am nächsten Tag trugen sie ihre Sachen ans Land, wobei sie mehrere hundert Meter weit auf dem langsam ansteigenden Ufer im Wasser waten mußten.

Hier blieben sie zwei Tage, um auszuschlafen und ihr Gepäck zu ordnen. Treibholz, das die Lena aus den Wäldern Sibiriens ins Meer schwemmt, lag überall herum. Dem Matrosen Erikson waren die Füße erfroren, er mußte auf einem Handschlitten gezogen werden. Lebensmittel hatte man noch auf fünf Tage, dazu den letzten der vierzig Hunde. Noch immer aber waren die Lasten für den einzelnen zu schwer, denn De Long konnte seine Loggbücher nicht zurücklassen, und außer ihren Ranzen mußten sie noch Zelte, Gewehre und Munitionskisten mitschleppen.

Als die ersten fünf Tage vergangen waren und die Truppe einige Meilen in südlicher Richtung zurückgelegt hatte, schoß der Indianer zwei Renntiere, die die Mannschaft für die nächste Zeit retteten. Nun marschierten sie neun Tage, bis ihnen ein breiter Flußarm Halt gebot. Eriksons Zustand verschlimmerte sich, und eines Nachts erfror ihm eine Hand. Man mußte daher den Marsch unterbrechen und sich am 6. Oktober einen Ruhetag gönnen. Die Not war schon aufs höchste gestiegen. Um den Hunger der Leute zu stillen, mußte bereits der Hund geschlachtet werden. Am Tage darauf starb der kranke Matrose und fiel nun seinen Kameraden nicht länger zur Last. Durch eine Wake im Eis wurde er in den Fluß versenkt. De Long sprach über das kalte Grab die vorgeschriebenen Totengebete, und drei Flintensalven wurden abgefeuert. Es schneite stark, und schleunigst eilte man vor dem heftigen Sturmwind wieder in die Zelte zurück. Bei diesem Wetter zu marschieren war unmöglich. Man mußte daher abermals warten, und der Rest des Hundefleischs wurde am Abend ausgeteilt. Dann rollten sich alle wie die Igel zusammen, um sich besser warm zu halten.

Am Tage darauf beschlossen sie, lieber doch dem Schneesturm zu trotzen, als stilliegend zu verhungern! Eine Flinte und ein schriftlicher, sorgfältig eingewickelter Bericht über die Schicksale der »Jeannette« wurden zurückgelassen. Das Gepäck bestand jetzt außer den Kleidern, die jeder auf dem Leibe trug, nur aus den Loggbüchern, einem Zelt und zwei Gewehren.

Aber die Kräfte der Wanderer nahmen schnell ab, da sie nichts weiter mehr zu verzehren hatten als morgens, mittags und abends heißes Wasser mit ein paar Tropfen Spiritus! Die Not war auf das äußerste gestiegen. Nach dem Gottesdienst am Sonntag, dem 9. Oktober, rief De Long die beiden kräftigsten Matrosen Nindermann und Noros zu sich und fragte sie, ob sie vorauseilen wollten, um Hilfe zu suchen. Sie baten um die Erlaubnis, sogleich aufbrechen zu dürfen. Der Kapitän übergab ihnen eine Karte des Unterlaufs der Lena, damit sie sich zurechtfinden könnten, und riet ihnen, auf dem linken Ufer zu bleiben, da es nur dort Dörfer und Treibholz gebe. Das eine Gewehr und fünfzig Patronen durften sie mitnehmen. Gelänge es ihnen, innerhalb zweier Tage ein Renntier zu schießen, so sollten sie damit zurückkehren. Nach rührendem Abschied brachen sie auf; ein dreifaches Hurra wurde den Pfadfindern nachgerufen.

Es war nicht das erste Mal, daß der Matrose Nindermann auf solche Abenteuer auszog. Er war einer der Teilnehmer an der Polaris-Expedition in den Meerengen bei Nordwestgrönland gewesen. Auch das Schiff »Polaris« war vom Eis bedrängt worden, und in einer dunklen Nacht des Jahres 1873 hatten es zwei mächtige Schollen aus dem Wasser gehoben. Da man das Schlimmste erwarten mußte, wurden Boote und Lebensmittel auf eine schwimmende Eisscholle gebracht, die im heftigen Sturm barst. Neunzehn Menschen, darunter neun Eskimos und jener Matrose Nindermann, trieben nun auf größeren und kleineren Schollen in undurchdringlicher Finsternis auf dem empörten Meer unher. Vierzehn Mann waren noch an Bord. Zu ihnen zurückzugelangen war aussichtslos, und als die »Polaris« den Schiffbrüchigen aus dem Gesicht verschwunden war, sammelten sie sich auf einem großen Eisfeld, wo sie sich Hütten aus Schnee und Eis bauten und ihre Vorräte aufstapelten. Auf diesem Eisfeld trieben sie ganze acht Monate südwärts! Mit Entsetzen gewahrten sie aber im Laufe des Frühlings, wie der Boden unter ihren Füßen an Umfang abnahm; die Brandung brach ganze Blöcke aus dem Eis heraus und benagte es auf allen Seiten. Schon waren sie über Kap Farewell hinaus nach Süden getrieben worden, als sie in völlig erschöpftem Zustand durch ein Schiff gerettet wurden! Auch die vierzehn auf der »Polaris« durften ihre Heimat wiedersehen. –

Jetzt, sieben Jahre später, stand abermals das Leben auf dem Spiel. Mit seinem Kameraden Noros eilte Nindermann südwärts. Eine Renntierherde, die sie von einem Hügel aus erblickten, witterte aber die Fremden und jagte in wilder Flucht davon. Der Schneesturm blies ihnen gerade entgegen, und am Abend mußten sie sich, da keine geschützte Stelle zu finden war, mit der Hand eine Höhle im Schnee ausgraben, in die sie hineinkrochen. Während der Nacht häufte sich der Schnee derartig vor ihrem Schlupfwinkel, daß sie am Morgen kaum wieder hinauskommen konnten!

Im gleichen Sturmwetter ging es weiter. Schritt für Schritt drangen sie gegen den Wind vorwärts, ohne aufblicken zu können. Gegen Abend sahen sie einen kleinen Hügel vor sich, der sich als eine verlassene Hütte erwies; hier zündeten sie ein Feuer an. Die nächste Nacht brachten sie in einer unbedeckten Höhle zu, in der sie beinahe erfroren. Noch ein Tag, und sie stießen auf eine zeltförmige Hütte, in deren Innerem sich zwei verfaulte Fische und ein Aal fanden. Hier blieben sie sechsunddreißig Stunden, um Kräfte zu sammeln. Am 15. Oktober kamen sie infolge des Sturms nicht weiter, brachten die Nacht in einer Höhle zu und aßen zum Frühstück Weidenrinde und Streifen von Noros' Robbenfellhose. Dann gingen sie über die vereiste Lena und übernachteten in einer Schlucht, um am nächsten Tag wieder an das Westufer zurückzukehren und für die Nacht in einer Grotte Schutz zu suchen, in der sie aber kein Holz zum Feueranzünden fanden und völlig verzweifelten. Schleppenden Schritts setzten sie am 19. Oktober ihre Wanderung auf dem Eis der Lena fort, fest entschlossen, auf allen Vieren zu kriechen, wenn sie nicht mehr gehen könnten! Zweihundert Kilometer hatten sie zurückgelegt, ohne Hilfe zu finden. Am Abend dieses Tages aber erblickten sie drei Hütten und fanden hier nicht nur vorübergehend Schutz, sondern auch Rettung! Die eine Hütte barg einen kleinen Vorrat von gedörrten Fischen, und ein vor der Tür stehender Schlitten lieferte ihnen Brennholz. Nach zweitägiger Rast wollten sie weiterziehen, waren aber noch zu matt, so daß sie noch einen Tag verweilen mußten. Am 22. Oktober, eben im Begriff, sich Essen zu kochen, ertönte draußen vor der Tür ein ungewohntes Geräusch. Nindermann sah verstohlen hinaus und kam sofort zurück, um nach seiner Flinte zu greifen. Er hatte zwei Renntiere erblickt. Als er nun leise die Hütte verlassen wollte, zeigte sich auf der Türschwelle – ein Mensch, ein Tunguse!

Als der Eingeborene die beiden ausgemergelten Fremden und das Gewehr in der Hand des einen erblickte, glaubte er, sein letztes Stündlein sei gekommen, fiel auf die Knie nieder und bat um Gnade. Nindermann warf die Flinte in die Ecke, klopfte dem Mann freundlich auf die Schulter und versuchte ihn zu beruhigen, und bald begriff auch der Tunguse, daß die beiden nichts Böses gegen ihn im Schilde führten. Er sah es ihnen ja an, daß sie sich in der größten Not befanden, und sie versuchten, ihm durch Zeichen verständlich zu machen, daß sie Schiffbrüchige seien, daß sie dringend der Nahrung bedürften und weiter nordwärts noch Kameraden zurückgelassen hätten. Der Tunguse konnte ihnen aber weiter nichts geben als ein Paar Fellstiefel und eine Renntierhaut!

Nach einer Weile streckte er drei Finger in die Luft und ging zu seinem Renntierschlitten. Das sollte jedenfalls bedeuten, daß er in drei Tagen wiederkommen und Hilfe bringen werde. Ehe sich die beiden Matrosen dessen versahen, war er mit seinem Fuhrwerk verschwunden, und es reute sie bald, daß sie ihn hatten fahren lassen.

Aber schon am nächsten Tag kam er mit zwei Stammesgenossen und mehreren Schlitten zurück und brachte Pelze, Stiefel und gefrorene Fische mit. Die halbverhungerten Männer aßen nun endlich wieder, zogen die neuen, warmen Kleidungsstücke an und waren jetzt außer aller Gefahr.

Und dennoch wäre es für ihr Andenken in der oft traurigen, fast immer ruhmreichen und bisweilen glanzvollen Geschichte der Polarfahrten vielleicht besser gewesen, wenn sie jenen Tungusen nicht mehr wiedergesehen hätten. Dann wären sie ja *gezwungen* gewesen, ihren Marsch nach Süden fortzusetzen und wären dabei wahrscheinlich mit dem Leben davongekommen, denn bis zum nächsten Tungusendorf waren es nur noch fünfzig Kilometer. De Long und seine zehn Kameraden wären zwar verloren gewesen, aber Nindermann und Noros hätten dann wenigstens alles getan gehabt, was man von ihnen hätte erwarten können. Hätten sie sich schlimmstenfalls durch Drohungen einen Schlitten mit einem halben Dutzend der draußen im Schnee vor ihrer Hütte stampfenden Renntiere angeeignet, um den Weg, den sie gekommen, zurückzufahren, dann wären sie noch zur rechten Zeit eingetroffen, um die meisten Begleiter De Longs zu retten! Sie wußten, daß ihre Kameraden, als sie sich vor vierzehn Tagen von ihnen trennten, Leder und Weidenrinde verzehrten, und es war die höchste Zeit, ihnen Renntierfleisch zu bringen! Aber sie kehrten *nicht* um, sondern begleiteten die Tungusen auf ihrem Weg nach Süden – und nachher war es zu spät!

Gleichwohl muß man sich hüten, die beiden tapferen Matrosen kurzerhand zu verdammen. Sie hatten immerhin Wunderdinge geleistet und waren durch den vier Monate langen Kampf ums Leben seit dem Tage, an dem die »Jeannette« in den Fluten versank, ausgehungert und zu Tode erschöpft. Dazu die stete Aufregung Tag und Nacht! Ein dritter Winter näherte sich, den sie in noch größerer Nähe des Nordpols hätten zubringen müssen als die beiden vergangenen. Gleichgültigkeit und Stumpfheit mußten sich ja ihrer bemächtigt haben, und das mag ihre Handlungsweise entschuldigen. Aus solchem Zustand erholt man sich nicht in einem Tag, und gerade der unbeschränkte Vorrat an Lebensmitteln war für sie eine Gefahr. Nach so langem Hungern vertrugen sie das Essen nicht und wurden dadurch noch erschöpfter.

Genug, um Mitternacht nahmen sie, gut eingehüllt, auf den Schlitten Platz und jagten mit den Tungusen nach einem Dorf hin, das aus zwei großen Zelten mit zehn Bewohnern bestand. Diese besaßen 75 Renntiere und 30 Schlitten. In dem einen Zelt kochte in einem Kessel frisches Renntierfleisch, und die Männer wurden eingeladen zuzulangen. Man füllte ihnen die fette Brühe in hölzerne Schalen und bewirtete sie mit Tee. Dann breiteten die freundlichen Tungusen warme weiche Renntierfelle am Boden aus. Solch eine Nacht hatten die beiden seit Monaten nicht erlebt!

Am nächsten Tag fuhren die Tungusen und ihre beiden Gäste in einer Reihe Schlitten nach einem andern Dorf, wo sie am 25. Oktober anlangten. Jetzt erst erinnerte sich Nindermann des Kapitäns und seiner unglücklichen Kameraden, und obgleich er kein Wort mit den Tungusen sprechen konnte, versuchte er es doch, ihnen die Sachlage auseinanderzusetzen. In einem Zelt lag ein kleines Boot, ein Spielzeug. Er versah es mit Masten. Dann schnitzte er drei kleine Boote, die die drei Boote der »Jeannette« vorstellen sollten. Mit zwei Eisstücken zeigte er nun, wie das Schiff zerdrückt und untergegangen war und die Mannschaft sich in den kleinen Booten ans Land gerettet hatte. Sechzehnmal streckte er sich auf dem Boden aus, schloß die Augen und stand wieder auf, um den Tungusen zu sagen, daß sechzehn Nächte seit seiner Trennung von den Kameraden verflossen seien!

Die Eingeborenen nickten zu dieser Zeichensprache und tauschten untereinander unverständliche Worte aus. Aber wie eifrig ihnen die Matrosen auch dieselbe Geschichte immer wieder vortrugen, man schien sie nicht zu verstehen oder wollte sie vielleicht auch nicht verstehen, weil auch die Tungusen die grimmige Tundra zur Winterszeit fürchten. Schließlich fing Nindermann in seiner Verzweiflung an, bitterlich zu weinen. Da versuchten sie ihn zu trösten, klopften ihm auf die Schulter und machten ein mitleidiges Gesicht.

Am nächsten Tag stellte sich ein Verbannter ein, namens Kusma. Er war intelligenter als die Tungusen und wurde von Nindermann gründlich vorgenommen. Elf verirrte Männer! Das schien er zu begreifen und versuchte nun seinerseits, Nindermann zu verstehen zu geben, daß sie bereits gerettet seien! Aber Kusma glaubte, es handle sich um Melvilles Truppe, die ebenfalls aus elf Mann bestand, und so nahm er denn die beiden Matrosen mit nach Bulun, wo sie am 2. November mit Melville und seinen Leuten wieder zusammentrafen.

Als Melville sie nach De Long fragte, begannen sie laut zu schluchzen und baten ihn, sie wieder nordwärts ziehen zu lassen. Aber er hielt sie für zu schwach dazu und begab sich allein auf die Reise. Hier und da fand er zurückgelassene Gegenstände der De Longschen Mannschaft, eine Flagge, Instrumente und den Apothekenkasten. Er war also auf der richtigen Spur, konnte aber infolge des hohen Schnees und der Widerwilligkeit der Tungusen seine Nachforschungen nicht fortsetzen. Damit war das Schicksal De Longs und seiner Leute besiegelt!

Ein halbes Jahr später, im März 1882, wurden mehrere Abteilungen auf die Suche ins Lenadelta geschickt. Auch Melville begab sich wiederum dorthin, und jetzt fand man bald acht Mann der vor Hunger und Kälte umgekommenen Truppe De Longs. Der letzte Lagerplatz war vollständig verschneit; nur des Kapitäns Hand sah aus dem Schnee hervor, als habe er den Suchenden die rechte Stelle zeigen wollen! Er selbst, Dr. Ambler, Collins, der Chinese und die Matrosen waren teilweise mit dem Zelt bedeckt. Bis zum letzten Moment hatten sie offenbar versucht, das Lagerfeuer in Brand zu halten. Die Kälte mußte sie furchtbar gequält haben; zweien waren Hände und Kleider versengt, so nahe waren sie ans Feuer herangekommen. Von Hunger gemartert, hatten sie ihre Fellstiefel zerschnitten und die Stückchen auf glühenden Kohlen geröstet. Collins' Gesicht war mit einem Tuch bedeckt, das jedenfalls noch De Long und Dr. Ambler darübergebreitet hatten. Das Tagebuch des Kapitäns lag nebst einem Bleistift an der Erde; er hatte es bis zu dem Augenblick geführt, wo er nicht mehr die Kraft hatte, es in die Tasche zu stecken!

Dieses Tagebuch nun besagte, daß man am 9. Oktober Nindermanns und Noros' Spur gefolgt war. Die Kräfte der Leute versagten aber immer mehr, Schritt für Schritt schleppten sie sich vorwärts. Aus dürren Weidenzweigen kochten sie sich eine Suppe.

»Ich hoffe dennoch auf Gottes Hilfe und glaube nicht, daß es seine Absicht ist, uns Hungers sterben zu lassen«, schrieb De Long noch in sein Tagebuch.

Zweimal zeichnete er auf, daß der Indianer ein Schneehuhn geschossen habe, das sie unter sich teilten.

Ein andermal heißt es: »Nichts zu essen, aber doch sind wir noch voll Mut. O Gott, hilf uns!«

Den 11. Oktober: »Unmöglich weiterzugehen, kein Brennholz.« Den 13. Oktober: »Wir können nicht gegen den Wind an, und hier bleiben heißt verhungern.«

Ein Matrose brach zusammen. Der Kapitän betet ein Vaterunser über der Leiche. »Entsetzliche Schneesturmnacht!«

Sonntag, den 16.: »Alexis (der Indianer) ist hin, am Ende seiner Kräfte. Gottesdienst.«

Am 17.: »Alexis liegt im Sterben. Der Doktor tauft ihn. Ich halte mit dem Kranken eine Andacht ab. Collins wird heute vierzig Jahre alt. Alexis starb bei Sonnenuntergang vor Erschöpfung und Hunger. Wir deckten ihn unter dem Zelt mit der Flagge zu.« Zwei Tage später zerschneiden sie das halbe Zelt, um mit den Stoffstreifen ihre Füße zu umwickeln.

Am 21. lag einer der Matrosen tot zwischen ihnen. Am Mittag starb ein zweiter Matrose. Niemand hatte mehr die Kraft, die Leichen zu begraben; man schob sie nur hinaus, damit man sie nicht zu sehen brauchte.

Am nächsten Sonntag war der Gottesdienst sehr kurz, und nachher suchte man Brennholz zur Nacht.

Den 24. Oktober: »Grimmigkalte Nacht.«

Dann zwei Tage kein Wort.

Am 27. schreibt De Long von einem Matrosen, der im Sterben liege, und am nächsten Tage, daß er tot sei.

Am 29. stirbt wieder ein Matrose.

Am 30. Oktober, Sonntag, 140 Tage nach dem Untergang der »Jeannette«, wird kein Gottesdienst mehr gehalten.

Die letzten Worte, die De Long schrieb, ehe die Bleifeder seiner Hand entglitt, lauteten: »Boyd und Gortz starben heute nacht. Collins liegt im Sterben.« – – –

Fridtjof Nansen

Drei Jahre nach dem Untergang der »Jeannette« fand man in der Nähe des Kap Farewell, der Südspitze Grönlands, eine Anzahl Gegenstände, die dem verunglückten Schiff angehört haben mußten! Sie waren fest eingefroren in Eisblöcke, über ihre Herkunft konnte aber kein Zweifel herrschen; denn unter ihnen war eine Proviantliste mit De Longs eigener Unterschrift, ein Verzeichnis der Boote der »Jeannette«, ein Mützenschirm mit Nindermanns Namen und schließlich – ein Paar Hosen aus Öltuch, die »Louis Noros« gezeichnet waren! Ohne Zweifel hatten diese Gegenstände mit dem Eis den ganzen Weg von den Neusibirischen Inseln nach dem südlichsten Vorgebirge Grönlands zurückgelegt und waren dabei vielleicht gerade über den Nordpol getrieben! Auch wußte man, daß eine große Menge Treibholz, das an den Ufern der sibirischen Flüsse gewurzelt hatte, an der Küste von Grönland angeschwemmt zu werden pflegte.

Aus diesen und andern Zeichen um den nördlichen Scheitel der Erde herum schloß ein junger Norweger namens Fridtjof Nansen, daß sich von der Gegend der Beringstraße aus eine Meeresströmung beständig nach der Ostküste Grönlands bewegen müsse! Diese Strömung beschloß Nansen zu benutzen. Viele Nordpolfahrer waren von der atlantischen Seite ins Eismeer gegangen und von dieser Strömung zurückgetrieben worden; er wollte nun von der entgegengesetzten Seite aus beginnen und sich von dieser selben Strömung treiben lassen! Andere hatten das Packeis gefürchtet und vermieden; er wollte es gerade aufsuchen und sich ihm freiwillig überlassen. Andere waren mit untauglichen Schiffen, die von den Eisfeldern wie Nußschalen zerdrückt wurden, ausgefahren; er wollte sich ein Schiff bauen, dessen nach innen gebogene Flanken das Eis nicht würde packen können. Je ärger es preßte, desto sicherer mußte solch ein Schiff aus dem Eis herausgehoben werden, und es konnte dann auf dem Rücken des Eises mit der Strömung treiben! Lange mußte eine solche Fahrt zwar dauern, da jene Überreste der »Jeannette« ganze drei Jahre unterwegs gewesen waren. Aber man hatte dabei Muße, neue Gegenden der Erde, Meerestiefen, Wetter und Wind zu erforschen. Das Erreichen des kleinen Punktes, den man Nordpol nannte, erschien Nansen den wissenschaftlichen Resultaten gegenüber als weniger wichtig.

Unter den vielen, die sich zur Begleitung anboten, wählte Nansen die zwölf besten; so waren sie dreizehn; die Zahl, die abergläubische Furcht vermeidet, wurde Nansens Glückszahl! Das neue Schiff taufte man »Fram« (Vorwärts); sein Kapitän wurde Sverdrup. Dieser war schon früher einmal Nansens Begleiter gewesen auf einer abenteuerlichen Unternehmung. Sie hatten gemeinsam das grönländische Inlandeis von der Westküste bis zur Ostküste durchquert.

Alles wurde aufs beste ausgerüstet und Proviant auf fünf Jahre mitgenommen. Am Johannistag (24. Juni) 1893 fuhr die »Fram« nach dem Sibirischen Eismeer ab.

Zuerst galt es, die Neusibirischen Inseln zu erreichen. Den Weg dorthin hatte die schwedische »Vega« gezeigt, und die »Fram« brauchte nur ihrer Bahn zu folgen. Unmittelbar im Westen dieser Inseln steuerte sie dann nach Norden, und es dauerte auch nicht lange, da saß die »Fram« im Eise fest und wurde, wie Nansen vorausgesehen, durch die Pressungen glatt auf die Oberfläche des Packeises gehoben, ohne auch nur den geringsten Schaden zu erleiden! Soweit ging alles nach Nansens Berechnung, und kundige Polarfahrer, die seinen Plan für eine Verrücktheit erklärt hatten, mußten nachher eingestehen, daß ihre klugen Prophezeiungen falsch gewesen seien!

Die Reise ging nun zwar sehr langsam weiter, das Eis krachte und dröhnte wie immer, aber in dem dicken Holzrumpf der »Fram« war die Besatzung vor seiner Tücke sicher und führte an Bord ein ganz gemütliches Leben. Dann kam die Polarnacht, lang, finster und schweigend. Eisbären spukten draußen umher und mußten oft ihr Leben lassen. Ehe es dunkel wurde, richtete Nansen die Hunde zum Schlittenziehen ab. Sie wurden vorgespannt, er nahm auf dem Schlitten Platz und schnalzte mit der Zunge; dann ging es in tollem Lauf vorwärts. Sie stürmten über Blöcke und Eislöcher hinweg, Nansen stürzte vom Sitz, hielt sich aber am Schlitten fest, und die Hunde rasten um das Schiff herum, als ob der Böse hinter ihnen sei! Die Lage des Kutschers war alles eher denn behaglich; bald auf dem Bauche, bald auf dem Rücken wurde er mitgeschleift. Aber wenn er nur erst wieder auf den Beinen stand, wollte er den ausgelassenen Tieren alle Rippen zerbrechen! Als die aber endlich so gut waren haltzumachen, keuchend stehen blieben und freundlich mit dem Schwanze wedelten, als ob sie ihre Sache wirklich gut gemacht hätten, war Nansen so windelweich geworden, daß er es nicht mehr über sich brachte, sie zu prügeln.

Mit der Zeit ging es aber besser. Zwar mußten einige der treuen Tiere ihre Schlittenfahrten auf dem Polareis genug büßen; zwei wurden von Eisbären geholt und zwei von ihren Kameraden totgebissen. Aber mitten in der ärgsten Finsternis kamen eines Tages, am 13. Dezember, auch junge Hunde zur Welt – dreizehn Stück! Als diese zum erstenmal in ihrem jungen Leben die Sonne sahen, da bellten sie sie wütend an!

Ganz wie Nansen vorausgesagt hatte, trieb die »Fram« nordwestwärts dem Pol zu und über gewaltige, hier ungeahnte Meerestiefen hin, wo die zweitausend Meter lange Lotleine den Grund nicht mehr erreichte! Weihnachten feierte man auf nordische Weise, und als der 80. Breitengrad überschritten wurde, veranstaltete man ein großes Fest. Die größte Freude aber erregte die erste Wiederkehr der Sonne am 20. Februar.

Frühling und Sommer vergingen ohne bemerkenswerte Ereignisse. Man baute Hundehütten auf dem Eis, und neue Junge wurden geboren. Diese waren später jedenfalls ebenso erstaunt über die erste winterliche Finsternis als ihre Vettern, als sie die Sonne zuerst erblickt hatten. Durch Schmelzwasser entstanden auf dem Eis große Teiche, auf denen man segeln konnte, und die Kameraden standen am Rande und warfen die Insassen der Boote mit Schneebällen. Eines Tages aber bekam solch ein Teich im Boden ein Loch und war bald völlig ausgelaufen.

Unterdes hatte Nansen über einem kühnen Plan gebrütet. Er wollte mit Hundeschlitten noch weiter nach Norden vordringen und dann südwärts zum Franz-Joseph-Land zurückkehren! Die »Fram« sollte unterdessen ihre Drift fortsetzen, und an Bord sollten die gewöhnlichen Beobachtungen gemacht werden. Nur einen Begleiter hatte er sich dazu ausersehen, den Leutnant Johansen, mit dem er im November 1894 zuerst darüber sprach. Es war ein Unternehmen auf Tod und

Leben; aber Johansen entschloß sich, ohne einen Augenblick Bedenkzeit, Nansen zu begleiten.

»Dann fangen wir morgen mit den Vorbereitungen an«, erklärte Nansen.

Darüber ging der ganze Winter hin. Sie bauten zwei einsitzige Kajaks, etwas größer und fester als die, deren sich die Eskimos bedienen, wenn sie auf Fischfang und Robbenjagd gehen. Ein Gestell aus Latten wurde mit Segeltuch überzogen; jedes dieser Boote wog nur achtzehn Kilogramm. Sie waren ganz überdeckt, und wenn die Ruderer in der Mitte ihren Platz einnahmen und die Öffnung um sich herum dicht schlossen, konnten die Wellen ruhig über das ganze Fahrzeug hinwegrollen, ohne dem Boot oder seinem Insassen zu schaden. Hundeschlitten, Geschirr dazu, ein Schlafsack für zwei Personen, Schneeschuhe, Stöcke, Proviant und Petroleumkocher – alles wurde zurechtgestellt.

Um die Jahreswende gab es eine kurze Unterbrechung der Arbeit, da ungeheure Eispressungen ringsum krachten und die »Fram« nun doch bedrohten. Ganze Berge großer Eisblöcke und festen Schnees erhoben sich gegen das Schiff, als ob sie es unter sich begraben wollten. Das Meerwasser wurde dabei aufwärts gedrängt und überschwemmte das Eis derartig, daß die Hunde beinahe in ihren Hütten ertranken und schleunigst gerettet werden mußten! Der Eiswall rückte bis dicht an das Schiff heran, wälzte sich über die Reling und brach das Deckzelt nieder. Wenn es sich über das ganze Deck verbreitete, waren Schiff und Mannschaft wie in einer Mausefalle gefangen. Und so pechfinster war es, daß man die Höhe der Gefahr gar nicht recht beurteilen konnte. Proviant auf zweihundert Tage hatte man deshalb vorher nach sicheren Plätzen auf dem Eise untergebracht.

Allmählich aber beruhigten sich die Eismassen wieder. Der große Wall wurde weggeschaufelt, und nun konnte die beabsichtigte Wanderung beginnen. Zweimal brachen Nansen und Johansen auf, mußten aber beide Male zurückkehren. Einmal war ein Schlitten zerbrochen, das andere Mal das Gepäck zu schwer gewesen. Am 14. März 1895 aber verließen sie die »Fram« endgültig. Ob sie ihr treues Schiff und ihre tapfern Kameraden wohl jemals wiedersehen würden?

Auf Schneeschuhen und Hundeschlitten zum Nordpol

Die beiden kühnen Wanderer hatten drei Schlitten und 28 Hunde bei sich, und damit schlugen sie die Richtung nach dem Nordpol ein. Sie selber liefen auf Schneeschuhen und lenkten ihre Gespanne. Zuerst war das Eis glatt, und man kam rasch vorwärts; dann aber wurde es holprig, und die Fahrt ging langsam.

Nach zwei Marschtagen stieg die Kälte auf dreiundvierzig Grad, und in dem kleinen Seidenzelt war es mehr als morgenkühl! Die beiden marschierten aber am Tage neun Stunden lang und spürten im Gehen die Kälte nicht; nur gefror die Körperausdünstung in den Kleidern, und diese wurden schließlich zu Eispanzern, die bei jedem Schritt krachten. Durch das beständige Scheuern am unteren Rand der hart wie Holz gefrorenen Ärmel wurden Nansens Handgelenke wund und blutig und heilten erst im Spätsommer wieder.

Zum Lagerplatz wählte man stets eine vor dem Wind Schutz bietende Eisspalte. Johansen besorgte die Hunde und fütterte sie, Nansen schlug das Zelt auf und füllte den Kochtopf mit Eisstücken. Das Abendessen war das Schönste am Tag; da wurde man wenigstens innerlich einmal warm, nachher kroch man schnell in den Schlafsack. Hier tauten die vereisten Anzüge auf, und die Schläfer lagen die ganze Nacht in nassen Umschlägen und träumten von Schlitten und Hundegespann. Einmal rief Johansen nachts im Schlaf: »Vorwärts, ihr Rakker, flink, flink! – Halt, nun werft ihr um!«

Bei grimmiger Morgenkälte standen sie wieder auf, brachten die Hunde, die zusammengerollt im Schnee lagen und über die Kälte winselten, auf die Beine, entwirrten die Zugleinen, beluden die Schlitten, und dann ging es weiter in die große stille Einsamkeit hinein.

Nur zu oft war das Eis entsetzlich schlecht, die Schlitten fuhren sich fest, mußten getragen und über Wälle und Spalten hinübergeschoben werden, eine mühselige Wanderung. Aber ein Breitengrad war bereits erobert! Manchmal waren sie so erschöpft, daß sie fast im Gehen auf ihren Schneeschuhen schliefen, während die Hunde langsam neben ihnen hertrotteten. Auch diese wurden der beständigen Anstrengung allmählich überdrüssig. Zwei mußten geschlachtet werden und wurden ihren Kameraden als Frühstück vorgesetzt; aber einige von diesen dankten für solche Kost.

Als das Eis immer schlechter wurde und die weiße Wüste nach Norden hin, soweit der Blick reichte, wie ein einziges Geröllfeld aussah, da beschloß Nansen, auf das Erreichen des Nordpols zu verzichten und wenn auch schweren Herzens umzukehren. Zurück zur »Fram« war unmöglich; Schneestürme hatten alle Spuren verwischt. Das einzig Mögliche war, die Richtung nach der eisigen Inselgruppe, die Franz-Joseph-Land heißt, einzuschlagen. Die Entfernung bis dahin betrug aber siebenhundert Kilometer, und der Proviant ging schon zu Ende! Aber da der Frühling bevorstand, war zu hoffen, daß man unterwegs auf Wild stoßen würde. Zwei Flinten hatte man ja und dazu hundertundachtzig Kugelpatronen und hundertundfünfzig Schrotschüsse. Die Hunde hatten es weit schlimmer; sie sollten nach und nach einander verspeisen.

So machten denn Nansen und Johansen am 8. April 1895, nachdem sie bis zur Breite von 86° 4′ vorgedrungen waren, kehrt und gingen auf leidlichem Eise in langen Märschen auf Franz-Joseph-Land zu. Eines Tages sahen sie einen Balken aus dem Eis emporragen. Welch wunderbare Schicksale mußte der erlebt haben, seitdem man ihn gefällt hatte! Ende April zeigte sich die Fährte zweier Bergfüchse im Schnee. War Land in der Nähe, oder was hatten diese Wichte hier draußen auf dem vereisten Meer zu suchen? Zwei Tage später wurde der erste Hund, der »Gelbe«, geopfert. Er war auf der »Fram« geboren und hatte während seines kurzen Lebens nie etwas anderes als Eis und Schnee gesehen!

Offenes Wasser im Sonnenschein, glitzernde Wellen! Wie herrlich, ihr Plätschern am Eisrande zu hören! Den beiden Wanderern klang es wie Frühling und Sommer, wie ein Gruß von dem großen Meere, dem Wege zur Heimat! Neue Fuchsfährten ließen auf Land schließen, und täglich spähten die Wanderer danach aus. Aber noch drei ganze Monate sollten vergehen, ehe sie die erste Insel erreichten!

Anfang Mai waren nur noch sechzehn Hunde übrig. Jetzt hielt der lange Sommertag seinen Einzug in die Polarregion, und vor Hitze war es kaum mehr auszuhalten – denn es waren nur mehr elf Grad Kälte! Aber das Eis war erbärmlich! Unaufhörlich mußten die Schlitten über tiefe Rinnen und hohe Eiswälle hinübergeschleppt werden, und die beiden Männer taumelten nach diesen schweren Anstrengungen auf ihren Schneeschuhen halb erschöpft weiter. Die Hunde hatten es nicht weniger schwer, je weniger ihrer wurden, und der Proviant verminderte sich bedenklich.

Da zwang sie ein wütender Schneesturm, einen Tag zu rasten. Ein Schlitten wurde geopfert und zerbrochene Schneeschuhe den Flammen eines herrlichen Feuers als Opfer dargebracht. Für jeden der beiden übrigen Schlitten waren jetzt noch sechs Hunde übrig.

Endlich, Ende Mai, gelangten Nansen und sein Begleiter in eine Gegend, die ein Netz offener Wasserrinnen durchschnitt; der Marsch wurde dadurch vielfach aufgehalten. Aber nun begann mit dem Eintritt des Sommers auch das Tierleben. Der graue Rücken des Narwals wölbte sich über dem schwarzblauen Wasser der Eisrinnen; der Seehund ging auf Fischfang aus, und Eisbärenspuren weckten die Sehnsucht nach frischem Fleisch! Oft eilte Nansen auf Schneeschuhen weit voraus, um zu sehen, wo der Weg am besten sei; dann blieb Johansen wartend bei den Schlitten. Dauerte es gar zu lange, dann erhob sich wohl das Gespenst der Furcht, der kühne Schneeschuhläufer könne eingebrochen sein. Was dann aus dem Zurückgebliebenen würde, so ganz allein in der endlosen Eiswüste, war gar nicht auszudenken!

Der Juni brach an, und das Geschrei der Möwen gellte in der Luft. Die beiden Männer blieben eine Woche in einem Lager, um ihre Kajaks seetüchtig zu machen. Für einen Monat hatten sie noch Brot, und sechs Hunde waren noch am Leben. Als nur noch drei übrig waren, mußten sie sich selbst vor die Schlitten spannen.

In einer breiten langen Rinne setzten sie dann die Kajaks aus, banden die Schneeschuhe aneinander und ruderten nun am Eisrand entlang. Dabei schossen sie zwei Seehunde und drei Eisbären und waren nun auf lange Zeit mit Fleischvorräten versorgt. Auch die beiden letzten Hunde konnten sich einmal wieder gründlich sattfressen.

Endlich zeigte sich im Süden das heißersehnte Land, und nun ging es eilig darauflos; vor jedem Schlitten ein Mann und ein Hund. Einmal mußten sie auf dem Kajak über eine Rinne steuern. Nansen stand schon am Rande des Eises, als er hinter sich Johansen rufen hörte:

»Schnell die Büchse!«

Als Nansen sich umdrehte, sah er einen großen Bären, der seinen Begleiter zu Boden gestreckt hatte und ihn beschnüffelte. Schnell wollte Nansen sein Gewehr im Kajak ergreifen, aber im selben Moment trieb das Kajak ab, und während er es wieder heranbugsierte, hörte er Johansen ganz ruhig sagen:

»Schieß schnell, sonst ist es zu spät!«

Da hatte er endlich seine Flinte gefaßt und schoß den Bären nieder.

Fünf Monate lang hatten sie sich so über das Eis hingeschleppt, als sie Anfang August von der Eiskante aus offenes Wasser bei den Inseln vor sich sahen. Jetzt mußte die Seefahrt beginnen, und die beiden ältesten Hunde waren unnötiger Ballast. Nansen nahm Johansens und Johansen des Freundes Hund, und zwei Kugeln lohnten die Treue der guten Tiere.

Nun ging es leichter und schneller vorwärts; die Kajaks waren zusammengebunden und mit Mast und Segel versehen, und auf ihnen strichen sie an unbekannten Inseln vorüber. Starker Seegang zwang sie einmal, auf einer der Inseln zu landen; während sie die Kajaks aufs

Ufer zogen, kam ein weißer Petz angetrabt, witterte sie und begann ihre Spur zu beschnüffeln. Willkommener Proviant für einige Zeit! Der Bär war kaum abgehäutet, und schon plätscherte im Wasser ein Walroß, schwamm bis dahin, wo sich bereits zwei seiner Kameraden hingelegt hatten, um sich zu sonnen, und stützte sich mit seinen Hauern auf den Eisrand, um sich erst eine Weile zu verschnaufen. Dann schob es sich langsam aus dem Wasser hervor und wälzte sich zu seinen Verwandten hin. Doch diese wollten zuerst nichts mit ihm zu tun haben und wiesen ihm ihre Stoßzähne, ließen es aber dann doch in Frieden. Dort lagen die drei stundenlang regungslos und faul, während die Eismöwen über den Wellen übermütigen Lärm machten. Willkommenes Wild!

Nansen und sein Reisegefährte nahmen ihr neues Reich in Besitz, wanderten nach dem Innern der Insel und kehrten nachher zu ihrem Eisbärbraten zurück, der ihnen ein lange nicht mehr gekanntes Behagen des Sattseins verursachte.

Am nächsten Tag sahen sie sich nach einem passenden Unterschlupf um. Da sie aber nirgends eine Höhle entdeckten, bauten sie sich aus Steinen eine provisorische kleine Hütte, deren Dach die Schneeschuhe und das Seidenzelt bildeten. Tageslicht und Wind sahen von allen Seiten herein, aber drinnen war es ganz behaglich, und der Fleischtopf brodelte über einem mit rohem Walroßspeck unterhaltenen Feuer. Auf dieser Insel beschloß Nansen zu überwintern.

Ein Winterlager

Die Inseln, die Nansen und sein Begleiter bisher gesehen hatten, glichen aber leider gar nicht den bekannten Teilen des Franz-Joseph-Landes; Nansen wußte infolgedessen nicht mehr recht, wo er sich eigentlich befand. Auf den Kajaks sich ins offene Meer hinauszuwagen, war auch unmöglich, und es war daher besser, Wintervorräte zu sammeln. Denn bald mußte die Dunkelheit eintreten und alles Wild verschwinden.

Eine bequeme Hütte war das erste Erfordernis. Steine und Moos dazu waren reichlich vorhanden, ein Treibholzstamm, der sich gefunden hatte, sollte den Dachfirst bilden, und wenn man wieder einmal zwei Walrosse erwischte, war auch für die Bedeckung des Daches gesorgt.

Schon plätscherte draußen ein großes Walroß im offenen Wasser. Im Handumdrehen waren die zusammengebundenen Kajaks ins Wasser geschoben, und von ihnen aus bombardierte man nun den Koloß. Das Walroß tauchte in die Tiefe, kam aber unter dem einen Kajak wieder in die Höhe, und auf ein Haar wäre die ganze Herrlichkeit umgeschlagen. Schließlich erhielt das Tier eine tödliche Wunde, aber gerade als Nansen ihm die Harpune in den Leib stoßen wollte, sank es unter.

Besser glückte es bei zwei andern, die brüllend auf dem Eise lagen und sich in Schlaf heulten. Nansen versicherte später, es sei ihm wie ein Mord vorgekommen, sie erschießen zu müssen, und den flehenden Ausdruck ihrer braunen, schwermütigen Augen, als sie, den Kopf auf die Hauer gestützt, wie lungenkranke Menschen Blut husteten, werde er nie vergessen können!

Nun mußten die Tiere abgehäutet, der Speck gewonnen und die Ladung nach der Hütte geschafft werden. Welch ein Glück aber, daß Nansen so vorsichtig gewesen war, die Kajaks mitzunehmen. Denn während man an den Tieren wie in einem Schlachthause arbeitete, erhob sich ein heftiger Landwind, löste die Eisscholle, auf der sie sich befanden, und trieb sie aufs Meer hinaus. Schwarzgrüne Wellen mit weißen Schaumköpfen wälzten sich hinter ihnen drein. Da war keine Minute Zeit mehr zu verlieren – mit rasender Geschwindigkeit trieben sie ins offene Meer. Aber mit leeren Händen zur Insel zurückfahren müssen, war doch zu verdrießlich! Sie schnitten also die eine Walroßhaut durch und trugen die Hälfte samt den daransitzenden Speckklumpen zu ihren Kajaks. Todmüde gelangten sie nach einer gefahrvollen Ruderfahrt endlich glücklich an Land und in den Schutz ihrer Hütte.

In der Nacht erschien eine Bärenmama mit ihren beiden großen Jungen, um die neue Hütte zu untersuchen. Sie wurde erschossen; die beiden Jungen trotteten zum Ufer, plumpsten ins Wasser und schwammen nach einer Eisscholle hinüber. Dort standen sie, brummten, schalten auf die Leute und wunderten sich, weshalb die Mutter so lange am Lande weilte. Das eine fiel über den Eisrand ins Wasser, kroch aber wieder hinauf, und die reine Salzflut rieselte ihm vom Pelz herunter. Beide trieben auf der Eisscholle mit dem Winde fort und waren bald nur noch als zwei weiße Pünktchen auf der fast schwarzen Wasserfläche sichtbar. Nansen und Johansen brauchten aber Fleisch, denn die drei Bestien hatten ihnen alles vor der Hütte liegende Walroßfleisch weggefressen. Also wurden die Kajaks wieder ins Wasser geschoben, und bald erreichte man die Scholle, die die jungen Bären trug, hetzte die beiden ins Wasser und verfolgte sie bis ans Ufer, wo einige Schüsse ihrem Leben ein Ende machten.

Mit Fleischvorräten war man also reichlich versorgt. Drei Bären auf einmal! Und obendrein kam noch das zuerst geschossene Walroß wieder an die Oberfläche, wurde zerlegt und abgehäutet; ein zweites das diesem Geschäft zusehen wollte, mußte ihm Gesellschaft leisten. Bei dieser scheußlichen Arbeit schmierten sich die beiden Männer ihre zerfetzten Anzüge so mit Blut und Tran ein, daß die ekle Feuchtigkeit bis auf die Haut drang. Von allen Seiten flogen die kreischenden Eismöwen herbei, um gierig den Abfall zu verschlingen, ehe sie wieder südwärts zogen und die Polarnacht sich über die Gegend breitete.

Der Bau der neuen Hütte beanspruchte eine Woche Zeit. Ein Walroßschulterblatt, das man an einem Schneeschuhstock festband, diente als Spaten, ein Walroßzahn an einer Schlittenlatte als Hacke. So erhoben sich denn bald die Mauern der neuen Hütte. In ihrem Innern wurde die Erde ausgegraben, eine gemeinsame Pritsche aus Steinen gemacht und mit Bärenfellen bedeckt. Zwei weitere erbeutete Walrosse lieferten zum Decken des Daches reichlich Material. Freilich kam einmal ein Bär und riß das ganze Dach herunter, aber er mußte es schwer büßen, und nachher wurde das Dach durch Steinbelastung verstärkt. Ein Schornstein aus Eis diente zum Abzug des Rauches vom offenen Herd. Nun bezogen die beiden Männer die neue Hütte, und sie blieb während eines ganzen langen Winters ihre behagliche und sichere Wohnung.

Am 15. Oktober 1895 sahen sie die Sonne zum letztenmal, und ihre dritte Polarnacht stieg herauf. Die Bären verschwanden und ließen sich vor dem nächsten Frühling nicht wieder sehen. Nur die Bergfüchse blieben und waren ebenso dreist wie diebisch. Sie stahlen Bindfäden und Stahldraht, Harpune und Leinen und vergriffen sich sogar an einem Thermometer, das draußen liegen geblieben war. Den ganzen Winter über kletterten sie auf dem Dach herum, knurrten, bellten und zankten sich. Aber diese raschelnde Spur tierischen Lebens da oben war für die Bewohner der Hütte so behaglich, daß diese in ihrem Nest ihre Fuchsgäste um keinen Preis hätten entbehren mögen.

Ob die Tage ihnen langsam vergingen? Kaum; der ganze Winter war ja nur eine einzige Nacht! Draußen war es still und leer, ein beklemmendes, feierliches Schweigen herrschte in windstillen Nächten. Der Mond schien klar, die Hütte lag unter ihrer Felswand im Schatten, und das Mondlicht breitete ein weißseidenes Leichentuch über Land und Eis. Mehrfach flammte ein Nordlicht wie eine geheimnisvolle Krone am tintenschwarzen Himmel auf, und die Sterne funkelten in unvergleichlichem Glanz.

Aber nur selten war das Wetter ruhig. Gewöhnlich heulte der Wind in den kahlen Felsen, die seit undenklicher Zeit schon Milliarden schwerer Stürme umsaust hatten, und der stöbernde Schnee pfiff klagend um sie herum und baute um die Hütte der beiden Einsiedler eine gewaltige Mauer.

So schlich die endlos lange Nacht dahin. Nansen und Johansen aßen und tranken, spazierten in der Dunkelheit umher, um sich Bewegung zu machen, und feierten in der Hütte ihr Weihnachtsfest. Man machte rein, entfernte allen Ruß, kratzte die fußhohe Schicht gefrorenen Kehrichts vom Fußboden ab und hielt einen Schmaus, wobei die letzten Delikatessen von der »Fram« verzehrt wurden! Nachher lag Nansen noch lange horchend wach, als ob er die Kirchenglocken der Heimat herüberklingen hören müsse. Dann kam der Neujahrstag mit so grimmiger Kälte, daß die Einsiedler nur die Nase aus dem Schlafsack steckten, wenn sie essen wollten, und manchmal vierundzwanzig Stunden lang im Halbschlummer liegen blieben wie die Bären in ihrer Höhle. –

Am letzten Februar sahen sie endlich die Sonne wieder. Morgenfrische Vögel, zutrauliche kleine Krabbentaucher, lockte ihr Strahl herbei. Aber die beiden Männer erschraken, als das Tageslicht sie wieder beschien und sie einander betrachteten: Haar und Bart waren ungehindert gewachsen; gewaschen hatte man sich ein ganzes Jahr lang überhaupt nicht mehr, und sie sahen im Gesicht aus schwarz wie die Neger. Der sonst so blonde Nansen hatte jetzt kohlschwarzes Haar; aber an ein Bad war bei einer Temperatur von vierzig Grad Kälte nicht zu denken!

Bald stellte sich auch der erste Bär ein. Er kratzte an der Hüttenwand, aus der allerlei schöne Gerüche ihm in die Nase stiegen; aber eine Kugel fuhr ihm entgegen, und als er die Berghalde hinauf flüchtete, erhielt er eine zweite und rollte wie ein Ball wieder herunter. Von ihm lebten die Hüttenbewohner sechs Wochen lang.

An den nun heller werdenden Tagen begann die Arbeit an der neuen Ausrüstung. Aus Filzdecken wurden Beinkleider genäht, das Schuhzeug geflickt, Taue aus Walroßhaut geschnitten, neue Obergestelle auf die Schlitten gesetzt, der Proviant verstaut, und am 19. Mai 1896 verließ Nansen mit seinem Gefährten dieses treffliche Winterlager, um in südwestlicher Richtung auf unsicherer Bahn weiterzuziehen.

Abenteuer im Kajak

Die Schneestürme fegten um die beiden Wanderer her. Ihr Zelt hatten sie geopfert und krochen nun nachts zwischen die Schlitten, über die sie das Segel breiteten. Einmal lief Nansen auf Schneeschuhen gerade ins Wasser hinein und wäre unfehlbar ertrunken, wenn ihm Johansen nicht im letzten Augenblick noch herausgeholfen hätte. Der Schnee lag auf dünnem Eis und war mit Wasser durchzogen; daher kamen sie nur langsam voran, denn das tragfähige Eis mußte erst gesucht werden. Schon ging der Proviant wieder zu Ende; aber in der See wimmelte es ja von Walrossen. Oft waren die Tiere, die scharenweise auf dem Eise lagen, so wenig scheu, daß Nansen dicht an sie herangehen und sie photographieren konnte. Auch wenn eines erschossen wurde, rührten sich die andern nicht vom Fleck. Erst wenn mit Schneeschuhstöcken auf sie losgeprügelt wurde, watschelten die Tiere im Gänsemarsch ab und plumpsten kopfüber ins Wasser, das um sie herum zu kochen schien.

Einmal war das Eis so eben und der Wind so günstig, daß Nansen und Johansen die Segel auf den Schlitten hißten, sich auf Schneeschuhen davorstellten, um zu steuern, und so mit dem Wind vorwärts sausten, daß es um sie herum pfiff!

Ein andermal segelten sie mit zusammengebundenen Kajaks und landeten auf einer Insel, um besser Umschau halten zu können. Die Kajakflotte wurde mit einer Walroßleine angelegt. Aber als sie auf der Insel umherstreiften, rief plötzlich Johansen:

»Halt! Dort treiben die Kajaks!«

Nun stürmten sie nach dem Ufer hin, der Wind wehte heftig vom Lande und entführte mit den Kajaks alles, was sie besaßen.

»Hier meine Uhr«, rief Nansen, warf schnell die Kleidungsstücke ab, sprang in das eiskalte Wasser und schwamm den Fahrzeugen nach. Aber diese trieben schneller, als Nansen schwimmen konnte! Er fühlte schon, wie seine Glieder erstarrten, aber hier im Eis ertrinken war nicht schlimmer, als ohne die Boote zurückzukehren! Also vorwärts mit aller Kraft! Wenn er ermattete, legte er sich eine Weile auf den Rücken, Johansen wanderte unterdes verzweifelt auf dem Eise hin und her – aber da schwamm Nansen wieder, und schließlich wurde der Abstand geringer; Johansen jubelte; noch eine letzte Anstrengung, und, schon im Begriff unterzugehen, gelang es Nansen noch eben, einen der Schneeschuhe, die aus den Kajaks hervorsahen, zu packen; daran hielt er sich fest und konnte sich so wenigstens zunächst verschnaufen. Dann schwang er sich mühsam in das eine Kajak hinein und ruderte zurück, frierend und zähneklappernd. Aber an Land kam er; Johansen steckte ihn sofort in den Schlafsack und deckte ihn noch mit allem zu, was zu haben war. Nach einigen Stunden Schlafs war der riesenstarke Nansen so munter wie ein Fisch im Wasser und tat dem Abendessen alle Ehre an. – Johansen gestand Nansen später, es seien die schlimmsten Augenblicke gewesen, die er je durchlebt habe.

Immer weiter nach Süden führte ihre waghalsige Reise über Eis und Wellen. Meist segelten sie jetzt in den Kajaks. Eines Tages tauchte neben Nansens Kajak ein Walroß auf, schob seine Hauer über die Reeling und hätte beinahe Kajak und Insassen in die salzige Tiefe mit hinabgezogen. Als das Tier aber wieder fortgeschwommen war, fühlte Nansen, wie es ihm plötzlich um die Beine herum naß wurde. Er ruderte schleunigst nach dem nächsten Eisrand, wo das Kajak, glücklicherweise in seichtem Wasser, sofort untersank. Alles darin war durchnäßt und verdorben. Um die schadhaften Stellen des Fahrzeugs auszubessern, bedurften sie einer längeren Rast. –

Nansens Wanderung ist eine einzig dastehende Großtat in der Geschichte der Polarforschung. Von den hundertunddreißig Mann des »Erebus« und des »Terror« hatte sich nicht ein einziger retten können, obgleich sie ihre Schiffe nicht verloren hatten und ganz in der Nähe einer Küste lagen, wo es Menschen und Jagdgelegenheit gab. De Long war den ungünstigen Verhältnissen erlegen. Aber diese beiden kühnen Norweger hatten jetzt fünfzehn Monate im Polarmeer ausgehalten, ihr Leben nicht eingebüßt, keine Glieder erfroren und waren nicht einmal von den Anstrengungen abgemagert! Sie hätten es wohl noch eine gute Weile länger ausgehalten – aber der Augenblick ihrer Befreiung war nahe.

Nansens glückliche Heimkehr

Am 17. Juli 1896 stand Nansen auf einem Eishügel und lauschte dem Lärm, den Schwärme munterer Vögel ringsum vollführten. Plötzlich horchte er mit angehaltenem Atem. Was war denn das? – Nein, es war ja nicht möglich! – Und doch, Hundegebell! Oder war es nur ein Vogel mit so eigenartiger Stimme? Nein, es konnte doch nur ein bellender Hund sein!

Spornstreichs eilte er ins Lager zurück, aber Johansen meinte, er müsse sich geirrt haben. Nachdem sie schnell gefrühstückt hatten, schnallte Nansen die Schneeschuhe an, ergriff Flinte, Fernglas und Stock und eilte windschnell über den weißen Schnee dahin.

Bald stieß er auf eine Hundespur. Oder war es vielleicht doch ein Fuchs? Aber nein, die Spur des Fuchses ist viel kleiner. Nun ging es in fliegender Eile über das Eis nach dem Land hin. Da klingt eine menschliche Stimme an Nansens Ohr, und er ruft so laut, wie es seine Lungen nur erlauben, und stürmt über Rinnen und Eiswälle fort, denn nun war die Rettung nahe, und wer weiß wie bald war man wieder in der Heimat!

Und wirklich – ein Hund springt ihm bellend entgegen, und hinter dem Hund schreitet ein Mann! Nansen eilt auf den Mann zu, und beide schwenken die Mützen. Wer auch der Fremde mit dem Hund sein mochte, er konnte nicht anders als starr vor Staunen dastehen, als er einen kohlschwarzen Riesen auf Schneeschuhen gleichsam direkt vom Nordpol her kommen sah!

Nun standen die beiden einander gegenüber und reichten sich die Hand.

»Freue mich riesig, Sie zu sehen«, sagte der Fremde.

»Danke, ich gleichfalls«, erwiderte Nansen.

»Haben Sie ein Schiff hier?«

»Nein, mein Schiff ist nicht hier.«

»Wie viele sind Sie?«

»Ich habe nur einen Gefährten draußen am Eisrand.«

Der Fremde war ein Engländer namens Frederick Jackson; er weilte mit einer wohlausgerüsteten Expedition schon zwei Jahre auf Franz-Joseph-Land, um es gründlich zu erforschen. Im ersten Augenblick glaubte er, die schwarze Gestalt auf Schneeschuhen sei irgendein Verirrter von der »Fram«. aber als er jetzt erfuhr, daß Nansen selbst vor ihm stehe, erstaunte er noch viel mehr und war natürlich auch aufs freudigste überrascht.

Nun ging es zum Hause Jacksons, wo sich auch Johansen nach einer Weile einstellte. Das erste, was die beiden Norweger taten, war, sich in ungezählten Bottichen heißen Wassers den langentbehrten Genuß einer Waschung zu verschaffen! Mit einer scharfen Bürste und grüner Schmierseife bearbeiteten sie sich mehrere Male hintereinander, um wenigstens den ärgsten Schmutz, der noch nicht in die Poren eingedrungen und mit der Haut eins geworden war, loszuwerden. Dann ließen sie sich rasieren und die Haare schneiden, wurden vom Kopf bis zum Fuß neu eingekleidet und sahen dann zuletzt einigermaßen manierlich aus.

Im Laufe des Sommers kam ein Schiff, um Jackson Proviant zu bringen. Mit diesem Schiff fuhren Nansen und Johansen heim. Schon in Vardö erhielten sie Telegramme ihrer Angehörigen, und ihre Freude

und sind im Nu mit der Arbeit fertig. Daß sie nicht totgedrückt, zertreten und überfahren werden, ist wirklich ein Wunder.

Langsam, langsam geht es vorwärts. Nun stockt der Zug ganz. Hinter uns drängen sich die Wagen so, daß sie wie eine einzige Mauer erscheinen. Ein Polizist mit schwarzem Helm ist vorgetreten und hat nur seine Hand erhoben; wehe dem Kutscher oder Chauffeur, der nicht sofort halten würde! Der Polizist und sein Kamerad auf der andern Seite haben den Wagenzug zum Stillstand gebracht, um die Fuhrwerke, die sich in einer Querstraße angesammelt haben, durch eine Lücke über Piccadilly hinüber zu lassen. Sie fahren vor uns vorbei, aber in einer Minute sperren andere Polizisten die Querstraße wieder ab, und nun setzt sich unser Wagen wieder in Bewegung, bis an einer der nächsten Querstraßen von neuem Halt geboten wird. Man muß sich deshalb mit Geduld wappnen, denn zum Schnellvorwärtskommen ist hier keine Möglichkeit.

Endlich mündet Piccadilly in einen kleinen runden Platz, dem von allen Seiten her Straßen zulaufen. Hier ist nun gar ein beängstigender Wirbel von Fahrenden und Gehenden! Aber die aufmerksame Polizei lenkt mit Ruhe den Verkehr und findet auch willigen Gehorsam. Die Polizei Londons ist der Freund und Beschützer des Publikums, daher ist die Ordnung auf den Straßen mustergültig.

Hier biegt unser Omnibus nach rechts ab und rollt eine kurze, aber wichtige Straße hinunter, die im Trafalgar Square, einem der schönsten und belebtesten offenen Plätze Londons, endet. In seiner Mitte ragt eine 44 Meter hohe Säule empor, von deren Spitze der siegreiche Seeheld Nelson herabblickt. Der Platz hat seinen Namen von dem Vorgebirge Trafalgar an der atlantischen Küste Spaniens nahe der Straße von Gibraltar. Dort besiegte Nelson 1805 die Flotte Napoleons und vernichtete damit den Plan des Franzosenkaisers, England mit seinen Truppen zu überschwemmen und zu erobern. Nelson selbst fiel in dieser blutigen Schlacht. Die Inschrift jener Säule ist sein berühmter Ausspruch: »England erwartet, daß jedermann seine Pflicht tut!«

Der Omnibus rollt dröhnend nach Osten weiter, durch endlose Straßen und Reihen gewaltiger Läden und Geschäftspaläste hindurch. Da unten wimmelt und krabbelt es wie in Bienenstöcken und Ameisenhaufen. Jeder hat es gewaltig eilig. Man rennt nach seinem Bahnhof, seinem Kontor, nach den Läden und Banken, und achtet gar nicht darauf, daß sich zu beiden Seiten des Weges uralte Häuser erheben und fast jeder Hof in seinen Portalen, Friesen oder Brunnen Erinnerungen an entschwundene Zeiten birgt. Geschäft ist die Losung auf diesen Straßen der City, der »Hauptstadt Londons«. Hier rollt das Geld in silbernen und goldenen Strömen jahraus jahrein, hier ist das Herz des Welt- und Kolonialhandels, hier liegen neben unzähligen Banken die Paläste der städtischen Beamten, die alten Gildenhäuser und die Redaktionen der großen Zeitungen. Hier erhebt sich auch die drittgrößte und eine der schönsten Kirchen der Christenheit, die St. Pauls-Kathedrale, die so in dieses Meer grauer, dunkler Häusermassen eingebettet ist, daß man sich ihrer äußeren Schönheit kaum noch erfreuen kann. Ihr Inneres ist überwältigend großartig und zur Andacht stimmend.

Ein Stück weiter liegt die Bank von England, die über 1000 Beamte beschäftigt und in ihren Gewölben stets mindestens 400 Millionen Mark in Gold und Silber vorrätig hält. Ihre Ein- und Auszahlungen betragen im Jahre ungefähr fünfzehntausend Millionen Mark! Ohne Fenster, sieht sie wie eine gewaltige Festung aus, und mit dem Schatz in ihrem Innern ist sie ja auch in der Tat die unüberwindlichste Festung Englands.

Fahrt auf der Themse

Wieder eilen wir an dem eisernen Gitter des Hyde-Park entlang, aber bei Piccadilly biegt unser Automobil diesmal rechts ab, saust am Buckinghampalast vorbei, dem Palais des Königs, und läßt dann eine Reihe gewaltiger Häusermassen, in denen sich die Büros der Regierung, des Heeres und der Flotte befinden, links liegen. Rechts erhebt sich die berühmte Kathedrale der Westminsterabtei, in der Englands Könige gekrönt werden und die größten Männer und Helden Großbritanniens in ihren Gräbern schlummern. Neben der Kathedrale liegt das riesenhafte Parlamentsgebäude, wo sich das englische Ober- und Unterhaus in ihren prunkvollen Sälen versammeln und das Schicksal des Britischen Reichs entschieden wird.

Mit seiner langen, prächtigen Fassade und seinen Türmen spiegelt sich das Parlamentsgebäude ebenso in der Themse wider, wie das ihm am rechten Ufer des Flusses gegenüberliegende große St. Thomas-Hospital. Zwischen beiden überspannt die Westminsterbrücke den Fluß. Hier besteigen wir einen weißen Raddampfer, der sofort in dem trübgrauen Wasser zu plätschern beginnt. Wir fahren flußabwärts und dennoch gegen den Strom! Denn es ist bald 12 Uhr, und die Flut kommt vom Meere herein. Unzählige Frachtschiffe benutzen sie, um auf ihrem Rücken leichter nach London hinauf zu gelangen.

Wir fahren unter einer Eisenbahnbrücke durch. Links auf dem Kai zeigt die »Nadel der Kleopatra«, ein ägyptischer Obelisk, gen Himmel, und weiter abwärts erheben sich die steinernen Mauern einiger Riesenhotels. Hinter der Waterloo-Brücke wird die hohe, herrliche Kuppel der St. Pauls-Kathedrale sichtbar. Blackfriars Bridge, die Brücke der »Schwarzen Brüder«, und eine Eisenbahnbrücke liegen einander so nahe, daß der Abstand zwischen ihnen kaum zwanzig Meter beträgt. Das rechte Ufer nehmen Fabriken und einfache Wohnhäuser ein.

Nun geht es unter drei weiteren Brücken durch, die ebenfalls ganz dicht beieinander liegen. Die dritte heißt »London Bridge« und ist eine der Hauptpulsadern des städtischen Lebens. Unaufhörlich entrollen sich neue Aussichten. Dort ist der »Tower«, der berühmteste Überrest aus vergangenen Jahrhunderten, eine uralte Festung und das Staatsgefängnis, ein Gebäude so überreich an Erinnerungen, daß man sie unmöglich aufzählen kann, ohne sich in Englands Geschichte gänzlich zu verlieren. Im »Tower« werden jetzt neben andern Kostbarkeiten die Kronjuwelen und die äußeren Sinnbilder der königlichen Gewalt aufbewahrt, im Werte von ungefähr sechzig Millionen Mark.

Auf zwei mitten im Flußbett erbauten Türmen ruht dann die seltsame »Towerbrücke«. Ihr mittelster Teil besteht aus zwei übereinander liegenden Brücken; wenn die untere nach zwei Seiten aufklappt, um hochmastige Schiffe durchfahren zu lassen, werden die Fußgänger in dem einen Turm durch einen Aufzug auf die Höhe der oberen Brücke und in dem andern Turm wieder hinunter befördert, damit sie nicht zu warten brauchen. Ganz große Schiffe gehen übrigens nicht so weit flußaufwärts. Die Amerikadampfer verlassen England von Liverpool, Southampton und Bristol aus, und die australischen, die wir in Bombay und Colombo gesehen haben, ankern weiter unten auf der Themse.

Unterhalb der »Towerbrücke« bieten die Ufer dem Auge wenig Anziehendes. Docks, Fabriken, Speicher, Werften, Hebekräne und Lagerhöfe treten an die Stelle berühmter Gebäude. Auf beiden Seiten liegen zahllose kleine Dampfer, Segelschiffe und Prahme. Mächtige Dampfer aus allen Teilen der Welt begegnen uns. Jetzt fahren wir gerade über einem Tunnel, der unter dem Flusse liegt; er ist an seinen Einfahrttürmen zu erkennen. Rechts liegt die Kraftstation, die alle elektrischen Straßenbahnen Londons treibt, eine Riesenarbeit, denn sie durchkreuzen die Stadt in allen Richtungen.

Endlich langen wir in Greenwich an mit der weltberühmten Sternwarte, deren Meridian als sogenannter »Nullmeridian« fast in allen Ländern Geltung hat. Auf den meisten Land- und Seekarten rechnet man die östliche und westliche Länge von Greenwich aus. Jetzt sind wir auf dem rechten Ufer der Themse. Um auf das linke hinüberzukommen, fahren wir auf dem Dach eines Pferdeomnibusses durch den Blackwall-Tunnel unter der Themse. Er ist aus Zement gebaut und gleicht einem Rohre mit zwei Bürgersteigen und einer Fahrbahn in der Mitte. Er ist zwei Kilometer lang, und das Echo hallt dröhnend von den Wänden wider, durch die das Flußwasser hereinsickert. Über unsern Köpfen durchpflügen Dampfer die Fluten der Themse.

Schließlich suchen wir, um wieder in unser Hotel zu kommen, eine der Untergrundbahnen auf. Wie ungeheure Maulwurfgänge durchkreuzen sie London nach allen Richtungen, durchschnittlich zwanzig Meter tief unter der Straße, einige sogar fünfzig Meter. Auf ihnen kann man billig und schnell von einem Ende Londons zum andern kommen, verliert dann aber natürlich den Anblick des spannenden, bunten Lebens droben am Tageslicht.

Zwei Tage im Britischen Museum

Im Britischen Museum, wohl der größten Sammlung der Welt, kann man zwei Tage zubringen, ohne sich auch nur flüchtig über seinen unermeßlichen Reichtum orientieren zu können! Unter Sphynxen und Granitstatuen, die 6000 Jahre alt sind, verliert man sich in das graueste Altertum hinein. Hier steht ein Sarg, in den man vor 5500 Jahren einen ägyptischen König bettete, er war der Erbauer mehrerer herrlicher Pyramidengräber bei Kairo; und im Ninivesaal stehen wir staunend vor alten Urkunden und Briefen, die in Keilschrift auf Tontafeln eingegraben sind.

Aus Sanheribs und Sardanapals Tagen, 700 und 600 Jahre v. Chr. Geburt, stammt die babylonisch-assyrische Erzählung von der Schöpfung und der Sintflut, die der aus der Bibel bekannten so ähnlich ist. Die Götter, so berichtet sie, beschlossen, die Erde mit einer Flut heimzusuchen, in der alles versinken sollte. Nur Sit-napistim, der babylonische Noah, wurde aufgefordert, sich ein Schiff zu bauen, das ihm, seiner Familie und seinen Haustieren zur rettenden Freistatt dienen sollte. Nun stieg die Flut und bedeckte die ganze Erde, und als das Schiff, nachdem sich die Wasser wieder verlaufen hatten, auf dem Berg Nizir landete, wurden am siebenten Tag eine Taube, eine Schwalbe und ein Rabe ausgesandt, um Nachricht zu holen. Diese Göttersage wurde uns überliefert durch die Bibliothek zu Ninive, die Sardanapal erweiterte.

Welch ein Schauer von Ehrfurcht erfüllt uns, wenn wir vor der Statue Ramses des Zweiten stehen. Er war der Pharao, der die Kinder

Israels knechtete! Wenn wir dann die römischen Säle betreten und unser Blick auf Cäsars Büste fällt, haben wir das Gefühl, schon auf festem historischem Boden zu stehen, und wenn wir erst in der Bibliothek Georgs III. (King's Library) eine Bibel aus dem Jahre 1455 betrachten, die erste, die aus Gutenbergs eigener Druckerei in Mainz hervorgegangen ist, dann glauben wir, der Gegenwart schon ganz nahe zu sein. Die Handschriftensammlung des Britischen Museums umfaßt eine Menge denkwürdiger Briefe aus der Geschichte Englands. Auch Nelsons eigenhändig geschriebenen Plan zur Schlacht von Trafalgar können wir hier nachlesen, und ebenso die letzten Seiten von dem Tagebuch Gordons, jenes afrikanischen Helden, der uns noch beschäftigen wird, durchblättern.

Die Bibliothek des Britischen Museums enthält zweiundeinehalbe Million Bände, die auf ein Regal nebeneinandergestellt eine Linie von siebzig Kilometer Länge bilden würden. Und wenn wir schon staunend stehen vor solch einer ungeheuren Büchermenge, wieviel wunderbarer spricht aus jenen Denkmälern längst entflohener Jahrtausende der Scharfsinn unserer Forscher, die imstande waren, gleichsam Meilensteine längs der endlosen Wege zu setzen, die die großen Völker des Altertums durchwandern mußten, ehe sie ihr Ende erreichte, die Vernichtung.

Nicht weniger ehrwürdig aber als dieses Arsenal historischer Erinnerungen war gerade mir der lebendige Zeuge einer schon längst zurückliegenden Vergangenheit, der bis zu seinem inzwischen erfolgten Tode auf einem Gute außerhalb der Stadt London wohnte und den ich einmal mit Oberst Younghusband, der vor mehreren Jahren die englisch-indische Expedition nach Lhasa in Tibet befehligte, besuchte. Als wir an der Tür klingelten, erschien der hochgewachsene Greis selbst, um uns zu empfangen. Er war damals fünfundneunzig Jahre alt und hieß Sir Joseph Hooker. Ehemals Direktor des großartigen Londoner Botanischen Gartens, saß er noch im späten Winter seines Alters über das Mikroskop gebeugt und schrieb gelehrte Abhandlungen über das Leben der Pflanzen! Schon zwanzig Jahre vor meiner Geburt war er bis an die Grenze Tibets vorgedrungen, und auch von seiner Reise nach dem Südpolarmeer erzählte er mir mit größter Lebendigkeit! Er war Schiffsarzt in der Südpolexpedition von James Roß im Jahre 1839. Zweiundsiebzig Jahre waren seitdem verflossen, eine Zeit, die längst der Geschichte angehörte und von der man sich kaum vorstellen konnte, daß noch persönliche Erinnerung an ihr haftete.

»Ist es möglich, daß Sie sich dessen noch entsinnen, was sich auf der Fahrt zutrug?« fragte ich.

»Ja«, antwortete Hooker, »ich erinnere mich jener Fahrt besser als der Ereignisse des vorigen Jahres.«

Und dann beschrieb er uns, wie das Eis damals lag und wie er und seine Kameraden an Bord lebten. Dann sprach er mit Wärme von dem großen Bahnbrecher der neueren Naturforschung, von Charles Darwin, der sein bester Freund war.

Im Londoner Armenviertel

Wie reich ist doch das Leben an scharfen Gegensätzen und schreienden Ungerechtigkeiten! Kaum eine halbe Stunde entfernt von all der Pracht und dem Reichtum, die bei der letzten Königskrönung im Juni 1910 in der Westminsterabtei entfaltet wurden, liegt das Armenviertel in Eastend und den südöstlichen Teilen Londons. Dorthin lenken wir jetzt unsere Schritte.

Wir haben uns so einfach wie möglich angezogen, und ein freundlicher Missionar ist unsere Bedeckung, denn es ist keineswegs sicher in diesen Straßen, wo Mordtaten vorkommen und Fremde noch heute spurlos verschwinden. Uhr und Kette läßt man am besten ganz zu Hause, und Geld in Handtäschchen zu tragen, ist für Damen nicht gerade ratsam!

Wieviel Bücher ließen sich über die entsetzliche Armut in London schreiben! Sie ist herzzerreißend, grausam und ungerecht und schreit gen Himmel als ein ewiger Fluch über die größte und reichste Stadt der Erde. In solch ein Elend, wie in London, sinken die Armen in keinem andern Lande, nicht einmal in Asien! Ihr Leben ist ein unausgesetzter Kampf mit der fürchterlichsten Not und der verzweifeltsten Sorge, mit Krankheit, Schmutz, Ungeziefer und Laster. Da haust eine Mutter mit acht Kindern in einem einzigen Zimmer, für das sie kaum die Miete bezahlen kann. Wie soll sie den Hunger der Ihrigen stillen, wenn ihr Mann den größten Teil dessen, was er als Dockarbeiter verdient, vertrinkt! Kümmerlich siechen die Kinder dahin, und wenn eines von ihnen stirbt, bleibt es unter den Geschwistern liegen, bis das nötige Geld zum Begräbnis zusammengebettelt ist. Die die Säuglingsjahre überleben, wachsen zu wertlosen, schlecht genährten Menschen heran, die wieder zu nichts anderm als zum Betteln taugen.

Rührend und zugleich empörend ist der Anblick dieser kleinen Geschöpfe, wenn sie, in Lumpen gekleidet, zwischen den Kehrichthaufen in einer düsteren, übelriechenden Gasse spielen und lärmen. Das ist ihr Sommervergnügen, und sie wissen nicht einmal etwas von der

Sehnsucht ins Freie! Sie lieben diese Straßen in Eastend und möchten um alles in der Welt nicht von hier fort. Jetzt ist ja Sommerzeit, da friert man doch wenigstens nicht auf der Straße!

Unser Begleiter führt uns in ein Viertel, dessen Gassen so eng sind, daß zwei sich Begegnende kaum aneinander vorüber können. Hier hat der Missionar viel Gutes getan. Die Mission hat hier ihr eigenes Haus nebst Klub, Kirche und Versammlungssälen, und es ist eine Freude zu sehen, mit welchem Eifer die Kinder des Armenviertels hier zusammenströmen. Ein geräumiger Turnsaal und eine kleine Bibliothek stehen ihnen zur Verfügung, und sie haben sogar einen Pfadfinderklub gebildet, der achtzehn Mitglieder zählt. Auf dem Dach eines Hauses ist ihnen auch ein geräumiger Platz für Fußball und andere Spiele eingerichtet.

Solch eine Mission, ein sogenanntes »Settlement« oder eine Kolonie, findet man mitten in den allerschlimmsten Teilen des Eastend. Barmherzige Samariter aus der wohlhabenden Einwohnerschaft Londons bringen hier einen Teil ihrer Zeit damit zu, mit den Armen zu verkehren und ihnen mit Rat und Tat beizustehen. Sie sind gewissermaßen das Salz, das die Verwesung verhindert. Sie erretten viele vor dem Verderben und bilden sie zu ordentlichen Menschen. Aber wie unzählig viele sind derer, die in diesem Strudel der Not und des Verbrechens spurlos untergehen!

Dann führt uns unser Begleiter in eine Armenwohnung, die nicht einmal zu den schlechtesten gehört, unmittelbar von der Straße zwei Stufen hinunter in ein elendes kleines Kellergelaß. Die wenigen Möbel darin sehen so zerfallen aus, daß sie sich nur noch mit Mühe aufrechtzuerhalten scheinen. An einem runden Tisch in der Mitte sitzen Mister Higgins, seine Mutter und seine Frau vor einem dürftigen Mittagessen; eng, schmutzig und feucht ist der Raum, und keine frische Luft kommt von der Straße her. Wie mag es erst im Winter sein, wenn der berüchtigte gelbe Londoner Nebel so dicht ist, daß es mittags ebenso finster ist wie um Mitternacht und auf den breiten, reich beleuchteten Straßen kaum die elektrischen Lampen von der einen zur andern Straßenseite hinüberschimmern!

Aber Mister Higgins ist wenigstens noch ein guter Kerl. Er ist gerade von seiner Arbeit bei einem Brückenbau heimgekommen, und noch ist er so erhitzt, daß seine Haut dampft, wie er so in Hemdsärmeln mit den Seinen ißt. Er hat schon erwachsene Söhne, die selber verdienen, und erzählt uns, was er wöchentlich einnimmt und was er für Miete und Lebensmittel verbraucht. – Schon nach der ältesten Verfassung hat jeder Engländer »das Recht, nicht zu verhungern«, und eine ausgezeichnete Armenfürsorge des Staates und der Gemeinden war die Folge. Aber noch fehlt es hier an Gesetzen, die, statt die Armut zu lindern, sie zu verhindern verstehen, wie die deutschen Gesetze der Versicherung gegen Krankheit und Unfall, gegen die Beschwerden des Alters und der Invalidität.

Bei einem meiner Besuche Londons war ich eines Abends bei einem Festessen in dem Gildenhause der Seidenhändler. Diese Gilde ist eine der ältesten in London, sie besteht schon achthundert Jahre, obgleich heute kein einziges der Mitglieder mehr Seidenhändler ist. Mitglied dieser Gilde kann aber nicht jeder werden, das ist vielmehr eine Ehre, die sich vom Vater auf den Sohn vererbt. Durch Schenkungen und Erbschaften verfügt die Gilde über ungeheure Kapitalien, deren Zinsen unverkürzt zu wohltätigen Zwecken verwendet werden. Das Haus der Gilde in der City ist ein uraltes Gebäude voll mittelalterlicher Pracht, und an Bechern, Kannen und Schüsseln aus Gold und Silber findet man hier die prächtigsten Stücke, alle mehrere hundert Jahre alt. Wohl zweitausend Häuser in London sind Eigentum der Gilde, und mehrere Schulen werden von ihr vollständig erhalten. Auch alle Krankenhäuser Londons werden durch Geldspenden von ihr unterstützt.

Als ich später mit einem Bekannten am Themsekai entlang nach Hause ging, waren die zahlreichen Bänke dort mit zerlumpten Kerlen und nächtlichen Umherstreichern dicht besetzt. Die meisten hockten zusammengesunken da, die Hände in den Hosentaschen und den Kopf auf die Brust herabgesunken. Andere saßen vornübergebeugt, die Ellenbogen auf die Knie gestützt und den Kopf zwischen den Händen. Wenige nur unterhielten sich oder rauchten ihre Pfeife. Ein älterer Mann hatte dicht neben einem Laternenpfahl Platz gefunden und las die Zeitung.

»Was sind das für Leute?« fragte ich.

»Die Obdachlosen«, antwortete mein Begleiter.

»Schlafen sie hier die Nacht über auf dem Kai?«

»Nein, sie warten bis zwei Uhr, dann teilt die Heilsarmee unter der Eisenbahnbrücke dort hinten warme Suppe und Brot aus.«

»Und nach dem Essen?«

»Dann sitzen sie wieder stumpfsinnig auf den Bänken herum oder durchstreifen die Stadt, um zu betteln oder zu stehlen. Am Morgen verschaffen sie sich wieder auf irgendeine Weise etwas gratis zu essen.«

»Wie verbringen sie denn ihre Tage?«

»Sie liegen in den Parks und schlafen, nachts duldet sie die Polizei dort nicht.«

»Aber warum arbeiten sie denn nicht?«

»Sie wollen nicht! Von all den Kerls, die Sie hier sehen, könnte jeder leicht seine drei Mark pro Tag verdienen, sich eine Schlafstelle mieten und unabhängig leben. Aber sie mögen nicht. Versuchen Sie es: verschaffen Sie ihnen Arbeit und bieten Sie ihnen drei Mark Tagelohn! Nicht ein *einziger* würde auf Ihr Anerbieten eingehen! Weit lieber wollen sie betteln, in den Parks schlafen und der Gemeinde zur Last fallen.«

»Gibt es hier viele solcher Leute?«

»Vierzigtausend; aber – das wollen wir nicht vergessen – unter den Vornehmen und den Adligen gibt es mindestens ebensoviel Tagediebe und Taugenichtse! Von diesen hat man das Recht zu erwarten, daß sie zum Besten ihres Landes arbeiten. Wer in der Nacht umherstreifen muß, der ist wohl mehr zu bedauern als zu tadeln.«

Von London nach Paris

Mehr als einmal bin ich von London nach Paris gereist. Es ist eine Fahrt von wenigen Stunden. Ein bequemer Zug bringt uns nach Dover, und da, wo der Kanal am schmalsten ist, geht es mit dem Dampfer nach Calais hinüber. Dann setzt man sich wieder auf die Eisenbahn und durchquert das nordöstliche Frankreich.

Mir ist es immer ein Genuß, die französische Sprache zu hören, die wie Gesang und Musik klingt. Mit Freuden beobachte ich den lebhaften, muntern Menschenschlag, der jedes Wort mit Gebärden, Achselzucken und wechselndem Gesichtsausdruck begleitet. Auf dem Wege nach Paris habe ich das Gefühl, mich einem bevorstehenden Fest zu nähern. Schon der Name Paris enthält einen unerschöpflichen Reichtum an Lebensfreude und Sorglosigkeit, Stolz und Vaterlandsliebe, Freiheit, Tapferkeit und Ruhm.

Welch ein Unterschied zwischen London und Paris! Sie sind fast Nachbarstädte; nur wenige Wegstunden und ein Kanal trennen sie voneinander. Und doch ist es, als ob ein weites Weltmeer zwischen ihnen läge. Schon der Klang der Namen bezeichnet die Verschiedenheit. »London« – wie schwerfällig, dumpf und altmodisch das klingt! Wie das Summen einer Domglocke, das in engen Gassen zwischen grauen Häusern widerhallt. Es klingt wie stampfende Dampfmaschinen und beständiges Rennen eilfertiger Geschäftsleute und erweckt die Vorstellung von etwas unermeßlich Großem, aber Einförmigem, Reichem und Kraftvollem, das unter schwerem Steinkohlenqualm und

Wasserdämpfen verborgen liegt, von etwas Alltäglichem und Prosaischem, das, wenn es einmal zu einem Fest erwachen soll, einer Krönung oder der Beisetzung eines Königs bedarf.

Aber Paris! Klingt das nicht wie ein Siegeslied, wie eine Fanfare bei einem Jubelfest? Es klingt wie das Läuten silberner Glöckchen zwischen weißen, prachtvollen Palästen. Es ruft und lockt den Fremden in die fröhlichste, stolzeste aller Städte; es zeigt ihm Schaubühnen, wo die Kunst wie eine Religion verehrt wird, es erinnert ihn an die feinste Bildung, die witzigste Beredsamkeit und den aufgeklärtesten Verstand, der je in einer Stadt aufgeblüht ist und sich jahrhundertelang weiterentwickelte. Der Name Paris erinnert an ruhmreiche Kriege und glänzende Triumphzüge, aber auch an Belagerungen, Kapitulationen und blutige Revolutionen, an unerschöpfliche Kräfte und Reichtümer, Selbstaufopferung und Begeisterung, wenn es sich um die Verteidigung des Vaterlandes handelte. Über Paris scheint immer die Sonne zu strahlen; auch an trüben Tagen herrscht in seinen Mauern die Lebenslust. Daher ist Paris ewig jung, obgleich es schon zu Cäsars Zeiten eine bedeutende Stadt war.

Mag sein, daß London infolge seiner den Erdball umspannenden Verbindungen gewissermaßen der Mittelpunkt der Erde ist; mag sein, daß England und seine Sprache auf den Meeren und in den Häfen herrschen. Aber Paris war dennoch die Hauptstadt der Welt und Französisch die Sprache der feinen Bildung und noch heute der Diplomatie. Nach Paris reisen Künstler, Bildhauer und Maler, um sich auszubilden; in Paris stehen wissenschaftliche Bildung und Literatur auf außerordentlicher Höhe; nach Bologna ist die Pariser Universität die älteste auf Erden. An verfeinertem Geschmack und Luxus des geselligen Lebens, auch in der Kunst, stehen die Franzosen vielfach unerreicht da, und in allem, was Kleidung heißt, was zur Kochkunst und zum Weinkeller gehört, da schreiben sie andern Völkern sogar die Gesetze vor!

Von Calais aus südwärts durchfährt man eine der fruchtbarsten Gegenden Frankreichs, deren Ernten es mit denen des Rhône- oder des Garonne-Tals aufnehmen können. Städte und Dörfer, Weizenfelder, Gärten und Gehöfte liegen dicht nebeneinander. Ein gewaltiges Sechseck, liegt dieses Frankreich zwischen dem Atlantischen Ozean und dem Mittelmeer; fern im Westen dehnt sich die tausendjährige Normandie, deren Name an die Wikingerfahrten der Normannen und ihre märchenhaften Eroberungen an den Küsten Europas erinnert; sogar Paris bedrohten sie, aber die Stadt kaufte sich durch ein Lösegeld von der Verwüstung los.

Vierhundert Jahre lang beherrschten die Römer Frankreich, bis die Westgoten, die Burgunder und die Franken es eroberten. Unter den Bourbonen wurde es der Herd der furchtbaren Revolution, die die morsche Gesellschaftsordnung zertrümmerte und die Wiege der neuen Zeit wurde, des seitdem die ganze zivilisierte Welt durchdringenden Strebens nach »Freiheit, Gleichheit, Brüderlichkeit«. Fürwahr, ein interessanter historischer Boden! –

Ein Spaziergang durch die Seinestadt

Nun sind wir in der Weltstadt angelangt, wo die von etwa dreißig Brücken überspannte Seine einen gewaltigen Bogen beschreibt, um nachher in den tollsten Krümmungen nordwestwärts nach Rouen und Le Havre zu fließen und sich ins Weltmeer zu ergießen.

Das erste, was uns auffällt, sind die Boulevards, prächtige Straßen mit schattigen Baumalleen zwischen Reihen großer Paläste, Theater, Cafés und Kaufläden. Der Name Boulevard bedeutet Bollwerk, und die ältesten Boulevards waren auch nichts anderes als Befestigungsmauern. Ludwig XIII. aber ließ im 17. Jahrhundert zur Verschönerung und Erweiterung seiner Hauptstadt diese Bollwerke niederreißen und an ihrer Stelle die ersten modernen Boulevards anlegen. Sie bilden auf dem nördlichen Seineufer eine fortlaufende Linie mit verschiedenen Namen: Boulevard de la Madelaine, des Capucines, des Italiens und Montmartre, und diese Boulevardlinie ist einer der Glanzpunkte der Stadt. Hier verliert man sich in einem Gewimmel von Automobilen, Omnibussen, Droschken, Privatwagen und einem unerschöpflichen Menschenstrom.

Später wurden auch da, wo früher keine Befestigungsmauern standen, Boulevards abgesteckt; unter Ludwig XIV. und seinen Nachfolgern nahm Paris an Glanz und Größe zu, und zur Zeit Napoleons I. wurde es das Herz des damals mächtigsten Reichs auf Erden. Nach dem Fall Napoleons wurde es zweimal von den Gegnern Frankreichs erobert. Napoleon III. verschönerte und verbesserte dann die Stadt wie nie zuvor. Im Jahre 1871 nahmen die Deutschen Paris ein, und in demselben Jahr hielten die aufrührerischen Scharen der Kommune sie besetzt. Der Pöbel zerstörte eine Menge der wertvollsten Paläste, Museen und Denkmäler. Auch die riesige Vendômesäule, eine Erinnerung an Napoleons Siege, wurde dabei umgestürzt.

Seitdem ist Paris von Verwüstungen verschont geblieben. Aber noch immer geht es lebhaft in dieser Stadt zu, wo Könige und Kaiser und republikanische Präsidenten so schnell abwechseln und die Minister auf ihren Bänken niemals alt werden. Paris ist noch heute die Stadt der Überraschungen, und die ganze Welt liest mit ungeschmälertem Interesse tagtäglich, was an Neuigkeiten aus ihr zu berichten ist.

Ein schneller Spaziergang durch Paris muß uns genügen. Wir wählen dazu das nördliche Ufer der Seine und durchkreuzen die Stadt von Südosten nach Nordwesten. Der Platz, wo einst die Bastille, zugleich Festung und Staatsgefängnis, stand, ist der Ausgangspunkt unserer Wanderung. Bei Beginn der großen Revolution wurde sie am 14. Juli 1789 erstürmt und zerstört, und seitdem ist dieser Tag das Nationalfest der Franzosen. Jetzt erhebt sich in der Mitte des Platzes die Julisäule, zu Ehren der Barrikadenkämpfer der Julirevolution von 1830 errichtet, von deren Spitze aus man eine herrliche Aussicht über ganz Paris hat.

Von hier folgen wir der Rivoli-Straße, einer der größten und schönsten von Paris. Links ist das Rathaus, ein großartiger moderner Renaissance-Palast, in dem auch glänzende Feste in prachtvollen Sälen gefeiert werden. Bilder berühmter Meister zieren die Galerien.

Etwas weiter erhebt sich das größte öffentliche Gebäude der Stadt, der Louvre, vom Mittelalter bis zu Napoleon III. Tagen das Schloß der französischen Könige und Kaiser, der glänzendste Palast der Welt, jetzt der Sitz zweier Ministerien und eines der größten Museen. Um sein Inneres zu betrachten, braucht man wie im Britischen Museum Tage und Wochen, wenn nicht gar Monate und Jahre! Kolossale Sammlungen sind hier angehäuft, nicht allein Erinnerungen an die großen Reiche des Altertums in Asien und Europa, sondern auch das Beste und Kostbarste, was die Kunst Europas aller Zeiten hervorgebracht hat.

In nordwestlicher Richtung gehen wir durch die üppigen Schloßgärten der Tuilerien und verweilen einige Zeit auf der Place de la Concorde, um uns an den entzückenden Aussichten, die sich hier nach allen Seiten hin erschließen, zu erfreuen, an dem Fluß mit seinen Kais und Brücken, an den Parks und Alleen, den mächtigen Gebäuden, Wundern der Architektur, an den zahlreichen offenen Plätzen in ihrem Schmuck der Ruhmesdenkmäler und an dem ununterbrochenen Kommen und Gehen lebenslustiger Pariser und reizender Pariserinnen, die nach der neuesten Mode gekleidet sind und jetzt Hüte tragen von der Größe eines Luftballons!

Eine endlose Reihe schöner Gärten, Plätze und grüner Parks bildet in diesem Teil der Stadt Paris ein fortlaufendes Band. Von der Place de la Concorde aus wenden wir uns zu den Elysäischen Feldern, einer Parkanlage, die zwei Kilometer lang ist. Auf ihren breiten Fahrwegen versammelt sich die vornehme Welt in glänzenden Karossen und

Automobilen, zu Pferd und zu Fuß. Am Abend erstrahlen alle diese Plätze und Straßen und Parks in der reichsten elektrischen Beleuchtung, und auch dann wird das Auge überall von der prächtigsten Fernsicht gefesselt. An der Nordseite der Elysäischen Felder wohnt im Elysee-Palast der Präsident der Französischen Republik. Am 14. Juli empfängt und spricht er jeden, der eine Visitenkarte und einen Frack besitzt.

Wenn wir die breite, mit mehrfachen Alleen gezierte Straße nach Nordwesten hin durchschreiten, gelangen wir zur Place de l'Etoile, in deren Rondell zwölf Avenuen oder große Straßen zusammentreffen. Eine davon, die Fortsetzung der Elysäischen Felder, trägt ihren Namen nach der Armee Napoleons; sie führt in den Bois de Boulogne, den Boulogner Wald. In der Mitte der Place de l'Etoile erhebt sich ein prächtiger, fünfzig Meter hoher Triumphbogen zur Erinnerung an die Siege des Korsen. Von der Höhe dieses Triumphbogens herab beherrscht der Blick die zwölf an seinem Fuß einmündenden Straßen, verliert sich aber in der Ferne, wo diese Straßen fast zu Nadelspitzen zusammenschrumpfen. Fußgänger und Fuhrwerke gleichen von da oben gesehen kleinen Ameisen, die um ihren Haufen herumkrabbeln.

Nun wenden wir uns zur Jena-Brücke, wo sich am andern Ufer der Seine der Eiffelturm dreihundert Meter hoch über Paris erhebt. Der Eiffelturm ist das höchste Bauwerk, das je von Menschenhänden errichtet wurde; er ist mit seinen dreihundert Metern ungefähr doppelt so hoch wie der Kölner Dom und die höchste der Pyramiden Ägyptens. Schon auf seinem zweiten Absatz sind wir mehr als hundert Meter über der gewaltigen Stadt, aber die Hügelreihen um Paris herum verdecken noch den Horizont. Wenn uns aber der Aufzug auf den dritten Absatz hinaufträgt, dann stehen wir 276 Meter über dem Erdboden und sehen nun tief unter uns die Seine mit ihren nebeneinanderliegenden Brücken und die Stadt mit ihren unzähligen Straßen und ihren 140 freien Plätzen. Zum obersten Balkon des Turms führt noch eine Treppe hinauf, und auf der Spitze strahlt nachts ein Leuchtfeuer, das siebzig Kilometer in der Runde sichtbar ist. Wenn man von der Brustwehr aus den Blick an dem senkrechten Turm hinunter nach den vier schrägen Eisenpfeilern an seiner Basis hinabgleiten lassen will, darf man nicht an Schwindel leiden; am wenigsten dann, wenn heftiger Wind weht und der große Turm wie ein Pendel merkbar hin- und herschwankt. Man braucht nicht im Ballon aufzusteigen, um Paris aus der Vogelperspektive zu sehen; auf der Höhe des Eiffelturms sieht man die Stadt wie eine ausgebreitete Karte zu seinen Füßen liegen.

Napoleons Grab

Von der schwindelnden Höhe des Eiffelturms, wo frische Winde über die Weltstadt zu unsern Füßen wehen, sind wir glücklich wieder hinuntergelangt und begeben uns jetzt über das Marsfeld nach dem Invalidenhaus. Früher wohnten in diesem gewaltigen Gebäude mehrere tausend Invaliden des französischen Heeres, jetzt enthalten seine Säle nur geschichtliche Erinnerungen.

Unter der goldenen Kuppel des Invalidendoms, die fast in allen Gegenden der Stadt sichtbar ist, treten wir in einen runden Tempelsaal, dessen Mitte eine Krypta bildet. Diese ist ebenfalls rund, hat einige Meter Tiefe und ist nach der Dachwölbung hin offen. Auf ihrem Fußboden liest man in Mosaik die hochtönenden Namen: Rivoli, Pyramiden, Marengo, Austerlitz, Jena, Friedland, Wagram und Moskau. Zwölf Marmorstatuen, ebenso viele Siege darstellend, und sechzig eroberte Fahnen halten Wacht um den mächtigen Sarkophag, dessen roter Porphyr aus Sibirien die Asche Napoleons umschließt.

Zu einem milden Blau gedämpft fällt das Tageslicht in die Krypta. Auch die lebhafteste französische Unterhaltung verstummt beim Eintritt in die Grabkammer Napoleons. Tiefes Schweigen umgibt die sterblichen Reste des Mannes, der während seines Lebens die Welt mit dem Donner seiner Geschütze und dem Waffengerassel seiner Legionen erfüllte und im Laufe weniger Jahre die Karte Europas vollständig veränderte.

Die feierliche Stille, die erhabene Architektur und die ernste Dämmerung haben etwas tief Ergreifendes. Welche Fülle von Bildern steigt aus dieser Krypta vor unsrer Erinnerung auf! Man horcht unwillkürlich auf ein Echo der Kommandorufe, die ehemals den großen Kaiser umtönten!

Wir sehen einen blauäugigen Knaben auf dem Schoße seiner Mutter in Ajaccio spielen. Dann hören wir den jungen Revolutionär voll glühender Begeisterung hinreißende Reden in den geheimen Klubs zu Paris halten. Bleich und ernst zieht der Schatten des erst sechsundzwanzigjährigen Generals vorüber; nach glänzenden Siegen kehrt er aus Norditalien zurück, wo er wie ein Sturmwind über die Ebenen der Lombardei hinfuhr, als Triumphator in Mailand seinen Einzug hielt und die uralte Republik Venedig auf immer aus der Zahl der unabhängigen Staaten zu streichen wagte.

Dort vor dem Altarfenster erhebt sich das Bild des gekreuzigten Heilands. Es lenkt unsere Gedanken auf den Zug des kaiserlichen Heeres nach Ägypten und dem Heiligen Lande. Frankreichs größter

General führt die Flotte aus dem Hafen von Toulon. Er entgeht Nelsons Linienschiffen und Fregatten, erobert Malta, segelt auf der Nordseite der Insel Kreta und westlich um Zypern herum und landet mit 40 000 Mann in Alexandria. Auf dem Weg nach Kairo verschmachten die Soldaten im Wüstensand. Sie erreichen den Nil, um mit dem ägyptischen Heer zusammenzustoßen. Am Fuß der Pyramiden unterliegt der Orient dem Helden des Okzidents.

In östlicher Richtung schreitet der Heereszug weiter nach Syrien hin. Fünf Jahrhunderte waren vergangen, seit die Kreuzfahrer das Heilige Grab den Ungläubigen zu entreißen versuchten. Nun klirren wieder abendländische Waffen im Jordantal und am Fuß des Berges Tabor, und der französische General besiegt vor den Toren Nazareths die Türken. Aber inzwischen hat Nelson die französische Flotte vernichtet, die Blüte des republikanischen Heeres ist dem Untergang geweiht. Napoleons Traum von einem morgenländischen Reich ist mit den Flammen des letzten Lagerfeuers in Rauch aufgegangen. Mit zwei Fregatten verläßt er Ägypten, segelt an Tripolis und der tunesischen Küste hin und kommt glücklich bei Nacht mit ausgelöschten Laternen durch die Meerenge zwischen Afrika und Europa. Bei seiner Ankunft in Paris begrüßt ihn der stürmische Jubel des Volkes. –

Nach und nach gewöhnt sich das Auge an das matte Licht unter der Kuppel des Invalidendoms, und das Weiß der Marmorsäulen und Statuen gibt unsern Gedanken eine andere Richtung. Den Pässen der Alpen: dem Großen Sankt Bernhard, dem Sankt Gotthard, dem Mont Cenis und dem Simplon, den höchsten Bergen Europas bietet der erste Konsul, wie einst Hannibal, mit vier Armeekorps Trotz! Soldaten ziehen die Kanonen durch gefrorene Schneewehen und sammeln sich erst auf italienischem Boden wieder in Reih und Glied. Bei Marengo knüpft sich ein neues Siegesband an die französischen Fahnen, und Europas Schicksal liegt nun in der Hand des mächtigsten Mannes von Frankreich. –

»Austerlitz« lesen wir jetzt in dem Mosaik der Krypta. Frankreichs Kaiser ist nach Mähren gezogen, und seine Legionen fechten unter dem goldenen Adler. Die Gardekavallerie reitet die russische Garde nieder, und Napoleons große Armee vernichtet die Heere der Österreicher und Russen; die französische Artillerie zertrümmert mit ihren Geschossen die Eisdecke eines Sees, damit die fliehenden Gegner mit Kanonen, Wagen und Pferden umkommen. –

Welch ein neues Echo tönt jetzt aus der Krypta? »Jena!«, wo die Preußen vernichtet, ihr Land zwischen Elbe und Oder verheert und ihre Festungen zerstört wurden; Erfurt, Magdeburg, Stettin und Lübeck ergeben sich, während der Sieger in die Hauptstadt Friedrichs des Großen, in Berlin, einzieht!

Dann dröhnen die Schritte der Kolonnen und das Trappeln der Pferde im Kot polnischer Straßen, auf den blutigen Schlachtfeldern bei Pultusk auf der Ostseite der Weichsel und bei Eylau in Westpreußen, wo die Leichen haufenweise im tiefen Schnee liegen. Napoleon selbst sprengt auf seinem Schimmel daher nach der Schlacht bei Friedland in Ostpreußen, wo die Russen aufs Haupt geschlagen wurden. Gardekavallerie und Husaren reiten mit gezogenem Säbel an ihm vorüber; ihre begeisterten Rufe »Es lebe der Kaiser!« zittern noch heute um die Fahnen des Sarkophags, und hinter dem Siegesjubel hallen die Landstraßen Europas von den Hufschlägen der Pferde wider: es sind die Boten, die zwischen Hauptquartier und Paris hin- und herreiten.

Napoleon zieht nach Wien und droht Österreich zu zerschmettern. Er siegt in der blutigen Schlacht bei Wagram, nordöstlich von Wien, macht selbständige Staaten zu Provinzen Frankreichs, ihre Herrscher zu seinen Vasallen und verteilt Königskronen an Verwandte, Freunde und Generäle. Sein Reich erstreckt sich nun von Danzig bis Cadiz, von der Mündung der Elbe bis zum Tiber, wie einst das Reich Karls des Großen! Der Korse steht an Ruhm und Macht so hoch wie keiner seit den Heroen des altrömischen Reichs. –

Bajonette und Säbel, Kürasse und Helme blitzen im Sonnenschein – Napoleons unüberwindliche Heeresmassen ziehen unter Regimentsmusik und fröhlichen Liedern über den Niemen; eine halbe Million Soldaten ist auf dem Marsch nach Moskau, Rußlands alter Hauptstadt. Unübersehbare Heeresscharen, Reiterschwadronen, Kanonen und endloser Troß wälzt sich über die russischen Landstraßen von Wilna nach Witebsk und Smolensk. Die Russen wissen, es geht um ihre Freiheit; ihre eigenen Städte und Dörfer stecken sie in Brand, verheeren ihre Provinzen und ziehen sich ins Innere zurück, wie sie es schon hundert Jahre früher taten, als Karl XII. von Schweden in Rußland eindrang. Endlich kommt es zur Schlacht an der Moskwa, und das französische Heer besetzt die Stadt. Aber dann erhellen die patriotischen Flammen des Brandes von Moskau die Septembernächte weit umher!

Auf einer der Terrassen des Kreml steht ein kleiner Mann im grauen Waffenrock und in schwarzem, dreieckigem Hut. Die Hände auf dem Rücken, schaut der Kaiser nachdenklich in die Flammen, die bald gelb, bald schwarzbraun von Rauch über die Häuserreihen hinrollen. In einer Woche ist das alte Heiligtum der Moskowiter in Asche verwandelt. –

Draußen auf die Straßen von Paris senkt sich die frühe Winterdämmerung nieder, und die Schatten zwischen den Säulen um Napoleons Grab werden dichter. Aus diesen Schatten lösen sich aber menschliche Gestalten, die mit Hunger, Kälte und Ermattung kämpfen. Die Zeit des Unglücks ist hereingebrochen! Die große Armee ist auf dem Rückzug. Am Rand der Landstraßen häufen sich Leichen, fortgeworfene Waffen und zurückgelassenes Gepäck. Die Kanonen bleiben im tiefen Schnee stecken, und in ganzen Regimentern sinken die Soldaten nieder wie reife Ähren unter der Sense. Scharen hungriger Wölfe folgen ihrer Spur; sie begnügen sich mit den Leichen, während die schwärmenden Kosakenhaufen die Überlebenden niederhauen. An der Brücke über die Beresina, einem Nebenfluß des Dnjepr, kommen 30 000 Mann um! Aller Gehorsam ist zu Ende, alle Bande sind gelockert.

Mit einem Pelz bekleidet, einen Birkenstock in der Hand, marschiert der besiegte Kaiser wie ein gemeiner Soldat mit in Reih' und Glied. Das rauhe Klima ihres Landes ist der Russen stärkster Verbündeter, und ihre vorsichtige Kriegführung tut das übrige, das an Zahl weit überlegene Heer der Franzosen gänzlich zu vernichten. –

Nun herrscht fast Dunkelheit rings um uns. Bei Leipzig stehen Russen und Österreicher, Preußen und Schweden Napoleon gegenüber. Hier stürzt sein stolzes Reich wie ein Kartenhaus zusammen, sogar die Hauptstadt Paris wird erobert, und die Krone sinkt vom Haupt des Kaisers! Als Gefangenen führt man ihn durch das Rhônetal über Lyon nach dem Meere und zu Schiff nach Elba. –

Aber noch ist die Kraft dieses Mannes nicht erschöpft. Noch einmal erfüllt sein Name die Welt mit Schrecken. Auf einer Brigg und mit sieben kleinen Schiffen segelt er nochmals der Küste Frankreichs entgegen. Nur 1100 Mann bilden seine Armee – ihm genügen sie zur Wiedereroberung Frankreichs! Er zieht über die westlichen Verzweigungen der Alpen; in Grenoble ist die Schar seiner Begleiter schon auf 7000 gestiegen; in Lyon begrüßt man ihn als Kaiser, und Paris öffnet ihm seine Tore.

Jetzt steht alles auf einer Karte: in Belgien soll die Entscheidungsschlacht stattfinden. Wieder ziehen sich an den Grenzen Frankreichs feindliche Heere zusammen; Europa ist endlich der beständigen Kriege müde, es gilt, einen vernichtenden Schlag zu führen. Bei Belle-Alliance (Waterloo) kämpft Napoleon zum letztenmal, hier wird sein Geschick auf ewig besiegelt.

Noch einmal verläßt der Kaiser seine Hauptstadt – jetzt auf immer. In der Hafenstadt Rochefort, zwischen den Mündungen der Loire und der Garonne, geht er an Bord einer englischen Fregatte. Nach einer Seereise von siebzig Tagen wird er auf der kleinen Basaltinsel St.

Helena im südlichen Teil des Atlantischen Ozeans gelandet und ist verurteilt, hier die sechs letzten Jahre seines Lebens in harter Gefangenschaft zu verbringen! Unter den Weidenbäumen im Tal gräbt man ihm hier sein Grab. –

Nun herrscht völlige Finsternis unter der Kuppel des Invalidendoms. Stimmungsvoll und düster erwacht die Wirklichkeit um uns her. Neunzehn Jahre nach dem Tode seines Helden fordert Frankreich den teuren Staub zurück; das einsame Grab unter den Weiden von St. Helena wird ausgeschaufelt, der vierfache Sarg aus Holz, Blei und Eisenblech in Gegenwart einiger Getreuen, die jene sechs langen Jahre des Kaisers Gefangenschaft geteilt haben, geöffnet; in der grün und weißen Uniform der Gardejäger liegt der Sieger von Marengo und Austerlitz unverwest vor ihnen!

Dann bringt man die Leiche auf eine französische Fregatte, die Kanonen donnern, und die Flaggen wehen auf Halbmast. In Cherbourg in der Normandie wird der Sarg ans Land gebracht, und noch einmal hält Europas Eroberer unter militärischem Pomp und ganz Frankreichs Beteiligung seinen Einzug in Paris! Von sechzehn mit Trauerfloren behängten Pferden gezogen und von den Veteranen der Napoleonischen Feldzüge begleitet, fährt der Leichenwagen mit kaiserlicher Pracht zwischen dichten Reihen Soldaten durch die Straßen unter dem Triumphbogen des Place de l'Etoile hindurch und durch die Elysäischen Felder zum Dom der Invaliden, wo der Sarg in dem Porphyrsarkophag endgültig beigesetzt wird.

So erfüllte sich der in St. Helena niedergeschriebene letzte Wille des Welteroberers: »Ich wünsche, daß meine Asche am Ufer der Seine ruhe, inmitten des französischen Volkes, das ich so sehr geliebt habe.« –

Am Ufer des Genfer Sees

Ungern verläßt der Fremde Paris, aber der Gedanke, auf dem Wege nach dem sonnigen Italien zu sein, erleichtert ihm den Abschied, wenn er jetzt im Zuge nach Osten fährt und durch die Fenster die Hügel und Ebenen der Champagne, der Heimat des Schaumweins, betrachtet. Ringsumher angebaute Felder, Dörfer und Gutshöfe; wo der Boden sich nicht zum Anbau der Rebe, des Weizens oder der Zuckerrübe eignet, taugt er immer noch zur Weide für große Herden Vieh. Allenthalben sieht man die Menschen bei der Arbeit; die kleinen Landwirte, Bauern und Bürger sind die Quellen des Reichtums für Frankreich.

Nun nähern wir uns der Grenze. Die starke Festung Belfort ist die letzte französische Stadt, bald darauf sind wir im Elsaß. Vor kaum einem Menschenalter waren diese Provinzen der Schauplatz verhängnisvoller Ereignisse. Der Deutsch-Französische Krieg wurde geschlagen; nach tapferer Verteidigung mußte sich Frankreich den Deutschen ergeben. Es verlor zwei seiner wertvollsten Provinzen, Elsaß und Lothringen. Im Kreis französischer Freunde darf man noch heute diese beiden Namen nicht nennen – sie erwecken Schmerz. Frankreich war schlecht zum Krieg gerüstet und hatte Heerwesen und Befestigungen vernachlässigt.

Dem Staat, der äußeren Feinden gegenüber stark gerüstet dasteht, blüht der Friede. Lauscht aber ein Volk der Rede schlaffer Träumer, die Abrüstung und ewigen Frieden predigen, dann ist sein Schicksal besiegelt, früher oder später fällt sein Land einem Eroberer anheim, und ein freies Volk verwandelt sich in Sklaven fremder Tyrannen. So war es immer und so wird es auch bleiben. Bis zum tausendjährigen Reich ist noch lange hin!

Wieder überschreiten wir eine Grenze, die des herrlichsten europäischen Alpenlandes, der gewerbfleißigen Schweiz. Der Zug hält in der schönen Stadt Basel, welche der gewaltige Rhein in zwei Teile spaltet. Vom Bodensee herkommend, gleitet das klare Wasser unter den Baseler Brücken durch und biegt dann rechtwinklig nach Norden ab zwischen die Vogesen und den Schwarzwald.

Genf ist unser nächstes Ziel. In einem engen Tal begleitet die Bahn einen Nebenfluß des Rheins, die Birs; in Kurven an den Abhängen entlang schlängelt sich das Geleise bald hoch über der Talsohle, bald am Ufer des Flusses. Es ist Winter, und das ganze Land ist ein einziges Weiß; kaum sieht man die im Tal zerstreuten kleinen Dörfer. Fichtenwälder, die Zweige von dicken Schneeschichten niedergedrückt, erheben sich auf beiden Seiten der Eisenbahn, und man könnte sich nach Schweden hin versetzt glauben, wenn nicht das Tal so eng und wild wäre und sich im Westen nicht eine ununterbrochene Bergkette hinzöge. Es ist der Jura, der die Schweiz von Frankreich trennt.

Hier liegen drei Seen hintereinander. Der kleinste heißt der Bieler-See; dunkelgrün und spulenförmig liegt er vor uns, von frisch gefallenem Schnee umgeben. Der nächste ist größer und trägt den Namen der Stadt Neuenburg; seine Wasserfläche verschwindet jetzt im Schneetreiben. Der letzte ist der große Genfer See, den wir bei Lausanne erreichen.

Hier hat das Schneewetter aufgehört, und von Süden her glänzen die herrlichen Savoyer Alpen. Die Sonne versteckt sich hinter Wolken, aber der klare Spiegel des Sees wirft ihre Strahlen zurück. Dieser Blick gehört zum Schönsten, was auf Erden zu finden ist, und man kann sich nicht trennen vom Fenster, während der Zug längs des Seeufers hinabrollt. Wer am Genfer See geboren ist, dem muß alles andere in der Welt langweilig und farblos erscheinen! Der See gleicht in seiner Form einem Delphin, der sich zum Untertauchen anschickt. An der Nase des Delphins liegt Genf, und hier verläßt auch die Rhône den See, um nach Lyon zu strömen und sich endlich unmittelbar im Westen der großen Hafenstadt Marseille ins Mittelländische Meer zu ergießen.

Genf ist eine der saubersten und entzückendsten Städte der Erde. Zwischen seiner nördlichen und südlichen Hälfte wird das tiefblaue, kristallklare Seewasser wie durch einen Trichter in die Rhône hineingezogen; die Strömung ist stark, und eine langgestreckte Insel teilt den Fluß in der Mitte. Das ganze Bild erinnert sehr an Stockholm, besonders des Abends, wenn allenthalben elektrische Lampen brennen und ihr Widerschein auf dem dahingleitenden Wasser zittert.

Am schönsten jedoch ist die Aussicht nach Südosten hin, wenn das Wetter klar ist. Dort erheben sich die Savoyer Alpen zwischen gewaltigen Hörnern und Graten, die jetzt mit Schnee bedeckt sind und in weißen, hellblauen und stahlgrauen Tönen schimmern. Dort thront über den Alpen, ja über ganz Europa, ehrfurchtgebietend und gewaltig, der Montblanc, das Haupt der Alpen und die Grenzsäule zwischen der Schweiz, Frankreich und Italien. Gegen Abend können wir einen Schimmer des »weißen Berges« erhaschen, bald aber hüllt sich der Riese wieder in einen undurchdringlichen Wettermantel.

Von Genf aus führt unser Weg nach Osten am Nordufer des Sees entlang. Die Savoyer Alpen zeichnen sich wie ein leichter Schleier unter der Sonne ab. In dieser Beleuchtung erscheint die Wasserfläche grün wie Malachit. Hinter Lausanne verschwinden die Nebel, und wieder treten die Alpen blendend weiß und steil, wie gewaltige Türme und Pyramiden hervor. Städte, Dörfer und Täler spiegeln ihre weißen und bunten Fassaden und ihre lustigen Altane im See. Längs des Ufers zieht sich inmitten von Gärten und baumreichen Promenaden eine lange Reihe internationaler Hotels hin. Aus allen Ländern eilen ja die Reisenden hierhin, um sich an dem Bild der Alpen sattzusehen und ihre Lungen durch das Einatmen der frischen Bergluft zu stärken. Bei jeder Biegung der Bahn entrollt sich ein neues entzückendes Bild, und in der Erinnerung verschmilzt alles zu einem unvergeßlichen Ganzen.

Nun verlassen wir den See und fahren zwischen wilden Felsen langsam im Rhônetal aufwärts. Je höher die Bahn steigt, desto enger wird das Tal. Als rauschender Fluß strömt die Rhône in ihrem Bett,

Die Kabeltaue springen im selben Augenblick los, und majestätisch erhebt sich der »Adler« aus seinem Nest!

»Andrée hoch!« erschallt es drunten.

»Grüßt mir mein altes Schweden!« ruft er mit lauter Stimme, indem er sich über den Rand der Gondel beugt, in die Tiefe hinunter. Mit Schlepptauen und Ballastleinen, die im Wasser eine Schaumstraße aufpflügten gleich dem Kielwasser eines Dampfers, schwebte der »Adler« in nordöstlicher Richtung über die Holländerspitze hin. Ehe er sie hinter sich hatte, senkte er sich einmal bedenklich; vielleicht hatte ihn ein Wind von oben niedergedrückt. Die Gondel tauchte sogar ins Wasser, schnellte aber wieder in die Höhe. Neun Sandsäcke mußten ausgeworfen werden, damit der »Adler« nicht die nächsten Klippen streifte. Zweihundert Kilogramm Ballast gingen damit über Bord!

Noch schlimmer aber war, daß beim Aufstieg ein großer Teil der Schlepptaue riß. Damit ging mehr als eine halbe Tonne Ballast verloren! Der ganze Plan, auf den Andrée seine Fahrt aufgebaut hatte, schien vernichtet! Er stand nicht mehr durch die Schlepptaue mit einem Fuß auf dem Erdboden, er schwebte jetzt im freien Luftraum und trieb willenlos vor dem launenhaften Wind!

Der »Adler« erhob sich denn auch zu ungefähr siebenhundert Meter Höhe. Eine Weile verhüllte ihn eine Wolke, aber bald wurde er wieder sichtbar. Nach einer Stunde aber verschwand er hinter den Felseninseln im Nordosten in der großen Einsamkeit des Polarmeeres – auf immer.

In ernstem Schweigen begaben sich die Gehilfen der drei Helden wieder an Bord des »Svensksund«.

Andrées Schicksal

Mit welcher Spannung wartete die ganze Welt auf Nachrichten von Andrée, und wie arbeitete der Telegraph, als bekannt wurde, daß der kühne Mann aufgestiegen und nach Norden hin verschwunden sei! Auf der ganzen Erde gab es kaum eine Zeitung, die nicht spaltenlange Beschreibungen dieses verwegenen Aufstiegs gebracht hätte. Allenthalben Bewunderung und Staunen! Wie mag es wohl ablaufen? fragte jedermann. Man holte seinen Atlas hervor und betrachtete nachdenklich die Landmassen um das Polarmeer. Wie lange wohl konnte der Südwind anhalten und wo würde der Ballon voraussichtlich wieder auftauchen? So wie der »Adler« aufgestiegen war, konnte er der allgemeinen Ansicht nach sich höchstens drei Wochen in den Wolken halten! Aber während dieser Zeit konnte er gewaltige Strecken zurücklegen und an jedem beliebigen Ort innerhalb der bewohnten Gegenden sichtbar werden. Gerade um diese Zeit waren viele Walfischfänger und Fischer in den nördlichen Meeren tätig.

Die Spannung stieg mit jedem Tage. An den Nordpol dachte kaum mehr jemand. Wo Andrées Ballon auch landen würde – er mußte unstreitig die merkwürdigste Fahrt gemacht haben, von der je ein Mensch auf Erden gehört hatte.

Kaum vierzehn Tage waren verstrichen, als die ersten beunruhigenden Gerüchte die Runde durch die Presse machten. Am 17. Juli wollte ein Holländer den Ballon im Weißen Meer auf dem Wasser treiben gesehen haben! Nachforschungen ergaben aber, daß der Holländer ziemlich sicher einem toten, aufgeschwollenen Walfisch begegnet war.

Dann aber prasselte von allen Seiten her ein Hagel verschiedenartigster Gerüchte nieder. An der Westküste Grönlands hatte man Flintenschüsse vom Meer her gehört; zweifellos hatten Andrée und seine Begleiter sie abgefeuert, die, wie einst die Leute der »Polaris«, auf einer Eisscholle südwärts trieben. Hörte man auf einem Schiff in der herbstlichen Dunkelheit Eismöwen oder Krabbentaucher schreien, so war das natürlich Andrée, der draußen in seinem Segeltuchboot auf den Wellen treibend um Hilfe rief!

Und wie viele der Nachbarn des Nordpols wollten den Ballon mit eigenen Augen gesehen haben! Die biederen russischen Pelzhändler und Bauern bis tief nach Sibirien hinein wollten es feierlich beschwören, daß sie den »Adler« über diesem oder jenem Dorf erblickt hätten. Auf Sachalin, der Insel der Verbannten im fernen Osten, hatte man ihn stumm und geheimnisvoll über die kahlen Felsen treiben sehen. Sogar die Indianer Nordamerikas wollten ihn beobachtet haben.

Andere wieder wollten genau wissen, Andrée befinde sich in Klondyke und habe schon von dort aus geschrieben. In Britisch-Kolumbia strich der »Adler« eines Tages über das Land hin, und in Kanada waren die Eskimos mehreren weißen Männern begegnet, die ihre Lebensmittel in einem großen seltsamen Gegenstand mit sich führten. Wieder andere hatten Visionen gehabt und wußten infolgedessen mit unbedingter Sicherheit, daß Andrée und seine Kameraden ins Meer gestürzt und ertrunken seien – sie hatten mit ihrem geistigen Auge die Katastrophe selber mit angesehen. Noch andere wußten ebenso gewiß, daß Andrée noch lebe, aber dringend der Hilfe bedürfe.

So stand die Einbildungskraft der Menschen allenthalben in Flammen. Überall spähte man nach dem Ballon in die Luft hinauf und glaubte, ihn vor sich zu haben, wenn es auch nur eine Krähe war, die

Museen, Bildergalerien, Theatern und Kirchen! Es gibt Dörfer, die nur aus einer einzigen Straße bestehen. Könnte man alle 8000 Straßen Londons zu einer einzigen Linie aneinanderreihen, so würde diese Riesenstraße von London durch ganz Europa und Westasien bis nach Samarkand in Turkestan reichen! Aber so lang sind die Straßen in London glücklicherweise nicht; sie kreuzen und schneiden sich in dichtem Gewirr, sie machen halt an der Themse und münden in gewaltige Parks und weltberühmte freie Plätze. Und auf allen diesen Straßen und Plätzen wimmelt und hastet es von Fußgängern und Fuhrwerken; am schlimmsten aber ist das Gewühl in Piccadilly, der verkehrsreichsten Straße der Welt!

Nach zwei Tagen schon sehen wir ein, daß der Flut des Sehenswerten in London gegenüber unsere schwachen Kräfte versagen müssen; wir überlassen uns also willenlos unserm Schicksal. Hat man Besuche bei Freunden und Bekannten zu machen, so befragt man den Stadtplan, um nicht auf zu großen Umwegen und mit zu großen Kosten hinzukommen, und erkundigt sich fein vorher, wann die Herrschaften ihre Empfangstage haben; man kann ihnen keinen größeren Gefallen tun, als wenn man sich gerade dann einstellt und das Gedränge in den Salons und um den Teetisch herum noch vergrößern hilft. Denn es gilt als vornehm, an den Empfangstagen möglichst viel Gäste bei sich zu sehen. Damit diese aber kommen, muß die Wirtin des Hauses selbst den übrigen Teil der Woche fleißig Besuche machen. Die Folge ist ein rastloses Umherkutschieren in vornehmen Wagen und Automobilen, und kaum ist man wieder zu Hause, so heißt es sich schnell zu einem Diner ankleiden. Die warme Jahreszeit ist in England der Geselligkeit gewidmet; ich allerdings habe auch während des Winters hierin keinen großen Unterschied gefunden. Denn der Fremde ist auch dann Gegenstand derselben Gastfreiheit, und begibt er sich in den Strudel hinein, so ist er verloren.

Will man einen Eindruck vom Straßenleben gewinnen, so muß man das Dach eines alten, biedern Omnibus erklettern. Von dem hat man nach allen Seiten hin freie Aussicht. Wir besteigen daher einen »Bus« in Kensington, dem Stadtteil, wo unser Hotel in unmittelbarer Nähe zweier der reichsten Museen Londons für Kunst und Naturwissenschaften liegt. Zunächst geht es den schönen Hyde-Park entlang, einen herrlichen Wald inmitten des Londoner Häusermeers. Breite, schattige Wege durchkreuzen ihn; hier prunkt die vornehme Welt mit glänzenden Wagen, kostbaren Toiletten und betreßten Livreen gepuderter Diener. Wenn die Sommerhitze schwer über London brütet, ist dieser Park eine wahre Erlösung; schwarze Schwäne schwimmen mitten auf dem länglichen See, in dem jedermann baden darf, ohne daß ihm dafür ein Pfennig abverlangt wird. Die prächtigen Rasenplätze aber gleichen einer Walstatt nach der Schlacht; hier ruhen die Armen, die ohne Obdach sind! Während der Tagesstunden dürfen sie in den öffentlichen Anlagen Londons liegen und schlafen, aber nachts müssen sie umherwandern, sonst jagt die Polizei sie auf!

Langsam nur zwängt sich unser Omnibus in Piccadilly durch das Gewühl. Eben noch hatten wir den Hyde-Park zur Linken, und schon entfaltet der »Grüne Park« seine Baumpracht zur Rechten. Links stehen Londons endlose hohen, grauen, düster dreinschauenden Häuser. Aber der »Grüne Park« hat bald ein Ende, und nun stehen die Häuserreihen in Piccadilly auf beiden Seiten. Man fährt links; dadurch entstehen zwei Fahrbahnen auf der ziemlich schmalen Straße. Von dem Dach des Omnibus aus sieht man prächtig in diesen Hohlweg hinein, in dessen Tiefe das Leben pulsiert, ohne auch nur einen Augenblick zu stocken.

Vor und hinter uns, soweit der Blick reicht, viele Hunderte von Fuhrwerken in mehrfachen Reihen gleich endlosen, nebeneinanderherfahrenden Bahnzügen mit Passagier- und Güterwagen in bunter Ordnung. Die Omnibusse allein zählen nach Hunderten, große, schwere, rotangestrichene Ungetüme, teils durch Motoren getrieben, teils mit Pferden bespannt; ihre Seitenwände sind stets mit schreienden Plakaten bedeckt. Auf dem Dache sitzen die Herren mit ihren Zylindern, rauchen ihre Pfeife und lesen ihre Zeitung, während die Damen unter ihren großen Hüten völlig verschwinden. Von dem Holzpflaster der Straße ist kaum ein Quadratmeter sichtbar. Denn zwischen den Omnibussen drängen sich noch Automobile, vierrädrige Droschken, geschlossene Wagen und offene Kaleschen, Annoncenwagen, hohe zweirädrige Einspänner, Hansoms, Landkutschen und Lastwagen mit Kisten, Brettern und Fässern. Zwischen diesen wieder jagen kleine Karren mit Bananen und Apfelsinen. Hier und da zwängt sich auch ein Radfahrer durch das lebensgefährliche Gewühl.

Die andere Hälfte der Straße bietet den gleichen Anblick. Nur wälzt sich hier der Strom in entgegengesetzter Richtung. Unausgesetzt tönt das Tuten und Schnauben der Automobile und das Knallen der Peitschen, und alle die unfaßbaren Töne der Weltstadt untermischt mit Pferdegetrappel, Stimmengewirr, Rufen der Zeitungsträger, die ihre Blätter anbieten, usw. verschmelzen in ein summendes Brausen, das unaufhörlich in unser Ohr klingt.

Von Zeit zu Zeit sieht man kleine Jungen, die den Pferdemist schnell auffegen und forttragen. Sie huschen flink durch das ärgste Gedränge still durch den dämmernden Abend flog. Die beängstigende, aber gewaltige Wirklichkeit verwandelte sich allmählich in eine wunderbare Sage, und es ging mit Andrées Ballon fast wie mit dem märchenhaften Schiff des fliegenden Holländers!

Bereits im Herbst wurde von Schweden aus Hilfe gesandt, und überall, wo Andrée möglicherweise sein könnte, Proviant niedergelegt. Eine Expedition untersuchte, von De Longs und seiner Kameraden nun leerem Grab aus, einen großen Teil der Küste des sibirischen Eismeers. Professor Nathorst glaubte, daß sich die Luftschiffer nach Ostgrönland durchgeschlagen haben könnten, wo sie sich lange von Moschusochsen ernähren könnten. Er rüstete deshalb den Dampfer »Antarctic« aus und nahm eine gründliche Untersuchung jener Küste vor. Andrée fand er zwar nicht, aber er brachte prächtige Karten, Sammlungen und Beobachtungsresultate heim.

So vergingen Monate und – Jahre! Von Zeit zu Zeit tauchte ein neues Gerücht auf, und immer wieder flackerte die glimmende Hoffnung empor. –

Was aber war aus den dreizehn Bojen geworden, die Andrée auswerfen wollte, und wo waren die Tauben geblieben?

Fünf Bojen wurden zwei Jahre später gefunden. Drei waren ruiniert, und ihre Briefhülse fehlte. Zwei enthielten Schreiben und hatten mit der Strömung weite Meereswege zurückgelegt; die eine fand man an der Nordküste Norwegens, die andere in Island. Sie waren schon am Tage des Aufstiegs um 10 und um 11 Uhr ausgeworfen worden, und die Briefe gaben nur kurze Nachrichten über den Kurs des Ballons, den Zustand an Bord und über den Ort, wo die Bojen ausgeworfen worden waren. Um 10 Uhr trieb der Ballon nordwärts über gleichmäßig verteiltes Eis hin. »Herrliches Wetter. Stimmung vorzüglich.« Um 11 Uhr schwebte er sechshundert Meter über dem Meeresspiegel. »Alles wohl.«

Von den Tauben stellte sich nur eine einzige wieder ein. Ein norwegisches Fangschiff nahm sie schon vier Tage nach dem Aufstieg des Ballons auf. Ihre Botschaft war dadurch merkwürdig, daß Andrée sie am 13. Juli um ½1 Uhr geschrieben hatte. Der »Adler« hatte da schon sechsundvierzig Stunden geschwebt, sich also länger in der Luft gehalten als jedes andere Luftschiff! Auf dem kleinen zusammengerollten Seidenpapier stand unter anderm: »An Bord alles wohl. Dies ist die dritte Taubenpost. Andrée.« Der Ballon befand sind zu dieser Zeit noch im Norden von Spitzbergen, er trieb aber in guter Fahrt nach Ostsüdost.

Von dieser Stunde an weiß man von dem Schicksal des »Adlers«

nichts mehr – und wird auch wahrscheinlich niemals etwas darüber erfahren.

Noch zweimal vierundzwanzig Stunden nach dem Aufstieg stand also in dem Ballon alles gut, und die Luftschiffer hegten keine Befürchtungen für das Ende ihrer Fahrt. Vielleicht fuhren sie mehrere Tage bald nach Norden, bald nach Süden. Aber die Tragkraft des Ballons mußte sich mit jedem Tage verringern und schließlich der »Adler« seine Last nicht mehr tragen können. Wo er aber niederging, das weiß niemand.

Wenn er in der Nähe des Nordpols, nach der Beringstraße zu, auf dem Packeis gelandet ist, war die Lage seiner Insassen hoffnungslos, denn zu einer dann notwendig werdenden, so weiten Wanderung über das Eis reichten ihre Lebensmittel nicht aus. Wahrscheinlicher ist, daß er nach dem südlichen Teil des Eismeers zwischen Franz-Joseph-Land und der Halbinsel Kola trieb. Er mußte dabei immer schlaffer werden und immer tiefer sinken. Zweifellos kappte man alle Taue, um ihn zu erleichtern, und warf allen Ballast aus. Dadurch konnte er sich noch einige Stunden, vielleicht noch einen ganzen Tag, in der Luft halten. Dann aber muß er wieder gesunken sein, und unter ihm sperrte das schwarzgrüne Meer den Rachen auf. Nun wird man die letzten Bojen geopfert und alles irgendwie Entbehrliche über Bord geworfen haben. Wieder hob sich der Ballon, erschlaffte aber bald aufs neue, ein Spiel des geringsten Lufthauchs. Andrée war ein Mann, der im Augenblick der Gefahr den Mut nicht verlor; er und seine Kameraden werden tapfer um ihr Leben gekämpft haben! –

Hätte der Winter schon seinen Einzug am Nordrand der alten Welt gehalten, so hätte Andrée vielleicht Aussicht gehabt, bald Hilfe bei Eingeborenen zu finden. Dann hätte er einen großen Teil des Proviants und noch vieles andere ruhig über Bord werfen, die Tauben fliegen lassen und ihre Käfige ins Meer werfen können. Vielleicht aber sank der »Adler« hinab, wo nirgends Land zu erblicken war, und dann trat die Katastrophe ein. Die Gondel schleppte wie ein Schlitten über das Wasser hin und prallte gegen jeden Wellenkamm; die Insassen kletterten in den Tragring hinauf und kappten die Gondel. Nach dieser letzten Erleichterung hob sich der Ballon vielleicht zu seinem letzten Flug in hohe Luftschichten, deren Wind ihn wieder aufs Meer hinaustrieb. Dadurch verzögerte sich die Katastrophe nur um wenige Stunden, denn sobald ein Freiballon seine größte Höhe erreicht hat, sinkt er ziemlich schnell. Als er nun das nächste Mal auf dem Meeresspiegel anlangte, war der Ring das einzige, was noch gekappt werden konnte.

Wie sich das Ende Andrées und seiner Kameraden auch gestaltet haben mag – wir wissen es heute nach fünfzehn Jahren noch nicht; hoffen wir, daß der Todeskampf kurz war! Ihre Reise war vergeblich, aber die drei Männer werden für alle Zeit als ein leuchtendes Beispiel männlichen Heldenmuts gelten. Sie haben neue Bahnen betreten, und der Augenblick ist nahe, wo andere mit besseren Hilfsmitteln ihrer unsichtbaren Spur durch die Luft und über das Meer folgen werden.

Bei Hagenbeck in Hamburg

Nun aber zurück aus den verderbenbringenden Regionen der Luft auf das sicherere Festland unserer Erde! Nach dem kurzen Ausflug in die Geschichte der Nordpolexpeditionen begeben wir uns auf die Fahrt nach England, aus der unendlichen Einsamkeit des ewigen Eises, der Mitternachtsonne und der Polarstürme in einen der wirbelnden Mittelpunkte des menschlichen Lebens, nach der Riesenstadt London.

Von Malmö führt uns ein Dampfer über den Sund nach dem großen, fröhlichen und fleißigen Kopenhagen. Von dort durchquert eine Eisenbahn die reiche und fruchtbare Insel Seeland. Hier stehen prächtige Bauernhöfe zwischen fruchtbaren Feldern, hier grast auf üppigen Wiesen das stattliche Vieh, dem Dänemark seinen Überfluß an Milch und Butter verdankt; hier breitet sich nach allen Seiten hin fetter Boden aus, der nutzlosen Sanddünen und mageren Heiden, wie sie an der Westküste Jütlands vorherrschen, keinen Raum mehr läßt. Dänemark ist eines der kleinsten Länder Europas; aber seine Bewohner wissen die Hilfsquellen ihrer Heimat nutzbringend zu verwerten und einträgliche Handelsverbindungen mit fremden Ländern anzuknüpfen. Weit größer aber als das Mutterland sind dessen Besitzungen in den nördlichen Meeren, Grönland und Island; leider sind diese beiden Inseln nur spärlich bevölkert, und Kälte und Eis sind ihre eigentlichen Herrscher. –

Von Korsör am Großen Belt bringt uns wieder ein Dampfer zwischen den Inseln Langeland und Laaland hindurch in wenigen Stunden nach Kiel. Hier betreten wir deutschen Boden; hier ist Deutschlands größter Kriegshafen.

Durch das fruchtbare Holstein wenden wir uns nach Süden, nach der Freien und Hansestadt Hamburg an der Elbe, der größten Seestadt des europäischen Festlandes und, nach London und New York, der drittgrößten der Welt.

Was gibt es hier nicht alles zu sehen und zu bewundern! Die wenigen Stunden Aufenthalt, die uns zur Verfügung stehen, wollen wir verwenden, um etwas kennen zu lernen, was es in der Welt nicht wieder gibt: Hagenbecks Tierpark. Er liegt außerhalb der Stadt. Wilde Tiere aus allen Ländern der Welt sind hier zu Schau und Verkauf zusammengebracht. Aber sie werden nicht in grausam enger Gefangenschaft gehalten, die in Menagerien und selbst in Zoologischen Gärten ihr Los ist, sondern sie bewegen sich frei in weiten Gehegen, die der Lebensart ihrer Bewohner angepaßt sind. Über ebene Heiden wandern die Dromedare und die Strauße der Sahara, eine künstliche Steppe bietet den Büffeln Nordamerikas, den Antilopen und Zebras Afrikas Weide. Zwischen wilden Felsen klettern die Lamas der Anden, die Steinböcke der Alpen und die Mufflons aus den Gebirgen Korsikas und Sardiniens; die Elefanten stehen in einem gemeinsamen Haus in langer Reihe und ziehen von da aus hin und wieder zur Arbeit in den Park.

In der Polarlandschaft tummeln sich Walrosse, See-Elefanten und Robben vergnügt in geräumigen Bassins, auf deren steinernem Rand die Königspinguine komisch-plumpen, gravitätischen Ganges umherwatscheln. Abgesonderte Grotten und kühle Wasserbecken sind das Heim der Eisbären; sie lassen sich klatschend ins Wasser hineinfallen, schwimmen schnaubend umher, schlagen einander mit den Tatzen, wenn sie sich zu nahe kommen, erklimmen einen Felsenabsatz, um auf dem Rücken liegend alle Viere bequem von sich zu strecken, und stürzen sich dann wieder kopfüber in die Flut. Oberhalb ihres Reiches dehnt sich ein kleines Hochland, auf dem sich eine Renntierherde gegen den Himmel abzeichnet.

Der Glanzpunkt des Hagenbeckschen Tierparks ist die Löwenschlucht. Auf drei Seiten umrahmen sie steile Felswände mit Grotten und Felszacken. Auf der vierten, nach dem Beschauer hin, ist sie offen, und hier stehen wir nun, nur wenige Meter entfernt, zwölf großen Löwen Auge in Auge gegenüber, ohne auch nur ein Stacheldrahtnetz zwischen uns und ihnen zu haben! Das ist ja furchtbar gefährlich, denkt man wohl? Durchaus nicht! Die Tiere können uns nichts anhaben, auch wenn sie es gern möchten. Dann sind sie wohl angebunden? Auch das nicht! Sie sind frei. Einige von ihnen liegen ausgestreckt auf der Seite und schlafen, andere starren sitzend auf den Park hinaus und träumen vom Sudan; zwei springen mit weichen gelenkigen Bewegungen die Felsenabsätze hinauf; zwei mähnenlose Löwen aus Ostafrika betrachten einander mit feindseligen Mienen, während ein südpersischer Löwe auf dem Plateau im Vordergrund mit langsamen, unhörbaren und rastlosen Schritten hin- und hergeht. Sie würdigen die Zuschauer keines Blicks, dazu sind die königlichen Tiere viel zu stolz; sie scheinen die Menschen da vor sich gar nicht zu sehen, und doch trennt uns nur ein Sprung von ihnen.

Aber dieser Sprung wäre zu weit! Ein Graben zwischen ihnen und uns ist acht Meter breit, und so weit springt kein Löwe. Würde eines von den Tieren auf uns losspringen, so müßte es gegen eine glatte Wand anprallen, die sich steil aus dem mit Wasser gefüllten Graben erhebt, und aus diesem gibt es keinen andern Ausweg als wieder zurück in die Schlucht.

Als ich einmal vor diesem eigenartigen Löwenzwinger stand, trat ein herkulischer Wärter an mich heran und sagte: »Wenn Sie mir eine Mark zahlen, gehe ich in die Löwenhöhle hinein!«

»Recht gern«, antwortete ich, »aber auf Ihre eigene Gefahr.«

»Selbstverständlich! Warten Sie einen Augenblick!«

Gleich darauf öffnete sich eine kleine Tür in der Bergwand, und mit ruhigen, sicheren Schritten näherte sich der Wärter den zwölf Königen. Man sah sogleich, daß er sie völlig beherrschte. Der südpersische Löwe brüllte dumpf auf, setzte aber seine Wanderung fort. Die schlafenden öffneten die Augen, spitzten die Ohren und erhoben sich. Mit einer Reitpeitsche schlug der Wärter eines der Tiere, das geschmeidig mit einem Satz auf einen umgestürzten Baumstamm in der Schlucht hinaufsprang. Ein zweiter Löwe aber setzte graziös und lautlos über die vorgehaltene Peitsche. – Nachdem sie ihre Kunststücke gezeigt hatten, erhielten sie jeder ein Stück Fleisch aus des Wärters Tasche, dann fuhr er einem der größten Tiere mit der Hand durch die Mähne und rüttelte es tüchtig; ein anderes packte er fest an den Ohren und drückte sein Gesicht gegen die Nase des Löwen. Dieser hätte nur das Maul aufzusperren brauchen, um seinen Bändiger zu skalpieren. Aber wie mir der Wärter nachher versicherte, schlug sein Herz bei diesen gefährlichen Kunststücken auch nicht ein bißchen schneller. Die Löwen waren ihm völlig untertan; er spielte mit ihnen, als seien sie junge Katzen, und doch waren zwei erst vor sechs Monaten gefangen worden. Als der Wärter aber dann die Schlucht verließ, ging er vorsichtig rückwärts, blieb zuletzt einen Augenblick stehen, stieß einen befehlenden Ruf aus, schlug mit der Peitsche auf einen Felsblock, um die Bestien nach der andern Seite hinzuscheuchen, und verschwand dann schnell durch die Tür. Ihnen blind vertrauen konnte er doch wohl nicht; in dem Gefangenen kann der Wüstenräuber erwachen, wenn man es am wenigsten vermutet!

In der Gesellschaft der wilden Tiere vergißt man nicht nur die Tageszeit, sondern auch die großen Städte ringsum. Ich wenigstens halte mich mit besonderer Vorliebe bei ihnen auf. Ihr Anblick versetzt mich in die Stille der Wüste, in das Schweigen der Wälder, in die Stürme der Gebirge und die geheimnisvollen Hinterhalte der Dschungeln Indiens. Ich denke an Karawanen und nächtlich unsichere Lagerfeuer, an Jagden und tolle Abenteuer und hege Mitleid mit den Gefangenen, auch wenn sie es so gut haben wie in Hagenbecks wundervollem Park zu Hamburg.

Aber nun führt uns der Zug in rasender Fahrt durch Hannover und Westfalen über den majestätischen Rhein und durch Südholland. Rechts und links, im Norden und Süden so viel Gewerbfleiß, so viel rastlose Arbeit! Hier kämpfen die Holländer mit dem Meere, das sie stets wie Katzen zu ertränken droht; dort hämmern die engwohnenden Belgier in unzähligen Fabriken. Nur kurz sind die Entfernungen zwischen altehrwürdigen Großstädten wie Amsterdam und Rotterdam, Antwerpen und Brüssel. Vorüber! Unerbittlich trägt uns der Zug westwärts über die Inseln des Scheldedeltas. Erst in Vlissingen machen wir halt.

Hier wartet unser ein Raddampfer. Sobald alle Reisenden an Bord sind und ihr Gepäck nebst einigen Wagenladungen europäischer Ausfuhrartikel verstaut ist, beginnen die Schaufeln im Wasser zu arbeiten, und das Schiff gleitet aus dem Hafen hinaus und in den Ärmelkanal zwischen dem Festland und Großbritannien hinein. Das Wetter ist prächtig; eine salzige Brise streicht über die See, ohne aber hohe Wellen aufzuwühlen. Dann und wann begegnen wir einem fremden Dampfer. Hungrige elegante Möwen umkreisen uns. Ein verankertes Feuerschiff bleibt auf der linken Seite hinter uns zurück, und auf derselben Seite zeigt sich nach wenigen Stunden die Küste der Grafschaft Kent. England ist in Sicht!

Im Straßengewühl der Weltstadt

Unser Dampfer gleitet in die breite, trompetenförmige Mündung der Themse hinein und landet am Kai der Stadt Queenborough. Hier vertrauen wir uns wieder der Eisenbahn an, die uns schnell durch dicht bevölkertes und bebautes Land in das Herz Londons führt. Schon auf dem Wege zum Hotel erhält man einen Vorgeschmack des rauschenden Lebens der englischen Hauptstadt, die zweimal so groß ist wie Berlin und mit ihren beinahe fünf Millionen Bewohnern den siebenten Teil der Bevölkerung von England und Wales beherbergt.

Was aber sollen wir in diesem unermeßlichen Meer von Sehenswürdigkeiten besuchen? Man ertrinkt ja geradezu in dieser Masse von war grenzenlos. Nur eine Sorge drückte sie noch; wo war die »Fram»? –

Es war in Hammerfest, als Nansen frühmorgens aus dem Schlaf geweckt wurde. Vor der Tür stand jemand, der ihn sofort sprechen wollte. So lange würde es wohl Zeit haben, meinte Nansen, bis er sich angezogen habe. Als er fertig war, ging er hinaus. Der Vorstand des Telegraphenamts in höchsteigener Person stand vor ihm.

»Ich habe ein Telegramm erhalten, das Sie gewiß interessieren wird«, meinte er.

Nansen öffnete und las: »Fram heute in gutem Zustand angekommen. Alles wohl an Bord. Gehe sofort nach Tromsö. Willkommen in der Heimat.«

Der Absender dieses Telegramms war der Kapitän der »Fram«, der mutige, treue Sverdrup!

Im Luftballon zum Nordpol

Es war am 16. Oktober 1893, als ich Stockholm verließ, um eine vierjährige Reise durch Asien bis zum äußersten Osten anzutreten. Einen Teil der Eindrücke von dieser Reise habe ich im ersten Teil dieses Bandes wiedergegeben. In Petersburg, wo ich noch einige Einkäufe zu machen hatte, wohnte ich im Hause Nobels; dort erhielt ich eines Tages folgendes Telegramm:

»Am 19. Oktober strich Andrées Ballon über die Schären hin und wurde vom Sturm auf die Ostsee hinausgetrieben. Von Sandhamn aus sah man den Ballon nur zwanzig Meter über dem Wasser schweben.«

Wie entsetzlich! Kaum hatte Andrée die schwedische Erde hinter sich und die aufgeregten Ostseewellen vor sich, und schon sollte die Fahrt ein furchtbares Ende nehmen? Denn in der herbstlichen Dunkelheit war auf Rettung kaum zu hoffen. Ich kannte Andrée persönlich nicht und hatte ihn auch nie gesehen; aber jedermann sprach jetzt von ihm, denn er hatte bereits neun verwegene Reisen in demselben Ballon »Svea« gemacht, der ihn jetzt dem Tode entgegenführte. Einen solchen Mann durfte die Welt doch nicht so schnell verlieren!

Ich selber hatte das größte Festland der Erde vor mir. Es war doch recht schön, wenigstens festen Boden unter den Füßen zu haben! Aber Andrée! Der Gedanke an ihn ließ mir keine Ruhe. Seit einigen Jahren hatte er sich zu einem der kühnsten und sichersten Luftschiffer ausgebildet, und schon jetzt sollte seine Laufbahn enden, jetzt, wo er eben erst vierzig Jahre alt geworden war!

Am folgenden Tag aber kam ein zweites Telegramm:

»Andrée gerettet! In den finnischen Schären gelandet. Alles wohl.« Gott sei Dank! Nun war ich auf meiner Reise wenigstens diese Sorge los.

Zwei Jahre nach dieser beinahe unglücklich verlaufenen Ballonfahrt entwarf Andrée den Plan zu einer Luftreise, die sich nicht auf die Ostsee beschränken sollte. Das ganze nördliche Eismeer von Spitzbergen bis zur Beringstraße, eine 3700 Kilometer lange Strecke, wollte er durchqueren und, wenn möglich, gerade über den Nordpol fliegen! Es war der kühnste Plan, den je ein Forschungsreisender ersann. Und André hatte so lange und so gründlich darüber nachgedacht, daß er ganz genau berechnet hatte, wieviel jede Schraube und jede Leine seines Luftschiffes wiegen dürfe.

Der Ballon sollte aus dreifachem chinesischem Seidenzeug bestehen und auf der Innen- wie auf der Außenseite gefirnißt werden, um von seinen 4500 Kubikmetern Wasserstoffgas möglichst wenig zu verlieren. Sein Durchmesser sollte zwanzig Meter betragen, und oben sollte er eine Haube erhalten, die den Schnee verhinderte, im Netze haften zu bleiben.

Lange Schlepptaue sollten den Ballon beständig in gleicher Höhe erhalten. Sie sollten aus Kokosfasern hergestellt werden, um auf dem Wasser schwimmen zu können, und mußten voraussichtlich über das Eis viel leichter hingleiten als über Land, wo sie oft an Bäumen und andern Gegenständen hängen bleiben und dadurch den Ballon manchem gefährlichen Ruck aussetzen konnten. Wenn das halbe Schlepptau auf der Erde liegt und nur die andere Hälfte in der Luft schwebt, so zieht nur diese letztere Hälfte durch ihr Gewicht den Ballon nach unten. Sinkt dieser, so wird der auf der Erde ruhende Teil des Taues immer größer, der Ballon wird dadurch erleichtert und steigt wieder. Die Schlepptaue aber verhindern wieder sein allzu hohes Aufsteigen, denn je länger der in der Luft hängende Teil wird, desto stärker zieht er den Ballon wieder abwärts. Infolgedessen wird der Ballon, so berechnete Andrée, stets in gleicher Höhe über dem Erdboden bleiben.

Die Schlepptaue haben noch einen andern Zweck. Durch ihre Reibung an der Oberfläche des Meeres oder auf dem Eise hemmen sie die Geschwindigkeit. Der Wind weht infolgedessen schneller, als der Ballon fliegt, der nicht völlig frei schwebt, sondern sozusagen noch einen Fuß auf der Erde hat. Durch Aufziehen eines Segels an der einen oder andern Seite kann man dann den Ballon einigermaßen steuern und ihn rechts oder links von der herrschenden Windrichtung abschwenken lassen.

Die Gondel des Andréeschen Ballons bestand aus Weidengeflecht und war rund, geräumig, fest und leicht und mit einem Dach versehen, auf dem die Luftschiffer wie auf einem Balkon, den ein Geländer umgibt, stehen und ihre Beobachtungen machen konnten. Durch eine Luke ließ man sich in die Gondel hinab, in der zwei Männer ausgestreckt liegen konnten. An der Unterseite des Gondeldachs entlang zogen sich kleine Bücherregale aus Korbgeflecht, und zwei Fenster gestatteten die Aussicht ins Freie. Die Wände hatten eine Menge Taschen und Ösen zum Unterbringen aller möglichen Dinge. Mit sechs dicken Tauen war die Gondel am Tragring befestigt. Acht siebzig Meter lange Ballastleinen hingen herab, um den Stoß abzuschwächen, wenn der Wind das Luftschiff plötzlich heftig auf den Erdboden herabdrücken sollte; sie ließen sich auch kappen, sobald der Ballon so viel Gas verlor, daß er sich mit seiner Belastung nicht mehr in der Luft halten konnte. Alle diese Schlepptaue und Ballastleinen wogen ungefähr tausend Kilogramm.

Andrées Ballon sollte dreißig Tage schweben können. Aber wenn nun Windstille eintrat oder man über das den Pol umgebende Packeis wieder zurückgetrieben wurde? Auch mit dieser Möglichkeit hatte Andrée gerechnet und war darauf vorbereitet, den Ballon irgendwo zurückzulassen und den Rückzug auf dem Eise anzutreten. Dazu sollten Schlitten und Schneeschuhe, ein Zelt, ein Segeltuchboot und drei Flinten mit Munition mitgeführt werden, außerdem Proviant auf hundert Tage, der oberhalb des Tragrings in Säcken und Taschen zu verstauen war.

Wie wollte man sich aber oben in der kalten Luft etwas Warmes kochen? Dazu wurde ein besonderer Kochapparat angefertigt, der der Feuersgefahr halber tief unter dem Ballon an einer Leine hängen sollte. Man brauchte nur eine Konservendose mit Suppe und Fleisch oder einem Gericht Fisch in den Kochtopf zu tun, die Spirituslampe zu füllen und den ganzen Apparat unter die Gondel hinabzulassen; zog man an einer bestimmtem Schnur, dann entzündete sich drunten eine Flamme, die man mit Hilfe eines Schlauches wieder auslöschte, wenn das Essen genug gekocht hatte und man den Apparat wieder hinaufzog.

Um Nachrichten über den Verlauf der Reise zu geben, sollten dreizehn Korkbojen mitgenommen werden, die mit Kupferdraht übersponnen waren und eine Metallhülse für Briefe enthielten. Die Bojen waren numeriert. Die größte sollte ausgeworfen werden, wenn man am Nordpol angekommen sein würde! Außerdem gedachte Andrée schriftliche Mitteilungen geradewegs durch die Luft zu schicken. Dazu kaufte er etwa fünfzig Brieftauben bester Rasse, die frühzeitig nach der nördlichsten Leuchtturmstation am Nordkap gebracht wurden. Damit sie sich mit dem Aussehen der Küste vertraut machten, brachte man sie zuerst auf einen hohen Berg mit freier Aussicht nach allen Seiten. Dann nahmen Segelboote sie mit aufs Meer hinaus, wo man sie fliegen ließ. Einige flogen sofort nach dem Taubenschlag der Station zurück, andere schlugen die Richtung nach Süden ein, und zwei holte sich ein Habicht. Während der Reise sollten die Tauben in leichten Korkbauern wohnen, wo kleine Aluminiumgefäße Wasser und kleine Körbchen Gerste, Erbsen und Rübsamen enthielten. Als man dann von Spitzbergen aus drei dieser Tauben fliegen ließ, stiegen sie senkrecht hoch in die Luft empor, blieben dort einige Minuten lang ganz unbeweglich, um sich zu orientieren, und schossen dann wie gehofft pfeilschnell nach Süden davon. Nur eine dieser Versuchstauben wurde bei Ofoten an der norwegischen Küste aufgefangen. Aber sie war eine Schwindlerin; sie hatte sich auf ein nach Norwegen fahrendes Dampfschiff hinabgelassen und erst, als sie die Küste sah, sich wieder aufgeschwungen, um dann allein nach Ofoten zu segeln.

Der Brief, den eine solche Taube trägt, muß federleicht sein, damit er sie nicht beim Fliegen hindert. Er wird auf Seidenpapier geschrieben, aufgerollt und in eine wasserdichte Papierhülse geschoben, die man mit Wachs verklebt und unter der mittelsten Schwanzfeder der Taube befestigt.

So hatte Andrée alles mit großem Scharfsinn ausgedacht. Ein ganzes Buch war allein über die Ausrüstung dieser Reise geschrieben worden. Anfang Juli, wenn die Sonne Tag und Nacht am Himmel steht, wollte Andrée mit zwei Begleitern von der Däneninsel an der Nordküste von Spitzbergen aus den Aufstieg wagen. Man konnte in dieser Jahreszeit stets photographische Aufnahmen machen, falls man über unbekannte Inseln hinsegelte. Auch mußte der beständige Sonnenschein das Gas des Ballons in gleichmäßiger Temperatur halten und die Tragkraft daher, solange der Ballon schwebte, unverändert bleiben.

Andrée war von dem Gelingen seines Planes fest überzeugt. Im besten Fall müsse alles wie von selbst gehen! Auf einer seiner Ballonfahrten hatte er die 400 Kilometer lange Strecke von Gothenburg nach Gotland in drei Stunden zurückgelegt! Solch ein Wind konnte ihn in nur neun Stunden zum Nordpol tragen, und auch bei mäßigem Wind mußte er den Pol in spätestens zwei Tagen erreichen! Hatte er auf Spitzbergen guten südlichen Wind und lief unterwegs alles glücklich ab, so konnte er, das war seine feste Überzeugung, schon nach acht Tagen an der Beringstraße oder irgendeinem andern Punkt der asiatischen oder amerikanischen Nordküste eintreffen!

Aber »der Wind bläset, wo er will; und du hörest sein Sausen wohl; aber du weißt nicht, von wannen er kommt und wohin er fähret«. Das einzig Gewisse ist die Tatsache, daß es am Nordpol selbst immer nur aus Süden weht! Denn am Pol laufen die Meridiane in einem einzigen Punkt zusammen, und stehst du am Pol, so schaust du, wohin du dich auch wendest, immer nach Süden!

Vor dem Aufstieg

Als der Plan der Ballonreise Andrées die Runde um die Welt machte, schossen natürlich allenthalben Unglückspropheten wie die Pilze hervor. Im Ausland tadelte man ihn mit scharfen Worten und nannte ihn dummdreist oder verrückt. Andrée könne sich doch wohl denken, daß die Seevögel droben im Norden die Ballonhülle zerhacken würden, daß die Insassen der Gondel, wenn sie über Land hintrieben, von Eingeborenen mit Pfeilen erschossen würden, und daß sie, falls sie je den Pol erreichten, dort totfrieren müßten! Schnee und Eis würden die gewaltige Ballonkuppel durch ihr Gewicht niederdrücken, die Schlepptaue sich zwischen den Eisblöcken einkeilen, anfrieren und den Ballon festhalten, so daß er nicht mehr vom Flecke käme.

Nur in Schweden erregte der Plan zuerst Staunen, dann Bewunderung und schließlich Begeisterung! Aber woher sollte das Geld kommen? 130 000 Kronen waren dazu erforderlich. Alfred Nobel erbot sich, die Hälfte der Kosten zu decken. König Oskar, der alles, was Entdeckungsreise hieß, mit freigebiger Hand unterstützte, übernahm den vierten Teil der Kosten, und der Rest wurde von andern gezeichnet.

Als alles in Ordnung war, reiste Andrée nach Spitzbergen. Auf der Däneninsel wurde ein gewaltiger Schuppen gebaut zum Schutz des Ballons vor dem Wetter während der Füllung. Ende Juli 1896 stand der Ballon gefüllt da, und nun wartete man nur noch – auf den Südwind.

Doch unaufhörlich wehte es aus Norden oder Westen. Wochen vergingen. Nebel und Schneeregen verschlechterten die Aussichten. Vergebliches Warten – der günstige Wind kam nicht.

Im Norden der Däneninsel liegt die Amsterdaminsel, die eine flache Landzunge, die Holländerspitze, nach Osten hinsendet. Hier ging am 14. August ein merkwürdiges Schiff vor Anker. Andrée und mehrere andre Schweden bestiegen ihre Dampfbarkasse und fuhren zu ihm hinaus. Es war die »Fram«, die sich erst vor wenigen Tagen aus ihrer dreijährigen Gefangenschaft im Polareis befreit hatte!

»Könnte ich Nansen sprechen?« fragte Andrée, nachdem er Sverdrup und dessen Kameraden begrüßt hatte

»Was, Nansen ist noch nicht heimgekommen?« riefen die Norweger.

»Nein, aber warum ist er nicht auf der ›Fram‹?«

»Es ist beinahe anderthalb Jahre her, daß er uns verließ.«Bestürzung und Betrübnis auf beiden Seiten. Sverdrup kehrte schleunigst nach Norwegen zurück, fest entschlossen, sich mit Kohlen und Proviant zu versehen, um nach Franz-Joseph-Land zu fahren und Nansen zu suchen. Als er den ersten Hafen einer kleinen norwegischen Küstenstadt erreicht hatte, ließ er sich mitten in der Nacht ans Land rudern und begab sich nach dem Telegraphenamt. Dort klopfte er so heftig an die Tür, als gelte es das Leben. Der ganze Ort schlief. Schließlich schaute ein älterer Mann zum Fenster heraus und brüllte ihn an: »Was ist denn das für ein fürchterlicher Spektakel mitten in der Nacht?«

Sverdrup antwortete: »Machen Sie nur die Tür auf; ich bin Kapitän Sverdrup von der ›Fram‹.«

Überall wurden jetzt die Fenster hell, und der Telegraphenbeamte kam Hals über Kopf heruntergestürzt.

»Ich habe von Andrée gehört«, sagte Sverdrup betrübt, »daß noch keine Nachricht von Nansen da ist.«

»Oho«, rief der Telegraphenbeamte, »Nansen? Der ist ja am 13. August in Vardö angekommen! Jetzt ist er in Hammerfest.«

Sverdrup schnellte in die Höhe, machte auf dem Fleck kehrt und eilte fort, um seinen Kameraden die frohe Kunde zu bringen.

Unterdessen wartete Andrée noch immer vergeblich auf Südwind. Das Jahr war mittlerweile zu weit vorgeschritten, und so mußte er umkehren. Der Ballon wurde entleert, alles wieder eingepackt, und Andrée reiste nach Stockholm zurück.

Es läßt sich denken, wie niedergeschlagen er war. Nie hatte der Plan einer Polarreise größere und wärmere Teilnahme gefunden. Die ganze Welt wartete gespannt auf die Abfahrt und den Ausgang. Bei seiner Abreise hatte man ihn in Stockholm und Gothenburg wie einen Helden gefeiert, und nun kam er unverrichteter Sache wieder zurück! Viele spotteten, aber die meisten bewunderten doch seine Selbstbeherrschung. Die zu einem neuen Versuch erforderlichen Summen wurden sofort gezeichnet, und zwar nur von Schweden. Mitte Mai nächsten Jahres wollte sich Andrée wieder zur Däneninsel begeben.

Am 10. Mai 1897 kam ich aus Asien zurück. Am 13. gab Andrée mir zu Ehren ein Diner. Wir waren nur sechs Personen bei Tisch, und ich sah ihn bei dieser Gelegenheit zum erstenmal. Im Verlauf des Essens hieß er mich mit einer Rede willkommen, deren ich mich noch voller Rührung erinnere. Wie verschieden doch das Leben vor uns beiden liege, führte er aus. Ich hätte meine große Reise hinter mir und sei zu ruhiger Arbeit heimgekehrt, er habe sie noch vor sich und wolle sich eben jetzt in die große Einsamkeit hinausbegeben zu einem ungewissen Ausgang. Ich merkte seinen Worten eine Wehmut an, die er vergeblich zu verbergen suchte. In meiner Antwort beglückwünschte ich ihn als den Urheber eines so glänzenden Planes und sprach meine Überzeugung aus, daß wir uns dereinst unter glücklicheren Verhältnissen wieder treffen würden!

Die Gesellschaft war früh zu Ende. Andrée hatte noch viel zu tun; zwei Tage später sollte er Stockholm auf immer verlassen.

Diesmal ging die Abreise in aller Stille vor sich. Man hatte ihn genug gehetzt, und es war vorauszusehen, daß er diesmal auch bei nicht ganz günstigem Winde aufsteigen werde. Nur wenige Freunde sagten ihm auf dem Zentralbahnhof Lebewohl. Ich drückte ihm warm die Hand – zum letzten Mal! Dann rollte der Zug fort in den hellen Abend hinein.

Im Juni herrschte wieder das alte geschäftige Treiben auf der Däneninsel. Anfang Juli war alles zur Abfahrt bereit. Man wartete wiederum nur noch auf den Südwind. Während eines heftigen Sturmes wirbelte der Ballon so wild in seinem Schuppen umher, daß er sich an den Wänden zu zerschlagen und gar wegzufliegen drohte.

Täglich schrieb Andrée einige Zeilen in sein Tagebuch. Mit dem 8. Juli 1897 endet es – auf immer.

»Alles klar!«

Der 11. Juli 1897, ein Sonntag, brach an. Schon um 3 Uhr morgens zeigte sich auf dem Wasser vor der Holländerspitze eine leichte Kräuselung. Es war eine südsüdwestliche Brise, und sie wurde mit jeder Stunde stärker!

Um 8 Uhr wurde die letzte Post abgeliefert und einiges Gepäck an Bord des Ballons gebracht. Andrée hielt Kriegsrat. Seine beiden Begleiter, Ingenieur Fränkel und Physiker Strindberg, stimmten für Aufstieg. Er selbst erklärte sich einverstanden. Sogleich sollte ans Werk geschritten werden. Die Mannschaft des Kanonenboots »Svensksund«, das die Luftschiffer nach der Däneninsel gebracht hatte, wurde an Land kommandiert, und um 11 Uhr begann das Abreißen des Ballonschuppens.

Ein großer Teil der Vorderseite war bereits weggenommen. Auf der Windseite spannte man Segeltuch über den Schutzrand des Hauses, um den Ballon vor dem Wind zu sichern. Vorstehende Balken wurden dick mit Filz umwickelt, damit sie bei einem Anprall des Ballons keine Löcher in die Hülle reißen konnten.

Fieberhafte Erregung herrschte während der beiden nächsten Stunden. Jedermann tat sein Äußerstes. Es krachte und dröhnte, als die Planken losgebrochen wurden, die Lukenklappen herabfielen und die Axtschläge das trockene Holzwerk niederwarfen. Man eilte, als gelte es eine Feuersbrunst zu löschen! Durch ein Sprachrohr erteilte Andrée seine Befehle mit der Stimme eines Donnergottes; er mußte alle einzelnen Anweisungen geben und seine Aufmerksamkeit auf jeden Punkt richten. Von dem hohen Berg hinter dem Ballonhaus sanken unterdes schwere Wolken herab.

Der Ballon zerrte bereits ungeduldig an seinen Tauen und zog oft schon alle Sandsäcke vom Boden auf. Nun wurde er ein wenig gehoben, damit die Gondel mit ihren sechs Trageleinen am Ring befestigt werden konnte. Die Käfige mit den Tauben wurden in der Gondel untergebracht und der größte Teil des Ballastes entfernt. Jetzt hielten den Ballon nur noch drei Bündel Sandsäcke, deren Taue die Luftschiffer im letzten Augenblick kappen wollten, und drei dicke Kabeltaue, die um Balken am Fußboden geschlungen waren. An jedem Tau stand ein Matrose mit einer scharfen Axt. Zwei Dutzend Sandsäcke wurden als Ballast eingeladen.

»Alles klar!«

Andrée dankt allen, die ihm geholfen haben, und nimmt schnell von jedem einzelnen Abschied. Ohne viele Worte tauscht man einen männlichen Händedruck. Wenn nur die letzte Minute erst vorbei wäre, wünscht jeder im Stillen. Ein unvergeßlicher Anblick muß dieser Aufstieg gewesen sein.

Dann tauft Andrée den Ballon auf den Namen »Örnen« (Adler) und springt in die Gondel, wo Fränkel und Strindberg unter der schwedischen Flagge schon ihre Plätze eingenommen haben. Mit blanken Messern in den Händen stehen sie da, und mit einem Schnitt kappen sie die Leinen der Ballastsäcke!

Ein ruhiger Augenblick wird abgewartet. Rings ist es grabesstill. Man wagt kaum zu flüstern, nur der Wind seufzt in dem beinahe leeren Hause. Die drei Helden lehnen an den Tragleinen der Gondel. Andrée ist unerschütterlich ruhig; nicht die geringste Erregung zeigt sich auf seinem Gesicht. Um ½3 Uhr ertönt seine Stimme:

»Kappen – eins, zwei, drei!«

aber fast unbedeutend, wenn man sie mit dem stattlichen Strom bei Genf vergleicht. Im Talgrund breiten sich Felder aus; auf den Abhängen blicken dunkelgrüne Fichten aus dem Schnee hervor, und oben thronen die schneeweißen Gipfel der Alpen.

Einige Minuten hinter Brig saust der Zug in voller Fahrt in den Berg hinein. Die elektrischen Lampen brennen und alle Fenster sind geschlossen; der Tunnel füllt sich mit Rauch, und ein tausendfältiges Echo macht uns beinahe taub. Wie sehnt man sich ins Freie, denn der Rauch dringt durch jede Ritze in die Abteile des Zuges. Aber hier heißt es Geduld haben; denn der Simplontunnel ist der längste der Erde; er mißt 19 731 Meter. Nur wenige Jahre erst ist er alt. Von beiden Endpunkten zugleich wühlte man sich in den Berg durch Sprengungen einander entgegen – und als man in seinem Innern aufeinanderstieß und ein Sprengschuß die letzte Scheidewand entfernte, hatte man sich auch nicht um einen Zollbreit verrechnet!

Die Stadt der Lagunen

Wer zum ersten Male Italien besucht, sollte stets mit Venedig, der Heimat Marco Polos, beginnen, und zwar muß er es so einrichten, daß er am Abend dort anlangt. Dann wird sich eine Wunderwelt vor ihm erschließen, und er wird glauben, in ein Märchen aus »Tausendundeine Nacht« versetzt zu sein.

Schon die Einfahrt in die Stadt ist wunderbar. Der Zug hat eben die üppige und fruchtbare Ebene in schnellem Fluge durchquert und rollt nun auf einem schmalen, aber 3600 Meter langen Damm, der die Stadt der Lagunen mit dem Festland verbindet. Rechts und links nichts als eine dunkle, unermeßlich weite Wassermasse; nur vorn, ganz weit vorn, taucht eine Fülle von Lichtern auf. Etwa zehn Minuten dauert die Fahrt über diese lange Brücke; dann hält der Zug in einer geräumigen, hell erleuchteten Halle, im Bahnhof Venedigs.

Noch sehen wir nichts Ungewöhnliches. Aber sobald wir das Bahnhofsgebäude verlassen, liegt vor uns ein so eigenartiges Bild, daß wir sprachlos mit offenen Augen eine Weile stehen bleiben, staunend in diesen wunderbaren Anblick versunken.

Kein großer leerer Platz, der sich sonst wohl vor Bahnhöfen zu öffnen pflegt, kein Rädergerassel und Straßenbahngeklingel – dicht vor uns schlängelt sich wie ein breites schwarzes Band ein Gewässer hin, in das die Häuserreihen schroff abfallen, und nach rechts und links zweigen sich schmälere Wasserbänder ab, um in dem Häusergewirr zu verschwinden. Und auf all diesen Wasserläufen eine unübersehbare Fülle von Gondeln, venetianischen Gondeln, die noch heute so aussehen wie vor fünfhundert Jahren, mit ihren Schwanenhälsen und ausgezackten Schnabelspitzen, die im Dunkel der Nacht an sagenhafte Seeungetüme erinnern. Der Canal grande liegt vor uns; in S-Form schlängelt er sich durch die Stadt und bildet die Hauptverkehrsstraße.

Wir mieten eine der Gondeln. Der Gondoliere steht am Ende seines Fahrzeugs, einen Fuß ein wenig vorgeschoben, den Hut im Nacken, und führt das Ruder mit bewunderungswürdiger Geschicklichkeit. Totenstille umgibt uns, und lautlos gleitet die Gondel dahin, zuerst eine Weile im Canal grande. Je weiter wir kommen, desto besser verstehen wir, warum die Italiener diese Stadt der Lagunen so lieben. Ein Palast nach dem andern huscht an uns vorüber, einer schöner als der andere. Da ist der prächtige Palazzo Vendramin-Calergi, in dem einer der größten deutschen Tondichter, Richard Wagner, starb; da drüben der berühmte Fondaco de' Turchi, im 17. Jahrhundert bekannt als das Absteigequartier der nach Venedig kommenden Türken. Weiterhin die zierliche, im gotischen Stil erbaute Cà Doro, deren Marmorfassaden bleich durch die Nacht leuchten. Auch an dem Fondaco de' Tedeschi, dem ehemaligen Warenlager deutscher Kaufleute, gleiten wir vorüber und schlüpfen dann unter dem weltberühmten Ponte di Rialto durch, einer herrlichen Brücke aus einem Marmorbogen mit zwei Reihen Kaufläden.

Der Gondoliere lenkt das Fahrzeug in einen der kleinen Seitenkanäle. Wieder andere Bilder: bald verschwiegene, finstere Winkel, in denen gespenstisches Grauen lagert, bald schmale Brücken, über die Silhouetten von Menschen hin- und herhuschen, bald ein prächtiger, mit seinen Terrassengärten zum Wasser hinabreichender Palast. Nun klingt aus einem Nebenkanal das hinschmelzende Lied eines Schiffers. Kurz, Eindruck häuft sich auf Eindruck und weckt zugleich die Erinnerung an die abenteuerliche Geschichte dieser wunderbaren Stadt. Wir denken an die Macht und den Reichtum der Dogen, an alle die pomphaften Veranstaltungen, die Venedigs Ruhm durch die Welt trugen, an die prunkvollen Festzüge auf dem Wasser, an die mit größter Pracht in Szene gesetzte Vermählung des Dogen mit dem Meer, die an jedem Himmelfahrtstage stattfand. Aber wir denken auch an die Schrecken der Inquisition, an die Folterqualen politischer Gefangener. Eben fahren wir unter der Seufzerbrücke durch; ein dunkles Loch in der Mauer bezeichnet noch heute den Weg, den die dem Tode geweihten Verurteilten nehmen mußten, die hier in der schwarzen Tiefe ein gewaltsames Ende fanden. Dort vor uns erhebt sich der Dogenpalast, von dessen

Qualen hoch oben unter den Bleidächern der Abenteurer Casanova eine so packende Schilderung entworfen hat. Wie viele sind da oben unter den sengenden Strahlen der italienischen Sonne verschmachtet, die nicht gleich ihm ihre Wächter zu überlisten und ihre Fesseln zu brechen wußten!

An der Piazetta steigen wir aus. Vor uns liegen zwei Inseln und mehrere stolze Kirchen; dahinter das Meer, die wunderbare Adria. Nicht allzu fern leuchtet ein schmaler Landstreifen. Das ist der Lido, das vornehmste Seebad Italiens, das alljährlich Tausende von Einheimischen und Fremden an seine Gestade lockt.

Nach wenigen Schritten schon befinden wir uns auf der Piazza San Marco, dem herrlichsten Platz Italiens. Im Norden und Süden begrenzen ihn die sogenannten Prokurazien, ursprünglich die Wohnungen der neun Prokuratoren, die ehemals an der Spitze der republikanischen Verwaltung standen. Der südliche Palast dient heute als Wohnsitz des Königs, wenn dieser die Stadt besucht. Am imposantesten ist jedoch die östliche Seite des Platzes. Hier steht die Markuskirche, einzigartig in ihrem byzantinischen Stil, mit ihrem seltenen Reichtum an prachtvollen Mosaiken, die das Innere und Äußere schmücken. Sie enthält nicht weniger als fünfhundert orientalische Marmorsäulen. Unter dem Hochaltar ruhen die Gebeine des heiligen Markus, des Schutzheiligen von Venedig, die venetianische Bürger im Jahre 829 aus Alexandria mitbrachten. Nicht weniger gewaltig ist der neben der Markuskirche liegende Dogenpalast. In seinen weiten, prunkvollen Sälen verlebendigt sich noch heute der Glanz der ehemaligen Republik. Aber nichts ist herrlicher, als im Mondschein nachts von dem Balkon dieses Palastes auf den Markusplatz hinabzuschauen. Tausende von Menschen aller Nationen, aus allen Schichten der Bevölkerung wandern dort bei den Klängen der Musik auf und nieder. Schlanke Venetianerinnen mit graziös über die Schultern geworfenen schwarzen Tüchern, sonngebräunte Fischer aus Chioggia, Patrizierinnen mit stolzen Profilen und aschblondem Haar, dazwischen Deutsche, Engländer, Russen, Franzosen, Türken in buntestem Gewimmel. In das muntre Geplauder und Gelächter mischt das Orchester schmeichelnde italienische Weisen, und über das ganze Bild streut der Mond sein magisches Licht, die Mosaiken von San Marco köstlich versilbernd. – Wie ein verwunschener Prinz, der zum Leben erwacht ist, steht man stundenlang an die Balustrade des Balkons gelehnt, und nur mit Wehmut scheidet man von diesem Märchentraum.

Im Fluge durch Italien

Mit welcher Spannung sieht nun der Reisende seinen weiteren Zielen entgegen, wenn die Eindrücke Venedigs die ersten waren, die er von Italien empfing, wenn die Stadt der Lagunen ihm das Zaubertor dieses gelobten Landes erschloß. Wir aber fahren jetzt aus den himmelhohen Schweizer Bergen in einem herrlichen Tal zu den Ufern des Lago Maggiore hinunter. Von schroffen Bergen umrahmt, umschließt der dunkelblaue See eine Gruppe kleiner Inseln voll weißer Häuser, schöner Paläste und grüner Gärten. Eine dieser Inseln trägt den weitberühmten Namen Isola Bella, die »schöne Insel«.

Dann eilt der Zug in die Lombardische Ebene hinein, durch die der mächtige Po seine Fluten der Adria zu wälzt; sie umfaßt den größten Teil Norditaliens.

Die erste große Stadt ist Mailand. Sie hat noch keinen ausgeprägt italienischen Charakter. Ihre Straßen sind breit und gut gepflastert, die Bauart der Häuser ist modern; man könnte fast glauben, in einer großen deutschen Stadt zu sein. Auch mit Fabriken, die den kleineren italienischen Städten ja fast gänzlich fehlen, ist Mailand reich gesegnet.

Aber zwei Wunder birgt die Stadt. Das eine ist der Dom, eines der herrlichsten gotischen Bauwerke. Im Mittelpunkt der Stadt auf einem großen Platz erhebt sich dieses imposante Gotteshaus, dessen gewaltige Dimensionen man erst begreift, wenn man die fünfhundert Stufen teils im Innern des Gebäudes, teils an der Außenseite des Turms hinaufsteigt. Nicht weniger als achtundneunzig spitzige, zackige Türme bedecken gleich einem Marmorwald das Dach, und der Marmorstatuen an der Außenseite sollen gegen zweitausend sein. Nie ist eine Kirche mit einer solchen Verschwendung von Marmor erbaut worden wie diese. Ihr blendendweißes Äußere steht in einem wunderbaren Gegensatz zu dem mystischen Schimmer, den die bunten Glasgemälde in das Innere werfen, Tag und Dämmerung haben sich hier zusammengeschlossen, und dieser Kontrast verleiht diesem Meisterwerk der Architektur, an dem mehr als zwei Jahrhunderte gebaut haben, einen ganz besonderen Reiz.

Das zweite Wunder Mailands ist das Heilige Abendmahl des Leonardo da Vinci. Das Refektorium eines Klosters, das sich an die Kirche Santa Maria delle Grazie anschließt, bewahrt diesen Schatz, an dem die Spur der Zeit leider nur zu deutlich sichtbar ist. Aber noch verkünden die Konturen und verblaßten Farben des Bildes, das Leonardo an die Schmalseite einer Wand gemalt hat, die Größe seines Schöpfers. –

Die fruchtbare, reich bebaute Lombardische Ebene bietet dem Auge des Reisenden keinen Wechsel schöner Landschaftsbilder. Erst bei Piacenza, wo wir den Po überschreiten und bereits die Nordhänge des Apennins sichtbar werden, nimmt die Gegend hügeligen Charakter an. Die Bahn eilt unmittelbar an dem Nordrand des Apennins weiter nach Bologna. Die alte Universitätsstadt Parma, die Wirkungsstätte des berühmten Malers Correggio, huscht flüchtig an unserm Auge vorüber, ebenso wie das uralte Reggio, der Geburtsort des Dichters Ariost. Dann folgt Modena mit seinem bald tausendjährigen Dom und schließlich der Sitz römischer Rechtsgelehrsamkeit, Bologna, mit seiner anderthalb Jahrtausende alten Universität.

Im Mittelalter und auch in der Renaissancezeit war Bologna der Anziehungspunkt aller wissensdurstigen Jünglinge besonders Deutschlands. Hier hat Ulrich von Hutten aus dem Born der Wissenschaft geschöpft. Die Geschichte Bolognas reicht weit zurück. Schon im fünften Jahrhundert vor Christi Geburt wurden um die Stadt heftige Kämpfe geführt, bis die Römer sie zu einer ihrer Kolonien machten. Auch Kaiser Friedrich Barbarossa hatte manchen harten Strauß mit Bologna auszufechten. Sein Sohn Enzio wurde von den Bolognesern im blutigen Treffen von Forsalta 1249 gefangen und in langer Haft gehalten. Der Palast, in dem der Kaisersohn in Gefangenschaft schmachtete und der Sage nach von der schönen Lucia Viadagola getröstet wurde, steht noch heute.

Bologna ist reich an Kirchen und Palästen. Eine der schönsten ist die unvollendete Kirche San Petronio. Hier wurde Kaiser Karl V. von Papst Clemens VII. gekrönt.

Bolognas Nachbarstadt, Ravenna, ist das Pompeji frühchristlicher Zeit. Ursprünglich war auch Ravenna eine Lagunenstadt gleich Venedig. Zur Zeit des Kaisers Augustus diente es als Kriegshafen der adriatischen Flotte. Jetzt aber liegt die Stadt zehn Kilometer weit vom Meer entfernt; so sehr hat sich die Küste im Lauf der Jahrhunderte gehoben! Zahlreiche Denkmäler verkünden noch heute den Glanz einstiger germanischer Herrschaft über Italien. Zwar von dem stolzen Palast Theoderichs des Großen ragen nur noch wenige Säulen in die Luft, aber in imponierender Schlichtheit erhebt sich heute noch sein Grabmal. Auch Italiens größter Dichter, Dante, hat in Ravenna seine Ruhestätte.

Bei Bologna beginnt die Bahn nach Florenz den Apennin zu durchschneiden. Das Landschaftsbild gewinnt dadurch an Reiz. Tiefe Täler und Schluchten wechseln nun mit steilen Berggipfeln, Wasserfällen und rauschenden Gebirgsbächen. Mehr als zwanzig Tunnels durchfährt der Zug, bevor er Florenz erreicht, die Krone der toskanischen Städte, tief eingebettet im Tal des Arno.

»La Bella«, die Schöne, wird Florenz von den Italienern genannt. Aber diese Schöne läßt sich nicht mit stürmischer Liebe erobern gleich Venedig, sie entfaltet erst allmählich ihre Reize. Der Zauber der Stadt wohnt in den Denkmälern der Kunst, die sie besitzt. Man braucht nicht die Uffizien oder den Palazzo Pitti, diese berühmtesten aller Gemäldegalerien, durchwandert zu haben, nicht auf der Piazza della Signoria mit ihrem burgartigen Palazzo Vecchio, ihrer skulpturenreichen Loggia dei Lanzi gewesen zu sein, um diesen besondern Reiz der Stadt zu erkennen. Fast an jeder Straßenecke und jedem Platz, an jedem Brunnen tritt uns die Kunst entgegen und erinnert uns an die großen Namen eines Leonardo, Michelangelo oder Raffael.

Nicht weit vom Bahnhof liegt eine anspruchslose, einfache Kirche, San Lorenzo genannt. Die Medici und andere Florentiner Familien haben sie erbauen lassen. Sie bietet wenig Interesse, aber sie enthält wohl die schönsten und gedankenreichsten Grabmäler, die es gibt. Ihr Schöpfer war Michelangelo. Seine Absicht war, noch mehr solcher Wunderwerke in dieser kleinen Kapelle aufzustellen, aber der Ingrimm über die Vernichtung der Republik raubte ihm die Lust dazu. So haben diese Grabmäler außer ihrem ursprünglichen Zweck, den Ruhm der Medici der Nachwelt zu überliefern, noch eine zweite Bedeutung gewonnen: sie sind die letzten Zeugen der glanzvollen florentinischen Kunst, die mit dem Sturz der Republik erlosch. Kaum ein Jahrhundert hatte diese Glanzepoche gewährt, aber sie hat in diesen Mauern so viel Schönheit angehäuft, daß Florenz immer »La Bella« bleiben wird.

Südlich von Florenz beginnen die Spuren der Antike deutlicher zu sprechen als die der Renaissance. Der Trasimenische See, an dessen Westufer wir nun hinfahren, weckt schon die Erinnerung an das alte Rom. Hier vernichtete Hannibal im Jahre 217 v. Chr. das Heer des unvorsichtigen römischen Konsuls Flaminius. Von den Hügelketten des Apennins grüßen uns noch trotzige, mauerumgürtete Burgnester aus dem Mittelalter, und die eine oder andere Bergstadt wie Perugia oder Siena erinnert uns an die köstliche Zeit der Renaissance; je näher aber der Zug dem Tal des Tiber kommt, desto häufiger tauchen Denkmäler des Altertums auf, um dann in der Campagna und schließlich in Rom selbst aus ungeheuren Trümmern mit beredten Worten von jener Welt zu erzählen, der auch wir Nordländer den größten Teil unserer Zivilisation verdanken. Da liegt die ewige Stadt vor uns! Von den Strahlen der Morgensonne getroffen, leuchtet die vergoldete Kuppel der Peterskirche wie ein himmlisches Feuer über Rom!

Die ewige Stadt

Rom ist unerschöpflich. Es wächst unter den Füßen des Wanderers. In 2600 Jahren ist die ewige Stadt stets nach obenhin gewachsen. Jedes neue Zeitalter hat auf den Ruinen des vorhergehenden weitergebaut. Was am tiefsten verborgen liegt, das Rom der Königszeit, ahnt man noch kaum. Ihm folgte die Hauptstadt der römischen Republik und dann das Rom der Kaiserzeit, die Weltstadt, aus deren palatinischem Palast das Zepter der Cäsaren über die ganze bekannte Erde reichte, vom nebligen Britannien und den dunklen Wäldern Germaniens bis zu den glühendheißen Wüsten Afrikas, von den Bergen Hispaniens bis nach Galiläa, dem Lande der Juden. Zahlreiche, großartige Reste aus dieser Zeit weltgeschichtlicher Größe sind noch heute mitten in dem Gewirr der modernen Straßen und Häuser erhalten. Scheusale in Kaisergestalt haben die Stadt verwüstet, um die Erinnerung an ihre Vorgänger auszulöschen und nur sich selbst zu verherrlichen. Vandalen, Goten und andere Barbaren haben Rom zerstört. »Rom ist nicht an einem Tage erbaut« – aber zwei Jahrtausende haben auch nicht vermocht, seine Herrlichkeit zu zerstören!

Auf das Rom der Kaiserzeit folgen neue Schichten, das christliche Zeitalter, das Mittelalter und die Neuzeit mit ihren zahllosen Kirchen, Klöstern, Museen und mächtigen, ernst dreinschauenden Palästen. Das Christentum baute auf den Ruinen des Heidentums, Vergangenheit und Gegenwart gehen unmittelbar ineinander über. Auf dem Hügel des Kapitols reitet der römische Kaiser Mark Aurel, und drüben auf den Hügeln des andern Tiberufers blickt ein anderer Reiter, Garibaldi, der tapfere Freiheitsheld des jungen Italien, über die ewige Stadt hin. Noch eben fährt man durch eine moderne Straße mit prachtvollen Kaufläden in neuen Häusern, und in wenigen Minuten steht man auf dem Forum Romanum, dem römischen Marktplatz, dem Herzen des altrömischen Weltreiches, dem Schauplatz der Volksversammlungen, Gerichtssitzungen und Handelsgeschäfte. Das Forum glich einem Marmorsaal im Freien, über dessen Pflaster siegreiche Helden, von Waffenbrüdern und Gefangenen begleitet, zum Kapitol hinaufzogen, um im Tempel des Jupiter zu opfern. Heute sieht man noch einige Säulen und Ruinen von all der Pracht, mit der Julius Cäsar und Kaiser Augustus den Platz ausstatteten. Eben wanderte man noch als ein andächtiger Pilger in der Peterskirche umher, und jetzt schreitet man durch den Triumphbogen des Titus, der zur Erinnerung an die Zerstörung Jerusalems im Jahre 70 n. Chr. errichtet wurde!

So streift man in Rom umher zwischen Siegessäulen und Triumphbogen, aus dem Tempel ins Theater, und vergißt dabei fast, daß bald zwei Jahrtausende dahinrauschten, seitdem die Stimmen der Krieger, der Priester und der Schauspieler unter all diesen gewaltigen Bogen auf immer verhallten. Auf der zum Kapitol hinaufführenden Treppe wird die Erinnerung an die Gründung Roms geweckt; in einer von eisernem Gitter umschlossenen Grotte laufen zwei Wölfe hin und her, vergeblich den Ausgang suchend, der sie in die Freiheit der Campagna zurückführen könnte, und oben auf dem Hügel sehen wir das Bronzebild der Wölfin, die die beiden Knaben Romulus und Remus säugte. Der Sage nach wurden die beiden Knaben am Tiber ausgesetzt, aber von einer Wölfin errettet. Romulus wurde Roms erster König und gründete siebenundeinhalbes Jahrhundert vor unserer Zeitrechnung die ewige Stadt.

Den palatinischen Hügel bedeckt ein Gewirr von Hängen und Gewölben; es sind die Überreste der Paläste römischer Kaiser. Auf den Abhängen wachsen Apfelsinen zwischen Farn, Efeu, wildem Wein und Veilchen, und durch die alten Pinien und Zypressen rauscht ein hinsterbendes Echo aus längst entschwundenen Zeiten.

Papst Pius X.

Der König von Italien hat 35 Millionen Untertanen. Seine Hauptstadt Rom ist aber auch der Sitz eines andern mächtigen Fürsten; doch dessen Reich ist nicht von dieser Welt. Sein Thron ist der Stuhl des heiligen Petrus, sein Wappen die dreifache Krone, die Tiara, und die gekreuzten Schlüssel, die die Tore des Himmelreichs öffnen und schließen. Ihm sind die 270 Millionen Katholiken auf der Welt untertan! Er ist ein freiwilliger Gefangener im Vatikan, einem Komplex hoher Paläste, der wohl an zehntausend Säle und Gemächer umfaßt. Museen, Bibliotheken und Handschriftensammlungen von unermeßlichem Umfang und Wert sind hier untergebracht; allein das Skulpturenmuseum des Vatikans ist das reichste der Welt. Die Sixtinische Kapelle, einen 450 Jahre alten Betsaal, hat Michelangelo mit Riesengemälden ausgeschmückt; die herrlichen Deckenbilder stellen die Erschaffung der Welt und der Menschen, den Sündenfall und die Sintflut dar, ein Wandgemälde das Jüngste Gericht.

Auf der Westseite des Vatikans liegen die Gärten des Papstes, und südlich von ihnen erhebt sich die Peterskirche, das gewaltigste Gotteshaus der Christenheit. Der Vatikan mit allem, was dazu gehört, bildet eine kleine Stadt für sich und die vornehmste auf Erden, einen Sitz der

Kunst und der Gelehrsamkeit und vor allem den Brennpunkt einer mächtigen Religionsgemeinschaft. Von hier aus schleudert der Papst seine Bannbullen über Ketzer und Sünder, und von hier aus überwacht er die Gläubigen seiner Kirche nach der dreifachen Aufforderung des Heilands an Petrus: »Weide meine Lämmer!«

Als der vorige Papst, Leo XIII., am 20. Juli 1903 starb, versammelten sich die Kardinäle zur Wahl seines Nachfolgers. Unter ihnen befand sich auch der bejahrte Patriarch von Venedig, Kardinal Giuseppe Sarto. Als er sein geliebtes Venedig verließ, um zur Papstwahl nach Rom zu reisen, löste er auf dem Bahnhof eine Rückfahrkarte! Aber er selbst wurde zum neuen Papst erwählt, und so wird er weder sein Venedig noch den Bauernhof, wo er als Kind gespielt hat, jemals wiedersehen. Denn als Herrscher im Vatikan hat er seine Freiheit geopfert.

An einem Februartag des Jahres 1910 war ich auf dem Wege zu ihm. Ein italienischer Freund begleitete mich. Unser Wagen langte bei der Engelsbrücke an, die über das trübgraue Wasser des Tiber führt, und vor uns erhob sich der majestätische Rundturm der Engelsburg, den Kaiser Hadrian vor 1800 Jahren sich selbst als Grabmal erbaut hat. Links abbiegend, hielten wir auf dem Petersplatz, der durch den Kranz der ihn umgebenden Gebäude, Peterskirche, Vatikan und Säulengänge, einer der großartigsten Plätze der Welt ist. Zwischen den beständig rauschenden Springbrunnen des Petersplatzes steht ein Obelisk, den der Kaiser Caligula aus Ägypten bringen ließ, um seine Hauptstadt damit zu schmücken. Dieser Obelisk war schon lange vor Moses Zeuge wunderbarer Begebenheiten. An seinem Fuße haben die Kinder Israels während ihrer Gefangenschaft die Lieder ihrer Heimat gesungen. Er sah als Schmuck im Zirkus des Kaisers Nero Tausende christlicher Märtyrer durch gallische Hunde und afrikanische Löwen sterben. Noch heute erhebt er sich wie ehedem fünfundzwanzig Meter hoch, aus einem einzigen fugenlosen Stein bestehend, unberührt von der Zeit und dem Kampf der Menschen.

An der Nordseite des Petersplatzes liegt das Tor des Vatikans. Hier hält die Schweizergarde in ihrer roten und gelben altertümlichen Uniform Wacht. In prachtvollen, mit roter Seide tapezierten Gemächern, durch die wir geführt wurden, warteten zahlreiche Pilger, Mönche und Prälaten auf den Augenblick, wo sie von Seiner Heiligkeit empfangen werden sollten. Ein vornehmer Priester in violettem Gewande ging vorauf, um uns zu melden, und durch die offen gebliebene Tür sah ich ihn niederknien, als er mit dem Papste sprach.

Bald kam die Reihe an mich. An der Querwand eines großen roten Zimmers saß Pius X. an seinem Schreibtisch. Bei meinem Eintritt erhob er sich und reichte mir seine weiche, doch kräftige Hand. Dann nahmen wir auf Lehnstühlen Platz. Der Papst lehnte seinen Ellenbogen gegen den Schreibtisch, stützte den Kopf auf die Hand und begann über Tibet zu sprechen. Ob die christliche Mission in jenem Lande irgendwelche Aussicht auf Erfolg habe, fragte er. Ich mußte antworten, daß Tibet jetzt allen Europäern verschlossen sei; aber früher seien italienische Mönche dort als Missionare tätig gewesen. Als ich unter andern den Odorico aus Pordenone nannte, der im 14. Jahrhundert Tibet durchreist hat, horchte der Papst interessiert auf; denn diesen Namen kannte er gut, Pordenone ist ein Dorf nahe seiner eigenen Heimat!

Pius X. macht den Eindruck größter christlicher Demut. Er gibt sich sanft und still, verbindlich und liebenswürdig, und seine Stimme hat einen weichen, freundlichen Klang. Auch sein Äußeres kommt durch seine weiße Kleidung auf dem Hintergrund des roten Gemaches trefflich zur Geltung. Er trug einen langen, dichtzugeknöpften Priesterrock mit breitem Gürtel und Schulterkragen, und auf dem weißen Haar saß ein weißes Scheitelkäppchen. Um seinen Hals funkelte eine goldene Kette mit einem großen Kreuz. –

In wenigen Schritten sind wir vom Vatikan an der Treppe der Peterskirche. Wir treten in die prachtvolle Vorhalle ein und durch eine der fünf gewaltigen Bronzetüren in die Kirche selbst.

Ehrfurcht und Staunen hemmen unsern Schritt, so überwältigend groß sind hier alle Maße! Bald verliert sich der Blick in himmelhohen, farbenprächtigen Wölbungen, bald fesseln ihn eine Säulenreihe und deren Kapitelle, bald ein Mosaikbild oder ein Marmordenkmal. Wie oft müßte man durch die Hallen schreiten, um all diese Herrlichkeiten auch nur einigermaßen zu würdigen! Rom ist nicht in einem Tage erbaut, sagt das Sprichwort. Zur Peterskirche allein brauchte man hundertzwanzig Jahre, und zwanzig Päpste regierten während dieser Zeit! Die größten Künstler Italiens, darunter Raffael und Michelangelo, legten das Beste ihrer Kunst in diesem Tempelbau nieder, der das Grab des Apostels Petrus umschließt. Die Kosten betrugen eine Viertelmilliarde.

Brot und Spiele

»Brot und Spiele!« brüllte der vergnügungssüchtige römische Pöbel, und um sich die Gunst des Volkes zu erhalten, ließen die Kaiser des Römerreiches prächtige, märchenhafte Schaubühnen errichten, auf denen von Zeit zu Zeit Volksfeste im größten Stil gefeiert wurden.

Solch ein Theater war der Circus maximus, auf dessen Bankreihen 200 000 Zuschauer Platz fanden. Hier veranstaltete man Wettrennen mit vier Pferden, die vor einen zweirädrigen Wagen gespannt waren. Hinter der Brüstung des goldglänzenden Wagens stand mit gebogenen Knien der Wagenlenker, die Zügel in den Händen. Ganz Rom, Senatoren, Patrizier und Plebejer, waren zugegen, und inmitten seines Hofes und seiner Günstlinge saß der Kaiser in seiner Loge. Die Wettfahrer trugen verschiedene Farben, und beim Wetten auf die eine oder andere Farbe wurden Vermögen aufs Spiel gesetzt. Trompetenstöße gaben das Zeichen zum Beginn, und in dem weißen Sand der Arena wirbelten die daherrasenden Gespanne dichte Staubwolken auf.

Solch eine Schaubühne war auch der Zirkus des Nero. Im Sommer des Jahres 64 n. Chr. stand Rom in Flammen. Seewind weht ins Land, und im Lauf einer Woche brannte die Stadt bis auf den Grund nieder. Die öde Campagna war weit und breit von diesem Riesenscheiterhaufen erhellt, und unschätzbare Kunstwerke gingen dadurch auf ewig verloren. Nero aber, der gewalttätige Kaiser des römischen Reiches, genoß entzückt dieses ungeheure Schauspiel und freute sich der Wut der Flammen! Er schmückte seine Locken mit einem Lorbeerkranz, spielte die Leier und sang dazu das Lied von der Zerstörung Trojas.

Aber unter den Bürgern der Stadt verbreitete sich das Gerücht, der Kaiser selbst habe Rom anzünden lassen, um Platz für seine wahnsinnigen Baupläne und seinen neuen Palast zu gewinnen. Nero fürchtete den Unwillen des Volkes, und um sich von diesem Verdacht zu reinigen, beschuldigte er die Mitglieder der jungen Christengemeinde jenes Verbrechens; sie hatten ja oft das in der Hauptstadt herrschende zügellose Leben mit lauten Worten verflucht und den Untergang des römischen Reichs und den Sieg der Lehre Christi prophezeit. Was lag klarer auf der Hand, als daß sie an der Feuersbrunst schuld waren? Jetzt sollten sie ihre Strafe erhalten. Die Führer der Christen, die Apostel Paulus und Petrus, wurden in Fesseln gelegt und nebst andern Gläubigen in das mamertinische Gefängnis gebracht, ein verpestetes Höllenloch zwischen dem Kapitol und dem Forum. Massenhaft schleppte man die Gläubigen aus ihren Häusern und Betsälen und trieb sie wie das Vieh in unterirdische Höhlen, die mit dem Zirkus des Nero in Verbindung standen. Hier sollten sie ihrer Strafe warten, und zugleich sollte sich der verwilderte römische Pöbel eines neuen Schauspiels erfreuen.

In andern, mit Eisengittern versehenen unterirdischen Höhlen bewahrte man Löwen, Tiger und andere Raubtiere. Mehrere Tage ließ man die Bestien hungern, und um ihre Gier nach Fleisch und Blut noch mehr zu reizen, mußten die Zirkusdiener blutige Fleischstücke vor ihren Käfigen hin- und herschwenken. Rom sprach von nichts anderem als von dem bevorstehenden Schauspiel, dessengleichen die Welt noch nicht gesehen hatte!

Der große Tag brach an. Vornehme Herren und Damen langten in vergoldeten Sänften und purpurnen Seidengewändern an; es wimmelte von Kriegern und blanken Waffen; es duftete nach wohlriechenden Ölen und Salben. Kissen und Teppiche breitete man über die Bänke und nahm seinen Platz ein. In der Kaiserloge erschienen Nero und sein Hof.

Nun schmettern die Trompeten, und zum Tode verurteilte Kriegsgefangene betreten zum Gladiatorenkampf die Arena. Die einen tragen schützende Helme und Panzer, die andern sind völlig unbekleidet. Netze und Dreizacke sind die Waffen der einen, Schwert und Schild die der andern. Der Einzelkampf zweier Kriegsgefangenen endet erst mit dem Tode eines von beiden, falls nicht ein Wink der kaiserlichen Hand den Besiegten begnadigt. Daran schließt sich ein Massenkampf; aber ehe die Gladiatoren übereinander herfallen, ziehen sie festen Schritts vor Neros Loge und rufen dort: »Heil, dir, Cäsar, die dem Tode Geweihten grüßen dich!« Ist das blutige Spiel zu Ende, dann werden die Leichen fortgeschleppt und neuer Sand auf die Arena gestreut, um die Blutlachen zu verdecken.

Wieder schmettern die Trompeten, lauter als vorher. Eine Christenschar wird in die Arena hineingetrieben. Man hat ihnen die Kleider genommen und sie statt dessen in Tierhäute gehüllt. Nur ihre bleichen, ruhigen Gesichter sieht man; sie blicken aufwärts und stimmen einen Psalm an, der stolz und klar über das heidnische Rom hinklingt.

Neue Trompetenstöße – und die kreischenden Eisentüren an den Seiten schieben sich auseinander; eine Schar wilder Hunde stürzt in die Arena. Zunächst sind sie scheu, aber Steinwürfe und Zurufe treiben sie an; sie nähern sich ihren Opfern, zerren an den Häuten und wittern das nackte Fleisch. Sobald der erste anfängt, folgen die andern seinem Beispiel und stillen ihren Hunger. Keiner unter den Märtyrern bittet um Gnade, keiner würdigt Nero eines Blickes. Der Gesang verstummt erst mit dem Tode des letzten.

Schon werden neue Scharen hereingeführt, und nun kommen die Löwen daran, ihren Hunger zu stillen. So geht das Schlachtfest weiter, Tiger, Panther, Bären, Wölfe und Schakale werden auf die Christen gehetzt, der Pöbel heult vor toller Begeisterung, der ganze Zirkus riecht nach Blut.

Wenn das Schauspiel vorüber ist und das Theater sich geleert hat, wagen sich wenige noch in Freiheit befindliche Christen in den Zirkus, um die Gebeine der Toten aufzusammeln und sie in den Gräbern außerhalb Roms beizusetzen.

Noch ein drittes Theater, das Kolosseum, steht an seiner ursprünglichen Stelle und ist so gut erhalten, daß man sich von seiner innern Einrichtung einen klaren Begriff machen kann; es ist Roms größte und schönste Ruine. Die beiden Kaiser Vespasian und Titus erbauten diese Schaubühne, die achtzig Jahre nach Christi Geburt fertig wurde. Die äußere Mauer ist fast fünfzig Meter hoch. Die Bankreihen, auf denen 85 000 Zuschauer Platz fanden, waren in vier Abteilungen getrennt, deren hinterste und höchste für Frauen und freigelassene Sklaven bestimmt war. Als Eintrittskarten dienten Elfenbeintäfelchen, die die Lage der verschiedenen Plätze so genau angaben, daß sich jeder in den mächtigen Gewölben, Treppenaufgängen und Seitenreihen mit Leichtigkeit zurechtfinden konnte. Die Bänke hatten Marmorsitze, und viele Marmorstatuen zierten die oberen Mauern des Theaters.

Die Schauspiele fanden gewöhnlich bei Tage statt, und um die Glut der Sonne zu dämpfen, spannte man gewaltige Segel aus Seide über die Arena und die Plätze der Zuschauer. Wenn das Theater mit Menschen gefüllt war, bot es einen Anblick blendendster Pracht. Auf den besten Plätzen saßen die Senatoren in purpurgesäumter Toga, die Priester der verschiedenen Tempel, schwarz verschleierte keusche Vestalinnen und Krieger in goldglänzender Rüstung. Dahinter reihten sich die römischen Bürger in weißer und bunter Toga, barhäuptig, bartlos und mit kurzgeschnittenem Haar, und unterhielten sich in einer Sprache, die ebenso wohlklingend war wie das heutige Französisch und Italienisch. Die zahlreichen Fremden, die Rom besuchten, waren zugegen, Gesandte aus allen Ländern der Welt, Staatsmänner, Kaufleute und Reisende aus Germanien und Gallien, Griechenland und Ägypten. –

Mächtiger noch als bei Tageslicht wird man heute von diesem gewaltigen Denkmal vergangener Pracht ergriffen, wenn man in einer Mondscheinnacht seine Schritte dorthin lenkt. Der Platz vor dem Theater, wo einst die Gladiatorenkasernen und die Leichenhäuser standen, liegt jetzt öde und leer, und unter den gewölbten Bogen herrscht schwarze Nacht. Aber wenn man in die gewaltige Arena hinaustritt, fällt das Mondlicht auf die hohen grauen Mauern und die von der Zeit, von der Witterung und dem Wind zerfressenen Bankreihen. Hier und dort gähnen schwarze Höhlen, die Gänge zu den unterirdischen Gelassen, in denen man einst die christlichen Märtyrer und die wilden Tiere gefangen hielt. Denn auch in diesem Theater ist der Boden buchstäblich mit Blut getränkt.

Kein Geräusch des zur Ruhe gegangenen Lebens in Rom dringt

hierher. Und doch glaube ich Stimmen zu hören, die längst verhallt sind. Ich höre das Freudengeheul des römischen Pöbels beim Anblick des Christenbluts; ich höre den Kampfruf der Gladiatoren, das Klirren ihrer Waffen und das Rasseln ihrer Rüstungen, während sie auf Tod und Leben miteinander kämpfen; aus den unterirdischen Höhlen ertönt heiseres hungriges Brüllen, das die Erde erbeben läßt, und über diesem wilden Lärm steigt das Siegeslied der Märtyrer klar und andachtsvoll zum Himmel empor!

Ein Zirkus oder ein Theater heutzutage – das sind nur Spielzeuge im Vergleich zum Kolosseum. Die alten Römer waren Meister in der Erfindung solcher Schauspiele, die die rohen Gelüste der Massen befriedigten. Man zauberte ganze Wälder hervor, um blutige Kämpfe darin auszufechten und Löwen und Tiger durch die Gladiatoren jagen zu lassen. Der gewaltige Szenenraum ließ sich in kurzer Zeit auch mit Wasser füllen, und auf diesem künstlichen See fanden mörderische Seeschlachten statt, daß das Wasser sich blutigrot färbte. Durch sinnreiche Kanäle ließ sich die Arena dann im Handumdrehen wieder entleeren, die Sklaven schleppten die Leichen durch das Tor der Todesgöttin hinaus, und das Theater wurde zu einem nächtlichen Festspiel wieder hergerichtet. Dann erhellten Fackeln und brennende Holzstöße die Arena, und neue Scharen gefangener Christen wurden in langen Reihen gekreuzigt oder Löwen und Bären hingeworfen. Als der römische Kaiser Philippus Arabs im Jahre 248 das tausendjährige Bestehen der Stadt Rom feierte, traten zweihundert Elefanten, große Massen wilder Tiere und zweitausend Gladiatoren im Kolosseum auf.

In den Katakomben

Unweit des Kolosseums beginnt eine der ältesten und berühmtesten Straßen, die ein Menschenfuß betreten kann, die Appische Straße. Auf ihr zogen Kaiser und Heerführer nach siegreichen Kämpfen in Rom ein, auf ihr wurden sie nach ihrem Tode hinausgetragen, um auf Scheiterhaufen verbrannt und in den Urnen der Grabtürme und Familienbegräbnisse beigesetzt zu werden. Auf ihr schritten die Christen bei dunkler Nacht in schweigenden Gruppen dahin, um die Überreste ihrer in der Arena des Kolosseums getöteten Glaubensbrüder dem unterirdischen Rom anzuvertrauen. Auf der Appischen Straße zog auch Paulus in Rom ein, begleitet von einer Menge Christen, die ihm bis weit hinaus vor die Stadt entgegengepilgert waren, wie das letzte Kapitel der Apostelgeschichte erzählt. Noch heute steht an der Via Appia eine kleine Kapelle; sie führt den Namen »Quo vadis?« (»Wohin gehst du?«), und an sie knüpft sich folgende Sage:

Nachdem die Apostel Petrus und Paulus neun Monate im mamertinischen Kerker geschmachtet hatten, wurde über sie das Todesurteil gefällt. Paulus war römischer Bürger und sollte deshalb mit dem Schwerte hingerichtet werden; Petrus aber wurde zu dem entehrenden Tod am Kreuze verurteilt.

Doch in der Nacht vor dem Tage, an dem das Urteil fiel, schlichen sich die römischen Kerkermeister zu den Gefangenen hinein, lösten ihre Bande und flüsterten ihnen zu: »Fliehet, ehe es zu spät ist!« Paulus entfloh nicht; er war bereit, für seinen Glauben zu sterben. Petrus aber, meldet die Sage, konnte der Versuchung nicht widerstehen. Die Nacht war dunkel, der Regen prasselte auf das Marmorpflaster des Forums hernieder, und der Sturm heulte klagend durch die Säulengänge. Über den menschenleeren Markt forteilend erreichte er eines der Stadttore und flüchtete auf der Appischen Straße von Rom fort. Zwar regte sich während der Flucht sein Gewissen, aber er versuchte es zum Schweigen zu bringen durch den Gedanken an all die Bekehrungen, die er ausführen würde, wenn ihm noch einige Jahre Leben vergönnt seien.

Der Sturm legte sich und der Himmel wurde klar. Da gewahrte Petrus vor sich einen Lichtschein, der ihm entgegenkam. Das Licht war nicht gelb wie eine Feuerflamme, sondern bläulich wie Sternenschimmer, und als es nahe genug herangekommen war, sah Petrus, daß der Schein von einem Strahlenkranz ausging; dieser aber umgab das Haupt eines Mannes, der in einen bis auf die Füße hinabreichenden weißen Mantel gehüllt war.

Petrus fühlte sich durch den Anblick wunderbar gefesselt. Als der Unbekannte zwei Schritte an Petrus vorüber war, wandte er sich um und blickte den Apostel mit demselben kummervollen und doch milden Ausdruck an, dessen sich Petrus von dem Hause des Hohenpriesters Kaiphas her, vor dreiunddreißig Jahren, erinnerte. Er eilte auf Jesus zu, warf sich ihm zu Füßen und fragte:

»Herr, wohin gehst du?«

Und Jesus antwortete: »Nach Rom, um noch einmal gekreuzigt zu werden!«

Da beugte Petrus sein altes, müdes Haupt zur Erde nieder und weinte bitterlich. Als er sich wieder erhob, war der Meister verschwunden, und der Apostel stand allein auf der Appischen Straße.

Der Sturm hatte sich von neuem erhoben, und schwere Wolken jagten über die Campagna hin nach den Appenninen. Ohne zu zögern, kehrte Petrus um und eilte nach Rom zurück. Unterwegs begegnete ihm ein freigelassener Sklave, den er selbst getauft hatte.

»Herr, wohin gehst du?« fragte der Sklave erstaunt. Und Petrus antwortete: »Nach Rom, um mich kreuzigen zu lassen!«

Dann wanderte er eiligen Schrittes weiter, schritt wieder über das Forum und stieg in den mamertinischen Kerker hinab. Hier bat er den Kerkermeister, ihm die Fesseln wieder anzulegen.

Tags darauf führte man ihn auf den Hügel, wo das Kreuz schon aufgerichtet war. Da er sich aber nicht für würdig hielt, in derselben Stellung wie der Heiland zu sterben, bat er die römischen Kriegsknechte um die Gnade, mit dem Kopf nach unten an das Kreuz genagelt zu werden. –

Auf der Appischen Straße fährt man auch hinaus, wenn man die Katakomben unter der römischen Erde besuchen will. Sie sind wohl das Merkwürdigste und Ergreifendste, was man in der ewigen Stadt sehen kann.

Zwei Mönche mit Wachskerzen führen uns eine Treppe hinunter, und dann geht es durch enge Korridore, Seitengänge und Krypten in ein wahres Labyrinth finsterer, schmaler und feuchtkalter Wege tief unter der Erdoberfläche. Die meisten sind nur meterbreit, die Decke ist gewölbt, und in den Wänden gewahrt man unzählige Nischen oder waagerechte Vertiefungen, worin die Christen seit Anfang des zweiten Jahrhunderts ihre entschlafenen Brüder und Schwestern bestatteten. Man legte die Leiche in ein Tuch, kreuzte ihre Arme über der Brust und wandte ihr Gesicht nach Osten. Die Nische wurde mit einer Marmorplatte oder einigen Ziegelsteinen verschlossen, und vor ihr sangen die Leidtragenden mit Fackeln in den Händen geistliche Lieder.

Wie viele Leichenzüge mögen durch diese Gänge dereinst geschritten sein! Hier ruhen die christlichen Märtyrer. Hier versammelten sich die Christen in den Gewölben, die in dem vulkanischen Tuffstein ausgehauen wurden, zum gemeinsamen Gebet und zu Beratungen, und hier im Schoß der Erde feierten sie noch im fünften Jahrhundert Feste zur Erinnerung an ihre Märtyrer.

Eine steile, finstere Treppe führt in einen noch tiefer liegenden Schacht hinab. Manchmal liegen vier und fünf Etagen untereinander, die tiefsten mehr als zwanzig Meter unter dem Erdboden. Neunhundert Kilometer lang sind diese Gänge zusammengenommen, und überall sind Nischengräber in die Wände eingelassen; man zählt mehr als drei Millionen solcher Gräber im unterirdischen Rom!

Ohne Wegweiser sich hier hineinzuwagen, wäre lebensgefährlich. Man würde ziellos umherirren, vergeblich einen Ausweg suchen, bald rechts, bald links abbiegen, aber oft in verkehrter Richtung. Die Wachskerze in der Hand würde niederbrennen, und wenn sie erloschen wäre, würde man sich mit den Händen weitertasten, beständig gegen kalte Wände stoßend. Verzweifelt würde man zu laufen beginnen, fallen und wieder aufstehen und sich die Stirn an den Mauerecken und Vorsprüngen zerstoßen. Nicht der geringste Laut weit und breit! Ein Hilferuf würde keine Antwort erhalten als das eingeschlossene Echo, das aus den dunklen Gängen widerklingt. Der Wahnsinn würde als Erlöser kommen, und die Stirn würde schließlich an einer Tuffsteinplatte in der Stadt der Toten zerschmettern! –

In den oberirdischen Museen und besonders im Vatikan finden sich zahllose Grabsteine und Marmorplatten mit Inschriften und Bildern aus diesen ältesten christlichen Gräbern. Die Inschriften sind lateinisch oder griechisch und tragen vielfach die Zeichen einer Bildersprache, in der der Fisch den Heiland, das Olivenblatt den Frieden, ein Schiff das Menschenleben, das nach stürmischer Fahrt in den Hafen der ewigen Ruhe einsegelt, die Taube die befreite Seele des Toten, der Anker die Hoffnung auf Auferstehung und die Palme den Siegerpreis der Seligen bedeutet.

Nichts ist rührender als diese Grabsteine und ihre kurzen, vielsagenden Abschiedsworte. Vor den antiken Marmorbildern steht man in stummer Bewunderung; hier aber, unter den Schätzen der Totenstadt, hört man die Steine reden. Lebende Menschen haben ihnen einst, vor nahezu zweitausend Jahren, oft in ungeschickter Schrift, ihren Glauben, ihre Liebe, ihre Trauer und ihre Hoffnung anvertraut. –

Doch wir müssen uns von Rom trennen. Aber es gibt ein Mittel, sich der Wiederkehr in die ewige Stadt zu versichern. Ich selbst habe es probiert. Auf einem kleinen Platz in Rom erhebt sich vor der Fassade eines prachtvollen Palastes die Fontana Trevi. Der Meeresgott steht auf seinem Wagen, einer riesigen Muschel, die zwei Seepferde ziehen. Von Tritonen geführt, wollen sie über den Rand der künstlichen Felsen hinausspringen, über die das Wasser in hellgrünen Wölbungen und weißen Strahlen hinabrauscht, um sich unten in einem runden Becken zu sammeln.

Wenn nun der letzte Abend deines Aufenthalts in Rom gekommen ist, begib dich zur Fontana Trevi. Hier wirfst du – zum Besten der Straßenjungen – ein kleines Geldstück in das Becken, läßt deine Hand unter einem der Wasserstrahlen vollaufen und trinkst von dem Wasser Roms – dann wird dich die Zaubermacht des Meergottes im Banne halten, und deine Seele wird nicht eher Ruhe finden, als bis du noch einmal deine Schritte zur ewigen Stadt gelenkt hast!

Pompeji

Wieder einige Stunden über blanke Eisenbahnschienen hin, und wir sind in Neapel. Dort im Osten brütet der Vulkankegel des Vesuv wie ein feuerspeiender Drache über dem Meerbusen, an dessen Ufer Städte und Dörfer und weißleuchtende Landhäuser so dicht nebeneinander liegen wie die Perlen eines Rosenkranzes. Auf Neapels mit Lava gepflasterten Straßen streifen wir umher und können uns nicht sattsehen an den herrlichen, braunen Gesichtern, an den bunten, schmutzigen Volkstrachten. Immer aufs neue möchten wir die melodischen Lieder hören, die zur Ehre des lieblichen Neapel erklingen. »Neapel sehen und dann sterben« heißt ein italienisches Sprichwort; es will besagen, daß für den, der Neapel nicht sah, das Leben keinen Wert habe!

Wir betreten das Nationalmuseum, und nun verschwinden vor uns das bunte Leben da draußen auf den Straßen, der blaue Golf von Neapel und der Kranz grünender Gärten. Hier überwältigt uns die Vergangenheit, die in einer grandiosen Sammlung von Kunstwerken, Statuen und Gemälden aus Pompeji uns entgegentritt.

Im siebenten Jahrhundert vor Christi Geburt wurde unweit der Küste des Golfs von Neapel am Südfuße des Vesuv die Stadt Pompeji gegründet. Ungefähr achtzig Jahre vor unserer Zeitrechnung kam sie unter römische Herrschaft, und während der folgenden hundertundfünfzig Jahre entwickelte sie sich in Architektur, Sprache, Handel und Wandel zu einer echten Römerstadt. Eine mit Türmen versehene Mauer umgab ihre Häusermassen und Straßen mit ihren 20 000 Einwohnern, und beim Einbruch der Nacht wurden ihre acht Stadttore geschlossen. An dem vornehmsten Platze, dem Forum, wo Volksversammlungen und Feste abgehalten wurden, erhob sich zwischen offenen Hallen, Säulengängen und Reihen schöner Marmorstatuen der Tempel des Jupiter. An einem zweiten Platz standen die Theater und ein alter griechischer Tempel.

Pompeji wurde bald eine Lieblingsstadt vieler reichen und vornehmen Römer, die sich im Weichbilde Pompejis selbst oder in seiner wunderbaren Umgebung prächtige Villen erbauten. Eine dieser Villen am nordwestlichen Stadttor gehörte dem berühmten Redner und Schriftsteller Cicero, der sich von Zeit zu Zeit in diesem seinem »Tusculum« von dem Lärm und dem unruhigen Treiben Roms erholte. Wie man genau weiß, hielt er sich zum letztenmal im Jahre 44 nach Christo, bald nach der Ermordung des großen Julius Cäsar, dort auf.

Nicht weit von der Villa Ciceros führte nordwestlich die »Gräberstraße«, die, gleich der Appischen Straße vor Rom, auf beiden Seiten mit Grabmälern eingefaßt ist, von den einfachsten Denksteinen bis zu den kostspieligsten Altären und Tempeln; sie alle enthalten Urnen mit den Gebeinen und der Asche der Toten.

Die Straßen waren gerade und regelmäßig angelegt, einige breit, viele ganz schmal. Sie waren mit Lavaplatten gepflastert, und erhöhte Bürgersteige führten an den Häusern entlang. Einige Straßen enthielten auf beiden Seiten Kaufläden. Hier und da war eine Reihe Steine quer über die Straße gelegt, damit die Fußgänger nach den heftigen Sturzregen, die damals wie noch heute von Zeit zu Zeit alle Wege in Ströme und Kanäle verwandelten, trockenen Fußes auf die andere Seite hinüber gelangten.

Pompeji besaß viele Bäder, die prachtvoll und mit ausgesuchter Bequemlichkeit eingerichtet waren. Aus Steinen erbaut, waren sie ebenso dunkel wie kühl und boten während des heißen Sommers köstliche Erholung. Man legte die Gewänder in den Nischen des Entkleidungsraumes ab und schritt dann von einer Zelle zur andern, um zunächst ein Heißluftbad, dann ein Warmbad und schließlich ein kaltes Bad zu nehmen. Die Wände des kalten Baderaumes waren mit Gemälden verziert, die schattige Haine und dunkle Wälder darstellten; die blaugewölbte Decke war mit goldenen Sternen übersät, und nur durch eine kleine runde Fensteröffnung fiel das Sonnenlicht herein; so glich das Bassin einem kleinen Waldsee unter freiem Himmel. Von den Badedienern ließ man sich massieren und mit wohlriechenden Ölen salben.

Die Häuser der wohlhabenden Bürger waren mit gewähltem Geschmack und großem Kunstverständnis eingerichtet. Nach der Straße zu zeigten sie kaum mehr als kahle, einförmige fensterlose Mauern, denn die alten Römer wollten das Privatheiligtum ihres Heims nicht durch den Lärm der Straße und die Neugier Vorübergehender entweiht wissen. Genau so ist es heute noch, wenn auch nicht in Italien und Griechenland, so doch im ganzen asiatischen Orient. Im Innern entwikkelte man dafür um so größere Pracht. Hier standen Statuen und Büsten, unter offenen Säulengängen dufteten üppige Blumenbeete, und mitten im Hauptsaal, im »Atrium«, war in den Mosaikfußboden ein Marmorbassin eingelassen. Durch eine viereckige Öffnung in der Decke oberhalb des Bassins blickten Sonne und Mond herein, und der Regen vermischte oft seine Tropfen mit den Strahlen des immer plätschernden Spingbrunnens.

Gab der Herr des Hauses ein Gastmahl, dann trugen Sklaven Tische herbei, und, auf länglichen Ruhebetten liegend, verzehrte man die üppigen Speisen, trank, scherzte und lauschte zwischendurch den Tönen der Flöte, Zither und Zimbel oder folgte mit schläfrigen, vom Weingenuß getrübten Blicken den Bewegungen schöner Tänzerinnen. Das war eine glückliche Zeit ungestörter Ruhe für Pompeji! Man genoß die Gaben der Wälder, der Gärten und des Meeres, trieb seinen Handel, besorgte seine Amtsgeschäfte und versammelte sich zu Beratungen auf dem Forum, auf dessen Steinplatten die Marmorsäulen kühlen Schatten warfen. Wer dachte an den nahen Vesuv! Seit vielen tausend Jahren war der Vulkan erloschen, auf uralten Lavaströmen standen schon uralte Bäume, und an den Abhängen des Berges reiften in der Sonne die köstlichsten Trauben, aus deren Reben noch heute ein Wein gekeltert wird, der den Namen »Tränen Christi« führt. Die Sage erzählt, der Heiland habe einmal während seines Erdenwallens den Vesuv bestiegen und sei zuerst in stummer Bewunderung der herrlichen Landschaft, die den Golf von Neapel umrandet, stehen geblieben. Dann aber habe er vor Kummer über diese Stätte der Eitelkeit und der Sünde bitterlich geweint. Und gerade an der Stelle, wo seine Tränen auf die Erde tropften, sproß eine Weinranke empor, die nicht ihresgleichen hatte!

Unter der Asche des Vesuv

Ein Jahr vor dem Brande Roms wurde Pompeji durch ein gewaltiges Erdbeben erschüttert, aber die Bewohner faßten schnell wieder Mut und bauten ihre Stadt schöner und prächtiger wieder auf. Sechzehn Jahre vergingen; dann fiel der vernichtendste Schlag, der je eine Stadt getroffen hat, seitdem Sodom und Gomorrha durch Feuer vom Himmel verzehrt wurden.

Der ältere Plinius, der uns ein unsterbliches naturwissenschaftliches Werk hinterließ, war damals Befehlshaber der römischen Flotte; sie lag in der Bucht von Neapel vor Anker, während er selbst sich bei seiner Schwester in einem Ort nicht weit von Pompeji aufhielt. Der jüngere Plinius, sein Neffe, ein achtzehnjähriger Jüngling, war ebenfalls bei seiner Mutter zu Gast.

Der 24. August des Jahres 79 brach an. So lange hatte sich der Vesuv still verhalten, jetzt aber kannte seine Wut keine Grenzen. Im Laufe weniger Stunden begrub er Pompeji und noch zwei andere Städte, Herkulanum und Stabiae, unter einem Bimsstein- und Aschenregen und unter Strömen glühender Lava und heißen Schlamms. Unter denen, die dabei das Leben verloren, war auch der ältere Plinius.

Mehrere Jahre nachher schrieb der Historiker Tacitus an den jüngern Plinius und bat ihn um einen Bericht über den Tod seines Oheims. Diese Schriftstücke sind noch erhalten. Plinius schildert, wie sein Oheim unten am Strand durch Aschenregen und Schwefeldämpfe erstickte. Er selber hatte gesehen, wie Feuerflammen aus dem Krater schlugen und wie der Vesuv eine schwarze Wolke ausspie, die sich nach obenhin wie die Krone einer Pinie verzweigte. Mit seiner Mutter war er in den Vorhof ihres Hauses geflüchtet; aber als der Boden unter ihnen zu schwanken begann und die Luft sich mit Asche füllte, eilten sie mit einer Masse anderer Menschen davon. Seine schon bejahrte Mutter bat ihn, sich durch schleunige Flucht zu retten, aber er wollte sie nicht zurücklassen. »Dicke, rauchige Finsternis«, heißt es in seiner Schilderung, »wölbte sich drohend über uns. Sie überflutete die Erde wie ein vorwärtsstürmender Fluß und wälzte sich hinter uns drein. ›Laß uns zur Seite biegen‹, sagte ich, ›solange wir noch sehen können, damit wir nicht unterwegs zu Fall kommen und im Dunkeln von den uns folgenden Scharen zertreten werden.‹ Kaum waren wir dem Gedränge glücklich entkommen, als uns schon tiefe Nacht umhüllte, eine Nacht, nicht nur mondlos oder bewölkt, sondern wie sie in dichtgeschlossenen Räumen herrscht, wenn das Licht gelöscht ist.« Dann erzählt Plinius, wie die Fliehenden sich Kissen auf die Köpfe banden, um nicht von herabfallenden Steinen erschlagen zu werden, und wie man sich unaufhörlich die Asche abschütteln mußte, um nicht durch ihre Last zu Boden gedrückt zu werden. Er selbst blieb ganz ruhig während dieser Ereignisse, denn er war überzeugt, die ganze Welt müsse jetzt untergehen.

Durch diesen Ausbruch des Vesuv wurde Pompeji unter einer sechs Meter dicken Schicht von Bimsstein und Asche begraben. Noch viele Jahre nachher pflegten die Bewohner der Umgegend mit Spaten dahin zu gehen und allerlei dort auszugraben. Dann aber versank Pompeji in die Nacht der Vergessenheit und schlief 1500 Jahre unter der Erde! Nach 1500 Jahren aber wurde die Stadt wieder entdeckt, und man begann aufs neue zu graben. Felder, Maulbeerhaine und Landgüter waren inzwischen auf der Decke des mächtigen Aschenbetts emporgewachsen. Aber erst vor fünfzig Jahren nahm sich die Forschung der Neuzeit ernstlich der verschütteten Stadt an, und bis jetzt ist schon mehr als die Hälfte ausgegraben. Heute kann der Fremde ungehindert durch ihre Straßen reiten, in die alten Läden und Bäder hineinsehen und die herrlichen Wandgemälde in den Palästen der Vornehmen bewundern. Die Säulen des Jupitertempels, die so lange in undurchdringlicher Nacht begraben waren, werfen jetzt wieder in der blendenden Sonne ihre Schatten auf dieselben Platten des Forums wie ehemals. Die Gräberstraße ist freigelegt, und junge Zypressen sprießen zwischen den Grabmälern empor. Die Toten, die zum zweitenmal bestattet wurden, als der Vesuv seine Asche über sie breitete, lauschen nun aufs neue den Schritten einer jungen Generation draußen auf der Straße.

Die Unglücklichen aber, die lebendig unter dem Aschenregen begraben wurden, sind längst in Staub zerfallen, und doch sind sie noch da, und in den Museen können wir sie mit verdrehten Gliedern, das Gesicht auf den Boden gedrückt, liegen sehen, genau in der Stellung, die sie einnahmen, als sie niederfielen und die Asche sie einbettete. Denn so blieben sie wie in einer Gießform 1800 Jahre liegen! Ihr Staub wurde wieder Erde, aber der entstandene leere Raum erhielt sich, und wenn man Gips in solche Höhlungen gießt, erhält man ein lebendiges Abbild jener Menschen im Augenblick ihres Todes! Hier liegt eine Frau, die vor ihrem Hause niederstürzte und krampfhaft einen Beutel voll Gold und Silber mit beiden Händen umschließt; dort ein Mann, dessen Haupt schwer auf den Ellenbogen gesunken ist, und dort ein Hund, der sich zusammengerollt hat, bevor er erstickte. So ist die schlafende Stadt zu neuem Leben erwacht, und die Toten sind aus dem Reich der Schatten zurückgekehrt!

Unerbittlich hat der Spaten alle Geheimnisse Pompejis aufgedeckt, die Asche hat alles getreulich bewahrt, sogar bis auf die flüchtigen Einfälle, die an Häuserecken angeschrieben wurden. An einem Haus wird angezeigt, daß es vom 1. Juli an zu vermieten sei: »Geneigte Mieter werden gebeten, sich an den Sklaven Primus zu wenden.« An einer andern Ecke rät ein Witzbold einem Bekannten: ,,Geh und häng dich auf!« Ein Bürger schreibt von seinem Freund: »Ich höre zu meinem Schmerz, daß du gestorben bist – lebe wohl.« Eine andere Wand trägt die freundliche Aufforderung: »Hier ist kein Platz für Faulpelze, scher dich weg, du Nichtsnutz!« Das Merkwürdigste aber sind die Worte Sodom und Gomorrha, die jedenfalls von einem Juden an einem Hause eingeritzt wurden. Sogar die Schreibübungen der Schulbuben sind noch an einer Mauer zu erkennen, Versuche im griechischen Alphabet, die beweisen, daß die griechische Sprache einen Teil des Unterrichts ausmachte. Ältere Knaben haben Verse großer Dichter eingekratzt, ganz wie heute, und einmal findet man mit Kohle geschrieben und nur noch zur Hälfte leserlich: »Freu dich aufs Feuer, Christ!« So spottete man der Märtyrer, die mit Teer begossen in Neros Garten als Fackeln verbrannt wurden!

Die Kunstschätze, Gemälde und Skulpturen, die man aus Pompeji ausgegraben hat, haben im Verein mit der ganzen Anlage der Stadt, ihrer Bauart und ihren Inschriften ein vorher ungeahntes Licht auf das antike Leben geworfen. Aber noch weit reichere Ernten für die Wissenschaft erwartet man aus dem Lava- und Schlammbett, das Pompejis Nachbarstadt Herkulanum bedeckt. Doch auf diesem Boden sind mittlerweile zwei Städte aufgeblüht, die erst entfernt werden müßten, wenn auch Herkulanum aus seinem ewigen Schlaf aufgeweckt werden sollte. –

Lebt wohl, Pompeji und Neapel! Wir besteigen in Gedanken ein Schiff, das uns über den Golf von Neapel trägt. Rechts lassen wir die entzückende Insel Capri hinter uns zurück. Auf ihrer Nordseite kann man, in einem flachen Ruderboot liegend oder schwimmend, eine nur meterhohe Felsöffnung passieren, die in die Blaue Grotte hineinführt. Sie wurde 1826 von zwei deutschen Malern entdeckt. Drinnen erstreckt sich eine stille, kristallklare Wasserfläche über fünfzig Meter weit in den Berg hinein, und das Gewölbe über ihrem Spiegel ist fünfzehn Meter hoch. Die einzige Beleuchtung des Innern ist der Reflex der Farbe des Himmels und des Meeres in der Grotte, von deren Decke und Wänden Tropfsteine wie Eiszapfen herabhängen – alles blau. Taucht man ein Ruder oder die Hand ins Wasser, so glänzen sie durch den Reflex des weißen Sandbodens silberweiß. Aber nur bei ruhigem Wetter kann man die Einfahrt wagen; sonst würde das Boot an der Felsdecke zerschmettern. Nur kühne Capreser wagen sich auch bei Seegang hinein; mit großer Geschicklichkeit und Geschwindigkeit bugsieren sie ihr Boot zwischen zwei Wellenkämmen in die Grotte hinein.

Zu unserer Linken verdeckt eine Landspitze die weißen Häuser und die Olivengärten von Sorrent, einer kleinen Stadt, die große Dichter besungen haben.

Dann steuern wir auf die türkisblauen Wasserfelder des Tyrrhenischen Meeres hinaus. Im Süden taucht die Felseninsel Stromboli mit ihrem feuerspeienden, einem Leuchtturm gleichenden Vulkan aus den Wellen auf. In der Straße von Messina sind wir zwischen den Küsten Calabriens und Siziliens, die so oft durch fürchterliche Erdbeben verwüstet wurden. Nun aber geht es hinaus in das große offene Mittelländische Meer. Hinter uns versinkt Italien und mit ihm Europa am Horizont, und wir schaukeln nach Osten, nach dem Land der Pharaonen.